*DIREITO
TRIBUTÁRIO
NACIONAL*

V291d  Volkweiss, Roque Joaquim
       Direito Tributário Nacional / Roque Joaquim Volkweiss.
  3. ed. rev. atual. ampl. — Porto Alegre: Livraria do Advogado, 2002.
       471 p.; 16x23 cm.
       ISBN 85-7348-236-2

       1. Direito Tributário. 2. Tributo. I. Título
             CDU  34:336.2

       Índice para o catálogo sistemático
       Direito Tributário
       Tributo

       (Bibliotecária responsável: Marta Roberto, CRB 10/652)

Roque Joaquim Volkweiss

# Direito Tributário Nacional

*TERCEIRA EDIÇÃO*
*revista, atualizada e ampliada*
*incluindo até a EC 33/01*

*livraria*
DO ADVOGADO
*editora*

Porto Alegre 2002

© Roque Joaquim Volkweiss, 2002

Revisão técnico-lingüística de
*Adalberto J. Kaspary*

Capa, projeto gráfico e diagramação de
Livraria do Advogado Editora

Direitos desta edição reservados por
**Livraria do Advogado Ltda.**
Rua Riachuelo, 1338
90010-273 - Porto Alegre - RS
Fone/fax: 0800-51-7522
livraria@doadvogado.com.br
www.doadvogado.com.br

Impresso no Brasil / Printed in Brazil

*Reconhecimento*

Sou um dos que, na difícil arte do direito, teve seus primeiros passos orientados por um respeitável profissional do direito tributário. Pelo espírito de luta, pela segurança, pela lealdade e, sobretudo, pela correção com que esse profissional me orientou, sou-lhe sempre grato.
Receba, pois, amigo, colega e conterrâneo **Dr. GUIOMAR JOÃO RUSCHEL**, através deste livro, um pouco do muito que me transmitiu.

*Homenagem póstuma*

Sou, por formação cultural, um pouco discípulo de todos, mas muito de um deles, que considero o maior mestre no direito tributário brasileiro: **RUBENS GOMES DE SOUSA**. É ele, pois, o alvo maior das minhas homenagens.

*Dedicatória*

Dedico esta obra a todos aqueles que, direta ou indiretamente, prestaram sua inestimável colaboração para o seu resultado.

Destaco, nesse imenso quadro de colaboradores, de um lado, os eminentes colegas do 1º Grupo Cível do Egrégio Tribunal de Justiça do Estado do Rio Grande do Sul, Desembargadores *Élvio Schuch Pinto* (Presidente, hoje, por ocupar a 1ª Vice-Presidência do Tribunal, substituído pelo Des. *Antônio Janyr Dall'Agnol Junior*), *Arno Werlang, Francisco José Moesch, Henrique Osvaldo Poeta Roenick, Teresinha de Oliveira Silva, Maria Isabel de Azevedo Souza, Irineu Mariani, Marco Aurélio Heinz, Liselena Schifino Robles Pinheiro, Genaro José Baroni Borges* e *Carlos Roberto Lofego Caníbal*, e, de outro lado, todos os alunos que, superando 50.000, me forneceram, nas salas de aula, ao longo dos meus mais de 30 anos de magistério superior, subsídios para reflexão e conclusão sobre os temas aqui desenvolvidos.

Há, também, um profissional que, ao longo de todos esses anos, mereceu, pela sua dedicação à cultura e pelo seu caráter de homem íntegro, responsável, dinâmico e exemplar, não só a minha admiração, mas a dos demais professores do seu curso, e, em especial, de todos os seus incontáveis alunos na área de preparação de candidatos a concursos públicos de auditores fiscais. Refiro-me ao *Prof. Alvísio Lahorgue Greco*, a quem rendo minhas homenagens e também dedico este livro.

*Agradecimentos especiais*

*Agradeço a Deus pela graça de ter ao meu lado, exatamente como são, meus filhos* **ANTÔNIO** *e* **MARCELO**, *que, também vocacionados para a nobre arte do direito, revelam, a cada novo dia, que a honra, a dignidade, o caráter, o respeito e a responsabilidade são as maiores virtudes de um homem.*

*Um agradecimento afetuoso à* **MARLI**,
*mulher, amiga e companheira.*

## *Objetivos deste livro*

Este livro não é, apenas, mais um curso de direito tributário. Visa a atender antiga reivindicação de interessados no estudo sistematizado do direito tributário ministrado em escolas superiores: universitários, alunos de pós-graduação, magistrados, profissionais liberais, auditores, agentes fiscais e autoridades ligadas à administração de tributos, e, em especial, candidatos a concursos públicos em geral, em que o direito tributário tenha peso preponderante.

A matéria abrange o Sistema Tributário da Constituição Federal de 1988 e as normas gerais do Código Tributário Nacional, e é desenvolvida, não da teoria (doutrina) para a aplicação (em textos legais e na prática), como normalmente se faz em cursos superiores ou de pós-graduação, mas, ao contrário, da aplicação para a teoria, artigo por artigo, estes quase sempre na ordem dos textos respectivos, sem perder de vista, no entanto, em momento algum, a seqüência dos pontos individuais da matéria apresentada em programas oficiais, necessária ao seu completo e perfeito entendimento.

É, além de tudo - pensamos nós -, uma verdadeira inovação no ensino escrito da disciplina: adota-se, pela primeira vez, no desenvolvimento da matéria, tal como antes exposto, a técnica de reproduzir o dispositivo legal - colocando seu texto em itálico (tipos inclinados, grifados e negritados) e, entre parênteses, os comentários e explicações necessárias ao seu entendimento -, seguido ou antecedido da exposição dos aspectos teóricos e práticos indispensáveis.

Em suma, a matéria é tratada de forma didática e completa, em liguagem simples, clara, objetiva, acessível e, às vezes, até repetitiva e redundante, tudo com a finalidade de evitar que o leitor perca tempo, especialmente com remissões e leituras paralelas.

Não se perca de vista, todavia, que o livro não esgota a matéria. É, apenas, um ponto de partida para nela se aprofundar.

*O autor.*

# Sumário

**Capítulo I - Tributo, paratributo e empréstimo compulsório** ............... 15
1. Tributo (ou contribuição fiscal) ......................................... 15
   1.1. Conceito de tributo .................................................. 15
   1.2. Natureza jurídica específica do tributo ............................. 18
2. Paratributo (ou contribuição parafiscal) ................................ 19
   2.1. Conceito de paratributo ............................................. 19
   2.2. Espécies ou categorias de paratributos .............................. 20
3. Empréstimo compulsório .................................................. 22
   3.1. Conceito de empréstimo compulsório .................................. 22
   3.2. Espécies de empréstimos compulsórios ................................ 22
4. Traços comuns entre o tributo, o paratributo e o empréstimo compulsório . 23
5. Preço público ........................................................... 23
6. Conclusões em torno das figuras analisadas .............................. 24
7. Divisão clássica das receitas públicas .................................. 25

**Capítulo II - Espécies tributárias** ....................................... 26
1. Generalidades ........................................................... 26
2. Imposto ................................................................. 26
   2.1. Conceito e características do imposto ............................... 26
   2.2. Regras constitucionais relativas à definição do "fato gerador", "base de cálculo" e "contribuinte" dos impostos (extensivas aos "paraimpostos" e "empréstimos compulsórios") ............................................. 28
   2.3. Regras constitucionais relativas à fixação das "alíquotas" dos impostos (e dos paraimpostos e empréstimos compulsórios) ......................... 30
   2.4. Classificação dos impostos .......................................... 38
3. Taxa .................................................................... 48
   3.1. Conceito e definição de taxa ........................................ 48
   3.2. Classificação e denominação das taxas ............................... 57
   3.3. Taxas incorretamente cobradas ....................................... 61
4. Contribuição de melhoria ................................................ 65
   4.1. Conceito e características da "contribuição de melhoria" ........... 65
   4.2. Disciplinação atual da "contribuição de melhoria" .................. 69

**Capítulo III - Direito tributário** ........................................ 74
1. Definição, objeto, autonomia e divisões do direito tributário ........... 74
2. Relações do direito tributário com outros ramos do direito .............. 76
3. Denominação da disciplina ............................................... 78

**Capítulo IV - Sistema tributário nacional** ................................ 80
1. Considerações preliminares .............................................. 80
2. Competências constitucionais impositivas ................................ 81
   2.1. Competência legislativa ............................................. 82

2.2. A bitributação e o "bis in idem" ................................. 89
2.3. Competência institucional ....................................... 90
2.4. Modificação e cumulação de competências institucionais ............ 97
3. Limitações constitucionais ao poder de tributar ...................... 98

**Capítulo V - Impostos da competência privativa da união**................... 128
1. Competência privativa da União, relativa a impostos .................. 128
2. Outras competências institucionais da União ......................... 132

**Capítulo VI - Impostos da competência privativa dos Estados e do Distrito Federal**........................................................ 141
1. Competência privativa dos Estados e do Distrito Federal, relativa a impostos . 141
2. Outras competências institucionais dos Estados e do Distrito Federal ...... 159

**Capítulo VII - Impostos da competência privativa dos Municípios** ........... 160
1. Competência privativa dos municípios, relativa a impostos ............. 160
2. Outras competências institucionais dos municípios .................... 175

**Capítulo VIII - Repartição das receitas tributárias** ........................ 176

**Capítulo IX - Legislação tributária** ...................................... 183
1. Abrangência da expressão "legislação tributária" ..................... 183
2. Fontes formais do direito tributário................................. 184
3. Funções das fontes formais do direito tributário..................... 185
   3.1. Fontes principais do direito tributário ......................... 185
   3.2. Fontes complementares do direito tributário .................... 201
4. Vigência da legislação tributária.................................... 205
   4.1. Regras para a entrada em vigor das fontes "principais" do direito tributário ...................................................... 205
   4.2. Regras para a entrada em vigor das fontes "complementares" do direito tributário ................................................ 207
   4.3. Outras regras relativas à entrada em vigor da legislação tributária .... 208
5. Aplicação da legislação tributária................................... 209
6. Interpretação e integração da legislação tributária................... 213
   6.1. Interpretação da legislação tributária .......................... 213
   6.2. Integração da legislação tributária............................. 216
   6.3. Outras regras de interpretação e de integração da legislação tributária 218

**Capítulo X - Obrigação tributária** ....................................... 221
1. Conceito de "obrigação tributária"................................... 221
2. Espécies de obrigação tributária .................................... 222
3. Elementos da obrigação tributária ................................... 226

**Capítulo XI - Fato gerador da obrigação tributária** ....................... 227
1. Conceito de "fato gerador".......................................... 227
2. Elementos (objetivo e subjetivo) do fato gerador..................... 229
3. Classificação dos fatos geradores ................................... 231
   3.1. Fatos geradores, segundo suas fontes............................ 231
   3.2. Fatos geradores, segundo seu ciclo de formação no tempo ........ 238
   3.3. Fatos geradores, segundo sua estrutura......................... 238
   3.4. Fato gerador consistente em ato jurídico "condicional" e "incondicional". 239
   3.5. Ato "sem validade jurídica", inclusive o "ilícito", como fato gerador .. 242
4. Campos ou hipóteses de incidência e de não-incidência (da regra jurídica). 243
   4.1. Incidência..................................................... 243
   4.2. Não-incidência ................................................ 246

**Capítulo XII - Base de cálculo do tributo (valor tributável).** ............. 250
1. Conceito de "base de cálculo", ou "valor tributável" ................. 250
2. Critérios para a apuração da base de cálculo (valor tributável) ........... 252

**Capítulo XIII - Sujeito ativo da obrigação tributária** ..................... 257
1. Definição de "sujeito ativo" ........................................... 257
2. Critérios para a definição constitucional do sujeito ativo ............... 257
3. Outras disposições do Código Tributário a respeito do sujeito ativo ...... 258
259

**Capítulo XIV - Sujeito passivo da obrigação tributária.** .................... 261
1. Definição e divisões do sujeito passivo: contribuinte e responsável ...... 261
2. Ordem a ser seguida para a cobrança, havendo, na mesma obrigação, mais de um devedor. ...................................................... 266
3. Disciplinação jurídica da solidariedade ................................. 266
   3.1. Previsão legal e hipóteses de solidariedade ........................ 268
   3.2. Efeitos da solidariedade, em matéria tributária .................... 268
4. Capacidade tributária passiva .......................................... 270
5. Domicílio tributário ................................................... 271
6. Disciplinação da subsidiariedade (supletividade) e da exclusividade (substituição) em matéria tributária ..................................... 273
7. Formas de surgimento do responsável (sujeito passivo indireto), na obrigação tributária .................................................. 274
8. A responsabilidade por sucessão, segundo o Código Tributário .......... 278
9. A responsabilidade "por acréscimo", segundo o Código Tributário ....... 281
291

**Capítulo XV - Responsabilidade por infrações em matéria tributária** ......... 309
1. Figuras mais comuns, relativamente às "infrações", em matéria tributária.. 309
2. configuração da "responsabilidade por infrações" ....................... 313
3. Hipóteses de exclusão da "responsabilidade por infrações" .............. 314

**Capítulo XVI - Crédito tributário** ........................................ 320
1. Conceito e definição de "crédito tributário" ........................... 320
2. Disposições genéricas a respeito do crédito tributário ................. 321

**Capítulo XVII - Constituição do crédito tributário** ....................... 322
1. Conceito de "constituição do crédito tributário" ....................... 322
2. Lançamento do crédito tributário ....................................... 323
   2.1. Conceito de "lançamento" e sua notificação (intimação) ............ 323
   2.2. Etapas do lançamento do crédito tributário ........................ 328
   2.3. Finalidades do lançamento. ........................................ 329
3. Natureza jurídica e disciplinação legal do lançamento do crédito tributário 330
   3.1. Natureza jurídica do lançamento. .................................. 330
   3.2. Regras aplicáveis ao cálculo do tributo, no lançamento ............ 331
   3.3. Normas aplicáveis ao lançamento e à cobrança da penalidade pecuniária, em matéria tributária. ....................................... 334
   3.4. Normas processuais aplicáveis ao lançamento e às garantias e privilégios do crédito tributário ........................................ 336
   3.5. Normas aplicáveis à definição do sujeito passivo, para efeitos do lançamento .............................................................. 336
4. Revisão do lançamento .................................................. 339
   4.1. Hipóteses de revisão do lançamento. ............................... 339
   4.2. Mudança de critério jurídico no exercício do lançamento e sua revisão 345
5. Modalidades de lançamento do crédito tributário. ....................... 347
   5.1. Lançamento "direto" ............................................... 348
   5.2. Lançamento "por declaração" (ou "misto"). ......................... 348

5.3. Lançamento "por homologação" (ou "autolançamento") .............. 350
5.4. Lançamento "de ofício" (ou "suplementar") ......................... 355

**Capítulo XVIII - Suspensão da exigibilidade do crédito tributário** ........... 360
2. Hipóteses de suspensão da exigibilidade do crédito tributário............ 361
   2.1. Moratória ....................................................... 363
   2.2. Depósito do montante integral do crédito tributário ................. 368
   2.3. Reclamações (impugnações) e recursos administrativos ao lançamento 370
   2.4. Concessão de medida liminar, em mandado de segurança ........... 376
   2.5. Concessão de medida liminar, ou de tutela antecipada (em outras espécies de ação judicial) ...................................... 378
   2.6. Parcelamento .................................................. 378

**Capítulo XIX - Extinção do crédito tributário** ............................ 380
1. Conceito de "extinção do crédito tributário"............................ 380
2. Hipóteses de extinção do crédito tributário............................. 380
3. Regras gerais sobre o pagamento do crédito tributário.................. 383
4. Regras sobre o pagamento do crédito tributário mediante ação (judicial) de consignação......................................................... 387
5. Regras sobre a restituição do pagamento indevido ("indébito tributário").. 390
6. Regras sobre a compensação, em matéria tributária.................... 397
7. Regras sobre a transação, em matéria tributária ....................... 399
8. Regras sobre a remissão, em matéria tributária ........................ 400
9. Decadência e prescrição, em matéria tributária ........................ 402
   9.1. Conceitos e disciplinação legal .................................. 402
   9.2. Regras para a contagem do prazo decadencial, em matéria tributária.. 408
   9.3. Regras para a contagem do prazo prescricional, em matéria tributária. 412
   9.4. Efeitos da decadência e da prescrição, em matéria tributária .......... 418
   9.5. Outros aspectos da decadência e da prescrição, em matéria tributária . 419

**Capítulo XX - Exclusão do crédito tributário**............................ 422
1. Conceito de "exclusão do crédito tributário" ........................... 422
2. Hipóteses de exclusão do crédito tributário ............................ 422
   2.1. Isenção ......................................................... 424
   2.2. Anistia ......................................................... 428

**Capítulo XXI - Garantias e privilégios do crédito tributário**................ 432
1. Conceito de "garantia" e de "privilégio" ............................... 432
2. Disciplinação legal das garantias, em matéria tributária ................. 432
3. Fraude à execução, em matéria tributária ............................. 436
4. Disciplinação legal dos privilégios, em matéria tributária ............... 440
5. necessidade de prova da quitação, em matéria tributária................ 445
   5.1. Nas concessões de concordatas e nas extinções da obrigações do falido 445
   5.2. Nos julgamentos de partilhas e adjudicações..................... 445
   5.3. Nos contratos administrativos e habilitações em concorrências públicas . 446

**Capítulo XXII - Administração tributária**............................... 448
1. Conceito de "administrção tributária".................................. 448
2. Fiscalização .......................................................... 448
3. Dívida ativa tributária, sua inscrição e extração da competente certidão (CDA) 456
4. Certidão negativa e certidão positiva com efeitos de negativa ............ 463
5. Contagem de prazos, em matéria tributária ............................ 467

**Autores que contribuíram para as conclusões jurídicas adotadas nesta obra** .. 469

# Capítulo I

# TRIBUTO, PARATRIBUTO E EMPRÉSTIMO COMPULSÓRIO

## 1. Tributo (ou contribuição fiscal)

### 1.1. Conceito de tributo

Com o advento da Lei nº 5.172, de 25/10/66 (publicada no DOU de 27/10/66, para vigorar a partir de 1º/01/67, e passando, por força do Ato Complementar nº 36, de 13/03/67, a denominar-se Código Tributário Nacional), ficaram reduzidos os debates acerca do que possa, hoje, no Brasil, ser considerado *tributo* (ou *contribuição fiscal*). Os debates ficaram praticamente anulados com a promulgação da Constituição Federal em vigor, em 05/10/88, que pôs uma pá de cal nas poucas dúvidas que ainda restavam, deixando claro que há hoje, além do *tributo*, a mais importante delas, mais duas categorias de *imposições* ou *arrecadações pecuniárias compulsórias*, tendo todas elas por objeto a busca de recursos financeiros destinados à satisfação das necessidades públicas: o *paratributo* (ou *contribuição parafiscal*) e o *empréstimo compulsório*, este último condicionado à restituição integral, após certo tempo, na mesma espécie e acrescidos dos rendimentos preestabelecidos. De qualquer forma, são categorias ou grupos distintos, embora mantenham entre si grande afinidade em razão de um traço comum: a compulsoriedade.

O Código Tributário Nacional, com força de *lei complementar* a partir da Emenda Constitucional nº 01/69 (cf. art. 18, § 1º), assim define a mais importante das *arrecadações pecuniárias compulsórias* previstas no Sistema Tributário Nacional:

**Art. 3º:**

*Tributo* (do radical "tribuir", origem dos verbos *atribuir*, *distribuir*, *retribuir* e *contribuir*, significando movimento de *dar* algo, no caso, dinheiro ao Estado) **é toda prestação** (ato de prestar uma ação, isto é, de dar ou entregar) **pecuniária** (em dinheiro) **compulsória** (obrigatória)**, em moeda** (ou dinheiro, esclarecimento, aliás, redundante, porque já está dito ser *"pecuniária"* a prestação) ***ou cujo valor nela se possa exprimir*** (cheque, títulos da dívida pública, dação de bens em pagamento, etc.)**, *que não constitua sanção*** (ou punição, tal como as *multas de trânsito* e outras, de natureza administrativa, inclusive as decorrentes do descumprimento da própria obrigação tributária que, embora cobradas juntamente com o valor do tributo, tem, contudo, natureza originária *penal*) *de ato ilícito* (contrário ao direito), *instituída* (criada) *em lei* (fonte, aliás, de todas as obrigações, porque *"ninguém será obrigado a fazer ou deixar de fazer alguma coisa senão em virtude de lei"*, cf. art. 5º, II, da Constituição Federal) *e cobrada* (exigida) *mediante* (em retribuição de, como contraprestação de) *atividade* (serviços) *administrativa* (da administração pública, do Estado, genericamente falando) *plenamente vinculada* (isto é, a cobrança do tributo está integralmente vinculada ao efetivo exercício ou prestação de serviços públicos, que são aqueles que compõem a atividade da administração pública, e que, portanto, a justificam).

Em outras palavras, *tributo* (ou *contribuição fiscal*) *é a contraprestação pecuniária, compulsória por força de lei, de serviços públicos* (prestados pelo Estado). Trata-se, pois, de entrega *coercitiva* ou *obrigatória*, por força de lei, pelos submetidos ao poder estatal, de dinheiro ao Poder Público, com a finalidade de *contraprestacionar serviços* (atividades) por este prestados ou a serem prestados em favor daqueles, na realização do bem-estar social, que se resume na segurança, na saúde, e na educação.

Nada tem o *tributo* (nem as demais *arrecadações pecuniárias compulsórias* previstas no *"Sistema Tributário Nacional"*) a ver, portanto, com *sanções* ou *punições* (multas ou penalidades) de atos ilícitos, que, embora sendo, também, *prestações pecuniárias compulsórias* e *decorrentes de lei*, não visam, contudo, a *contraprestacionar serviços públicos*, mas, simplesmente, a *punir* e a recuperar socialmente o infrator.

Alguns autores, como GERALDO ATALIBA,[1] vêem na expressão *"atividade administrativa plenamente vinculada"*, utilizada no final do citado art. 3º, uma ordem dirigida ao poder público, no sentido de que a cobrança do *tributo* deve ser feita nos estritos limites da lei (*"vinculada à lei"*). Embora essa afirmação seja verdadeira, como, aliás, se acha expressamente consignado no início da definição legal de *tributo*, lançada no art. 3º, e, também, no parágrafo único do artigo 142, ambos do Código Tributário Nacional (que estabelece ser o *lançamento* do crédito tributário, ou seja, a apuração e documentação do *"quantum"* a recolher a título de *tributo*, uma atividade administrativa *"vinculada e obrigatória"*), não é exatamente disso, no entanto, que o final do dispositivo trata (até porque seria injustificável que em mais de uma oportunidade o Código dissesse a mesma coisa).

O que o final do art. 3º efetivamente estabelece é que o *tributo*, como um gênero (compreendendo, nos termos do art. 5º do mesmo Código Tributário, o *imposto*, a *taxa* e a *contribuição de melhoria*, como espécies suas), está comprometido (vinculado) com a prestação de serviços públicos (*atividade administrativa*), sendo a *contraprestação* (pecuniária) destes, pelos respectivos beneficiários.

---

[1] *In* "Hipótese de Incidência Tributária", 5ª ed., São Paulo: Malheiros Editores, 1993, p. 117 e segs.

Aliás, alguns autores, certamente influenciados pelo citado GERALDO ATALIBA,[2] equivocadamente classificam os *tributos* em *vinculados* (*"aqueles cuja hipótese de incidência consiste numa atividade estatal"*, – que seriam as *taxas* e as *contribuições em geral*) e *não-vinculados* (*"aqueles cuja hipótese de incidência é um fato ou acontecimento qualquer, não consistente numa atividade estatal"*, – que seriam os *impostos*).

Essa classificação não pode, *"data venia"*, ser aceita, porquanto todas as *espécies tributárias*, inclusive os *impostos*, pressupõem *atividades* ou serviços públicos, sendo, no fundo, a contraprestação destes.

O que efetivamente distingue *uma espécie tributária da outra* (cf. melhor veremos no capítulo seguinte, quando trataremos das espécies tributárias), não é o fato de estarem elas, ou não, *vinculadas a serviços* ou *atividades públicas* (porque, direta ou indiretamente, todas elas estão, sendo, esta, aliás, a sua característica), mas a *maneira da sua vinculação* com a atividade ou serviço público prestado ou colocado à disposição: ou o serviço público é *inespecífico* (não podendo, desde logo, ser definido ou identificado em relação a seu usuário ou consumidor, que é o seu contribuinte) e *indivisível* (não podendo ser dimensionado ou quantificado o seu uso ou consumo em relação a ele) ou o serviço público é *específico* (ao contrário, podendo ser, desde logo, definido e identificado em relação ao seu contribuinte) e *divisível* (podendo ser medido ou dimensionado em relação ao seu contribuinte).

Assim, se o serviço público prestado for *inespecífico* e *indivisível* (sem vinculação direta com seu *contribuinte*, ou seja, é prestado *"ut universi"*, a todos os cidadãos indistintamente, sem equivalência ou proporção, portanto, entre o dinheiro entregue e o serviço recebido), sua contraprestação será um *imposto*; se, no entanto, o serviço público prestado for *específico* e *divisível* (diretamente vinculado ao seu contribuinte, ou seja, é prestado *"ut singuli"*, de forma individualizada, com equivalência, portanto, entre o dinheiro entregue e o serviço recebido), sua contraprestação será uma *taxa*.

De nossa parte, não há diferença estrutural entre *taxa* e *contribuição de melhoria*. A única diferença que vemos está no tipo do serviço: enquanto na *taxa* os serviços são de *consumo imediato*, renováveis a cada novo uso ou consumo, na *contribuição de melhoria* os serviços são de consumo lento, duradouro, ao longo do tempo, irrenováveis, exatamente por consistirem em obra pública, também um serviço público *específico* e *divisível*.

Somente *pessoas jurídicas de direito público* (sejam elas de regime *unitário*, como na França e no Uruguai, não divididos ou fracionados, internamente, em entes públicos administrativos menores, sejam elas de regime *federativo*, como no Brasil, em que coexistem pessoas jurídicas de direito público interno, que são a União, os Estados, o Distrito Federal e os Municípios, genericamente denominados

---

[2] Obra e página citadas.

de *Estado*) podem *instituir* ou *criar tributos* (sempre por meio de *lei*, como adiante melhor veremos). Daí por que dissemos que *tributo* é a contraprestação pecuniária, *compulsória por força de lei*, de serviços públicos, ou seja, instituído em favor do Estado, como contraprestação dos serviços por este prestados.

Há, no entanto, duas outras *arrecadações pecuniárias* compulsórias previstas no Sistema Tributário Nacional, de nosso interesse direto, muito semelhantes ao *tributo*, mas que com ele não se confundem: é o *paratributo* (ou *contribuição parafiscal*) e o *empréstimo compulsório*, os quais adiante analisaremos. Como desde logo já foi possível observar, não concordamos com o pensamento de quem vê, nessas duas últimas figuras, a natureza de *tributo*. São figuras absolutamente diferentes entre si. O que há de comum, entre elas, é, apenas, a *compulsoriedade*, razão pela qual as regras e os princípios jurídicos a todas elas aplicáveis são os mesmos, ressalvadas, obviamente, as regras *especiais* constitucionalmente previstas em relação a cada uma.

### 1.2. Natureza jurídica específica do tributo

Estabelece o Código Tributário:

**Art. 4º:**
**A *natureza jurídica específica*** (de que espécie se trata) ***do tributo*** (se *imposto*, *taxa* ou *contribuição de melhoria*, e, dentre esses, qual deles) **é determinada pelo fato gerador** (o tributo decorre sempre da *prática* de um fato previsto em lei, chamado de *fato gerador*, que é, assim, não só o motivo determinante do nascimento da obrigação de pagá-lo, mas, também, o identificador da espécie tributária sob cobrança) **da respectiva obrigação** (de pagar o tributo), **sendo irrelevantes** (não interessam) **para qualificá-la** (para determinar sua natureza jurídica):

I - a denominação (nome, ou *"nomen juris"*) e demais características formais adotadas pela lei;

II - a destinação legal (que a lei dá) do produto da sua arrecadação (numerário ou dinheiro).

Por essa disposição, identifica-se um *tributo* (de que *espécie* ou *subespécie* se trata) pelo seu *fato gerador*, e não pelo seu *nome* ou *destinação* legais (até porque tanto o *imposto* como a *taxa* visam a contraprestacionar serviços públicos), que nem sempre são os previstos, constituindo esses elementos matéria de *direito financeiro* (que tem por objeto disciplinar as *receitas*, as *despesas*, o *crédito* e o *orçamento público*), e não de *direito tributário* (que disciplina as relações entre o fisco e seus contribuintes, quando aquele exige destes os recursos de *natureza tributária e paratributária*, por extensão). É que, cada obrigação tributária deve ter o seu fato gerador previamente definido por lei. Assim, quando o art. 4º do Código Tributário determina que se examine, em cada arrecadação pecuniária, o fato gerador respectivo, está ele, na verdade, determinando que se pesquise com qual dos fatos geradores previamente definidos se identifica ela, pouco importando o nome que a lei instituidora dê à obrigação.

O Plenário do STF[3] considerou, porém, inconstitucional a elevação da alíquota do ICMS, de 17 para 18%, pela Lei 6.556/89, do Estado de SP, destinando o aumento especificamente à construção de casas populares, restando, contudo, um voto vencido – que, a nosso ver, mais adequado se mostrou à regra do art. 4º do Código Tributário –, para o qual *"a norma inscrita no art. 167, IV, da CF, que veda a vinculação de receita de impostos, com as ressalvas ali inscritas, é norma de direito financeiro e não de direito tributário, com caráter institucional, não gerando para o contribuinte, se descumprida, direito ao não pagamento do tributo"*, sendo conseqüentemente inexigível *"a destinação do imposto, e não este"*, ressalvando, contudo, as *contribuições (parafiscais)* e os *empréstimos compulsórios*, que, por sua natureza, têm destinação própria e específica, como condição de sua criação (cf. arts. 148 e 149 da CF).

Como já dito, as *espécies tributárias* (*impostos, taxas* e *contribuições de melhoria*) serão devidamente estudadas e classificadas no capítulo seguinte.

## 2. Paratributo (ou contribuição parafiscal)

### 2.1. Conceito de paratributo

*Paratributo* (ou *contribuição parafiscal*) é uma contraprestação pecuniária, compulsória por força de lei, de serviços públicos especiais, instituída em favor de *entes de cooperação* criados pelo próprio Estado, geralmente de natureza autárquica. Costuma ser instituído ora como receita própria de tais entes de cooperação, ora como fundos monetários ou financeiros a eles confiáveis para fins de aplicação e utilização nos seus fins institucionais. Aliás, é mais comum, hoje, essa última modalidade.

Assim, **enquanto o tributo** (ou *contribuição fiscal*) **é uma contraprestação pecuniária, compulsória por força de lei, de serviços públicos, legalmente instituída em favor do Estado** (pessoa jurídica de *direito público*), **o paratributo** (ou *contribuição parafiscal*) **é, também, uma contraprestação, com as mesmas características, legalmente instituída, porém, em favor de entes de cooperação seus.** Tais entes são, via de regra, de natureza autárquica, conhecidas como *pessoas jurídicas de direito especial,* exatamente por não serem, nem *pessoas jurídicas de direito público* (União, Estados, Distrito Federal e Municípios), nem *pessoas jurídicas de direito privado* (empresas, tanto públicas como privadas, inclusive as associações e sociedades civis).

Embora tais *imposições* sejam, classicamente, conhecidas como *paratributos* (ou *contribuições parafiscais*), a atual Constituição Federal (1988) os denomina,

---

[3] RE nº 172153-7, de 1º/12/97, DJU de 27/02/98, p. 17, e RDDT nº 32, p. 143/5 e 207. Precedente do STF: RE 183906/SP, Plenário, 18/09/97.

sucintamente, de *"contribuições"* (cf. *"caput"* do art. 149), dividindo-as, porém, em três categorias distintas, conforme a sua origem e destinação, atribuindo à União a sua instituição, *"como instrumento de sua atuação nas respectivas áreas"*, ou seja, como meio para melhor atingir os fins pretendidos, permitindo, no entanto (§ 1º do citado artigo), que também os Estados, o Distrito Federal e os Municípios instituam, no seu interesse, uma delas, como *"contribuição, cobrada de seus servidores, para o custeio, em benefício destes, de sistemas de previdência e assistência social"*.

### 2.2. Espécies ou categorias de paratributos

São as seguintes as três categorias ou espécies de *contribuições parafiscais* (*paratributos*) previstas no citado art. 149 da Constituição, com as respectivas destinações, as quais, contudo, voltarão a ser estudadas quando do exame desse artigo e seus conexos:

a) *"contribuições sociais"*:

a.1) instituíveis pela União, nos termos do art. 195, seja diretamente em favor de entes de cooperação de sua criação para esse fim, geralmente de natureza autárquica, seja na forma de *"fundos pecuniários"* a eles confiados (como a *"contribuição previdenciária"* em favor do INSS, a *"contribuição para o financiamento da seguridade social"* - COFINS, a *"contribuição social sobre o lucro das empresas"*, e a *"contribuição provisória sobre movimentação ou transmissão de valores e de créditos e direitos de natureza financeira"* - CPMF, todas destinadas à *"seguridade social"*, que compreende *"um conjunto integrado de ações de iniciativa dos Poderes Públicos e da sociedade"* visando a *"assegurar os direitos relativos à saúde, previdência e assistência social"*, como previsto nos artigos 194 e seguintes);

a.2) instituíveis pelos Estados, Distrito Federal e Municípios, nos termos do § 1º do art. 149, destinadas a *"sistemas de saúde, previdência e assistência social"* a seu cargo (como, por exemplo, as arrecadadas pelo Instituto de Previdência e Assistência do Estado do RS - IPERGS);

b) as *"contribuições de intervenção no domínio econômico"* (CIDE), instituíveis pela União, destinadas à *"ordem econômica, fundada na valorização do trabalho humano e na livre iniciativa"*, tendo por fim *"assegurar a todos existência digna, conforme os ditames da justiça social"*, segundo previsto nos artigos 170 e seguintes, com recursos, atualmente, no § 4º do art. 177, sobre *"importação ou comercialização de petróleo e seus derivados, gás natural e seus derivados e álcool combustível"*, e destinadas *"ao pagamento de subsídios a preços ou transporte de álcool combustível, gás natural e seus derivados e derivados de petróleo"*, *"ao financiamento de* projetos ambientais relacionados com a indústria do petróleo e do gás", e "ao financiamento de programas de infra-estrutura de transportes"; e

c) as **"contribuições de interesse das categorias profissionais ou econômicas"** (como as legalmente devidas aos Sindicatos, à OAB, ao CRC, ao CREA, ao SENAI, ao SENAC, ao SESI, ao SESC, e a outras entidades de serviço social e de formação profissional, bem como as devidas ao FGTS), também da competência institucional da União.

Retornaremos a essas *contribuições* ao ensejo dos comentários artigos constitucionais que autorizam a sua instituição (art. 149, §§ 1º e 2º, e arts. 177 e 195).

Há um aspecto histórico muito interessante, relativo às citadas *contribuições parafiscais*: às vésperas da entrada em vigor do Código Tributário (estabelecida para 1º de janeiro de 1967), percebeu-se que, ao traçar ele apenas normas gerais relativas ao *tributo* (cf. art. 3º), teria se omitido no tocante aos *paratributos*. Em face disso, e, como tais *imposições* constassem de textos legais em vigor, foi acrescentado ao Código, pelo Decreto-Lei nº 27, de 14/11/66, o art. 217, para deixar evidenciado que não ficavam excluídas a incidência e a exigibilidade (entre outros, de somenos importância) dos seguintes *paratributos* ou *contribuições parafiscais*: a *contribuição sindical* (denominação que passou a ter o *imposto sindical*, até então equivocadamente assim denominado pela Consolidação das Leis do Trabalho), as *quotas de previdência* (hoje *contribuições previdenciárias*) e o *Fundo de Garantia do Tempo de Serviço* (FGTS).

O *paratributo* (ou *contribuição parafiscal*), a exemplo do *tributo* (que tem o *imposto* e a *taxa* como espécies), se apresenta ora como *paraimposto*, quando exigido independentemente de qualquer atividade ou contraprestação específica de serviços por parte do ente público arrecadador (característica do *imposto*, que é contraprestação de serviços públicos *inespecíficos* e *indivisíveis*), como ocorre em relação à contribuição previdenciária paga pelas empresas, que nada recebem diretamente como contrapartida, ora como *parataxa*, quando, ao contrário, exigida como contraprestação de serviços públicos *específicos* (desde logo identificados) e *divisíveis* (entre os respectivos contribuintes, segundo o uso ou consumo do serviço contraprestacionado), característica da *taxa*, como sucede com a contribuição alcançada pelos próprios segurados (assalariados), que efetivamente recebem benefícios previdenciários como contraprestação.

Essa é, também, a posição da doutrina, onde pontificam RUBENS GOMES DE SOUSA e GERALDO ATALIBA, sendo deste último a lição que, a seguir, se transcreve:[4]

"... enseja reconhecer, na chamada contribuição previdenciária, a existência de dois tributos: para o empregador é nitidamente um imposto, é um tributo não vinculado cuja hipótese de incidência consiste em 'remunerar pessoa, contribuinte da previdência social', enquanto que para o empregado trata-se nitidamente de um tributo vinculado, cuja hipótese de incidência consiste em 'ter à disposição a atividade previdenciária do Estado', porque, a qualquer mo-

---

[4] *in* "Comentários ao Código Tributário Nacional", Revista dos Tribunais, 2ª edição, 1985, p. 48.

*mento, o empregado contará com o auxílio-doença, auxílio-enfermidade, aposentadoria, etc. Quer dizer, este serviço previdenciário, mantido pelo Estado, está à disposição desse contribuinte. Portanto, é pela disponibilidade do serviço que ele paga nítida taxa".*

Em outras palavras, quando a *contribuição* é paga pelo *empregador*, equivale aos efeitos do *imposto*, porque nada lhe retorna em benefícios ou serviços públicos. Quando, todavia, é paga pelo *servidor* (segurado), passa ela a constituir, então, legítima e autêntica *taxa*, porque, em contrapartida, o órgão previdenciário lhe retorna benefícios equivalentes, na mesma e exata proporção. Daí por que gozam os *paraimpostos* da mesma imunidade constitucional atribuída aos *impostos*, quando vinculados a entidades de *educação* e de *beneficência* e *assistência social* (cf. art. 150, VI, *"c"*, da CF, embora o § 7º do art. 195 garanta às últimas mera *isenção* ao pagamento da *contribuição à seguridade social*, equivocadamente é claro, porque não cabe à lei constitucional conceder *isenções*, mas *imunidades*, conforme doutrina e precedentes do STF,[5] já que, não instituindo ou criando ela contribuições pecuniárias compulsórias, também não as pode *dispensar*, vale dizer, *isentar*, que é ato típico da lei ordinária, instituidora da arrecadação).

## 3. Empréstimo compulsório

### 3.1. Conceito de empréstimo compulsório

O *empréstimo compulsório é*, igualmente, **uma entrega, obrigatória por força de lei** (de natureza complementar, segundo o *"caput"* do art. 148 da CF)**, de dinheiro aos cofres públicos, em favor de pessoa jurídica de direito público constitucionalmente definida** (atualmente, em favor da União)**, condicionada, porém, à restituição, dentro de certo prazo, na mesma espécie e montante, e acrescido dos rendimentos preestabelecidos.**

Embora sendo uma entrada ou ingresso compulsório de numerário nos cofres públicos, não é, no entanto, uma *receita* no sentido técnico, como o são o *tributo* e o *paratributo*, já que a propriedade respectiva não é, como nestes últimos, transferida ao Estado, remanescendo, pois, com quem empresta. É que, somente se considera *receita* a arrecadação recebida pelo Estado em caráter definitivo, com transferência, a ele, da respectiva propriedade, o que não acontece com o empréstimo compulsório, sujeito à restituição após certo tempo, legalmente estabelecido.

### 3.2. Espécies de empréstimos compulsórios

Segundo se depreende do retrorreferido art. 148 da CF, duas são as espécies de *empréstimos compulsórios*, as quais, no entanto, voltarão a ser examinadas, inclusive quanto aos seus requisitos institucionais, quando do estudo direto desse dispositivo:

---

[5] ROMS nº 22192-9 (DJU de 19/12/96, p. 51802, e RDDT nºs 17, p. 188/9, e 19, p. 105/113), com ementa transcrita nos comentários ao § 7º do art. 195 da CF.

a) as destinadas a *"atender a despesas extraordinárias"* (não previstas no orçamento), *"decorrentes de calamidade pública"* (peste, enchente, granizo, estiagem, etc.), *"de guerra externa ou sua iminência"* (obviamente, com reflexos na economia interna do Brasil);

b) as destinadas a *"investimento"* (aplicação de dinheiro em setores de retorno) *"público"* (da União) *"de caráter urgente"* (que não possa ser deixado para inclusão no orçamento seguinte) *"e de relevante interesse nacional"* (que beneficie a todos, como, por exemplo, a necessidade de construção de uma nova fonte geradora de energia elétrica visando aos interesses nacionais, ou mesmo a construção de uma via ligando vários Estados brasileiros).

## 4. Traços comuns entre o tributo, o paratributo e o empréstimo compulsório

Delineadas, assim, as características do *tributo* (ou *contribuição fiscal*), do *paratributo* (ou *contribuição parafiscal*) e do *empréstimo compulsório*, foi possível observar tratar-se de figuras diferentes entre si, unidas, porém, por um traço comum ou afim: a *compulsoriedade* (decorrente de lei). É, exatamente, por essa razão que a Constituição Federal reúne essas três *imposições* ou *arrecadações pecuniárias compulsórias* num mesmo capítulo, qual seja, do *"Sistema Tributário Nacional"* (arts. 145 a 162).

Portanto, o que há de verdade, visível e notável, diga-se de uma vez por todas, é que as regras e normas jurídicas aplicáveis a essas figuras são, em razão da sua *compulsoriedade*, as mesmas dos *tributos* (que são os mais antigos dessas três imposições), sem, no entanto, confundi-las, até porque é a própria lei constitucional que, a par de traçar-lhes *normas gerais* (*comuns*), ressalva-lhes regras *especiais*, aplicáveis a cada uma. É nas regras *especiais* que se encontram, basicamente, as diferenças entre essas três figuras compulsórias.

Fica, assim, fácil entender porque é que as normas gerais do *direito tributário* levam de arrastão, em sua disciplinação, também o *paratributo* e o *empréstimo compulsório*, sem, no entanto, desnaturar ou descaracterizar cada uma dessas figuras, *que possuem natureza jurídica e peculiaridades próprias*.

## 5. Preço público

Já vimos que somente o ente que detém a condição de Estado pode *impor* (mediante lei) *arrecadações pecuniárias compulsórias* destinadas a contraprestacionar serviços públicos. *Empresas públicas*, portanto, por não deterem a condição de Estado (não são pessoas jurídicas de *direito público*, mas de *direito privado*, com seus atos constitutivos arquiváveis em Juntas Comerciais), embora por este criadas e com capital deste, não detêm essa faculdade. Tais entidades podem, contudo, cobrar, em decorrência da livre vontade das partes (por força de *contratos*, escritos ou verbais), *preços* (chamados de *preços públicos*), como contraprestação do fornecimento de seus bens ou serviços. Não está presente, pois, a compulsoriedade, que caracteriza as *imposições* ou *arrecadações "ex lege"*. Em outras palavras, somente será devido o *preço público* se houver prévia e livre solicitação ou aceitação, pelo interessado, do bem ou serviço respectivo. A simples colocação destes à disposição do possível adquirente, usuário ou consumidor, não é suficiente para gerar a obrigação de pagá-los, diferentemente do *tributo* e do *paratributo*, em que a compulsoriedade existe, por força de lei.

A unidade de medida (para o cálculo) do *preço público* é a *tarifa*, enquanto a unidade de medida do *tributo* (inclusive do *paratributo* e do *empréstimo compulsório*) é, via de regra, a *alíquota*, esta dividida em *específica* (quando o tributo deva ser pago por peça, por peso, por metro, por litro, por atividade, etc.) e *"ad valorem"* (quando deva ser calculado segundo um percentual a ser aplicado sobre a *base de cálculo* ou *valor tributável* do bem).

São exemplos de *preços* (*públicos*) os cobrados pelas seguintes empresas públicas (conhecidas como *estatais*), mas verdadeiras pessoas jurídicas de direito privado: CORSAN (Companhia Riograndense de Saneamento), CEEE (Companhia Estadual de Energia Elétrica), CRT (Companhia Riograndense de Telecomunicações), todas do Estado do RS, e ECT (Empresa Brasileira de Correios e Telégrafos), da União. Tais *arrecadações* decorrentes de contratos (*"ex contractu"*), erroneamente chamadas de *taxas* (*"taxa de ligação"*, *"de religação"*, *"de expediente"*, etc.), não passam de simples *preços públicos*, regidos pelas normas do *direito privado* (civil ou comercial), diferentemente das *contraprestações pecuniárias compulsórias de serviços públicos*, decorrentes de lei (*"ex lege"*), que são regidas pelo *direito público*. Já as *"taxa d'água"* e *"de esgoto"*, quando cobradas pelo DMAE (Departamento Municipal de Água e Esgoto, órgão interno do Município de Porto Alegre, ainda que com autonomia administrativa e financeira e com *"status"* de *autarquia*), são verdadeiros *tributos*, eis que decorrentes de imposição legal por quem detêm a condição de Estado (que, no caso, é o Município).

### 6. Conclusões em torno das figuras analisadas

Resumindo, pode-se dizer, em relação às figuras acima analisadas, que:

a) o **tributo** (ou **contribuição fiscal**), de natureza *compulsória*, é *legalmente* instituído em favor de uma pessoa jurídica de *direito público* (genericamente caracterizada como *Estado*, dividido ou não, como no Brasil, em *pessoas jurídicas de direito público interno*, daí resultando a União, os Estados, o Distrito Federal e os Municípios);

b) o **paratributo** (ou **contribuição parafiscal**), também de *natureza compulsória*, é *legalmente* instituído em favor de *entes de* cooperação criados pelo próprio Estado, geralmente de natureza autárquica, ora como receita própria, ora para a formação de fundos monetários ou financeiros por eles aplicáveis nos seus fins institucionais;

c) o **empréstimo compulsório** é, igualmente, uma entrega, obrigatória por força de lei, de dinheiro aos cofres públicos, em favor de pessoa jurídica de direito público constitucionalmente definida (atualmente, em favor da União), condicionada, porém, à restituição integral, na mesma espécie, no prazo e com os rendimentos preestabelecidos; e

d) o **preço público**, ao contrário de todas as *imposições* ou arrecadações *compulsórias* antes citadas, é de natureza *não-compulsória*, *contratualmente* (voluntária ou facultativa, portanto) ajustado (decorre de um verdadeiro negócio), ainda que verbalmente, entre uma *empresa pública* (criada pelo Estado, mas pessoa jurídica de *direito privado*) e os adquirentes (usuários, compradores ou consumidores) de seus bens ou serviços, obrigando, portanto, ao seu pagamento somente a quem voluntariamente solicitar (contratar) o fornecimento de tais bens ou serviços.

Podemos aduzir, ainda, os seguintes elementos práticos, que levam a um bom entendimento da matéria: as *arrecadações pecuniárias*, legalmente imponíveis como *contraprestação de serviços públicos*, têm, como *devedor originário*, um *contribuinte* e, como *unidade de medida* (utilizada para a apuração do respectivo cálculo), a *alíquota*, sendo disciplinadas pelas normas do direito público (tributário), de aceitação *compulsória*, portanto, enquanto o *preço público*, tem como *devedor originário*, um *cliente* ou *consumidor*, e, como *unidade de medida*, a *tarifa*, sendo disciplinado pelas normas do direito privado (civil e comercial), de aceitação ou adesão *facultativa*, portanto.

## 7. Divisão clássica das receitas públicas

Há, a propósito do assunto, uma clássica divisão das *"receitas públicas"* (expressão que, como vimos, não inclui os *empréstimos compulsórios*, por não se enquadrarem eles como *"receitas"*, já que sujeitos à restituição após certo prazo), em *originárias* e *derivadas*. As primeiras são as provenientes ou oriundas de bens do Estado, obtidas por meio da exploração do seu próprio patrimônio, enquanto as últimas são provenientes de imposições junto a particulares. Essa classificação, contudo, não é científica, porque, afinal, todas as receitas públicas têm sua origem no patrimônio dos particulares.

# Capítulo II

# ESPÉCIES TRIBUTÁRIAS

## 1. Generalidades

Vimos, no capítulo anterior, de uma maneira genérica, os **tributos** e suas figuras afins (o **paratributo** ou **contribuição parafiscal** e o **empréstimo compulsório**), todas unidas por um traço comum, que é a *compulsoriedade por força de lei*, e suas profundas diferenças com os *preços públicos*, decorrentes de contratos, de *natureza não-compulsória*, portanto.

Faremos, agora, o exame das *espécies tributárias* à vista dos textos legais, da doutrina e da jurisprudência, que são, segundo o Código Tributário:

**Art. 5º:**
*Os tributos são* (apenas) ***impostos, taxas e contribuições de melhoria.***

Por aí fica claro, segundo já enfatizamos, que os *paratributos* (ou *contribuições parafiscais*) e os *empréstimos compulsórios* não são *tributos*, ainda que muitos autores os incluam nestes.

O que há, em relação a essas figuras – nunca é demais repetir –, é que as regras jurídicas a elas aplicáveis são as mesmas, em razão do traço comum que as une: a *compulsoriedade*. Tão clara é essa conclusão que a Constituição Federal, embora reunindo-as num mesmo capítulo (*"Do Sistema Tributário Nacional"*) para os efeitos de submetê-las a *normas gerais* (comuns a todos os entes ou pessoas jurídicas de direito público interno), lhes ressalva individualmente, sempre que necessário, *regras especiais*, *próprias*, aplicáveis a cada uma delas: no art. 145 trata, basicamente, dos *tributos* (ou *contribuições fiscais*); no art. 148, dos *empréstimos compulsórios*; e, no art. 149, dos *paratributos* (ou *contribuições parafiscais*).

## 2. Imposto

### 2.1. Conceito e características do imposto

A Constituição Federal apresenta a seguinte regra genérica relativamente à competência para a sua instituição de impostos:

**Art. 145:**
*A União, os Estados, o Distrito Federal e os Municípios poderão instituir* (mediante *lei ordinária*, exceto a União, que pode criar os da sua competência também mediante *medida provisória*, menos os da sua competência *residual*, previstos no art. 154, I, que devem ser mediante *lei complementar*) *os seguintes tributos* (gênero)*:*
*I - impostos.*

Por essa *definição constitucional de competências*, todas as pessoas jurídicas de direito público interno acham-se autorizadas (é mera faculdade, tanto que, até hoje, a União não a usou relativamente ao imposto sobre grandes fortunas - IGF -, de sua competência), a instituir (criar, mediante *lei*) *impostos*, os quais se encontram nominados, por destinatário, nos artigos 153 e 154 (os da União), 155 (os dos Estados e do Distrito Federal) e 156 (os dos Municípios), do texto constitucional, sem prejuízo da cumulação de competências prevista no art. 147.

Determina a Constituição Federal (art. 146, III, *"a"*) que cabe à lei complementar (Código Tributário) definir não só o que seja *tributo*, mas, também, suas *espécies*.

Assim restou definido, pelo Código, o *imposto*:
**Art. 16:**
*Imposto é o tributo cuja obrigação* (dever de pagar) *tem por fato gerador* (causa legalmente prevista para tanto) *uma situação* (fato) *independente* (sem vinculação direta) *de qualquer atividade* (serviço) *estatal* (público, do Estado) *específica* (previamente prevista e definida) *relativa ao contribuinte* (a quem o deve pagar).

Em outras palavras, ***imposto é a contraprestação pecuniária, compulsória por força de lei, de serviço público*** (prestado pelo Estado) ***inespecífico*** (não definido desde logo, não se sabendo assim qual é ou será) ***e indivisível*** (sem qualquer proporção ou equivalência entre o dinheiro que se entrega a esse título e o serviço público prestado ou recebido) ***em relação ao respectivo contribuinte*** (que o paga, por ter praticado o respectivo fato gerador).

Paga-se, assim, a título de *imposto* (e essa é a sua característica), por um serviço público destinado a todos os cidadãos, indistintamente (seja ele relacionado com segurança, saúde, educação ou qualquer outro tipo, mas que o contribuinte não sabe, desde logo, qual é ou será), não havendo, por outro lado, qualquer proporção, equivalência, ou medida exata, entre o dinheiro que se entrega e o serviço que se recebe. Exemplos de impostos: imposto sobre a renda e proventos de qualquer natureza (IR), imposto sobre produtos industrializados (IPI), imposto sobre circulação de mercadorias e serviços de transporte interestadual e de comunicação (ICMS), imposto sobre a propriedade de veículos automotores (IPVA), imposto sobre a propriedade predial e territorial urbana (IPTU), imposto sobre serviços de qualquer natureza (ISS ou ISSQN). Pagando-se esses impostos, tem-se como certo que serão eles revertidos, através de serviços, em favor de todos os cidadãos, mas, especificamente, não é possível afirmar que o próprio contribuinte seja dos mesmos beneficiado na exata proporção do pagamento feito.

## 2.2. Regras constitucionais relativas à definição do "fato gerador", "base de cálculo" e "contribuinte" dos impostos (extensivas aos "paraimpostos" e "empréstimos compulsórios")

A Constituição Federal não *cria tributos* (ou quaisquer outras *arrecadações pecuniárias compulsórias*, previstas no seu Sistema Tributário). Apenas *autoriza* a sua instituição, traçando-lhes as *regras* e *limites* respectivos. Em outras palavras, a lei constitucional apenas *define* e *limita* competências para a sua instituição ou criação.

*Definir competências* significa dizer qual a pessoa jurídica de direito público interno (União, Estado, Distrito Federal ou Município) autorizada a instituir (impor, mediante lei) determinada *arrecadação compulsória*, enquanto *limitar competências* significa impor, a cada uma dessas pessoas jurídicas de direito público competentes para a sua instituição, as necessárias condições, freios e restrições (*limites*), vale dizer, como e até onde pode ser usada a competência institucional (criadora) e exacional (cobradora).

Cabe, aqui, lembrar que, no capítulo anterior (item 4), afirmamos serem o *tributo* (ou *contribuição fiscal*), o *paratributo* (ou *contribuição parafiscal*) e o *empréstimo compulsório* figuras distintas entre si, unidas, porém, por um traço comum ou afim, qual seja, a *compulsoriedade* (decorrente de lei), sendo por essa razão que a Constituição Federal as reúne no mesmo capítulo (*"Do Sistema Tributário Nacional"*, arts. 145 a 162), traçando-lhes regras jurídicas, às vezes *gerais* (comuns) e, às vezes, *especiais* (próprias a cada uma), sem, no entanto, confundi-las, ficando, pois, fácil entender porque é que as *normas gerais do direito tributário* levam de arrastão, também, o *paratributo* e o *empréstimo compulsório*, sem, no entanto, desnaturá-los ou descaracterizá-los.

Assim, quando a lei constitucional impõe *limitações ao uso da competência tributária*, na verdade são elas também extensivas a *todas as imposições pecuniárias compulsórias* previstas no seu Sistema Tributário (*tributos, paratributos e empréstimos compulsórios*), funcionando a expressão *"limitações constitucionais ao poder de tributar"* como abrangente de todas elas.

Aliás, convém aqui advertir, para melhor entender o ponto do qual estamos tratando, que o direito tributário possui inúmeras (cerca de dez) *fontes formais* (de onde emana ele), cada uma com funções próprias e bem definidas, que serão analisadas em capítulo próprio, mas em relação ao qual desde já adiantamos os seguintes dados relativamente às citadas *fontes*:

a) a **lei constitucional** apenas *define* e *limita* competências para a instituição ou criação das *arrecadações pecuniárias compulsórias* previstas no seu Sistema Tributário;

b) a **lei complementar** (à *lei constitucional*, que é, basicamente, o CTN) também não institui ou cria tais *arrecadações* de natureza contraprestacional de serviços públicos, mas *"complementa"* as exigências a elas relativas, previstas no texto constitucional;

c) o **decreto legislativo federal** apenas aprova, para aplicação interna (no Brasil), tratados e convenções internacionais celebrados pelo Presidente da República, enquanto o *decreto legislativo estadual* apenas aprova, também para aplicação interna (em seus territórios), convênios internos, celebrados entre a União, Estados, Distrito Federal e Municípios;

d) a **resolução do Senado Federal** apenas define, para utilização da lei instituidora da arrecadação, as alíquotas utilizáveis para determinados impostos (ITCD e ICMS, ambos da competência estadual e do Distrito Federal);

e) a **lei** (*ordinária, comum* ou *específica*, de cada um dos entes tributantes), esta sim, é a verdadeira lei instituidora ou criadora da arrecadação pecuniária compulsória, sendo a ela equiparada (tem força de lei ordinária) a **medida provisória**, quando admitida (que, conseqüentemente, tem as mesmas funções na esfera federal);

f) o **decreto regulamentar** (do Poder Executivo de cada poder tributante) apenas define e esclarece o modo como devem os agentes da administração pública aplicar a lei instituidora da arrecadação pecuniária compulsória, sem contudo alterá-la (não podendo criar obrigações ou direitos novos, não contemplados na lei visada regulamentar).

As demais fontes (*atos normativos* ou *administrativos*, como portarias, ordens de serviços, etc., bem como as *decisões administrativas* com eficácia normativa, as *práticas administrativas* reiteradamente observadas pelas autoridades fiscais, e os *convênios internos*), não têm interesse, por ora.

Pois, há, na Constituição Federal, uma parte especialmente dedicada às *limitações ao poder de tributar* (Seção II, do Capítulo I, do Título VI, compreendendo os arts. 150 a 152), impondo à lei instituidora as necessárias condições e freios ao uso da competência *institucional* (criadora) e *exacional* (cobradora). Encontram-se expressamente previstas como tais, entre outras de menor importância, a observância:

a) por *todos os entes* autorizados a impor *arrecadações pecuniárias compulsórias* previstas no *"Sistema Tributário Nacional"*, dos princípios da *reserva da lei* ou da *legalidade*, da *isonomia*, da *irretroatividade*, da *anterioridade*, do *não-confisco*, da *imunidade* ou *vedação à instituição de imposto sobre determinadas situações da incidência* (art. 150);

b) pela *União*, do princípio da *uniformidade geográfica*, vedando-lhe a instituição de tributos que não sejam uniformes em todo o território nacional, bem como do *princípio da não-intromissão em matéria tributária alheia*, vedando-lhe instituir isenções de tributos que não sejam da sua competência privativa (art. 151); e

c) pelos *Estados, Distrito Federal* e *Municípios*, do princípio da *indiscriminação tributária de bens e serviços, de qualquer natureza, em razão da sua procedência ou destino*, etc. (art. 152).

Contudo, em vários outros dispositivos se ocupa a lei constitucional de *outras condições ou restrições*, que, igualmente, funcionam como verdadeiras *limitações (constitucionais) ao poder de impor as arrecadações pecuniárias* previstas no seu Sistema Tributário. Assim acontece, além de outras inúmeras previsões nesse sentido, quando estabelece ela (em seu art. 146, II, *"a"*) que o *fato gerador* (situação, legalmente prevista, capaz de, pela sua prática, ensejar o nascimento da obrigação tributária), a *base de cálculo* (valor tributável) e o *contribuinte* (devedor originário) dos *impostos* devem ser previamente definidos por *lei complementar* (isto é, *lei complementar* à Constituição), o que, em relação aos *impostos*, de há muito já foi levado a efeito pelo Código Tributário (arts. 19 a 76) e por outras leis complementares, como o DL nº 195/67 (sobre contribuição de melhoria), o DL nº 406/68, alterado pelo DL nº 834/69 e pela LC nº 56/87 (sobre ISS), a LC nº 87/96 (sobre ICMS), etc.

Todavia, conforme já afirmamos, as regras e normas *gerais* do *direito tributário* são constitucionalmente aplicáveis a todas as *arrecadações pecuniárias compulsórias* previstas no Sistema Tributário Nacional, pelo que também à lei complementar cabe definir previamente o *fato gerador*, a *base de cálculo* e o *contribuinte* dos *paraimpostos* (espécie do *paratributo*, equivalente aos *impostos*, que não traduz benefício direto ao respectivo contribuinte, diferentemente da *parataxa*, espécie que retribui benefícios a quem a alcança, como a contribuição previdenciária paga pelo empregado, como já visto no item 2 do Capítulo I, deste livro) e dos *empréstimos compulsórios*, o que, de resto, está, pelo menos em relação às *contribuições parafiscais*, expresso no art. 149 da CF, ao determinar que elas devem observar o disposto no inciso III do seu art. 146.

Assim, ao serem instituídos os *impostos* (inclusive os *paraimpostos* e os *empréstimos compulsórios*), não pode o poder público, ao usar da sua competência institucional, *inventar* ou *criar* livremente seus *fatos geradores, bases de cálculo* e *contribuintes*, devendo limitar-se a adotar os que já lhes tiverem sido previamente definidos e colocados à disposição mediante lei complementar.

### 2.3. Regras constitucionais relativas à fixação das "alíquotas" dos impostos (e dos paraimpostos e empréstimos compulsórios)

Como já dissemos, a Constituição Federal não institui ou cria *tributos* (ou quaisquer outras *arrecadações pecuniárias compulsórias* previstas no seu Sistema Tributário). Apenas *autoriza* a sua instituição, por quem de direito, *traçando-lhes as regras, condições e limites respectivos*. Em outras palavras, a lei constitucional apenas *define* e *limita* competências tributárias.

Vimos, contudo, no item anterior, que cabe à *lei complementar* (à lei constitucional), por força do art. 146, III, *"a"*, da CF, definir o *fato gerador*, a *base de cálculo* e o *contribuinte* dos *impostos* brasileiros (bem como dos *paraimpostos* e dos *empréstimos compulsórios*), e que tais imposições são, também, verdadeiras *limitações constitucionais* ao poder institucional (criador) e exacional (cobrador), observáveis pela lei instituidora, tal como claramente deflui do art. 6º do Código Tributário.

Mas não é só: também no tocante às *alíquotas* (elementos que dimensionam e quantificam a obrigação tributária) dos *impostos* (bem como dos *paraimpostos* e dos *empréstimos compulsórios*, nos termos do exposto no final do item 2.2, retro), traça a lei constitucional normas e limitações rígidas a respeito, delas não podendo a lei instituidora do tributo abrir mão ou se desviar, tal como claramente deflui do art. 6º do Código Tributário. Aliás, tecnicamente, somente *impostos* (e *paraimpostos* e *empréstimos compulsórios*) comportam o dimensionamento do seu *"quantum"* a pagar mediante a utilização de *alíquotas*, porque o valor da *taxa* deve corresponder ao efetivo uso ou consumo do serviço respectivo, enquanto a *contribuição de melhoria* deve corresponder ao rateio do custo da obra pública, segundo o benefício recebido.

*Alíquota* vem da aglutinação das palavras latinas *"alis"* (*alguns*) + *"quot"* (*quantos*), significando *fração, porção, parte ou partes de um todo*. No direito tributário, tem o sentido de *unidade de medida*, em dinheiro, que tem por fim quantificar a parcela a recolher aos cofres públicos, por força de lei e da prática de um fato gerador, a título de *imposto* (ou de qualquer outra arrecadação pecuniária compulsória), sobre o valor econômico (chamado de *valor tributável* ou *base de cálculo*) desse fato.

Pode a *alíquota* ser:

a) **específica** (ou *fixa*), sempre que o *"quantum"* a recolher deva ser, por força de lei, *por unidade* (por peça, peso, litro, metro, tamanho, barril, volume, atividade, etc.); e

b) *"ad valorem"*, quando o montante a recolher deva ser um *percentual* sobre o valor, legalmente definido, do bem tributado (conhecido como *valor tributável*).

Consiste a alíquota *específica* (ou *fixa*), assim, num valor certo e determinado a recolher, que não leva em conta a expressão quantitativa da *matéria tributável*, bastando que o fato gerador exista. É o caso de certos Municípios, que cobram o ISS dos profissionais liberais em quota ou valor anual certo e determinado, igual para todos, independentemente do volume do serviço prestado e do montante do rendimento auferido, bastando, para tanto, o *exercício da atividade*.

A alíquota *"ad valorem"*, por sua vez, pode ser, ou **proporcional**, ou **progressiva**.

**1. Será proporcional** (a alíquota *"ad valorem"*) quando estabelecida, para determinado imposto, em *percentual constante* (que pode ser *único* para todos os fatos ou situações, ou *variável, diferenciado* ou *seletivo* de acordo com as características do bem tributado, caso em que, todavia, somente um deve ser utilizado de cada vez), a ser aplicado sobre o valor definido como *base de cálculo* ou *tributável*, constituindo valor a pagar (montante da obrigação), em cada caso, o resultado dessa aplicação, que, assim, poderá ser maior ou menor, dependendo da variação, para mais ou para menos, do *valor tributável* (mas a *alíquota* a ser utilizada é sempre a mesma).

São exemplos de alíquotas *proporcionais*:

a) de **percentual único**: as utilizadas para o ITBI, sempre de 3% (como no Município de Porto Alegre, ou sempre de 2%, como nos demais Municípios do Estado do RS), aplicável sobre o valor venal (de venda, segundo a cotação do mercado) de qualquer bem imóvel alienado, bem como as chamadas *alíquotas progressivas no tempo*, a título de IPTU (na previsão do § 1º do art. 156, combinado com o art. 182, § 4º, II, da CF), sobre *solo urbano* (portanto, somente *territorial*) *não edificado, subutilizado* ou *não utilizado* (que não esteja cumprindo sua *função social* por não atender às exigências fundamentais de ordenação da cidade, expressas no seu plano diretor), nos casos em que, nos termos de lei federal (genérica) e municipal (específica), após devidamente intimado a *parcelá-lo* ou *edificá-lo*, seu proprietário não promova seu adequado aproveitamento dentro de certo prazo, alíquotas essas que a cada novo fato gerador (estando aí a progressão no tempo), hoje anual, substituem as do fato gerador (anual) imediatamente anterior, até que as providências sejam adotadas pelo proprietário, sendo, no entanto, uma só a (alíquota) anualmente aplicável para cada imóvel;

b) de **mais de um percentual** (*múltiplos, diferenciados* ou *seletivos*): as utilizadas pelo IPI, que, na previsão do art. 153, § 3º, I, da CF, *devem ser seletivas* (menores ou maiores, segundo a essencialidade dos produtos sujeitos ao tributo), e as utilizadas pelo ICMS, em que, na previsão do art. 155, § 2º, III, da CF, *podem ser seletivas* (também menores ou maiores, conforme a importância da mercadoria), de tal forma que, num e noutro dos citados impostos, cada produto terá o seu próprio *percentual* ou *alíquota*.

**2. Será progressiva** (a *alíquota "ad valorem"*) quando, para cada fato ou situação tributável, for estabelecido *mais de um percentual* para o mesmo imposto, ora em ordem *crescente* ou *ascendente* (de 0% em diante), ora em ordem *decrescente* ou *descendente* (em escala inversa), a serem aplicados sobre o valor definido como *base de cálculo* ou *tributável*, para esse fim dividida em *faixas* (*de valores*), cabendo a cada faixa um *percentual* próprio (maior ou menor que o da faixa imediatamente anterior, conforme seja *crescente* ou *decrescente*). Na prática, as *alíquotas* são dispostas numa *tabela*, chamada *progressiva*, semelhante a esta (de poucas alíquotas):

| Faixas de valores | Alíquotas |
|---|---|
| Até R$ 1.058,00 | Isento |
| De R$ 1.058,01 a R$ 2.115,00 | 15,0% |
| De R$ 2.115,00 em diante | 27,5% |

Há duas maneiras diferentes de aplicar, para efeitos de cálculo do montante do *imposto* a pagar, a tabela *de alíquotas progressivas* (pouco importando sejam estas *crescentes*, ou *decrescentes*), tudo dependendo do *sistema* e da *política fiscal* constitucionalmente adotada (autorizada):

a) de **forma gradual** (*vários cálculos sucessivos*, por etapas, graus ou degraus); e

b) de **forma simples** (*cálculo único*).

A primeira forma de cálculo é, hoje, a **regra** adotada pela Constituição Federal, e, a segunda, a **exceção**, ou seja, se a lei constitucional não permitir expressamente a adoção da forma *simples* de cálculo do imposto, será ela, necessariamente, *gradual*.

O cálculo será, pois, *simples*, quando se deve adotar apenas a *alíquota* prevista para a faixa na qual se enquadra o valor a tributar, tendo-se, como montante devido, o que resultar da aplicação dessa (*única*) alíquota, como a seguir se fará, querendo-se tributar R$ 3.500,00 mediante utilização da tabela apresentada:

R$ 3.500,00 x 27,5% = R$ 962,50 (que é o total a pagar).

A maneira de cálculo será, pois, *gradual*, quando *uma a uma* das alíquotas previstas para o valor a tributar devem ser utilizadas, tendo-se, assim, como montante devido, o valor que resultar da soma de todos os cálculos parciais sucessivamente efetuados, como a seguir:

a) os primeiros R$ 1.058,00 nada pagam = R$ 0,00;
b) os seguintes R$ 1.057,00 pagarão 15% = R$ 158,55;
c) os restantes R$ 1.385,00 pagarão 27,5% = R$ 380,87;
d) total R$ 3.500,00 = R$ 539,42 (a pagar).

A *progressão crescente gradual* é, em princípio, utilizada para aplicar-se, nos *impostos*, o princípio da *capacidade contributiva*, ou seja, *quem mais pode, mais deve contribuir*, mas de forma sempre *gradativa*. Aliás, sendo a *progressão* uma *sucessão de alíquotas variáveis* (tanto as *ascendentes* como as *descendentes*), é incorreto denominar, como muitos o fazem, de *regressivo* o *imposto* que deve ser calculado mediante utilização de *alíquotas decrescentes*, devendo ser dito, em qualquer circunstância, *imposto progressivo – crescente* ou *decrescente –*, conforme o caso.

A forma (progressiva) **gradual** de cálculo é utilizada pela atual lei do IR (por força do disposto no § 2º, I, parte final, do art. 153, e do § 1º do art. 145, ambos da CF), sendo que a tabela respectiva costuma ser divulgada, *para fins de cálculo prático*, com o acréscimo de mais uma coluna, chamada de *"dedução"*, que é, na verdade, o valor a ser *descontado* do resultado da multiplicação da alíquota prevista para a faixa onde se encontra o valor a tributar, correspondendo, assim, na prática, à diferença, havida nas faixas anteriores, de tributação menor. Assim, ao invés de efetuar-se vários cálculos (faixa por faixa), utiliza-se somente uma alíquota (a prevista para o valor a tributar), *deduzindo-se* do resultado da sua aplicação, porém, a soma dos valores tributados com alíquotas menores nas faixas anteriores, chegando-se, por outro caminho, ao mesmo resultado. Acrescentando-se à tabela acima a 3ª coluna, nos moldes práticos da Receita Federal, fica ela assim, em que o resultado será sempre o mesmo (R$ 3.500,00 x 27,5% menos R$ 423,08 = R$ 539,42):

| Faixas de valores | Alíquotas | Dedução |
|---|---|---|
| Até R$ 1.058,00 | Isento | 0,00 |
| De R$ 1.058,01 a R$ 2.115,00 | 15,0% | 158,70 |
| De R$ 2.115,00 em diante | 27,5% | 423,08 |

Em face da *política tributária* adotada pela Constituição Federal em vigor, a mesma forma *gradual* de cálculo (e não a *simples*), é que, em nosso entender, deve ser utilizada pelo IPTU *progressivo crescente* autorizado pelos incisos I ("*em razão do valor do imóvel*") e II (com alíquotas *diferenciadas* em razão , e do "*uso do imóvel*"), do § 1º do art. 156 (com a redação que lhe deu a Emenda Constitucional nº 29, de 13/09/2000).

Essa cobrança, via *progressão crescente gradual de alíquotas*, é nitidamente de *natureza fiscal*[6] (visando, tão-somente, à busca dos recursos financeiros necessários aos Municípios), não devendo ser confundida com a cobrança via *progressão de alíquotas no tempo*, de *natureza extrafiscal*, para o mesmo imposto, permitida pela mesma Emenda Constitucional, que, além de se preocupar com a busca de recursos financeiros necessários, visa, *também*, a desestimular a manutenção de áreas urbanas *não edificadas*, *subutilizadas* ou *não utilizadas*, nas condições do art. 182, § 4º, II, da CF. Essa *progressão, no tempo*, ao contrário da *progressão crescente gradual*, é feita por meio de *alíquota proporcional* (*única*, portanto) que, a cada novo fato gerador (hoje anual), é substituída por outra, maior, enquanto não for dada, pelo proprietário respectivo, a adequada utilização ao solo urbano.

Já a forma **simples** de cálculo (aplicação de *uma única alíquota* da tabela *progressiva*), por sua vez, embora hoje utilizada pelo Estado do RS na cobrança do seu ITCD (que, via tabela *progressiva crescente*, chega, a partir de certo valor tributável, à elevada alíquota, *única*, de 8% sobre o valor do bem transmitido por herança ou por doação), não encontra, a nosso ver, respaldo constitucional. Aliás, a cobrança desse imposto não se acha, pela *política fiscal* constitucionalmente adotada, nem para cálculo na forma *gradual*, porque, tal como ocorre com o ITBI (cuja progressividade já foi julgada inconstitucional pelo STF,[7] ao reconhecer que

---

[6] vide "9ª classificação dos impostos", no subitem 2.4, a seguir, que trata da "classificação dos impostos"

[7] RE nº 234105-3/SP, Sessão Plenária, 08/04/99, unânime, DJU de 31/03/2000, p. 61, e RDDT nº 57, p. 160/166.

*"a Constituição Federal não autoriza a progressividade das alíquotas, realizando-se o princípio da capacidade contributiva proporcionalmente ao preço da venda"*), não se trata de imposto *pessoal*, mas de *imposto real*, não se lhe aplicando, via de conseqüência, o § 1º do art. 145 da CF. Aliás, pensando tratar-se de *imposto pessoal*, o Senado Federal estabeleceu para o ITCD, de forma absolutamente equivocada, a alíquota máxima de 8%, à evidência confiscatória, principalmente quando se o calcula de forma *simples* (como o vem fazendo o referido Estado). Cabia-lhe, isso sim, fixar a *alíquota máxima única*, instituível e cobrável no Brasil, e que, a nosso ver, não pode exceder a 3%, fazendo-se analogia com o ITBI, que tem nesse percentual a maior alíquota brasileira.

Importante, contudo, é ter presente que, se nada a respeito do *tipo de alíquota utilizável* for determinado pela lei constitucional (se *fixa, proporcional* ou se *progressiva*), necessariamente há de ser ela sempre *proporcional* (uma *única* para cada fato ou situação tributável), porquanto é essa a *política fiscal* por ela adotada, tal como claramente deflui do confronto e da integração lógica dos seus dispositivos, sendo a *progressividade* aplicável tão-somente para os chamados *impostos pessoais*, e, assim mesmo, a do tipo *gradual*, não havendo hoje, na Constituição Federal, como se disse, nenhuma autorização para a utilização da *progressividade* do tipo *simples*. A única exceção, hoje constitucionalmente admitida, para a adoção de alíquotas *progressivas graduais*, para impostos de natureza *real*, é a relativa ao IPTU de *natureza fiscal*, prevista nos incs. I e II do § 1º do art. 156, com a nova redação que lhe deu a Emenda Constitucional nº 29, de 13/09/2000, permitindo que o imposto seja *"progressivo em razão do valor do imóvel"*, e que tenha *"alíquotas diferentes de acordo com a localização e o uso do imóvel"*, garantida ainda, em relação a esse imposto (mas só para o *territorial*), a adoção de alíquota de *natureza extrafiscal, progressiva no tempo* (que substitui, a cada novo fato gerador, hoje anual, a do fato gerador imediatamente anterior, mas sempre *proporcional, única*), para o proprietário de *solo urbano não edificado, subutilizado* ou *não utilizado*, enquanto não promover ele o seu aproveitamento adequado.

O critério de fixação das *alíquotas* – se *fixas* ou se *"ad valorem"* (*proporcionais* ou *progressivas*, respectivamente) – utilizáveis (pela lei instituidora) para a apuração do *"quantum"* a pagar a título de *imposto* (e de *paraimposto*), depende sempre, como já se disse, da *política fiscal* constitucionalmente adotada. A matéria está, hoje, assim disciplinada pela Constituição Federal:

    a) pelo art. 145, § 1º, impõe-se que, *"sempre que possível os impostos terão caráter pessoal, e serão graduados segundo a capacidade econômica do contribuinte"*, isto é, devem atender à *capacidade contributiva* de quem o deve pagar, pelo que se sujeitam a *alíquotas progressivas crescentes* (mais de uma, em ordem *ascendente*), aplicáveis de forma *gradual* (uma a uma, até atingir-se o valor a ser tributado, constituindo imposto a pagar a soma do resultado dessa sucessiva aplicação), regra essa válida, contudo, segundo o STF, somente para os chamados *"impostos pessoais"* (em que, hoje, somente se enquadra o IR), a ela não se sujeitando, conseqüentemente, os chamados *"impostos reais"* (ITBI, ITCD, ICMS, IPI, ISS, etc.), aos quais somente se aplicam *alíquotas proporcionais* (de percentual *único* ou *diferenciado*, conforme determinar a lei constitucional, porém uma só para cada fato ou situação da mesma natureza), exceção hoje feita, tão-somente ao IPTU, também agraciado por *alíquotas progressivas graduais*, em face da Emenda Constitucional nº 29, de 13/09/00 (cf. letra *"e"*, logo a seguir), não por ser imposto de *natureza pessoal* (que não é), mas *por extensão*, a ele, de benefício equivalente;

b) pelo art. 153, § 1º, *faculta-se* ao Poder Executivo da União, atendidas as condições e os limites estabelecidos em lei, alterar (por *decreto autônomo* ou *independente*) as *alíquotas* do II (imposto de importação), do IE (imposto de exportação), do IPI (imposto sobre produtos industrializados) e do IOF (imposto sobre operações financeiras); *exige-se* que o IR seja, também, informado pelo critério da *progressividade*, na forma da lei, devendo, pois, suas *alíquotas* ser *graduadas* segundo a capacidade contributiva de cada um, regra essa aplicável tanto às pessoas naturais (ou físicas) quanto às jurídicas (art. 153, § 2º); *impõe*-se que o IPI seja *seletivo*, devendo ser adotadas, para cada produto, *alíquotas* menores ou maiores (*diferenciadas*, portanto, umas das outras), conforme a sua *"essencialidade"*, ou seja, quanto mais supérfluo ou desnecessário o produto para o consumo ou uso industrial ou humano, maior será a sua *alíquota* (art. 153, § 3º); e *impõe-se* que o ITR tenha suas *alíquotas* fixadas de forma a desestimular a manutenção de propriedades improdutivas, vale dizer, há de se tributar com maior peso aquelas que não atenderem às finalidades de exploração rural (art. 153, § 4º);

c) pelo art. 155, § 1º, IV, *exige-se* que o ITCD tenha suas *alíquotas máximas* fixadas, em nível nacional, por Resolução do Senado Federal;

d) pelo mesmo art. 155, *faculta-se*, a critério de cada ente tributante (Estados e Distrito Federal, que farão a opção em suas Constituições Estaduais e Lei Orgânica, respectivamente), que o ICMS seja *seletivo*, de tal forma que, quanto mais *essencial* for a mercadoria para o uso ou consumo, menor será a sua *alíquota* (§ 2º, inciso III); *exige-se* que Resolução do Senado Federal estabeleça as *alíquotas* aplicáveis ao ICMS, relativamente às operações e prestações interestaduais e de exportação (§ 2º, inciso IV); *faculta-se* ao Senado Federal estabelecer, mediante Resolução, *alíquotas mínimas* aplicáveis ao ICMS, relativamente às operações internas (dentro do território de cada Estado), e, *alíquotas máximas*, nas mesmas operações, para resolver conflito específico que envolva interesse dos Estados (§ 2º, inciso V); e *exige-se* que, para os combustíveis e lubrificantes sujeitos à *incidência única* nas operações *interestaduais não imunes*, as *alíquotas* do ICMS sejam definidas mediante Convênio e uniformes para todo o território nacional, podendo ser *específicas* (por unidade de medida adotada) ou *"ad valorem"* (incidindo sobre o valor da operação ou sobre o preço que o produto ou seu similar alcançaria em uma venda em condições de livre concorrência), inclusive diferenciadas por produto (§ 4º, IV);

e) pelo art. 156, § 1º, *permite-se*, a partir da Emenda Constitucional nº 29, de 13/09/2000, que as *alíquotas* (*de natureza fiscal* do IPTU sejam *progressivas* em razão do *valor* do imóvel e *diferenciadas* em função da sua *localização* e *uso* (incisos I e II);

f) pelo mesmo art. 156, § 1º, combinado com o art. 182, § 4º, II, faculta-se ao Poder Público Municipal exigir, mediante lei específica para área incluída no plano diretor, do proprietário do solo urbano *não edificado, subutilizado* ou *não edificado*, que promova, nos termos de lei federal (nº 10.257, de 10/07/01, conhecida como *"Estatuto da Cidade"*), seu adequado aproveitamento, sob pena, sucessivamente, de parcelamento ou edificação compulsórios e de pagamento de *imposto territorial urbano progressivo no tempo*, isto é, substituindo-se, a cada novo fato gerador (que hoje é anual), a alíquota do ano imediatamente anterior, por outra, maior, até que a haja, pelo seu proprietário, o adequado aproveitamento do imóvel;

g) pelo art. 156, § 3º, atribui-se à Lei Complementar o encargo de fixar as *alíquotas máximas* aplicáveis ao ISS (até hoje, infelizmente, não fixadas, permitindo-se a rotineira guerra fiscal entre Municípios que, muitas vezes, abusam do poder de tributar);

h) pelo art. 149, § 2º, III, acha-se definido que *"as contribuições sociais e de intervenção no domínio econômico"* (não abrangendo, portanto, as *"contribuições de interesse das categorias profissionais ou econômicas"*, como as legalmente devidas aos Sindicatos, à OAB, ao CRC, ao CREA, ao SENAI, ao SENAC, ao SESI, ao SESC, e a outras entidades de serviço social e de formação profissional, bem como as devidas ao FGTS), *poderão ter alíquotas "ad valorem"* (tendo por base o faturamento, a receita bruta ou o valor da operação e, no caso de importação, o valor aduaneiro) ou *"específicas"* (tendo por base a unidade de medida adotada); e

i) pelo art. 177, § 4º, *permite-se* que a *alíquota* a ser adotada pela *"lei que instituir contribuição de intervenção no domínio econômico relativa às atividades de importação ou comercialização de petróleo e seus derivados, gás natural e seus derivados e álcool combustível"* seja *"diferenciada por produto ou uso"* e *"reduzida e restabelecida por ato do Poder Executivo, não se lhe aplicando o disposto no art. 150, III, b"*.

Vê-se, pois, que o critério de *fixação das alíquotas* a serem utilizadas, caso a caso, para a *quantificação* (mensuração ou cálculo) de cada imposto (e *paraimposto*) depende sempre da *política fiscal* constitucionalmente adotada, segundo os fins a serem atingidos, integrando o rol de suas *limitações ao poder de tributar*, dada a sua fundamental e decisiva importância na fixação do montante de cada obrigação tributária, na preservação dos princípios constitucionais da capacidade contributiva de cada um, e no objetivo do não-confisco. É a *alíquota*, pois, no fundo, a quantificação pecuniária da parcela de *imposto* (e de *paraimposto*, inclusive do *empréstimo compulsório*, embora a lei constitucional nada a respeito expressamente estabeleça) a que, sobre o valor (*base de cálculo*) de cada situação legalmente definida como seu *fato gerador*, se obriga o *contribuinte*, nos termos e limites constitucionais, a participar do rateio dos serviços públicos, tudo em consonância com o que já afirmava o saudoso GERALDO ATALIBA,[8] para quem o *imposto* (e, por extensão, o *paraimposto*) representa

"*a exigência unilateral e coativa de dinheiro, feita pelo Estado às pessoas submetidas à lei, com fundamento na Constituição*",

e que

"*o dever de entregar dinheiro aos cofres públicos decorre da incidência da lei tributária - material e formalmente conforme a Constituição - e de sua aplicação, segundo procedimentos de direito administrativo tributário*".

### 2.4. Classificação dos impostos

Os *impostos* (tanto quanto os *paraimpostos*) podem ser classificados de diversas formas, dependendo do ângulo sob os quais são enfocados.

#### 1ª classificação: imposto "ordinário" e "extraordinário"

A Constituição Federal classifica os *impostos* levando em conta a *habitualidade* na respectiva cobrança, em *ordinários* (de arrecadação *continuada* ou *permanente*) e em *extraordinários* (considerados como *excepcionais* ou *eventuais*, instituíveis, segundo o art. 154, II, apenas na "*iminência ou no caso de guerra externa*", e suprimíveis gradativamente, cessadas as causas da sua criação), enquanto o Código Tributário classifica e subdivide os primeiros (*ordinários*) segundo a *fonte* da qual derivam (arts. 19 a 76).

Assim, são *ordinários*, segundo o Código, os seguintes *impostos* previstos no atual sistema tributário nacional, seguidos das siglas pelas quais são conhecidos:

1. *impostos sobre o comércio exterior:*
    a) imposto sobre a importação (II);
    b) sobre a exportação (IE);
2. *impostos sobre o patrimônio e a renda:*
    a) imposto sobre a renda e proventos de qualquer natureza (IR);
    b) imposto sobre a propriedade territorial rural (ITR);
    c) imposto sobre grandes fortunas (IGF);
    d) imposto sobre a transmissão "*causa mortis*" e doação (ITCD ou ITCMD);
    e) imposto sobre a propriedade de veículos automotores (IPVA);

---

[8] *in* "Hipótese de Incidência Tributária", 5ª edição, Malheiros, SP, 1992, p. 105.

f) imposto sobre a propriedade predial e territorial urbana (IPTU);
g) imposto sobre a transmissão *"inter vivos"* (ITBI);

3. *impostos sobre a produção e a circulação:*
   a) imposto sobre produtos industrializados (IPI);
   b) imposto sobre operações de crédito, câmbio e seguro, ou relativas a títulos ou valores mobiliários (IOF);
   c) imposto sobre operações relativas à circulação de mercadorias e sobre prestações de serviços de transporte (interestadual e intermunicipal) e de comunicação (ICMS);
   d) imposto sobre serviços de qualquer natureza (ISS ou ISSQN).

Advirta-se desde logo, porém, que a *denominação* (nome, ou *"nomen juris"*) dada pela lei ao *imposto* não é importante para caracterizá-lo, mas seu *fato gerador*, tal como adiante será enfatizado, quando discorrermos a respeito do art. 4º do Código Tributário.

Há, contudo, outras classificações dadas aos *impostos*, especialmente para fins de seu cálculo e configuração (*fato gerador, base de cálculo, contribuinte* e tipos ou modalidades de *alíquotas* utilizáveis).

Podem os *impostos* ser, ainda, classificados em: *diretos* e *indiretos*; *reais* e *pessoais*; *principais* e *adicionais*; *fixos, proporcionais* e *progressivos*; *seletivos* e *não-seletivos*; *cumulativos* e *não-cumulativos*; *monofásicos* e *multifásicos* (ou *polifásicos*); e *de natureza ou finalidades fiscais* e *extrafiscais*. É o que veremos, a seguir.

## 2ª classificação: imposto "direto" e "indireto"

Imposto direto, sob o ponto de vista *econômico*, é aquele cujo ônus, encargo ou custo financeiro não pode, por sua natureza, ser transferido ou repassado a terceiros, devendo, conseqüentemente, ser suportado ou assumido pelo próprio *contribuinte* (praticante do respectivo fato gerador, conhecido, nessa classificação, como *contribuinte de direito*, por ser a pessoa a quem a lei originariamente atribui o dever de satisfazer a obrigação tributária correspondente), como ocorre com o IR, com o ITR, com o IPVA e com o IPTU. Visto sob o critério *jurídico*, *imposto direto* é aquele cujo fato gerador é uma situação, ou de *formação periódica* ou *cíclica* (que exige, para a sua consumação, certo espaço de tempo, mas de conclusão previsível), como, por exemplo, a percepção, por pessoa física ou natural, de rendimentos tributáveis durante determinado período (atualmente de um ano), e a obtenção de lucro, por pessoa jurídica durante determinado período (também atualmente de um ano), ambos fatos geradores do IR, ou, de *formação permanente* ou *continuada no tempo* (de conclusão ou formação imprevisível, e que, por essa razão, atendendo ao disposto no § 2º do art. 144 do Código Tributário, a lei o fraciona em espaços certos de tempo (hoje de um ano), atribuindo a cada fração um fato gerador distinto ou autônomo e, conseqüentemente, uma obrigação tributária própria, como a propriedade, fato gerador do ITR, do IPVA e do IPTU.

*Imposto indireto*, ao contrário, é aquele que, sob o ponto de vista *econômico*, permite que seu ônus, encargo ou custo financeiro seja, por sua natureza (mediante inclusão no respectivo preço), transferido pelo respectivo *contribuinte de direito* (praticante do seu fato gerador) a um terceiro (chamado, para esse fim, de *contribuinte de fato*, figura que, no entanto, não é própria do direito tributário, mas da economia em geral), como, por exemplo, o IPI, o ICMS e o ISS (cujo montante é embutido no preço e cobrado do adquirente do produto, mercadoria ou serviço), transferência essa conhecida (pela ciência das finanças e pelo direito financeiro) como *repercussão* ou *translação* do imposto. Visto sob o critério *jurídico*, *imposto indireto* é aquele cujo fato gerador é uma situação *transitória*, *momentânea*, *instantânea* ou *isolada no tempo*, como a saída de produto industrializado do respectivo estabelecimento industrial ou a ele equiparado (fato gerador do IPI), a saída de mercadorias do estabelecimento industrial, comercial ou produtor, ou a prestação de serviços de transporte interestadual e intermunicipal ou de comunicação (fatos geradores do ICMS), e a prestação de serviços outros, definidos em lei complementar, prestados a consumidores finais (fatos geradores do ISS).

### 3ª classificação: imposto "real" e "pessoal"

*Imposto real* é aquele que, para a sua instituição, cobrança e lançamento, se assenta, básica e fundamentalmente, sobre *coisas* ou *objetos* (patrimônio, renda ou serviço), pouco importando as condições pessoais do seu titular (contribuinte ou devedor). São, pode-se dizer, todos os impostos hoje cobrados no Brasil, à exceção do IR (da União).

*Imposto pessoal* é aquele que, para a sua instituição, cobrança e lançamento, leva em conta, em primeiro plano, as *condições pessoais* (capacidade econômico-financeira ou contributiva, estado civil, número de dependentes, despesas pessoais e necessárias à obtenção do rendimento, etc.) do respectivo *contribuinte* (devedor em razão da prática do fato gerador respectivo). É exemplo típico, hoje, o IR, único, aliás, que se enquadra na previsão do § 1º do art. 145 da lei constitucional.

### 4ª classificação: imposto "principal" e "adicional"

Essa classificação pressupõe a existência simultânea de dois impostos: um, tendo como fato gerador uma situação ou fato econômico ou jurídico qualquer (dito **principal**), e, outro (dito **adicional**), tendo como fato gerador o pagamento daquele (*principal*). Assim, não há imposto *adicional* sem que, antes, haja um *principal*, cujo pagamento lhe dá suporte e origem, constituindo seu fato gerador. Exemplo típico é o extinto *adicional sobre imposto de renda* (AD/IR), da competência dos Estados e do Distrito Federal, cobrado de 1989 a 1993, consistente na cobrança de um "plus" (*adicional*), de, até 5%, sobre o *imposto de renda* (dito *principal*) pago à União, sobre lucros, ganhos e rendimentos de capital.

Esse *adicional*, contudo, não pode ser confundido com o *"bis in idem"*, que é mais uma incidência, pela mesma pessoa jurídica de direito público, de outra arrecadação pecuniária compulsória, sobre um fato que já é gerador de outro tributo seu.

**5ª classificação: imposto "fixo", "proporcional" e "progressivo":**

Para essa classificação leva-se em conta o tipo da *alíquota* aplicável, já amplamente analisada no item 2.3, deste capítulo, para o qual remetemos o leitor. Assim,

a) **fixo** é o imposto que leva em conta, para o cálculo do seu montante a pagar, uma *alíquota específica* (peça, litro, peso, metro, barril, tamanho, volume, atividade, etc.). Exemplo: R$ 0,50 por litro de combustível, independentemente do seu valor;

b) **proporcional** é o imposto para cujo cálculo seja estabelecido um *percentual constante* (podendo ser *único* para todos os fatos ou situações relativas ao mesmo imposto, ou *mais de um – múltiplo, diferenciado* ou *seletivo*, de acordo com o tipo ou natureza do bem tributado –, caso em que, todavia, somente um percentual será utilizável para cada fato ou situação da mesma natureza), a ser aplicado sobre o valor (*"ad valorem"*) da matéria tributável (*base de cálculo* ou *valor tributável*), constituindo valor a pagar (montante da obrigação), em cada caso, o resultado dessa aplicação, sendo, assim, maior ou menor o imposto a recolher, dependendo da variação, para mais ou para menos, do valor sujeito à tributação, mas a *alíquota* utilizável é sempre a mesma. Exemplo: 3% sobre o valor venal (de venda, segundo o mercado) do imóvel; e

c) **progressivo** é o imposto para cujo cálculo seja estabelecido *mais de um percentual* ao mesmo tempo, em ordem *crescente* (quando estabelecidos em escala *ascendente*, de 0% em diante) ou em ordem *decrescente* (quando estabelecidos em escala inversa, em escala *descendente*), a serem aplicados sobre o valor (*"ad valorem"*) da *base de cálculo* ou *valor tributável*, para esse fim dividida em *faixas* (*de valores*, em forma de tabela, como a do IR), cabendo a cada faixa um *percentual* próprio (maior ou menor que o da faixa anterior, conforme seja *crescente* ou *decrescente*), constituindo montante a recolher o resultado das sucessivas aplicações das alíquotas previstas, até chegar-se ao valor tributável (quando o cálculo deva ser feito pela forma *gradual*), ou o resultado da aplicação da (única) alíquota prevista para a faixa do valor sujeito ao imposto (quando o cálculo deva ser feito pela forma *simples*). Esse imposto *progressivo* (ora *gradual*, ora *simples*), não pode, todavia, ser confundido com o chamado imposto *progressivo no tempo* (previsto no inciso II do § 4º do art. 182 da CF, de fins *extrafiscais*, aplicável ao IPTU sobre *solo urbano não edificado*, *subutilizado* ou *não utilizado*, isto é, que não atenda aos fins sociais), que não passa de imposto *proporcional*, de alíquota *única*, que, a cada novo fato gerador (hoje anual), substitui a do imediatamente anterior, por outra, maior, até atingir certo limite que, contudo, não pode chegar às raias do confisco.

Embora óbvio, convém deixar claro que as *taxas* e *contribuições de melhoria* não admitem, por sua natureza, qualquer *progressividade* ou *graduação* na sua cobrança, devendo esta ser feita, por força do seu próprio conceito (contraprestação *divisível* na proporção do uso ou consumo do serviço público respectivo), de forma a diluir, entre todos os usuários, consumidores ou beneficiários, proporcionalmente ao uso, consumo ou benefício havido, o custo dos serviços ou respectivos.

Esse velho dogma constitucional, contudo, vem de sofrer sério abalo em suas estruturas, por força do art. 47 do *"Estatuto da Cidade"*, aprovado pela Lei (ordinária) nº 10.257, de 10/07/01 (com entrada em vigor prevista para após 90 dias da data da sua publicação, esta ocorrida em 11/07/01), segundo o qual

*"Os tributos"* (gênero, incluindo as *taxas* e *contribuições de melhoria*) *"sobre imóveis urbanos, assim como as tarifas"* (unidade de medida dos preços públicos) *"relativas a serviços públicos urbanos, serão diferenciados em função do interesse social"*.

Essa inovação, contudo, permitindo que as *taxas*, as *contribuições de melhoria* e as *tarifas* relativas a serviços públicos urbanos possam ser diferenciados em funções do interesse social, com certeza será repudiada pela doutrina e pela jurisprudência, acaso adotada pela lei ordinária.

### 6ª classificação: imposto "seletivo" e "não-seletivo"

Essa classificação, constitucionalmente prevista, tem a ver, na verdade, com o critério (conhecido como *princípio da seletividade*), que deve nortear a lei ordinária, instituidora do *imposto*, na adoção *das alíquotas* respectivas, *selecionando-as* (*diferenciando-as*, daí por que **seletivas**) por *produto, mercadoria* ou *serviço*, de acordo com a sua *importância, essencialidade* ou *necessidade* para o uso ou consumo (*humano* ou *industrial*), e não no tipo *do imposto propriamente dito*. O mais correto é, na verdade, dizer *alíquota seletiva* (ou *não-seletiva*), e não *imposto seletivo* (ou *não-seletivo*).

Para essa classificação, embora previstas mais de uma *alíquota* para o *mesmo imposto*, somente uma delas é, na verdade, legalmente aplicável a cada *bem tributável* (*produto, mercadoria* ou *serviço*), levando-se em conta, para tanto, a *importância* ou *essencialidade* deste para fins de uso ou consumo, de tal forma que, quanto mais *supérfluo* ou *desnecessário* for o bem, *maior será a alíquota*. Tais alíquotas são, portanto, *"ad valorem"*, e, ainda que legalmente previstas mais de uma *alíquota* para um mesmo imposto, são elas do tipo *proporcional*, aplicando-se uma *única* para cada bem, não podendo, assim, ser confundidas com as chamadas *alíquotas progressivas*, que pressupõem a existência de mais de uma (*crescentes* ou *decrescentes*), aplicáveis, porém, simultaneamente, uma a uma, em forma de tabela, *sobre o valor tributável do mesmo bem*.

A *"contrario sensu"*, são **não-seletivas** as *alíquotas* estabelecidas em percentuais iguais para todos os bens *sujeitos ao mesmo imposto*, independentemente, pois, da importância, essencialidade ou necessidade destes ao uso ou consumo, como é o caso do ITBI no Município de Porto Alegre, de 3% para todas as transmissões onerosas da propriedade.

São, hoje, segundo a Constituição Federal em vigor, *obrigatoriamente seletivas*, as alíquotas do IPI (cf. art. 153, § 3º, I, em função da essencialidade dos produtos), e, *facultativamente seletivas* (atribuindo-se aos entes tributantes a opção), as do ICMS (art. 155, § 2º, III, em função da essencialidade das mercadorias e dos serviços), impostos esses a respeito dos quais adiante nos ocuparemos mais detidamente.

Há, contudo, Municípios que adotaram (como o de Porto Alegre), antes da Emenda Constitucional nº 29, de 13/09/2000, também para a cobrança do IPTU, alíquotas *seletivas* (diferenciadas por área, zona ou divisão fiscal), segundo a *localização* (menos ou mais elitizada ou valorizada) ou *uso* (residencial, comercial ou industrial) do imóvel, o que levou o STF a julgar *inconstitucionais* tais alíquotas. Hoje, porém, com o advento da citada Emenda Constitucional (que deu nova redação ao art. 156, § 1º, da CF), passou-se a permitir que aquele imposto tenha *alíquotas progressivas* em razão do *valor* do imóvel, e *diferenciadas* de acordo com a sua *localização* e *uso*, exigindo, contudo, que os Municípios adaptem suas leis a essa nova possibilidade.

Também aqui convém lembrar que as *taxas* e as *contribuições de melhoria* não admitem, por sua natureza, qualquer *diferenciação* ou *seletividade* na sua cobrança, devendo esta ser feita, por força do seu próprio conceito (contraprestação *divisível* na proporção do uso ou consumo do serviço público respectivo), de forma a diluir, entre todos os usuários, consumidores ou beneficiários, proporcionalmente ao uso, consumo ou benefício havido, o custo dos serviços ou respectivos. Não pode, por exemplo, ser cobrado, a título de *taxa d'água* (que utiliza o *metro cúbico* como unidade de consumo), de *coleta de lixo* ou *de esgoto* (que utilizam o metro quadrado da área potencialmente usuária ou consumidora como referência para a cobrança), mais (por metro) do rico ou do grande usuário ou consumidor, e menos do pobre ou do pequeno usuário ou consumidor, porque os custos decorrentes da prestação dos respectivos serviços são rigorosamente os mesmos para uns e outros. Todos os usuários, consumidores ou beneficiários dos serviços públicos devem, assim, de um lado, suportar o custo real destes (que é igual para todos), e, de outro, segundo o efetivo uso ou consumo individual de cada um.

Mas, como já se disse, o art. 47 do *"Estatuto da Cidade"*, aprovado pela Lei (de natureza *ordinária*) nº 10.257/2001, vem de afrontar literalmente o espírito constitucional que impede possam as *taxas* e as *contribuições de melhoria* ser cobradas de acordo com a *capacidade contributiva* das pessoas, quando se sabe, devem elas, ao contrário, corresponder sempre ao rateio, rigorosamente proporcional, do custo do serviço público que as originam, entre todos os seus usuários ou consumidores. Assim preceitua o citado artigo, que há de ser repudiado pelos tribunais:

> *"Os tributos"* (gênero, incluindo as *taxas* e *contribuições de melhoria*) *"sobre imóveis urbanos, assim como as tarifas"* (unidade de medida dos preços públicos) *"relativas a serviços públicos urbanos, serão diferenciados em função do interesse social".*

*7ª classificação: imposto "cumulativo" e "não-cumulativo"*

Essa classificação, constitucionalmente prevista, decorre do direito, que tem o contribuinte do IPI e do ICMS, de *compensar* (abater, deduzir ou descontar), do imposto devido em relação a determinado fato gerador, o imposto pago relativamente ao anterior fato, de tal forma que o imposto a recolher resulte sempre da diferença entre um fato (posterior) e outro (anterior). Sempre que houver a permissão constitucional para a *compensação* do imposto pago na etapa ou fato anterior, está-se diante de um imposto *"não-cumulativo"*. Não havendo essa possibilidade, está-se diante de um imposto *"cumulativo"*, como no caso do ITBI (em que cada transferência da propriedade é tributada sobre o valor venal global, sem descontar-se o imposto pago na aquisição respectiva). Tem o imposto *"não-cumulativo"*, na verdade, a ver com o critério que deve nortear o *"quantum"* de imposto a ser recolhido em cada fato gerador, quando os bens estejam, em seu ciclo ou fase de circulação, sujeitos a mais de uma tributação sucessiva no tempo.

Muitos denominam de *polifásicos* (ou *multifásicos*) os *impostos* que admitem essa incidência sucessiva no tempo, por etapa ou fase de circulação do bem. Assim, se o critério constitucional adotado em relação a determinado imposto for o da *não-cumulatividade*, o valor a recolher, em cada fato gerador (fase ou etapa), deve resultar da diferença entre o valor do imposto devido (a pagar) em relação a determinado fato, e o devido (pago) em relação ao fato que o antecedeu (anterior). É o que se chama de tributação pelo *valor agregado* ou *adicionado* (que é a diferença verificada entre os dois fatos geradores sucessivos no tempo, relativamente ao mesmo bem). Se, ao contrário, não é constitucionalmente previsto esse critério, haverá, então, a *cumulatividade*, não podendo ser compensado, em cada tributação (fato gerador), o imposto relativo à tributação (fato gerador) anterior, como é o caso, hoje, por exemplo, do ITBI, que, em cada transmissão (onerosa) da propriedade imóvel, obriga ao pagamento do imposto, sem deduzir-se o imposto pago quando da aquisição do imóvel. É a chamada tributação *em cascata*.

Segundo a Constituição Federal, somente dois dos impostos brasileiros sob cobrança permitem, hoje, a aplicação do princípio da *não-cumulatividade*: o IPI (cf. art. 153, § 3º, II), da competência da União, e o ICMS (cf. art. 155, § 2º, I), da competência dos Estados e do Distrito Federal, a respeito dos quais adiante nos ocuparemos mais detidamente. Além desses dois impostos (já existentes e previstos), estabelece a Constituição Federal que também os impostos que vierem a ser instituídos, pela União, no uso da sua *competência residual* (art. 154, I) devem observar o princípio da *não-cumulatividade* (ver comentários a respeito, no subitem 2.1 do Capítulo III, deste livro).

Relativamente a esses dois impostos, o *"quantum"* a recolher, em cada fase ou etapa de circulação do bem (*produto industrializado*, para o IPI, e *mercadoria, transporte* e *comunicação*, para o ICMS) sujeito à tributação, deve resultar, em resumo, da diferença entre o valor do imposto a que sujeitarem eles na saída (de determinado estabelecimento, seja industrial, comercial ou produtor) e o valor do imposto a que se sujeitaram na entrada respectiva (a apuração é por estabelecimento, seja matriz ou filial, e não por empresa). A apuração da diferença (a recolher) costuma ser feita (pelo estabelecimento) por *períodos* (chamados de *períodos de apuração*, que podem ser quinzenais, mensais, etc., conforme estabelecer a lei), mediante registro em livros fiscais próprios (escrituralmente, portanto), onde devem ser registrados, de um lado, todos os bens entrados no estabelecimento durante o período e os impostos sobre eles *pagos* pelo fornecedor respectivo, inclusive documentos fiscais que os acompanharam, e, de outro, todos os bens saídos durante o mesmo período e os impostos sobre eles incidentes, inclusive documentos fiscais que os acompanharam, constituindo valor *a recolher* a diferença entre a soma do imposto devido relativamente às saídas (chamados de *débitos fiscais*) e a soma do imposto pago relativamente às entradas (chamados de *créditos fiscais*), no mesmo *período de apuração*.

Esse é, de resto, o princípio constitucional da *não-cumulatividade*, vale dizer, *não se cumula* (no imposto devido nas saídas dos bens) o imposto pago relativamente às entradas respectivas, no mesmo estabelecimento, que deve ser compensado (deduzido, descontado ou abatido) daquele, estando sujeito a recolhimento o valor líquido assim apurado. Se houve, num determinado período de apuração, saldo credor (*créditos fiscais* maiores do que os *débitos*), será ele automaticamente transferido para o período seguinte, como *crédito*).

Relevante é registrar, ainda, que somente se considera *imposto*, tanto para os efeitos do IPI como do ICMS, aquele que efetivamente *resultar* da compensação feita, ao final de um período de apuração. Até aí existem meros *créditos* e *débitos escriturais*, sem natureza de *imposto*, tanto que, – e assim tem se entendido sempre –, o art. 166 do Código Tributário, que disciplina a restituição de indébitos tributários (daquilo que foi recolhido indevidamente, a título de *imposto*), somente é invocável após a efetiva compensação escritural dos créditos e débitos respectivos (quando já haja definição do que seja *imposto*), e não para o direito à *compensação* em si, daquilo que ainda é simples *crédito escritural*.

Ainda, relativamente ao *princípio da não-cumulatividade*, há uma importante regra constitucional (art. 155, § 2º, II): não dão direito a crédito fiscal (na entrada do estabelecimento) os bens que saírem *isentos* ou *não-tributados*, devendo, pois, ser evitado o creditamento se essa situação for desde logo conhecida, ou, então, *estornados* ou *cancelados* os créditos já feitos, logo que conhecida a situação, sob pena de o fisco os *glosar* (termo que identifica o cancelamento do crédito quando feita pela autoridade administrativa, no exercício do lançamento), com a multa respectiva.

Outro aspecto, muito discutido, e do qual ainda nos ocuparemos no momento próprio e adequado (quando tratarmos do IPI e, especialmente, do ICMS), é o de saber quais as entradas que dão direito a crédito fiscal, na medida em que nem todos os bens passam a integrar o produto final, que sairá tributado. Tem prevalecido a regra de que, salvo permissão legal expressa, editada com base no § 6º do art. 150 da CF, somente os bens que integrarem o produto a sair (chamados de *insumos*, como as matérias-primas) é que dão direito a crédito, não conferindo esse direito aqueles que não o integrarem (chamados de *consumos*, como a lenha, o carvão, a energia elétrica, os serviços de comunicações, o material de expediente, os bens adquiridos para integrarem o ativo fixo ou imobilizado do estabelecimento, combustíveis, peças, etc.).

**8ª** *classificação: imposto "monofásico" e "multifásico" (ou "polifásico")*

**Monofásicos** são os impostos que, por natureza, se sujeitam a uma única tributação durante seu ciclo econômico, como o IR, enquanto **multifásicos** (ou *polifásicos*) são aqueles que, durante seu ciclo econômico, se sujeitam a várias etapas ou fases de tributação.

Na verdade, somente os impostos *multi* ou *polifásicos* são suscetíveis de se submeterem ao princípio constitucional da *não-cumulatividade*, ficando, via de regra, os impostos *monofásicos* naturalmente fora do alcance desse princípio, sujeitando-se à tributação *"em cascata"*, vale dizer, cada vez que o fato ocorre, é ele integralmente tributado, sem que se possa compensar ou deduzir o imposto pago na etapa anterior.

Essas referências e distinções são ora feitas em face do disposto no art. 154, I, da lei constitucional em vigor, que, a nosso ver, somente admite possam ser objeto de instituição, como impostos da competência *residual* da União, os *multi* ou *polifásicos*.

**9ª** *classificação: imposto de finalidade ou natureza "fiscal" e "extrafiscal"*

Costuma-se definir *imposto* (e o *paraimposto*) como a contraprestação pecuniária, compulsória por força de lei, de serviços públicos *inespecíficos* (não se sabe, desde logo, quais são ou serão) e *indivisíveis* (não há nenhuma equivalência ou proporção entre o serviço público recebido e o dinheiro que o contraprestaciona). A finalidade do *imposto* é, pois, natural e fundamentalmente, a de angariar recursos financeiros necessários aos fins do Estado: basicamente *educação*, *saúde* e *segurança* de todos. Pode ele servir, também, a fins outros, *indutivos*, para o efeito de *estimular* ou *desestimular* certas *atividades* ou *comportamentos* dos contribuintes, como a *regulação do mercado* e a *adequação de condutas*, tudo dependendo da política tributária constitucionalmente adotada. Quando isso acontece, o instrumento legal normalmente utilizado para esse fim é a *alíquota*, que será, então, ajustada de acordo com os objetivos a serem atingidos ou alcançados, sem, contudo, torná-la *confiscatória*, o que é constitucionalmente vedado (cf. art. 150, IV).

Assim, quando a *alíquota* (do *imposto* ou do *paraimposto*) é fixada exclusivamente com *fins arrecadatórios*, visando, tão-somente, a cobrir necessidades financeiras públicas, diz-se que o *imposto* é de *natureza* ou *finalidade* **fiscal**, e, quando fixada com o fim de atingir, *também* (além da simples arrecadação de recursos, eis que o tributo visa, fundamentalmente, à angariação de recursos financeiros ao Estado), *fins outros*, passa ela a ser de *natureza* ou *finalidade* também **extrafiscal**.

O que é absolutamente certo, repita-se, é que a lei constitucional jamais pode autorizar o manejo de determinado *imposto* (ou *paraimposto*) com fins **exclusivamente extrafiscais**, porque o estaria utilizando com fins *puramente punitivos*, o que não é da natureza, nem da finalidade do *tributo em geral*, que visa a *contraprestacionar serviços públicos*, e não à *sanção de atos ilícitos*.

Então, qualquer *imposto* (ou mesmo *paraimposto*) pode (alguns com maior e, outros, com menor possibilidade) dependendo da política adotada constitucionalmente, ter *finalidades* também **extrafiscais**, podendo estas ser divididas em duas espécies:

a) de **regulação de mercado**, quando utilizados para intervir no *comportamento da economia* do país, estimulando ou desestimulando certas atividades, para o que mais se prestam, atualmente, o II (imposto de importação), o IE (imposto de exportação), o IPI (imposto sobre produtos industrializados) e o IOF (imposto sobre operações de crédito, câmbio e seguro, ou relativa a títulos ou valores mobiliários, ou, popularmente, imposto sobre operações financeiras), razão, aliás, da sua expressa exclusão constitucional (art. 150, § 1º) da observância ao *princípio da anterioridade*; e

b) de **adequação de condutas sociais**, quando utilizados para estimular ou desestimular determinados *comportamentos sociais*, do que servem de exemplos o ITR (imposto sobre a propriedade territorial rural), na parte em que impõe (art. 153, § 4º, da CF) a adoção de alíquotas fixadas *"de forma a desestimular a manutenção de propriedades improdutivas"*, tributando, assim, com maior rigor ou peso, as que não atenderem às suas finalidades rurais, e o IPTU (imposto sobre a propriedade predial e territorial urbana), na parte em que permite a utilização de alíquotas *progressivas no tempo* relativamente ao *solo urbano* (portanto, só aplicável ao *territorial*) *não edificado, subutilizado* ou *não utilizado*, vale dizer, aos que não atenderem, e enquanto não atenderem, aos fins sociais da propriedade (cf. art. 182, § 4º, II, da CF).

É comum, ademais, o governo federal utilizar, de forma lícita e compatível, o II, o IE e o IPI para a proteção do produto interno, ou reduzindo as alíquotas, ou onerando-as sobre o produto estrangeiro, como também comum é a utilização do IOF para a regulação do mercado financeiro, aumentando ou reduzindo as alíquotas respectivas, de acordo com momentâneas necessidades.

O que não é possível, contudo, é aumentar a alíquota do *imposto* (ou do *paraimposto*), como *penalidade* ou *meio coercitivo* para atingir determinados fins, sem que haja autorização constitucional específica, travestindo-o de *finalidades extrafiscais*. Esse procedimento já foi condenado pelo STF em várias oportunidades, entre as quais:

"*Aumento do valor de imposto. Elevação de alíquota, como penalidade pela não construção de muros e passeios: impossibilidade. ... Não há base para que, como penalidade pela falta de muros e passeios no imóvel, sejam aumentadas as alíquotas do IPTU. Não pode tal majoração servir como substitutivo de multa administrativa".*[9]

*"Acréscimo no valor do IPTU, a título de sanção por falta de inscrição imobiliária. Sanção por ilícito administrativo. Multa administrativa e multa tributária. ... Não pode ser exigida multa administrativa, por falta de inscrição imobiliária, a título de tributo. CTN, art. 3º. Inaplicável, na espécie, o art. 113, § 3º, do CTN".*[10]

## 3. Taxa

### 3.1. Conceito e definição de taxa

A competência para a instituição e cobrança de *taxas* está no art. 145, II, da Constituição Federal, enquanto o Código Tributário lhes traça normas gerais em seus arts. 77 a 80.

Assim dispõe a lei constitucional a respeito das taxas:

**Art. 145:**
**A União, os Estados, o Distrito Federal e os Municípios** (todas as pessoas jurídicas de direito público interno, portanto) **poderão instituir** (mediante *lei ordinária*, exceto a União, que dispõe também da *medida provisória* para a criação dos seus tributos, ressalvados os da sua *competência residual*, do art. 154, I, que somente mediante *lei complementar* podem ser criados) **os seguintes tributos** (gênero)**:**

**II- taxas** (obviamente, pelos serviços que cada uma dessas pessoas efetivamente vier a prestar diretamente, no âmbito de suas respectivas atribuições)**, em razão do** (tendo por fato gerador) **exercício** (efetiva prestação de serviços) **do poder de polícia** (relacionados com o direito de fiscalizar, dirigir e disciplinar a conduta das pessoas em sociedade, fornecendo-lhes, em conseqüência, carteira de habilitação e de identidade, alvarás ou licenças de localização, de demolição e de construção, certidões, etc.) **ou pela utilização** (uso ou consumo)**, efetiva** (real) **ou potencial** (possível, por estarem à disposição e em efetivo funcionamento)**, de serviços públicos** (*outros*, mas *diversos dos oriundos do seu poder de polícia*, diretamente relacionados com o seu dever de preservar e garantir o bem-estar das pessoas em sociedade, como os relativos à higiene e saúde pública, prestando-lhes, em conseqüência, serviços de água higienicamente tratada, de remoção ou coleta de lixo e de tratamento ou escoamento de esgoto, etc.) **específicos** (previamente definidos, determinados e conhecidos, sabendo-se, desde logo, quais são ou serão) **e divisíveis** (que podem ser medidos, mensurados, dimensionados ou quantificados quanto ao seu uso ou consumo individual para efeitos de

---

[9] RE nº 109538/MG, 30/08/88, 2ª Turma, STF, DJ de 28/04/89, p. 6298; Ement. Vol. 1539-03, p. 407.
[10] RE nº 112910/SP, 11/10/88, DJ de 28/02/92, p. 2173; Ement. Vol. 1651-03, p. 545, 1ª Turma, STF. Veja, ainda: RE-104955-3, RTJ-114/875, RE-104817-4, RTJ-114/410.

cobrança), ***prestados*** (efetiva e diretamente, *quando decorrentes do poder de polícia*, não bastando estes estarem simplesmente *à disposição* para que a cobrança seja possível) **ao contribuinte** (a quem os deve contraprestacionar) **ou postos à sua disposição** (*quando relacionados com os demais serviços, diferentes dos decorrentes do poder de polícia*, como o fornecimento de água, a coleta ou remoção de lixo e o tratamento ou escoamento de esgoto, desde que, de um lado, em efetivo funcionamento e, de outro, seja seu uso ou consumo fisicamente possível, pela existência do prédio potencialmente destinatário do serviço).

Melhor esclarecendo: somente pessoas jurídicas de direito público (União, Estados, Distrito Federal e Municípios), ainda que por Departamentos seus, mesmo que autarquicamente organizados (dotados de autonomia administrativa e financeira), podem instituir e cobrar *taxas* como contraprestação de serviços *específicos* e *divisíveis* seus, não podendo, portanto, empresas públicas (ditas *estatais*, como a CORSAN, no estado do RS, concessionária, de municípios do interior, dos serviços de fornecimento de água e saneamento, a cargo destes) cobrar taxas pela prestação de tais serviços, as quais devem limitar-se à cobrança de *preços públicos*, cuja unidade de medida é a *tarifa*, desde que previamente solicitados ou contratados, já que decorrentes da vontade (*"ex-voluntate"* ou *"ex-contractu"*), regidos, pois, pelas normas do *direito privado* (*civil* ou *comercial*), diferentemente daqueles, que são decorrentes da lei (*"ex lege"*) e regidos pelas normas do direito público, mais precisamente, do *direito tributário*. Da mesma forma, deve o serviço que gera a taxa ser próprio, e não de terceiros, sequer se admitindo convênios com outras pessoas jurídicas de direito público para esse fim.

A verdade é que a redação do transcrito inciso II do art. 145 não é clara e objetiva, para o fim de expressar o que realmente pretendia. Melhor redação seria esta, a nosso ver:

"*A União, os Estados, o Distrito Federal e os Municípios poderão instituir ... taxas, em razão da contraprestação de serviços públicos seus, específicos, divisíveis e em efetivo funcionamento, seja em decorrência do exercício do poder de polícia e sua efetiva utilização pelo contribuinte respectivo, seja em decorrência do exercício de poder administrativo outro, e sua potencial utilização pelo contribuinte respectivo.*"

Com isso, ficariam bem definidas as *duas espécies de taxas*, ambas representando contraprestações de serviços públicos, *específicos*, *divisíveis* e em efetivo funcionamento:

a) as **decorrentes do exercício do poder de polícia** (direito de fiscalizar, dirigir e disciplinar a conduta das pessoas em sociedade), devidas somente na hipótese de solicitação, pelo interessado, do serviço público respectivo, e da sua efetiva prestação e utilização (como as relativas à realização de vistoria, ao fornecimento de certidão, de carteira de identidade, de habilitação ou de alvará, etc.); e

b) as **decorrentes da colocação, à disposição, de serviços públicos outros**, próprios da administração, mas *diversos dos oriundos do seu poder* *de polícia*, diretamente relacionados com o seu dever de preservar e garantir o bem-estar das pessoas em sociedade, como os relativos à higiene e saúde pública), devidas sempre que em efetivo funcionamento e potencialmente utilizáveis os serviços respectivos (como as relativas ao fornecimento de água, de tratamento ou canalização de esgoto, de remoção ou coleta de lixo, etc., desde, obviamente, seja possível o seu uso pela existência do prédio potencialmente destinatário).

Os serviços que geram *taxas* devem decorrer sempre de *necessidades públicas* (em relação às quais o interesse público se sobrepõe), e não de *necessidades coletivas* (como o alimento e o agasalho, em que o interesse privado prepondera), desde que *específicos* e *divisíveis*, cabendo à *administração pública* supri-los. Embora sempre presente o interesse *público* nos serviços que geram as *taxas*, os relacionados ao *poder de polícia* têm seus destinatários limitados a determinadas pessoas, apenas, a quem compete provocá-los, só então pagando a taxa respectiva, enquanto os relacionados com os *demais serviços públicos* (diversos dos relativos ao *poder de polícia*) presumem-se sempre provocados pelos respectivos destinatários, porque a todos particularmente interessam, razão, aliás, da sua permanente *colocação à disposição* destes pelo poder público, razão pela qual, utilizando-os ou não, todos os seus usuários ou consumidores em potencial devem pagar a taxa correspondente, desde que, obviamente existentes e em efetivo funcionamento tais serviços, e, caso não venham a utilizá-los, caber-lhes-á, então, arcar com o custo mínimo da manutenção do serviço (*"taxa mínima"*), atribuível a cada destinatário.

A *divisibilidade* do serviço público, como pressuposto da *taxa*, implica, por força do seu próprio conceito, seja seu custo proporcionalmente diluído na exata medida do seu uso ou consumo, entre todos os seus destinatários, pouco importando a qualidade do uso ou consumo (se *industrial*, *comercial* ou *residencial*), daí por que é juridicamente inviável cobrar *taxa* levando em conta a *capacidade contributiva* de quem a deve pagar, porque a cobrança não admite *progressividade*, *graduação*, *diferenciação* ou *seletividade*. Não pode, por exemplo, ser cobrado, a título de *taxa d'água* (que utiliza o metro cúbico como unidade de medida para efeitos de consumo), de *coleta de lixo* ou *de esgoto* (que utilizam o metro quadrado da área potencialmente usuária ou consumidora, como referência para a cobrança), mais (por metro) do rico ou do grande usuário ou consumidor, e, menos, do pobre ou do pequeno usuário ou consumidor, porque os custos decorrentes da prestação dos respectivos serviços são rigorosamente os mesmos para uns e outros.

Esse velho princípio constitucional, contudo, vem de sofrer, como já se advertiu, sério abalo em suas estruturas, por força do disposto no art. 47 do *"Estatuto da Cidade"*, aprovado pela Lei (de natureza *ordinária*) nº 10.257, de 10/07/01, segundo o qual

*"Os tributos"* (gênero, incluindo as taxas e contribuições de melhoria) *"sobre imóveis urbanos, assim como as tarifas"* (unidade de medida dos preços públicos) *"relativas a serviços públicos urbanos, serão diferenciados em função do interesse social".*

Essa espúria inovação deturpadora, permitindo, por simples *lei ordinária* (quando a matéria, nos termos do art. 146, III, da CF, somente por *lei complementar* comporta ser tratada), que as *taxas*, as *contribuições de melhoria* e as *tarifas* relativas a serviços públicos urbanos possam ser diferenciados em funções do interesse social, com certeza há de ser repudiada pela doutrina e pela jurisprudência, acaso adotada, porque representará o descalabro das instituições jurídicas.

Por todos esses elementos pode-se definir a **taxa** como sendo ***a contraprestação pecuniária, compulsória por força de lei, de serviço público específico e divisível em relação ao respectivo contribuinte***.

A diferença, por outro lado, entre a *taxa* e o *imposto* parece evidente: enquanto aquela decorre sempre de um serviço público *específico* e *indivisível* em relação ao respectivo contribuinte, podendo ser dimensionado, mensurado ou quantificado individualmente quanto ao volume do seu uso ou consumo (*"ut singuli"*), o imposto corresponde a um serviço público *inespecífico* e *indivisível* em relação ao respectivo contribuinte, de pagamento independente de sua mensuração ou quantificação por usuário ou consumidor, eis que dirigido a todos, indiscriminadamente (*"ut universi"*).

O saudoso AMÍLCAR DE ARAÚJO FALCÃO, da época e escola de RUBENS GOMES DE SOUSA, assim traçava os contornos dessas figuras:

> *"Taxa é o tributo auferido pelo poder público, para o custeio de certos e determinados serviços ou atividades públicas, e cujo surgimento se condiciona à utilização, disposição ou solicitação, por pessoas individualizadas, do funcionamento dos ditos serviços ou atividades"*.[11]

Ademais, dizia ele,

> *"tendo em vista a natureza remuneratória, ou de contraprestação, da taxa, o seu fato gerador há de ser alguma ocorrência diretamente ligada à utilização, disposição ou requisição do serviço ou atividade determinada do Estado"*.[12]

Este é, segundo o citado mestre, o verdadeiro critério para caracterizar a *taxa*, inclusive para distingui-la do *imposto*, para quem,

> *"O fato gerador do imposto há de ser alguma ocorrência da vida comum, não ligada diretamente a qualquer atividade específica recebida ou fruída, e simplesmente reveladora da capacidade contributiva"*.[13]

O Código Tributário, por sua vez, assim dispõe a respeito das *taxas*, praticamente com os mesmos erros técnicos do art. 145, II, da Constituição Federal, não distinguindo as notáveis diferenças entre as decorrentes do *exercício do poder de polícia* (devidas somente quando os serviços forem solicitados pelo interessado) e as decorrentes de *serviços outros* (devidas pela sua *simples colocação à disposi-*

---

[11] *in* "Introdução do Direito Tributário", parte geral, Edições Financeiras, RJ, 1959, p. 150, invocando Griziotti e Pugliesi ("Príncipios de Política, Derecho e Ciencia de la Hacienda", p. 386; A. D. Giannini, "Instituzioni di Diritto Tributario", 1951, p. 43; Morselli, "Compendio de Ciencia de las Finanzas", p. 57)

[12] *in* obra citada, p. 152.

[13] obra citada, invocando Jarach, "El Hecho Imponible", p. 72; Tesoro, "Principii di Diritto Tributario", p. 551; Gomes de Sousa, "Parecer", Revista Forense, vol. 139, fasc. 583/584, p. 70/71; Giannini, "Instituzioni di Diritto Tributario", 1951, p. 44/45.

*ção*), desde que em efetivo funcionamento o serviço e potencialidade utilizável este:

**Art. 77:**
*As taxas cobradas pela União, pelos Estados, pelo Distrito Federal e pelos Municípios, no âmbito de suas respectivas atribuições* (de acordo com os serviços que cada uma dessas pessoas jurídicas de direito público vier a prestar), *têm como fato gerador* (motivo determinante do seu pagamento) *o exercício regular* (efetiva e normal prestação, tal como previsto no parágrafo único do art. 78) *do poder de polícia* (definido e delimitado no "*caput*" do mesmo art. 78), *ou a utilização* (pelo seu destinatário), *efetiva* (real) *ou potencial* (que pode ser utilizado, por estar disponível e em efetivo funcionamento), *de serviço público* (do poder público, não podendo ser empresa pública) *específico* (sabe-se desde logo qual é ou será) *e divisível* (que pode ser medido em relação a cada destinatário), *prestado* (comprovadamente) *ao contribuinte* (quando decorrente do *exercício do poder de polícia*) *ou posto à sua disposição* (quando de outra natureza, diversa da do *poder de polícia*, como os relativos à *coleta de lixo*, *d'água* e *de esgoto*, desde que em efetivo funcionamento e potencial ou seu uso ou consumo, pelo destinatário respectivo).

O sentido da expressão *"poder de polícia"* está assim definido no Código:

**Art. 78:**
*Considera-se poder de polícia a atividade* (serviço público) *da Administração Pública* (Estado, genericamente falando) *que, limitando ou disciplinando direito, interesse ou liberdade* (impondo restrições ou limitações), *regula a prática de ato* (consistente num *fazer*) *ou abstenção de fato* (consistente num *não-fazer*), *em razão de interesse público* (do Estado, e não da coletividade, que podem não coincidir, como, por exemplo, a segurança e a necessidade de agasalho, respectivamente) *concernente à* (que são as várias áreas de atuação do poder público, permitindo a cobrança de *taxa*) *segurança, à higiene, à ordem, aos costumes, à disciplina da produção e do mercado, ao exercício de atividades econômicas dependentes de concessão ou autorização do Poder Público, à tranqüilidade ou ao respeito à propriedade e aos direitos individuais ou coletivos.*

O mais lembrado administrativista brasileiro, HELY LOPES MEIRELLES,[14] assim resumiu os diversos setores de atuação do poder de polícia no âmbito municipal:

"*Para propiciar segurança, higiene, saúde e bem-estar à população local o Município pode regulamentar e policiar todas as atividades, coisas e locais, que afetem a coletividade de seu território. Mas esse policiamento administrativo se endereça precipuamente ao ordenamento da cidade, por sua maior concentração populacional e o conflito das condutas individuais com o interesse social da comunidade. Na impossibilidade de apreciarmos todos os setores de atuação do poder de polícia do Município, destacamos as principais, a saber: 1) polícia sani-*

---

[14] *in* "Direito Municipal Brasileiro", Revista dos Tribunais, SP, 1981, 4ª edição, p. 395.

tária; 2) polícia das construções; 3) polícia das águas; 4) polícia da atmosfera; 5) polícia das plantas e animais nocivos; 6) polícia dos logradouros públicos; 7) polícia de costumes; 8) polícia de pesos e medidas; 9) polícia de atividades urbanas em geral".

A esse rol municipal podem ser acrescidos vários outros setores de atuação do poder público, inclusive da União e dos Estados, como: polícia florestal e de preservação da flora, fauna e meio ambiente; de recursos naturais em suas várias manifestações; de armas e munições; de trânsito em geral, transporte, ordem e segurança; de saúde; de telecomunicações, radiodifusão sonora e de sons e imagens; de energia elétrica; de viação e navegação em geral; de organização judiciária; de classificação de diversões públicas e de programas de rádio e televisão; etc.

Assim, o **poder de polícia** é apenas parte dos amplos *poderes administrativos* do Estado. Como exemplos de aplicação do *poder de polícia* temos, hoje, a exigência de aferição de taxímetros e balanças para o exercício de determinadas atividades, de controle de segurança de veículos destinados a transporte público, de concessão de alvarás ou licenças (para localização, demolição ou construção), carteiras de identidade e de habilitação, etc., serviços pelos quais o poder público pode cobrar *taxas*, desde que, obviamente, sejam os serviços estejam em efetivo funcionamento e sejam realmente prestados.

O mesmo HELY LOPES MEIRELLES[15] assim traça os contornos do *poder de polícia*:

"O Estado é dotado de 'poderes políticos' exercidos pelo Legislativo, pelo Judiciário e pelo Executivo, no desempenho de suas funções constitucionais, e de 'poderes administrativos' que surgem secundariamente com a Administração e se efetivam de acordo com as exigências do serviço público e com os interesses da comunidade. Assim, enquanto os 'poderes políticos' se identificam com os 'Poderes do Estado', e só são exercidos pelos respectivos órgãos constitucionais do Governo, os "poderes administrativos" se difundem por toda a Administração e se apresentam como meios de sua atuação. Aqueles são poderes imanentes e estruturais do Estado; estes são contingentes e instrumentais da Administração.

Dentre os 'poderes administrativos' figura, com especial destaque, o 'poder de polícia administrativa', que a Administração Pública exerce sobre todas as atividades e bens que afetam ou possam afetar a coletividade. Para esse policiamento há competência exclusivas e concorrentes das três esferas estatais, dada a descentralização político-administrativa decorrente do nosso sistema constitucional".

Partindo desse quadro, HELY[16] assim termina por definir o que seja *poder de polícia*:

"Poder de polícia é a faculdade de que dispõe a Administração Pública para condicionar e restringir o uso e gozo de bens, atividades e direitos individuais, em benefício da coletividade ou do próprio Estado".

RUY BARBOSA,[17] bem lembrado por RUI CIRNE LIMA,[18] já ensinava que

---

[15] in "Direito Administrativo Brasileiro", Revista dos Tribunais, SP, 1982, 9ª edição, p. 90/1.
[16] idem, p. 92.
[17] in "Comentários à Constituição Federal Brasileira", coligidos e ordenados por Homero Pires, tomo V, SP, 1934, p. 176 e seguintes.
[18] in "Princípios de Direito Administrativo", Porto Alegre, Sulina, 1964, p. 107.

*"poder de polícia é toda restrição ou limitação coercitivamente posta pelo Estado à atividade ou propriedade privada, para o efeito de tornar possível, dentro da ordem, o concorrente exercício de todas as atividades e a conservação perfeita de todas as propriedades privadas".*

Em suma, **poder de polícia é o direito que tem a Administração Pública de disciplinar a conduta das pessoas em sociedade, impondo-lhes restrições e limitações no interesse público**.

Por outro lado, como o art. 77 exige que o poder de polícia seja desempenhado de forma *"regular"*, o próprio Código se encarregou de definir o que deve ser entendido como tal:

**Art. 78:** ...

**Parágrafo único. Considera-se regular** (capaz, portanto, de ensejar a cobrança válida da taxa) ***o exercício do poder de polícia quando*** (efetivamente) ***desempenhado*** (não bastando estar à disposição) ***pelo órgão*** (autoridade) ***competente*** (que detenha a necessária possibilidade legal de prestar o serviço respectivo, cuja competência se acha traçada, basicamente, nos arts. 21 a 24 da Constituição) ***nos limites da lei aplicável*** (sem excesso, desvio ou abuso de poder), ***com observância do processo legal*** (nos termos da lei) ***e, tratando-se de atividade que a lei tenha como discricionária*** (que deixa a sua execução, quanto à conveniência, oportunidade e conteúdo, ao livre e prudente arbítrio do servidor público competente para o ato), ***sem abuso*** (além do permitido) ***ou desvio*** (à margem do permitido) ***de poder*** (ou seja, exercido nos estritos limites do interesse público, e não do seu administrador).

Quanto aos serviços que caracterizam a *taxa*, assim estabelece o Código Tributário (no que, lamentavelmente, não foi feliz, pelos equívocos e pelas imprecisões conceituais):

**Art. 79:**
***Os serviços públicos a que se refere o art. 77*** (geradores das taxas) ***consideram-se***:

***I - utilizados*** (ou consumidos) ***pelo contribuinte*** (sujeito passivo respectivo):

*a) efetivamente* (realmente), ***quando por ele usufruídos a qualquer título*** (utilizados ou consumidos, estando, portanto, disponíveis);

*b) potencialmente* (que podem ser usados ou consumidos), ***quando, sendo de utilização compulsória*** (na verdade, essa alínea tem a ver, apenas, com os serviços simplesmente colocados à disposição, que não são, como dito, de *utilização*, mas de *pagamento compulsório*, independentemente do seu uso ou consumo), ***sejam postos à sua disposição*** (estejam disponíveis) ***mediante atividade administrativa em efetivo funcionamento*** (não basta a existência das instalações, para a sua cobrança, sendo necessário que o serviço exista e seja prestado a contento, de tal forma que não pode a taxa ser cobrada se o serviço público correspondente não existir, como, por exemplo, a falta de água em determinado bairro, ou mesmo se o poder público não for competente para a prestação do serviço, como tem ocorrido no interior do Estado do RS, em que os Municípios, na tentativa de viabilizarem a cobrança da *taxa de bombeiros*, celebram convênio com o Estado (que possui o serviço), porque, em tais casos, falta o requisito da prestação do serviço pelo próprio ente tributante, *"no âmbito de suas respectivas atribuições"* (cf. *"caput"* do art. 77);

**II - *específicos*** (previamente definidos e determinados, sabendo-se desde logo quais são ou serão), ***quando possam ser destacados em unidades autônomas de intervenção, de utilidade ou de necessidades públicas*** (definição essa que nada tem a ver com o sentido da palavra *"específicos"*, mas com o requisito seguinte, isto é, com a palavra *"divisíveis"*);

**III - *divisíveis*** (fracionáveis, mensuráveis, dimensionáveis de acordo com o uso ou consumo), ***quando suscetíveis de utilização, separadamente, por parte de cada um dos usuários*** (isto é, quando puderem ser *mensurados* ou *medidos*, para efeitos de sua cobrança, segundo seu efetivo uso ou consumo, por todos os que deles se beneficiarem, de tal forma que o valor da *taxa* corresponda sempre ao custo real do serviço público prestado e usufruído, sendo essa a razão das sucessivas decretações de inconstitucionalidade da conhecida *"taxa de iluminação pública"*, até hoje perseguida pelos Municípios, por não ter ela condições de atender ao princípio da *divisibilidade* do serviço entre todos os seus usuários, que não são os proprietários dos imóveis situados à margem das ruas iluminadas – pelo que não é possível efetuar a cobrança levando em conta a sua testada ou o consumo de energia elétrica dos munícipes –, mas os transeuntes dos logradouros).

Pretendendo viabilizar a cobrança dessa inconstitucional *"taxa de iluminação pública"*, muitos Municípios passaram a cobrar, por força de lei, o *"pagamento voluntário da taxa"*, exigindo-a, com base no princípio de que, *"quem cala consente"*, dos proprietários de imóveis urbanos que não se manifestassem, por escrito, em determinado prazo, contrários à sua cobrança. Trata-se, obviamente, de uma manifesta aberração jurídica, porque o pagamento de tributo jamais decorre da vontade de alguém, mas da lei, além do que não é possível inverter a ordem dos fatores, partindo da premissa de que todos estão, até prova em contrário, de acordo em pagar uma taxa, sabidamente indevida.

A Constituição Federal estabelece a seguinte limitação para a cobrança de taxas:

**Art. 145:** ...

**§ 2º.** *Não podem as taxas ter* (utilizar) *base de cálculo* (valores) *própria de impostos* (que estes utilizam para a sua quantificação).

Como já dissemos alhures, essa regra sequer precisaria figurar no texto constitucional, porque a *base de cálculo* dos *impostos* não tem, por absoluta impropriedade, o condão de dimensionar ou medir serviços cobráveis a título de *taxa*, que devem ser *divisíveis*. Assim, por exemplo, não é possível usar, para fins de cobrança da *taxa de coleta de lixo*, ou mesmo *de esgoto* ou *de água*, o valor *venal* (de venda, segundo o mercado, que serve base de cálculo do IPTU) do imóvel usuário ou consumidor de tais serviços. A razão é simples: valor algum de bem mede, dimensiona ou avalia o volume do serviço público para fins de cobrança de *taxas*, a qual deve ser sempre fixada e cobrada de acordo com o serviço público efetivamente prestado a cada usuário ou consumidor, na sua exata medida ou proporção.

Decisão do Plenário do STF[19] já consagrou o entendimento de que são inconstitucionais as taxas de *limpeza pública* e de *conservação de vias e logradouros públicos*, cobradas pelo Município de SP,

> "*por haverem violado a norma do art. 145, § 2º, ao tomarem, para base de cálculo das taxas de limpeza e conservação de ruas, elemento que o STF tem por fator componente da base de cálculo do IPTU, qual seja, a área do imóvel e a extensão deste no seu limite com o logradouro público*", devendo as "*taxas que, de qualquer modo, têm por fato gerador prestação de serviço inespecífico e indivisível, não mensurável, indivisível e insuscetível de ser referido a determinado contribuinte*" ser custeadas exclusivamente "*por meio do produto da arrecadação dos impostos gerais*".

Também o STJ concluiu,[20] em relação à *taxa de limpeza urbana*, que

> "*a divisão do custo do serviço em função da área da propriedade não constitui base de cálculo do IPTU, consubstanciada no valor venal do imóvel*",

sendo, portanto, perfeitamente viável a sua cobrança nessas condições. Com razão aquele Tribunal, porquanto há uma forte e quase incontestável presunção de que o serviço relativo à coleta domiciliar de lixo se faz pelo tamanho do imóvel, constituindo sua metragem a unidade de medida mais indicada para a cobrança da taxa. Da mesma forma, também as vistorias de prédios, que ensejam a cobrança de taxas (decorrentes do exercício do poder de polícia) para efeitos de concessão de licenças e alvarás, têm a sua melhor medida na metragem do imóvel vistoriando, tal como deflui da seguinte decisão do STJ:

> "*Exação fiscal cobrada como contrapartida ao exercício do poder de polícia, sendo calculada em razão da área fiscalizada, dado adequadamente utilizado como critério de aferição da intensidade e da extensão do serviço prestado, não podendo ser confundido com qualquer dos fatores que entram na composição da base de cálculo do IPTU, razão pela qual não se pode ter por ofensivo ao dispositivo constitucional em referência, que veda a bitributação. Serviço que, no caso, justamente em razão do mencionado critério pode ser referido a cada contribuinte em particular, e de modo divisível, porque em ordem a permitir uma medida tanto quanto possível justa, em termos de contraprestação*".[21]

O Código Tributário, por sua vez, acresceu mais outra limitação no tocante à *taxa*, que, mesmo redundante, é esclarecedora:

---

[19] RE nº 204827-5 (DJU de 25/04/97, p. 15213, e RDDT nº 22, p. 199).
[20] REsp nº 115713/SP, 1ª Turma, STJ (DJU de 22/04/97, p. 14401, e RDDT nº 24, p. 223/4).
[21] RE nº 220316-7, 1ª Turma, STF, 28/04/98, e Plenário em 11/11/98, DJU de 29/06/2001, p. 56.

Art. 77: ...

*Parágrafo único. A taxa não pode ter* (utilizar) *base de cálculo* (valores para a sua apuração) *ou fato gerador* (motivo determinante do seu pagamento) *idênticos* (iguais) *aos que correspondam a imposto* (porque este é calculado sobre bases que não medem, ou não permitem medir o volume ou a extensão do serviço público prestável a título de taxa), *nem ser calculada em função do capital das empresas* (que também não mede o serviço público a ser contraprestacionado, como, por exemplo, para a cobrança da taxa de *"vistoria"*, - para efeitos de concessão de *"alvará de localização"* -, em que, por exemplo, o local vistoriável para uma oficina mecânica é sempre maior do que o pleiteado para um banco, este com capital infinitamente superior, devendo o pagamento, neste caso, ser feito pela *metragem* vistoriada, e não pelo volume do *capital social* do interessado).

A razão de ambas essas restrições é absolutamente óbvia e lógica: *a taxa deve ser paga na exata medida* ou *proporção do serviço público contraprestacionado*, enquanto os elementos referidos não têm condições de medir o serviço público efetivamente prestado ou colocado à disposição, e, conseqüentemente, usado, consumido ou utilizado. Em outras palavras, não se pode levar em conta, para a fixação da taxa a pagar, elementos estranhos ao serviço a ser prestado, como os relacionados com a pessoa do contribuinte (*"status"*, atividade, patrimônio, etc.), que são relevantes tão-somente para a fixação do *imposto*.

Contudo, esse consagrado princípio constitucional vem de ser frontalmente agredido pelo art. 47 do *"Estatuto da Cidade"*, aprovado pela Lei (ordinária) nº 10.257, de 10/07/2001, segundo o qual

*"Os tributos"* (gênero, incluindo as *taxas* e *contribuições de melhoria*) *"sobre imóveis urbanos, assim como as tarifas"* (unidade de medida dos preços públicos) *"relativas a serviços públicos urbanos, serão diferenciados em função do interesse social"*.

Essa espúria extravagante inovação deturpadora, permitindo, por simples *lei ordinária* (quando a matéria, nos termos do art. 146, III, da CF, somente por *lei complementar* comporta ser tratada), que as *taxas*, as *contribuições de melhoria* e as *tarifas* relativas a serviços públicos urbanos possam ser diferenciados em funções do interesse social, com certeza há de ser repudiada pela doutrina e pela jurisprudência, acaso adotada, porque representará o descalabro das instituições jurídicas.

### 3.2. Classificação e denominação das taxas

Embora confusa e pouco objetiva a redação dada ao art. 145, II, da CF, nela se vislumbram duas *espécies* distintas de *taxas*, baseadas no tipo de serviço público que as geram:

    a) as **decorrentes do exercício do poder de polícia**, por serviços prestados, visando, no interesse público, à disciplinação da conduta das pessoas em sociedade. São devidas somente na hipótese de solicitação, pelo interessado, do serviço correspondente, e desde que efetiva e regularmente prestados (como a *realização de vistoria*, o *fornecimento de certidão*, de *carteira de identidade*, de *habilitação* ou de *alvará*, etc.) pelo órgão público competente, nos limites da lei, sem desvio ou abuso de poder (quando se tratar de atividade tida como *discricionária*, consistente naquela que deixa a sua execução, quanto à conveniência, oportunidade e conteúdo, ao livre e prudente arbítrio do servidor público), não bastando, para sua cobrança, a sua simples colocação à disposição do usuário ou consumidor, aspecto esse que, aliás, já restou reconhecido pelo STF (cf. ementas transcritas no subitem 3.3, letra *"g"*, deste Capítulo); e

b) as **decorrentes prestação de serviços públicos outros** (diferentes, portanto, das relativas ao *exercício do poder de polícia*), ainda que simplesmente colocados *à disposição*, desde que em efetivo funcionamento e potencialmente utilizáveis pelos seus destinatários (como a *taxa d'água*, de *esgoto*, de *coleta de lixo*, etc., para os que possuírem prédio consumidor). São devidas independentemente de solicitação do serviço, pelo usuário ou consumidor em potencial, desde que em efetivo funcionamento e que seu uso ou consumo seja potencialmente suscetível de ser feito pelo seu destinatário. Assim, não pode ser cobrada, por exemplo, a *taxa de coleta de lixo*, se o prédio interessado não seja acessível ao serviço de remoção, ou onde não haja o usuário ou consumidor em potencial, como em terrenos baldios (vide acórdãos nesse sentido, no item 3.3, a seguir, sobre *"taxas incorretamente cobradas"*) ou em *box*-estacionamento. É, ainda, devida a taxa, sempre que presentes as condições de existência do serviço e da potencialidade do uso ou consumo deste, mesmo que este não seja utilizado, caso em que, então, será devido o custo mínimo do serviço respectivo, representado pelo rateio, entre todos os usuários ou consumidores, das despesas necessárias à manutenção do serviço, como se nenhum usuário ou consumidor houvesse.

Outra classificação das *taxas* é a que leva em conta a provocação ou solicitação do serviço público que as geram. Segundo esse critério, são elas divididas em:

a) **taxas por serviços provocados**, quando efetivamente prestados mediante prévia solicitação, seja porque o destinatário neles tenha pessoalmente interesse (como uma certidão negativa de débito), seja porque a administração pública os imponha no interesse seu (como o fornecimento de *carteira de motorista*, de *vistoria de veículo* e de *vistoria* realizadas para efeito de fornecimento de *alvará de localização*). São, no fundo, as que, acima, genericamente classificamos como *taxas decorrentes do exercício do poder de polícia*, devidas somente se previamente solicitados e efetivamente prestados; e

b) *taxas por serviços não provocados*, quando colocados à disposição dos usuários ou consumidores em potencial, independentemente, pois, de sua solicitação e utilização, como as taxas *d'água*, de *coleta de lixo* e de *esgoto*, que se justificam pelo interesse de toda a coletividade, visando a preservar, basicamente, a sua saúde, que é dever do Estado, genericamente falando. São, as que acima classificamos como *taxas decorrentes da prestação de serviços outros*, diversos dos decorrentes do *exercício do poder de polícia*, devidas independentemente de solicitação, desde que em efetivo funcionamento.

Uma terceira e última classificação da *taxas* é a que leva em conta a finalidade do serviço público que lhes dá origem, e que é o critério geralmente adotado pelas respectivas leis instituidoras, de grandes efeitos práticos mas de nenhuma consistência científica ou jurídica. Levam, assim, nomes como *taxa de expediente*, *taxa de fiscalização*, *taxa d'água*, *taxa de coleta de lixo*, *taxa de esgoto*, *taxa de vistoria*, *taxa de segurança pública*, *taxa de licença*, etc. São exemplos de *taxas*, hoje cobradas nessas circunstâncias:

a) ***taxa de expediente***, cobrada pelo Estado por um serviço administrativo-burocrático, como uma certidão;

b) ***taxa d'água***, pelos serviços de fornecimento de água potável, higiênica ou tratada, como a cobrada pelo próprio Município de Porto Alegre, por seu Departamento Municipal de Água e Esgoto (DMAE), e não por empresa sua;

c) ***taxa de esgoto***, cobrada pelos serviços de escoamento, remoção e tratamento de resíduos, dejetos e efluentes prediais, quando prestados pelo poder público (Estado, no sentido amplo), como, no Município de Porto Alegre, pelo DMAE, retrorreferido, que é o próprio Município;

d) ***taxa de coleta de lixo***, cobrada pelos serviços de coleta e remoção de restos, resíduos, entulhos e detritos, quando prestados pelo poder público (Estado, no sentido genérico), como em Porto Alegre, pelo DMLU (Departamento Municipal de Água e Esgoto), que é parte integrante do próprio Município, e não empresa pública sua;

e) ***taxa de vistoria***, cobrada em razão do exame, pelo poder público, das condições legalmente exigidas para a ocupação ou uso de determinado local e fornecimento de alvará ou licença para localização ou funcionamento de atividade, desde que realmente prestados os serviços;

f) ***taxa de segurança pública***, cobrada pelos serviços de fornecimento de carteira de identidade ou de habilitação (motorista), e outros que visem à disciplina e ordem social, como, por exemplo, a cobrada, *"por serviços de manutenção da ordem e da disciplina"*, pela Brigada Militar, no Estado do RS, em dependências internas de estádios de futebol, a pedido pessoal e direto do clube (diferentemente do que ocorre na sua área externa, cujos serviços devem ser custeados por impostos, onde a circulação de pessoas é livre, fora do domínio e controle do clube), como muito bem sinalizou o eminente Des. CARLOS ROBERTO LOFEGO CANÍBAL,[22] do TJERS, em ementa assim redigida:

*"Cobrança de taxa de serviços diversos pelo exercício do poder de polícia em estádio de futebol. Divisibilidade e especificidade. Constitucionalidade. A taxa em questão está prevista como tributo de serviços diversos por segurança preventiva em eventos esportivos, na forma da Lei nº 8.109/85. Para a instituição da taxa exige-se que o serviço seja específico e divisível. Há de haver usuários determinados. Não poderá haver taxa sobre serviço sem usuários determinados, voltados para a coletividade como um todo. No caso, é evidente que a taxa é cobrada da entidade impetrante como forma e modo de realização do poder de polícia, como serviço específico e divisível que este dilui no preço dos ingressos. A necessidade de custeio, com efeito, como de regra, deve se fazer presente para a instituição do tributo, como dispõe o art. 145, II, da Constituição Federal e se o faz. ...".*

Nesse particular, contudo, já se pronunciou o STF,[23] nos termos a seguir (equivocadamente, a nosso ver), no sentido de que tais serviços devem ser custeados por *impostos*:

*"Em face do artigo 144, 'caput', inciso V e parágrafo 5º, da Constituição, sendo a segurança pública dever do Estado e direito de todos, exercida para a preservação da ordem pública e da incolumidade das pessoas e do patrimônio, através, entre outras, da polícia militar, essa atividade do Estado só pode ser sustentada pelos impostos, e não por taxa, se for solicitada por particular para a sua segurança ou para a de terceiros, a título preventivo, ainda quando essa necessidade decorra de evento aberto ao público. Ademais, o fato gerador da taxa em questão não caracteriza sequer taxa em razão do exercício do poder de polícia, mas taxa pela utilização, efetiva ou potencial, de serviços públicos específicos e divisíveis, o que, em exame compatível com pedido de liminar, não é admissível em se tratando de segurança pública".*

A prevalecer o equivocado entendimento da Suprema Corte, nem mesmo a taxa de *"aferição de taxímetros"* ou de *"vistoria de lotações"* (ou *"veículos"*), por exemplo, poderá ser cobrada, porque, no fundo, tais serviços também implicam questão de *segurança pública*, de interesse de todos, sendo, também, dever do Estado prestá-los. O que não se deve confundir é serviço prestado a um usuário ou consumidor determinado (*"ut singuli"*), a pedido deste (caso do estádio, em suas dependências internas), com serviço prestado a uma coletividade inteira (*"ut universi"*), sem pedido específico, como segurança de rua e de locais públicos (e não privados, como no caso dos estádios); e

g) **taxa de licença**, para a obtenção de autorização (*alvará*) para demolição predial, construção, instalação industrial, comercial ou profissional, etc., nas hipóteses legalmente determinadas.

Todavia, a *denominação* (nome, ou *"nomen juris"*) legalmente dada à *taxa* não é importante para caracterizá-la e entendê-la como devida, tal como adiante (quando discorrermos sobre o art. 4º do Código Tributário) será enfatizado. Exemplo disso são as *custas* ou *emolumentos*, cobrados por serviços prestados por

---

[22] Apelação Cível em MS, nº 70003018553, TJERS, sessão de 28/11/01, Rel. Des. Carlos Roberto Lofego Caníbal.
[23] ADIMC nº 1942/PA, 05/05/99, DJ de 22/10/99, p. 57, Ement. Vol. 1968-01, p. 172, Pleno, STF, e ADIMC nº 2424/CE, 06/03/02, Pleno, STF (cf. Informativo STF nº 259, de 4 a 8/03/02).

serventias e cartórios judiciais e extrajudiciais (tabelionatos, registros de imóveis, Juntas Comerciais, e outros), todas com natureza e características de *taxa*, o que, de resto, já foi reconhecido pelo STF, como nas seguintes decisões:

> "*A jurisprudência do STF firmou orientação no sentido de que as custas judiciais e os emolumentos concernentes aos serviços notariais e registrais possuem natureza tributária, qualificando-se como taxas remuneratórias de serviços públicos, sujeitando-se, em conseqüência, quer no que concerne à sua instituição e majoração, quer no que se refere à sua exigibilidade, ao regime jurídico-constitucional, pertinente a essa especial modalidade de tributo vinculado, notadamente aos princípios fundamentais que proclamam, dentre outras, as garantiais essenciais (a) da reserva de competência impositiva, (b) da legalidade, (c) da isonomia e (d) da anterioridade*".[24]

> "*Esta Corte já firmou o entendimento ... de que as custas e os emolumentos têm a natureza de taxas, razão por que só podem ser fixadas em lei, dado o princípio constitucional da reserva legal para a instituição ou aumento de tributo*".[25]

### 3.3. Taxas incorretamente cobradas

São exemplos de taxas, hoje a nosso ver *incorretamente* exigidas (entre tantas outras que a criatividade pública descobre a cada momento, na ânsia de aumentar a sua arrecadação):

a) *taxa* (municipal) *de iluminação pública* (porque não há a possibilidade de ser individualizado o beneficiado do serviço, porquanto a prestação deste possui caráter genérico e indivisível em relação a cada usuário (*"ut singuli"*), destinando-se à coletividade como um todo (*"ut universi"*), ao mesmo tempo em que o serviço é destinado ao próprio Município, porque a via, onde a iluminação se processa, é pública, de uso *comum* do povo, com manutenção a cargo daquele, devendo, dessa forma, ser custeado por meio do dinheiro arrecadado a título de imposto). As decisões judiciais são abundantes nesse sentido, impedindo sejam elas cobradas, seja pela testada, seja por percentual sobre o consumo doméstico de energia elétrica, dos proprietários dos terrenos que se situam à margem da via pública iluminada, porque a iluminação é pública (da rua) e não individual (do imóvel particular);

b) *taxa* (municipal) *de varredura de calçadas* ou *de varredura e limpeza de rua* (ou mesmo *de varrição, lavagem, capinação, desentupimento de bueiros e bocas-de-lobo*), porque, pelas mesmas razões da cobrança incorreta da taxa de *iluminação pública*, não há como individualizar, para efeitos de cobrança, o usuário ou consumidor do serviço que, na verdade, beneficia toda a comunidade.

Nessa linha de raciocínio também se pautou a decisão do Plenário do STF (RE nº 204827-5), referida ao ensejo do comentário que, acima, fizemos ao § 2º

---

[24] ADInc nº 1378/ES, STF, Pleno, julg. em 30/11/95 (DJU de 30/05/97, p. 23175/6, Ementário, vol. 1871-02, p. 225). No mesmo sentido: ADInc nº 1298, ano-97/ES, Pleno (DJU de 30/05/97, p. 23175, Ementário vol. 1871-01, p. 217).

[25] RE nº 116208/MG, STF, Pleno, julg. em 20/04/90 (DJU de 08/06/90, Ementário, vol; 1584-02, p. 317).

do art. 145 da CF, ao declarar inconstitucionais taxas que, a título de *limpeza pública e conservação de vias e logradouros públicos*, adotam como *fato gerador "a área do imóvel e a extensão deste no seu limite com o logradouro público"*. Atentam, tais taxas, contra a necessidade da sua *divisibilidade* entre todos os usuários ou consumidores do serviço público, ao mesmo tempo em que este é, na verdade, destinado ao próprio poder público (a iluminação é dirigida às vias, que são públicas, de uso comum do povo, sem possibilidade de individualização).

Tais despesas públicas devem, por essas razões, ser custeadas por *impostos*, e não por *taxas*. Aliás, esse mesmo erro de enfoque levou o Município de Porto Alegre (e, na mesma esteira, alguns do interior do Estado gaúcho) a editar lei, de conteúdo extravagante e indisponível (fora de sua competência legislativa, que, por envolver direito civil, é da União), portanto ineficaz, obrigando os proprietários de terrenos urbanos a construírem ou consertarem, por sua própria conta (sob pena de pesadas multas, progressivas no tempo, e de reembolso das despesas), as calçadas fronteiriças aos seus prédios, que obviamente integram a rua (de uso comum do povo), e não a propriedade privada, que, por essas razões, têm, no Município, o único titular da obrigação de, por sua conta, e com recursos exclusivamente dos impostos que arrecadam, construírem e conservarem ditas calçadas;

c) **taxa de calçamento** ou **de asfaltamento**, porque, tratando-se de serviços relativos a *obras públicas* (de natureza duradoura), a cobrança cabível é, tão-somente, *a contribuição de melhoria*, desde que previamente instituída por *lei, editada para cada obra* (sendo incabível sua simples previsão em Lei Orgânica ou em Código Tributário Municipal, ou em lei genérica para obras futuras, como vem acontecendo na quase totalidade dos Municípios gaúchos, que adotaram o mesmo equivocado modelo legislativo);

d) **taxa** (estadual) **judiciária**, cobrada pelo Estado do RS, visto que se assenta no *valor da causa*, que, em hipótese alguma, tem o condão de medir os serviços judiciários visados a contraprestacionar, embora o STF já tenha admitido que, se o valor respectivo for limitado, a cobrança é possível;

e) **taxa de coleta de lixo**, ou **de esgoto**, em locais onde tais serviços não sejam prestados, ou em que, mesmo sendo prestados, sejam cobrados em relação a *box*-estacionamento, ou em terrenos sem construções ou sem benfeitorias (prédios), isto é, em terrenos baldios, que não produzem lixo ou esgoto (caracterizando cobrança ilegítima e sem causa), como se vê das seguintes decisões:

"Taxa. Remoção de lixo domiciliar. Cobrança somente admissível do proprietário ou possuidor de terreno edificado. Pela própria natureza da taxa de remoção de lixo domiciliar, só pode ela ser cobrada de proprietário ou possuidor de terreno edificado, mas não de titular do lote vago, que, por não produzir dejetos no imóvel, nem sequer potencialmente utiliza a atividade estatal. Não tem este como usar do serviço, a não ser que, construindo no imóvel, passe a explorá-lo de alguma forma".[26]

---

[26] 1º TACivSP, RT-677/129.

*"Taxa. Remoção de lixo domiciliar:* ... *não há incidência da respectiva taxa quando se tratar de imóvel não construído"*;[27]

*"Taxa de Lixo. Edifício residencial. "Box" de estacionamento. Para efeitos de incidência e cobrança de taxa de coleta de lixo, considera-se beneficiado pelo serviço de coleta, remoção, transporte e destinação final de lixo, quaisquer imóveis, edificados ou não, que sejam, pelo menos potencialmente, produtores de dejetos, onde não há espaço para a inclusão de garagens de estacionamento correspondente a apartamento residencial, independentemente da situação cadastral de cada economia"*.[28]

f) **taxa de segurança contra incêndio**, cobrada no Estado do ES, julgada inconstitucional pelo STF[29] por ter base de cálculo (*"valor unitário do metro quadrado"*) idêntica à do IPTU, e *taxa de prevenção contra incêndio*, cobrada no Estado de SP, também julgada inconstitucional[30] pelo fato de que o Município *"não pode o Município instituir taxa para remunerar serviços que são prestados por outra entidade estatal"*;

g) **taxa de fiscalização, localização e funcionamento**, cobrada ilegitimamente, segundo o STF,[31] *"pela ausência de materialização"* (ausência de prestação do serviço) *"do poder de polícia da Prefeitura, cuja existência foi negada, em face da prova dos autos"*.

Outro precedente do mesmo Tribunal[32] já havia, antes, assim decidido:

*"A União, os Estados, o Distrito Federal e os Municípios poderão instituir taxas, em razão do exercício do poder de polícia ou pela utilização, efetiva ou potencial, de serviços públicos específicos e divisíveis, prestados ao contribuinte ou postos à sua disposição. Interpretando essa norma, assim como as que precederam, seja na Constituição anterior, seja no CTN, a jurisprudência do STF firmou-se no sentido de que só o exercício efetivo, por órgão administrativo, do poder de polícia, na primeira hipótese, ou a prestação de serviços, efetiva ou potencial, pelo Poder Público, ao contribuinte, na segunda hipótese, é que legitimam a cobrança de taxas, como a de que se trata neste recurso: taxa de localização e funcionamento. No caso, o acórdão extraordinariamente recorrido negou ter havido efetivo exercício do poder de polícia, mediante atuação de órgãos administrativos do Município, ao contribuinte, que justificasse a imposição da taxa em questão"*.

O STJ, por sua vez, havia editado a Súmula nº 157, anunciando que: *"é ilegítima a cobrança de taxa, pelo Município, na renovação de licença para localização de estabelecimento comercial ou industrial"*.[33] Posteriormente, porém, em 24/04/02, revogou-a[34], ao pretexto de que

*"dentro de um contexto mais abrangente e sem limitações, é melhor seguir a orientação do STF, que admite a taxa de renovação anual de licença para localização, instalação e funcionamento de estabelecimentos comerciais e similares como legal, desde que haja órgão administrativo que execute o poder de polícia do município e que a base de cálculo*

---

[27] 1º TACivSP, RT-637/108.
[28] Apelação Cível nº 193038189, 1ª Câmara Cível, TARS, 04/05/93, Rel. Heitor Assis Remonti.
[29] RE nº 120954/ES (DJU de 13/12/96, p. 50179, e RDDT nº 17, p. 208).
[30] REsp nº 166684/SP, 06/04/99, 2ª Turma, DJ de 31/05/99, p. 118.
[31] RE nº 195788/SP, 1ª Turma, STF (DJU de 04/04/97, p. 10545, e RDDT nº 22, p. 208).
[32] RE nº 140278/CE, 1ª Turma, STF (DJU de 22/11/96, p. 45703/4, e RDDT nº 19, p. 192).
[33] 1ª Seção, em 22/03/96) DJU de 15/04/96, p. 11631.
[34] REsp 261571/SP, julgado em 24/04/02, in Informativo de Jurisprudência STJ nº 0131, período de 22 a 26/04/02.

*não seja vedada, para no exame de cada lei 'de per si' saber se a taxa cobrada deriva ou não do legal exercício do poder de polícia garantido constitucionalmente"*.

Já a 1ª Turma do mesmo Tribunal, assim se pronunciou, em duas outras oportunidades:

*"É ilegal a cobrança, pelo Município, de renovação da Taxa de Licença, Localização e Funcionamento face à inexistência da contraprestação de serviços e a efetiva realização de poder de polícia".*[35]

*"Taxa de licença e localização. Anúncio Luminoso. Exigência de renovação anual. ... A taxa, fundamentalmente vinculada à hipótese de incidência determinada por atividade estatal individualizada, sofre limitações objetivas. Deve, pois, corresponder à efetiva contraprestação de serviços e materialização do poder de polícia, fatos justificadores da imposição fiscal. É ilegal, no caso, a exigência do pagamento anual a título de renovação de licença para localização, em se tratando do mesmo estabelecimento, com as mesmas atividades e localização inalterada. Ausência de concreta contraprestação"*;[36]

h) **taxa de fiscalização ambiental** (criada pelo art. 8º da Lei nº nº 9.960/00), tida como inconstitucional pelo STF,[37] por

*"ter como fato gerador, não o serviço prestado ou posto à disposição do contribuinte, pelo ente público, no exercício do poder de polícia, como previsto no art. 145, II, da Carta Magna, mas a atividade por esses exercida; e como contribuintes pessoas físicas ou jurídicas que exercem atividades potencialmente poluidoras ou utilizadoras de recursos ambientais, não especificadas em lei, e, ainda, por não haver indicado as respectivas alíquotas ou o critério a ser utilizado para o cálculo do valor devido, tendo-se limitado a estipular, a 'forfait', valores uniformes por classe de contribuintes, com flagrante desobediência ao princípio da isonomia, consistente, no caso, na dispensa do mesmo tratamento tributário a contribuintes de expressão econômica extremamente variada"*;

i) **taxa de licença de publicidade**, quando cobrada, de acordo com o STJ,[38] tomando como base de cálculo *"o espaço ocupado pelo anúncio na fachada externa do estabelecimento, porque o trabalho da fiscalização independe do tamanho da placa de publicidade"*, que não tem condições de medir o serviço público alegadamente contraprestacionado; e

j) **taxa de emissão de carnês** para a cobrança de tributos (IPTU, IPVA, etc.), porque não há serviço em favor do contribuinte respectivo, sendo emitidos no interesse próprio do poder tributante.

Há inúmeras outras *taxas* cobradas sob o manto da *legalidade apenas aparente*, com desvio da sua aplicação. Arrecada-se, por exemplo, nessas condições, a *taxa* conhecida como *pedágio*, destinada, segundo o inc. V do art. 150 da CF, especificamente à *manutenção* e *reparação* da via pública que a gera, mas termina ela, no entanto, sendo aplicada na *construção* de novas vias, ou no alargamento ou *duplicação* das já existentes, para as quais, como se sabe, deve ser utilizado, ou o *imposto*, ou, se legalmente instituída, a *contribuição de melhoria*.

---

[35] REsp. nº 122769/SP (DJU de 17/11/97, p. 59439, e RDDT nº 28, p. 200).
[36] REsp nº 870005/SP (DJ de 24/03/97, e Ement. da Jurispr. do STJ nº 18, p. 285).
[37] ADIMC - Medida Cautelar nº 2178/DF, 29/03/00, DJ de 12/05/00, p. 19, Ement. Vol. 1990-01, p. 73, Pleno, STF.
[38] REsp nº 78048/SP, 2ª Turma, STJ (DJU de 09/12/97, p. 64657/8, e RDDT nº 30, p. 224).

Não concordamos, a propósito, com aqueles que pregam ter a doutrina e a jurisprudência afastado a natureza *tributária* de *taxa* para o *pedágio*, para o que sugerimos a leitura, desde já, do que a respeito dissemos nos comentários ao inciso V do art. 150 da CF (Capítulo IV, deste livro).

## 4. Contribuição de melhoria

### 4.1. Conceito e características da "contribuição de melhoria"

A autorização (definição de competência) para a instituição e cobrança de contribuição de melhoria está no art. 145, III, da CF/88, enquanto o Código Tributário a disciplina nos seus arts. 81 e 82, tidos por muitos (nos quais nos incluímos) revogados pelo DL nº 195, de 24/12/67, com exceção do último (82), que estaria apenas parcialmente revogado, mantida que ficou a previsão de necessidade de edição de lei ordinária instituidora da contribuição para cada obra pública. Em homenagem, contudo, àqueles que entendem ainda plenamente vigentes esses dois dispositivos, far-lhes-emos os devidos comentários.

Estabelece a Constituição Federal:

Art. 145:

*A União, os Estados, o Distrito Federal e os Municípios* (todas as pessoas jurídicas de direito público interno, portanto) *poderão instituir* (mediante *lei ordinária*, exceto a União, que dispõe também da *medida provisória* para a criação dos seus tributos, ressalvados os da sua *competência residual*, do art. 154, I, que somente mediante *lei complementar* podem ser criados) *os seguintes tributos* (gênero)*:*

*III - contribuição* (compulsória) *de melhoria* (da qual resultem benefícios à classe de proprietários da área em que forem realizadas)*, decorrente de obras* (de natureza duradoura) *públicas* (construídas pelo Estado).

Adita o Código, em dois artigos, tidos como revogados pelo citado decreto-lei nº 195/67:

Art. 81:

*A contribuição de melhoria cobrada pela União, pelos Estados, pelo Distrito Federal ou pelos Municípios, no âmbito de suas respectivas atribuições* (de acordo com as obras públicas que cada uma das referidas pessoas vier a realizar)*, é instituída* (criada) *para fazer face* (repor) *ao custo de obras públicas de que decorra valorização* (leia-se *benefício*, segundo justificação que adiante faremos) *imobiliária* (a terceiros, os beneficiados, que são seus contribuintes)*, tendo como limite total* (o máximo a ser cobrado) *a despesa realizada* (com a obra) *e, como limite individual* (quanto cada contribuinte vai pagar)*, o acréscimo de valor* (montante pecuniário da obra, correspondente ao seu custo, transferível aos particulares) *que da obra resultar* (por rateio, segundo o benefício que cada contribuinte aufere) *para* *cada imóvel beneficiado* (atingido pela obra, *valorizado ou não*, no nosso entender).

Paga-se, assim, *contribuição de melhoria* em decorrência da *realização* (construção) *de obras públicas* (serviços materiais de natureza *duradoura*, como vias públicas, encanamentos de água ou de esgoto, pontes, túneis, etc.) dos quais decorram *benefícios* a imóveis por elas atingidos, situados nas chamadas *"áreas"* ou *"zonas de influência"*, que são seus contribuintes em potencial. Divide-se (rateia-se) a despesa realizada (custo total ou parcial da obra, conforme dispuser a lei) entre todos os beneficiados (seus contribuintes, inclusive entre pessoas jurídicas de direito público, apesar de o art. 2º do DL nº 195/67 estabelecer que somente imóveis de propriedade privada a ela se sujeitam, porque a imunidade tributária a elas conferida pela CF/88 se restringe a *impostos*, cf. art. 150, VI), *na proporção da área* (imobiliária) *beneficiada* (o que, diga-se, tem sido o grande obstáculo para viabilizar sua instituição e cobrança, já que é difícil de ser ela tecnicamente estabelecida e apurada).

A contribuição de melhoria é paga uma única vez, quando da realização ou construção da obra. Embora na essência seja igual à *taxa* (contraprestação de serviços públicos específicos e divisíveis), dela se diferencia, no entanto, apenas porque na *taxa* não se contraprestacionam *obras* (de natureza duradoura), mas *serviços* (de consumo *imediato* e *renováveis*) públicos.

**Contribuição de melhoria é**, assim, *a contraprestação pecuniária, compulsória por força de lei, de serviço público específico e divisível em relação ao respectivo contribuinte, consistente em obras públicas já realizadas*. Tais obras traduzem (há uma presunção absoluta nesse sentido, a nosso ver) melhorias, de natureza *duradoura*, à população-proprietária dos imóveis assim atingidos ou beneficiados, diferentemente das *taxas*, que apenas representam serviços de *uso* ou *consumo imediato*.

Aliás, para nós não há diferença entre *taxa* e *contribuição de melhoria*, a não ser quanto ao tipo do serviço público prestado, que é específico e divisível em ambos os casos, com a diferença, tão-só, como se disse, no tocante ao tempo em que o serviço se consome (instantâneo relativamente à taxa, e duradouro relativamente à *contribuição de melhoria*). Pensamos, inclusive, que nosso sistema tributário deveria adotar apenas duas espécies tributárias: os *impostos* e as *taxas*, nestas incluída a *contribuição de melhoria*.

Os *contribuintes* dessa espécie tributária são, por via de conseqüência, os titulares (proprietários) dos imóveis beneficiados ou atingidos por tais obras (melhorias) públicas, que são presumidos. Mesmo que prejuízos possam decorrer da obra pública a propriedades privadas, caberá a estas pleitear a indenização cabível junto ao poder público construtor, sem prejuízo, contudo, do pagamento da *contribuição de melhoria* devida, que, como dito, se presume quanto aos resultados visados.

Embora o Código até hoje ainda mantenha o texto original do seu art. 81, no sentido de que a *contribuição de melhoria* seja instituída para custear obras públicas das quais decorra *valorização* imobiliária, essa condição deixou, no entanto (pensamos nós), de existir definitivamente, desde a Emenda Constitucional nº 23, de 23/12/1983, que, mesmo se referindo à lei constitucional anterior, alcança a atual, que recebeu redação igual à anterior. Assim, tributa-se a *melhoria* (benefício) como *causa* (a obra), e não o seu eventual, e não-necessário, *efeito* (a *valorização*). O importante, para justificar o pagamento da *contribuição*, é a realização da *melhoria* (obra), sendo presumidos os seus *benefícios* aos proprietários de imóveis que na área ou zona de influência se situam. A simples realização da obra a justifica, porque o benefício é visto sob a ótica do Poder Público, como um todo, alcançando determinada coletividade, e não do interesse particular, individual.

A *contribuição de melhoria* deve ser instituída (criada) por *lei específica* (*ordinária* ou *comum*) do Poder Público construtor, *obra por obra* (e não, como equivocada e habitualmente vêm fazendo alguns Municípios, que apenas incluem, em sua Lei Orgânica, ou mesmo em Código Tributário, a previsão *genérica* para a respectiva cobrança, de tal forma que, mediante simples *decreto* do Executivo e conveniências do momento, passam a cobrá-la, até mesmo antes da sua conclusão.

**Art. 82:**
*A lei* (instituidora ou criadora) *relativa à contribuição de melhoria observará* (para cada obra, obviamente) *os seguintes requisitos mínimos:*

I– *publicação prévia* (à cobrança) *dos seguintes elementos* (impossíveis de serem projetados, em Lei Orgânica, para todas as obras futuras, o que deixa absolutamente clara a necessidade de edição de lei, obra por obra, para esses elementos):

  a) *memorial descritivo do projeto* (especificação arquitetônica da obra);
  b) *orçamento* (previsão) *do custo da obra* (total, embora somente parte dele possa ser cobrada);
  c) *determinação da parcela do custo da obra a ser financiada ou custeada pela contribuição* (que, necessariamente, não precisa abranger o custo total da obra);
  d) *delimitação da zona beneficiada* (área cujos proprietários deverão, em razão do benefício que receberem, custear a obra);
  e) *determinação do fator de absorção* (percentual que a cada contribuinte deve ser atribuído no rateio do custo da obra) *do benefício da valorização* (leia-se, apenas, "do benefício", porque, como já dissemos, a obrigação de pagar *contribuição de melhoria* não decorre de *valorização* da propriedade do contribuinte, mas do benefício da obra, que é presumido) *para toda a zona* (área total) *ou para cada uma das áreas diferenciadas* (conforme o benefício, maior ou menor, segundo a localização), *nela* (na área maior) *contidas;*

II– *fixação de prazo não inferior a 30 dias, para impugnação* (defesa administrativa), *pelos interessados* (contribuintes), *de qualquer dos elementos referidos no inciso anterior;*

*III– regulamentação do processo administrativo de instrução e julgamento da impugnação a que se refere o inciso anterior* (para que possa ser exercido, pelo contribuinte respectivo, o amplo direito de defesa em relação aos benefícios da obra e à futura cobrança), *sem prejuízo da sua apreciação judicial* (com fundamento no art. 5º, XXXV, da CF, estabelecendo que *"a lei não excluirá da apreciação do Poder Judiciário lesão ou ameaça a direito"*).

*§ 1º A contribuição relativa a cada imóvel* (beneficiado) *será determinada* (feita) *pelo rateio* (divisão) *da parcela do custo* (total ou parcial) *da obra a que se refere a alínea c, do inciso I, pelos imóveis situados na zona beneficiada* (com exata consideração das áreas eventualmente diferenciadas, porque há algumas que se beneficiam mais do que outras) *em função dos respectivos fatores individuais* (percentuais de participação de cada contribuinte no rateio do custo da obra) *de valorização* (leia-se *"benefício"*).

Como se vê, aplica-se à *contribuição de melhoria* a mesma regra utilizável para a fixação das *taxas* (até porque ambas essas arrecadações são contraprestações de serviços públicos *específicos* e *divisíveis*): sua *divisibilidade* pressupõe deverem os custos da obra ser proporcionalmente repartidos (diluídos ou rateados) entre seus contribuintes, segundo o efetivo benefício recebido em decorrência da obra.

O que se afigura juridicamente inviável é, sem dúvida, repartir os custos da obra segundo a maior ou menor riqueza do usuário ou consumidor respectivo, vale dizer, levando em conta a capacidade contributiva deste, aspectos esses relevantes tão-somente para a fixação do *imposto*. Não pode, por exemplo, ser atribuído, para efeitos de cobrança da *contribuição de melhoria*, *"fator individual de valorização"* (leia-se *"benefício"*, que é o *percentual* utilizável para efeitos de rateio do custo respectivo, por área ou zona beneficiada), maior ao rico ou grande proprietário, e menor ao pobre ou pequeno proprietário, porque os custos decorrentes da prestação dos respectivos serviços são rigorosamente os mesmos para uns e outros. Todos os imóveis beneficiados pela obra deverão, assim, de um lado, suportar o custo real destes (que é igual para todos), e, de outro, segundo o efetivo benefício recebido, vedada a cobrança de forma *progressiva*, *graduada*, *diferenciada* ou *seletiva* para os que se encontram na mesma *"área de influência"* ou *"zona beneficiada"*.

Como já se disse várias vezes, esse princípio constitucional vem de ser violentado pelo art. 47 do *"Estatuto da Cidade"*, aprovado pela Lei federal nº 10.257, de 10/07/2001, de natureza ordinária, segundo o qual

*"Os tributos"* (gênero, incluindo as *taxas* e *contribuições de melhoria*) *"sobre imóveis urbanos, assim como as tarifas"* (unidade de medida dos preços públicos) *"relativas a serviços públicos urbanos, serão diferenciados em função do interesse social"*.

Essa espúria inovação deturpadora, permitindo, por simples *lei ordinária* (quando a matéria, nos termos do art. 146, III, da CF, somente por *lei complementar* comporta ser tratada), que as *taxas*, as *contribuições de melhoria* e as *tarifas* relativas a serviços públicos urbanos possam ser diferenciados em funções do interesse social, com certeza há de ser repudiada pela doutrina e pela jurisprudência, acaso adotada, porque representará o descalabro das instituições jurídicas.

§ 2º *Por ocasião do respectivo lançamento* (apuração e formalização documental do valor a ser cobrado)*, cada contribuinte deverá ser notificado* (leia-se *"intimado"*, porque *notificação* é simples *"ciência"*, enquanto *intimação* é ato que pressupõe um *"fazer"* ou um *"deixar de fazer algo"*, que, no caso, é pagar o valor exigido ou oferecer impugnação administrativa ou defesa) *do montante da contribuição* (que lhe cabe no rateio)*, da forma e dos prazos do seu pagamento* (sempre depois da realização da obra, cf. art. 9º do DL nº 195/67) *e dos elementos que integraram o respectivo cálculo* (para que a obrigação seja satisfeita, ou possa ser impugnada, no prazo legal).

### 4.2. Disciplinação atual da "contribuição de melhoria"

Segundo as regras remanescentes do Código Tributário Nacional (basicamente, art. 82) e do DL nº 195/67, as exigências para a instituição e cobrança da *contribuição de melhoria* são, fundamentalmente, as seguintes:

1ª Não basta simples previsão genérica de cobrança da *contribuição de melhoria* na Constituição Federal ou na Estadual, ou na Lei Orgânica do Distrito Federal e do Município, ou, ainda, em Código Tributário do ente tributante. Tais instrumentos legais apenas autorizam a sua instituição ou criação, definindo e limitando a respectiva competência, traçando-lhe regras gerais (cf. art. 6º do CTN).

2ª A *contribuição de melhoria* deve, necessariamente, sob pena de nulidade da sua cobrança, atender, entre outros constitucionalmente previstos, aos seguintes princípios:

a) o da *reserva legal* (ou da *legalidade*), pelo qual se exige edição prévia de lei instituidora ou criadora do tributo, obra por obra (cf. art. 82 do CTN, que estabelece os requisitos mínimos observados pela lei instituidora, que, pela lógica, somente admite possa ela ser obra por obra, não havendo como ser a matéria disciplinável numa única só, que preveja os requisitos do citado artigo para todas as obras futuras), não bastando sua simples previsão em lei constitucional ou orgânica municipal para esse fim, porque, como dito, tais diplomas apenas definem e limitam competências tributárias possibilitando a sua criação. Nem mesmo o Código Tributário (seja federal, estadual ou municipal) é suficiente para esse fim, porque este é lei genérica, apenas traçando normas básicas e comuns a todas as arrecadações de natureza tributária). Assim, qualquer ato do Poder Executivo (decreto ou edital) que tenha por objetivo promover a cobrança de *contribuição de melhoria* somente à vista de lei ordinária específica, obra por obra, pode ser levado a efeito, sob pena de nulidade; e

b) o **da anterioridade**, pelo qual não pode a lei instituidora (específica para cada obra) entrar em vigor (ser aplicada) no mesmo ano da sua publicação.

Há de se reconhecer, no entanto, que, no tocante ao *"princípio da legalidade"*, mais precisamente quanto à necessidade de lei instituidora específica da *contribuição de melhoria*, obra por obra, os autores pouco ou nada comentam, fato esse que nos remete à leitura do anteprojeto do CTN,[39] do saudoso mestre RUBENS GOMES DE SOUSA, cujo art. 100 estabelece claramente que *"a contribuição será instituída em cada caso por lei tributária especial, em função da natureza ou situação da obra pública e dos imóveis suscetíveis de ..."*.

Igualmente, até hoje não se pronunciaram a respeito os Tribunais Superiores do país, estando, no entanto, inteiramente pacificada a matéria, no sentido exposto, no Tribunal de Justiça de Santa Catarina, onde foi ela exaustivamente analisada em razão da absoluta necessidade de lá se procederem a obras públicas relativas a saneamento básico, pela natureza do local (ilhas), como se vê das decisões a seguir:

*"O princípio da legalidade tributária impede que o Poder Público institua ou aumente (majore) tributo sem lei que o estabeleça. 'Nullum tributum sine praevia lege'. O Código Tributário do Município, fixando critérios genéricos, não substitui lei específica, individualizadora da contribuição de melhoria, sem a qual o tributo não pode ser exigido".*[40]

*"O Código Tributário do Município, genérico, não substitui a lei específica, indispensável para instituir contribuição de melhoria a qual deve, outrossim, respeitar o princípio constitucional da anterioridade".*[41]

*"Tributo criado por decreto e cobrado no mesmo exercício financeiro em que foi instituído e enquanto não concluída a obra. Princípios da legalidade e anterioridade violados ... A instituição de contribuição de melhoria que não observou os princípios da legalidade e anterioridade e, cuja obra não tenha sido concluída, fere direito líquido e certo do contribuinte".*[42]

*"Contribuição de melhoria ... Obra não concluída ... Quebra o princípio da anualidade, colhendo de surpresa o contribuinte, a exigibilidade do tributo dentro do mesmo exercício financeiro em que foi instituído. Sem lei específica não é lícito cobrar contribuição de melhoria. O Código Tributário, fixando critérios genéricos, não substitui a lei individualizadora, indispensável à exigência do tributo".*[43]

*"A contribuição de melhoria só comporta lançamento após a execução da obra. Excepcionalmente poderá ser cobrada quando já concluída parcialmente e em relação aos imóveis por ela valorizados".*[44]

---

[39] DOU de 20/08/53, p. 14.362, para receber sugestões nos termos da Portaria nº 784, de 19/08/53, do Ministro da Fazenda, com separata publicada no mesmo ano pelo Departamento de Imprensa Nacional, RJ.
[40] AC nº 4644, 3ª Câmara Civil do TJSC, Florianópolis, 26/10/93.
[41] AC nº 5041 (13/09/94) e AC nº 4.880 (19/04/94), 2ª Câmara Civil do TJSC, Florianópolis.
[42] AC nº 5042, 1ª Câmara Civil do TJSC, Florianópolis, 30/05/95.
[43] TJSC, in AC n. 4.551, da Capital, 3ª Câmara, DJ de 03/02/94.
[44] AC nº 5377 (22/06/95) e AC nº 5379 (DJ nº 9.249, de 06/06/95), 4ª Câmara Civil do TJSC, Florianópolis.

*"Contribuição de melhoria. Necessidade de lei específica criando o tributo ... Segundo pacífica jurisprudência constitui ilegalidade exigir a contribuição de melhoria relativa ao esgoto insular de Florianópolis. Sem lei específica não é lícito cobrar contribuição de melhoria. O Código Tributário, fixando critérios genéricos, não constituí a lei individualizadora, indispensável à exigência do tributo. Lançamento efetuado sem lei que o autorize, agride direito líquido e certo, legitimando o recurso ao mandado de segurança".*[45]

*"Contribuição de melhoria. Necessidade de lei específica criando o tributo ... O Código Tributário, fixando critérios genéricos, não substitui a lei individualizadora, indispensável à exigência do tributo. Lançamento efetuado sem lei que o autorize, agride direito líquido e certo, legitimando recurso ao mandado de segurança. A contribuição de melhoria só comporta lançamento após a execução da obra. Excepcionalmente poderá ser cobrada quando já concluída parcialmente e em relação aos imóveis por ela valorizados".*[46]

3ª O *fato gerador* da *contribuição de melhoria* é a efetiva prestação de um serviço estatal, consistente numa obra pública, e não, como equivocadamente e sem convicção se vem pregando, a *valorização imobiliária* (no mercado imobiliário) dela decorrente. Conseqüentemente, o que se cobra dos proprietários dos imóveis beneficiados pela obra pública (seus contribuintes), a título de *contribuição de melhoria*, não é a *valorização* (*"plus valia"*) que da obra pública *pode* decorrer no mercado imobiliário, mas o presumido *benefício* (melhoria) que dela irradia. É, em outras palavras, a reposição do seu custo, tal como defendido pela doutrina alemã, e, no Brasil, por JOÃO BAPTISTA MOREIRA.[47]

O que se pode admitir é que a *base de cálculo* da *contribuição de melhoria* seja a efetiva *valorização* do imóvel beneficiado, desde que como tal se entenda o valor que automaticamente a ele se agrega, do custo da realização da obra pública. Trata-se, então, não de uma *valorização de mercado* (de um *novo valor venal* do imóvel), decorrente de critérios subjetivos de avaliação, mas de um simples redimensionamento objetivo do seu valor original (antes da obra), decorrente do acréscimo automático do custo da obra que a ele se faz. É assim que interpreto o alcance do art. 1º do DL nº 195/67, e do seu art. 3º, § 1º (segundo o qual *"a apuração da contribuição de melhoria far-se-á rateando, proporcionalmente, o custo parcial ou total das obras, entre todos os imóveis incluídos na respectiva zonas de influência"*), onde não vislumbro a *valorização* do imóvel, no sentido exposto, como condição e limite para a cobrança da *contribuição de melhoria*. Daí por que é suficiente, para a cobrança da contribuição, o presumido *benefício* (melhoria) que da obra pública decorre.

4ª A Emenda Constitucional nº 23/83, embora editada à lei constitucional anterior, preserva a natureza interpretativa da atual, de 1988 (porque o texto desta foi sumariamente repetido), exigindo apenas simples *benefício* decorrente da obra pública, e não mais indispensável *valorização imobi-*

---

[45] AC nº 5775, 3ª Câmara Civil do TJSC, Florianópolis, 12/12/95.
[46] AC nº 96.011096-8, 4ª Câmara Civil do TJSC, Florianópolis, 17/04/97.
[47] *in* "Tratado de Direito Tributário Brasileiro", Forense, Rio, 1981.

*liária*. Em outras palavras, a alegada valorização imobiliária ou *"plus valia"* (diferença entre o anterior e o posterior valor da propriedade beneficiada com a obra), como pressuposto da cobrança da *contribuição de melhoria*, não mais persiste, até porque é ela presumida e impossível de ser objetivamente estabelecida ou arbitrada, além de ser completamente destituído de base jurídica o argumento de que o tributo tem como finalidade evitar o enriquecimento de alguém, porque sua essência é a de suprir recursos financeiros ao erário.

5ª Serviços públicos de pavimentação, calçamento e encanamento (de água, esgoto, etc.), são possíveis fatos geradores de *contribuição de melhoria*, tão-somente, cobrável dos imóveis beneficiados, não constituindo, por conseqüência, fatos geradores de *taxas*, pela absoluta impossibilidade da cobrança proporcional dos seus custos de todos os usuários respectivos (característica da *taxa*).

6ª Em razão de simples recapeamento ou restauração de via pública não pode ser cobrada a *contribuição de melhoria*, além do que somente pode ela ser cobrada uma única vez (quando da realização da obra), sob pena de "*bis in idem*". Despesas de manutenção e de reparação devem ser atendidas com recursos provenientes de impostos.

7ª A *contribuição de melhoria* somente pode ser cobrada, pois, de um lado, após a edição de lei específica para cada obra, e, de outro, após a conclusão desta (podendo, no entanto, ser cobrada sobre partes já utilizáveis dela, como, por exemplo, sobre determinado trajeto da via pública, ou sobre certo setor de encanamento de água ou esgoto). Exige-se, contudo, ainda (sob pena de nulidade do lançamento da contribuição), a publicação prévia de dois editais, pelo Poder Executivo competente (um anunciando a obra e, o outro, demonstrando seus custos), conforme estabelecido no DL nº 195/67, assim:

a) o 1º deles (previsto no art. 5º, que anuncia a construção da obra), tem por finalidade: delimitar as áreas direta e indiretamente beneficiadas pela obra e relacionar os imóveis nela compreendidos (*"áreas"* ou *"zonas de influência"*); dar a conhecer o memorial descritivo do projeto e o orçamento do custo da obra; e determinar a parcela do custo da obra a ser ressarcida pela contribuição, com o correspondente plano de rateio entre os imóveis beneficiados. É esse edital, pois, absolutamente necessário para a posterior cobrança da *contribuição de melhoria* (e não para a realização da obra em si[48]), devendo possibilitar e ensejar a contestação, pelos futuros contribuintes nele relacionados, no prazo de 30 dias (cf. art. 6º do citado decreto-lei), aos acenados benefícios decorrentes da obra;

---

[48] cf. REsp nº 8417/SP, 17/05/1995, 2ª Turma, STJ, DJ de 05/06/1995, p. 16647, e RSTJ vol. 82, p. 99.

b) o 2º deles (previsto no art. 9º, que anuncia a conclusão da obra), tem por finalidade demonstrar os custos havidos com a realização desta, de modo a justificar o lançamento da *contribuição de melhoria*, sua notificação e possibilidade de sua cobrança ou impugnação, não podendo a publicação desse edital ser simultânea ao 1º, que deve garantir aos interessados o prazo, de 30 dias, nele previsto, para a impugnação aos seus elementos.

8ª A cobrança da *contribuição de melhoria* não pode exceder, por ano, a 3% do maior valor fiscal (o lançado no cadastro, e que serve de base ao IPTU, se na área urbana, e ao ITR, se na área rural) do imóvel, monetariamente atualizado à época da cobrança (cf. art. 12 do DL nº 195/67).

9ª Todos os imóveis contidos na *"área de influência"* (zona beneficiada pela obra) devem participar do rateio, na proporção do benefício ou melhoria recebidos, vedada, pois, a cobrança de forma *progressiva, graduada, diferenciada* ou *seletiva*, critérios esses que desvirtuam o proporcional rateio dos custos respectivos. Em outras palavras, não se pode levar em conta, para o cálculo e rateio da *contribuição de melhoria*, elementos relacionados com a *pessoa* do contribuinte (*"status"*, capacidade contributiva, atividade, bens, etc.), ou com o tipo do seu *imóvel* (seu menor ou maior valor venal). Por outro lado, a singela divisão do custo da obra pela testada (frente para o logradouro público) dos imóveis beneficiados, também não é admitida, em face de outros imóveis situados na chamada *"zona"* ou *"área de influência"*, que também devem participar do rateio, sendo a testada apenas um dos tantos elementos para o cálculo respectivo, porquanto é a totalidade do imóvel beneficiado que deve ser levada em conta.

10ª A notificação *(na verdade, intimação), ao sujeito passivo, do lançamento da* contribuição de melhoria, *deve ser pessoal (na pessoa do próprio contribuinte), só se admitindo sua efetivação por edital ou afixação no átrio do prédio do ente tributante se, comprovadamente, restar frustrada a via pessoal, o que se justifica pelo fato de o contribuinte ser tomado de surpresa, já que não se trata de um tributo lançado de forma rotineira, com previsão legal de data para seu pagamento ou impugnação.*

*Capítulo III*

# DIREITO TRIBUTÁRIO

## 1. Definição, objeto, autonomia e divisões do direito tributário

*Direito* é o conjunto de normas e princípios, escritos ou não, que disciplinam a conduta das pessoas (naturais ou jurídicas) em sociedade. Visa, em última análise, à proteção de interesses, sejam eles individuais (de pessoa a pessoa), coletivos (de grupos de pessoas) ou públicos (do Estado).

Embora sendo um só, o direito comporta divisões e subdivisões, dependendo do enfoque que se lhe queira dar.

Nas *grandes divisões do direito*, a mais usual é a que o classifica em *público* e *privado*. Embora os critérios, para tanto, não sejam rigorosamente científicos, a tendência é levar em conta, para esse fim, o conteúdo e a natureza da norma respectiva: se o interesse por ela visado a proteger, em primeiro plano, é a pessoa do Estado (que, conseqüentemente, será o titular dessa norma, em condições de invocá-la), ou se, ainda, a norma respectiva for cogente, não permitindo que seu titular dela abra mão, a norma será de *direito público*; se, ao contrário, o interesse que a norma visa a proteger é, em primeiro plano, do particular (que, em conseqüência, será seu titular, em condições de invocá-la), ou se, ainda, a norma for do tipo não-cogente, permitindo que seu titular renuncie ou abra mão do direito que ela visa a proteger, tratar-se-á, então, de norma de *direito privado*.

Outra *grande divisão do direito* é a que o classifica em:

a) **direito das pessoas** (que disciplina *situações* relativas à capacidade e à identificação das pessoas, sejam elas naturais ou jurídicas, como a qualificação civil, ou seja, o nome, a nacionalidade, o estado civil, a residência, a sede ou o domicílio, a filiação, as inscrições e registros, etc.);

b) **direito das coisas** (que disciplina *situações* relativas ao patrimônio ou bens das pessoas antes referidas, como a posse e a propriedade); e

c) **direito das obrigações** (que disciplina as *relações* entre duas ou mais pessoas, naturais ou jurídicas, tendo por objeto a prestação, positiva ou negativa, que uma deve satisfazer à outra, por força de lei ou contrato, e, inversamente, que uma tem o direito e, às vezes, o dever de exigir da outra).

Os ramos do direito possuem normas que se enquadram melhor, ora numa, ora noutra das grandes divisões do direito (público e privado, e das pessoas, coisas e obrigações), mas nada impede que determinado ramo tenha suas normas distribuídas entre todas elas. É o que ocorre, por exemplo, com o direito civil, que possui, ao mesmo tempo, normas de *direito das pessoas*, *das coisas* e *das obrigações*, e, o maior número delas, de *direito privado*.

Já o *direito tributário* possui normas que se enquadram preponderantemente no *direito público* (visa, em primeiro plano, à proteção dos direitos e interesses do Estado, que é o tributo, do qual não pode ele, voluntariamente, abrir mão) e, quase integralmente, no *direito das obrigações* (visto que regula as relações entre o Estado e seus devedores, quando aquele busca, junto a estes, as arrecadações de natureza *tributária*, a que legalmente tem direito).

A subdivisão do direito em *ramos* (direito civil, comercial, do trabalho, criminal, penal, tributário, administrativo, previdenciário, etc.), seja para fins meramente *didáticos* ou *científicos* (de estudo, como ciência), seja para fins meramente *profissionais* (para o exercício de atividade setorial especializada), procura agrupar suas normas segundo seu objetivo, de tal forma que as que possuam certas afinidades ou elementos comuns entre si, e que tratem da mesma matéria, possam passar a constituir um ramo determinado.

Para fins *profissionais* basta ser possível destacar, do direito em geral, determinados princípios e normas do direito sobre assunto ou matéria específica, que permitam, de forma cômoda e concentrada, uma atuação em determinado segmento do direito, sem qualquer preocupação, contudo, em vê-lo *cientificamente* destacado dos demais ramos, enquanto que, para fins *didáticos* ou *científicos*, entende-se que um ramo é *autônomo* quando possui e, ao mesmo tempo, pode criar princípios, conceitos, institutos e figuras jurídicas próprias, inconfundíveis com os dos demais.

Não há dúvidas de que, para fins *profissionais*, o *direito tributário* permite cômodo destaque de suas normas em relação aos demais, tanto que constitui, hoje, um dos mais procurados campos de atuação, tanto no terreno da assessoria (orientação) preventiva e de planejamento tributário, como no terreno da assistência e patrocínio em processos administrativos e judiciais, principalmente porque o seu trato costuma envolver titulares de grandes fortunas, inclusive grandes empresas e seus conglomerados, que são fontes concentradas de geração de recursos financeiros ao Estado, portanto as mais visadas por este.

O problema, contudo, sempre foi saber se o direito tributário é *didática* ou *cientificamente* autônomo, embora a matéria já tenha hoje perdido grande parte do seu interesse, porque ninguém mais põe em dúvida de que, também sob esse enfoque, sua autonomia é evidente, por possuir e poder criar princípios, conceitos, institutos e figuras jurídicas próprias. Tanto isso é verdade que as regras e princípios que o comandam costumam ser destacados em textos constitucionais, na parte reservada ao *"Sistema Tributário Nacional"*, além de ter sido possível, há anos, traçar-lhe normas gerais, concentrando-as no "Código Tributário Nacional, fruto de aprofundado estudo científico da matéria, que, por essas razões e pelo princípio da especialização, se destacou do direito *financeiro*, e este, por sua vez, do direito *administrativo*, que, em tempos remotos, vinha concentrando a matéria. E mais: embora rotulado de *direito tributário*, na verdade as suas regras abrangem, como poderá ser observado ao longo deste livro, a disciplinação jurídica de todas as *arrecadações pecuniárias compulsórias* previstas no Sistema Tributário Nacional, inclusive, portanto, dos *paratributos* (ou *contribuições parafiscais*) e dos *empréstimos compulsórios*.

A verdade, porém, é que nenhum ramo do direito é auto-suficiente, autônomo a ponto de prescindir dos demais. Há uma nítida e necessária inter-relação, menos ou mais acentuada, entre todos os ramos do direito. Assim, por exemplo, quando o direito tributário define os *fatos geradores* de suas obrigações, socorre-se ele, com freqüência, de figuras ou institutos próprios do direito privado (civil, comercial, etc.), ou quando, para ele, haja necessidade de punir seus infratores, o ramo que fornecerá os respectivos princípios e regras será o penal. Aliás, este é o fornecedor de todas as regras quando se trata de aplicar sanções ou punições aos infratores de *qualquer ramo do direito*, não só do criminal (que define as infrações consideradas crimes), com o qual não deve ser confundido. Para melhor se entender essa afirmação, é preciso que se diga que, de um mesmo lado se encontram todos os ramos do direito que estabelecem condutas sociais (*normas de conduta*), inclusive o direito criminal, e, de outro lado, o direito penal, que é o repressivo de todos aqueles (*normas de repressão*), estabelecendo-lhes as sanções pelo descumprimento de suas normas.

Como qualquer disciplina é definida pelo seu objeto, pode-se definir o *Direito tributário*, pelo exposto, como sendo o ramo do direito público que tem por objeto a disciplinação jurídica das relações entre o Estado e seus devedores, quando aquele exige, junto a estes, os créditos de natureza tributária, e demais imposições legais compulsórias a que faz jus, como contraprestação de seus serviços públicos.

O objeto do direito tributário, contudo, não se restringe à cobrança, em si, de tais prestações, porquanto inclui todos os atos preliminares, que visam o seu assentamento (lançamento) e a discussão de tais contraprestações.

## 2. Relações do direito tributário com outros ramos do direito

O *direito tributário* se relaciona com o *direito constitucional* (no qual busca a definição do seu campo de atuação), com o *administrativo* (no qual se entrelaça com as regras que disciplinam a atuação das pessoas encarregadas da fiscalização e da arrecadação tributária, ou seja, da Administração Tributária), com o *finan-*

*ceiro* (no qual se põe em contato com as normas relativas à instituição e à destinação dos *tributos* e de outras *arrecadações pecuniárias compulsórias* previstas no Sistema Tributário Nacional), com o *criminal* (que define os crimes em geral, inclusive os contra a *"ordem tributária"*), com o *penal* (que lhe fornece os princípios relativos às sanções e penas aplicáveis aos infratores das normas tributárias) e com o *civil, comercial* e *trabalhista* (ramos do direito privado nos quais busca, com freqüência, sem contudo alterá-las, figuras jurídicas (institutos, conceitos ou formas), especialmente para utilizá-las como fatos geradores das suas obrigações, dando-lhes, assim, efeitos ou conseqüências inteiramente próprias, de natureza tributária).

A busca de *figuras jurídicas*, pelo direito tributário, junto a outros ramos do direito, encontra-se prevista no Código Tributário, nos seguintes termos, consagrando a sua autonomia em relação a eles:

a) pelo seu art. 109, tem-se que, quando o *direito tributário* se utiliza de figuras (*institutos, conceitos* e *formas*) de outro ramo do direito, é neste, e não naquele, que se deve procurar o seu significado, mas os *efeitos* ou *conseqüências tributárias* que elas terão serão sempre determinadas, com exclusividade, *pelo direito tributário*, em razão da sua autonomia, como ocorre, por exemplo, com o IR, cuja legislação equipara a *pessoa natural* ou *física* (figura típica do *direito civil*), quando comerciante (figura do *direito comercial*), aos *efeitos tributários da pessoa jurídica* (que paga aquele imposto mediante alíquota maior), tributando-a, assim, como se *pessoa jurídica* fosse (embora, para o direito privado, continue sendo *pessoa natural* ou *física*); e

b) pelo seu art. 110, tem-se que, quando a Constituição Federal usar determinada palavra ou figura jurídica do direito privado *para definir* (dizer qual a pessoa jurídica de direito público) ou *limitar* (estabelecer as condições) competências (para instituir este ou aquele *tributo* ou *arrecadação pecuniária compulsória*), essa palavra ou figura jurídica não pode ter, quando da criação do tributo ou arrecadação respectiva, o seu sentido original alterado. Assim, por exemplo, não pode a lei ordinária de um Estado, que recebeu a competência para instituir o ICMS, considerar, para efeitos desse imposto, também como *mercadorias* (definido pelo direito comercial como o *bem móvel adquirido com o intuito de revenda habitual, mediante lucro*), bens outros, vendidos *sem habitualidade* (por pessoas, portanto, *não-comerciantes*), ainda que com lucro.

O inverso também é verdadeiro: também outros ramos se relacionam com o tributário (como o *criminal*, por exemplo, que nele busca, por exemplo, o conceito de *tributo* (para a definição do que seja *"crime contra a ordem tributária"*) e de *"elisão fiscal"* (para concluir que certas condutas do contribuinte visando o não-pagamento do tributo em determinadas circunstâncias, nas chamadas *"evasões fiscais lícitas"*, não constituem infração penal, como a escolha do momento ou oportunidade menos onerosa para a prática do fato gerador).

## 3. Denominação da disciplina

Quanto à denominação da nossa disciplina, comumente chamada de *direito tributário* (do verbo latino *"tribuere"*, e que deve ser lido como *"tribúere"*, isto é, *"tribuir"*, significando ato – *movimento*, portanto - de alcançar, dar ou entregar algo a alguém, aqui de forma compulsória, por força de lei, radical esse que deu origem a vários verbos ao nosso vernáculo, com o sentido de movimento, como atribuir, contribuir, distribuir e retribuir), pensamos ser ela aceitável, desde que seja como sinônimo de *direito impositivo* (do verbo *impor*), que preferimos àquela. É que todas as espécies de arrecadação por ele disciplinadas (*impostos, taxas* e *contribuições de melhoria*) decorrem de *imposição*, confundindo-se com a palavra *imposto*.

O que se deve mudar (e com urgência), portanto, não é o nome da disciplina em si (seja ela direito *tributário*, ou *impositivo*, pouco importa), mas o de cada uma das três *espécies tributárias* que o integram, porque, na verdade, como se disse, todas elas decorrem de *imposição*: afinal, são *impostos* por lei.

Daí por que a nossa preferência pela expressão *direito impositivo* (bem entendido, *de prestações pecuniárias retributivas de serviços públicos*, ou seja, de *arrecadações pecuniárias, compulsórias por força de lei, ser serviços públicos*). Essa acenada mudança deverá adotar uma terminologia mais adequada, técnica e cientificamente, para que melhor fique caracterizada cada uma das citadas espécies *tributárias* ou *impositivas*, evitando-se, dessa forma, a falsa idéia, ainda que aparente, que hoje se tem, de que as *taxas* e as *contribuições de melhoria* não decorrem de *imposição*, porque, afinal, somente a outra espécie se tem como *imposto*. E mais: entendemos, particularmente, que a *contribuição* de *melhoria*, conforme já referimos ao desenvolver seu conceito e características, na verdade não passa de uma taxa, eis que, tratando-se de contraprestação pecuniária, compulsória por força de lei, de serviços públicos também *específicos* e *divisíveis*, tal como a *taxa*, sua única diferença com esta reside na qualidade do serviço contraprestacionado: na taxa é ele de consumo *imediato* e, enquanto na contribuição de melhoria é ele de consumo ao longo do tempo ou duradouro (obra). Sempre entendemos que a ciência jurídica deve adotar a terminologia que mais fielmente traduza o sentido técnico das palavras. Essa é uma exigência para a compreensão de qualquer ciência.

Contudo, o que se nos afigura como incorreto é chamar a nossa disciplina de *direito financeiro* (cujo objeto é, além da disciplinação jurídica do *orçamento*, da *despesa* e do *crédito públicos*, a da criação e destinação das *arrecadações públicas em geral*, e não apenas as *tributárias* e demais *arrecadações pecuniárias compulsórias* previstas no Sistema Tributário Nacional), ou de *direito fiscal* (que tem por objeto a disciplinação jurídica dos *poderes* e *competências* dos integrantes da Administração Tributária, ligados à fiscalização), sem contar com as designações, ainda mais erradas, de *Direito Tributário Fiscal* (que vê somente o lado do Estado) ou de *Direito Tributário Legal* (redundante, porque, afinal, ele é sempre disciplinado por lei).

# Capítulo IV

## SISTEMA TRIBUTÁRIO NACIONAL

### 1. Considerações preliminares

Vimos, até agora, que as atuais arrecadações pecuniárias compulsórias (*"ex lege"*, portanto), previstas no Sistema Tributário Nacional, todas disciplinadas pelas normas que regem o *direito tributário* (ramo do *direito público*), são os *tributos*, os *paratributos* (ou *contribuições parafiscais*) e os *empréstimos compulsórios*.

Enquanto os *tributos* são instituídos em favor de pessoas jurídicas de direito público *em seu próprio favor*, os *paratributos* também são instituídos pelas mesmas pessoas, porém em favor de *entes de cooperação seus*, por elas próprias criados, via de regra *autarquias* de finalidades sociais. Já os *empréstimos compulsórios* são instituídos com a condição de serem restituídos, após certo tempo, na mesma espécie e montante, e acrescidos dos rendimentos preestabelecidos.

Tivemos oportunidade de ver, também, que há um outro tipo de arrecadação, porém *de natureza facultativa* ou *não-compulsória*, conhecido como *preço público* e que tem como unidade de medida a *tarifa*, que costuma ser confundido com aquelas figuras compulsórias, com as quais, contudo, absolutamente nada tem a ver. Tais arrecadações são decorrentes de contratos (*"ex contractu"*), livremente celebrados, de forma escrita ou verbal, entre *empresas públicas* (estatais), verdadeiras pessoas jurídicas de direito privado (sem poder impositivo, portanto), e seus usuários ou consumidores (clientes), sendo regidas pelas normas do direito civil ou comercial (privado).

Vimos, ainda, em relação às *arrecadações pecuniárias compulsórias* previstas no Sistema Tributário Nacional, que:

a) as *espécies tributárias* são os *impostos*, as *taxas* e as *contribuições de melhoria*;

b) as *espécies paratributárias* são as *contribuições sociais*, as *contribuições de intervenção no domínio econômico* e as *contribuições de interesse das categorias profissionais ou econômicas*; e

c) as *espécies de empréstimos compulsórios* são as destinadas, de um lado, a atender a *despesas extraordinárias* (decorrentes de *calamidade pública*, de *guerra externa* ou *sua iminência*) e, de outro, a atender a *investimentos públicos de caráter urgente e de relevante interesse nacional*.

Vimos, também (por ora, superficialmente), que a Constituição Federal não cria ou institui as *arrecadações pecuniárias compulsórias* previstas no seu Sistema Tributário, sendo função sua, nessa matéria, apenas *definir* e *limitar competências* para sua instituição ou criação, entre as diversas pessoas jurídicas de direito público interno (União, Estados, Distrito Federal e Municípios).

## 2. Competências constitucionais impositivas

Quanto à sua estrutura interna, pode um Estado (país) ser, ou de *regime unitário* (sem divisões territoriais internas, administrativa e financeiramente autônomas), ou de *regime federativo* (com divisões internas, dotadas de autonomia administrativa e financeira). Tais divisões internas, todavia, são irrelevantes para efeitos externos (fora do país).

Nos países de regime *unitário*, como na França, as *arrecadações pecuniárias compulsórias* destinadas a contraprestacionais serviços públicos, são naturalmente *centralizadas*, enquanto, nos países de regime *federativo*, como o Brasil, em que coexistem, como pessoas jurídicas de direito público interno, a *União* (de Estados), os *Estados* (ou Estados-membros, divisões territoriais da União), o *Distrito Federal* (capital brasileira) e os *Municípios* (divisões territoriais dos Estados), tais *arrecadações* podem ser, ou *centralizadas* (na União) ou *descentralizadas* (distribuídas, então, entre algumas ou todas as pessoas jurídicas de direito público interno, via *definição constitucional de competências*), como pode ser, também, *centralizado* o direito de *legislar* acerca da sua instituição e arrecadação.

No Brasil, embora as *arrecadações pecuniárias compulsórias* previstas no Sistema Tributário Nacional estejam constitucionalmente distribuídas (definidas) de forma *descentralizada* entre todas as pessoas jurídicas de direito público interno, o direito de a respeito *legislar*, contudo, restou assim definido: à *União* ficou reservada a faculdade de *dispor sobre conflitos de competência entre os entes tributantes*, *regular as limitações constitucionais ao poder de tributar*, e *estabelecer normas gerais* (especialmente sobre definição de *tributo* e de suas *espécies*, obrigação, lançamento, crédito, decadência e prescrição, bem como, em relação aos impostos, os *fatos geradores*, *bases de cálculo* e *contribuintes* respectivos), enquanto a cada um dos entes (poderes) tributantes ficou assegurada a edição da respectiva lei instituidora e normas correlatas à cobrança, desde que observadas as *normas gerais* da União e as *limitações constitucionais ao poder de tributar*.

*Competência tributária* é, pois, a *faculdade* ou *capacidade* (*poder*), constitucionalmente atribuída às pessoas jurídicas de direito público interno, de exercer e praticar os atos relacionados com a *instituição* (de, a respeito, legislar) e a *arrecadação* (exação) de *tributos* (e, por extensão, de *paratributos* e de *empréstimos compulsórios*).

## 2.1. Competência legislativa

A competência *legislativa* (faculdade de dispor *normativamente* a respeito das *arrecadações pecuniárias compulsórias* previstas no Sistema Tributário Nacional) pode ser:

a) ***privativa*** (ou ***exclusiva***), quando constitucionalmente deferida a uma única pessoa jurídica de direito público; e

b) ***concorrente***, quando simultaneamente deferida a mais de uma pessoa jurídica de direito público.

A competência *legislativa* está, hoje, disciplinada nos arts. 146 e 24 (inciso I e §§) da Constituição Federal, nos seguintes termos:

**Art. 146:**
*Cabe à lei complementar* (obviamente, só da União, sendo o Código Tributário Nacional a mais importante delas, não possuindo essa natureza as editadas por alguns Estados e Municípios, também com o nome de *"leis complementares"*, que são meras *leis ordinárias alteradoras* de outras, suas)*:*

*I - dispor* (estabelecer regras) ***sobre*** (na verdade, *prevenir*, e, eventualmente, *solucionar*) ***conflitos*** (dúvidas, brigas, disputas ou controvérsias) ***de competência*** (para evitar que mais de uma pessoa jurídica de direito público interno pretenda, indevida ou arbitrariamente, efetuar arrecadação sobre a mesma fonte)***, em matéria tributária*** (e demais *arrecadações pecuniárias compulsórias* previstas no Sistema Tributário Nacional)***, entre a União, Estados, Distrito Federal e Municípios;***

*II - regular* (traçar normas suplementares) ***as limitações*** (regras que condicionam o uso direito de instituir e de exigir arrecadações compulsórias) ***constitucionais*** (previstas, entre outras, nos arts. 150 a 152, visando ao adequado e racional uso das competências) ***ao poder*** (direito) ***de tributar*** (instituir e arrecadar), matéria da qual, contudo, ainda trataremos no item 2 deste Capítulo*;*

*III - estabelecer normas gerais* (*comuns*, aplicáveis como regras e diretrizes uniformes a todas as pessoas jurídicas de direito público interno) ***em matéria de legislação*** (trata-se de um gênero, compreendendo todas as fontes formais regradoras, como estabelecido no art. 96 do Código Tributário) ***tributária*** (e, por extensão, às demais arrecadações compulsórias)*, especialmente* (no mínimo) ***sobre*** (as matérias que a seguir refere, de tal sorte que não podem as normas de hierarquia inferior contrariar as regras que venham a ser estabelecidas nos termos da lei complementar a ser editada na forma deste artigo, podendo, quando muito, suplementá-las)*:*

*a) definição* (contornos e alcance) ***de tributos*** (na verdade, *tributo*, e, por extensão, os *paratributos*, o que, de resto, já foi feito no art. 3º do Código Tributário) ***e de suas espécies*** (relacionadas no art. 5º do mesmo Código, e que também já foram definidas no art. 16, em relação ao *imposto*, no art. 77, em relação às *taxas* e, no art. 81, em relação às *contribuições de melhoria*, sendo que os *paratributos* também comportam dvisão em espécies, quais sejam, *paraimpostos* e *parataxas*, com reconhecidos efeitos práticos, tal como a respeito já comentamos no Capítulo I, deste livro)**, bem como** (para sua adoção, pela lei instituidora ou criadora)**, em relação aos impostos discriminados nesta Constituição** (inclusive aos *paraimpostos*, cf. art. 149, que expressamente manda aplicar-lhes o inciso III deste artigo, e dos *empréstimos compulsórios*, porque a regra desta alínea é extensiva a todas as *arrecadações pecuniárias compulsórias* previstas no Sistema Tributário Nacional)**, a dos respectivos fatos geradores** (motivos determinantes do seu pagamento)**, bases de cálculo** (valores sobre os quais deve ser aplicada a *alíquota* cabível, para o cálculo do imposto devido, chamados, também, de *valores tributáveis*) **e contribuintes** (pessoas que, por terem praticado o fato gerador respectivo, devem satisfazer a obrigação decorrente)*;*

b) obrigação (dever de pagar)**, lançamento** (apuração, documentação e formalização, pela autoridade administrativa legalmente competente, do valor devido, em documento hábil à cobrança)**, crédito** (valor devido ao sujeito ativo correspondente)**, prescrição** (perda, após o decurso de certo lapso de tempo, do direito de o Estado *exigir* um crédito tributário seu, *já constituído pelo lançamento*, não só pelo desaparecimento da ação de cobrança respectiva, qualquer que seja seu rito, mas, também, pela extinção do próprio crédito tributário que constitui seu objeto) **e decadência** (perda, após o decurso de certo lapso de tempo, do direito de o Estado *constituir*, pelo *lançamento*, para fins e cobrança, o seu *crédito tributário*, que, em conseqüência, também se extingue) **tributários** (inclusive *paratributários* e relativos a *empréstimos compulsórios*, porque as regras aplicáveis são as mesmas)*;*

c) adequado tratamento tributário ao ato cooperativo (que embora não sendo *ato de comércio*, conforme expresso na própria lei das cooperativas, envolve, no entanto, *"mercadorias"* de seus associados, estas em princípio sujeitas ao ICMS) **praticado pelas sociedades cooperativas** (em nome de seus associados e, muitas vezes, até em nome próprio).

Esse artigo 146 sofre, no entanto, as restrições e limitações contidas nas seguintes outras regras da Constituição Federal:

**Art. 24:** ...

*I - Compete à União, aos Estados e ao Distrito Federal* (não restando, pois, contemplados os Municípios) *legislar concorrentemente* (cada um por si) *sobre ... direito tributário* (extensivo às demais *arrecadações pecuniárias compulsórias* previstas no Sistema Tributário Nacional, no que comportarem, porque as regras são as mesmas) ... observadas as seguintes regras:

§ 1º *No âmbito da legislação concorrente* (na parte em que todas as pessoas jurídicas de direito público referidas podem legislar), *a competência* (legislativa) *da União limitar-se-á a estabelecer normas gerais* (*comuns*, dirigidas a todas as pessoas jurídicas de direito público interno, tal como previsto no inciso III do art. 146, já analisado, e que são, de certa forma, as já contidas no Código Tributário Nacional e suas leis alteradoras).

§ 2º *A competência da União para legislar sobre normas gerais* (*comuns*, aplicáveis a todas as pessoas jurídicas de direito público interno, inciso III do art. 146, já referido e analisado) *não exclui* (afasta) *a competência suplementar* (com o fim de suprir eventuais omissões) *dos Estados* (para a instituição das arrecadações compulsórias de sua competência).

§ 3º *Inexistindo* (total ou parcialmente) *lei federal sobre normas gerais* (de aplicação absolutamente preferencial), *os Estados exercerão a competência legislativa plena* (total, substituindo a União), *para atender a suas peculiaridades* (de seu interesse, apenas, com vistas à instituição das suas arrecadações compulsórias).

§ 4º *A superveniência* (edição posterior) *de lei federal* (complementar, nos termos do art. 146, da CF) *sobre normas gerais* (de aplicação absolutamente preferencial) *suspende* (paralisa ou engessa, sem, contudo, revogar ou extinguir, o que somente outra lei de igual hierarquia ou natureza pode fazer) *a eficácia* (aplicação) *da lei estadual* (já editada), *no que lhe for contrário* (conflitante).

O Código Tributário, por sua vez, assim regula a matéria dos citados artigos 24 e 146, no tocante à competência legislativa:

Art. 6º:
*A atribuição* (definição) *constitucional* (estabelecida na Constituição) *de competência* (institucional e exacional) *tributária* (e demais arrecadações compulsórias) *compreende* (inclui) *a competência legislativa plena* (também o correlato direito de editar a lei instituidora e disciplinadora de todos os aspectos relacionados com a sua cobrança), *ressalvadas as limitações* (condições a serem cumpridas) *contidas na Constituição Federal* (basicamente nos seus arts. 150 a 152), *nas Constituições dos Estados* (que, observadas as contidas na Constituição Federal, também podem estabelecer limitações, no seu interesse) *e nas Leis Orgânicas do Distrito Federal e dos Municípios* (que, igualmente, podem estabelecer limitações às suas leis instituidoras, desde que não conflitem com as da Constituição Federal), *e observado o disposto nesta Lei* (que são os dispositivos que estamos examinando).

Aliás, nunca é demais lembrar que, nem a Constituição (Federal ou Estadual), nem a Lei Orgânica (do Distrito Federal e dos Municípios), instituem *tributos* (ou qualquer outra *arrecadação pecuniária compulsória*). O que elas fazem é, tão-somente, *definir* (estabelecer quem pode instituir) e *limitar* (estabelecer as condições a serem cumpridas para tanto) *competências* (*institucionais, legislativas e exacionais*). Assim, é absolutamente equivocado o procedimento de certos Municípios, quando, simplesmente à vista de previsão da sua Lei Orgânica, ou mesmo do seu Código Tributário (que não criam tributos), cobram *contribuição de melhoria* relativamente a obras suas, sem que haja lei (ordinária) instituidora prévia, *obra por obra*. Isso quando não acontece o pior: antes mesmo da realização da obra, o que é vedado pelo art. 9º do DL nº 195/67, com força de lei *complementar*, editada nos termos do inciso III do art. 146 da lei constitucional.

**Parágrafo único.** *Os tributos* (e, eventualmente, outras *imposições pecuniárias* previstas no Sistema Tributário Nacional) *cuja receita* (arrecadação) *seja distribuída* (repassada ou repartida)*, no todo ou em parte, a outras pessoas jurídicas de direito público* (como o ICMS e o IPVA, da competência institucional dos Estados, dos quais 25% e 50%, respectivamente, devem ser repassados aos Municípios) *pertencem à competência legislativa* (que deve legislar acerca da sua instituição e cobrança) *daquela* (dos Estados, no caso) *a que tenham sido* (constitucionalmente) *atribuídos* (para fins de instituição e cobrança).

**Art. 7º:**

*A competência tributária* (tanto para instituir como para a respeito legislar) *é indelegável* (intransferível)*, salvo* (podendo ser delegado) *atribuição* (concessão ou transferência) *das conseqüentes funções de arrecadar* (cobrar) *ou de fiscalizar tributos, ou de executar leis, serviços, atos ou decisões administrativas em matéria tributária, conferida* (normalmente por convênio) *por uma pessoa jurídica de direito público* (União, Estados, Distrito Federal e Municípios) *a outra* (também pessoa jurídica de direito público, não se achando aqui incluídas, portanto, as pessoas jurídicas de *direito privado em geral*, mesmo *empresas públicas*, salvo a possibilidade de simples arrecadação ou de recebimento do numerário, mas sem as garantias e privilégios de representação judicial, tudo cf. §§ 1º e 3º, a seguir)*, nos termos do § 3º do art. 18 da Constituição* (de 1946, já revogado).

Em resumo, o que é *indelegável* é a *competência legislativa institucional*, podendo, no mais, ser atribuídas a outras pessoas jurídicas de *direito público* as funções decorrentes da instituição (fiscalização, arrecadação, etc.), e, a pessoas jurídicas de *direito privado*, a simples função arrecadatória (cobrança).

**§ 1º** *A atribuição* (delegação, concessão ou transferência, de uma *pessoa jurídica de direito público* a *outra*, dos atos permitidos) *compreende* (inclui) *as garantias* (transformação judicial do patrimônio do devedor em dinheiro, para a cobertura da dívida) *e os privilégios* (preferências) *pro-*

*cessuais que competem* (nos termos dos arts. 183 a 193) *à pessoa jurídica de direito público* (credora) *que a conferir* (conceder ou transferir).

§ 2º *A atribuição* (concessão ou transferência dos atos permitidos, tanto às pessoas jurídicas de direito público como às de direito privado, sendo, quanto a estas, permitida apenas a arrecadação, como dito no § 3º seguinte) *pode ser* (total ou parcialmente) *revogada* (denunciada), *a qualquer tempo* (ou momento, daí por que não pode ela ser concedida a prazo certo, ou mesmo em caráter irrevogável), *por ato unilateral* (sem, portanto, a concordância da outra parte) *da pessoa jurídica de direito público que a tenha conferido* (concedido ou transferido).

§ 3º *Não constitui delegação* (pelo que é permitido) *o cometimento* (concessão ou transferência), *a pessoas de direito privado* (bancos e outras entidades privadas, mesmo mediante terceirização, porque, em princípio, só às pessoas jurídicas de direito público podem ser atribuídas as funções de arrecadação, de fiscalização, de executar leis, etc., abrindo-se esta exceção em relação às citadas pessoas de direito privado), *do* (simples) *encargo* (ônus) *ou das funções* (tarefas) *de arrecadar* (receber) *tributos* (e outras *arrecadações pecuniárias compulsórias* previstas no Sistema Tributário Nacional). É que tais permitidos atos não envolvem poderes de soberania, próprios do Estado, podendo ser exercidos por qualquer pessoa.

**Art. 8º:**
*O não-exercício* (falta de uso) *da competência* (institucional) *tributária* (e de outras *arrecadações pecuniárias compulsórias* previstas no Sistema Tributário Nacional) *não a defere* (transfere ou confere) *a pessoa jurídica de direito público* (União, Estado, Distrito Federal ou Município) *diversa* (diferente) *daquela a que a Constituição a tenha atribuído* (mediante *definição de competências*).

Em outras palavras, o fato de não ser a competência *institucional* exercida por quem de direito, nos termos do permissivo constitucional, não autoriza seja ela apropriada por terceiros.

Portanto, a *competência* (institucional) *tributária* (extensiva às demais *arrecadações pecuniárias compulsórias* previstas no Sistema Tributário Nacional), constitucionalmente definida, não só *não pode ser delegada* por uma pessoa jurídica de direito público a outra (art. 7º), como também *não pode* ela *ser apropriada* em razão do seu não-exercício, por pessoa jurídica de direito público *diversa daquela a que a Constituição Federal a tenha atribuído* (art. 8º). Em suma, é ela, simplesmente, *intransferível e inapropriável*, pertencendo tão-somente à *pessoa jurídica de direito público* em favor de quem a Constituição a tenha definido ou atribuído. O que pode ser feito, sem afronta aos princípios da Constituição e do Código Tributário, é, como visto, unicamente, transferir a outras pessoas jurídicas de *direito público* os atos conseqüentes à competência institucional, e, às pessoas jurídicas de *direito privado*, os atos de simples arrecadação (cobrança) das prestações pecuniárias respectivas.

Quanto à *competência* constitucional *institucional* (poder de *instituir* ou *criar*), pode ela ser, de um modo geral:

a) *privativa*, quando a possibilidade de instituição de determinada arrecadação pecuniária compulsória for atribuída, *com exclusividade*, a uma única pessoa jurídica de direito público; e

b) *comum*, quando a possibilidade de instituição da mesma arrecadação compulsória (de idêntico *fato gerador* ou *base de cálculo*) for atribuída, simultaneamente, a *mais de uma* pessoa jurídica de direito público.

Há, no entanto, uma outra competência *institucional*, constitucionalmente adotável: é a chamada competência *residual* (de *resíduo, resto, sobra*), que surge quando, após definidas as competências *privativas* (ou mesmo *comuns*) sobre *fontes* desde logo constitucionalmente definidas, se atribui a determinada, ou a determinadas pessoas jurídicas de direito público interno, a possibilidade de instituição sobre outras fontes, diversas das já previstas e autorizadas. Essa competência (*residual*) não é, na verdade, uma terceira espécie, porque pode ela, igualmente, ser tanto *privativa* como *comum*. O que tem ela de diferente, é que a possibilidade de sua instituição repousa sobre fontes não desde logo constitucionalmente utilizadas, cabendo sua escolha e utilização em momento posterior. No Brasil é ela, pela atual lei constitucional (cf. art. 154, I), atribuída com *exclusividade* (*privativa*, portanto) à União.

Na Constituição brasileira de 1946 havia, ainda, a chamada competência institucional *concorrente*, através da qual era facultado à União e aos Estados criar *outros* (diferentes, novos) impostos, além dos *privativos* de cada um, mas (e aí é que está a sua diferença com a competência *comum*), se fossem idênticos (de mesmo fato gerador ou de mesma base de cálculo) e de instituição simultânea, o federal *excluía* o estadual.

A nosso ver, a atual Constituição Federal brasileira adotou, somente as competências institucionais *privativas* e *residual*, relativamente a todas as *arrecadações pecuniárias compulsórias* previstas no seu Sistema Tributário.

A confusão vem ocorrendo relativamente às *taxas* e às *contribuições de melhoria*, entendendo alguns, especialmente na formulação de questões para concursos públicos, que, à vista do artigo 145, II e III, tais espécies tributárias se enquadram na competência *comum*, partindo do fato de que, segundo aqueles dispositivos, *todas as pessoas jurídicas de direito público interno* podem instituí-las ou criá-las. Não concordamos com essa precipitada e equivocada conclusão. O que caracteriza a competência *comum* não é (segundo o disposto no inc. I do art. 4º do Código Tributário) o *nome* (denominação ou *"nomen juris"*) legalmente dado à espécie tributária, que é inteiramente irrelevante para caracterizar sua natureza jurídica, mas, sim, seu *fato gerador* e, ainda (o que acrescentamos com fundamento no art. 146, III, *"a"*, da CF), sua *base de cálculo*.

O importante, para a caracterização da competência *comum*, é saber se o *mesmo* tributo (isto é, *de idêntico fato gerador* ou de idêntica *base de cálculo*) se acha constitucionalmente atribuído a *mais de uma* pessoa jurídica de direito público interno, o que, decididamente, não ocorre no caso das *taxas* e das *contribuições de melhoria*, só porque o art. 145 da CF permite que todas as pessoas jurídicas de direito público as instituam. É que, embora o nome ou denominação (*"nomen juris"*) dessas arrecadações seja o mesmo, não possuem elas, isoladamente, no entanto, nem o mesmo fato gerador, nem a mesma base de cálculo. Na verdade, o que possuem elas, em comum, é apenas o nome, e essa coincidência é irrelevante para caracterizá-las como sendo a mesma arrecadação, é completamente irrelevante, nos termos do art. 4º do Código Tributário.

Com efeito, o fato gerador, tanto da *taxa*, como da *contribuição de melhoria*, é sempre a prestação, por pessoas jurídicas de direito público interno, de um serviço, *específico* e *divisível*, porém *no âmbito das atribuições de cada uma*, tal como previsto nos artigos 77 e 81 do Código, de tal forma que cada uma dessas pessoas presta os seus *próprios* serviços, por eles cobrando, também, segundo bases de cálculo *próprias*. Não há, pois, como confundir, entre si, quer os serviços geradores de *taxas* quer os de *contribuições de melhoria*, prestados pela União, pelo Estados, pelo Distrito Federal e pelos Municípios, ainda que sejam cobradas com o mesmo nome.

Assim, por exemplo, se para a obtenção de certidão negativa de débito fiscal junto ao Estado e junto ao Município, se paga *taxa de expediente* (ainda que de *nome* igual), o *fato gerador* não é, no entanto, o mesmo para cada uma delas (cada pessoa jurídica presta os seus próprios serviços para fornecê-la), como também não é a mesma a *base de cálculo* utilizada (cada pessoa jurídica tem a sua maneira de dimensionar e quantificar os custos respectivos). Destarte, ainda que o nome da taxa que cada uma dessas pessoas jurídicas cobra seja o mesmo (*de expediente*), e ainda que a natureza ou tipo do serviço (pesquisa de elementos cadastrais, preenchimento da certidão, etc.) se assemelhe ou seja equivalente, a verdade é que os fatos geradores e as respectivas bases de cálculo não o são, daí se concluindo que a competência para a instituição e cobrança dessas espécies tributárias por diferentes pessoas jurídicas de direito público é *privativa* de cada uma, no sentido de que somente pode instituí-las e cobrá-las quem presta o serviço que a gera.

Aliás, ninguém daqueles, que sustentam a competência *comum* na instituição e cobrança das *taxas* e *contribuições de melhoria*, ousa afirmar que também os *impostos* são da competência *comum*, só porque todas as pessoas jurídicas de direito público podem instituí-los nos termos do inc. I do art. 145 da Constituição. Nem poderiam, porque cada imposto tem o seu próprio fato gerador e sua própria base de cálculo, distintos dos demais.

O que na verdade existe hoje, tanto em relação aos impostos como em relação às taxas e contribuições de melhoria, são apenas *"tributos comuns"*, na expressão de RUBENS GOMES DE SOUSA,[49] mas induvidosamente com *fatos geradores* e *bases de cálculo* diferentes e inconfundíveis entre si.

Por outro lado, é preciso ter presente que toda competência *comum* é, na verdade, uma *bitributação* (veja subitem 2.2, a seguir), enquanto ninguém daqueles que afirmam serem as *taxas* e as *contribuições de melhoria* da competência *comum* sustenta haver *bitributação* em tais cobranças.

### 2.2. A bitributação e o "bis in idem"

Do exame que, antes, fizemos das competências institucionais, decorrem duas importantes e conhecidas figuras do direito tributário: a da *bitributação* (com o sentido gramatical de *duas tributações*, por entes públicos diferentes) e a do *"bis in idem"* (com tradução literal de *"duas vezes sobre a mesma coisa"*, isto é, *duas cargas* ou *incidências* simultâneas sobre a mesma *coisa*), representando ambas, pois, duas imposições ou exigências arrecadatórias concomitantes, mas com profundas diferenças entre si. Tecnicamente, assim podem ser caracterizadas essas figuras:

a) a ***bitributação*** ocorre quando *duas ou mais pessoas jurídicas de direito público* (União, Estados, Distrito Federal e Municípios) exigem, sobre um mesmo fato, arrecadações pecuniárias compulsórias previstas no Sistema Tributário Nacional, pouco importando o nome dado a cada uma delas; e

b) o ***"bis in idem"*** ocorre quando *a mesma pessoa jurídica de direito público* (União, por exemplo) exige *duas ou mais arrecadações* sobre o *mesmo* fato, tendo ambas as arrecadações o mesmo *fato* como *gerador*.

Para ambas as figuras pode haver, ou não, permissão constitucional, sendo, assim, lícitas ou não. Havendo permissão, na *bitributação* ocorrerá a figura da competência *comum* (duas pessoas jurídicas de direito público distintas com autorização de cobrança, sobre um mesmo fato, de *arrecadações pecuniárias compulsórias* previstas no Sistema Tributário Nacional, ainda que com nomes diferentes), e, no *"bis in idem"*, ocorrerá a figura da competência *privativa* (e não *partilhada* ou *comum*) em relação a cada uma. Não havendo a permissão constitucional em relação a qualquer uma das cobranças, uma delas será sempre *arbitrária* (constitucionalmente desautorizada).

Não há hoje, no Brasil, em nosso entender, *bitributação* (*competência comum*) constitucionalmente autorizada, no tocante aos *tributos*, sendo que, em relação às taxas e às contribuições de melhoria, já o demonstramos quando tratamos das competências.

Também não identificamos o *"bis in idem"* em nenhum dos *tributos* brasileiros. As duas arrecadações compulsórias que mais aparentam essa possibilidade são o *imposto de renda* e a *contribuição social sobre o lucro*, esta destinada à

---

[49] in "Compêndio de Legislação Tributária", Coord. IBET, Resenha, SP, edição póstuma, 1975, p. 184/5.

seguridade social, ambas da competência da União. A par de constituírem arrecadações de naturezas diferentes (*imposto* e *contribuição social*), a primeira tem como fato gerador a *aquisição da disponibilidade econômica ou jurídica do lucro anual da empresa*, e, a segunda, o *resultado pecuniário do exercício, antes da provisão ou destaque para atender ao imposto de renda*, diferenças, como se vê, muito sutis, mas é assim que a doutrina e a jurisprudência as avaliam.

A *bitributação* e o *"bis in idem"* podem, no entanto, ocorrer, na hipótese de vir a União a instituir *imposto extraordinário* (art. 154, II, da CF) e utilizar, para esse fim, fato gerador de imposto já existente, seja ele da competência privativa dos Estados, do Distrito Federal ou dos Municípios (o que resultará em *bitributação*), seja da sua própria competência (o que resultará em *"bis in idem"*). Poderá ela, contudo, ao invés de utilizar o mesmo fato gerador de imposto existente, adotar o *pagamento* deste como fato gerador, com o que, então, não ocorrerá nenhuma das referidas figuras, porque, na verdade, serão fatos geradores diferentes.

Resumindo, podemos dizer que a Constituição Federal adota competências *privativas* no tocante aos *impostos* (os quais ela *desde logo* arrola e especifica, ao definir, nos artigos 153, 155 e 156, respectivamente, os que cabem à União, aos Estados e ao Distrito Federal, e aos Municípios), e, ao mesmo tempo, competência *residual* também no tocante a *outros impostos*, sem relacionar, desde logo, as fontes em seu texto (ao permitir, no seu artigo 154, I, que a *União*, e *somente ela*, venha a criá-los, desde que diversos - isto é, sem que tenham os mesmos fatos geradores e bases de cálculo - dos previstos na sua e na competência *privativa* das demais pessoas jurídicas de direito público). No tocante às *taxas* e *contribuições de melhoria*, a competência é, também, *privativa* (e não *comum*, como sustentado por muitos), porquanto os serviços que as geram serão sempre próprios, no âmbito das atribuições de cada ente público, ainda que, segundo a lei constitucional, todos eles possam instituí-las com o mesmo nome, que é secundário à vista do art. 4º do Código Tributário.

### 2.3. Competência institucional

A competência institucional deve ser examinada de forma a abranger todas as *arrecadações pecuniárias compulsórias* previstas no Sistema Tributário Nacional: *tributos* (arts. 145 e 147), *empréstimos compulsórios* (art. 148) e *paratributos* (art. 149).

Relativamente aos *tributos*, a Constituição prevê as seguintes competências *institucionais*:

**Art. 145:**
*A União, os Estados, o Distrito Federal e os Municípios poderão* (mera faculdade) *instituir* (mediante *lei ordinária*, exceto a União, que dispõe também da *medida provisória* para a criação dos seus tributos, ressalvados os da sua *competência residual*, do art. 154, I, que somente mediante *lei com-*

*plementar* podem ser criados) ***os seguintes tributos*** (sendo que os empréstimos compulsórios e os tributos são objeto de regramento nos artigos 148 e 149, respectivamente):

***I - impostos*** (cuja competência se acha definida nos arts. 153 a 156, dos quais adiante trataremos, sendo da União os previstos nos arts. 153 e 154, dos Estados e do Distrito Federal os do art. 155, e, dos Municípios, os do art. 156);

***II - taxas*** (pelos serviços que cada uma das citadas pessoas jurídicas de direito público vier a prestar, *"no âmbito de suas respectivas atribuições"*), ***em razão*** (em decorrência) ***do exercício*** (da efetiva prestação de serviços) ***do poder de polícia*** (inerentes ao direito de fiscalizar e de disciplinar a conduta das pessoas em sociedade, como o fornecimento de cédula de identidade e de carteira de habilitação, a fiscalização de diversões públicas e de demolições e construções de prédios, e a vistoria de locais destinados ao exercício de certas atividades, etc.) ***ou pela utilização*** (uso ou consumo), ***efetiva*** (real) ***ou potencial*** (possibilidade de uso, não só por estarem à disposição, em efetivo funcionamento, mas, também, pelo fato de poderem ser fisicamente utilizados ou consumidos pelos seus destinatários, como a existência do prédio produtor do lixo e do esgoto, para efeitos de taxa de *coleta de lixo* e de *esgoto*), ***de*** (outros serviços, diferentes dos que decorrem do *exercício do poder de polícia*, mas de interesse público no seu uso ou consumo, em razão, especialmente, da saúde, como o fornecimento de água higienicamente tratada, a coleta de lixo e o tratamento ou escoamento de esgoto) ***serviços públicos*** (prestados pelo Estado, genericamente falando, e não de empresas suas, as quais apenas propiciam a cobrança de *preços públicos* e não *taxas*) ***específicos*** (previamente determinados ou identificados, sabendo-se, desde logo, quais são ou serão) ***e divisíveis*** (que podem ser medidos ou dimensionados quanto ao seu uso ou consumo, para efeitos de cobrança, vale dizer, *individualizáveis* por usuário ou consumidor), ***prestados ao contribuinte*** (efetivamente por este recebidos e usufruídos, tratando-se de serviços *decorrentes do exercício do poder de polícia*) ***ou postos à sua disposição*** (suscetíveis, portanto, de serem, ou de poderem ser, efetivamente, utilizados pelo destinatário respectivo, *tratando-se dos demais serviços*, diferentes dos decorrentes do exercício do poder de polícia, como por exemplo, os serviços de *fornecimento de água*, de *coleta de lixo* ou de *escoamento de esgoto*, pelo Município, que serão devidos independentemente do seu uso ou consumo, - neste caso, mediante cobrança de *taxa mínima* -, mas que somente poderão ser cobrados se realmente estiverem em efetivo funcionamento e se, ao mesmo tempo, houver potencialidade na sua fruição ou gozo, como a existência de prédio usuário ou consumidor);

*III - contribuição de melhoria* (benefício), **decorrente de obras públicas** (construídas pelas referidas pessoas jurídicas de direito público no âmbito de suas respectivas atribuições, no interesse de determinada coletividade, como a colocação de encanamentos de água e esgoto, a construção de vias públicas, etc.).

Aduz a Constituição as seguintes regras ao citado artigo, a serem observadas no momento da criação do tributo, verdadeiras limitações ao poder de tributar:

**§ 1º** *Sempre que possível* (hoje, na verdade, embora genérica esta regra, somente o imposto sobre a renda e proventos de qualquer natureza, da competência da União, nela se enquadra originariamente), **os impostos** (apenas estes, não se aplicando a regra, conseqüentemente, às *taxas* e às *contribuições de melhoria*, que, por sua natureza, devem ter seu custo necessariamente diluído ou repartido entre todos os usuários ou consumidores do serviço público, na exata medida ou proporção do seu uso ou consumo, não admitindo, portanto, cobranças *progressivas* ou *diferenciadas* por tipos ou classes de usuários ou consumidores do serviço público, como residencial, comercial, industrial ou qualquer outra categoria) **terão caráter pessoal** (devem levar em conta, em primeiro plano, para efeitos de sua cobrança, as condições *pessoais* de quem os deve pagar, vale dizer, devem observar, na medida do possível, o princípio da *"capacidade contributiva"*, proposto pelo financista italiano BENVENUTO GRIZIOTTI,[50] para quem a participação das pessoas no custeio das despesas públicas somente se justifica a partir do momento em que estejam satisfeitas as suas necessidades individuais básicas), **e serão graduados** (dosados ou calculados mediante a utilização de *alíquotas progressivas crescentes, em função do valor da matéria tributável*, que deverá, necessariamente, ser dividida em faixas, com atribuição, a cada uma, de *alíquota própria*, de tal forma que o imposto a pagar resulte sempre da aplicação de todas as existentes no percurso, de forma *gradual*, portanto, até atingir-se o valor a ser tributado) **segundo a capacidade econômica** (contributiva) **do contribuinte** (devedor do imposto, em razão da prática do fato gerador respectivo), **facultado** (permitido) **à administração tributária** (corpo de servidores públicos encarregados da formalização documental e da cobrança do imposto, entre os quais os agentes fiscais e seus auxiliares), **especialmente para** (com a finalidade específica de) **conferir efetividade** (atingir) **a esses objetivos** (*dosagem* e *graduação* na sua cobrança, segundo a *capacidade contributiva* de cada um), **identificar** (tomar conhecimento e avaliar), **respeitados os direitos individuais** (assegurados pela Constituição a todos os cidadãos) **e nos termos da lei** (ordinária, ins-

---

[50] *apud* Rubens Gomes de Sousa, *in* "Compêndio de Legislação Tributária", Resenha, SP, coord. IBET, ed. póstuma, 1975, p. 95.

tituidora do tributo), *o patrimônio* (bens), *os rendimentos* (ganhos) *e as atividades econômicas* (fontes produtoras da renda tributável) *do contribuinte* (pessoa sujeita ao pagamento do imposto, em razão da prática do fato gerador respectivo).

Essa regra constitucional estabelece, em resumo, que, para a cobrança dos *impostos* (apenas essa espécie tributária), *deve a lei instituidora, sempre que possível* (quando o *tipo do imposto* comportar):

a) levar em conta as *condições pessoais* do respectivo *contribuinte* (estado civil, número de dependentes, despesas necessárias à percepção do rendimento, gastos com saúde e instrução, etc., tratando-se de pessoa natural ou física, e, tratando-se de pessoa jurídica, seu porte, volume da receita, tipo de atividade, etc.); e

b) *graduar* ou *dosar* o montante a pagar, elevando-o *progressivamente* (de forma *crescente*) de acordo com a *capacidade econômica* (melhor seria a expressão *capacidade econômico-financeira*, que melhor identifica a potencialidade *patrimonial* e *pecuniária*) do respectivo *contribuinte*, de tal forma que o cálculo seja feito de forma *gradual* (em que se utilizam todas as alíquotas da tabela, uma a uma, até atingir-se o valor que se quer tributar), com isso se fazendo com que aquele que mais pode mais paga, vedado, pois, o cálculo do imposto de forma *simples* (em que se utiliza somente uma alíquota da tabela progressiva, qual seja, a prevista para o valor sujeito à tributação).

A regra da *progressividade crescente*, mediante cálculo *gradual* e não *simples*, prevista no citado § 1º do art. 145, contudo, somente se aplica, hoje, segundo o alcance estrito que lhe vem dando o STF, aos chamados *impostos pessoais* (que põem em primeiro plano, para efeitos de cálculo do tributo, a pessoa do contribuinte e não o objeto tributado), ficando excluídos, portanto, os chamados *impostos reais* (que levam em conta, num primeiro plano, o objeto tributado, e não a pessoa do respectivo contribuinte), vale dizer, só se aplica, hoje, na verdade, ao IR (imposto sobre a renda e proventos de qualquer natureza), da competência da União, único que se enquadra como tal.

A Constituição Federal, todavia, estendeu a aplicação da regra deste § 1º (utilização de *alíquotas progressivas crescentes graduais* para os *impostos pessoais*) também ao IPTU, que é *imposto real*, ao editar a Emenda Constitucional nº 29, de 14/09/2000, que alterou o § 1º do art. 156 da CF, para estabelecer que, além da regra da *progressividade no tempo* (substituição, a cada novo fato gerador, hoje anual, por outra, maior, da alíquota do fato gerador imediatamente anterior, até que seja dado, pelo proprietário respectivo, o adequado aproveitamento ao solo urbano que não esteja atendendo aos seus fins sociais), poderá o imposto *"ser progressivo em razão do valor do imóvel"* e *"ter alíquotas diferentes de acordo com a localização e o uso do imóvel"*. É que o STF vinha, até então, julgando inconstitucional, à vista do § 1º do citado art. 145, a cobrança de IPTU (tido como *imposto real*) mediante *alíquotas progressivas crescentes*, inclusive diferenciadas por zona ou divisão fiscal, de efeitos idênticos.

Mas a extensão dessa regra ao IPTU não retira deste a qualidade de *imposto real* que é. Apenas atribui-lhe a possibilidade de utilização do mesmo critério exigido em relação aos *impostos pessoais*.

§ 2º **Não podem as taxas ter** (utilizar) **base de cálculo** (valores) **própria de impostos** (que estes utilizam para a sua quantificação).

A razão é simples: *a base de cálculo dos impostos não tem o condão de dimensionar serviços cobráveis a título de taxa*, que devem ser *específicos* (previamente definidos) e *divisíveis* (mensuráveis em relação ao seu usuário ou consumidor, para efeitos de pagamento), o que não ocorre com aqueles, que contraprestacionam serviços *inespecíficos* e *indivisíveis*. Assim, por exemplo, não é possível usar, para fins de cobrança da *taxa de coleta de lixo*, ou mesmo *de esgoto* ou *de água*, o *valor venal* (de venda, de mercado, que serve base de cálculo do IPTU) do imóvel consumidor de tais serviços. A razão é simples: o valor de venda de um bem não mede, não dimensiona, não avalia, não quantifica o volume do serviço público para fins de cobrança de qualquer *taxa*, a qual deve ser fixada e cobrada de acordo com o serviço público efetivamente prestado a cada usuário ou consumidor, vale dizer, na sua exata medida e proporção.

Relativamente aos *empréstimos compulsórios*, estabelece a Constituição Federal o seguinte relativamente à sua competência institucional:

**Art. 148:**
***A União, mediante lei complementar*** (está aí uma exceção à regra, porque, em relação aos *tributos*, ressalvados os da competência residual, o instrumento legal utilizável é sempre a *lei ordinária*)***, poderá*** (é mera faculdade) ***instituir*** (criar) ***empréstimos compulsórios*** (entregas obrigatórias por força de lei, de dinheiro aos cofres públicos, em favor de pessoa jurídica de direito público constitucionalmente definida, condicionada, porém, à restituição integral, na mesma espécie, no prazo e com os rendimentos preestabelecidos):

***I - para atender a despesas extraordinárias*** (não previstas no orçamento)***, decorrentes*** (unicamente, não se admitindo outra causa) ***de calamidade pública*** (peste, enchente, granizo, estiagem, etc.)***, de guerra externa ou sua iminência*** (obviamente, com reflexos na economia interna do Brasil);

***II - no caso de investimento*** (aplicação de dinheiro em setores de retorno econômico) ***público*** (da União) ***de caráter urgente*** (que não possa ser deixado para inclusão no orçamento seguinte) ***e de relevante interesse nacional*** (que beneficie a todos, como, por exemplo, a necessidade de construção de uma nova fonte geradora de energia elétrica visando aos interesses nacionais, ou mesmo a construção de uma via ligando vários Estados brasileiros)***, observado o disposto no art. 150, III, b*** (isto é, o *princípio da anterioridade*, segundo o qual não pode o empréstimo ser exigido no mesmo ano da sua instituição ou majoração, o que leva a admitir-se, por dedução lógica, que os *empréstimos compulsórios* previstos no inciso anterior, quais sejam, os destinados a atender a *despesas extraordinárias*, nas hipóteses ali previstas, podem ser cobrados no mesmo ano da sua instituição ou aumento).

Estão, nesses dois incisos, definidas as duas espécies de *empréstimos compulsórios* hoje autorizados no Brasil:

a) o *destinado a atender a despesas extraordinárias, decorrentes de calamidade pública, de guerra externa ou sua iminência* (que pode ser exigido no mesmo ano da sua instituição ou aumento); e

b) o *destinado a investimento público de caráter urgente e de relevante interesse nacional* (que não pode ser exigido no mesmo ano da sua instituição ou aumento).

**Parágrafo único.** *A aplicação* (utilização) ***dos recursos provenientes de empréstimo compulsório será vinculada à despesa*** (não só contabilmente, mas também na prática) ***que fundamentou sua instituição*** (não sendo permitida destinação diversa).

Finalmente, no tocante aos *paratributos* (ou *contribuições parafiscais*), a competência institucional restou assim definida pela Constituição Federal:

**Art. 149:**

***Compete exclusivamente*** (referência desnecessária porque, salvo exceções expressas, toda competência é *exclusiva*) ***à União instituir*** (*mediante lei ordinária*, exceto na hipótese do § 4º do art. 195 da CF, que prevê a lei complementar como instrumento de criação da *contribuição à seguridade social* sobre *novas fontes*) **contribuições** (*paratributos* ou *contribuições parafiscais*, seja diretamente em favor de entes de cooperação por ela criados, como receita destes, seja para a formação de fundos monetários ou financeiros aplicáveis nos fins institucionais desses entes) ***sociais*** (destinadas à *"seguridade social"*, compreendendo este *"um conjunto integrado de ações de iniciativa dos Poderes Públicos e da sociedade"* visando a *"assegurar os direitos relativos à saúde, previdência e assistência social"*, como previsto nos artigos 194 e seguintes, com os recursos dos arts. 195 e outros, provenientes de empregadores e equiparados, de trabalhadores e demais segurados da previdência social, bem como sobre receitas de prognósticos, como a *"contribuição previdenciária"* em favor do INSS, a *"contribuição para o financiamento da seguridade social"* - COFINS, a *"contribuição social sobre o lucro das empresas"*, e a *"contribuição provisória sobre movimentação ou transmissão de valores e de créditos e direitos de natureza financeira"* - CPMF), ***de intervenção no domínio econômico*** (destinadas à *"ordem econômica, fundada na valorização do trabalho humano e na livre iniciativa"*, tendo por fim *"assegurar a todos existência digna, conforme os ditames da justiça social"*, segundo previsto nos artigos 170 e seguintes, com recursos, atualmente, do § 4º do art. 177, sobre *"importação ou comercialização de petróleo e* *seus derivados, gás natural e seus derivados e álcool combustível"*, destinados *"ao pagamento de subsídios a preços ou transporte de álcool combustível, gás natural e seus derivados e derivados de petróleo"*, *"ao financiamento de projetos ambientais relacionados com a indústria do petróleo e do gás"*, e *"ao financiamento de programas de infra-estrutura de transportes"*) **e de interesse das categorias profissionais ou econômicas** (como as legalmente devidas aos Sindicatos, à OAB, ao CRC, ao CREA, ao SENAI, ao SENAC, ao SESI, ao SESC e a outras entidades de serviço social e de formação profissional, bem como as devidas ao FGTS), **como instrumento** (meio) **de sua atuação** (efetiva presença e ação) **nas respectivas áreas** (para melhor atingir os fins pretendidos), **observado o disposto nos arts. 146, III** (devendo seus *fatos geradores*, *bases de cálculo* e *contribuintes* ser definidos por *lei complementar* antes da sua instituição por lei ordinária, além de se submeterem tais contribuições às *normas gerais de direito tributário*, vale dizer, do Código Tributário), **e 150, I** (vale dizer, devem submeter-se ao princípio da *reserva legal* ou da *legalidade*) **e III** (bem como aos princípios da *irretroatividade* e da *anterioridade*), **e sem prejuízo do previsto no art. 195, § 6º** (segundo o qual, a entrada em vigor das disposições que criem ou modifiquem ditas contribuições somente se opera após 90 dias), **relativamente às contribuições a que alude o dispositivo** (ou seja, referentes à seguridade social).

§ 1º **Os Estados, o Distrito Federal e os Municípios poderão instituir** (mediante lei ordinária) **contribuição** (*social*), **cobrada** (exigida) **de seus servidores** (assim entendidos os da ativa, ditos *segurados*), **para o custeio** (contraprestação), **em benefício destes** (segurados e seus dependentes), **de sistemas de previdência e assistência social** (saúde e amparo, como as arrecadadas pelo Instituto de Previdência e Assistência do Estado do RS - IPERGS).

§ 2º **As contribuições sociais** (da União) **e de intervenção no domínio econômico** (também da União) **de que trata o "caput" deste artigo** (ficando excluídas dessa disposição, portanto, as *contribuições de interesse das categorias profissionais* ou *econômicas* e as instituíveis pelos Estados, pelo Distrito Federal e pelos Municípios):

I- **não incidirão** (gozam, portanto, de *imunidade*) **sobre as receitas** (ingressos de numerário) **decorrentes de exportação** (ao exterior, por aplicação analógica do art. 153, II, da CF);

II- **poderão incidir** (embora se trate, aqui, de *paraimposto*, de efeitos análogos aos do *imposto*, essa *faculdade* decorre, possivelmente, da disposição contida no § 3º do art. 155, que veda a incidência de qualquer outro *imposto*, além do ICMS, do II e do IE, sobre as operações de importação envolvendo os produtos aqui contemplados, constituindo, portanto, mais uma incidência sobre eles) **sobre a importação** (obviamente, do exterior, e não de outro Estado, por aplicação analógica do art. 153, I, da CF) *de petróleo e seus derivados, gás natural e seus derivados e álcool combustível;*

*III - poderão ter alíquotas* (percentual aplicável sobre a base de cálculo legalmente prevista, para fins de apuração e quantificação do valor a recolher):

a) *"ad valorem"* (aplicáveis sobre o valor do bem sujeito à tributação), **tendo por base o faturamento, a receita bruta ou o valor da operação** (contraprestações no sentido amplo) **e, nos casos de importação, o valor aduaneiro** (valor total pago nas operações de internação);

b) *específicas* (valor fixo), **tendo por base a unidade de medida adotada** (por quilo, litro, barril, etc.).

§ 3º *A pessoa natural* (física) *destinatária das operações de importação* (em favor de quem é ela promovida) *poderá* (faculdade) *ser equiparada* (aos efeitos, no tocante à imposição e exigência da contribuição) *a pessoa jurídica* (que é sempre uma *sociedade*, formada por sócios), *na forma da lei* (*complementar*, em face do disposto no *"caput"* deste artigo, que manda observar o art. 146, III, da CF).

§ 4º *A lei* (*complementar*, porque, no caso, se trata de estabelecer as hipóteses de incidência única da contribuição, pressuposto ou condição prévia para a sua posterior instituição, por *lei ordinária*, sendo, assim, verdadeira limitação constitucional ao poder de imposição, regulável por aquele tipo de norma segundo o inciso II do art. 146 da CF, aplicável, de resto, a todas as *arrecadações pecuniárias compulsórias* previstas no Sistema Tributário Nacional) *definirá as hipóteses* (casos) *em que as contribuições* (*sociais* e de *intervenção no domínio econômico*) *incidirão uma única vez* (com imposição única).

## 2.4. Modificação e cumulação de competências institucionais

Embora não tenhamos hoje, no Brasil, territórios federais, a Constituição Federal, prevendo a possibilidade de virem a ser eles criados e atenta a outras situações específicas, disciplina o seguinte, em matéria tributária:

Art. 147:

*Competem à União, em Território Federal, os impostos estaduais* (em número de três: ITCD, ICMS e IPVA) *e, se o território não for dividido em Municípios, cumulativamente* (também), *os impostos municipais* (também em número de três: IPTU, ITBI e ISS); *ao Distrito Federal* (por não ser dividido em Municípios) *cabem* (também) *os impostos municipais* (ou seja, arrecadará os três impostos estaduais e os três municipais).

Por essa regra, o ente superior (pessoa jurídica de direito público interno) recebe, cumulando com a sua, a competência tributária dos entes inferiores inexistentes ou impossibilitados de instituírem os *impostos* que seriam da sua competência. Essa disposição está em plena consonância com o disposto no § 1º do art. 32 da CF:

*"Ao Distrito Federal são atribuídas as competências legislativas reservadas aos Estados e Municípios".*

## 3. Limitações constitucionais ao poder de tributar

Já vimos que a lei constitucional *não cria* ou *institui* tributos (ou outras *arrecadações pecuniárias compulsórias*, previstas no seu Sistema Tributário). Apenas *autoriza* a sua criação pelas pessoas jurídicas de direito público interno, ao mesmo tempo em que lhes *impõe* as *condições* respectivas. Então, o que a lei constitucional na verdade faz, em matéria *tributária* (e *demais imposições* previstas no Sistema Tributário Nacional), é *definir* e *limitar competências*, de tal forma que, ao *defini-las*, estabelece qual o ente público autorizado a instituir esta ou aquela arrecadação compulsória, e, ao *limitá-las*, estabelece ela *condições* (requisitos) e os *limites* (fronteiras) ao seu exercício, conhecidos como *limitações constitucionais ao poder de tributar*, e que, no fundo, são verdadeiras *garantias* asseguradas aos contribuintes.

Tais *limitações* ou *garantias* encontram-se, basicamente, nos artigos 150 a 152 da Constituição, mas o *"caput"* do primeiro artigo citado desde logo ressalva *"outras garantias"* asseguradas aos contribuintes. Logo, não se encontram elas, apenas, nos citados dispositivos, mas espalhadas em todo o texto relativo ao *"Sistema Tributário Nacional"*

Podem essas *limitações* e *garantias constitucionais* ser classificadas em duas categorias:

    a) as que estabelecem os *requisitos* ao *uso do poder* (competência) *de impor* (instituir) a arrecadação autorizada, que são os princípios a serem observados; e

    b) as que estabelecem as *fronteiras* ou *limites* ao *uso do poder* (competência) *de impor* (instituir), e que são, na verdade, as *vedações* constitucionais ao poder de tributar (*instituir* ou *criar*), conhecidas como *imunidades*. Estas podem ser facilmente identificadas, no texto constitucional, pelas expressões *"é vedado instituir imposto sobre ..."*, *"o imposto não incide ..."* ou *"não incidirá sobre ..."*, *"nenhum outro imposto poderá incidir"*, etc.

Dentre essas essas *limitações* e *garantias constitucionais* encontram-se inúmeras que são costumeira e impunemente ofendidas por leis espúrias do poder tributante, como as relativas ao livre exercício de atividades econômicas e a utilização da propriedade, previstas no art. 5º, XIII (*"é livre o exercício de qualquer trabalho, ofício ou profissão, atendidas as qualificações profissionais que a lei estabelecer"*) e XXII (*"é garantido o direito de propriedade"*) e 170, parágrafo único (*"é assegurado a todos o livre exercício da atividade econômica, inde-*

pendentemente de autorização dos órgãos públicos, salvo nos casos previstos em lei"), todos da Constituição Federal.

Com efeito, quantas vezes impõe a lei sanções políticas a inadimplentes tributários, restringindo-lhes o exercício de atividades mediante: negativa de concessão de *"autorização para a impressão de documentos fiscais"*; cancelamento de inscrição ou negativa de sua concessão; apreensão de veículos, documentos e mercadorias ou sua retenção por tempo superior ao necessário à conferência da carga e documentos fiscais; prestação de garantias; exigência de emissão de notas fiscais avulsas, com pagamento antecipado do imposto ou visto da repartição fiscal; interdição de estabelecimento, declaração como remisso; inscrição do seu nome em cadastros negativos de crédito; negativa de licenciamento de veículo; corte do serviço público essencial; etc.

São atitudes, ora veladas, ora ostensivas, visando, coagir abusivamente o devedor ao pagamento do tributo, e que o STF tem rechaçado:

*"É inadmissível a apreensão de mercadorias como meio coercitivo para pagamento de tributos"*.[51]

*"Não é lícito à administração impedir ou cercear a atividade profissional do contribuinte, para compeli-lo ao pagamento de débito."*.[52]

*"Sanção administrativa. Interdição de transacionar com o fisco, DL 5/1937. Inconstitucionalidade por constituir bloqueio de atividades lícitas"*.[53]

*"É vedado à autoridade o bloqueio ou a suspensão das atividades profissionais do contribuinte faltoso"*.[54]

*"Não se permite à autoridade o bloqueio ou a suspensão das atividades profissionais do contribuinte faltoso"*.[55]

*"É cediço, na jurisprudência que, dispondo, o fisco, de procedimento adequado e instituído em lei, para a execução de seus créditos tributários, deve eximir-se de efetivar medidas restritivas à atividade do contribuinte, especialmente providências coativas que dificultem ou impeçam o desempenho da mercancia. A apreensão, pela Fazenda, de talonários, adjunta à determinação de que as notas fiscais sejam expedidas na própria repartição fazendária, atenta contra um dos valores básicos da ordem econômica consagrada pela Constituição Federal, qual seja, a liberdade de iniciativa. O regime especial imposto a comerciante estabelecido, com a exigência de que o pagamento do imposto, durante o período da restrição, seja feito antes, ainda, da expedição da "nota fiscal", subverte o sistema de exigibilidade tributária consignado na lei. No sistema tributário brasileiro, a cominação de penalidades impõe a reserva da lei, vedada a sua instituição através de decreto do executivo ou de resolução, em esfera administrativa"*.[56]

Nossa posição, no Tribunal de Justiça do Estado do RS, não tem sido outra, no que, contudo, restamos às vezes vencido no tocante à exigência de garantia real ou fidejussória, que entendemos igualmente incabível. Temos ementado acórdãos no seguinte teor:

---

[51] Súmula nº 323.
[52] RE nº 63045/SP, DJU de 08/03/68, 1ª Turma.
[53] RE nº 63047/SP, de 14/02/68, DJU de 28/06/68, Pleno.
[54] REs nºs 63050/SP e 62043/SP, 23/04/68, 2ª Turma STF (DJU de 27/09/68, p. 3833).
[55] RE nº 57235, 11/05/65, 1ª Turma do STF (DJU de 09/06/65, p. 3833).
[56] REsp nº 16953/MG, 23/03/94, 1ª Turma do STJ (DJU de 25/04/94, p. 9198, RSTJ 59/234).

> "Não pode o Estado, sob pretexto algum, condicionar a concessão da 'Autorização para a Impressão de Documentos Fiscais' (AIDOF ou AIDF), necessária ao exercício de atividade comercial, ao pagamento do crédito tributário vencido ou vincendo, ou mesmo à concessão de garantias ou à emissão de notas fiscais avulsas, que, no fundo, não passam de meios indiretos de coação para o pagamento daquele, sob pena de se inverter a ordem dos fatores e deixar a cargo do Estado o comando no exercício das atividades econômicas dos seus contribuintes, quando, na verdade, detém ele mera expectativa de vir a participar, via tributos, da arrecadação empresarial, para cuja cobrança dispõe de meios próprios e até privilegiados. Interpretação e aplicação mediata dos arts. 5º (II e XIII) e 170, da CF/88, e, imediata, do sistema tributário nela consagrado (arts. 145 a 162), e das Súmulas nºs 70, 323 e 547 do STF, que, de um lado, apenas permitem ao Estado tributar situações de natureza privada, e não comandar ou dirigir o seu exercício, e, de outro, impedem que se utilize ele de meios coercitivos para o pagamento dos seus créditos".

É que o Estado dispõe de meios próprios, até privilegiados, para a cobrança dos seus créditos tributários, não lhe sendo lícito usar de quaisquer meios extrajudiciais coercitivos para esse fim, fazendo justiça pelas próprias mãos. Que promova ele, desde logo, a cobrança, não esperando que o devedor se motive a pagá-lo somente quando necessitar de certidão negativa, e, tampouco, deixando avolumar o seu crédito até as vésperas da prescrição, quando a inadimplência já assumiu proporções incontroláveis. Ao Estado, como a qualquer administrador, cabe a obrigação de diligenciar imediatamente na arrecadação de seus créditos, já no nascedouro da inadimplência, não relegando esse dever para momento em que o devedor já estiver esgotado, falido ou insolvente.

HUGO DE BRITO MACHADO,[57] em objetivas considerações, assim se manifesta sobre a inconstitucionalidade do procedimento do Fisco nessas circunstâncias, censurando a postura do Fisco do RS em relação à indevida exigência de garantias para o prosseguimento de atividades comerciais:

> "Constituem meio vexatório, que a lei não autoriza, as denominadas sanções políticas ... impostas ao contribuinte, como forma indireta de obrigá-lo ao pagamento do tributo ... Qualquer que seja a restrição que implique cerceamento da liberdade de exercer atividade lícita é inconstitucional. ...
>
> A legislação do RS estabelece tratamento curioso para o problema, determinando que o deferimento da inscrição como contribuinte ... 'fica condicionado à prestação de fiança idônea, cujo valor será equivalente ao imposto calculado sobre operações ou prestações estimadas para um período de 6 meses, caso o interessado, tendo sido autuado por falta de pagamento de impostos estaduais, tenha deixado de apresentar impugnação no prazo legal ou, se o fez, tenha sido julgada improcedente, estendendo-se o aqui disposto, no caso de sociedades comerciais, aos sócios ou diretores' (art. 3º do D. 37.699/97).
>
> Estabelece, também, ... que a garantia exigida como condição para inscrição ... 'não ficará adstrita à fiança, podendo ser exigida garantia real, ou outra fidejussória"; e mais, "deverá ser complementada sempre que exigida e, sempre que se tratar de garantia fidejussória, atualizada a cada 6 meses' (art. 3º, parágrafo único, alíneas a e b).
>
> Diz ainda o referido regulamento que a inscrição ... poderá ser cancelada, ..., se este não prestar a fiança exigida. Inscrição que somente poderá ser novamente concedida 'se comprovado terem cessado as causas que determinaram o cancelamento e satisfeitas as obrigações dela decorrentes' (art. 6º, I, e seu parágrafo único).

---

[57] in "Excesso de Exação", Jornal Síntese, dez/1998, p. 5/10.

Maior absurdo não pode haver, porque isto significa colocar como condição para o exercício da atividade econômica o pagamento do tributo.

A inscrição no cadastro de contribuintes não pode ser transformada em autorização para exercer a atividade econômica. Nem o seu cancelamento em forma de obrigar o contribuinte a cumprir seus deveres para com o Estado. Mesmo o contribuinte mais renitente na prática de infrações à lei tributária não pode ser proibido de comerciar. ...

O caminho para inibir as sanções políticas é a ação de indenização por perdas e danos, contra a entidade pública ... A sanção política, conforme o caso, pode causar dano moral, dano material e lucros cessantes, tudo a comportar a respectiva indenização, desde que devidamente demonstrados. ...

No Brasil, ... a jurisprudência já registra precioso precedente do STF, que ... condenou o Fisco a indenizar dano causado ao contribuinte por indevida resposta a consulta que este lhe formulara (RE 131741/SP, de 09.04.96, Informativo STF nº 26, p. 1).

O referido julgado ... fundou-se no art. 107 da CF/69 (vigente na época dos fatos), ao qual corresponde o § 62 do art. 37 da CF/88, a dizer: 'As pessoas jurídicas de direito público e as de direito privado prestadoras de serviços públicos responderão pelos danos que seus agentes, nessa qualidade, causarem a terceiros, assegurado o direito de regresso contra o responsável nos casos de dolo ou culpa'. A nosso ver, porém, faz-se necessária a responsabilização pessoal da autoridade. Não basta a do Estado ...".

Não distoa desse entendimento RUY BARBOSA NOGUEIRA:[58]

"Parece que dispondo o fisco do privilégio da execução fiscal, que desde logo se inicia pela penhora dos bens do devedor, as chamadas sanções políticas não passam de resquícios ditatoriais, que deveriam desaparecer da nossa legislação, pois no Estado Democrático de Direito não nos parece que seja justo a Administração fazer uma verdadeira execução de dívida por suas próprias mãos".

Ademais, só se pode exigir de alguém a conduta que esteja ao seu alcance, sem obrigá-lo a se socorrer de terceiros. A fiança é, sabidamente, ato a ser prestado por terceiros, como o são outras formas de garantia. A respeito dessa matéria, fizemos constar o seguinte nos comentários ao art. 113, § 2º, do Código Tributário (capítulo relativo à *"Obrigação Tributária"*), que trata da *"obrigação acessória"* (na verdade, *dever acessório*), a cargo do contribuinte:

"Mas, é aí que surgem duas grandes indagações: pode o fisco, como rotineiramente o faz, de um lado, impor, *ao contribuinte*, a prestação de garantia (real ou fidejussória), como condição para a concessão de sua inscrição no cadastro fiscal ou para o fornecimento de autorização para a impressão de seus documentos fiscais, e, de outro lado, impor *deveres acessórios* a quem *não é contribuinte*?

Entendemos que não, para ambas as hipóteses: quanto à *prestação de garantia*, real ou fidejussória, é ela autêntica *obrigação principal* (de *dar* ou *pagar valor certo, previamente definido*), não prevista no § 1º do retrotranscrito art. 113, logo, inadmissível, além do que, se exigida de *terceiros* (sócios, bancos, etc.), *alheios à obrigação tributária*, a impossibilidade de sua imposição é ainda mais flagrante, já que refoge ao fisco o direito de impor *deveres acessórios* a terceiros, alheios à obrigação tributária. Assim, não há como ser exigida a prestação de garantia, seja ao próprio *contribuinte*, seja a terceiros, até porque, no fundo, o que o fisco visa é a coerção ao pagamento do seu crédito, quando é sabido que seu único direito é a cobrança judicial, por sinal privilegiada.

Recente decisão do STJ, relativamente à matéria, restou assim consubstanciada:[59]

---

[58] *in* "Curso de Direito Tributário", Saraiva, 14ª edição, 1995, p. 206.

[59] *in* "Informativo de Jurisprudência STJ" nº 0128, de 25/03 a 05/04/02, p. 1 e 2, REsp nº 278741/SC, julgado em 26/03/02. Precedente citado: REsp nº 62198/SP, DJ de 09/06/97.

'Trata-se de possibilidade da fiança bancária ser prestada pelo próprio devedor afiançado, e não por terceiro. A fiança sempre pressupõe que seja ofertada por terceiro, uma vez que se destina a assegurar o cumprimento de obrigação de outrem. Na fiança bancária há três figuras distintas: o credor, o devedor-afiançado (ou executado) e o banco-fiador (ou garante), não se confundindo o garante e o executado. Sendo assim, incabível a prestação de fiança bancária para garantia do processo de execução fiscal pela própria CEF devedora'.

Mas, não se diga que o fisco pode impor ao *próprio* contribuinte a obrigação de prestar garantia envolvendo os seus próprios bens, porque, em primeiro lugar, essa exigência não é objeto da *obrigação principal* prevista no § 1º do citado art. 113 (que é restrita a pagar *tributo* ou *penalidade pecuniária*, com exclusão de qualquer outra), e, em segundo lugar, porque os bens do *contribuinte* já respondem pelo crédito tributário, como claramente previsto no art. 184 do Código Tributário, o que resultaria em escancarada obviedade e redundância".

Igualmente, não há como admitir-se a repetida, desgastada e vazia insinuação do Fisco, de que o devedor dispõe, até que pague o seu débito, de notas fiscais avulsas, porque estas exigem, não só o carimbo e o visto da repartição fiscal, mas, também, o pagamento antecipado do tributo, obrigando o interessado, para a sua obtenção, a abandonar o recinto da sua empresa, como se o cliente ali ficasse aguardando o seu retorno. É submeter o contribuinte a uma *"via crucis"* interminável, constrangendo-o a buscar uma nota para cada venda, num total retrocesso e tortura desumana. Imagine-se, por exemplo, um supermercado, ou uma empresa com um único vendedor. Quem irá à procura da distante repartição, para, a cada venda, obter nota avulsa? Permitir-se que o Fisco assim proceda é, além de tudo, deixar a porta aberta ao conhecido *chá-de-banco*, que não passa de ato arbitrário e velada coação, autorizando a autoridade administrativa a fazer justiça pelas próprias mãos, o que é terminantemente vedado.

A exigência de nota fiscal avulsa, com pagamento antecipado do tributo, atenta, ademais, conforme já decidiu o STF,[60] contra o *"livre exercício de qualquer trabalho, ofício ou profissão"* (CF, art. 5º, XIII), não sendo lícito ao Fisco *"impor, mesmo na hipótese de infração fiscal, sistema diferenciado"* a contribuintes seus, com evidente quebra do princípio constitucional da *isonomia* ou *igualdade jurídica*, que termina sendo aplicada tão-somente para os que se encontram solidamente disputando o mercado.

Costuma o Estado alegar, no entanto, simplisticamente, como justificativa da aplicação das suas restrições político-administrativas ao exercício da atividade, que o mau pagador não lhe interessa, só lhe convindo ele como contribuinte enquanto em dia com suas obrigações fiscais. É política, de um lado, que contraria o princípio de que ao Fisco só é permitido buscar o tributo, sem interferir na sua atividade, e, de outro, absolutamente equivocada, imperialista, precipitada e intolerante, desprovida de elementar senso de justiça social, atentatória ao princípio da necessidade de preservação da empresa, consagrado no art. 170 da lei maior, pondo num plano completamente secundário a necessária recuperação social de quem faz parte da sua grande família. É, a bem da verdade, o começo do fim do comerciante. É a decretação da sua falência.

---

[60] RE nº 195621-GO, 07/11/00, 2ª Turma, in Informativo do STF nº 210, período de 13 a 17/11/00.

Ora, é fato público e notório que tanto as empresas como o próprio Estado enfrentam dificuldades por falta de recursos financeiros. Mas há uma profunda diferença entre os dois: enquanto o Estado, às vezes descompassado e mal estruturado, aumenta inconseqüentemente os seus tributos, simplesmente porque existe quem os irá pagar, as empresas não têm como aumentar a sua receita, simplesmente porque lhes falta o outro lado, o essencial, que é o cliente, e, muitas vezes, até a própria matéria-prima a ser trabalhada. Aliás, é inexplicável a política brasileira adotada nesse particular, liberando a exportação, para o exterior, a baixíssimo custo, por força da Lei Complementar nº 87/96, a conhecida *"Lei Kandir"*, que sumariamente excluiu do ICMS as exportações de produtos primários, contrariando, assim, elementar regra de política econômica, que considera suicídio a sua exportação, quando deveriam eles ser internamente trabalhados.

Mas, o que mais constrange, nesse triste quadro de expectativas e apreensões, é que o Estado somente se lembra de cobrar judicialmente seus devedores quando já se encontram eles moribundos, no estertor da morte, na mais completa exaustão, no quadro sintomático da autofagia, em que, pela falta de receitas e matéria-prima e pela continuidade das suas despesas habituais, como o pagamento de salários, passam a consumir o seu próprio patrimônio, quando, então, termina por aplicar-lhes o certeiro tiro de misericórdia, com a insólita imagem póstuma de um mau pagador, inconveniente à sociedade, afixada como epitáfio no portal das repartições fazendárias, das entidades de proteção ao crédito e dos meios forenses.

Ao invés de recuperar os inadimplentes para o convívio da sociedade, deixa-os morrer à míngua, negando-lhes o indispensável meio para a sua sobrevivência, seu último lenitivo: a manutenção de sua inscrição no cadastro estadual e o talonário de notas fiscais para as suas já reduzidas receitas. Noutras vezes prolonga-lhes o sofrimento, condicionando o fornecimento de tais indispensáveis ferramentas de trabalho à prestação de impossível garantia, obrigando-o a bater na porta dos mais aquinhoados, que, obviamente não o socorrerão porque, nessas alturas, ninguém mais alcançará a mão a quem já está com seu atestado de óbito firmado, ou, se o socorrerão, terminarão por tirar-lhe a última gota de sangue.

Isso sem falar na sórdida afirmação do Fisco, de que o contribuinte inadimplente dispõe de nota fiscal avulsa para documentar e tornar efetivas as suas operações, que deve preencher e carimbar na repartição fiscal para cada venda, uma a uma, com pagamento antecipado do imposto por um preço que ainda não recebeu. É, pois, mais um certeiro golpe para o já combalido enfermo, que deverá, para tanto, sair do seu leito para entregar ao Fisco, antes mesmo de o receber, a última colherada do seu parco alimento, numa afronta à regra constitucional que exige tratamento igualitário para todos os contribuintes.

Esse é o caminho do cortejo fúnebre, - que certamente virá, se a Justiça não estiver atenta -, de quem um dia já foi útil ao erário, mas que, em razão de circunstâncias que lhe foram adversas na trajetória dos seus negócios, teve a sua atividade comercial sufocada, nada mais lhe restando, então, senão conformar-se com um *"descanse em paz"*, a soar-lhe como um *"réquiem do adeus"*, num conturbado contexto político-econômico hoje existente no Brasil, em que, infelizmente, alguns contribuintes são mais privilegiados do que outros.

É lamentável que o Estado não se dê conta de que a sobrevivência do contribuinte não depende tão-somente de esforço próprio, mas principalmente da existência de uma clientela sólida e permanente, o que é hoje raridade à vista da crescente crise que vem assolando o país, em que tudo sobe, dos tributos aos preços públicos, menos o poder aquisitivo do povo. E mais lamentável, ainda, é o fato de não se ver qualquer medida, de parte do Fisco, visando a estimular a livre iniciativa, que, ao pagar salários, tem obrigatoriamente a ele acrescido outro tanto, a título de encargos sociais.

O falecido Presidente brasileiro GETÚLIO VARGAS, tido como o *"pai dos trabalhadores"*, já afirmava que *"o trabalho é o maior fator de elevação da dignidade humana"*.[61]

Aliás, de voto proferido pelo STF no longínquo 14/02/68,[62] tira-se a seguinte regra basilar, que tem tudo a ver com o que restou dito:

> *"O Executivo há que estimular a produção e não fechar os estabelecimentos que produzam, sob a alegação de que os impostos são devidos".*

É preciso que se tenha consciência de que, hoje, mais do que nunca, o Estado depende do seu contribuinte, como este depende do seu cliente. A existência do contribuinte é certa, mas, a do cliente não. Este depende de poder aquisitivo, e o poder aquisitivo depende diretamente do estímulo que o governo dá à iniciativa privada e à produção. A prosseguir a desenfreada fúria fiscal, de pretender condicionar o exercício de atividades comerciais a exigências absurdas e descabidas, e de responsabilizar, indiscriminadamente, o administrador empresarial, o Estado corre o irreversível risco de liquidar com a iniciativa privada, e, com ela, o seu próprio contribuinte, como sugere o título da conhecida produção cinematográfica estrelada por Arnold Schwarzenegger: *"O Exterminador do Futuro"*.

E não se diga, por derradeiro, como levianamente se costuma ouvir, que a empresa, ao vender suas mercadorias, estaria cobrando do adquirente respectivo o ICMS devido em cada operação. É raciocínio equivocado, de quem desconhece a legislação pertinente ao referido imposto, que manda pagar o imposto *sobre o valor da operação*, vale dizer, calculá-lo sobre o *preço* cobrado, diversamente do IPI, em que o tributo é cobrado *em separado*, *além do preço*, como tributo, não o integrando, portanto. Então, esclareça-se de uma vez por todas: o que a empresa cobra do adquirente das suas mercadorias é *preço*, tão-somente *preço*, e não *imposto*.

Essas conclusões têm pleno respaldo no TJERS, onde desponta o seguinte humanitário voto do eminente Des. IRINEU MARIANI,[63] que, com suas sempre lúcidas decisões, muito engrandece a cultura jurídica gaúcha:

---

[61] Jornal do Comércio, Porto Alegre, RS, edição de 16 a 18/11/01, p. 2.
[62] RE nº 63047/SP, STF, DJU de 28/06/68, Tribunal Pleno.
[63] AC nº 597133578, julg. em 28/10/98, 1ª Câmara Cível do TJERS, Rel. Des. Irineu Mariani.

"A exigência do RICMS, de que o contribuinte, para obter a autorização para imprimir documentos fiscais (AIDOF), precisa provar que está em dia com o pagamento do imposto, e retrógrada e está na contramão de tudo o que a doutrina e a jurisprudência fazem no sentido da preservação da empresa, um dos modernos princípios do Direito Comercial, face aos multibenefícios sociais que ela gera. Mais ainda, vai de encontro aquilo que, ciente da importância da empresa na alavancagem econômica, o próprio Poder Público faz, concedendo incentivos fiscais para atrair novas empresas, e até, por vezes, concedendo anistias fiscais, para desafogar as existentes. A exigência fere, também, os arts. 5º, II e XIII, e 170, parágrafo único, da CF, pois, na prática, interdita o estabelecimento, ou o exercício da profissão da mercancia. De igual modo, coage ilegalmente ao pagamento, pois, para exigi-lo, dispõe o Poder Público do processo de execução".

A todas essas restrições ou limitações podem ser acrescentadas inúmeras outras, como a impossibilidade, constitucionalmente implícita, de penhora do faturamento da empresa, porque esta implica a sua extinção, por esgotamento dos recursos para o seu normal prosseguimento. Ao acaso, escolhemos duas decisões do STJ para ilustrar essa impossibilidade, entendimento absolutamente dominante naquela Corte:

"A jurisprudência desta Egrégia Corte não vem admitindo a penhora sobre o faturamento diário de empresa".[64]

"Faturamento da empresa. A penhora que recai sobre o rendimento da empresa eqüivale à penhora da própria empresa, razão pela qual não tem mais a Egrégia 1ª Turma admitido penhora sobre faturamento ou rendimento".[65]

São *limitações* e *garantias constitucionais* (requisitos e imunidades) à instituição das arrecadações pecuniárias compulsórias previstas no Sistema Tributário Nacional, entre outras distribuídas no texto constitucional (porque os arts. 150 a 152 não esgotam a matéria):

### Art. 150:

**Sem prejuízo de outras garantias** (isto é, além das previstas em outros dispositivos da Constituição, tanto neste capítulo constitucional que estamos examinando, como fora dele, como as previstas no seu artigo 5º) **asseguradas** (como o direito de defesa, de obter certidões, de exercer atividades, de ser proprietário e de exercer os direitos respectivos, etc.) **ao contribuinte** (devedor, em razão da prática do fato gerador respectivo, tal como definido no inciso I do art. 121 do Código Tributário), **é vedado** (proibido) **à União, aos Estados, ao Distrito Federal e aos Municípios** (portanto, todas as pessoas jurídicas de direito público devem observar as regras e os princípios que se seguem):

**I - exigir** (na verdade, *instituir* ou *criar*) **ou aumentar** (*majorar*) **tributo** (e outras arrecadações pecuniárias compulsórias previstas no Sistema Tributário Nacional) **sem lei** (normalmente a *ordinária* ou *específica*, e, excepcionalmente, nos casos previstos na Constituição, a lei *complementar*, como no caso dos arts. 148 e 154, I, que permitem, respectivamente, a

---

[64] Agravo Regimental no REsp nº 218049/SP, 02/05/00, 2ª Turma, DJ de 05/06/00, p. 148. Ver: REsp 114603-RS, REsp 194005-SP, REsp 186131-AL, REsp 189651-SP.

[65] REsp nº 251087/SP, 06/06/00, 1ª Turma, DJ de 01/08/00, p. 208.

instituição do *empréstimo compulsório* e do *imposto da competência residual*, ambos da União) **que o estabeleça** (institua ou crie, vedação ou limitação essa consistente no conhecido *princípio da legalidade* ou *da reserva legal*);

*II - instituir* (dispensar) **tratamento desigual** (*diferenciado*, significando que deve ser observado o *princípio da isonomia* ou *da igualdade* de todos) **entre contribuintes** (praticantes de fatos geradores) **que se encontrem em situação equivalente** (que sejam da mesma classe ou categoria de contribuintes, aos quais se aplica o princípio de que *"os iguais devem ser tratados com igualdade"*, como por exemplo, não pode a lei conceder isenção a *uma* cooperativa apenas, em detrimento das demais, mas pode ela conceder isenção a *todas* elas, mas não ao comércio ou à indústria em geral), **proibida qualquer distinção** (discriminação) **em razão de ocupação profissional** (atividade específica) **ou função** (tarefa decorrente do cargo ocupado) **por eles exercida, independentemente da denominação** (nome) **jurídica** (que a lei dá) **dos rendimentos** (produto do capital, do trabalho ou da combinação de ambos)**, títulos ou direitos** (desde que se enquadrem como rendimentos);

*III - cobrar tributos* (não só estes, mas quaisquer outras *arrecadações pecuniárias compulsórias* previstas no Sistema Tributário Nacional, porque, ressalvadas as exceções expressamente previstas, os princípios nele assegurados se aplicam a todas elas em razão da sua compulsoriedade decorrente de lei):

*a) em relação a fatos geradores* (a palavra *"geradores"* não deveria figurar no texto, porque, na verdade, são fatos, mas não *geradores* de obrigação tributária) **ocorridos** (integralmente consumados) **antes do início da vigência** (deveria ser *"antes do início da entrada em vigor"* ou *"da sua aplicação"*, porque a expressão *"início da vigência"* se dá com a publicação do texto legal, independentemente da sua *"entrada em vigor"*) **da lei que os houver instituído ou aumentado** (vedação ou limitação constitucional essa conhecida como *princípio da irretroatividade da lei*);

*b) no mesmo exercício financeiro* (ano civil) **em que haja sido publicada** (levada ao conhecimento do público, via órgão oficial eleito, geralmente Diário Oficial ou jornal de grande circulação local) **a lei que os instituiu ou aumentou** (vedação ou limitação constitucional essa conhecida como *princípio da anterioridade* ou *da anualidade*, para nós expressões de sentido igual, embora alguns entendam como correta apenas a primeira, sob a alegação de que a segunda tinha sua razão de ser somente na Constituição de 1946, que vinculava a possibilidade de cobrança de qualquer tributo à sua prévia inclusão na lei orçamentária *anual*, daí *princípio da anualidade*);

Fazem, contudo, exceção ao *princípio da anterioridade*, as seguintes arrecadações:

b.1) *impostos sobre a importação, sobre a exportação, sobre produtos industrializados, sobre operações financeiras, e extraordinários*, que podem ser exigidos *no mesmo ano* da sua *instituição* ou *aumento* (cf. art. 150, § 1º);

b.2) *empréstimos compulsórios destinados a atender a despesas extraordinárias, decorrentes de calamidade pública, de guerra externa ou sua iminência*, que também podem ser exigidos *no mesmo ano* da sua *instituição* ou *aumento* (cf. inciso I do art. 148, por dedução analógica do seu inciso II);

b.3) *contribuições sociais destinadas à seguridade social*, as quais, no entanto, somente poderão ser exigidas após 90 dias da data da publicação da lei que as houver *instituído* ou *modificado* (cf. art. 195, § 6º);

b.4) *contribuição de intervenção no domínio econômico relativa às atividades de importação ou comercialização de petróleo e seus derivados, gás natural e seus derivados e álcool combustível*, cuja *alíquota* pode ser *reduzida* e *restabelecida* por ato do Poder Executivo, com exigência também no *mesmo ano* da sua *alteração* (cf. art. 177, § 4º); e

b.5) *ICMS de incidência única segundo lei complementar, sobre combustíveis e lubrificantes, qualquer que seja a sua finalidade*, cujas alíquotas poderão ser *reduzidas* ou *restabelecidas* mediante convênio celebrado entre Estados e Distrito Federal, com exigência também no *mesmo ano* da sua *alteração* (cf. art. 155, XII, § 4º, IV, *"c"*).

***IV - utilizar tributo com efeito de confisco*** (vedação ou limitação constitucional essa conhecida como *princípio da proporcionalidade razoável do tributo*).

Visando ao bem-estar social, o Estado presta os mais variados serviços aos seus cidadãos, visando, basicamente, à saúde, à educação e à segurança. O *tributo* e o *paratributo* são legalmente instituídos para fazer frente ao custo desses serviços, incluindo a própria manutenção do Estado. Representam tais arrecadações, portanto, *contraprestações* pecuniárias compulsórias desses serviços públicos, onde o limite da cobrança é, em princípio, o seu custo, que, obviamente, deve ser buscado entre todos os beneficiários do serviço, dentro de uma *proporcionalidade razoável, segundo a capacidade contributiva de cada um*. Essa é a finalidade *fiscal* do *tributo* e do *paratributo,* e, conseqüentemente, todos os valores que o Estado compulsoriamente impõe e exige de cada um de seus contribuintes, dentro desse *limite*, são tidos como *razoáveis*, e, a *"contrario sensu"*, todos os que impõe e exige sem atender a esse pressuposto são, genericamente, tidos como *confisco*.

É certo, por outro lado, conforme vimos no subitem 2.4 do Capítulo II, deste livro, que o *imposto* e o *paraimposto* (e não as *taxas*, as *parataxas* e as *conribuições de melhoria*, que não comportam essa finalidade) também podem ser utilizados para atingir *fins extrafiscais*, com vistas ao *estímulo* ou *desestímulo* de certas *atividades* ou *comportamentos* dos contribuintes, como a *regulação do mercado* e a *adequação de condutas*, tudo dependendo da política tributária constitucionalmente adotada, e, quando isso acontece, o instrumento legal normalmente utilizado é a *alíquota*, que será, então, ajustada de acordo com os objetivos a serem atingidos ou alcançados, sem, contudo, torná-la *confiscatória*.

Assim, quando a *alíquota* (do *imposto* ou do *paraimposto*) é fixada exclusivamente com *fins arrecadatórios*, visando, tão-somente, a cobrir necessidades financeiras públicas, diz-se que o *imposto* é de *natureza* ou *finalidade fiscal*, e, quando fixada com o fim de atingir, *também* (além da simples arrecadação de recursos, eis que o tributo visa, fundamentalmente, à angariação de recursos financeiros ao Estado), *fins outros*, passa ela a ser de *natureza* ou *finalidade* também *extrafiscal*.

Deixamos claro, também, na mesma ocasião, que a lei constitucional jamais pode autorizar o manejo de determinado *imposto* (ou *paraimposto*) com fins *exclusivamente extrafiscais*, porque o estaria utilizando com fins *puramente punitivos*, o que não é da natureza, nem da finalidade do *tributo em geral*, que visa a *contraprestacionar serviços públicos*, e não à *sanção de atos ilícitos*.

Esse é, aliás, o cuidado que deve o legislador ordinário ter ao disciplinar tanto o ITR (imposto sobre a propriedade territorial rural), na parte em que impõe (art. 153, § 4º, da CF) a adoção de alíquotas fixadas *"de forma a desestimular a manutenção de propriedades improdutivas"*, tributando, assim, com maior rigor ou peso, as que não atenderem às suas finalidades rurais, como o IPTU (imposto sobre a propriedade predial e territorial urbana), na parte em que permite a utilização de alíquotas *progressivas no tempo* relativamente ao *solo urbano não edificado, subutilizado* ou *não utilizado* (somente *territorial*, portanto), vale dizer, aos que não atenderem aos fins sociais da propriedade (cf. art. 182, § 4º, II, da CF). Lamentavelmente, a lei constitucional não estabeleceu limite máximo a essa imposição extrafiscal, ensejando o confisco. Pensamos que o limite deveria ter sido estabelecido no dobro da alíquota padrão, tida como normal para os fins fiscais de cada imposto. Tentando contornar essa lamentável omissão constitucional, o recente *"Estatuto da Cidade"*, aprovado pela Lei federal nº 10.257, de 10.07.2001, com entrada em vigor prevista para *"após 90 dias da data da sua publicação"*, esta ocorrida em 11.07.2001, estabeleceu que

> Em caso de descumprimento das condições e dos prazos previstos (ou seja, o parcelamento, a edificação ou a utilização compulsórios do solo urbano não edificado, subutilizado ou não utilizado) o Município procederá à aplicação do imposto sobre a propriedade predial e territorial urbana (IPTU) progressivo no tempo, mediante a majoração da alíquota pelo prazo de 5 anos consecutivos (art. 7º). O valor da alíquota a ser aplicado a cada ano será fixado na lei específica a que se refere o "caput" do art. 5º desta Lei e não excederá a duas vezes o valor

*referente ao ano anterior, respeitada a alíquota máxima de 15% (§ 1º). Caso a obrigação de parcelar, edificar ou utilizar não esteja atendida em 5 anos, o Município manterá a cobrança pela alíquota máxima, até que se cumpra a referida obrigação, garantida a prerrogativa prevista no art. 8º (§ 2º).*

Em outras palavras, a regra do § 1º do art. 7º do referido Estatuto, de que o valor da alíquota, a ser aplicado a cada ano pela lei municipal específica, ao *imposto progressivo no tempo*, *"não excederá a duas vezes o valor referente ao ano anterior, respeitada a alíquota máxima de 15%"* (cf. art. 7º, § 1º), constitui, à evidência, confisco, correspondente a uma desproporcional e draconiana busca, pelo fisco, de 1/6 do patrimônio imóvel do contribuinte faltoso, a cada ano.

Mas, quando o *imposto* e o *paraimposto* são utilizados para fins *extrafiscais* (por exemplo, onerar com alíquota maior, nas importações, o produto externo, para proteger o produto interno), as circunstâncias são completamente diferentes da punição: o que se *procura*, com a sua utilização, é, apenas, *evitar ou inibir a prática de certos fatos geradores*, enquanto *na punição* a que se visa é *castigar* o cidadão, utilizando, para tanto, o *tributo*, que é uma forma de extorquir, de uma única vez ou em doses desproporcionais, o seu patrimônio.

É, precisamente, o que ocorre no *confisco*: por ele se objetiva, não estimular ou desestimular a prática de determinado fato gerador, mas *punir* ou *castigar* o contribuinte, extorquindo-lhe imotivada e abusivamente o patrimônio tributável, *a pretexto de ser um tributo*. É esse abuso, de parte do poder tributante, que a Constituição procura coibir, ao vedar a utilização do tributo *com efeito de confisco*, utilizando-o sem observância do *princípio da proporcionalidade razoável*.

Por outro lado, o simples fato de a carga tributária ser insuportável em certas circunstâncias, por si só não caracteriza o *confisco*. Este há de decorrer da desproporção entre o valor da parcela pecuniária que, do seu patrimônio, o contribuinte transfere ao Estado a título de tributo, e a quota de participação, de valor menor, que efetivamente lhe cabe no justo e equilibrado rateio das normais necessidades públicas.

Por derradeiro, é comum a alegação de que a *multa* (ou *penalidade*), quando prevista e fixada em valor alto, é de natureza *confiscatória*. A rigor, o conceito técnico de *confisco* não alcança as *sanções de atos ilícitos*, que, evidentemente, também podem ser desproporcionais em face da natureza da infração e do momento da sua prática. Mas a questão, aí, é outra, cabendo ao Judiciário, induvidosamente, a sua revisão, mesmo que legalmente prevista, porque todos têm o direito à punição compatível com a natureza da infração cometida e o momento da sua prática;

**V - estabelecer limitações** (restrições) **ao tráfego** (no direito de *ir* e *vir*) **de pessoas ou bens por meio de** (instituindo-os com essa finalidade) **tributos** (gênero, incluindo *taxas*) **interestaduais ou intermunicipais, ressalvada** (permitida) **a cobrança de pedágio** (a nosso ver, verdadeira *taxa* decorrente do poder de polícia, e não *preço público*, destinada à manutenção e conservação de vias públicas e, jamais, para a construção, alargamento ou duplicação destas) **pela utilização** (efetivo uso) **de vias**

*conservadas* (está aí a finalidade da taxa: contraprestação de serviços de manutenção da via, pública ou privada, que a gera) *pelo poder público* (sendo essa uma condição para a sua instituição e cobrança).

Essa vedação ou limitação constitucional é conhecida como *princípio do livre tráfego de pessoas ou bens.*

Não concordamos, a propósito, com aqueles que pregam ter a doutrina e a jurisprudência afastado a natureza *tributária* de *taxa* para o *pedágio*. Ao contrário, resulta claro do disposto no transcrito inciso V ser ele *tributo*, na espécie *taxa*. Não deixa a atual Constituição Federal outra opção para essa arrecadação: só pode ser cobrada como *taxa*.

Utilizando, para estabelecer o alcance dessa regra, os elementos *gramatical* e *lógico* de interpretação, facilmente se chega à conclusão de que (ao vedar ela a cobrança de *tributos* como meio de limitar o tráfego de pessoas ou bens, deles ressalvando apenas a cobrança do *pedágio*) o texto lhe atribuiu, sem sombra de dúvida, a natureza jurídica de *espécie* daqueles (*tributos*), sem qualquer outra opção.

Resta, nessas condições, apenas identificar em qual das *espécies tributárias* se enquadra o pedágio: se como *imposto*, como *taxa* ou como *contribuição de melhoria*, tarefa que se torna fácil na medida em que a doutrina e a jurisprudência consideram, como *taxa, toda e qualquer arrecadação pecuniária, compulsória por força de lei, de serviço público específico* (previamente determinado ou conhecido) *e divisível* (cujo uso ou consumo pode ser medido ou dimensionado, para pagamento em função das unidades usadas ou consumidas) em relação ao respectivo contribuinte, tal como nós já a definimos.

Nessas condições, se a norma constitucional desde logo deixa claro que o *pedágio contraprestaciona serviços públicos* (*específicos e divisíveis*) *de conservação e manutenção de vias públicas*, vale dizer, das vias que o gerarem, parece incontestável tratar-se de *taxa*. É uma questão de lógica e de semântica. Outro não é o entendimento do STF a respeito:[66]

"Pedágio. Natureza jurídica: taxa: CF, art. 145, II, art. 150, V. Legitimidade constitucional do pedágio instituído pela Lei 7.712, de 1988".

Entre as duas espécies constitucionais de *taxa* (art. 145, II) o *pedágio* se enquadra naquela que contraprestaciona *serviços decorrentes do exercício do poder de polícia* (este consistente no direito que tem o Estado de, no interesse público, fiscalizar e disciplinar a conduta e a atividade das pessoas em sociedade), sendo portanto somente devido *se os respectivos serviços realmente forem prestados e usufruídos* (como ocorre, por exemplo, com as taxas de fiscalização de atividades, localização e funcionamento, de fornecimento de cédulas de identidade e de carteira de habilitação, de uso de pontes e de vias públicas, etc.). *Não basta, pois, para que o pedágio seja devido, a simples colocação dos serviços públicos*

---

[66] RE nº 181475/RS, 2ª Turma, 04/05/99 (DJU de 25/06/99, p. 28). No mesmo sentido: RE-194862, 2ª Turma (DJU de 25/06/99, p. 28, e RTJ 66/631)

à *disposição do possível usuário* (como ocorre com a taxa d'água, de coleta de lixo e de esgoto), característica da *outra*, da *segunda* espécie constitucional de *taxa*.

Sendo, pois, *taxa* (*decorrente do exercício do poder de polícia*), deve o *pedágio* atender, entre outros, aos seguintes princípios e requisitos, ora contidos na lei constitucional, ora em lei complementar, especialmente no Código Tributário:

a) somente pode ser *instituído* ou *aumentado* mediante lei ordinária (CF, art. 150, I, e CTN, art. 97, I e II);

b) não pode ser cobrado no mesmo ano da sua instituição ou aumento, devendo, pois, atender ao princípio constitucional da *anterioridade* (CF, art. 150, III, *b*);

c) somente pode ser exigido pelo titular do domínio (União, Estado, Distrito Federal ou Município) da via pública que o gerar (CF, art. 150, V, e CTN, art. 77);

d) somente pode ser exigido no momento da efetiva utilização da via pública em relação à qual foi instituído, desde que o serviço público de manutenção e de conservação esteja em efetivo funcionamento (CF, art. 150, V, e CTN, art. 79, I, *b*);

e) somente pode ser cobrado na exata medida do custo do serviço público que visa a contraprestacionar, não podendo, pois, servir como inesgotável fonte de receita, sob pena de enriquecimento ilícito e sem causa de quem o exigir (CF, art. 145, II, e CTN, art. 77);

f) não pode ser aplicado senão na manutenção e na reparação da via pública que o gerar, sendo, portanto, vedada a sua utilização em fins outros, como construção ou duplicação de vias públicas (CF, art. 150, V, e CTN, art. 77);

g) não pode ter a competência para a sua instituição delegada (transferida) a terceiros, nem a pessoas jurídicas de direito público e, muito menos, a particulares (CTN, art. 7º).

Afigura-se hoje, portanto, em nosso entender, à vista dos princípios e requisitos antes alinhados, como flagrantemente inconstitucional a *privatização do pedágio*, como tal considerada a *delegação* ou *concessão de sua cobrança a particulares, em nome destes*.

*Privatizável, delegável* ou *terceirizável* – esclareça-se – é, apenas, o *serviço de manutenção e de conservação da via pública capaz de gerar o pedágio*. Jamais pode sê-lo o *pedágio propriamente dito*, qual seja, *o direito de cobrá-lo para si, como credor*, ainda que com o nome (hoje impróprio) de *preço público*. O credor (sujeito ativo) *do pedágio* – repita-se – somente pode ser o Poder Público, assistindo-lhe, todavia, o direito de, *após arrecadá-lo em seu nome*, repassá-lo a terceiros, não como *pedágio*, mas como pagamento do *preço* ajustado pelos serviços de manutenção e de conservação da via pública respectiva, segundo o contrato firmado em decorrência de prévia licitação, atos esses sujeitos, obviamente, à posterior fiscalização do órgão público competente. Passam tais empresas *privadas* (particulares), assim, a ser, meros prestacionistas de serviços públicos *contra-*

*tados*, e que o direito francês conhece como *"regisseurs"*, nada tendo elas a ver com a figura dos *concessionários* de serviços *públicos* (*"concessionnaires"*). Segundo OSWALDO ARANHA BANDEIRA DE MELLO,[67] *"estes exercem o serviço público por sua conta e risco, enquanto aqueles o exercem por conta do Estado, mediante retribuição por este paga e previamente ajustada"*.

Em outras palavras, deverá o *pedágio* ingressar previamente, como receita, nos cofres públicos do titular da via pública correspondente, antes de seu repasse a terceiros como despesa. Assim se exige não só porque se trata, hoje, de *tributo*, na sua espécie *taxa*, mas, *principalmente, para que possa ser realizado o controle da sua cobrança e aplicação*, evitando-se, desta forma, entre outras práticas, a indiscriminada e abusiva cobrança que hoje se faz, a título de *pedágio* (ou mesmo de *preço*), em decorrência da privatização dos serviços de manutenção e conservação das vias públicas que o geram.

Como se vê, ainda que possa, por uma minoria felizmente, ser o *pedágio* considerado como *preço público*, de 1988 para cá essa concepção perdeu seu sentido prático, porquanto passou, como regra constitucional, a ser considerado *tributo*, na espécie *taxa*, como tal devendo ser tratado.

Suponha-se, por outro lado, *"ad argumentandum tantum"*, que a Constituição Federal não tivesse limitado a instituição do *pedágio* exclusivamente como *tributo*, na espécie *taxa*, vale dizer, ainda que permitisse ela, implicitamente, cobrá-lo *também*, simultânea ou alternativamente, como *preço público*, ainda assim não estaria o Estado legitimado a *transferi-lo a particulares*, para que estes o cobrem em seu próprio nome e proveito, de vez que não há como, juridicamente, conceder-se a terceiros a *exploração* (obviamente com fito de lucro) *do patrimônio público*.

A via pública, embora de *uso comum do povo* (*destinação*), é de *domínio* (*propriedade*) *público*, integrando o *patrimônio* do Estado, cabendo a este, pois, *com exclusividade* (sem possibilidade de delegação ou concessão a particulares), exercer, *pessoal e diretamente*, o respectivo controle (fiscalização), manutenção e *exploração*, ainda que, como já se disse, possa ele atribuir a terceiros a tarefa de *execução, e apenas esta*, dos respectivos serviços de *conservação e de manutenção*.

O simples fato de o Estado deter o *domínio* (*propriedade*) da via pública implica, automaticamente, responsabilidade pessoal e direta pela segurança pública que ela deve proporcionar a todos os seus utentes (comunidade), somente atingível através do exercício, também pessoal e direto, por ele, da propriedade e do poder de polícia que sobre ela deve ser exercido, deveres esses por sua natureza intransferíveis.

Nessas condições, sendo intransferível, pelo Estado, o exercício da propriedade e do poder de polícia que sobre a via pública detém, não há como conceber-se a transferência desta a particulares para fins de exploração econômica (*cobrança de pedágio*), porque tal implicaria modalidade de arrendamento do patrimônio público, comprometendo a segurança da comunidade utente.

---

[67] *in* "Princípios Gerais de Direito Administrativo", vol. II, Rio, Forense, 1974, p. 269/70.

Assim também já pensava RUY BARBOSA, citado por INGERSOLL e lembrado por J. GUIMARÃES MENEGALE:[68]

"o verdadeiro objeto do poder de polícia consiste em preservar a higiene, a moral e a segurança da comunidade".

É, ainda, do mesmo MENEGALE,[69] a seguinte lição, escrita antes da atual Constituição Federal de 1988:

"... seria erro supor que a gratuidade é da natureza do uso público. Como coisa de fundo econômico, - tanto que são recursos atribuídos à administração para realizar os fins de sua atividade, - o domínio público tem de ser defendido, protegido economicamente. Para esse objetivo, - que se exprime nas obras de conservação dos bens públicos, - conta a administração com a renda dos impostos, destinados precipuamente à manutenção dos serviços públicos e, em consequência, do material que se utiliza. Os impostos, entretanto, têm caráter de contribuição geral para aplicação geral, sem idéia de especialização ou de inversão em serviços determinados. Certos serviços, ao contrário, por sua natureza especial, interessam especialmente a determinados indivíduos (que, por fim, podem somar toda a população) e na medida em que deles vêm a necessitar e usar, e são custeados por contribuições especiais, que se denominam taxas.

Sem nos adentrarmos, por ora, no exame da matéria tributária, registraremos que o uso dos bens públicos é, por vezes, excepcionalmente retribuído, conforme a lei autoriza e atendendo a essas razões de economia. Em tal circunstância, a retribuição tem caráter especial, correspondente ao 'ut singuli', e classifica-se como taxa".

Na mesma linha de pensamento se inclui MARCELO CAETANO:[70]

"Finalmente, a regra da gratuidade acentua que o domínio público pode em princípio ser utilizado, sob forma de uso comum, independentemente do pagamento de qualquer prestação pecuniária. Mas esta regra comporta muitas exceções.

O domínio da circulação pode ser utilizável mediante o pagamento de uma taxa de passagem, portagem ou peagem (que no Brasil conserva a designação de pedágio), sobretudo em pontes ou auto-estradas".

LEANDRO PAULSEN,[71] por sua vez, em interessante estudo sobre a natureza jurídica da atual cobrança do pedágio, assim conclui, sendo nosso o grifo:

"Considerando que a referência ao pedágio constitui exceção em norma que estabelece limitações ao poder de tributar, parece que a Constituição realmente considera o pedágio como tributo. E, dentre as espécies de tributo, enquadra-se como taxa. ... Aliás, é importante que se sujeite às normas tributárias, particularmente às limitações do poder de tributar, uma vez que o pedágio, se excessivo, pode efetivamente implicar limitação ao tráfego de pessoas, cerceando a liberdade de ir e vir dos indivíduos. Essa peculiaridade, aliás, talvez justifique a diferença de regime jurídico, mesmo quando a conservação e exploração das rodovias for concedida a particulares, relativamente a outras concessões e permissões de serviços públicos que, segundo o art. 175 da CF, serão remunerados por tarifa, que é preço público".

Em conclusão temos, pois, – com respeito aos que pensam de maneira diversa –, que é juridicamente inviável a delegação, a particulares, pelo Poder Público, da cobrança do pedágio, ainda que a título de preço. O que pode ser

---

[68] in "Direito Administrativo e Ciência da Administração, 3ª edição atualizada, RJ, Borsoi, 1957, p. 564.
[69] in obra citada, p. 275.
[70] in "Princípios Fundamentais do Direito Administrativo", RJ, Forense, 1977, p. 433.
[71] in "Direito Tributário - Constituição e Código Tributário à Luz da Doutrina e da Jurisprudência", Porto Alegre, Livraria do Advogado, 1998, p. 96.

*privatizado*, – repita-se – (sempre mediante contratação antecedida de licitação), é, apenas, o *serviço de manutenção e de conservação da via pública capaz de gerar o pedágio*. O credor (sujeito ativo) deste, no entanto, em hipótese tal, *continuará sendo, sempre, a pessoa jurídica de direito público titular do domínio da via pública que o gerar*; jamais um particular.

Por derradeiro, não se quer aqui dizer que não possa o Estado, como ocorre em países mais avançados, contratar junto a terceiros (particulares), em decorrência de autorização legal, a construção de novas vias de circulação, desde logo ajustando que a contraprestação respectiva seja feita, durante determinado prazo (5, 10, 15 ou mais anos), mediante arrecadação, por aqueles, junto aos utentes das vias assim construídas, de preços previamente fixados e controlados. Mas aí a situação é outra: a via somente se tornará pública após decorrido o prazo previamente estabelecido. O que não se pode, repita-se, é privatizar a exploração daquilo que já é via pública, ou seja, do patrimônio que já é público.

    **VI - instituir** (observe-se que não é a *cobrança* do tributo que é proibida, como equivocadamente referido no art. 9º do Código Tributário, mas a sua *criação*, porque, no caso, se trata de *imunidade*, que alguns autores chamam de *não-incidência qualificada*) **impostos** (inclusive, portanto, os *paraimpostos*, não alcançando, porém, as *taxas* e *contribuições de melhoria*, inclusive as *parataxas*, que não gozam de *imunidade*) **sobre** (as seguintes situações, *que normalmente seriam tributáveis* se não fosse a *imunidade*, as quais, diga-se de passagem, não são as únicas previstas na Constituição, havendo outras, ora caracterizadas pela expressão *"o imposto não incide ..."*, ora pela expressão *"o imposto não incidirá ..."*, como adiante veremos):

    *a)* **patrimônio** (bens em geral, inclusive dinheiro e investimentos financeiros), **renda** (ingressos pecuniários, fruto do capital, do trabalho ou da combinação de ambos) **e serviços** (na verdade, as contraprestações deles decorrentes, constituindo essa vedação de a chamada *imunidade objetiva*, que alcança, em primeiro plano, objetos ou coisas, e, apenas em segundo plano, os respectivos *titulares*), **uns dos outros** (ou seja, é vedado à União instituir e, conseqüentemente, exigir impostos sobre o patrimônio, a renda e os serviços dos Estados, do Distrito Federal e dos Municípios, ao mesmo tempo em que os Estados e o Distrito Federal não podem instituir e exigir, sobre as mesmas situações, impostos da União e dos Municípios, e nem os Municípios podem fazê-lo da União, dos Estados e do Distrito Federal, impossibilidade essa que caracteriza a chamada *imunidade recíproca*).

    *b)* **templos de qualquer culto** (melhor dizendo: sobre *patrimônio, renda* e *serviços* das entidades que tenham por objetivo realizar e promover o culto religioso, constituindo essa impossibilidade de instituição também uma imunidade *objetiva*);

*c) patrimônio, renda e serviços* (imunidade também *objetiva*) *dos partidos políticos, inclusive suas fundações, das entidades sindicais de trabalhadores* (patronais e de empregados), *das instituições de educação* (estabelecimentos de ensino) *e de assistência social* (que atendam, indistintamente, a todos aqueles que necessitem de serviços de amparo à saúde e ao bem-estar social, como as "santas casas" e os hospitais de caridade, nelas não se incluindo, no entanto, as entidades fechadas (como clubes recreativos, inclusive culturais – porque esporte também é cultura –, que apenas visam ao atendimento dos seus associados, ou que restrinjam a prestação de seus serviços a algumas pessoas, as quais costumam receber, no entanto, por disposição de lei ordinária local, o benefício da *isenção*), *sem fins lucrativos* (que não distribuam lucro aos seus sócios, associados, fundadores, etc., a título de participação nos resultados, ou mesmo a qualquer outro título, mas que o invistam ou apliquem nas finalidades da instituição, podendo, portanto, auferir lucros, desde que não os distribuam), *atendidos os requisitos da lei* (no caso, lei *"complementar"*, que é, nos termos do art. 146, II, da CF, a competente para *"regular as limitações constitucionais ao poder de tributar"*, requisitos esses previstos no art. 14 do Código Tributário, tratando-se, pois, de *imunidade condicionada*, sob pena de, como acenado no § 1º desse dispositivo do Código, ser *suspensa* a aplicação do benefício), quais sejam:

c.1. *"não distribuírem qualquer parcela de seu patrimônio ou de suas rendas, a qualquer título"* (requisito este que interpreta o sentido da expressão *"sem fins lucrativos"*, utilizada pela letra *"c"* do art. 150, VI, ora em comento);

c.2. *"aplicarem integralmente, no País, os seus recursos na manutenção dos seus objetivos institucionais"* (o importante é que os objetivos sejam atingidos no território nacional, nada impedindo que, para atingi-los, as despesas sejam feitas no exterior);

c.3. *"manterem escrituração"* (ainda que rudimentar, desde que fiquem demonstradas as origens e as aplicações) *"de suas receitas e despesas em livros revestidos de formalidades capazes de assegurar sua exatidão"* (autenticados, etc.).

O STF já se manifestou sobre a aplicabilidade do art. 14 do Código como requisitos únicos a serem cumpridos para o gozo da imunidade:

*"Imunidade tributária. Entidades voltadas a assistência social. A norma inserta na alínea 'c' do inciso VI do artigo 150 da Carta de 1988 repete o que previa a pretérita (alínea 'c' do inciso III do artigo 19). Assim, foi recepcionado o preceito do artigo 14 do CTN, no que cogita dos requisitos a serem atendidos para o exercício do direito à imunidade".*[72]

---

[72] Mandado de Injunção nº 420/RJ, 31/08/94, DJ de 23/09/94, p. 25325, Ement. Vol. 1759-01, p.127, Tribunal Pleno, STF.

A respeito de clubes recreativos (ou culturais) já nos manifestamos, como relator, no TJERS, nos seguintes termos:[73]

*"Clube recreativo ou cultural: isenção e não imunidade a IPTU. A prestação de serviços sócio-culturais exclusivamente a seus associados garante a clube recreativo o benefício da 'isenção' (dispensa de pagamento), assegurada em lei municipal e nos termos desta, relativamente a IPTU sobre imóvel de sua propriedade, reservada a 'imunidade' (não-sujeição ao imposto), garantida pela lei constitucional a entidades de caráter beneficente (ou de assistência social), abertas ao público em geral, desde que cumpridos os requisitos do art. 14 do CTN. O que distingue um clube recreativo (que é tido como de fins culturais, porque esporte também é cultura), de uma entidade beneficente (ou de assistência social), para fins de não-pagamento do imposto, é que, naquele, os serviços sociais somente aos associados são dirigidos, enquanto nesta, são eles prestados a toda a população, indistintamente, o que é justificado pelo fato de prestar ela serviços que, originariamente, ao Poder Público competem, o que não ocorre com clubes recreativos. Para ambas as espécies de entidade (fechadas e abertas ao público), os requisitos são, em princípio, os mesmos, previstos, porém, em diplomas legais diferentes: aplicação, nos fins da instituição, de todas as suas receitas (não podendo, conseqüentemente, ter "fins lucrativos", isto é, distribuir seus lucros), pelo que é inteiramente irrelevante o fato de a entidade obter lucro e de vender títulos patrimoniais, ou de cobrar jóias ou mensalidades de seus associados ou filiados. O importante é que tais lucros não sejam distribuídos, mas aplicados nos fins sociais";*

***d) livros*** (apenas os *culturais*, estando excluídos os chamados *livros em branco*, nos quais se incluem os de escrituração comercial e fiscal, bem como os *"manuais de instruções"* e os *"de proprietário"*, que acompanham produtos tributados), ***jornais*** (informativos *culturais diários*), ***periódicos*** (informativos *culturais* editados *de tempos em tempos*) ***e o papel destinado à sua impressão*** (não se achando aqui *expressamente* nominados o barbante, a cola e os grampos necessários à produção do livro, e, muito menos, o papel destinado à publicação de propagandas e promoções comerciais, ainda que como jornais, periódicos ou informativos, e os citados *"manuais de instruções"* e os *"manuais de proprietários"*, que acompanham produtos tributados).

Mas já ficou firmado, pelo Pleno do STF, que a renda relativa à propaganda veiculada em jornais e periódicos *imunes* também goza do mesmo benefício relativamente ao ISS, já que se trata de simples meio à consecução das finalidades daqueles, tanto quanto são, também, imunes as listas telefônicas:

*"Jornais e periódicos. ISS. Imunidade tributária. A imunidade estabelecida na Constituição é ampla, abrangendo os serviços prestados pela empresa jornalística na transmissão de anúncios e de propaganda".*[74]

*"A edição de listas telefônicas (catálogos ou guias) é imune ao ISS, mesmo que nelas haja publicidade paga. Se a norma constitucional visou facilitar a confecção, edição e distribuição do livro, do jornal e dos 'periódicos', imunizando-se ao tributo, assim como o próprio papel destinado à sua impressão, é de se entender que não estão excluídos da*

---

[73] 1ª Câmara Cível do TJERS, AC nº 70001625334.
[74] RE nº 87049/SP, 13/04/78, DJ de 01/09/78, Tribunal Pleno, STF.

*imunidade os 'periódicos' que cuidam apenas e tao-somente de informações genéricas ou específicas, sem caráter noticioso, discursivo, literário, poético ou filosófico, mas de 'inegável utilidade pública', como é o caso das listas telefônicas".*[75]

Decidiu o STF, contudo, - e o fez por *interpretação extensiva* (não cabendo, aqui, pois, a interpretação *literal* prevista no art. 111 do Código Tributário, que, basicamente, tem como alvo a *isenção* e outros favores fiscais, não se incluindo a imunidade nesse tipo de benefícios) -, que, também os insumos necessários à fabricação, composição e impressão do jornal e dos livros culturais são imunes (barbante, cola, grampos, tinta, fotolitos, etc.), e não apenas o papel a eles destinado. Veja-se a seguinte ementa, do Pleno daquela Corte,[76] recentemente adotada por uma das suas Turmas,[77] para decidir que a imunidade dos *"livros, jornais, periódicos e papéis destinados à sua impressão"*, prevista no art. 150, VI, *"c"*, abrange o papel fotográfico, inclusive o papel para artes gráficas:

*"Imunidade: Livros, jornais e periódicos (art. 150, VI, "d", da CF). A razão de ser da imunidade prevista no texto constitucional, - e nada surge sem uma causa, uma razão suficiente, uma necessidade -, está no interesse da sociedade em ver afastados procedimentos, ainda que normatizados, capazes de inibir a produção material e intelectual de livros, jornais e periódicos. O benefício constitucional alcança não só o papel utilizado diretamente na confecção dos bens referidos, como também insumos nela consumidos como são os filmes e papéis fotográficos".*

Não se acha beneficiado pela imunidade, todavia, o *lucro* resultante da exploração de livros, jornais e periódicos *imunes*, que é, assim, normalmente tributável pelo IR:

*"Empresa dedicada à edição, distribuição e comercialização de livros, jornais, revistas e periódicos. Imunidade que contempla, exclusivamente, veículos de comunicação e informação escrita, e o papel destinado a sua impressão, sendo, portanto, de natureza objetiva, razão pela qual não se estende às editoras, autores, empresas jornalísticas ou de publicidade, que permanecem sujeitas à tributação pelas receitas e pelos lucros auferidos. Conseqüentemente, não há falar em imunidade ao tributo sob enfoque, que incide sobre atos subjetivados (movimentação ou transmissão de valores e de créditos e direitos de natureza financeira)".*[78]

Já quanto aos discos (tecnicamente chamados de *fonogramas*) musicais, inclusive fitas e videotextos dessa ordem, não se acham eles expressamente contemplados para o gozo do benefício da imunidade, tanto que antiga reivindicação dos produtores daqueles resultou na aposição, sobre eles e suas embalagens, do conhecido *"slogan" "disco também é cultura"* ou, simplesmente, *"disco é cultura"*.

Quanto aos modernos livros eletrônicos (CD-ROM), que, embora seu suporte não seja papel, mas plástico, reproduzindo, contudo, obras culturais (livros), pensamos nós, que, por interpretação, também *extensiva*, a imu-

---

[75] RE nº 101441/RS, 04/11/87, DJ de 19/08/88, p. 20262, Tribunal Pleno, STF.
[76] RE nº 174476-6/SP (DJU de 12/12/97, p. 65580, e RDDT nº 30, p. 155/172).
[77] RE nº 276842/SP, 2ª Turma, STF, 09/10/01.
[78] RE nº 206774/RS, 03/08/99, DJ de 29/10/99, p. 19, 1ª Turma, STF.

nidade deve ser assegurada, porque o objetivo é rigorosamente o mesmo: assegurar, da forma menos onerosa possível, a difusão da cultura. A dificuldade estará no material empregado, que não é papel. De qualquer forma, a matéria deverá ser, com certeza, objeto de futuras considerações constitucionais.

Precedente nesse sentido encontramos em decisão do TRF da 2ª Região:

"I. A imunidade tributária sobre livros, jornais e periódicos é objetiva. Seu fundamento é político e cultural. II. A liberdade de expressão do pensamento e a disseminação da cultura inspiraram o legislativo constituinte a erigir 'in casu' o livro à condição de material imune à tributação. III. O fato dos livros fazerem parte de coleção e virem embalado em conjunto a CDs e fitas de videocassetes não impede a incidência da imunidade objetiva conferida pela CF no art. 150, inc. VI, letra 'd'. IV. Ainda que agregadas a outras mercadorias, o livro não perde a característica que o identifica. V. A despeito de a autoridade coatora afirmar que os CDs e as fitas de videocassetes determinam a essencialidade do produto final, é facilmente verificável através dos documentos trazidos à colação pela impetrante que o valor unitário dos fascículos superam em muito o das demais mercadorias integrantes do respectivo conjunto".[79]

**Art. 150: ...**

**§ 1º** *A vedação do inciso III, b* ("*princípio da anterioridade*", que proíbe a cobrança de tributos no mesmo ano da sua *instituição* ou *aumento*) ***não se aplica aos impostos previstos nos arts. 153, I, II, IV e V, e 154, II*** (e a outras hipóteses).

Essas exceções, e outras, ao *princípio da anterioridade*, já foram referidas ao ensejo dos comentários ao inciso III, b, do artigo, e que ora lembramos:

1) *impostos sobre a importação, sobre a exportação, sobre produtos industrializados, sobre operações financeiras, e extraordinários*, que podem ser exigidos *no mesmo ano* da sua *instituição* ou *aumento* (cf. art. 150, § 1º);

2) *empréstimos compulsórios destinados a atender a despesas extraordinárias, decorrentes de calamidade pública, de guerra externa ou sua iminência*, que também podem ser exigidos *no mesmo ano* da sua *instituição* ou *aumento* (cf. inciso I do art. 148, por dedução analógica do seu inciso II);

3) *contribuições sociais destinadas à seguridade social*, as quais, no entanto, somente poderão ser exigidas após 90 dias da data da publicação da lei que as houver *instituído* ou *modificado* (cf. art. 195, § 6º);

4) *contribuição de intervenção no domínio econômico relativa às atividades de importação ou comercialização de petróleo e seus derivados, gás natural e seus derivados e álcool combustível*, cuja *alíquota* pode ser *reduzida* e *restabelecida* por ato do Poder Executivo, com exigência também no *mesmo ano* da sua *alteração* (cf. art. 177, § 4º); e

5) *ICMS de incidência única segundo lei complementar, sobre combustíveis e lubrificantes, qualquer que seja a sua finalidade*, cujas alíquotas pode-

---

[79] AC em MS nº 025212, 1ª Turma do TRF da 2ª Região, 31/08/1999, DJU de 20/11/01, p. 101, e RDDT nº 77, p. 215/218.

rão ser *reduzidas* ou *restabelecidas* mediante convênio celebrado entre Estados e Distrito Federal, com exigência também no *mesmo ano* da sua *alteração* (cf. art. 155, XII, § 4º, IV, *"c"*).

**Art. 150:** ...

§ 2º *A vedação* (proibição) *do inciso VI, alínea "a"* (conhecida como *"imunidade recíproca"*, que impede a União, Estados, Distrito Federal e Municípios de instituírem *impostos* sobre o patrimônio, a renda e os serviços, uns dos outros), *é extensiva* (aplicável) *às autarquias* (entes de cooperação criados, mediante lei, por pessoas jurídicas de direito público, com a finalidade de executar determinados serviços seus, como os relacionados com a saúde, assistência e amparo social, etc., e que se caracterizam por se administrarem a si próprias, segundo as leis editadas pela entidade que as criaram) *e às fundações* (entidades constituídas mediante patrimônio doado por seus fundadores, com o objetivo de atender a certos fins de utilidade pública ou da comunidade) *instituídas* (criadas) *e mantidas* (com recursos públicos) *pelo Poder Público* (por pessoas jurídicas de direito público, não estando, conseqüentemente, aí incluídas as fundações privadas, que, apesar de tudo, costumam receber o tratamento da *isenção*, por lei *ordinária*), *no que se refere ao patrimônio, à renda e aos serviços vinculados a suas finalidades essenciais* (próprias da instituição, que a caracterizam como autarquia ou fundação) *ou às delas decorrentes* (que são as finalidades *complementares*, resultantes das básicas, como a produção de medicamentos, pelo INSS, que não integra sua atividade básica, que é a saúde e a assistência aos seus associados, mas dela *decorre*).

*Autarquia* não pressupõe, necessariamente, pessoa jurídica destacada de outra. É, na verdade, mero "*status*" atribuído a determinado ente criado pelo Poder Público, no seu interesse, que pode ser juridicamente autônomo ou não, ao qual se atribui a obrigação de executar determinados serviços que o Estado não tem condições de, satisfatoriamente, prestar diretamente. Caracteriza-se ela mais pela gestão administrativa e financeira autônoma, tal como decorre da origem do vocábulo: "*autós*" (por si mesmo) "*archáin*" (governar) ou "*archía*" (governo), vale dizer, ente com governo (e, apenas este) autônomo, não se confundindo com autonomia jurídica, posto que sempre dependente do ente criador. São exemplos de autarquias autônomas, destacadas de pessoas jurídicas de direito público, mas sem personalidade jurídica própria, o Departamento Municipal de Limpeza Urbana (DMLU) e o Departamento Municipal de Água e Esgoto (DMAE), que, embora descentralizados administrativa e financeiramente, são meros Departamentos do Município de Porto Alegre, não perdendo o ente criador o seu domínio sobre tais criaturas, ainda que lhes dê ampla liberdade de ação. Assim, o conceito de *autarquia* é meramente administrativo, e não jurídico.

HELY LOPES MEIRELLES[80] assim as define:

*"Autarquias são entes administrativos autônomos, criados por lei específica, com personalidade jurídica de Direito Administrativo de Direito Público Interno, patrimônio próprio e atribuições estatais específicas. São entes autônomos, mas não são autonomias. Inconfundível é autonomia com autarquia: aquela legisla para si; esta administra-se a si própria, segundo as leis editadas pela entidade que a criou.*
*O conceito de autarquia é meramente administrativo; o de autonomia é precipuamente político. Daí estarem as autarquias sujeitas ao controle da entidade estatal a que pertencem, enquanto as autonomias permanecem livres desse controle e só adstritas à atuação política das entidades maiores a que se vinculam, como ocorre com os Municípios brasileiros (autonomias), em relação aos Estados-membros da União.*
*A autarquia é forma de descentralização administrativa, através da personificação de um serviço retirado da Administração centralizada. ...".*

As **fundações** *instituídas e mantidas* pelo Poder Público, a seu turno, não são, na verdade, pessoas jurídicas de direito público, mas de direito privado. É que, quando instituídas e mantidas pelo Poder Público, adquirem elas certa relevância e determinados privilégios, justificados pelos serviços que, por delegação do seu ente fundador, prestam à coletividade, o que as leva serem assim tratadas.

Como bem adverte o citado mestre,[81]

*"Ultimamente, porém, pelo fato de o Poder Público vir instituindo fundações para prossecução de objetivos de interesse coletivo – educação, ensino, pesquisa, assistência social, etc. – com a personificação de bens públicos, e, em alguns casos, fornecendo subsídios orçamentários para sua manutenção, passou-se a atribuir, erroneamente, personalidade pública a essas entidades.*
*O equívoco é manifesto. As fundações não perdem a sua personalidade privada nem se estatizam a ponto de serem consideradas órgãos autônomos estatais, ou entidades públicas, como se vem afirmando. São e continuam sendo pessoas jurídicas de direito privado, sujeitas às normas civis das fundações (Código Civil, arts. 16, I, e 24 a 30), mas destinadas a realizar atividades de interesse público, sob o amparo e controle permanentes do Estado.*
*...*
*Assim, as fundações instituídas pelo Poder Público são entes de cooperação, do gênero paraestatal, idênticos aos demais que colaboram com o Estado e por ele são amparados e controlados nas suas atividades delegadas, mantendo a sua personalidade de direito privado".*

Assim, não gozam de *imunidade*, o patrimônio, a renda e os serviços das *autarquias* e *fundações instituídas e mantidas* pelo Poder Público, quando aplicados com desvio às suas finalidades *essenciais* e *complementares*, como, por exemplo, na exploração de uma fábrica de licores ou uma distribuidora de vinhos, a qual ficaria normalmente sujeita ao IPI, ao ICMS, ao IR e, eventualmente, ao ISS.

Por outro lado, quando o citado § 2º fala em *autarquias* e *fundações* "mantidas pelo Poder Público", há de se entender que este crie, mediante lei, em favor delas, os recursos financeiros necessários, ainda que para arrecadação direta junto aos seus filiados, tal como claramente emerge do art. 149, *"caput"*, da CF, que obriga sejam tais arrecadações (genericamente conhecidas como *paratributos* ou *contribuições parafiscais*) instituídas mediante lei (cf. art. 150, I) e disciplinadas pelas normas gerais de direito tributário, em sua maior parte contidas no Código

---
[80] *in* "Direito Administrativo Brasileiro", 18ª edição, 2ª tiragem, Malheiros Editores, São Paulo, 1993, p. 307.
[81] *in* "Direito Administrativo Brasileiro", Revista dos Tribunais, SP, 9ª edição, 1982, p. 304/306.

Tributário (cf. art. 146, III, da CF). Assim, afirmar que não goza de *imunidade* a autarquia, *quando mantida pelos seus filiados ou associados*, é restringir o alcance do benefício que a regra constitucional lhe assegura. Aliás, pensamos, até, que não fere a boa hermenêutica, concluir que a expressão *"instituídas e mantidas pelo Poder Público"* tem a ver basicamente com as *"fundações"*, não se exigindo, conseqüentemente, esse requisito das *"autarquias"*, embora na prática isso até possa ocorrer, em função do princípio de que *"o criador é sempre responsável pela sua criatura"*. Assim ementamos acórdão, no TJERS, a respeito, sendo interessada a Sub-Seccional da OAB de Viamão, RS:[82]

> *"ITBI. Aquisição de bem imóvel pela OAB. Imunidade. A aquisição de bem imóvel pela OAB é imune ao imposto sobre a transmissão de bens imóveis (ITBI), da competência municipal, por força do disposto no art. 150, § 2º, da CF/88. Ao conferir, esse dispositivo constitucional, imunidade às autarquias e às fundações 'instituídas' e 'mantidas' pelo Poder Público, o faz levando em conta, de um lado, que o ente tenha sido criado pelo Estado (no sentido amplo, de pessoa jurídica de direito público interno), e, de outro, que seus recursos financeiros sejam buscados compulsoriamente, ainda que junto aos seus filiados ou associados, por força de lei do próprio ente criador, tal como emerge do art. 149, 'caput', da mesma Constituição, que obriga sejam tais arrecadações (conhecidas como 'contribuições sociais') instituídas mediante lei (cf. art. 150, I) e disciplinadas pelas normas gerais de direito tributário, em sua maior parte contidas no CTN (cf. art. 146, III, da CF). Assim, afirmar que não goza de imunidade a autarquia ou a fundação mantida pelos seus filiados ou associados é restringir o alcance da imunidade que a lei constitucional lhe assegura".*

§ 3º **As vedações** (proibições) **do inciso VI, alínea "a"** (de a União, os Estados, o Distrito Federal e os Municípios instituírem *impostos* – inclusive *paraimpostos* – sobre o *patrimônio, renda e serviços*, uns dos outros, chamada de *imunidade recíproca*)**, e do parágrafo anterior** (que estende a imunidade *às autarquias e às fundações instituídas e mantidas pelo Poder Público*)**, não se aplicam** (não são extensivas) **ao patrimônio, à renda e aos serviços relacionados com exploração de atividades econômicas** (lucrativas) **regidas pelas normas aplicáveis a empreendimentos privados** (normas essas, basicamente, do direito *comercial* e *civil*, que são as que disciplinam os empreendimentos de natureza privada, que incluem as *empresas públicas*, como: Banco do Brasil, Caixas Econômicas, bancos estaduais, ECT, CORSAN, CEEE, CRT, e outras, com ressalva das de natureza *autárquica*, como a Caixa Econômica Federal, que goza de imunidade relativamente ao patrimônio, renda e serviços vinculados à administração do FGTS)**, ou em que haja contraprestação** (remuneração) **ou pagamento de preços** (livremente estabelecidos, via *contratos* escritos ou verbais, nada tendo a ver, portanto, com *tributos*, que são compulsórios por força de lei) **ou tarifas** (unidade de medida utilizada para a fixação dos *preços públicos*) **pelo usuário** (dos serviços que os originam)**, nem exonera** (libera) **o promitente comprador** (particular) **da obrigação de pagar imposto**

---

[82] Reex. Necessário nº 70002692366, 1ª Câmara Cível, TJERS.

(que, tanto poder ser o ITBI, se houver transação a título oneroso, como o ITCD, se houver transação a título gratuito) *relativamente ao bem imóvel* (dessas empresas públicas).

§ 4º *As vedações* (imunidades) *expressas no inciso VI, alíneas "b"* (asseguradas aos templos de qualquer culto) *e "c"* (asseguradas aos partidos políticos e suas fundações; entidades sindicais de trabalhadores, tanto patronais como de empregados; e instituições de educação e de assistência social), *compreendem* (abrangem) *somente o patrimônio, a renda e os serviços relacionados* (vinculados) *com as finalidades essenciais* (para as quais foram criadas, e tão-somente essas, tanto que, – observe-se o detalhe –, foi, aqui, omitida a expressão *"ou às delas decorrentes"*, utilizada no § 2º retro, que lhes daria um alcance maior, como, por exemplo: enquanto o INSS gozaria de imunidade também na produção de *medicamentos* destinados aos seus segurados, uma instituição educacional não gozaria do mesmo benefício para a produção de cadernos destinados aos seus alunos) *das entidades nelas mencionadas* (templos de qualquer culto, partidos políticos, sindicatos e instituições de educação ou de assistência social).

Resumindo: se as entidades previstas nesse § 4º vierem a explorar, paralelamente, atividades industriais ou comerciais, como postos de gasolina, artes gráficas, serralherias, etc., é óbvio que tais atividades extrainstitucionais se sujeitarão ao pagamento do tributo próprio, a menos que recebam *isenção* expressa, via *lei ordinária*, do ente tributante, benefício este que, no entanto, não se confunde com a *imunidade*, que é sempre constitucional.

Todavia, a locação do patrimônio dessas entidades, inclusive estacionamento de veículos, cuja receita venha a ser aplicada nas suas finalidades essenciais, não desnatura o benefício constitucional da *imunidade*, como reiteradamente vêm decidindo o plenário do STF,[83] seguindo-se, após, na esteira desta, inúmeras outras decisões da sua 1ª Turma,[84] relacionadas inclusive com imóveis de instituições de educação e do SENAC,[85] em favor de quem a imunidade foi reconhecida relativamente ao ITBI sobre imóvel adquirido para fins de locação a terceiro. Antes mesmo, já havia a 1ª Turma se manifestado nos seguintes termos, que terminou servindo de base à decisão supra, do Plenário:

> "A norma inserta no art. 150, inciso VI, alínea 'c', da Constituição Federal, prevê a imunidade fiscal das instituições de assistência social, de modo a impedir a obrigação tributária, quando satisfeitos os requisitos legais. Tratando-se de imunidade constitucional, que cobre patrimônio, rendas e serviços, não importa se os imóveis de propriedade da instituição de assistência social são de uso direto ou se são locados".[86]

---

[83] RE nº 237718/SP, Plenário, de 29/03/01.
[84] Recursos Extraordinários nºs 247809/RJ (15/05/01), 286692/SP (16/03/01), 217233 (DJU de 14/09/01) 231928 e 210742 (ambos de 22/10/01), todos da 1ª Turma.
[85] RE nº 235737 (13/11/01), da 1ª Turma.
[86] RE nº 257700/MG, DJ de 29/09/00, p. 98, 1ª Turma, STF. Veja RE-97708; AGRAG-155822.

*"A renda obtida pelo SESC na prestação de serviços de diversão pública, mediante a venda de ingressos de cinema ao público em geral, e aproveitada em suas finalidades assistenciais, estando abrangida na imunidade tributária prevista no art. 150, VI, 'c', da Carta República".*[87]

**§ 5º A lei** (ordinária) **determinará medidas para que os consumidores sejam esclarecidos acerca dos impostos que incidam sobre mercadorias e serviços** (trata-se de norma visando à dupla finalidade: esclarecer, de um lado, os consumidores acerca dos impostos que compõem ou integram o preço das mercadorias e serviços que vierem a adquirir, e, de outro, conscientizá-los a exigir, dos fornecedores, a emissão das correspondentes notas fiscais).

**§ 6º Qualquer subsídio** (ajuda ou benefício fiscal) **ou isenção** (dispensa de pagamento), **redução de base de cálculo** (valor tributável menor do que o real), **concessão de crédito presumido** (permissão de utilização de crédito fictício ou simbólico para dedução ou compensação do débito, na apuração do montante de imposto a pagar, relativo a IPI e ICMS, sujeitos ao *princípio da não-cumulatividade*), **anistia** (perdão da infração e da conseqüente multa ou penalidade) **ou remissão** (perdão do tributo propriamente dito), **relativos a impostos, taxas ou contribuições** (de qualquer natureza, sejam *de melhoria*, sejam *parafiscais*), **só** (não se admitindo decretos ou atos normativos ou administrativos do Poder Executivo) **poderá ser concedido mediante lei específica** (ordinária, do Poder Legislativo, estando aí presente a necessidade de atender-se ao *princípio da legalidade* ou *da reserva legal*, mas a *medida provisória* também pode ser acionada, na esfera federal, porque não se trata, aqui, de lei *complementar*, tendo por objeto benefícios fiscais, à evidência *relevantes* e *urgentes*), **federal, estadual ou municipal** (conforme a competência para a instituição do tributo ou da contribuição a que se refere o benefício), **que regule exclusivamente** (somente, apenas) **as matérias acima enumeradas** (subsídio, isenção, redução de base de cálculo, etc.) **ou o correspondente tributo ou contribuição** (de que se tratar, não podendo, portanto, a matéria ser tratada em lei estranha à tributária, como, por exemplo, a concessão de isenção de IPTU pela lei do plano diretor do Município), **sem prejuízo do disposto no art. 155, § 2º, XII, "g"** (que reserva à *lei complementar* a faculdade de disciplinar a forma como *isenções, incentivos e benefícios fiscais* devem concedidos ou revogados mediante deliberação dos Estados e do Distrito Federal, o que, aliás, já vem, desde 07/01/75, disciplinado na Lei Complementar nº 24, que prevê, para tanto, a celebração de *convênios*, verdadeiros ajustes ou contratos entre as referidas pessoas jurídicas de direito público, os quais, no entanto, para adquirirem força normativa perante os contribuintes, devem ser previamente aprovados

---

[87] Agr. Reg. em Agr. de Inst. ou de Petição nº 155822/SP, 20/09/94, DJ de 02/06/95, p. 16238, 1ª Turma, STF.

por lei ou por decreto legislativo dos Estados participantes, conforme estabelecer a Constituição destes).

Portanto, ressalvada a possibilidade de celebração de convênios a respeito, a concessão de qualquer dos benefícios referidos no parágrafo ora em comento só pode ocorrer mediante lei específica, do Poder Legislativo, sendo expressamente vedado a este delegar ao Executivo a prerrogativa de a respeito dispor, sob pena de ter-se por ofendido o princípio da separação de poderes e da reserva constitucional de competência legislativa. Esse erro tem sido, aliás, bastante comum, deixando o contribuinte ao inteiro sabor dos caprichos da Administração Fiscal para vê-los autorizados.

§ 7º *A lei* (ordinária, criadora ou alteradora do tributo) *poderá atribuir* (determinar) *a sujeito passivo de obrigação tributária* (contribuinte inscrito) *a condição* (qualidade) *de responsável* (recolhedor substituto) *pelo pagamento de imposto ou contribuição* (devidos por outro, que seria o verdadeiro contribuinte, mas fica substituído)*, cujo fato gerador deva ocorrer posteriormente* (em outra etapa da circulação)*, assegurada a imediata e preferencial restituição* (devolução) *da quantia* (assim) *paga, caso não se realize o fato gerador presumido* (previsto para ocorrer mais adiante, mas já tributado, por antecipação).

Essa é a chamada *"substituição tributária subseqüente"* (ou *"para frente"*), em que a lei ordinária (instituidora do tributo) impõe a determinado *contribuinte* (que, para esse fim, passa a ser chamado de *responsável*), o dever de satisfazer (como *"substituto"*), por antecipação (porque o fato gerador respectivo ainda não ocorreu), a obrigação tributária da próxima etapa do bem, cujo *contribuinte* fica, em conseqüência, totalmente excluído (*"substituído"*), de forma irreversível, da sua obrigação.

No exemplo citado, a fábrica de cigarros pode, por determinação da lei, ser obrigada a recolher, além do seu próprio ICMS (como *contribuinte*, pela valor da sua venda), também (mas, agora como *responsável*) o valor do imposto a ser devido na etapa (fato gerador) seguinte, pelo revendedor (varejista), ficando este, conseqüentemente, liberado (excluído) da sua obrigação (de *contribuinte*, isto é, de devedor) sobre a operação, já tributada.

Essa espécie de *substituição tributária* pressupõe sempre a *prática* de outro fato gerador na etapa seguinte (daí por que é chamada de *"substituição tributária subseqüente"* ou *"para frente"*), capaz de provocar o nascimento de uma nova obrigação tributária. Não se antevendo novo fato gerador, não haverá a *substituição*, ou, embora previsto, não vindo ele a se concretizar, deverá o imposto assim pago (na verdade antecipado) ser imediatamente devolvido ao *substituído*, de quem obviamente foi cobrado na nota fiscal respectiva. Se, contudo, ao ocorrer o fato gerador mais adiante, o valor da operação for menor do que a *base de cálculo presumida*, terá o *substituído* o direito à restituição ou compensação do valor assim recolhido a maior, tanto quanto, pelo mesmo princípio lógico, deverá o *substituído* complementar o pagamento do imposto, caso a previsão tiver sido menor.

Assim, por exemplo, se o fabricante de um veículo (*substituto*) tiver pago (antecipado) o ICMS sobre uma previsão de R$ 20.000,00, mas, no final, o veículo tiver saído, por força de venda realizado pelo *substituído*, por R$ 19.000,00, caberá ao Estado repor a este o valor do imposto recolhido a maior, sobre R$ 1.000,00. Esse é, de resto, o entendimento majoritário do 1ª Câmara Cível do TJERS, bem como do seu 1º Grupo. Ementas nossas têm saído no seguinte teor, onde deixamos claro que também o Estado tem, pelos mesmos fundamentos, o direito de buscar diferenças de imposto junto ao substituído, se o produto vier a dar saída, na operação ao consumidor, por preço superior àquele que serviu de base à tributação antecipada:

> "Na 'substituição tributária subseqüente' (ou 'para frente'), prevista no § 7º do art. 150 da CF/88, acrescido pela E.C. nº 3/93, tem o contribuinte substituído o inarredável direito de creditar-se do ICMS pago a maior, pelo seu substituto legal, na hipótese de o valor da mercadoria, quando da sua posterior saída, vir a revelar-se menor do que aquele que serviu de base de cálculo à tributação antecipada, tanto quanto tem ele a mesma obrigação de suplementar eventual diferença na hipótese de o valor da mercadoria vir a revelar-se a maior. Tratando-se de ação declaratória para ver reconhecido esse direito, basta a demonstração, pela autora, de seu enquadramento no regime da substituição tributária, não se fazendo necessária a comprovação de que a operação, na venda futura, foi menor do que o presumido, posto que se sujeita ela ao crivo fiscalizatório do Estado, a que cabe aferir a veracidade dos valores por aquela lançados em sua escrita fiscal, tal como previsto no art. 150 do CTN".[88]

O STJ não diverge a respeito:

> "1. Há de ser confirmado acórdão que declarou o direito da impetrante ao creditamento de valores de ICMS recolhidos a maior por ocasião da venda de veículos por preço inferior ao que serviu de base de cálculo à retenção, na chamada 'substituição tributária para frente', devidamente atualizados, ressalvando-se, apenas, que tal procedimento deve ficar sujeito ao crivo fiscalizatório do Estado, o qual poderá aferir a veracidade dos valores discutidos posteriormente. 2. O princípio da legalidade impede que se exija do contribuinte tributo que seja calculado sobre base de cálculo fictícia, por ela ter de representar o fato econômico com a real dimensão do ocorrido no momento da consumação do fato gerador. 3. O direito ora declarado abrange o período da impetração em diante, em face do entendimento jurisprudencial de que o mandado de segurança não produz efeitos patrimoniais para o período anterior à sua propositura. 4. Se a exigência feita atingiu o patrimônio do contribuinte, a restituição deve ser em dimensão que recomponha integralmente esse patrimônio segundo índices que retratem efetivamente a variação da inflação. A previsão contida no § 1º, do art. 10, da LC 87/96, ao assegurar que o creditamento dar-se-á em valores 'devidamente atualizados, segundo os mesmos critérios aplicáveis ao tributo' não exclui o direito de o contribuinte pleitear a correção monetária plena do valor recolhido a maior'.[89]

A *"substituição tributária subseqüente"* ou *"para frente"* ocorre, hoje, entre outros tantos casos (em torno de 30 produtos, e a tendência é crescer o número destes), na saída de cigarros, medicamentos, cimento, automóveis, tintas, pneus, combustíveis, bebidas, sorvetes, discos, em que o fabricante pode ser legalmente obrigado a pagar (como *responsável*), além do seu ICMS (como *contribuinte*), devido no momento da venda (saída do seu estabelecimento), também o devido pelo varejista (*contribuinte* da etapa seguinte).

---

[88] Apelação Cível nº 70001516780, Rel. Des. Roque Joaquim Volkweiss, 1ª Câmara Cível, TJERS.
[89] REsp nº 279416/SP, 1ª Turma, STJ, 15/03/01, DJU de 11/06/01, p. 120, e RDDT nº 72, p. 186/193 (na íntegra).

Há, todavia, uma outra espécie de *"substituição tributária"*, da qual não trata o § 7º ora em comento, encontrando-se, contudo, previsto no art. 128 do Código Tributário e na Lei Complementar nº 87/96 (art. 6º): é a *"substituição tributária antecedente"* ou *"para trás"*, que é o caso, por exemplo, da mesma fábrica de cigarros, que, por força de lei, é obrigada a pagar o imposto devido na operação imediatamente anterior (saídas, para seu estabelecimento, do fumo em folha), que lhe foi diferido (postergado, transferido), por força de lei, pelos respectivos plantadores. Quando, porém, a *"substituição tributária subseqüente"* e a *"antecedente"* se concentrarem, relativamente a um mesmo produto, na mesma pessoa, será ela, então, chamada de *"substituição tributária concomitante"* ou *"simultânea"* (LC nº 87/96, § 1º, art. 6º).

Art. 151:
*É vedado* (proibido) *à União*:

*I - instituir* (criar) *tributo* (*imposto, taxa* e *contribuição de melhoria*, inclusive *paratributo* e *empréstimo compulsório*) **que não seja uniforme** (no tocante às *alíquotas* e *bases de cálculo*) **em todo o território nacional ou que implique distinção** (discriminação) **ou preferência** (privilégio) **em relação a Estado, ao Distrito Federal ou a Município, em detrimento** (prejuízo) **de outro** (vedação ou limitação constitucional essa conhecida como *princípio da uniformidade geográfica* ou *territorial*, ou, ainda, como *princípio da preservação da unidade nacional*), **admitida** (sem que, com isso, haja quebra do *princípio da isonomia* ou da *igualdade*) **a concessão de incentivos fiscais** (isenções, subsídios, reduções de bases de cálculo, créditos presumidos, etc.) **destinados a promover o equilíbrio** (melhor distribuição) **do desenvolvimento socioeconômico** (crescimento da população e da economia) **entre as diferentes regiões do País** (como é o caso, hoje, da Zona Franca de Manaus);

*II - tributar a renda* (juros, porque *correção monetária* não é renda, mas parcela integrante do principal, destinada a garantir e preservar a sua integridade) **das obrigações da dívida pública** (empréstimos livremente tomados de particulares) **dos Estados, do Distrito Federal e dos Municípios, bem como a remuneração e os proventos dos respectivos agentes** (servidores) **públicos, em níveis superiores aos que fixar para suas** (próprias) **obrigações e para seus agentes** (vale dizer, a tributação *federal* dos rendimentos decorrentes das dívidas públicas e das remunerações e proventos dos servidores públicos, em geral, há de ser igual em todo o País);

*III - instituir* (criar) *isenções* (dispensa de pagamento, o que nada tem a ver com a figura da imunidade, que é vedação constitucional à *instituição* ou *criação* da arrecadação) **de tributos** (e paratributos) **da competência dos Estados, do Distrito Federal ou dos Municípios** (porque a regra é de que somente pode *dispensar o pagamento* quem pode exigi-lo, o que, aliás, também está, embora de outra forma, expresso no § 6º do artigo 150 da CF).

A matéria vem sendo polemizada quando a *isenção* for objeto de *tratados* e *convenções internacionais*, já que os Estados não admitem a interferência da União na concessão do benefício. Segundo o STJ, a regra da atual Constituição (as isenções concedidas pelas anteriores estariam preservadas pelo art. 34, § 5º, do ADCT/88) estaria, de certa forma, impedindo que a União possa, em princípio, envolver, em tratados e convenções internacionais que vier a celebrar, *isenções* a tributos que não sejam seus:

> "*Tratado Internacional*: 1. O sistema tributário instituído pela CF/1988 vedou a União federal de conceder isenção a tributos de competência dos Estados, do Distrito Federal e Municípios (art. 151, III). 2. Em conseqüência, não pode a União firmar tratados internacionais isentando o ICMS de determinados fatos geradores, se inexiste lei estadual em tal sentido. 3. A amplitude da competência outorgada à União para celebrar tratados sofre os limites impostos pela própria Carta Magna. 4. O art. 98, do CTN, há de ser interpretado com base no panorama jurídico imposto pelo novo sistema tributário nacional".[90]

> "*Isenção heterônoma e acordo internacional*: quem tributa ou isenta do ICMS são os Estados, mas a União pode, por acordo internacional, garantir que a tributação, quando adotada, não discrimine os produtos nacionais e os estrangeiros, em detrimento destes".[91]

Todavia, entendem alguns ser permitido à União conceder isenções via pactos internacionais, por estabelecer o § 2º do art. 5º da CF/88, que

> "os direitos e garantias expressos nesta Constituição não excluem outros decorrentes do regime e dos princípios por ela adotados, ou dos tratados internacionais em que a República Federativa do Brasil seja parte".

### Art. 152:

**É vedado** (proibido) **aos Estados, ao Distrito Federal e aos Municípios** (esta regra não inclui a União) **estabelecer diferença** (fazer discriminação) **tributária** (e *paratributária*) **entre bens e serviços** (por ela tributados), **de qualquer natureza** (isto é, bens e serviços de qualquer natureza), **em razão de sua procedência** (origem) **ou destino** (finalidade ou ponto de chegada).

Nessas circunstâncias, não podem os Estados, por exemplo, adotar, para o cálculo do IPVA, alíquota de 4% sobre o valor do veículo nacional e, de 6%, sobre o valor do veículo estrangeiro, como, aliás, já decidiu o STJ:[92]

> "A Constituição Federal, artigos 150 e 152, proíbe os Estados de estabelecer alíquotas diferenciadas do IPVA para carros importados".

Em face dessa regra constitucional, muitos Estados unificaram suas alíquotas para a cobrança desse imposto, mas passaram a classificar os veículos por marca, modelo e origem, atribuindo a cada um deles valor dito de mercado, muitas vezes irreal, acima da cotação, especialmente quando de procedência estrangeira, atingindo assim, por outros caminhos, os mesmos irregulares objetivos.

---

[90] REsp nº 90871/PE, julg. em 17/06/97, 1ª Turma (DJU de 20/10/97, p. 52977).

[91] ED no REsp nº 147236/RJ, julg. em 11/12/97, 2ª Turma (DJU 02/02/98, p. 96); ED no Resp nº 163232, julg. em 19/05/98, mesma Turma (DJU de 13/10/98, p. 69); ED no REsp nº 136545/RJ, julg. em 03/11/97, mesma Turma (DJU de 24/11/97, p. 61177).

[92] ROMS nº 10906/RJ, 1ª Turma, julg. em 02/05/00, DJU de 05/06/00.

# Capítulo V
# IMPOSTOS DA COMPETÊNCIA PRIVATIVA DA UNIÃO

### 1. Competência privativa da União, relativa a impostos

Assim define a Constituição Federal a competência da União para a instituição de impostos *ordinários*:

Art. 153:
***Compete*** (privativamente) ***à União instituir*** (mediante *lei ordinária* ou *medida provisória*) ***impostos sobre*:**

*I - importação de produtos estrangeiros* (II);

*II - exportação, para o exterior* (é que, por antiga tradição, a remessa para outros Estados brasileiros sempre foi considerada exportação, daí, quem sabe, a necessidade de o texto esclarecer tratar-se de exportação, *para o exterior*), *de produtos nacionais ou nacionalizados* (assim considerados os que já foram estrangeiros) – (IE);

*III - renda* (produto do capital, do trabalho ou da combinação de ambos, segundo o art. 43, I, do Código Tributário) *e proventos de qualquer natureza* (quaisquer outros acréscimos patrimoniais não incluídos no conceito de *renda*, sem origem conhecida ou demonstrada, como os rendimentos decorrentes de atos ilícitos) – (IR);

*IV - produtos industrializados* (ou manufaturados, submetidos a processos que alterem a sua origem natural) – (IPI);

*V - operações de crédito* (empréstimos financeiros), *câmbio* (troca de moeda, para efeitos de importação e exportação) *e seguro* (garantia de preservação e reposição de bens), *ou relativas a títulos ou valores mobiliários* (ações, etc.) – (IOF);

*VI - propriedade* (bens que integram o domínio de alguém, permitindo o seu livre uso, gozo, disposição e fruição, inclusive com o direito de reavê-los do poder de quem quer que, injustamente, os possua) *territorial* (apenas a propriedade relativa à terra nua, excluindo-se, portanto, no caso, as construções e benfeitorias, como casas, galpões, pavilhões, etc.) *rural* (de utilização *nesse* e *para esse fim*, não bastando a sua simples localização) – (ITR);

**VII - grandes fortunas** (patrimônio), *nos termos de* (segundo definido em) *lei complementar*, entendendo-se que, *antes* da edição da lei ordinária instituidora, deve *lei complementar* definir o que se considera *"grande fortuna"*, dimensionando-a para efeitos fiscais) – (IGF).

A esses impostos aplicam-se as regras e princípios constitucionais estabelecidas nos §§ 1º a 5º deste artigo 153, relativamente à sua instituição ou majoração e cobrança:

§ 1º *É facultado ao Poder Executivo* (Presidente da República), **atendidas as condições e limites estabelecidos em lei** (portanto, trata-se de uma faculdade condicionada aos limites previamente traçados em lei ordinária, não se tratando de delegação plena), **alterar** (reduzir ou majorar) **as alíquotas do II** (imposto sobre importação), **do IE** (imposto sobre exportação), **do IPI** (imposto sobre produtos industrializados) **e do IOF** (imposto sobre operações financeiras), devendo, para tanto, ser utilizado o *decreto, autônomo* ou *independente*, e não o regulamentar, nem, tampouco, medida provisória).

§ 2º O *imposto sobre a renda e proventos de qualquer natureza* (IR) **será informado pelos critérios da generalidade** (todas as pessoas a ele se sujeitam, em princípio), **da universalidade** (todos as rendas e proventos a ele se sujeitam) **e da progressividade** (deve a lei instituidora estabelecer uma tabela prevendo alíquotas crescentes, uma para cada faixa em que se deve desdobrar o valor tributável, devendo o cálculo do montante a pagar ser feito de forma gradual, ou seja, uma a uma, de tal forma que, quem mais ganha, mais paga, atendendo-se, assim, ao princípio da capacidade econômica ou contributiva, previsto no § 1º do art. 145, tal como se vê da tabela e respectiva forma de cálculo, apresentadas no Capítulo II, deste livro).

§ 3º O *imposto sobre produtos industrializados* (IPI):

**I - será seletivo** (com alíquotas diferenciadas) **em função da essencialidade** (importância) **do produto** (as alíquotas, aplicáveis sobre a base de cálculo ou valor tributável, devem ser legalmente estabelecidas de acordo com a importância de cada produto, levando em conta o seu consumo: alíquota menor, ou maior, conforme seja ele, respectivamente, essencial ou supérfluo, regra essa conhecida como *princípio da seletividade do imposto*, que preferimos denominar de *princípio da seletividade da alíquota*);

**II - será não-cumulativo** (regra conhecida como princípio da *não-cumulatividade*, também aplicável ao ICMS, este da competência dos Estados e do Distrito Federal), **compensando-se** (deduzindo-se, abatendo-se, descontando-se, a cada espaço de tempo previsto em lei, que pode ser semanal, quinzenal, mensal, etc., chamado de *período de apuração*) **o** (imposto) **que for devido** (chamado de *débito*), *em cada operação* (tributada), *com o montante* (do imposto) *cobrado* (chamado de *crédito*) *nas* (operações) *anteriores* (isto é, em cada estabelecimento industrial ou a ele equiparado, desconta-se, em cada *período de apuração*, do imposto devido na saída do produto, o imposto pago por ocasião da sua entrada, sendo que, se houver saldo devedor, será ele recolhido aos cofres públicos, e que, se houver saldo credor, será ele transferido para o período de apuração seguinte, para fins de nova compensação, de tal forma que o imposto a recolher resulte sempre, em cada período, da diferença a maior, entre o valor do imposto pago nas entradas e o valor do imposto a pagar nas saídas, de cada estabelecimento, destacado em documentos fiscais idôneos);

III - *não incidirá* (gozará, portanto, de *imunidade*) **sobre produtos industrializados** (que tenham sido submetidos a processos de transformação em relação ao seu produto natural) **destinados** (desde logo, antes mesmo da sua remessa ou embarque) **ao exterior** (para fora do país).

§ 4º O *imposto sobre a propriedade territorial rural* (ITR) **terá suas alíquotas fixadas de forma a desestimular** (mas nunca a ponto de configurar, de uma única vez ou gradativamente, o confisco vedado pelo art. 150, IV, da CF, lamentando-se aqui, como também em relação ao § 1º do art. 156, que trata do IPTU, da competência municipal, que a *lei constitucional* não tenha estabelecido, desde logo, limites à fixação das suas alíquotas, como, por exemplo, *o dobro da padrão*, o que termina por ensejar o abuso e o confisco, como o faz, no nosso entender, a Lei nº 9.393/96, que trata do ITR, ao prever extorsivas alíquotas anuais de até 23%) **a manutenção de propriedades improdutivas** (que não atendam às suas finalidades, induzindo-se, dessa forma, o proprietário a explorá-las adequadamente, tornando-as produtivas) **e não incidirá** (figura que caracteriza a *imunidade*) **sobre pequenas glebas rurais, definidas em lei** (ordinária, que poderá, ao definir-lhe a dimensão ou tamanho, considerá-la por região, como o fez a citada Lei nº 9.393/96, que, em seu art. 2º, considera pequenas glebas rurais as que tiverem de 30 a 100 hectares, conforme a sua localização), **quando as explore** (trata-se, portanto, de *imunidade condicionada*), **só ou com sua família** (vale dizer, se houver arrendamento ou locação da propriedade, não se configurará a *imunidade*), **o proprietário** (e, por via de interpretação extensiva, também o possuidor, mas somente aquele que, como se dono fosse, detenha a posse, mansa e pacífica, da terra, em condições de vir a usucapi-la) **que não possua outro imóvel** (entendemos nós, "outro imóvel rural", nada impedindo, assim, tenha ele, por exemplo, sua casa de veraneio na praia, por exemplo, ou um apartamento urbano para o estudo dos seus filhos).

Sobre o uso do imposto para *fins extrafiscais* (caso desse § 4º), sugerimos a leitura do subitem 2.4 do Capítulo II deste livro, onde (9ª classificação) tratamos da matéria.

Ponto, no entanto, sobre o qual a doutrina e os Tribunais já chegaram a um consenso, é o relativo ao critério a ser adotado (se o da *localização*, ou se o da *destinação* ou *uso* do imóvel) para identificar, para os efeitos do ITR (via de regra menos oneroso) ou do IPTU, se o imóvel é, respectivamente, *rural* ou *urbano*, quando, pelas aparências, puder ser enquadrado ora numa, ora noutra categoria. Para muitos, partindo do pensamento popular dominante, – *de que se o campo não anda bem, a cidade vai mal* –, deve-se dar sempre preferência à tributação pelo ITR, sempre que, mesmo *situado* em zona ou perímetro urbano, restar provado estar o imóvel sendo efetivamente *utilizado para fins rurais*, porque, afinal, o citadino depende da produção rural, *primária*, para a sua sobrevivência.

Elucidativa, nesse particular, a ementa de lavra do eminente Des. ARNO WERLANG, proferida em acórdão do 1º Grupo Cível do TJERS:[93]

"*ITR e IPTU. Critério distintivo entre área urbana e área rural. Relevância da destinação econômica da área tributável. 1. Relevante para distinguir a incidência do tributo, ITR ou IPTU, não apenas a localização do imóvel, mas a destinação econômica da área tributável. O art. 32 do CTN deve ser interpretado com as alterações introduzidas nos arts. 15 e 16, do DL nº 57/66, não revogado pela Lei nº 5.868/72, porque declarada inconstitucional pelo STF e suspensa sua vigência pela Resolução nº 313/83, do Senado Federal. 2. Os Municípios podem arrecadar impostos de sua competência dos imóveis: a) situados em suas zonas urbanas, definidas em lei municipal, qualquer que seja a sua destinação, ressalvados os utilizados em exploração extrativa vegetal, agrícola, pecuária ou agro-industrial; b) situados fora de zona urbana, qualquer que seja a sua área, desde que utilizados exclusivamente como sítios de recreio*".

Assim, não mais se aplica, à vista do art. 15 do Decreto-Lei nº 57/66 (*"Estatuto da Terra"*), que determina a *destinação/utilização* do imóvel para fins rurais como elemento definidor da incidência do ITR, o art. 32 do Código Tributário (Lei nº 5.172/66), que tem na *localização* do imóvel o elemento definidor. É que, antes mesmo de entrar em vigor o Código Tributário, em 1º/01/1967, foi editado o *"Estatuto da Terra"* (DL nº 57/66) que, em seu art. 15 assim estabeleceu:[94]

"*o disposto no art. 32 da Lei nº 5.172, de 25/20/1966, não abrange o imóvel que, comprovadamente, seja utilizado em exploração extrativa vegetal, agrícola, pecuária ou agro-industrial, incidindo assim, sobre o mesmo, o ITR e demais tributos com o mesmo cobrados*".

Como bem salientou o voto do Eminente Des. GENARO JOSÉ BARONI BORGES, do 1º Grupo do TJERS, como Redator designado para a lavratura de acórdão em outro feito de matéria idêntica, do qual foi relatora a Eminente Desª. LISELENA SCHIFINO ROBLES RIBEIRO, do mesmo Grupo:[95]

"*Já em dezembro de 1972 foi editada a Lei nº 5.868, que pretendeu estabelecer critério para a caracterização do imóvel como urbano ou rural, ... O STF, no entanto, em composição plena,*

---

[93] Embargos Infringentes nº 70001213685, de 06/10/2000, TJERS, Rel. Des. Arno Werlang.
[94] Ver, a propósito, a Revista dos Tribunais nº 658/105.
[95] Embargos Infringentes nº 598543130, 1º Grupo, TJERS.

declarou a inconstitucionalidade do art. 6º e seu parágrafo único, da Lei 5868, porque, 'não sendo lei complementar, não poderia ter estabelecido critério, para fins tributários, de caracterização de imóvel rural ou urbano, diverso do fixado nos arts. 29 e 32 do CTN' (RE 93.850/MG)".

§ 5º *O ouro, quando definido em lei como ativo financeiro ou instrumento cambial* (como aplicação ou investimento, e não como matéria-prima para a fabricação de produtos), *sujeita-se exclusivamente* (nenhum outro imposto poderá ser instituído sobre ele, funcionando como *imposto único*, mas a CPMF, por força do estabelecido no § 2º da Emenda Constitucional nº 12/96, pode, também, gravá-lo) *à incidência do imposto de que trata o inciso V do "caput" deste artigo* (IOF - imposto sobre operações de crédito, câmbio e seguro, ou relativas a títulos ou valores mobiliários), *devido* (pagável) *na operação de origem* (local da sua produção); *a alíquota mínima será de 1%, assegurada a transferência* (repasse, pela União, sua titular) *do montante da arrecadação* (respectiva) *nos seguintes termos: I - 30% para o Estado, Distrito Federal ou Território, conforme a origem* (produção); *e II - 70% para o Município de origem* (também da produção).

## 2. Outras competências institucionais da União

Além dos impostos antes referidos, da sua competência ordinária e privativa, também pertencem à União, pelo princípio constitucional da *cumulação de* competências, as seguintes arrecadações compulsórias:

Art. 147:
*Competem à União, em Território Federal* (hoje inexistentes), *os impostos estaduais* (ITCD ou ITCMD, ICMS e IPVA) *e, se o Território não foi dividido em Municípios, cumulativamente, os impostos municipais* (IPTU, ITBI e ISS).

Além, ainda, dos *impostos* já referidos, integrantes da sua competência *ordinária* e *privativa*, e além das *taxas* e *contribuições de melhoria* decorrentes dos *seus serviços* e das *suas obras* (art. 145, II e III, da CF), *poderá* (é uma faculdade) a União (e somente ela), ainda, *instituir outras arrecadações compulsórias*, quais sejam, *paratributos* ou *contribuições parafiscais* (previstos no art. 149, "*caput*", combinado com os arts. 177, § 4º, e 195), *empréstimos compulsórios* (cf. art. 148), *impostos da sua competência residual* (cf. art. 154, I) e *impostos extraordinários* (cf. art. 154, II), conforme a seguir:

Art. 148:
*A União* (e somente ela), *mediante lei complementar* (está aí uma exceção, porque o normal é fazer-se a instituição de arrecadações compulsórias via lei *ordinária*), *poderá* (mera faculdade) *instituir* (criar as seguintes espécies de) *empréstimos compulsórios* (entregas de dinheiro, condicionadas, po-

rém, à restituição integral, na mesma espécie, no prazo e com os rendimentos preestabelecidos):

*I - para atender a despesas extraordinárias* (não previstas no orçamento geral), **decorrentes de calamidade pública** (peste, enchente, granizo, estiagem, doença generalizada, etc.), **de guerra externa ou sua iminência** (obviamente, com reflexos na economia interna do Brasil);

*II - no caso de investimento* (aplicação de dinheiro em obras de retorno) **público** (da União) **de caráter urgente** (que não possa ser deixado para inclusão no orçamento seguinte) **e de relevante interesse nacional** (que beneficie a todos, como, por exemplo, a necessidade de construção de uma nova fonte geradora de energia elétrica visando aos interesses nacionais, ou mesmo a construção de uma via ligando vários Estados brasileiros), **observado o disposto no art. 150, III, "b"** (não podendo ser exigido no mesmo ano da sua criação ou majoração, observando-se, pois, o *princípio da anterioridade*, o que leva a admitir-se, por dedução lógica, que os *empréstimos compulsórios* previstos no inciso anterior, destinados a *"atender a despesas extraordinárias"*, nas hipóteses ali previstas, podem ser exigidos no mesmo ano da sua instituição ou aumento).

**Parágrafo único. A aplicação** (utilização) **dos recursos provenientes de empréstimo compulsório será vinculada à despesa que fundamentou sua instituição** (não sendo permitido destinação diversa, estando aí uma profunda diferença com os impostos, que, por natureza, não se vinculam *diretamente* a fins específicos, e uma estreita afinidade com as taxas, que pressupõem seus atendimentos nos fins próprios).

**Art. 154:**

**A União** (e somente ela) **poderá instituir** (criar):

*I - mediante lei complementar* (estando aí mais uma exceção, porque o normal é fazer-se a instituição de arrecadações compulsórias via lei *ordinária*), **impostos não previstos no artigo anterior** (diferentes, portanto, dos que já integram a sua *competência privativa* normal), **desde que sejam não-cumulativos** (não podendo ser tributados em cascata, devendo, pois, como o IPI e o ICMS, atender ao princípio da não-cumulatividade, possibilitando o desconto, dedução ou abatimento do imposto devido em cada operação tributada, com o pago ou devido na operação imediatamente anterior, pagando-se somente a diferença assim verificada) **e não tenham fato gerador** (causa determinante do seu pagamento) **ou base de cálculo** (valor utilizável para o cálculo do montante a pagar) **próprios dos demais impostos discriminados nesta Constituição** (devendo, portanto, ser, também, diferentes dos impostos que integram a competência *privativa* dos Estados, do Distrito Federal e dos Municípios. A possibilidade de a União instituir impostos nas circunstâncias previstas neste inciso é conhecida como *competência residual*);

*II -* (mediante *lei ordinária,* e não *complementar*) **na iminência ou no caso de guerra externa** (com efetivos reflexos na economia interna do país, hipóteses iguais às que permitem à União instituir, também, o empréstimo compulsório previsto no inciso I do art. 148 da CF)**, impostos extraordinários** (não integrantes da sua competência privativa *ordinária* normal)**, compreendidos ou não em sua competência tributária** (podendo a União, pois, tanto utilizar os mesmos fatos geradores e bases de cálculo dos seus próprios impostos, como os dos que integram a competência privativa dos Estados, do Distrito Federal e dos Municípios, sobre eles criando adicionais, seja instituindo novos impostos, isto é, com outros fatos geradores ou bases de cálculo, considerando-se como novos também aqueles que vierem a utilizar, como fato gerador, o pagamento de qualquer imposto já existente)**, os quais serão suprimidos gradativamente, cessadas as causas de sua criação** (na medida em que desaparecerem as razões que motivaram a sua instituição).

**Art. 149:**
**Compete exclusivamente** (referência desnecessária porque, salvo exceções expressas, toda competência é *exclusiva*) **à União instituir** (mediante lei ou medida provisória, e, em alguns casos, só mediante lei complementar) **contribuições** (*paratributos* ou *contribuições parafiscais*, seja diretamente em favor de entes de cooperação por ela criados, como receita destes, seja para a formação de fundos monetários ou financeiros aplicáveis nos fins institucionais desses entes) **sociais** (destinadas à *"seguridade social"*, compreendendo este *"um conjunto integrado de ações de iniciativa dos Poderes Públicos e da sociedade"* visando a *"assegurar os direitos relativos à saúde, previdência e assistência social"*, como previsto nos artigos 194 e seguintes, com os recursos dos arts. 195 e outros, provenientes de empregadores e equiparados, de trabalhadores e demais segurados da previdência social, bem como sobre receitas de prognósticos, como a *"contribuição previdenciária"* em favor do INSS, a *"contribuição para o financiamento da seguridade social"* - COFINS, a *"contribuição social sobre o lucro das empresas"*, e a *"contribuição provisória sobre movimentação ou transmissão de valores e de créditos e direitos de natureza financeira"* - CPMF)**, de intervenção no domínio econômico** (destinadas à *"ordem econômica, fundada na valorização do trabalho humano e na livre iniciativa"*, tendo por fim *"assegurar a todos existência digna, conforme os ditames da justiça social"*, segundo previsto nos artigos 170 e seguintes, com recursos, atualmente, do § 4º do art. 177, sobre *"importação ou comercialização de petróleo e seus derivados, gás natural e seus derivados e álcool combustível"*, destinadas *"ao pagamento de subsídios a preços ou transporte de álcool combustível, gás natural e seus derivados e derivados de petróleo"*, *"ao financiamento de projetos ambientais relacionados com a indústria do petróleo e do gás"*, e *"ao financiamento de programas de infra-estrutura de transportes"*) **e de interesse das categorias profissio-**

*nais* (como as legalmente devidas aos Sindicatos, à OAB, ao CRC e ao CREA) *ou econômicas* (como as legalmente devidas ao SENAI, ao SENAC, ao SESI e ao SESC e a outras entidades de serviço social e de formação profissional, bem como as devidas ao FGTS), **como instrumento** (meio) **de sua atuação nas respectivas áreas** (para melhor atingir os fins pretendidos).

§ 1º ...

§ 2º **As contribuições sociais** (da União) **e de intervenção no domínio econômico** (também da União) **de que trata o "caput" deste artigo** (ficando, pois, excluídas dessa disposição, as *"contribuições de interesse das categorias profissionais"* ou *"econômicas"* e as instituíveis pelos Estados, pelo Distrito Federal e pelos Municípios):

I - **não incidirão** (gozam, portanto, de *imunidade*) **sobre as receitas** (ingressos de numerário) **decorrentes de exportação** (ao exterior, por aplicação analógica do art. 153, II, da CF);

II - **poderão incidir** (embora se trate, aqui, de *paraimposto*, de efeitos análogos aos do *imposto*, essa *faculdade* decorre, possivelmente, da disposição contida no § 3º do art. 155, que veda a incidência de qualquer outro *imposto*, além do ICMS, do II e do IE, sobre as operações de importação envolvendo os produtos aqui contemplados, constituindo, portanto, mais uma incidência sobre eles) **sobre a importação** (obviamente, do exterior, e não de outro Estado, por aplicação analógica do art. 153, I, da CF) **de petróleo e seus derivados, gás natural e seus derivados e álcool combustível;**

III - **poderão ter alíquotas** (percentual aplicável sobre a base de cálculo legalmente prevista, para fins de apuração e quantificação do valor a recolher):

    a) *"ad valorem"* (aplicáveis sobre o valor do bem sujeito à tributação), **tendo por base o faturamento, a receita bruta ou o valor da operação** (contraprestações no sentido amplo) **e, nos casos de importação, o valor aduaneiro** (valor total pago nas operações de internação);

    b) **específicas** (valor fixo), **tendo por base a unidade de medida adotada** (por quilo, litro, barril, etc.).

§ 3º **A pessoa natural** (física) **destinatária das operações de importação** (em favor de quem é ela promovida) **poderá** (faculdade) **ser equiparada** (aos efeitos, no tocante à imposição e exigência da contribuição) **a pessoa jurídica** (que é sempre uma sociedade, formada por sócios), **na forma da lei** (complementar, em face do disposto no *"caput"* deste artigo, que manda observar o art. 146, III, da CF).

§ 4º **A lei** (complementar, porque, no caso, se trata de estabelecer as hipóteses de incidência única da contribuição, pressuposto ou condição prévia para a sua posterior instituição, por *lei ordinária*, sendo, assim, verdadeira *limitação constitucional ao poder de imposição*, regulável por aquele tipo de norma segundo o inciso II do art. 146 da CF, aplicável, de resto, a todas as *arrecadações pecuniárias compulsórias* previstas no seu Sistema Tributário) *definirá as hipóteses* (casos) *em que as contribuições* (*sociais* e de *intervenção no domínio econômico*) *incidirão uma única vez* (com imposição única).

**Art. 195:**
*A seguridade social* (garantia de assistência à saúde em geral e de amparo à velhice) *será financiada* (custeada) *por toda a sociedade* (todos devem contribuir), *de forma direta e indireta, nos termos da lei* (no caso a *ordinária*, tendo como única exceção o § 4º deste artigo, conforme a seguir se verá, quando se trata de criação de contribuição sobre nova fonte, aqui não expressamente prevista), *mediante recursos provenientes dos orçamentos da União, dos Estados, do Distrito Federal e dos Municípios* (de todas as pessoas jurídicas de direito público, portanto), *e das seguintes contribuições sociais* (destinadas à previdência e assistência social, a cargo da União):

*I - do empregador* (assim caracterizado pela Consolidação das Leis do Trabalho – CLT, seja pessoa natural ou jurídica), *da empresa* (natural ou jurídica, com fins lucrativos, independentemente de ser empregadora) *e da entidade* (qualquer outra pessoa jurídica, mesmo sem fins lucrativos) *a ela* (empresa) *equiparada* (para esses efeitos) *na forma da lei* (que disciplinará a matéria), *incidentes sobre* (tendo como base):

*a) a folha de salários* (contraprestação direta do trabalho prestado por empregado, segundo a CLT) *e demais rendimentos do trabalho* (contraprestações de serviços em geral, inclusive *avulsos* e *autônomos*) *pagos* (efetivamente entregues) *ou creditados* (disponibilizado em conta-corrente), *a qualquer título* (mão-de-obra, honorários, etc.), *à pessoa física* (ou *natural*, segundo o Código Civil Brasileiro, ficando excluídas as pessoas jurídicas) *que lhe preste serviço* (caracterizando-se, assim, como contraprestação), *mesmo sem vínculo empregatício* (vale dizer, qualquer pessoa física ou natural que receba de empresa ou de entidade a ela equiparada, remuneração ou contraprestação por serviços prestados. A arrecadação prevista nesta alínea *"a"* é a já conhecida *contribuição previdenciária*, devida pela fonte pagadora da mão-de-obra, não descontável dos respectivos obreiros);

*b) a receita ou o faturamento* (tido como a soma de arrecadações operacionais de uma empresa, como contraprestação, no exercício da sua atividade social, das vendas que realizar ou dos serviços que vier a prestar, sobre o qual se acha atualmente instituída a *contribuição para o financiamento da seguridade social*, conhecida pela sigla COFINS);

*c) o lucro* (tido como o resultado pecuniário do exercício, antes da provisão ou destaque para atender ao imposto de renda, sobre o qual se acha atualmente instituída a *contribuição social sobre o lucro das empresas)*;

**II - *do trabalhador e dos demais segurados da previdência social*** (pessoas *naturais* ou *físicas*, sejam eles *empregados* - caso em que a contribuição previdenciária lhes será descontada do salários -, sejam eles *autônomos* - hipótese em que cada um recolherá diretamente a sua contribuição)**, *não incidindo contribuição sobre aposentadoria*** (benefício a que faz jus o inativo, como prêmio ao trabalho prestado pelo prazo de lei) ***e pensão*** (benefício a que faz jus o dependente do segurado falecido) ***concedidas pelo regime geral de previdência social de que trata o art. 201*** (que visa à cobertura de despesas com doença, invalidez, morte e idade avançada; proteção à maternidade, especialmente à gestante; proteção ao trabalhador em situação de desemprego involuntário; salário-família e auxílio-reclusão para os dependentes dos segurados de baixa renda; pensão por morte de segurado, homem ou mulher, ao cônjuge ou companheiro e dependentes);

**III - *sobre a receita de concursos de prognósticos*** (loterias e apostas em geral).

A possibilidade de instituição de *contribuições sociais destinadas à seguridade social*, na forma do *"caput"* desse artigo, não se esgota nas espécies nele desde logo expressamente enumeradas. Há a possibilidade de instituição de outras, conforme prevê seu § 4º, assim redigido:

**§ 4º *A lei*** (no caso, a *complementar*, porque, cf. dito no final deste parágrafo, deve ser obedecido o disposto no art. 154, I, que obriga a adoção de lei dessa espécie) ***poderá*** (faculdade) ***instituir*** (criar) ***outras fontes*** (diversas das já apontadas no *"caput"* deste artigo) ***destinadas a garantir a manutenção*** (que já existe) ***ou expansão*** (alargamento) ***da seguridade social*** (dos seus objetivos)**, *obedecido o disposto no art. 154, I*** (que estabelece os requisitos para instituição dos impostos da competência *residual* da União, permitindo-lhe, assim, criar *outros*, diferentes dos da sua competência privativa e dos da competência atribuída às demais pessoas jurídicas de direito público interno, entre os quais a instituição por *lei complementar*, *fatos geradores* e *bases de cálculo* diversos dos previstos para todos os atuais impostos, e aplicação do *princípio da não-cumulatividade*).

Aliás, utilizando-se desse § 4º, e socorrendo-se, ainda, das condições favoráveis que lhe traçou a Emenda Constitucional nº 12, de 15/08/96 (DOU de 16/08/96), *entre as quais a desnecessidade* (apenas para esse caso específico) *de utilização de lei complementar* (prevista como condição no citado § 4º, combinado com o art. 154, I), a União instituiu, por meio da Lei (ordinária) nº 9.311/96 (DOU de 25/10/96), *a contribuição provisória sobre movimentação ou transmissão de valores e de créditos e direitos de natureza financeira* (CPMF), para um período envolvendo fatos geradores de 13 meses, com alíquota de 20 centésimos por cento (0,20%), e com entrada em vigor após 90 dias contados da data da sua publicação (em consonância com o já referido § 6º do art. 195). Esse prazo se encontra prorrogado.

Assim estabelece, em resumo, a citada Emenda Constitucional nº 12/96, que mandou incluir (estranhamente, porque a assembléia constituinte que elaborou e aprovou a CF/88 já se desfez, não mais possuindo tais poderes) um artigo no Ato das Disposições Constitucionais Transitórias (ADCT), com a seguinte redação:

Art. 74:
*A União poderá instituir contribuição provisória sobre movimentação ou transmissão de valores e de créditos e direitos de natureza financeira.*

§ 1º *A alíquota da contribuição não excederá a 25 centésimos por cento (0,25%), facultado ao Poder Executivo* (mediante decreto autônomo ou independente) *reduzi-la ou restabelecê-la, total ou parcialmente, nas condições e limites fixados em lei.*

§ 2º *Não se aplica à contribuição o disposto nos arts. 153, § 5º* (de que o ouro, quando definido em lei como ativo financeiro ou instrumento cambial, se sujeita exclusivamente à incidência do IOF), *e 154, I* (de que a União poderá instituir, mediante lei complementar, impostos não previstos na sua competência *privativa*, desde que sejam não-cumulativos e não tenham fato gerador ou base de cálculo próprios dos discriminados nesta Constituição, possibilidade essa definida como "competência residual"), *da CF.*

§ 3º *O produto da arrecadação da contribuição será destinado integralmente ao Fundo Nacional de Saúde, para financiamento das ações e serviços de saúde* (não se trata, pois, de receita própria do INSS, mas de um *fundo*, de propriedade de todos, embora administrado pelo Poder Público).

§ 4º *A contribuição terá sua exigibilidade subordinada ao disposto no art. 195, § 6º* (isto é, será exigível somente *após* decorridos 90 dias da data da publicação da lei que a houver instituído ou modificado), *e não poderá ser cobrada por prazo superior a dois anos* (a menos que nova Emenda Constitucional prorrogue esse prazo, como de fato ocorreu).

Ainda de interesse da nossa matéria encontramos, na Constituição Federal, as seguintes disposições relativas à seguridade social:

Art. 195: ...
§ 3º *A pessoa jurídica em débito com o sistema da seguridade social, como estabelecido em lei, não poderá contratar com o Poder Público nem dele receber benefícios ou incentivos fiscais ou creditícios* (sendo que essa regra, da qual lei infraconstitucional não pode abrir mão, deve ser combinada com o disposto no art. 193 do Código Tributário do qual oportunamente trataremos, que exige prova de certidão negativa de tributos para contratar com o Poder Público).

**§ 6º As contribuições sociais de que trata este artigo** (destinadas à seguridade social) **só poderão ser exigidas** (sem efeitos retroativos) **após decorridos 90 dias** (não é, pois, no 90º, mas *após* 90 dias, sendo que a lei pode estabelecer prazo maior, mas nunca menor) **da data da publicação** (no órgão oficial) **da lei que as houver instituído ou modificado** (para mais ou para menos), **não se lhes aplicando o disposto no art. 150, III, "b"** (que é o *"princípio da anterioridade"*, ou seja, a regra constitucional que veda a cobrança do tributo no mesmo ano da sua instituição ou aumento).

**§ 7º São isentas** (ou imunes?) **da contribuição para a seguridade social as entidades beneficentes de assistência social que atendam às exigências estabelecidas em lei.**

Há, contudo, respeitáveis interpretações relativamente a essa disposição:

a) de um lado, de que a lei constitucional, por não instituir ou criar arrecadações compulsórias (sua finalidade é, apenas, *definir* e *limitar* competências para sua criação), também não pode, por via de conseqüência, conceder *isenção*, vale dizer, dispensar seu pagamento (segundo a clássica regra de que *somente pode dispensar quem pode instituir e exigir*); e

b) de outro lado, já estariam tais entidades gozando do benefício da *imunidade* prevista no art. 150, VI, *"c"*, da CF, que é a vedação ou proibição (*constitucional*) de criação ou instituição (e não da cobrança, que é mero efeito) da referida contribuição (que, relativamente à parcela *patronal*, possui características de *imposto*, ou seja, contraprestaciona serviços públicos *inespecíficos* e *indivisíveis*, o que não acontece com a parcela descontada dos empregados, que possui características de *taxa*, já que contraprestaciona serviços *específicos* e *divisíveis*, havendo, pois, retribuição direta, como, por exemplo, assistência médica e aposentadoria). Esse (duplo) entendimento foi recentemente adotado pela 1ª Turma do STF:[96]

*"A cláusula inscrita no art. 195, § 7º, da Carta Política – não obstante referir-se impropriamente à isenção de contribuição para a seguridade social –, contemplou as entidades beneficentes de assistência social com o favor constitucional da imunidade tributária, desde que por elas preenchidos os requisitos fixados em lei. A jurisprudência constitucional do STF já identificou, na cláusula inscrita no art. 195, § 7º, da Constituição da República, a existência de uma típica garantia de imunidade (e não de simples isenção) estabelecida em favor das entidades beneficentes de assistência social. Precedente: RTJ 137/965. Tratando-se de imunidade – que decorre, em função de sua natureza mesma, do próprio texto constitucional –, revela-se evidente a absoluta impossibilidade jurídica de a autoridade executiva, mediante deliberação de índole administrativa, restringir a eficácia do preceito inscrito no art. 195, § 7º, da Carta Política, para, em função da exegese que claramente distorce a teleologia da prerrogativa fundamental em referência, negar, à en-*

---

[96] ROMS nº 22192-9 (DJU de 19-12-96, p. 51802, e RDDT nºs 17, p. 188/9, e 19, p. 105/113).

*tidade beneficente de assistência social que satisfaz os requisitos da lei, o benefício que lhe é assegurado no mais elevado plano normativo".*

§ 8º *O produtor, o parceiro, o meeiro e o arrendatário rurais, o garimpeiro e o pescador artesanal* (que exploram, portanto, atividades primárias), *bem como os respectivos cônjuges, que exerçam suas atividades em regime de economia familiar, sem empregados permanentes, contribuirão para a seguridade social mediante a aplicação de uma alíquota sobre o resultado da comercialização da produção e farão jus aos benefícios nos termos da lei.*

§ 9º *As contribuições sociais* (destinadas à *seguridade social*) *previstas no inciso I deste artigo poderão ter alíquotas ou bases de cálculos diferenciadas* (seletivas, portanto), *em razão da atividade econômica ou da utilização intensiva de mão-de-obra.*

§ 11 *É vedada a concessão de remissão* (perdão legal *da contribuição* propriamente dita) *ou anistia* (perdão legal *da infração* e, via de conseqüência, das *multas* ou *penalidades* pecuniárias dela decorrentes) *das contribuições sociais de que tratam os incisos I, a, e II deste artigo, para débitos em montante superior ao fixado em lei complementar.*

*Capítulo VI*

# IMPOSTOS DA COMPETÊNCIA PRIVATIVA DOS ESTADOS E DO DISTRITO FEDERAL

**1. Competência privativa dos Estados e do Distrito Federal, relativa a impostos**

Assim define a Constituição Federal a competência dos Estados e do Distrito Federal para a instituição de impostos *ordinários*:
**Art. 155:**
**Compete** (privativamente) **aos Estados e ao Distrito Federal instituir** (mediante *lei ordinária*, até porque não dispõem eles da possibilidade de edição de *lei complementar* no sentido técnico que lhe dá o art. 59, II, da lei constitucional, faculdade essa atribuída somente à União) **impostos sobre:**

**I - transmissão** (transferência da *titularidade* de bens aos *sucessores a qualquer título*, – que podem ser *herdeiros legítimos* ou *legatários* –, em razão da morte do seu titular, não se sujeitando ao imposto, contudo, o valor dos bens que compõem a *meação* do cônjuge sobrevivente, por já serem deste, embora devam eles ser levados a inventário ou arrolamento para que sejam definidos quais os que lhe corresponderão) **"causa mortis"** (em razão da morte do seu *titular*) **e doação** (obviamente a título gratuito, feita entre pessoas com vida)**, de quaisquer bens** (móveis e imóveis) **ou direitos** (à sua aquisição), imposto esse conhecido pela sigla ITCD ou ITCMD, que se caracteriza pela transmissão *não onerosa* de bens, de tal forma que a tributação da *transmissão onerosa*, restrita, porém, a *bens imóveis*, é da competência dos Municípios, via ITBI, cf. art. 156, II;

**II - operações** (movimentações empresariais, praticadas por estabelecimentos industriais, comerciais ou produtores) **relativas à circulação** (*econômica*, que vai da sua produção ao consumo) **de mercadorias** (estas definidas, pelo Direito Comercial, como sendo somente os *bens móveis adquiridos com o intuito de revenda habitual, mediante lucro*, embora, pela alínea *"a"* do inciso IX do § 2º deste art. 155, tenha a Constituição Federal estendido a tributação também sobre a entrada de *bem*, qualquer que seja a sua finalidade, importado do exterior por pessoa física ou jurídica, ainda que não ela seja contribuinte *habitual* do imposto, mas desde que seja *contribuinte*, conforme comentários àquele dispositivo) *e sobre prestação de serviços de transporte* (de bens e pessoas) *interestadual* (não se incluindo, pois, o transporte intramunicipal, cuja tributação é da competência dos Municípios, via ISS, cf. art. 156, III) *e de comunicação* (especialmente relacionada com a telefonia), *ainda que as operações* (de circulação e de prestação de serviços) *se iniciem no exterior* (fora do Brasil, mas desde que se completem no território nacional), imposto esse conhecido pela sigla ICMS;

*III - propriedade* (que integram o *domínio* de alguém, permitindo o seu livre uso, gozo, disposição e fruição, inclusive com o direito de reavê-los do poder de quem quer que, injustamente, os possua) *de veículos automotores* (movidos a motor próprio, desde que *licenciáveis* para efeitos de circulação, cf. art. 158, III, como automóveis, caminhões, ônibus, iates, aviões, *"jet-skys"*, ficando, conseqüentemente, excluídos da tributação os veículos sem motor próprio, como reboques, bicicletas, carroças, planadores, etc., e os que, mesmo tendo-o, não sejam licenciáveis, como *"carts"*, tratores, empilhadeiras, etc.), imposto esse conhecido pela sigla IPVA.

Aos dois primeiros impostos (ITCD e ICMS) aplicam-se as regras e princípios constitucionais, previstos nos parágrafos deste art. 155, e que a lei instituidora ou majoradora deve observar:

§ 1º. *O imposto previsto no inciso I* (ITCD):

*I - relativamente a bens imóveis e respectivos direitos, compete* (para efeitos de instituição e arrecadação) *ao Estado da situação* (localização) *do bem* (imóvel)*, ou ao Distrito Federal* (conforme sua localização), pouco importando, portanto, onde tenha sido o *domicílio* do *falecido* (ou *"de cujus"*) ou esteja tramitando o *inventário* ou *arrolamento* dos seus bens (tratando-se de *transmissão "causa mortis"*), ou onde seja o *domicílio* (*centro de interesses* da pessoa, que é sempre só um, não podendo ser confundido com a *residência*, que é, apenas, o lugar onde alguém mora, sendo possível ter-se mais de uma) do *doador* ou do *donatário* (tratando-se de *transmissão "inter vivos"*);

*II - relativamente a bens móveis* (veículos, etc.)*, títulos* (ações, quotas de capital social, etc.) *e créditos* (notas promissórias, cheques, contas bancárias, haveres, etc.), *compete* (para efeitos de instituição e arrecadação) *ao Estado onde se processar* (sempre judicialmente) *o inventário* (partilha dos bens deixados pelo falecido) *ou arrolamento* (espécie de inventário em que, ou os bens partilháveis são de pequeno valor, ou, sendo de grande valor, em que os *sucessores* sejam todos maiores e capazes, bastando, para tanto, que requeiram ao Judiciário a homologação da partilha entre eles extrajudicialmente feita de comum acordo, ao mesmo tempo comprovando o pagamento do imposto devido e a *taxa judiciária*, bem como a inexistência de débitos fiscais relativos ao espólio, mediante certidões negativas), *ou tiver domicílio o doador* (tratando-se de transmissão *"inter vivos"*), *ou ao Distrito Federal* (se o inventário ou arrolamento aí se processar);

*III - terá a competência para sua instituição* (criação) *regulada por lei complementar* (de natureza *federal*, sem a qual não será possível instituí-lo e cobrá-lo):

   a) *se o doador tiver domicílio ou residência no exterior;*

   b) *se o "de cujus"* (falecido) *possuía bens* (partilháveis), *era residente ou domiciliado, ou teve o seu inventário processado no exterior;*

*IV - terá suas alíquotas máximas fixadas pelo Senado Federal* (sendo que, pela Resolução nº 9, datada de 05/05/91, o Senado estabeleceu uma única *alíquota máxima* para esse imposto, de 8%, a partir de 1º/01/92, permitindo, em seu artigo 2º, que "*as alíquotas ..., fixadas em lei estadual, poderão ser progressivas em função do quinhão que cada herdeiro efetivamente receber, nos termos da Constituição Federal*").

Eis a questão: a Constituição Federal não autoriza que as alíquotas do ITCD possam ser *progressivas*, nem "*em função do quinhão que cada herdeiro efetivamente receber*", como dito na referida Resolução, nem em função de qualquer outro fato. Ao contrário, ao permitir a progressividade tão-somente para *impostos de natureza pessoal* (e, hoje, como *exceção*, estendida para o IPTU de *natureza fiscal*, cf. § 1º art. 156), tal como expressamente consignado no § 1º do art. 145, no alcance que o STF vem dando a esse dispositivo, veda-a para esse imposto, que é de *natureza real*. E mais: se viável fosse a *progressividade*, seu cálculo seria necessariamente *gradual* (em que todas as alíquotas previstas no trajeto até o valor a tributar devem ser utilizadas), única constitucionalmente permitida, e não *simples* (que utiliza uma *única alíquota*, que é a prevista para o valor sujeito à tributação), como vem ocorrendo no Estado do RS. Assim, é inconstitucional, a nosso ver, a partir da segunda alíquota utilizada, qualquer lei que utilize qualquer alíquota *progressiva* para o ITCD, ainda mais quando de forma *simples* (cf. já vimos no Capítulo II, deste livro, quando tratamos da classificação dos impostos em *fixos, proporcionais* e *progressivos*).

Ademais, questionamento idêntico já enfrentou o ITBI, em relação ao qual a Constituição Federal também não autoriza a *progressividade*, tendo o Pleno do STF[97] decidido nesses termos em relação à Lei nº 11.154, de 30/12/91, do Município de SP:

> "ITBI. Alíquotas progressivas: a Constituição Federal não autoriza a progressividade das alíquotas, realizando-se o princípio da capacidade contributiva proporcionalmente ao preço da venda".

Há, ainda, uma importante regra a ser lembrada em relação ao ITCD, embutida no parágrafo único do art. 35 do Código Tributário:

---

[97] RE nº 234105-3/SP, julg. em 08/04/1999 (DJU de 31/03/2000, p. 61, e RDDT nº 57, p. 160/166).

*"nas transmissões 'causa mortis' ocorrem tantos fatos geradores quantos forem os herdeiros ou legatários".*

Isso quer dizer que o cálculo do imposto deverá ser efetuado *por sucessor* (herdeiro legítimo e legatário, ou seja, o que recebe por força de testamento), levando em conta, respectivamente, o *quinhão* ou o *legado* de cada um. Lembre-se, a propósito, que a meação não está sujeita ao imposto (não há a *transmissão de propriedade*, fato gerador do imposto), por serem bens já pertencentes ao cônjuge meeiro.

Quanto ao momento de ocorrência do *fato gerador*, *alíquota* aplicável no tempo, e *base de cálculo* (se o valor dos bens por ocasião da morte ou da partilha judicial) do *imposto de transmissão "causa mortis"*, a matéria será mais detidamente examinada ao ensejo dos comentários ao art. 117 do Código Tributário.

Finalmente, segundo o art. 38 do Código, *"a base de cálculo do imposto é o valor venal dos bens ou direitos transmitidos"* (por fato gerador), sendo, pois, vedado levar em conta, para tanto, a totalidade dos bens do doador ou o valor total do bem parcialmente transmitido.

**§ 2º O imposto previsto no inciso II** (ICMS) **atenderá ao seguinte:**

**I - será não-cumulativo** (regra conhecida como *princípio da não-cumulatividade*, também aplicável ao IPI, da competência da União, conforme já vimos), **compensando-se** (deduzindo-se, abatendo-se, descontando-se) *o* (imposto) **que for devido** (relativamente a cada fato gerador que, em princípio, é a saída do estabelecimento comercial, industrial ou produtor)**, em cada operação** (de natureza empresarial) *relativa à circulação* (econômica, que vai da sua produção ao consumo) *de mercadorias* (entendidas como tais, segundo o direito comercial, quaisquer *bens móveis adquiridos com o intuito de revenda habitual, mediante lucro*, embora, pela alínea *"a"* do inciso IX do § 2º deste art. 155, a Constituição tenha estendido a tributação também sobre a entrada de bem, qualquer que seja a sua finalidade, importado do exterior por pessoa física ou jurídica, ainda que não seja ela contribuinte habitual do imposto, mas desde que seja contribuinte) **ou prestação de serviços** (de *transporte interestadual* ou *intermunicipal*, e de *comunicação*), **com o montante** (do imposto) **cobrado** (quando da entrada da mercadoria no mesmo estabelecimento) **nas** (operações) **anteriores** (à saída) **pelo mesmo ou outro Estado ou pelo Distrito Federal;**

Em termos práticos, o *princípio da não-cumulatividade* se aplica da seguinte forma: cada *estabelecimento* (comercial ou industrial) deverá possui livro (ou livros, sendo um para as entradas e, outro, para as saídas), em cujo *lado esquerdo* registrará, por ordem cronológica e por documento fiscal respectivo, todas as operações de *entrada* de *mercadorias* (ou matérias-primas, tratando-se de estabelecimento industrial), bem como o valor do imposto respectivo, destacado pelos remetentes nos citados documentos, e, em cujo *lado direito* registrará, por ordem cronológica e documento fiscal respectivo, de sua emissão, todas as operações de *saída* das *mesmas mercadorias* (ou produtos manufaturados, tratando-se de estabelecimento industrial), bem como o valor do imposto respectivo, destacado nos citados documentos. O imposto relativo às *entradas* tem o nome de *crédito fiscal*, e, o relativo às *saídas*, de *débito fiscal*. Após certo período de tempo (chamado de *período de apuração*, geralmente mensal, conforme dispuser a legislação tributária) devem ser puxadas as somas do *crédito* e do *débito fiscal*, fazendo-se, então, a *compensação* (dedução, desconto ou abatimento) daquele com este, constituindo *imposto a recolher* (esse é o verdadeiro ICMS devido, porquanto os *créditos* e *débitos fiscais* são meros elementos escriturais utilizados para o seu cálculo) o valor resultante da diferença a maior (saldo *devedor*). Havendo diferença a menor (saldo *credor*), será o valor respectivo transportado para o período de apuração seguinte, como *crédito fiscal* de abertura.

Muito importante, contudo, é ter presente que o *princípio da não-cumulatividade* somente se aplica a bens que realmente se identifiquem como *mercadorias*, na definição que lhes dá o Código Comercial Brasileiro (*bens adquiridos com o intuito de revenda habitual, mediante lucro*), porque o objeto da tributação é, em princípio, a *mercadoria*, conforme claramente estabelecimento no inciso II do *"caput"* do art. 155 da Constituição (que define em favor dos Estados e do Distrito Federal imposto sobre circulação de *"mercadorias"*, além é claro, dos serviços de transporte interestadual e municipal, e de comunicação). Essa necessidade, de não poder a lei ordinária alterar o sentido das figuras, institutos e conceitos do *direito privado* (civil ou comercial), decorre do art. 110 do Código Tributário, que manda utilizá-los no seu exato sentido original, sempre que a Constituição Federal com eles *definir* ou *limitar competências tributárias*. Exemplo de aplicação dessa regra está na seguinte decisão do STJ,[98] que apreciou a tributação de bens saídos do estabelecimento por força de contrato de comodato, hipótese que não caracteriza *mercadoria*, mas simples *empréstimo gratuito* de bens componentes do ativo fixo do remetente:

"ICMS. Remessa de modelos e moldes. Comodato. Desfiguração do fato gerador. Não incidência do tributo questionado. "Não constitui fato gerador do ICMS a saída física de máquinas, utensílios e implementos a título de comodato" (Súmula 573/STF)".

Fora dessa possibilidade constitucional, somente mediante expressa autorização de *lei ordinária do poder tributante* (cf. § 6º do art. 150 da Constituição Federal) se permite (*como benefício, fiscal* e não por força do *princípio constitucional da não-cumulatividade*) a utilização ou apropriação de *créditos fiscais*. Deixe-se claro, contudo, que não pode o Poder Legislativo delegar ao Executivo, a concessão dos benefícios fiscais previstos no citado § 6º, deixando o contribuinte ao inteiro sabor dos caprichos da Administração pública para vê-los deferidos.

Pode até ocorrer que o aproveitamento de crédito seja possível com o fim de se estimular o desenvolvimento empresarial, como ocorre com a autorização dada (por força do art. 155, § 2º, XIII, "c", da CF), por lei complementar, pelos arts. 20

---

[98] REsp nº 159832/SP, 15/02/01, 1ª Turma, STJ, DJU de 24/09/01, p. 238, RDDT nº 74, p. 225/6.

e 33 da Lei Complementar nº 87/96, que permitem, nas condições ali estabelecidas, o creditamento do ICMS pago sobre *material de expediente, bens do ativo fixo* ou *imobilizado, energia elétrica, serviços de comunicação* ou *telefonia, combustíveis, peças* e *acessórios de máquinas e veículos, lixas, lenha, brocas*, etc., meros *bens de consumo interno* (sem integrarem o produto final a ser comercializado).

Outro aspecto importante relativamente ao *crédito fiscal* é saber se é possível efetuá-lo extemporaneamente, fora do período de apuração, acrescido, inclusive, da *correção monetária* respectiva.

Não temos a menor dúvida de que sim, porque o direito constitucional à compensação é assegurado sempre, pouco importa o momento em que se o faça, e, obviamente, de forma integral, com a respectiva *correção monetária*, que não é um *"plus"*, mas parte integrante sua. Negar ao contribuinte o direito ao *crédito fiscal* é negar a própria garantia constitucional à *compensação*, e negar o direito à *correção monetária* do seu valor é negar o princípio constitucional da *isonomia* (porque ao fisco esse direito é sempre garantido), a prevalecer em todas as relações jurídicas entre *fisco* e *contribuinte*, sob pena de se retornar à Idade Média, quando o *direito tributário* era tido como um direito *excepcional*, e não *comum*. Não cabe, pois, à *lei ordinária* a respeito se manifestar, para o efeito de reconhecer esses direitos ao contribuinte, porque estes decorrem de garantia constitucional. O TJERS há muito vem se pautando nesses enunciados, contrariamente ao pensamento do STF e de alguns julgados do STJ, que entendem ser a correção monetária somente cabível se a lei ordinária local a autorizar, o que, *"permissa maxima venia"*, não se coaduna com os princípios constitucionais vigentes.

*II - a isenção* (dispensa de pagamento do imposto devido em decorrência de um fato gerador ocorrido) *ou não-incidência* (quando não há fato gerador e, conseqüentemente, imposto gerado)*, salvo determinação em contrário da legislação* (que poderá dispor de forma diversa)**:**

a) *não implicará* (não dará direito a) *crédito* (nas entradas do estabelecimento) *para compensação* (desconto, dedução ou abatimento) *com o montante* (do imposto) *devido nas operações* (com mercadorias) *ou prestações* (com serviços de transporte interestadual e intermunicipal, ou de comunicação) *seguintes* (relativas às saídas do estabelecimento);

b) *acarretará a anulação* (deve ser cancelado ou excluído, caso tenha sido feito) *do crédito* (registrado no livro próprio) *relativo às operações anteriores* (entradas).

O que esse inciso II na verdade determina, é a preservação da regra constitucional que determina a aplicação do *princípio constitucional da não-cumulatividade* ao ICMS, que, em termos práticos, é a seguinte: somente darão direito a *crédito fiscal* as *mercadorias* (ou *prestações de serviços de transporte interestadual* e *intermunicipal* e de *comunicação*) que tiverem entrada no estabelecimento com imposto destacado no documento fiscal respectivo, e desde que dele devam sair, também com imposto destacado (*débito fiscal*) no documento fiscal respectivo (que as devam acompanhar). No mais, somente mediante lei ordinária, nos termos do § 6º do art. 150 da CF, é que o crédito fiscal pode ser autorizado, salvo, ainda, previsão de casos tais, via letra *"f"* do inciso XII deste § 2º, que pode prever casos específicos de *manutenção de crédito*.

Em outras palavras, não se permite a *não-cumulatividade*, salvo determinação da legislação em contrário, em relação às *entradas*, havidas no estabelecimento do contribuinte, de mercadorias (e serviços de transporte e comunicação referidos) *isentas* (tributadas, mas com dispensa de pagamento do imposto) ou *não tributadas* (sem fato gerador, e, conseqüentemente, sem imposto devido), nem, tampouco, em relação às *saídas*, também *isentas* ou *não tributadas*, promovidas pelo estabelecimento.

É que, tanto a *isenção* como a *não-incidência* não geram, em princípio, *crédito fiscal* (nas *entradas*), para compensação (dedução, desconto ou abatimento) com o montante devido (*débito fiscal*) nas operações ou prestações seguintes (de *saída* do estabelecimento), de tal forma que, caso tenha sido o *crédito* feito na *entrada*, deve ele ser *anulado* (cancelado, estornado ou tornado sem efeito), o que se faz escriturando o valor correspondente no lado direito do livro, na coluna *débito*. Se o estabelecimento não proceder espontaneamente dessa forma, o próprio fisco *glosará* (nome que se dá ao cancelamento, quando feito pela autoridade fiscal) o crédito indevido, exigindo-o mediante *"lançamento de ofício"* (auto de infração), com a multa pecuniária cabível.

Ponto, contudo, constantemente submetido ao crivo do Judiciário, é saber se as *saídas* de mercadorias tributadas com *redução da sua base de cálculo* (em vez de usar o valor total da operação, a lei autoriza a utilização de valor tributável menor) permitem, nas *entradas* respectivas, o aproveitamento integral, como *crédito fiscal*, do imposto pago, sem ferir-se, com isso, o princípio constitucional da *não-cumulatividade* (do inciso I, do § 2º em comento). A solução é simples: se toda *redução de base de cálculo* de imposto é legítima tributação a menor, apenas parte do seu valor é tributado, constituindo, pois, a outra parte, valor excluído da tributação.

Ora, se assim é, e se a lei constitucional (cf. inciso II do § 2º ora em comento) permite o aproveitamento, como *crédito fiscal* (na entrada, portanto), somente das mercadorias que, na sua posterior saída do estabelecimento *venham efetivamente a recolher imposto* (não gerando crédito na entrada, pois, as saídas *isentas* ou *não tributadas*), obviamente está ela também determinando, pelas mesmas razões, sem ferir o princípio da *não-cumulatividade*, que o *crédito* (relativo às *entradas*) seja efetivado na mesma e exata proporção do pagamento (*a menor*) havido nas respectivas saídas. Assim, por exemplo, se os produtos da chamada *cesta básica* são tributados (na saída do estabelecimento), como no Estado do RS, mediante alíquota de 17% sobre 41,176% apenas, do valor da operação (está aí a redução da base de cálculo em 58,824% do seu valor), o imposto compensável, a título de crédito fiscal, nas entradas respectivas, somente poderá ser o correspondente ao mesmo percentual (41,176% do valor do imposto pago). É uma questão de lógica, embora o STF nem sempre venha entendendo assim.

Outro aspecto, extremamente importante, é o apreciado na ementa a seguir, de lavra do eminente Des. HENRIQUE OSVALDO POETA ROENICK,[99] do TJERS, que, apreciando hipótese de creditamento, pelo adquirente da mercadoria, de ICMS destacado em nota fiscal e incluído no preço (e em relação à qual o STJ posteriormente entendeu ser devido o ISS), concluiu, de forma absolutamente lógica, que o valor do crédito fiscal deve ser mantido (e não estornado ou cancelado), por ter sido seu valor incluído no preço cobrado do adquirente:

> *"ICMS. Creditamento. Embalagens Personalizadas. Estando o ICMS destacado na nota fiscal emitida pela fornecedora da embalagem, cabível o creditamento fiscal. Nesta circunstância houve repasse do custo do imposto à mercadoria e, conseqüentemente, ao contribuinte de fato. Posterior decisão do STJ no sentido de que sobre aquela atividade há incidência de ISS, não tem o condão de abalar situações consolidadas, máxime quando comprovado pela parte que o valor do tributo que agora o Estado pretende seja estornado foi embutido no preço da mercadoria pelo fornecedor. Deve, então, o Estado, no que pertine às situações pretéritas, buscar junto àquela o ICMS que tinha direito; em hipótese alguma, voltar-se contra a adquirente da mercadoria, impedindo creditamento, garantido constitucionalmente".*

Para que melhor se possa entender, para efeitos da aplicação do *princípio da não-cumulatividade*, o que sejam, tecnicamente, as figuras da *isenção* e da *não-incidência*, recomendamos a leitura do item 4 (*"campos ou hipóteses de incidência e de não-incidência"*) do Capítulo XI do presente livro, que trata do fato gerador da obrigação tributária;

   III - **poderá** (é mera faculdade) **ser seletivo** (com utilização de *alíquotas diferenciadas*, menores ou maiores, por mercadoria, – à semelhança do IPI, da competência da União, em que, no entanto, a aplicação do *princípio da seletividade* é *obrigatória*, e não *facultativa*), **em função** (levando em conta) **da essencialidade** (importância para a produção ou para o consumo) **das mercadorias** (do comerciante) **e dos serviços** (de transporte interestadual e intermunicipal e de comunicação).

O Estado do RS, por exemplo, mediante regra incluída na sua Constituição, tornou a *seletividade* desde logo obrigatória, obrigando a lei *ordinária*, instituidora do imposto, a considerá-lo sempre com essa característica;

   IV - *resolução* (ato normativo) **do Senado Federal, de iniciativa do Presidente da República ou de um terço dos Senadores, aprovada pela maioria absoluta de seus membros, estabelecerá** (obrigatoriamente) **as alíquotas** (do ICMS) **aplicáveis às operações e prestações** (portanto, de *mercadorias* e de *serviços* de *transporte*), **interestaduais e de exportação** (apenas em relação a essas duas destinações);

   V - **é facultado** (não há, aqui, *obrigatoriedade* alguma em fixar alíquotas, diferentemente do inciso anterior, em que a fixação é *obrigatória*) **ao Senado Federal**:

   a) **estabelecer** (fixar) **alíquotas mínimas** (hoje estabelecidas em 17%) **nas operações internas** (que se iniciam e se concluem dentro do pró-

---

[99] TJERS, AC nº 70003007903, 1ª Câmara Cível, sessão de 14/11/01, Rel. Des. Henrique Osvaldo Poeta Roenick.

prio Estado), *mediante resolução de iniciativa de um terço e aprovada pela maioria absoluta de seus membros;*

b) *fixar alíquotas máximas* (teto) *nas mesmas operações* (internas) *para resolver conflito específico* (localizado) *que envolva interesse de Estados* (para desestimular concorrências entre eles), *mediante resolução de iniciativa da maioria absoluta e aprovada por dois terços de seus membros* (dispositivo esse até hoje não utilizado);

VI - *salvo deliberação em contrário dos Estados e do Distrito Federal, nos termos do disposto no inciso XII, "g"* (tomada mediante *convênio*, sempre sujeito à aprovação de *lei* ou de *decreto legislativo*, conforme definir a Constituição de cada Estado participante), *as alíquotas internas* (aplicáveis às operações que se iniciam e se concluem dentro do próprio Estado), *nas operações relativas à circulação de mercadorias e nas prestações de serviços* (de transporte interestadual e intermunicipal e de comunicação), *não poderão ser inferiores às previstas para as operações interestaduais* (ou seja, as alíquotas relativas às operações internas sempre serão superiores às praticadas entre Estados, que é exatamente o que vem ocorrendo atualmente: as internas vem sendo praticadas na base de 17%, no mínimo, enquanto as interestaduais não são superiores a 12%). É que as operações interestaduais geralmente envolvem posterior revenda de mercadorias, nos Estados destinatários, caso em que se deve, também, permitir a estes, por ocasião da revenda, uma parcela na arrecadação do imposto, pela diferença entre a alíquota da remessa (digamos 12%, sempre menor) e a alíquota da venda final (digamos, 17%, maior), com o que uma mercadoria, vendida no Estado do RS, a uma empresa revendedora de SP, a R$ 100,00, e lá revendida a R$ 150,00, pagará, aqui, R$ 12,00 de ICMS e, lá R$ 25,50, considerando-se alíquotas, respectivamente, de 12 e de 17%, terminando a empresa destinatária por recolher, em face do *princípio da não-cumulatividade*, a importância de R$ 13,50;

VII - *em relação às operações e prestações que destinem bens* (na verdade, *mercadorias* para quem remete e *bens* para quem recebe, ou seja, para o remetente é um bem destinado à revenda, mediante lucro, enquanto para o adquirente é mero *bem* de uso ou consumo final) *e serviços* (de transporte interestadual e intermunicipal e de comunicações, com as mesmas características: atividade lucrativa para o respectivo prestador e bem de uso ou consumo final para o adquirente) *a consumidor final* (não destinados a revenda ou industrialização, mas ao ativo fixo ou imobilizado do destinatário, se for empresa, e a simples uso doméstico, se for um particular) *localizado* (sediado ou estabelecido, e domiciliado ou residente) *em outro Estado* (digamos, uma máquina para uma indústria, e um computador para um engenheiro, localizados em Santa Catarina, remetidos por uma empresa do RS), *adotar-se-á* (para o cálculo do ICMS):

*a) a alíquota interestadual* (digamos, 12%), *quando o destinatário for contribuinte* (inscrito como tal na repartição estadual competente, como, no exemplo dado, a indústria) *do imposto*;

*b) a alíquota interna* (digamos 17%), *quando o destinatário não for contribuinte dele* (não inscrito como tal na repartição estadual competente, como, no exemplo dado, o engenheiro);

*VIII - na hipótese da alínea "a" do inciso anterior* (remessa a destinatário contribuinte do imposto, como tal inscrito, ou seja, a indústria, no exemplo dado, que utilizará, ela própria, a máquina), *caberá ao Estado da localização do destinatário* (Santa Catarina) *o imposto correspondente à diferença* (5%) *entre a alíquota interna* (do destinatário, em Santa Catarina, digamos, 17%) *e a interestadual* (12%, pela qual a mercadoria seguiu tributada).

*IX - incidirá também* (com essa determinação a lei constitucional está estendendo a abrangência do imposto também a *bens* que, tecnicamente, não são *"mercadorias"*, ou seja, *bens adquiridos com o intuito de revenda habitual, mediante lucro*):

*a) sobre a entrada de bem* (não consistente em *mercadoria*, no sentido de que seja adquirido com o intuito de revenda) *ou mercadoria* (destinada à revenda) *importados do exterior por pessoa física* (natural) *ou jurídica* (sociedade), *ainda que não seja contribuinte habitual* (mas há de ser contribuinte, ainda que eventual) *do imposto* (do ICMS), *qualquer que seja a sua finalidade* (uso ou consumo, tratando-se de *bem*, ou revenda, tratando-se de *mercadoria*), *assim como sobre o serviço* (de transporte e de comunicação) *prestado no exterior* (mas concluído no Brasil), *cabendo o imposto ao Estado onde estiver situado* (localizado) *o domicílio* (tratando-se de pessoa natural ou física, contribuinte) *ou o estabelecimento* (matriz ou filial) *do destinatário* (importador direto) *da mercadoria* (quando destinada à revenda), *bem* (quando destinada a uso ou consumo) *ou serviço* (de transporte ou comunicação);

Essa alínea *"a"*, na redação que lhe deu a recente Emenda Constitucional nº 33, de 11/12/01, como a anterior, continua não alcançando, a nosso ver, a *pessoa natural* ou *física*, nem, tampouco, a *sociedade* ou *associação civil de fins não econômicos*, naturalmente *não contribuintes* do imposto, que importe *bens* do exterior *para seu próprio uso ou consumo*, porque a exigência do dispositivo é que o importador seja *contribuinte*, e essa qualidade a *pessoa física* e a *sociedade* ou *associação civil de fins não-econômicos*, decididamente, não detêm, porque *comerciantes* (que operem com *mercadorias*) não são.

O que o dispositivo pretende, ao que tudo indica, é alcançar finalidade dupla:

1º) estender ao *contribuinte*, como tal *já inscrito*, a incidência do imposto também quando venha a importar, do exterior, *bens para seu próprio uso ou consumo* (o que, aliás, já constava da redação anterior, quando dispunha que o imposto *"incidirá também sobre a entrada de mercadoria importada do exterior, ainda quando se tratar de bem destinado a consumo ou ativo fixo do estabelecimento"*, e que, segundo o STF, não atingia a pessoas físicas e *sociedades* ou *associações civis de fins não-econômicos*); e,

2º) estender – e aí é que está a novidade – a qualquer *pessoa, física* ou *jurídica*, que importe, do exterior, *bens* em *quantidade tal* que indique sejam *mercadorias* (destinadas, portanto, a *comércio* ou *revenda*), fato que, então, o caracterizará, na previsão constitucional, como *contribuinte, ainda que não seja habitual*, como é o caso dos que trazem *mercadorias* do Paraguai para venda direta ou por interpostas pessoas, mas que, em razão da clandestinidade da operação, terminam não as submetendo ao desembaraço aduaneiro, momento legalmente previsto para o pagamento do ICMS devido nas importações.

Assim, se o objetivo é, com essa nova regra constitucional, alcançar, indiscriminadamente, todas as internações de *bens* e *mercadorias*, tanto as efetuadas por *contribuintes* (comerciantes) como as efetuadas por *não-contribuintes* (não-comerciantes), sinceramente, a redação mostra-se inteiramente inadequada.

A anterior redação desse inciso IX era assim, e que, no fundo, tinha o mesmo alcance da redação atual no tocante à importação, por *contribuinte*, de *bens para uso ou consumo próprio*, quando estabelecia que o ICMS *"incidirá também: a) sobre a entrada de mercadoria importada do exterior, ainda quando se tratar de bem destinado a consumo ou ativo fixo do estabelecimento"* (unidade empresarial importadora, como matriz ou filial, já contribuinte do imposto, não abrangendo as importações feitas por pessoas naturais ou físicas, que sequer estabelecimento ou unidade empresarial possuem, a menos que sejam comerciantes, logo, contribuintes) *"assim como sobre serviço* (de transporte e comunicação) *prestado* (iniciado) *no exterior, cabendo o imposto ao Estado onde estiver situado o estabelecimento* (unidade empresarial) *destinatário* (importador) *da mercadoria ou do serviço* (importados)*"*.

Embora o STJ tivesse editado a Súmula nº 155,[100] entendendo (equivocadamente, a nosso ver), com fundamento na Lei Complementar nº 87/96, deverem ser tributados, também, os *bens* (que *mercadorias* não são, por não se sujeitarem a *revenda*) importados do exterior por *pessoas físicas*

---

[100] Súmula nº 155, 1ª Seção, DJU de 15/04/96, p. 11.631 (O ICMS incide na importação de aeronave, por pessoa física, para uso próprio), e REsp nºs 64.168-3 (DJU de 18/03/96, p. 7525, da 1ª Turma, e RDDT nº 8, p. 186/7).

*não-comerciantes*, o STF, corretamente vem de interpretar essa disposição constitucional, deixando claro, além do mais, que importações realizadas por entidades *não-contribuintes* do imposto, como hospitais, laboratórios e outras sociedades civis, *para seu próprio uso ou consumo* (e não para revenda ou industrialização), não se sujeitam ao imposto:

"1. A incidência do ICMS na importação de mercadoria tem como fato gerador a operação de natureza mercantil ou assemelhada, sendo inexigível o imposto quando se tratar de bem importado por pessoa física. 2. Importação de aparelho de mamografia por sociedade civil, não contribuinte do tributo. ...Inexistência de circulação de mercadoria. Não ocorrência da hipótese de incidência do ICMS".[101]

"ICMS. Imunidade tributária. Instituição de educação sem fins lucrativos. CF, art. 150, VI, "c". Não há invocar, para o fim de ser restringida a aplicação da imunidade, critérios de classificação dos impostos adotados por normas infraconstitucionais, mesmo porque não é adequado distinguir entre bens e patrimônio, dado que este se constitui do conjunto daqueles. O que cumpre perquirir, portanto, é se o bem adquirido, no mercado interno ou externo, integra o patrimônio da entidade abrangida pela imunidade";[102]

**b)** *sobre o valor total da operação* (mão-de-obra e material)*, quando mercadorias* (no sentido técnico de *bens móveis adquiridos com o intuito de revenda habitual, mediante lucro*) *forem fornecidas* (em operação conjunta) *com serviços* (mão-de-obra) *não compreendidos na competência tributária* (como sujeitos ao ISS) *dos Municípios* (que não alcança operações destinadas a integrar operações comerciais e industriais, mas somente *usuários* ou *consumidores finais*, embora neles incluído, em alguns casos, o material fornecido, tudo conforme previsto nos atuais 101 itens da Lista de Serviços anexa ao Decreto-Lei nº 406/68, na redação que lhe deu a Lei Complementar nº 56, de 15/12/87, e alterações);

**X - não incidirá** (caso típico de *imunidade*, autêntica limitação ao poder de tributar, que se caracteriza pela vedação ou proibição constitucional de *instituir* imposto sobre determinados casos específicos, que normalmente seriam tributáveis, não fosse a *imunidade*)**:**

**a)** *sobre operações que destinem ao exterior produtos industrializados, excluídos* (isto é, *ressalvados*, porque lei complementar pode, em princípio, considerá-los também não alcançados pela tributação, tal como autorizado no inciso XII, alínea "e", do § 2º deste artigo) *os semi-elaborados* (parcialmente industrializados, com o que se visa a desestimular a exportação respectiva, para que seja atendida a política de aplicar-se internamente, no Brasil, a necessária mão-de-obra industrial, garantindo, dessa forma, a manutenção dos empregos já existentes e a geração de novos, politicamente recomendada como correta e adequada por todos os países de primeiro mundo) *definidos em lei com-*

---

[101] RE nº 185.789-7/SP, STF, Plenário, julg. em 03/03/00, e RE nº 203075/DF, 1ª Turma, STF, julg. em 05/08/98, DJ de 29/10/99, p. 18, Ement. Vol. 1969-02, p. 386. No mesmo sentido: RE nº 230489/SP, 1ª Turma, DJ de 28/04/00, p. 97, Ement. Vol. 1988-06, p. 1190. Veja RE nº 144660.

[102] RE nº 203755/ES, 2ª Turma, STF, 17/09/96, DJ de 08/11/96, p. 43221, Ement. Vol. 1849-08, p. 1727.

*plementar* (antes, pela Lei Complementar nº 65/91, que relacionou os produtos semi-elaborados sujeitos ao imposto, e, mais recentemente, pelo art. 3º, II, da Lei Complementar nº 87/96, que generalizou a não-incidência, estendendo-a a todas as operações que destinem mercadorias ao exterior, inclusive produtos primários e produtos industrializados semi-elaborados, ou serviços, em visível afronta às recomendações dos países mais avançados);

*b) sobre operações que destinem a outros Estados petróleo, inclusive lubrificantes, combustíveis líquidos e gasosos dele derivados* (o álcool não se inclui nesse rol), *e energia elétrica* (considerada mercadoria); Trata-se de operações que, em princípio, são *imunes*, mas nas condições e limites traçados por essa alínea, ou seja, quando os referidos produtos forem destinados a outros Estados, para neles serem comercializados ou industrializados (quando, então, estarão sujeitos à incidência normal, perdendo o benefício da imunidade), de tal forma que (e assim está no § 1º, III, do art. 2º, Lei Complementar nº 87/96) a incidência ocorrerá no momento da *entrada* desses produtos *"no território do Estado destinatário"*, quando não forem *"destinados à comercialização ou à industrialização"*, *"cabendo o imposto ao Estado onde estiver localizado o adquirente"*, e sendo seu *contribuinte* a pessoa física ou jurídica que, mesmo sem habitualidade, os adquira (cf. inciso IV do parágrafo único do art. 4º da citada LC 87/96, com a redação que lhe deu a LC nº 102/2000), embora seja o *remetente* quem deva pagar o imposto (cf. § 2º do art. 9º).

*c) sobre o ouro, nas hipóteses definidas no art. 153, § 5º* (quando considerado como ativo financeiro ou instrumento cambial, hipótese em que será tributado pelo IOF, da competência da União, sendo, no entanto, tributável pelo ICMS quando destinado a revenda ou utilização como matéria-prima);

XI - *não compreenderá* (não incluirá)*, em sua base de cálculo* (valor tributável)*, o montante* (valor) *do IPI* (pago à União)*, quando a operação* (saída)*, realizada entre contribuintes* (do ICMS, inscritos como tais na repartição estadual competente) *e relativa a produto destinado à industrialização* (como matéria-prima) *ou à comercialização* (revenda)*, configure* (seja) *fato gerador dos dois impostos* (isto é, quando a operação for tributada por ambos esses impostos).

Resumindo: **o ICMS não será calculado sobre o valor do** IPI, constante da nota fiscal relativa à operação, somente quando o produto for destinado à revenda ou à industrialização (como matéria-prima), devendo, no entanto, ser calculado sobre ele quando o produto for destinado a *uso* ou *consumo final* do adquirente (mesmo que este seja inscrito no ICMS, como, por exemplo, uma empresa que adquira diretamente da fábrica –

com incidência do IPI, portanto –, um *"freezer"*, para conservação das refeições de seus funcionários);

**XII - cabe à lei complementar** (o que foi atendido, inicialmente, pelo Decreto-Lei nº 406/68, mas com força de lei complementar, e, recentemente, pela Lei Complementar nº 87/96):

**a) definir seus** (do ICMS) **contribuintes** (regra que, aliás, já se encontra no art. 146, III, *"a"*, da CF, para todos os impostos, convindo a propósito lembrar que, nos termos do art. 121, parágrafo único, do Código Tributário, *contribuinte* é somente a pessoa que deve o tributo por praticar o fato gerador, enquanto, qualquer outra pessoa que legalmente seja obrigada a pagá-lo, sem, no entanto, ter praticado o fato gerador respectivo, tem, segundo o mesmo dispositivo, o nome de *responsável*, do qual, no entanto, aqui não se cogita);

**b) dispor sobre substituição tributária** (figura segundo a qual a lei, desde logo, troca o dever do *contribuinte*, que é o praticante do fato gerador, de recolher o imposto daí decorrente, por um terceiro, chamado de *responsável*, excluindo definitiva e irreversivelmente da obrigação, como ocorre, por exemplo, com a CPMF, em relação à qual o Banco é legalmente designado, como *responsável*, para, em nome do correntista, que seria o *contribuinte*, satisfazer o pagamento da contribuição por ele criada, ficando, por essa razão, inteiramente dela excluído).

Tecnicamente, a matéria está delineada em dois artigos do Código Tributário: no parágrafo único do art. 121, e no art. 128. O primeiro deles prevê duas espécies *sujeito passivo*: o *contribuinte* (que tem o dever de satisfazer determinada obrigação tributária por ter sido o praticante do respectivo fator gerador) e o *responsável* (que recebe o dever de satisfazer determinada obrigação por força de lei, não por ter praticado o respectivo fato gerador, mas por estar a ele economicamente vinculado, sendo, portanto, um terceiro em relação ao *contribuinte* respectivo). O segundo artigo (128) prevê duas espécies de *responsabilidade tributária* (qualidade do terceiro, dito *responsável*): a *"por substituição"* e a *"subsidiária"*, hipóteses nitidamente diferentes entre si.

A *"responsabilidade por substituição"* está evidenciada na parte do dispositivo que autoriza a lei ordinária, instituidora do tributo, a atribuir expressamente a uma terceira pessoa (que passa a ser o *responsável*), vinculada ao fato gerador da respectiva obrigação, o dever de satisfazer determinada obrigação tributária, *com total exclusão do contribuinte* (seu devedor originário), enquanto a *"responsabilidade subsidiária"* está evidenciado na parte do dispositivo que autoriza a lei ordinária a atribuir *supletivamente* (isto é, em segundo lugar, caso o devedor principal não a satisfaça) a uma terceira pessoa (que passa a ser o responsável) o dever de satisfazer determinada obrigação, sem, portanto, *excluir* o contribuinte (seu devedor originário). Essa segunda modalidade de responsabilidade não está, aqui, em jogo.

Na *"substituição tributária"*, a nomeação legal de um terceiro (como *responsável*) exclui (*"substitui"*) inteiramente o dever originário de quem praticou o fato gerador da obrigação respectiva (o *contribuinte*). Essa *exclusão* ou *substituição* é sempre *definitiva* e *irreversível*, já nascendo com a própria obrigação tributária (ou qualquer outra de natureza compulsória), de tal forma que, em vez de ter esta como sujeitos (ativo e passivo, respectivamente), o Estado e um *contribuinte* (praticante do seu fato gerador), passa a ter ela, como tais, o Estado e um *responsável* (terceiro, não praticante do seu fato gerador). Nessa relação jurídica figuram, portanto, de um lado, o Estado, como credor, e, de outro lado, um *substituto* (que é o *responsável* pela satisfação da obrigação) e um *substituído* (que é o praticante do fato gerador, que seria o *contribuinte* da obrigação, deixando, portanto, de figurar na relação exacional, ou seja, de cobrança, embora se lhe reconheçam alguns direitos, como, por exemplo, o de pedir a restituição de todos os valores indevidamente recolhidos em seu lugar).

No ICMS, a *"responsabilidade por substituição"* tanto pode ser, nos termos do § 1º do art. 6º da citada LC nº 87/96, *"antecedente"* ou *"para trás"* (quando o dever de satisfazer se refere a uma obrigação anterior), como *"subseqüente"* ou *"para frente"* (quando o dever de satisfazer se refere a uma obrigação posterior, presumida ou prevista), como pode ser, ainda, *"concomitante"* ou *"simultânea"* (quando ambas – a anterior e a posterior – vierem a se concentrar ou coincidir legalmente na mesma pessoa), como hoje ocorre com a fábrica de cigarros, que, ao dar saída de seus produtos (fato gerador seu), está, por força de lei ordinária dos Estados, nos termos do permissivo contido no § 7º do art. 150 da Constituição Federal, incumbida de recolher, além do seu próprio ICMS (como *contribuinte*), não só (mas como *responsável*) o imposto devido na etapa (fato gerador) anterior ou antecedente (em que seu *contribuinte*, o produtor do fumo, lhe diferiu ou transferiu, por força de lei, o pagamento), mas, também, o devido na etapa (fato gerador) posterior ou subseqüente, pelo revendedor (varejista do cigarro).

Em outras palavras, o fabricante do cigarro, no exemplo citado, além de pagar (quando da saída do seu produto para o varejista), o seu próprio imposto (sobre a sua *saída* do cigarro, como *contribuinte*) é obrigado, também (agora como *responsável*), a recolher o imposto gerado pelo seu fornecedor da matéria-prima natural e, ainda, desde logo, o imposto que será gerado na etapa (saída) seguinte, quando da venda (saída) a varejo, pelo bar, do produto pronto e acabado.

Essa *"substituição tributária"*, a cargo do *responsável* (*substituto*, no exemplo citado a fábrica de cigarros), pressupondo sempre a prática de um fato gerador (pelo seu *contribuinte substituído*, no exemplo citado, o *varejista*) capaz de provocar o nascimento da obrigação tributária que se tornará seu objeto, abrange hoje, relativamente ao ICMS, inúmeros produtos (cigarros, cimento, automóveis, combustíveis, lubrificantes, medicamentos, pneus, bebidas, tintas, sorvetes, discos musicais, etc., que são, na verdade, os que têm origem em poucos fabricantes, facilmente fiscalizáveis). A modalidade de *"substituição tributária subseqüente"* (ou *"para frente"*), já prevista no art. 128 do Código Tributário, passou a ser expressamente autorizada pelo § 7º do art. 150 da CF/88, nela introduzido pela Emenda Constitucional nº 3/93;

    c) *disciplinar* (regular) *o regime de compensação do imposto* (dedução ou abatimento, do imposto devido nas saídas de mercadorias do estabelecimento, do imposto pago nas respectivas entradas, de modo a permitir a regular aplicação do *princípio constitucional da não-cumulatividade*, já analisado);

    d) *fixar* (definir), *para efeito de sua cobrança e definição* (identificação) *do estabelecimento* (unidade empresarial, podendo ser matriz, filial, etc.) *responsável* (pelo pagamento), *o local das operações* (fatos geradores) *relativas à circulação de mercadorias* (bens adquiridos com o intuito de revenda habitual, mediante lucro) *e das prestações de serviços* (de transporte e de comunicação);

    e) *excluir da incidência do imposto, nas exportações para o exterior, serviços e outros produtos além dos mencionados no inciso X, "a"* (com o que se permite que outras mercadorias e serviços, além dos *produtos industrializados*, tidos como *imunes*, venham a ser exportados sem o pagamento do imposto; mas, como à *lei complementar* não cabe limitar competências tributárias, vale dizer, conceder *imunidades*, o que somente a lei constitucional pode fazer, pode-se até concluir que as *exclusões* aqui autorizadas não sejam *imunes*, não se lhes aplicando, conseqüentemente, os benefícios respectivos, devendo ser consideradas como fatos apenas não-tributados, tudo dependendo da maneira de se interpretar a presente regra);

    f) *prever casos de manutenção de crédito* (de desnecessidade de anulação, cancelamento ou estorno do valor creditado para os efeitos da não-cumulatividade, porque, em princípio, como já delineado no inciso II deste § 2º, somente dão direito a *crédito fiscal* as *mercadorias* que tiverem entrado no estabelecimento com imposto destacado no documento fiscal respectivo, e desde que dele devam sair, também com imposto destacado no documento fiscal respectivo, que as devam acompanhar), *relativamente à remessa para outro Estado e exportação para o exterior, de serviços* (de transporte e de comunicação) *e de mercadorias* (tudo com o fim de possibilitar sejam estimuladas determinadas operações, mediante menor desembolso de dinheiro a título de imposto);

    g) *regular a forma* (estabelecer apenas a maneira) *como, mediante deliberação dos Estados e do Distrito Federal, isenções, incentivos e benefícios fiscais serão concedidos e revogados* (ou, dito em ordem direta, "*regular a forma como isenções, incentivos e benefícios fiscais* serão concedidos e revogados mediante deliberação dos Estados e do Distrito Federal");

A Lei Complementar aqui referida já preexiste à atual Constitutição: é a de nº 24, de 07/01/75, que prevê, para efeitos do ICMS, a celebração de *convênios interestaduais* para a concessão de *isenções, reduções de base de cálculo, devolução* e *concessão de créditos presumidos*, em suma, benefícios fiscais. Tais convênios ficam, no entanto, sujeitos à aprovação de *lei* (ou *decreto legislativo*, conforme estabelecer a Constituição de cada Estado participante), *para que tenham eficácia normativa perante os sujeitos passivos*, visto que, até aí, são meros *ajustes* ou *protocolos de intenções*, de natureza *contratual*, válidos apenas entre as partes contratantes (Poderes Executivos respectivos), o que não basta para o direito tributário, para o qual o *princípio da reserva legal* ou *da legalidade* se sobrepõe. É o que se acha, de resto, expressamente previsto no § 6º do art. 150 da CF, nos seguintes termos:

> "Qualquer subsídio ou isenção, redução de base de cálculo, concessão de crédito presumido, anistia ou remissão, relativos a impostos, taxas ou contribuições, só poderá ser concedido mediante lei específica, federal, estadual ou municipal, que regule exclusivamente as matérias acima enumeradas ou o correspondente tributo ou contribuição, sem prejuízo do disposto no art. 155, § 2º, XII, g";

**h) definir os combustíveis e lubrificantes sobre os quais o imposto incidirá uma única vez** (em tipo *incidência única*), **qualquer que seja a sua finalidade** (observando-se, contudo, o disposto no § 4º deste artigo, logo adiante), **hipótese em que não se aplicará o disposto no inciso X, "b"** (a teor do qual o ICMS *"não incidirá sobre operações que destinem a outros Estados petróleo, inclusive lubrificantes, combustíveis líquidos e gasosos dele derivados e energia elétrica"*, aqui, no entanto, não previstos o *"petróleo"* e a *"energia elétrica"*);

**i) fixar a base de cálculo** (valor tributável), **de modo que o montante do imposto a integre** (de acordo com a regra geral, segundo a qual o montante do imposto deve integrar a sua própria base de cálculo, constituindo o respectivo destaque nos documentos fiscais respectivos mera indicação para fins de controle, tal como era previsto no art. 2º, I, e § 7º, do DL 406/68, e é, hoje, no art. 13, I, e § 1º, I, da LC nº 87/96), **também na importação do exterior de bem, mercadoria ou serviço** (de acordo com a previsão do inciso IX, letra *"a"*, do § 2º ora em comento, segundo o qual o ICMS incidirá também sobre tais operações, realizadas por pessoas físicas ou jurídicas, ainda que não sejam contribuintes habituais do imposto, qualquer que seja a sua finalidade).

**§ 3º À exceção dos impostos de que tratam o inciso II do "caput" deste artigo** (ICMS) **e o art. 153, I** (imposto de importação) **e II** (imposto de exportação), **nenhum outro imposto** (antes da Emenda Constitucional nº 33, de 11/12/01, a redação era *"nenhum outro tributo"*, e a verdadeira razão dessa substituição era a necessidade de a União vir a instituir, sobre a *importação de petróleo e seus derivados, gás natural e seus derivados e álcool combustível*, a *"contribuição de intervenção no domínio econômico"* de que trata o *"caput"* do art. 149 da Constituição) **poderá incidir** (trata-se de legítima *imunidade* em relação aos impostos cuja criação ou instituição ficou vedada) **sobre operações relativas a energia elétrica, serviços de telecomunicações, derivados de petróleo, combustíveis e minerais do País** (do que se conclui que, diferentemente do previsto no § 2º, X, "b", no presente § 3º se acha incluído, como sujeito a *"impostos únicos"*, o *álcool*). A expressão *"derivados de petróleo"* deve ser interpretada como incluindo apenas aqueles que diretamente dele decorrem, abrangendo, pois, o *gás liquefeito de petróleo* (7,7%), *a gasolina* (16,1%), *as naftas e solventes* (11,2%), *o querosene* (4,7%), *o óleo diesel* (34,1%), *os óleos lubrificantes e as parafinas* (1,2%), *os óleos combustíveis* (16,5%), *os asfaltos* (1,8%) *e outros*, não especificados por terem pouca expressão (6,7%).

**§ 4º** *Na hipótese do inciso XII, "h"* (segundo o qual *"cabe à lei complementar ... definir os combustíveis e lubrificantes sobre os quais o imposto incidirá uma única vez, qualquer que seja a sua finalidade, hipótese em que não se aplicará o disposto no inciso X, b"*, onde ressalvamos que o *"petróleo"* e a *"energia elétrica"* não se acham aí incluídos como suscetíveis de serem submetidos a uma única incidência), *observar-se-á o seguinte:*

*I - nas operações com os lubrificantes e combustíveis derivados de petróleo, o imposto caberá ao Estado onde ocorrer o consumo* (vale dizer, destinatário final da remessa);

*II - nas operações interestaduais, entre contribuintes* (inscritos no ICMS), *com gás natural e seus derivados, e lubrificantes e combustíveis não incluídos no inciso I deste parágrafo, o imposto será repartido entre os Estados de origem* (procedência da remessa) *e de destino* (onde ocorrerá o consumo), *mantendo-se a mesma proporcionalidade* (na repartição) *que ocorre nas operações com as demais mercadorias;*

*III - nas operações interestaduais com gás natural e seus derivados, e lubrificantes e combustíveis não incluídos no inciso I deste parágrafo, destinadas a não-contribuinte* (não inscrito no ICMS), *o imposto caberá ao Estado de origem* (procedência da remessa);

*IV - as alíquotas do imposto serão definidas mediante deliberação dos Estados e Distrito Federal, nos termos do § 2º, XII, "g"* (convênios), *observando-se o seguinte:*

*a) serão uniformes em todo o território nacional* (atendendo, pois, ao *princípio da uniformidade geográfica*), *podendo ser diferenciadas* (discriminadas) *por produto;*

*b) poderão ser específicas, por unidade de medida adotada* (metro, litro, quilo, barril, etc.), *ou "ad valorem"* (percentual), *incidindo sobre o valor da operação ou sobre o preço que o produto ou seu similar alcançaria em uma venda em condições de livre concorrência* (ou seja, segundo o preço normal de mercado);
*c) poderão ser reduzidas e restabelecidas* (mediante deliberação por convênio), *não se lhes aplicando o disposto no art. 150, III, "b"* (princípio constitucional da anterioridade).

§ 5º *As regras necessárias à aplicação* (forma ou maneira de pôr em prática, apenas) *do disposto no § 4º* (anterior), *inclusive as relativas à apuração* (cálculo) *e à destinação do imposto* (repartição), *serão estabelecidas* (fixadas) *mediante deliberação* (por convênio) *dos Estados e do Distrito Federal, nos termos do § 2º, XII, "g"*.

## 2. Outras competências institucionais dos Estados e do Distrito Federal

Além dos impostos acima especificados, todos da sua competência *ordinária* e *privativa*, e além das *taxas* e *contribuições de melhoria*, decorrentes dos *seus serviços* e das *suas obras* (art. 145, II e III), dispõem os Estados e o Distrito Federal, ainda, das seguintes *contribuições sociais* previstas na Constituição Federal:

Art. 149: ...

§ 1º *Os Estados, o Distrito Federal ... poderão instituir contribuição* (do tipo social), *cobrada de seus servidores* (da ativa), *para o custeio* (como contraprestação), *em benefício destes* (trata-se, portanto, de instituição e cobrança vinculadas, como condição constitucional, à aplicação em finalidades desde logo definidas), *de sistemas de previdência e assistência social* (saúde, previdência e assistência a seu cargo, como as arrecadadas pelo Instituto de Previdência e Assistência do Estado do RS - IPERGS).

Ao Distrito Federal cabe, ademais, pelo princípio constitucional da *cumulação de competências* (art. 147), os *impostos atribuídos aos Municípios*, quais sejam os previstos no art. 156, que constituem objeto de comentários no capítulo seguinte, item 1, aos quais remetemos o leitor:

*I - propriedade predial e territorial urbana* (IPTU);

*II - transmissão "inter vivos", a qualquer título, por ato oneroso, de bens imóveis, por natureza ou acessão física, e de direitos reais sobre imóveis, exceto os de garantia, bem como cessão de direitos à sua aquisição* (ITBI);

*III - serviços de qualquer natureza, não compreendidos no art. 155, II, definidos em lei complementar* (ISS).

## Capítulo VII

# IMPOSTOS DA COMPETÊNCIA PRIVATIVA DOS MUNICÍPIOS

**1. Competência privativa dos municípios, relativa a impostos**

Assim define a Constituição Federal a competência dos Municípios para a instituição de impostos *ordinários*:

**Art. 156:**
*Compete* (privativamente) *aos Municípios instituir* (mediante *lei ordinária*, até porque não dispõem eles da possibilidade de edição de *lei complementar* no sentido técnico que lhe dá o art. 59, II, da lei constitucional, faculdade essa atribuída somente à União, de tal forma que, quando os entes municipais a usam, não passa ela de sinônimo de lei *ordinária* ou *comum*, alteradora de outra) *impostos sobre*:

*I - propriedade* (bens imóveis que integram o domínio de alguém, permitindo o seu livre uso, gozo, disposição e fruição, inclusive com o direito de reavê-los do poder de quem quer que, injustamente, os possua) *predial* (relativas a construções) *e territorial* (relativas a terrenos, terras) *urbana* (de utilização *nesse* e *para esse fim*, não bastando a sua simples localização) - (IPTU);

Conforme já referimos quando do trato da matéria relativa aos impostos da competência federal, a doutrina e os Tribunais já chegaram a um consenso quanto ao critério a ser adotado (se o da *localização*, ou se o da *destinação* ou *uso* do imóvel) para identificar, para os efeitos do ITR (via de regra menos oneroso) ou do IPTU, se o imóvel é, respectivamente, *rural* ou *urbano*, quando, pelas aparências, puder ser enquadrado ora numa, ora noutra categoria. Para muitos, partindo do pensamento popular dominante – *de que se o campo não anda bem, a cidade vai mal* –, deve-se dar sempre preferência à tributação pelo ITR, sempre que, mesmo *situado* em zona ou perímetro urbano, restar provado estar o imóvel sendo efetivamente *utilizado para fins rurais*, porque, afinal, o citadino depende da produção rural, *primária*, para a sua sobrevivência.

Elucidativa, nesse particular, a ementa de lavra do eminente Des. ARNO WERLANG, proferida em acórdão do 1º Grupo Cível do TJERS:[103]

---

[103] Embargos Infringentes nº 70001213685, 1º Grupo Cível do TJERS, de 06/10/00, Rel. Des. Arno Werlang.

*"ITR e IPTU. Critério distintivo entre área urbana e área rural. Relevância da destinação econômica da área tributável. 1. Relevante para distinguir a incidência do tributo, ITR ou IPTU, não apenas a localização do imóvel, mas a destinação econômica da área tributável. O art. 32 do CTN deve ser interpretado com as alterações introduzidas nos arts. 15 e 16, do DL nº 57/66, não revogado pela Lei nº 5.868/72, porque declarada inconstitucional pelo STF e suspensa sua vigência pela Resolução nº 313/83, do Senado Federal. 2. Os Municípios podem arrecadar impostos de sua competência dos imóveis: a) situados em suas zonas urbanas, definidas em lei municipal, qualquer que seja a sua destinação, ressalvados os utilizados em exploração extrativa vegetal, agrícola, pecuária ou agro-industrial; b) situados fora de zona urbana, qualquer que seja a sua área, desde que utilizados exclusivamente como sítios de recreio".*

Assim, não mais se aplica, à vista do art. 15 do Decreto-Lei nº 57/66 ("*Estatuto da Terra*"), que determina a *destinação/utilização* do imóvel para fins rurais como elemento definidor da incidência do ITR, e do art. 32 do Código Tributário, que tem na *localização* do imóvel o elemento definidor. É que, antes mesmo de entrar em vigor o Código Tributário, em 1º/01/1967, foi editado o *"Estatuto da Terra"* (DL nº 57/66) que, em seu art. 15 assim estabeleceu:[104]

"*O disposto no art. 32 da Lei nº 5.172, de 25/20/1966, não abrange o imóvel que, comprovadamente, seja utilizado em exploração extrativa vegetal, agrícola, pecuária ou agro-industrial, incidindo assim, sobre o mesmo, o ITR e demais tributos com o mesmo cobrados".*

Como bem salientou o voto do Eminente Des. GENARO JOSÉ BARONI BORGES, do 1º Grupo do TJERS, como Redator designado para a lavratura de acórdão em outro feito de matéria idêntica, do qual foi relatora a Eminente Desª. LISELENA SCHIFINO ROBLES RIBEIRO, do mesmo Grupo:[105]

"*Já em dezembro de 1972 foi editada a Lei nº 5.868, que pretendeu estabelecer critério para a caracterização do imóvel como urbano ou rural, ... O STF, no entanto, em composição plena, declarou a inconstitucionalidade do art. 6º e seu parágrafo único, da Lei 5868, porque, 'não sendo lei complementar, não poderia ter estabelecido critério, para fins tributários, de caracterização de imóvel rural ou urbano, diverso do fixado nos arts. 29 e 32 do CTN' (RE 93.850/MG)".*

**II - transmissão "inter vivos"** (ITBI), **a qualquer título** (venda, troca e dação em pagamento), *por ato oneroso* (que envolva pagamento ou contraprestação), *de bens imóveis* (tal como definidos Código Civil), *por natureza* (como a natureza os oferece, segundo a previsão do inciso I do art. 43 do citado Código: "*o solo com a sua superfície, os seus acessórios e adjacências naturais, compreendendo as árvores e os frutos pendentes, o espaço aéreo e o subsolo*") *ou acessão física* (fruto de imobilização através da mão humana, como previsto no inciso II do citado art. da lei civil: "*tudo quanto o homem incorporar permanentemente ao solo, como a semente lançada à terra, os edifícios e construções, de modo que se não possa retirar sem destruição, modificação, fratura, ou dano*"), *e de direitos reais sobre imóveis* (enfiteuse ou aforamento, servidão, usufruto, uso, habitação, rendas constituídas sobre imóveis, penhor, além da

---

[104] Ver, a propósito, a Revista dos Tribunais nº 658/105.
[105] Embargos Infringentes nº 598543130, 1º Grupo, TJERS.

hipoteca e da anticrese, a seguir excluídas)**, exceto os de garantia** (hipoteca e anticrese)**, bem como cessão** (transferência, também por ato *"inter vivos"*) **de direitos à sua aquisição** (os atos, devidamente documentados no registro imobiliário, pelos quais a propriedade, prometida ao adquirente, ainda não fora efetivada);

*III - serviços de qualquer natureza* (ISS)**, não compreendidos no art. 155, *II*** (que é o campo da incidência do ICMS, abrangendo serviços de transporte *interestadual* e *intermunicipal*, e de *comunicação*, ficando aí, desde logo excluído o transporte *intramunicipal*, além, é claro, de não se compreenderem na competência dos Estados e do Distrito Federal toda a gama se *serviços* prestados a *usuários* ou *consumidores finais*)**, definidos em lei complementar** (relacionados na Lista de Serviços anexa ao Decreto-Lei nº 406/68, na redação que lhe deu a Lei Complementar nº 56, de 15/12/87).

Esta é a *Lista de Serviços* em vigor, que deve ser interpretada como sendo *taxativa* (limitada) no todo, mas exemplificativa por item, vale dizer, cada item comporta inclusões de outros serviços análogos ou congêneres):

1. *Médicos, inclusive análises clínicas, eletricidade médica, radioterapia, ultra-sonografia, radiologia, tomografia e congêneres.*
2. *Hospitais, clínicas, sanatórios, laboratórios de análise, ambulatórios, prontos-socorros, manicômios, casas de saúde, de repouso e de recuperação e congêneres.*
3. *Bancos de sangue, leite, pele, olhos, sêmen e congêneres.*
4. *Enfermeiros, obstetras, ortópticos, fonoaudiólogos, protéticos (prótese dentária).*
5. *Assistência médica e congêneres previstos nos itens 1, 2 e 3 desta Lista, prestados através de planos de medicina de grupo, convênios, inclusive com empresas para assistência a empregados.*
6. *Planos de saúde, prestados por empresa que não esteja incluída no item 5 desta Lista, e que se cumpram através de serviços prestados por terceiros, contratados pela empresa ou apenas pagos por esta, mediante indicação do beneficiário do plano.*
7. *(Vetado).*
8. *Médicos veterinários.*
9. *Hospitais veterinários, clínicas veterinárias e congêneres.*
10. *Guarda, tratamento, amestramento, adestramento, embelezamento, alojamento e congêneres, relativos a animais.*
11. *Barbeiros, cabeleireiros, manicuros, pedicuros, tratamento de pele, depilação e congêneres.*
12. *Banho, duchas, sauna, massagens, ginásticas e congêneres.*
13. *Varrição, coleta, remoção e incineração de lixo.*
14. *Limpeza e dragagem de portos, rios e canais.*
15. *Limpeza, manutenção e conservação de imóveis, inclusive vias públicas, parques e jardins.*
16. *Desinfecção, imunização, higienização, desratização e congêneres.*
17. *Controle e tratamento de efluentes de qualquer natureza e de agentes físicos e biológicos.*
18. *Incineração de resíduos quaisquer.*
19. *Limpeza de chaminés.*
20. *Saneamento ambiental e congêneres.*
21. *Assistência técnica (vetado).*

22. Assessoria ou consultoria de qualquer natureza, não contida em outros itens desta Lista, organização, programação, planejamento, assessoria, processamento de dados, consultoria técnica, financeira ou administrativa (vetado).
23. Planejamento, coordenação, programação ou organização técnica, financeira ou administrativa (vetado).
24. Análises, inclusive de sistemas, exames, pesquisas e informações, coleta e processamento de dados de qualquer natureza.
25. Contabilidade, auditoria, guarda-livros, técnicos em contabilidade e congêneres.
26. Perícias, laudos, exames técnicos e análises técnicas.
27. Traduções e interpretações.
28. Avaliação de bens.
29. Datilografia, estenografia, expediente, secretaria em geral e congêneres.
30. Projetos, cálculos e desenhos técnicos de qualquer natureza.
31. Aerofotogrametria (inclusive interpretação), mapeamento e topografia.
32. Execução, por administração, empreitada ou subempreitada, de construção civil, de obras hidráulicas e outras semelhantes e respectiva engenharia consultiva, inclusive serviços auxiliares ou complementares (exceto o fornecimento de mercadorias produzidas pelo prestador de serviços, fora do local da prestação dos serviços, que fica sujeito ao ICMs).
33. Demolição.
34. Reparação, conservação e reforma de edifícios, estradas, pontes, portos e congêneres (exceto o fornecimento de mercadorias produzidas pelo prestador dos serviços fora do local da prestação dos serviços, que fica sujeito ao ICMs).
35. Pesquisa, perfuração, cimentação, perfilagem, (vetado), estimulação e outros serviços relacionados com a exploração e explotação de petróleo e gás natural.
36. Florestamento e reflorestamento.
37. Escoramento e contenção de encostas e serviços congêneres.
38. Paisagismo, jardinagem e decoração (exceto o fornecimento de mercadorias, que fica sujeito ao ICMs).
39. Raspagem, calafetação, polimento, lustração de pisos, paredes e divisórias.
40. Ensino, instrução, treinamento, avaliação de conhecimentos, de qualquer grau ou natureza.
41. Planejamento, organização e administração de feiras, exposições, congressos e congêneres.
42. Organização de festas e recepções: "buffet" (exceto o fornecimento de alimentação e bebidas, que fica sujeito ao ICMs).
43. Administração de bens e negócios de terceiros e de consórcio (vetado).
44. Administração de fundos mútuos (exceto a realizada por instituições autorizadas a funcionar pelo Banco Central).
45. Agenciamento, corretagem ou intermediação de câmbio, de seguros e de planos de previdência privada.
46. Agenciamento, corretagem ou intermediação de títulos quaisquer (exceto os serviços executados por instituições autorizadas a funcionar pelo Banco Central).
47. Agenciamento, corretagem ou intermediação de direitos da propriedade industrial, artística ou literária.
48. Agenciamento, corretagem ou intermediação de contratos de franquia ("franchise") e de faturação ("factoring") excetuam-se os serviços prestados por instituições autorizadas a funcionar pelo Banco Central.
49. Agenciamento, organização, promoção e execução de programas de turismo, passeios, excursões, guias de turismo e congêneres.
50. Agenciamento, corretagem ou intermediação de bens móveis e imóveis não abrangidos nos itens 45, 46, 47 e 48.

51. Despachantes.
52. Agentes da propriedade industrial.
53. Agentes da propriedade artística ou literária.
54. Leilão.
55. Regulação de sinistros cobertos por contratos de seguros; inspeção e avaliação de riscos para cobertura de contratos de seguros; prevenção e gerência de riscos seguráveis, prestados por quem não seja o próprio segurado ou companhia de seguro.
56. Armazenamento, depósito, carga, descarga, arrumação e guarda de bens de qualquer espécie (exceto depósitos feitos em instituições financeiras autorizadas a funcionar pelo Banco Central).
57. Guarda e estacionamento de veículos automotores terrestres.
58. Vigilância ou segurança de pessoas e bens.
59. Transporte, coleta, remessa ou entrega de bens ou valores, dento do território do município.
60. Diversões públicas:
    a) (vetado), cinemas, (vetado), "taxi-dancings" e congêneres;
    b) bilhares, boliches, corridas de animais e outros jogos;
    c) exposições, com cobrança de ingresso;
    d) bailes, "shows", festivais, recitais e congêneres, inclusive espetáculos que sejam também transmitidos, mediante compra de direitos para tanto, pela televisão, ou pelo rádio;
    e) jogos eletrônicos;
    f) competições esportivas ou de destreza física ou intelectual, com ou sem a participação do espectador, inclusive a venda de direitos à transmissão pelo rádio ou pela televisão;
    g) execução de música, individualmente ou por conjuntos.
    (Vetado).
61. Distribuição e venda de bilhete de loteria, cartões, pules ou cupons de apostas, sorteios ou prêmios.
62. Fornecimento de música, mediante transmissão por qualquer processo, para vias públicas ou ambientes fechados (exceto transmissões radiofônicas ou de televisão).
63. Gravação e distribuição de filmes e videoteipes.
64. Fonografia ou gravação de sons ou ruídos, inclusive trucagem, dublagem, e mixagem sonora.
65. Fotografia e cinematografia, inclusive revelação, ampliação, cópia, reprodução e trucagem.
66. Produção, para terceiros, mediante ou sem encomenda prévia, de espetáculos, entrevistas e congêneres.
67. Colocação de tapetes e cortinas, com material fornecido pelo usuário final do serviço.
68. Lubrificação, limpeza e revisão de máquinas, veículos, aparelhos e equipamentos (exceto o fornecimento de peças e partes, que fica sujeito ao ICMs).
69. Conserto, restauração, manutenção e conservação de máquinas, veículos, motores, elevadores ou de qualquer objeto (exceto o fornecimento de peças e partes, que fica sujeito ao ICMs).
70. Recondicionamento de motores (o valor das peças fornecidas pelo prestador do serviço fica sujeito ao ICMs).
71. Recauchutagem ou regeneração de pneus para o usuário final.
72. Recondicionamento, acondicionamento, pintura, beneficiamento, lavagem, secagem, tingimento, galvanoplastia, anodização, corte, recorte, polimento, plastificação e congêneres, de objetos não destinados à industrialização ou comercialização.

73. Lustração de bens móveis quando o serviço for prestado para usuário final do objeto lustrado.
74. nstalação e montagem de aparelhos, máquinas e equipamentos, prestados ao usuário final do serviço, exclusivamente com material por ele fornecido.
75. Montagem industrial, prestada ao usuário final do serviço, exclusivamente com material por ele fornecido.
76. Cópia ou reprodução, por quaisquer processos, de documentos e outros papéis, plantas ou desenhos.
77. Composição gráfica, fotocomposição, clicheria, zincografia, litografia e fotolitografia.
78. Colocação de molduras e afins, encadernação, gravação e douração de livros, revistas e congêneres.
79. Locação de bens móveis, inclusive arrendamento mercantil.
80. Funerais.
81. Alfaiataria e costura, quando o material for fornecido pelo usuário final, exceto aviamento.
82. Tinturaria e lavanderia.
83. Taxidermia.
84. Recrutamento, agenciamento, seleção, colocação ou fornecimento de mão-de-obra, mesmo em caráter temporário, inclusive por empregados do prestador de serviço ou por trabalhadores avulsos por ele contratados.
85. Propaganda e publicidade, inclusive promoção de vendas, planejamento de campanhas ou sistemas de publicidade, elaboração de desenhos, textos e demais materiais publicitários (exceto sua impressão, reprodução ou fabricação).
86. Veiculação e divulgação de textos, desenhos e outros materiais de publicidade, por qualquer meio (exceto em jornais, periódicos, rádios e televisão).
87. Serviços portuários e aeroportuários; utilização de porto ou aeroporto; atracação; capatazia; armazenagem interna, externa e especial; suprimento de água, serviços acessórios; movimentação de mercadoria fora do cais.
88. Advogados.
89. Engenheiros, arquitetos, urbanistas, agrônomos.
90. Dentistas.
91. Economistas.
92. Psicólogos.
93. Assistentes sociais.
94. Relações públicas.
95. Cobranças e recebimentos por conta de terceiros, inclusive direitos autorais, protestos de títulos, sustação de protestos, devolução de títulos não pagos, manutenção de títulos vencidos, fornecimentos de posição de cobrança ou recebimento e outros serviços correlatos da cobrança ou recebimento (este item abrange também os serviços prestados por instituições autorizadas a funcionar pelo Banco Central).
96. Instituições financeiras autorizadas a funcionar pelo Banco Central: fornecimento de talão de cheques; emissão de cheques administrativos; transferência de fundos; devolução de cheques; sustação de pagamento de cheques; ordens de pagamento e de créditos, por qualquer meio; emissão e renovação de cartões magnéticos; consultas em terminais eletrônicos; pagamentos por conta de terceiros, inclusive os feitos fora do estabelecimento; elaboração de ficha cadastral; aluguel de cofres, fornecimento de 2ª via de avisos de lançamento de extrato de contas; emissão de carnês (neste item não está abrangido o ressarcimento, a instituições financeiras, de gastos com portes do Correio, telegramas, telex e teleprocessamento, necessários à prestação dos serviços).
97. Transporte de natureza estritamente municipal.

98. *Comunicações telefônicas de um para outro aparelho dentro do mesmo município.*
99. *Hospedagem em hotéis, motéis, pensões e congêneres (o valor da alimentação, quando incluído no preço da diária, fica sujeito ao ISS).*
100. *Distribuição de bens de terceiros em representação de qualquer natureza.*
101. *Exploração de rodovia mediante cobrança de preço dos usuários, envolvendo execução de serviços de conservação, manutenção, melhoramentos para adequação de capacidade e segurança de trânsito, operação, monitoração, assistência aos usuários e outros definidos em contratos, atos de concessão ou de permissão ou em normas oficiais (item acrescentado pela LC nº 100, de 22.12.1999).*

O STF considerou inconstitucional, contudo, a inclusão, nessa lista, da *"locação de bens móveis"* (item 79), por entender não constituir ela *serviço*, mas cessão do direito de uso, vale dizer, obrigação de *dar* e não *de fazer*:

> "ISS. Contrato de Locação. A terminologia constitucional do ISS revela o objeto da tributação. Conflita com a Lei Maior dispositivo que imponha o tributo considerado contrato de locação de bem móvel. Em direito, os institutos, as expressões e os vocábulos têm sentido próprio, descabendo confundir a locação de serviços com a de móveis, práticas diversas regidas pelo Código Civil, cujas definições são de observância inafastável - artigo 110 do CTN".[106]

Segundo o citado DL nº 406/68, contribuinte do ISS é *o prestador do serviço* (art. 10), local da prestação do serviço é *o do estabelecimento prestador* ou, na falta de estabelecimento, *o do domicílio do prestador*, e, no caso de construção civil, *o local onde se efetuar a prestação* (art. 12), sendo que, em relação ao município competente para a exigência do imposto, já restou definido, pelo STJ, que:

> "É juridicamente possível as pessoas jurídicas ou firmas individuais possuírem mais de um domicílio tributário. Para o ISS, quanto ao fato gerador, considera-se o local onde se efetivar a prestação do serviço. O estabelecimento prestador pode ser a matriz, como a filial, para os efeitos tributários, competindo o do local da atividade constitutiva do fato gerador".[107]

> "Para fins de incidência do ISS importa o local onde foi concretizado o fato gerador, ou seja, onde foi prestado o serviço, como critério de fixação de competência do município arrecadador e exigibilidade do crédito tributário".[108]

Aos impostos municipais definidos no art. 156 retro aplicam-se as regras e princípios constitucionais previstos nos parágrafos a seguir, e que a lei instituidora ou majoradora deve observar:

§ 1º **Sem prejuízo da progressividade no tempo** (em que a *alíquota* é, a cada novo fato gerador, hoje anual, substituída por outra, maior, até que não mais persistam os motivos que determinaram a sua aplicação) *a que se refere o art. 182, § 4º, inciso II* (que prevê essa modalidade de *imposto progressivo no tempo* para solo urbano não edificado, subutilizado ou não utilizado, cujo proprietário não promover, nos termos da Lei federal nº 10.257, de 10/07/01, conhecida como *"Estatuto da Cidade"*, o seu adequado aproveitamento, parcelando-o ou edificando-o, após devidamente intimado pelo Município), **poderá** (o IPTU):

---

[106] RE nº: 116121/SP, 11/10/00, Pleno, STF, 11/10/2000, DJU de 25/05/01, p. 17/18, e RDDT nºs 70, p. 237, e 71, p. 194/207.
[107] REsp nº 302230/MG, 1ª Turma, STJ, 05/04/01, DJU de 22/10/01, p. 271, e RDDT nº 75, p. 233.
[108] REsp nº 299838/MG, 1ª Turma, STJ, 05/06/01, DJU de 15/10/01, p. 236, e RDDT nº 75, p. 233/234.

*I - ser progressivo* (mediante divisão da *base de cálculo* em faixas, em forma de tabela, com atribuição de uma alíquota ou percentual próprio, crescente, para cada uma delas, devendo o cálculo respectivo ser *gradual*, e não *simples* – que utiliza apenas uma alíquota –, consistindo, assim, montante a pagar, a soma do resultado da aplicação de todas as alíquotas previstas, até chegar-se ao valor sujeito à tributação, tal como já visto no Capítulo II, deste livro, quando classificamos os impostos em *fixos, proporcionais* e *progressivos*, aos quais remetemos o leitor) *em razão do valor do imóvel ("ad valorem"); e*

*II - ter alíquotas diferentes* (*diferenciadas* ou *seletivas*) *de acordo* (em função) *com a localização* (ponto em que se localiza) *e o uso* (aplicação ou destinação) *do imóvel.*

Esse § 1º, com a redação recebida pela Emenda Constituicional nº 29, de 13/09/2000, envolve a dupla finalidade de qualquer o *imposto*: a *fiscal* (aplicados nos inciso I e II) e a *extrafiscal* (desde logo ressalvada na sua introdução), sobre as quais discorremos no Capítulo II, deste livro, onde (na 9ª classificação) desenvolvemos a matéria, e que ora resumimos nas considerações que se seguem.

Visando ao bem-estar social, o Poder Público presta os mais variados serviços aos seus cidadãos, visando, basicamente, à saúde, à educação e à segurança. O *tributo* é, pois, a *contraprestação* pecuniária compulsória desses serviços públicos, onde o limite da cobrança é, em princípio, o seu custo, que, obviamente, deve ser buscado entre todos os beneficiários do serviço, dentro de uma *proporcionalidade razoável, segundo a capacidade contributiva de cada um*. Essa é a finalidade *fiscal* do *tributo*, e, conseqüentemente, todos os valores que o Estado, aqui genericamente considerado, compulsoriamente impõe e exige de cada um de seus contribuintes, dentro desse *limite*, é tido como *razoável*, e, a *"contrario sensu"*, todos os que impõe e exige sem atender a esse pressuposto é, de um modo geral, tido como *confisco*.

É certo, por outro lado, que o *imposto* também pode ser utilizado para atingir *fins extrafiscais*, com vistas ao *estímulo* ou *desestímulo* de certas *atividades* ou *comportamentos* dos contribuintes, como a *regulação do mercado* e a *adequação de condutas*, tudo dependendo da política tributária constitucionalmente adotada, e, quando isso acontece, o instrumento legal normalmente utilizado é a *alíquota*, que será, então, ajustada de acordo com os objetivos a serem atingidos ou alcançados, sem, contudo, torná-la *confiscatória*.

Assim, quando a *alíquota* (do *imposto*) é fixada exclusivamente com *fins arrecadatórios*, visando, tão-somente, cobrir necessidades financeiras públicas, disse que o *imposto* é de *natureza* ou *finalidade fiscal*, e, quando fixada com o fim de atingir, *também* (além da simples arrecadação de recursos, eis que o tributo visa, fundamentalmente, à angariação de recursos financeiros ao Estado), *fins outros*, passa ela a ser de *natureza* ou *finalidade* também *extrafiscal*.

Deixamos claro, também, na mesma ocasião, que a lei constitucional jamais pode autorizar o manejo de determinado *imposto* com fins *exclusivamente extrafiscais*, porque o estaria utilizando com fins *puramente punitivos*, o que não é da natureza, nem da finalidade do *tributo em geral*, que visa *contraprestacionar serviços públicos*, e não à *sanção de atos ilícitos*.

Esse é, aliás, o cuidado que deve o legislador ordinário ter ao disciplinar tanto o ITR (imposto sobre a propriedade territorial rural), na parte em que impõe (art. 153, § 4º, da CF) a adoção de alíquotas fixadas *"de forma a desestimular a manutenção de propriedades improdutivas"*, tributando, assim, com maior rigor ou peso, as que não atenderem às suas finalidades rurais, como o IPTU (imposto sobre a propriedade predial e territorial urbana), na parte em que permite a utilização de alíquotas *progressivas no tempo* relativamente ao *solo urbano – territorial*, portanto –, *não edificado*, *subutilizado* ou *não utilizado*, vale dizer, aos que não atenderem aos fins sociais da propriedade (cf. art. 182, § 4º, II, da CF). Lamentavelmente, a *lei constitucional* não estabeleceu limite máximo a essa imposição *extrafiscal*, ensejando o confisco, e que, a nosso ver, não podem ultrapassar ao dobro da *alíquota padrão* (a tida como normal para os *fins fiscais* de cada imposto). Em relação ao IPTU, contudo, foi ela adotada por lei federal (*"Estatuto da Cidade"*), como logo mais se verá, mas à evidência confiscatória.

Todavia, quando o *imposto* e o *paraimposto* são utilizados para fins *extrafiscais* (por exemplo, onerar com alíquota maior, nas importações, o produto externo, para proteger o produto interno), as circunstâncias são completamente diferentes da punição: o que se *procura*, com a sua utilização, é, apenas, *evitar ou inibir a prática de certos fatos geradores*, enquanto *na punição* a que se visa é *castigar* o cidadão, utilizando, para tanto, o *tributo*, que é uma forma de extorquir, de uma única vez ou em doses desproporcionais, o seu patrimônio.

Hoje, portanto, a lei constitucional estendeu, também ao IPTU (de *natureza real*), pela nova redação dada ao § 1º do art. 156, a *progressividade* prevista, para os impostos de *natureza pessoal*, no § 1º do art. 145, sem, contudo, transformá-lo nessa espécie, permitindo-lhe, para *fins fiscais*, – o que lhe era vedado –, alíquotas *progressivas* e *diferenciadas* ou *seletivas*, mantendo, contudo, para *fins extrafiscais* (mas só ao de natureza *territorial*, excluído o *predial*, portanto), a utilização de alíquotas *progressivas no tempo* (do tipo que substitui, a cada novo fato gerador, hoje anual, a do imediatamente anterior, por outra, maior, mas única, até certo limite, até que o proprietário dê adequado aproveitamento ao *solo urbano*).

De fato, a anterior redação do § 1º apenas dispunha, em relação aos *fins extrafiscais* do IPTU, poder ele *"ser progressivo, nos termos de lei municipal, de forma a assegurar o cumprimento da função social da propriedade"* (esta prevista no § 2º do art. 182, e, aquele, no § 4º, II, ambos da CF), mas nada de concreto dispunha a lei constitucional respeito dos *fins fiscais* desse imposto.

Assim dispõe o mencionado art. 182:

"Art. 182: ...

§ 4º É facultado ao Poder Público municipal, mediante lei específica para área incluída no plano diretor, exigir, nos termos da lei federal, do proprietário do solo urbano não edificado, subutilizado ou não utilizado, que promova seu adequado aproveitamento, sob pena, sucessivamente, de:

I - parcelamento ou edificação compulsórios;

II - imposto sobre a propriedade predial e territorial urbana progressivo no tempo".

Muitos Municípios passaram, então, a se utilizar, para *fins fiscais*, de alíquotas *progressivas* (ou *seletivas*, por divisão fiscal, que passou a ser entendido como de efeitos iguais), ao mesmo tempo em que desde logo instituiram, para *efeitos extrafiscais*, alíquotas *progressivas no tempo*, e, alguns até de forma confiscatória, sem, contudo, aguardar para tanto, a *"lei federal"* prévia, referida no citado § 4º do art. 182.

A tudo isso o STF[109] respondeu nos seguintes termos, mantendo-se nessa linha em posteriores manifestações, no sentido da impossibilidade da *progressividade* de alíquotas para *fins fiscais*, e da impossibilidade de adoção, para *fins extrafiscais*, de alíquotas *progressivas no tempo* enquanto não editada a acenada *lei federal*:

"A progressividade do IPTU, que é imposto de natureza real em que não se pode levar em consideração a capacidade econômica do contribuinte, só é admissível, em face da Constituição, para o fim extrafiscal de assegurar o cumprimento da função social da propriedade" (que vem definida no artigo 182, § 2º, da Carta Magna), "obedecidos os requisitos previstos no § 4º desse artigo 182" (AI nº 175224-6-SP).

"No sistema tributário nacional é o IPTU inequivocamente um imposto real. Sob o império da atual Constituição, não é admitida a progressividade fiscal do IPTU, quer com base exclusivamente no seu art. 145, § 1º, porque esse imposto tem caráter real que é incompatível com a progressividade decorrente da capacidade econômica do contribuinte, quer com arrimo na conjugação desse dispositivo constitucional (genérico) com o art. 156, § 1º (específico). A interpretação sistemática da Constituição conduz inequivocamente à conclusão de que o IPTU, com finalidade extrafiscal a que alude o inciso II do § 4º do art. 182, é a explicitação especificada, inclusive com limitação temporal, do IPTU com finalidade extrafiscal aludido no art. 156, I, § 1º. Portanto, é inconstitucional qualquer progressividade, em se tratando de IPTU, que não atenda exclusivamente ao disposto no art. 156, § 1º, aplicado com as limitações expressamente constantes dos §§ 2º e 4º do art. 182, ambos da Constituição Federal" (RE nº 153.771-0/MG).

Hoje, no entanto, com a edição das citadas Emenda Constitucional nº 29/2000, e da lei federal referida no § 4º do art. 182 (de nº 10.257, de 10/07/01, conhecida como *"Estatuto da Cidade"*), a situação passou a ser a seguinte: tanto o imposto *progressivo para fins fiscais* (de cálculo *gradual* e não *simples*), como o imposto *progressivo para fins extrafiscais* (de alíquotas *progressivas no tempo*),

---

[109] cf. despacho proferido nos AIs nºs 175224-6/SP (DJU de 12/12/96, p. 49988, e RDDT nº 17, p. 177) e 189824-8/SP (DJU de 10/12/96, p. 49516, e mesma RDDT, p. 176), e nos REs nºs 153.771-0/MG (DJU de 05/09/97, p. 41892, e RDDT nº 27, p. 235/6, e referido no AI nº 175224-6-SP), 167654-0/MG (2ª Turma, DJU de 18/04/97, p. 13786, e RDDT nº 22, p. 121/2) e 204827-5/SP (Pleno, DJU de 25/04/97, p. 15213, e RDDT nº 22, p. 199).

são hoje possíveis, desde que, para tanto, sejam editadas as competentes leis municipais instituidoras.

Quanto ao imposto *progressivo para fins fins extrafiscais* (cf. art. 156, § 1º, combinado com o art. 182, § 4º, II, da CF), a lei instituidora há de ser *específica* sobre a matéria e *genérica* quanto ao seu alcance (destinada a todos os contribuintes do território municipal, e não a alguns, isoladamente), exigindo-o sobre solo urbano não *edificado, subutilizado* ou *não utilizado* nos casos em que, após devidamente intimado a *parcelá-lo* ou *edificá-lo*, seu proprietário não promova seu adequado aproveitamento dentro de certo prazo. Consiste, essa *progressividade no tempo*, na substituição, a cada novo fato gerador, hoje anual (estando aí a progressão no tempo), da alíquota aplicada ao fato gerador (anual) imediatamente anterior, por outra, maior e única, até o limite estabelecido em lei, que, contudo, não pode violar o *princípio do não-confisco*, porque não se pode expropriar o patrimônio de alguém ao simples pretexto de tributá-lo ou de forçá-lo a adotar conduta que simplesmente atenda aos interesses públicos.

Em resumo, são os seguintes os aspectos mais importantes do *"Estatuto da Cidade"* (Lei nº 10.257, de 10/07/2001), com entrada em vigor prevista para *"após 90 dias da data da sua publicação"*, esta ocorrida em 11/07/01, que conforme dito em seu art. 1º, regulamenta os arts. 182 e 183 da Constituição Federal, estabelecendo normas de ordem pública e interesse social, que regulam o uso da propriedade urbana em prol do bem coletivo, da segurança e do bem-estar dos cidadãos, bem como do equilíbrio ambiental:

A política urbana tem por objetivo ordenar o pleno desenvolvimento das funções sociais da cidade e da propriedade urbana, mediante ordenação e controle do uso do solo, de forma a evitar: a utilização inadequada dos imóveis urbanos; o parcelamento do solo, a edificação ou o uso excessivos ou inadequados em relação à infra-estrutura urbana; a retenção especulativa de imóvel urbano, que resulte na sua subutilização ou não-utilização (art. 2º).

Para os fins desta lei, serão utilizados, entre outros instrumentos, institutos tributários e financeiros, como: imposto sobre a propriedade predial e territorial urbana - IPTU; contribuição de melhoria; incentivos e benefícios fiscais e financeiros (art. 4º).

Lei municipal específica para área incluída no plano diretor poderá determinar o parcelamento, a edificação ou a utilização compulsórios do solo urbano não edificado, subutilizado ou não utilizado, devendo fixar as condições e os prazos para implementação da referida obrigação (art. 5º). Considera-se subutilizado o imóvel cujo aproveitamento seja inferior ao mínimo definido no plano diretor ou em legislação dele decorrente (§ 1º). O proprietário será notificado pelo Poder Executivo municipal para o cumprimento da obrigação, devendo a notificação ser averbada no cartório de registro de imóveis (§ 2º). A notificação far-se-á por funcionário do órgão competente do Poder Público municipal, ao proprietário do imóvel ou, no caso de este ser pessoa jurídica, a quem tenha poderes de gerência geral ou administração, e, por edital quando frustrada, por 3 vezes, a tentativa de notificação na forma prevista pelo inciso I (§ 3º). Os prazos do *"caput"* desse art. 5º não poderão ser inferiores a: um ano, a partir da notificação, para que seja protocolado o projeto no órgão municipal competente, e, de 2 anos, a partir da aprovação do projeto, para iniciar as obras do empreendimento (§ 4º). Em empreendimentos de grande porte, em caráter excepcional, a lei municipal específica a que se refere o *"caput"* poderá prever a conclusão em etapas, assegurando-se que o projeto aprovado compreenda o empreendimento como um todo (§ 5º).

Em caso de descumprimento das condições e dos prazos previstos no *"caput"* do art. 5º, ou não sendo cumpridas as etapas previstas no § 5º deste, o Município procederá à aplicação do imposto sobre a propriedade predial e territorial urbana (IPTU) progressivo no tempo, mediante a majoração da alíquota pelo prazo de 5 anos consecutivos (art. 7º). O valor da alíquota a ser aplicado a cada ano será fixado na lei específica a que se refere o *"caput"* do art. 5º desta Lei e não excederá a duas vezes o valor referente ao ano anterior, respeitada a alíquota máxima de 15% (§ 1º). Caso a obrigação de parcelar, edificar ou utilizar não esteja atendida em cinco anos, o Município manterá a cobrança pela alíquota máxima, até que se cumpra a referida obrigação, garantida a prerrogativa prevista no art. 8º (§ 2º). É vedada a concessão de isenções ou de anistia relativas à tributação progressiva de que trata este artigo (§ 3º).

Decorridos cinco anos de cobrança do IPTU progressivo sem que o proprietário tenha cumprido a obrigação de parcelamento, edificação ou utilização, o Município poderá proceder à desapropriação do imóvel, com pagamento em títulos da dívida pública (art. 8º). O Município procederá ao adequado aproveitamento do imóvel no prazo máximo de 5 anos, contado a partir da sua incorporação ao patrimônio público (§ 4º). O aproveitamento do imóvel poderá ser efetivado diretamente pelo Poder Público ou por meio de alienação ou concessão a terceiros, observando-se, nesses casos, o devido procedimento licitatório (§ 5º).

A propriedade urbana cumpre sua função social quando atende às exigências fundamentais de ordenação da cidade expressas no plano diretor, assegurando o atendimento das necessidades dos cidadãos quanto à qualidade de vida, à justiça social e ao desenvolvimento das atividades econômicas (art. 39).

O plano diretor, aprovado por lei municipal, é o instrumento básico da política de desenvolvimento e expansão urbana (art. 40), devendo conter, no mínimo, entre outras exigências, a delimitação das áreas urbanas onde poderá ser aplicado o parcelamento, edificação ou utilização compulsórios, considerando a existência de infra-estrutura e de demanda para utilização, na forma do art. 5º (art. 42).

Os tributos sobre imóveis urbanos, assim como as tarifas relativas a serviços públicos urbanos, serão diferenciados em função do interesse social (art. 47).

A aplicação do artigo 47, antes referido (no final do resumo do *"Estatuto da Cidade"*), fere, à evidência, velho dogma constitucional, segundo o qual as *taxas* e as *contribuições de melhoria*, tanto quanto as *tarifas públicas*, devem ser rigorosamente quantificadas de acordo com o uso ou consumo do serviço público respectivo, sem que se lhes possa aplicar o princípio da *capacidade contributiva*, completamente incabível na espécie. Tenta esse dispositivo inovar, mas a doutrina e a jurisprudência certamente hão de repudiar a sua aplicação.

Da mesma forma, a regra do § 1º do art. 7º do mesmo Estatuto, de que o valor da alíquota a ser aplicado a cada ano, pela lei municipal específica, ao *imposto progressivo no tempo*, *"não excederá a duas vezes o valor referente ao ano anterior, respeitada a alíquota máxima de 15%"* (cf. art. 7º, § 1º), constitui confisco, a olhos vistos, correspondente a uma desproporcional e draconiana busca, pelo fisco, de 1/6 do patrimônio imóvel do contribuinte faltoso, a cada ano.

O que não se permite, contudo, em hipótese alguma, e tampouco o *"Estatuto da Cidade"* disso cogita, conforme já esclarecemos quando tratamos das sanções político-administrativas que, costumeiramente costumam ser aplicada ao contribuinte faltoso no cumprimento dos seus deveres perante o poder público, é aumentar a alíquota do *imposto* (ou do *paraimposto*), como *penalidade* ou *meio coercitivo* para atingir determinados fins, sem que haja autorização constitucional específica, travestindo-o de *finalidades extrafiscais*. Esse procedimento já foi condenado pelo STF em várias oportunidades, entre as quais:

> *"Aumento do valor do imposto. Elevação de alíquota, como penalidade pela não construção de muros e passeios: impossibilidade. ... Não há base para que, como penalidade pela falta de muros e passeios no imóvel, sejam aumentadas as alíquotas do IPTU. Não pode tal majoração servir como substitutivo de multa administrativa"*.[110]

> *"Acréscimo no valor do IPTU, a título de sanção por falta de inscrição imobiliária. Sanção por ilícito administrativo. Multa administrativa e multa tributária. ... Não pode ser exigida multa administrativa, por falta de inscrição imobiliária, a título de tributo. CTN, art. 3º. Inaplicável, na espécie, o art. 113, § 3º, do CTN"*.[111]

Art. 156: ...

§ 2º. O ITBI:

*I - compete* (para efeitos de sua instituição e cobrança) **ao Município da situação** (localização) **do bem** (imóvel);

*II - não incide* (é, pois, *imune*, e não *isento* a ele) **sobre a transmissão** (da propriedade) **de bens** (imóveis) **ou direitos** (à sua aquisição) **incorporados ao patrimônio de pessoa jurídica em realização** (dação em pagamento da subscrição de ações ou quotas para a formação inicial ou aumento) **de capital, nem sobre a transmissão de bens ou direitos decorrentes de fusão** (reunião, e conseqüente extinção, de duas ou mais empresas, para formar uma terceira, que sucede aquelas em todos os direitos e obrigações), *incorporação* (absorção de uma ou mais empresas, chamadas de *incorporadas*, por outra, chamada de *incorporadora*), *cisão* (divisão jurídica de empresas, podendo ser *total*, caracterizando-se

---

[110] RE nº 109538/MG, 30/08/88, 2ª Turma, STF, DJ de 28/04/89, p. 6298; Ement. Vol. 1539-03, p. 407.

[111] RE nº 112910/SP, 11/10/88, DJ de 28/02/92, p. 2173; Ement. Vol. 1651-03, p. 545, 1ª Turma, STF. Veja, ainda: RE-104955-3, RTJ-114/875, RE-104817-4, RTJ-114/410.

*como a operação inversa à da fusão*, quando a cindida se extingue para formar outras, ou *parcial, caracterizando-se como a operação inversa à da incorporação*, quando a cindida prossegue em sua existência, mas destaca ou desmembra de si parte do seu patrimônio para formar outra ou outras empresas) **ou extinção** (liquidação) **de pessoa jurídica, salvo se** (trata-se, pois, de imunidade *condicionada*)**, nesses casos** (de realização de capital, de fusão, de incorporação, de cisão e de extinção de pessoas jurídicas)**, a atividade preponderante** (mais de 50% da receita operacional) **do adquirente for a compra e venda desses bens ou direitos, locação de bens imóveis ou arrendamento mercantil** (quando, então, a transmissão será tributada).

A *atividade preponderante* do adquirente estará caracterizada (sendo, portanto, *devido* o imposto), segundo o art. 37 do Código Tributário, da seguinte forma, quando mais de 50% da receita operacional da pessoa jurídica adquirente, nos 2 anos anteriores e nos 2 anos subseqüentes à aquisição, decorrer de transações tendo por objeto a venda ou locação de propriedade imobiliária ou a cessão de direitos relativos à sua aquisição (§ 1º). Se, todavia, a pessoa jurídica adquirente iniciar suas atividades após a aquisição, ou menos de 2 anos antes dela, apurar-se-á a preponderância (mais de 50%) levando em conta os 3 primeiros anos seguintes à data da aquisição (§ 2º). Verificada a preponderância (mais de 50%), tornar-se-á devido o imposto nos termos da lei vigente à data da aquisição, sobre o valor do bem ou direito nessa data (§ 3º).

A respeito do ITBI, há importantes regras constitucionais a serem observadas:

a) sendo o fato gerador do ITBI a *transmissão da propriedade (domínio) do imóvel* nos termos da lei civil (arts. 530, I, e 860, parágrafo único), esta somente se dá no momento da *transcrição do título de transferência no Registro de Imóveis*, não ocorrendo a incidência desse imposto, portanto, por ocasião do *contrato de promessa de compra e venda*, que antecede a *transmissão da propriedade*. A respeito, já se manifestou o STJ:

*"O fato gerador do imposto de transmissão de bens imóveis ocorre com a transferência efetiva da propriedade ou do domínio útil, na conformidade da Lei Civil, com o registro no cartório imobiliário. A cobrança do ITBI sem obediência dessa formalidade ofende o ordenamento jurídico em vigor";*[112]

*"O fato gerador do ITBI é a transmissão do domínio do bem imóvel, nos termos do art. 35, II, do CTN, e art. 156, II, da CF/88. Não incidência do ITBI em promessa de compra e venda, contrato preliminar que poderá ou não se concretizar em contrato definitivo, este sim ensejador da cobrança do aludido tributo. Precedentes do STF";*[113]

b) a Constituição Federal não autoriza tenha o ITBI alíquotas *progressivas* ou *diferenciadas* segundo a localização do imóvel, devendo, pois, sob

---

[112] RMS nº 10650/DF, STJ, 2ª Turma, julg. em 16/06/00 (DJU de 04/09/00).
[113] REsp nº 57641/PE, julg. em 04/04/00 (DJU de 22/05/00, p. 91, e RDDT nº 58, p. 213.

pena de inconstitucionalidade, ter alíquota proporcional, única e constante (um para todas as transmissões). Assim já decidiu o STF:

*"ITBI. A Constituição Federal não autoriza a progressividade das alíquotas, realizando-se o princípio da capacidade contributiva proporcionalmente ao preço da venda";*[114]

*"ITBI. Progressividade. A inconstitucionalidade, reconhecida pelo STF (RE 234.105), do sistema de alíquotas progressivas do ITBI do Município de São Paulo (Lei 11.154/91, art. 10, II), atinge esse sistema como um todo, devendo o imposto ser calculado, não pela menor das alíquotas progressivas, mas na forma da legislação anterior, cuja eficácia, em relação às partes, se estabelece com o trânsito em julgado da decisão proferida neste feito".*[115]

De fato, quando se trata de arrecadação para *fins fiscais* (aquela que tem por objetivo exclusivamente o suprimento de necessidades financeiras do Estado), a lei constitucional não autoriza a *progressividade* a não ser para os impostos de *natureza pessoal* (nos quais se enquadra, hoje, somente o IR), por força da regra *genérica* contida no § 1º do art. 145, e, ainda, para o mesmo imposto, a regra *específica* do art. 153, § 2º, I, ambos da lei constitucional. À *progressividade* não se sujeitam, conseqüentemente, os chamados *"impostos reais"* (ITBI, ITCD, ICMS, IPI, ISS, etc.), aos quais, pela política tributária (e paratributária) adotada pelo Sistema Tributário Nacional em vigor, somente se aplicam *alíquotas proporcionais*, de percentual ora *único* (caso do ITBI), ora *seletivo* ou *diferenciado* (caso do IPI e do ICMS), conforme previsão caso a caso, mas sempre uma única para cada fato ou situação da mesma natureza, exceção hoje aberta tão-somente para o IPTU, que, como já dito várias vezes, também foi agraciado, para *fins fiscais*, por *alíquotas progressivas* (*graduais* e não *simples*) pela Emenda Constitucional nº 29, de 13/09/2000, não por ser imposto de *natureza pessoal* (que não é), mas por mera *extensão*, a ele, de benefício *equivalente* ao previsto no § 1º do citado art. 145.

Quando, ao contrário, se trata de arrecadação para *fins extrafiscais* (quando a finalidade é ampliada, para atingir, também, objetivos outros, além da simples busca de recursos financeiros que visem à contraprestação pecuniária compulsória, por força de lei, de serviços públicos), a *progressividade* é, hoje, constitucionalmente permitida apenas em relação ao *imposto sobre a propriedade territorial rural* (art. 153, § 4º) e ao *imposto sobre a propriedade predial e territorial urbana* (156, § 1º), mas, quanto a este último, apenas no tocante ao *territorial* (cf. § 4º, II, do art. 182). Assim, sempre que a lei ordinária impuser, indevidamente, a *progressividade*, devem, segundo a melhor técnica, ser tidas como inconstitucionais apenas as alíquotas subseqüentes (e não todas as alíquotas), mantendo-se a primeira, embora a ementa acima (nesta letra *"b"*) transcrita, do STF, tenha mandado aplicar, para a inconstitucionalidade ali enfocada, a *lei* que anteriormente vinha regendo a matéria de forma *compatível* (com previsão de alíquota *proporcional, única*).

c) tratando-se de arrematação judicial, a base de cálculo do ITBI deve ser o valor alcançado (na arrematação), não se admitindo, sequer, avaliação

---

[114] RE nº 234105-3/SP, Plenário, 08/04/99 (DJU de 31/03/00, p. 61, e RDDT nº 57, p. 160/166).
[115] RE nº 220240/SP, 1ª Turma, julg. em 18/04/00 (DJU de 26/05/00, e RDDT nº 58, p. 213).

outra (seja judicial, seja fazendária). É o que, de resto, já foi decidido pelo STJ, nos termos a seguir:

"*Imposto de Transmissão. Arrematação. O cálculo para o imposto referido há de ser feito com base no valor alcançado pelos bens na arrematação, e não pelo valor da avaliação judicial. recurso conhecido e provido*".[116]

Art. 156: ...

§ 3º **Cabe à lei complementar** (relativamente ao ISS):

I - **fixar as suas alíquotas máximas** (até hoje não estabelecidas);

II - **excluir** (retirar) **da sua incidência** (com o que, por não caber à lei complementar limitar competências tributárias, – o que só à lei constitucional é lícito fazer –, conclui-se que não se trata, aqui, de *imunidade*, mas de simples supressão, da incidência constitucionalmente autorizada, de certos fatos desta, tal como explicado no Capítulo XI, deste livro) **exportações de serviços** (de interesse especial) **para o exterior** (para que possam ser atingidos certos fins extrafiscais).

## 2. Outras competências institucionais dos Municípios

Além dos impostos antes especificados, todos da sua competência *ordinária* e *privativa*, e além das *taxas* e *contribuições de melhoria*, decorrentes dos *seus serviços* e das *suas obras* (art. 145, II e III), dispõem os Municípios, ainda, das seguintes *contribuições sociais* previstas na Constituição Federal:

Art. 149: ...

§ 1º **Os ... Municípios poderão instituir contribuição** (do tipo *social*), **cobrada de seus servidores** (da ativa), **para o custeio** (como contraprestação), **em benefício destes** (trata-se, portanto, de instituição e cobrança vinculadas, como condição constitucional, à aplicação em finalidades desde logo definidas), **de sistemas de previdência e assistência social** (saúde, previdência e assistência a seu cargo, como as arrecadadas por inúmeras instituições de Previdência e Assistência vinculadas a Municípios).

---

[116] REsp nº 2525/PR, 21/05/1990, 1ª Turma, STJ, DJ de 25/06/90, p. 6027.

## Capítulo VIII

# REPARTIÇÃO DAS RECEITAS TRIBUTÁRIAS

*Repartição das receitas tributárias* é o *repasse* ou *transferência*, do resultado positivo da *arrecadação tributária irrestituível*, efetuada por uma pessoa jurídica de direito público interno a outra, por determinação constitucional.

Não se confunde, assim, *repartição* com *definição de competências tributárias*. Este é a faculdade, constitucionalmente atribuída a uma pessoa jurídica de direito público interno, de *instituir* (*criar*) e de, conseqüentemente, *exigir* (cobrar ou arrecadar), determinado *tributo*, e, por extensão, também determinado *paratributo* (ou *contribuição parafiscal*). Aquela é, portanto, simples *destinação* de *receitas tributárias*, ato posterior à sua *arrecadação*.

Já dissemos que a competência, constitucionalmente atribuída a uma pessoa jurídica de direito público interno, para *instituir* ou *criar* determinada *arrecadação pecuniária compulsória*, é sempre acompanhada do correlato direito de, a respeito, *legislar* (cf. art. 6º do Código Tributário), mesmo naqueles casos em que a arrecadação seja, por determinação constitucional, *distribuída* (repartida ou repassada), no todo ou em parte, a outras pessoas jurídicas de direito público interno, como no caso do ICMS e do IPVA, em que, mesmo tendo que repassar 25% e 50% da arrecadação respectiva aos Municípios, a competência para a respeito *legislar* (*instituir* e *disciplinar* a sua arrecadação) é e continua sendo dos Estados e do Distrito Federal (parágrafo único do citado artigo).

A aplicação interna (gasto), conseqüente do repasse, essa sim, é da competência *legislativa* do ente público beneficiário, mas aí a disciplina jurídica da matéria já passa a ser objeto do *direito financeiro* (aplicação ou destinação de verbas), e não mais do *direito tributário*, que se preocupa, apenas, com a disciplinação dos conflitos e controvérsias que surgirem no exato momento da *arrecadação do tributo*, em todas as suas fases.

A Constituição prevê a *repartição* (repasse, transferência ou distribuição) *das receitas tributárias* nos seguintes moldes:

Art. 153: ...

§ 5º *O ouro, quando definido em lei como ativo financeiro ou instrumento cambial* (como investimento, e não como matéria-prima de produtos), *sujeita-se exclusivamente* (nenhum outro imposto poderá ser instituído sobre ele, funcionando como *imposto único*, mas a CPMF, por força do expressamente estabelecido no § 2º da Emenda Constitucional nº 12/96, pode, também, gravá-lo) *à incidência do imposto de que trata o inciso V do "caput" deste artigo* (IOF), *devido* (pagável) *na operação de origem* (local da sua produção); *a alíquota mínima será de 1%, assegurada a transferência* (repasse, pela União, sua titular) *do montante da arrecadação nos seguintes termos: I - 30% para o Estado, Distrito Federal ou Território, conforme a origem* (produção); *e II - 70% para o Município de origem* (da produção).

Art. 157:

**Pertencem** (passam ao seu patrimônio, embora o credor, perante os contribuintes respectivos, seja a União) *aos Estados e ao Distrito Federal*:

*I - o produto da arrecadação* (podendo dele dispor desde logo, não necessitando o fruto da retenção ser encaminhado à União, a verdadeira credora) *do imposto da União sobre renda e proventos de qualquer natureza* (IR), *incidente na fonte* (por força de retenção, como fontes pagadoras), *sobre rendimentos pagos, a qualquer título* (quando cabível a retenção), *por eles, suas autarquias* (entes de cooperação criados, mediante lei, por pessoas jurídicas de direito público, com a finalidade de executar determinados serviços da sua competência, como os relacionados com a saúde, assistência e amparo social, e que se caracterizam por se administrarem a si próprias, segundo as leis editadas pela entidade que as criaram) *e pelas fundações* (entidades constituídas mediante patrimônio doado por seus fundadores, com o objetivo de atender a certos fins de utilidade pública ou da coletividade) *que instituírem* (criarem) *e mantiverem* (com recursos públicos instituídos em seu favor, nada tendo a ver, pensamos nós, essa condição – *"que instituírem e mantiverem"* –, com as *autarquias*);

Já tivemos oportunidade de referir que a *"autarquia"* não pressupõe, necessariamente, ser pessoa jurídica destacada de outra. É, na verdade, mero *"status"* atribuído a determinado ente criado pelo Poder Público, no seu interesse, que pode ser juridicamente autônomo ou não, ao qual se atribui a obrigação de executar determinados serviços que o Estado não tem condições de, satisfatoriamente, prestar diretamente. Caracteriza-se mais pela gestão administrativa e financeira autônoma, tal como decorre da origem do vocábulo: *"autós"* (por si mesmo) *"archáin"* (governar) ou *"archía"* (governo), vale dizer, ente com governo (e, apenas este) autônomo, não se confundindo com autonomia jurídica, posto que sempre dependente do ente criador. São exemplos de autarquias autônomas, destacadas de pessoas jurídicas de direito público, mas sem personalidade jurídica própria, o Departamento Municipal de Limpeza Urbana (DMLU) e o Departamento Municipal de Água e Esgoto (DMAE), que, embora descentralizados administrativa e financeiramente, são meros Departamentos dos Município de Porto Alegre, não perdendo o ente criador o seu domínio sobre tais criaturas, ainda que lhes dê ampla liberdade de ação. Assim, o conceito de autarquia é meramente administrativo, e não jurídico.

HELY LOPES MEIRELLES, já referido, as define[117] como *"entes administrativos autônomos, criados por lei específica, com personalidade jurídica de Direito Administrativo de Direito Público Interno, patrimônio próprio e atribuições estatais específicas"*, sendo *"entes autônomos, mas não são autonomias"*. Aliás, sustenta ele, *"inconfundível é autonomia com autarquia: aquela legisla para si; esta administra-se a si própria, segundo as leis editadas pela entidade que a criou"*, de tal forma que *"autarquia é forma de descentralização administrativa, através da personificação de um serviço retirado da Administração centralizada"*.

A respeito das *fundações instituídas e mantidas* pelo Poder Público, também já tivemos o ensejo de dizer que não são elas, na verdade, pessoas jurídicas de direito público, mas de direito privado. É que, quando instituídas e mantidas pelo Poder Público, adquirem certa relevância e determinados privilégios, justificados pelos serviços que, por delegação do seu ente fundador, prestam à coletividade, o que as leva serem assim tratadas.

O mesmo autor,[118] contudo, adverte que:

*"Ultimamente, porém, pelo fato de o Poder Público vir instituindo fundações para prossecução de objetivos de interesse coletivo – educação, ensino, pesquisa, assistência social, etc. – com a personificação de bens públicos, e, em alguns casos, fornecendo subsídios orçamentários para sua manutenção, passou-se a atribuir, erroneamente, personalidade pública a essas entidades.*

*O equívoco é manifesto. As fundações não perdem a sua personalidade privada nem se estatizam a ponto de serem consideradas órgãos autônomos estatais, ou entidades públicas, como se vem afirmando. São e continuam sendo pessoas jurídicas de direito privado, sujeitas às normas civis das fundações (Código Civil, arts. 16, I, e 24 a 30), mas destinadas a realizar atividades de interesse público, sob o amparo e controle permanentes do Estado.*

*...*

*Assim, as fundações instituídas pelo Poder Público são entes de cooperação, do gênero paraestatal, idênticos aos demais que colaboram com o Estado e por ele são amparados e controlados nas suas atividades delegadas, mantendo a sua personalidade de direito privado".*

**II - 20% do produto da arrecadação do imposto que a União vier a arrecadar no uso da competência que lhe é atribuída pelo art. 154, I** (que é a *competência residual*, até hoje não utilizada, mas que permite à União instituir, via *lei complementar*, outros impostos, além dos da sua competência privativa, desde que sejam *não-cumulativos* e não tenham *fato gerador* ou *base de cálculo* idênticos aos da competência dos Estados, do Distrito Federal e dos Municípios).

### Art. 158:

***Pertencem*** (passam ao seu patrimônio, embora o credor, perante os contribuintes respectivos, sejam outras pessoas jurídicas de direito público) ***aos Municípios:***

---

[117] *in* "Direito Administrativo Brasileiro", 18ª edição, 2ª tiragem, Malheiros Editores, São Paulo, 1993, p. 307.
[118] *in* "Direito Administrativo Brasileiro", Revista dos Tribunais, SP, 9ª edição, 1982, p. 304/306.

*I - o produto da arrecadação* (podendo dele dispor desde logo, não necessitando o fruto da retenção ser encaminhado à União, a verdadeira credora) *do imposto da União sobre renda e proventos de qualquer natureza* (IR), *incidente na fonte* (por força de retenção, como fontes pagadoras), *sobre rendimentos pagos, a qualquer título* (quando cabível a retenção), *por eles, suas autarquias* (entes de cooperação criados, mediante lei, por pessoas jurídicas de direito público, com a finalidade de executar determinados serviços da sua competência, como os relacionados com a saúde, assistência e amparo social, e que se caracterizam por se administrarem a si próprias, segundo as leis editadas pela entidade que as criaram) *e pelas fundações* (entidades constituídas mediante patrimônio doado por seus fundadores, com o objetivo de atender a certos fins de utilidade pública ou da coletividade) *que instituírem* (criarem) *e mantiverem* (com recursos públicos instituídos em seu favor, nada tendo a ver, pensamos nós, essa condição - *"que instituírem e mantiverem"* -, com as *autarquias*);

*II - 50% do produto da arrecadação do imposto da União sobre a propriedade territorial rural* (ITR), *relativamente aos imóveis* (de destinação e uso rural, não bastando a localização para que seja devido o ITR) *neles situados*;

*III - 50% do produto da arrecadação do imposto do Estado sobre a propriedade de veículos automotores* (IPVA) *licenciados* (só se sujeitam ao imposto os veículos de movimentação a motor próprio quando sujeitos a licenciamento perante órgãos públicos: DETRAN, DAC, Capitania dos Portos, etc.) *em seus territórios*;

*IV - 25% do produto da arrecadação* (nos termos dos critérios de rateio previstos no parágrafo único deste artigo) *do imposto do Estado sobre operações relativas à circulação de mercadorias e sobre prestações de serviços de transporte* (interestadual e intermunicipal) *e de comunicação* (ICMS).

*Parágrafo único. As parcelas de receita pertencentes aos Municípios* (conhecidas como *"quotas de retorno"*, decorrentes do imposto pago sobre o *"valor adicionado"* ou *"agregado"*, ou seja, da diferença entre o imposto pago nas entradas e o devido nas saídas de mercadorias e serviços dos estabelecimentos comerciais, industriais e produtores localizados em seus territórios), *mencionadas no inciso IV* (de 25% da arrecadação do ICMS), *serão creditadas* (aos Municípios) *conforme os seguintes critérios:*

*I - 3/4* (75%), *no mínimo, na proporção* (de acordo com) *do valor adicionado* (ou agregado, que é, como já se disse, a diferença, entre o valor das entradas de mercadorias e serviços e o das saídas respectivas, havida em cada estabelecimento, num período determinado, independentemente do valor do imposto gerado, ou seja, os Municípios participam, inclusive, das circulações isentas ou não tributadas, havidas em seus territórios) *nas operações relativas à circulação de mercadorias e nas prestações de serviços* (de transporte interestadual e intermunicipal, e de comunicação), *realizadas em seus territórios*;

*II - até 1/4* (até 25%, ou seja, o que sobra, após a utilização dos percentual do inciso anterior), *de acordo com o que dispuser lei estadual ou, no caso dos Territórios, lei federal* (que levarão outros fatores em conta, como extensão do território, população, etc.).

**Art. 159:**
*A União entregará* (após a arrecadação, obviamente):

*I - do produto da arrecadação dos impostos sobre renda e proventos de qualquer natureza* (IR) *e sobre produtos industrializados* (IPI), *47% na seguinte forma* (devendo ser excluída, para efeitos de cálculo do IR, cf. determinado no § 1º deste artigo, a parcela da arrecadação já antecipadamente recebida pelos Estados, pelo Distrito Federal e pelos Municípios a título de retenção ou desconto na fonte):

*a) 21,5% ao Fundo de Participação dos Estados e do Distrito Federal;*

*b) 22,5% ao Fundo de Participação dos Municípios;*

*c) 3,0%, para aplicação em programas de financiamento ao setor produtivo das Regiões Norte, Nordeste e Centro-Oeste, através de suas instituições financeiras de caráter regional, de acordo com os planos regionais de desenvolvimento, ficando assegurada ao semi-árido do Nordeste* (zona das caatingas e do deserto brasileiro) *a metade dos recursos destinados à Região, na forma que a lei estabelecer;*

*II - do produto da arrecadação* (igualmente, após a arrecadação) *do imposto sobre produtos industrializados* (IPI), *10% aos Estados e ao Distrito Federal, proporcionalmente ao valor das respectivas exportações de produtos industrializados* (sendo que):

*a) a nenhuma unidade federada* (Estados, Distrito Federal e Municípios) *poderá ser destinada* (creditada) *parcela superior a 20%* (do montante do imposto, ou seja, 2% dos 10%), *devendo o eventual excedente* (aos 2%) *ser distribuído entre os demais participantes* (mediante novo rateio), *mantido, em relação a esses* (participantes), *o critério de partilha estabelecido* (cf. § 2º);

*b) os Estados entregarão aos respectivos Municípios 25% dos recursos que receberem* (na partilha dos 10%, limitados, como se viu, a 2%, o que resultará num máximo de 0,5% para os Municípios de cada Estado beneficiado), *observados os critérios* (de entrega ou repasse) *estabelecidos no art. 158, parágrafo único, I e II* (os mesmos para o repasse do ICMS, já vistos) – (cf. § 3º).

Mais as seguintes regras são ditadas pela Constituição Federal a respeito da *repartição das receitas tributárias*:

Art. 160:
*É vedada a retenção ou qualquer restrição à entrega e ao emprego dos recursos atribuídos, nesta seção, aos Estados, ao Distrito Federal e aos Municípios, neles compreendidos adicionais e acréscimos relativos a impostos* (a regra, em princípio, é esta: nenhuma retenção ou restrição, pode ser levada e efeito feita aos entes federados, quanto à entrega e emprego dos recursos a eles atribuídos).
*Parágrafo único. A vedação* (proibição) *prevista neste artigo não impede a União e os Estados de condicionarem a entrega de recursos* (única ressalva possível, portanto)*:*

- *I - ao pagamento* (quitação) *de seus créditos* (haveres), *inclusive de suas autarquias* (entes de cooperação);
- *II - ao cumprimento* (aplicação) *do disposto no art. 198* (sistema único de saúde), *§ 2º, incisos II* (pelos Estados e pelo Distrito Federal) *e III* (pelos Municípios e pelo Distrito Federal).

Art. 161:
*Cabe à lei complementar* (que se distingue de uma lei ordinária ou comum pelo seu "quorum" de aprovação, que é maior, e pelo seu conteúdo, ou seja, "ratione materiae", que é sempre previsto na lei constitucional):

- *I - definir valor adicionado* (ou agregado, que, no fundo, é a diferença entre o valor da entrada de mercadoria ou serviço sujeito ao ICMS, e o da sua saída, do mesmo estabelecimento) *para fins do art. 158, parágrafo único, I* (ou seja, para fins de repasse das três quartas partes, no mínimo, pelos Estados aos Municípios, do ICMS a estes devidos, pouco importando, para esse fim, que tais bens tenham sofrido tributação, porque o importante, no caso, não é o volume do imposto por eles gerado, que é importante apenas para definir o "quantum" repassável, mas o volume de operações de circulação havidas no território de cada Município);
- *II - estabelecer normas* (regras de viabilização) *sobre a entrega* (pela União) *dos recursos de que trata o art. 159* (IR e IPI, de 47%, e de IPI, de 10% nas exportações), *especialmente sobre os critérios de rateio dos fundos previstos em seu inciso I* (47%), *objetivando promover o equilíbrio socioeconômico* (uma das importantes preocupações da União, que deve zelar pela unidade nacional) *entre os Estados e os Municípios;*
- *III - dispor sobre o acompanhamento* (exame e fiscalização), *pelos beneficiários* (entes públicos credores), *do cálculo* (apuração e definição) *das quotas* (parcelas) *e da liberação* (colocação à disposição) *das participações previstas nos artigos 157* (repartição, aos Estados e ao Distrito Federal, do IR por eles arrecadado na fonte, mais 20% do imposto da competência residual da União), *158* (repartição, aos Municípios, do IR por eles arrecadado na fonte, mais 50% do ITR, da União, e 50% do IPVA

e 25% do ICMS, dos Estados) *e 159* (47% de IR e IPI, aos Fundos de Participação, mais 10% de IPI aos Estados e ao Distrito Federal, proporcionalmente às exportações de produtos industrializados).

*Parágrafo único. O Tribunal de Contas da União efetuará o cálculo* (sujeito a exame e fiscalização, nos termos da lei complementar a que se refere este artigo) *das quotas referentes aos fundos de participação a que se refere o inciso II* (deste artigo, que é o repasse de 47% do IR e IPI aos Fundos de Participação, e de 10% do IPI aos Estados e ao Distrito Federal, sobre as exportações de produtos industrializados).

**Art. 162:**
*A União, os Estados, o Distrito Federal e os Municípios* (todas as pessoas jurídicas de direito público interno, portanto) *divulgarão* (no órgão oficial que, necessariamente, não precisa ser o Diário Oficial, dependendo da escolha previamente feita por cada um dos entes referidos), *até o último dia do mês subseqüente ao da arrecadação, os montantes de cada um dos tributos arrecadados, os recursos recebidos, os valores de origem tributária entregues e a entregar, e a expressão numérica dos critérios de rateio* (para que possa haver o acompanhamento pelos respectivos destinatários).

*Parágrafo único. Os dados divulgados pela União serão discriminados por Estado e por Município; os dos Estados, por Município* (para melhor facilitar o seu exame).

# Capítulo IX

# LEGISLAÇÃO TRIBUTÁRIA

## 1. Abrangência da expressão "legislação tributária"

O Código Tributário não foi muito técnico ao definir, em seu art. 96, o conteúdo da expressão *"legislação tributária"*, já que nela incluiu, entre as normas *principais* do direito tributário, os *tratados e as convenções internacionais*, verdadeiros *contratos* ou *ajustes*, e, entre as *complementares*, os *convênios internos* que entre si celebrem as pessoas jurídicas de direito público interno (União, Estados, Distrito Federal e Municípios), igualmente *contratos* ou *ajustes*, todos eles estranhos à *legislação tributária* propriamente dita, ainda que por ela possam vir a ser incorporados, caso em que, todavia, se transformam em leis, constituindo estas, então, fontes do direito tributário.

Pertencem ao direito tributário (integrando, conseqüentemente, a expressão *"legislação tributária"*), na verdade, apenas os *atos de legislação* que venham a *aprovar* tais *contratos*, que são os *decretos legislativos* (para os tratados e convenções internacionais), e (conforme a Constituição de cada Estado signatário) os *decretos legislativos* ou as *leis ordinárias* (para os convênios internos). Tais *contratos* ou *ajustes*, somente possuem, enquanto não aprovados, *validade* ou *eficácia jurídica* entre seus signatários (*"inter partes"*), e não perante os sujeitos passivos. Perante estes e terceiros em geral (*"erga omnes"*) valem apenas os *atos de legislação* (*decretos legislativos* ou *leis*, conforme o caso) que vierem a aprová-los, convertendo o seu conteúdo *contratual* em regras com força e lei. Nessas condições, são os tratados e a convenções internacionais, no plano externo, e, no plano interno, os convênios, simples *fontes de interpretação* das normas (como interpretá-las) que em conseqüência venham a ser editadas, e não *fontes* do direito tributário em si, pelo que não integram a expressão *"legislação tributária"*.

Assim o Código Tributário define o conteúdo da expressão *"legislação tributária"*:
Art. 96:
*A expressão "legislação tributária" compreende as leis* (atos próprios do Poder Legislativo, seja ela a lei constitucional, a lei complementar ou a lei ordinária)*, os tratados e as convenções internacionais* (na verdade, os *decretos legislativos* federais, que vierem a aprovar ditos *contratos* ou *ajustes*)*, os decretos* (atos do Poder Executivo) *e as normas complementares*

(referidas no art. 100, que não devem ser confundidas com *leis complementares*, segunda fonte *principal* do direito tributário) *que versem* (tratem), *no todo ou em parte, sobre tributos* (e, por extensão, sobre quaisquer *arrecadações pecuniárias compulsórias* previstas no Sistema Tributário Nacional) *e relações jurídicas* (direitos e obrigações) *a eles pertinentes* (que tenham a ver com aquelas arrecadações).

Não se encontram aqui expressamente referidas as *Resoluções do Senado*, que têm por função, segundo o art. 155, § 1º, IV, e § 2º, IV e V da atual Constituição Federal, pré-definir ao Poder Legislativo dos Estados e do Distrito Federal, as alíquotas por ele utilizáveis quando da instituição, via lei ordinária, de dois impostos da sua competência privativa: o ITCD e o ICMS, respectivamente. Pensamos que, mesmo sendo normas meramente programáticas, devem elas integrar o rol das fontes *formais* do direito tributário.

## 2. Fontes formais do direito tributário

**Fontes formais** do direito tributário são as formas de *exteriorização* ou *manifestação* deste. É, no fundo, a própria *legislação tributária*, prevista no antes transcrito art. 96. Dividem-se em *principais* (que são as que se aplicam por si mesmas, sem dependerem de outras, e que comandam o art. 97 do Código) e em *complementares* (previstas no art. 100 do Código, e que, para a sua aplicação, dependem das primeiras, completando-as ou suprindo-as quanto à sua aplicação e entendimento, obviamente sem alterá-las).

São as seguintes as *fontes do direito tributário*, segundo sua importância e hierarquia (interessando-nos, em especial, as *funções* de cada uma, vale dizer, qual o papel de cada uma, em matéria tributária):

*I - Principais:*
1) lei constitucional;
2) lei complementar;
3) decreto legislativo;
4) resolução do Senado;
5) lei (ordinária, comum ou específica) e medida provisória;
6) decreto (autônomo ou independente e regulamentar);

*II - Complementares:*
7) atos normativos ou administrativos;
8) decisões dos órgãos singulares ou coletivos de jurisdição administrativa, a que a lei atribui eficácia normativa;
9) práticas (usos e costumes) reiteradamente observadas pelas autoridades administrativas;
10) convênios que entre si celebrem a União, os Estados, o Distrito Federal e os Municípios.

Há autores, como FÁBIO FANUCCHI, que colocam, entre as fontes *principais* e as *complementares* (não confundi-las, – repita-se –, com *leis complementares*), uma fonte *intermediária*, que seriam os *decretos* (atos do Poder Executivo), que nós incluimos como a 6ª fonte *principal*. Justificam essa necessidade sob o argumento de que o *decreto* decorre sempre da lei ordinária, agindo em função dela, daí porque não é possível incluí-lo como fonte *principal*, mas entre esta e as *complementares*. Até não se tira razão aos que assim pensam, mas sob o aspecto prático e didático, a inclusão dos decretos como fontes principais atende às nossas finalidades.

## *3. Funções das fontes formais do direito tributário*

### 3.1. Fontes principais do direito tributário

São *principais* as seguintes fontes:

**1. Lei constitucional.** É, a *lei constitucional*, a maior das leis do ordenamento jurídico de um país, na hierarquia das suas fontes. É também chamada de Carta Magna, Carta Política, Carta Constitucional, etc. Tem por finalidade, entre outras (como a organização e a estrutura interna do País), *definir* e *limitar competências tributárias* (e, por extensão, também as competências relativas às demais *arrecadações pecuniárias compulsórias* previstas no Sistema Tributário Nacional), o que, por sinal, já vimos exaustivamente no capítulo relativo ao Sistema Tributário Nacional.

Ao *definir competências*, estabelece a lei constitucional a qual das pessoas jurídicas de direito público compete *instituir* determinada *arrecadação pecuniária compulsória*, e, ao *limitar competências*, estabelece ela as condições, limites e princípios a serem observados quando do uso da competência institucional, como, por exemplo, os relativos à *imunidade* (proibir a instituição de impostos sobre certos fatos normalmente tributáveis), à *legalidade* ou *reserva legal* (instituir tributos somente mediante lei), à *isonomia* (tratar, na instituição de tributos, os iguais com igualdade), à *irretroatividade* (impedir a cobrança de tributos sobre fatos anteriores à lei que os institua ou aumente), à *anterioridade* ou (para alguns) da *anualidade* (proibir que a cobrança do tributo seja feita no mesmo ano da publicação da lei que o cria ou aumenta), à *proporcionalidade razoável do tributo* ou do *não-confisco* (proibir que o tributo seja usado com efeito de expropriação de bens), à *uniformidade geográfica* ou *territorial* (que proíbe à União instituir tributo que não seja uniforme em todo o território nacional), ao *livre tráfego de pessoas ou bens* (que proíbe seja o tributo usado para impedir a livre movimentação de pessoas ou bens), etc. Tais limitações servem, de um lado, como garantias constitucionais aos contribuintes e, de outro, como freio ao arbítrio do poder instituidor.

Tendo a lei constitucional apenas por função *definir* e *limitar competências tributárias* (e demais *arrecadações pecuniárias compulsórias* previstas no seu Sistema Tributário), fica claro que ela *não as cria* ou *institui*. Apenas *autoriza a sua instituição*, estabelecendo as *condições* e *limites* respectivos.

*Competência tributária* é, pois, a *faculdade* ou *capacidade* (*poder*), constitucionalmente atribuída às pessoas jurídicas de direito público interno, de exercer e praticar os atos relacionados com a *instituição* (de, a respeito, legislar) e a *arrecadação* (exação) de *tributos* (e, por extensão, de *paratributos* e de *empréstimos compulsórios*).

A **competência legislativa** (faculdade de dispor *normativamente* a respeito das *arrecadações pecuniárias compulsórias* previstas no Sistema Tributário Nacional) pode ser:

a) *privativa* (ou **exclusiva**), quando constitucionalmente deferida a uma única pessoa jurídica de direito público; e

b) **concorrente**, quando simultaneamente deferida a mais de uma pessoa jurídica de direito público.

A possibilidade de *competência legislativa* está, hoje, disciplinada nos arts. 146 e 24 (inciso I e parágrafos) da Constituição Federal, para o que recomendamos o que a respeito escrevemos no Capítulo IV, deste livro (que trata do *"Sistema Tributário Nacional"*).

Quanto à **competência institucional** (poder de *instituir*, *criar* ou *impor*), pode ela ser, de um modo geral, conforme também já vimos:

a) *privativa*, quando a possibilidade de instituição de determinada arrecadação pecuniária compulsória for atribuída, *com exclusividade*, a uma única pessoa jurídica de direito público; e

b) *comum*, quando a possibilidade de instituição da mesma arrecadação compulsória (de idêntico *fato gerador* ou *base de cálculo*) for atribuída, simultaneamente, a *mais de uma* pessoa jurídica de direito público.

Há, no entanto, uma outra competência *institucional*, constitucionalmente adotável: é a chamada competência **residual** (de *resíduo*, *resto*, *sobra*), que surge quando, após definidas as competências *privativas* (ou mesmo *comuns*, conforme o caso) sobre *fontes* desde logo constitucionalmente definidas, a lei constitucional atribui a determinada(s) pessoa(s) jurídica(s) de direito público interno a possibilidade de instituição de arrecadações pecuniárias compulsórias sobre outras fontes, diversas das já previstas e autorizadas. Essa atribuição não é, na verdade, uma terceira espécie de competência, porque pode ela, igualmente, ser tanto *privativa* como *comum*. O que tem ela de diferente é que a possibilidade de sua instituição repousa sobre fontes não desde logo constitucionalmente definidas ou utilizadas, cabendo sua escolha e utilização em momento posterior. No Brasil é ela, pela atual lei constitucional (cf. art. 154, I), atribuída com *exclusividade* (*privativa*, portanto) à União.

A nosso ver, a atual Constituição Federal brasileira adotou, somente as competências institucionais *privativas* e *residual* relativamente a todas as *arrecadações pecuniárias compulsórias* previstas no seu Sistema Tributário, não havendo nenhuma competência *comum*, nem mesmo em relação às *taxas* e às *contribuições de melhoria*. Relativamente aos *tributos* as competências *privativas* estão definidas nos arts. 153 e 154 (da União), 155 (Estados e Distrito Federal) e 156 (Municípios); relativamente aos *paratributos* (ou *contribuições parafiscais*), a competência *privativa* da União está definida no *"caput"* do art. 149, enquanto a *privativa* dos Estados, do Distrito Federal e dos Municípios está prevista no § 1º desse mesmo artigo 149; e relativamente ao *empréstimo compulsório*, a competência *privativa* da União está prevista no art. 148 da Constituição.

A confusão vem ocorrendo relativamente às *taxas* e às *contribuições de melhoria*, entendendo alguns, especialmente na formulação de questões para concursos públicos, que, à vista do artigo 145, II e III, tais espécies tributárias se enquadram na competência *comum*, partindo do fato de que, segundo aqueles dispositivos, *todas as pessoas jurídicas de direito público interno* podem instituí-las ou criá-las. Não concordamos com essa precipitada e equivocada conclusão. O que caracteriza a competência *comum* não é (segundo o disposto no inc. I, do art. 4º, do Código Tributário) o *nome* (denominação ou *"nomen juris"*) legalmente dado à espécie tributária, que é inteiramente irrelevante para caracterizar sua natureza jurídica, mas, sim, seu *fato gerador* e, ainda (o que acrescentamos com fundamento no art. 146, III, *"a"*, da CF), sua *base de cálculo*.

O importante, para a caracterização da competência *comum*, é saber se o *mesmo* tributo (isto é, *de idêntico fato gerador* ou de idêntica *base de cálculo*) se acha constitucionalmente atribuído a *mais de uma* pessoa jurídica de direito público interno, o que, decididamente, não ocorre no caso das *taxas* e das *contribuições de melhoria*, só porque o art. 145 da CF permite que todas as pessoas jurídicas de direito público as instituam. É que, embora o nome ou denominação (*"nomen juris"*) dessas arrecadações seja o mesmo, não possuem elas, isoladamente, no entanto, nem o mesmo fato gerador, nem a mesma base de cálculo. Na verdade, o que possuem elas, em comum, é apenas o nome, e essa coincidência é irrelevante para caracterizá-las como sendo a mesma arrecadação, é completamente irrelevante, nos termos do art. 4º do Código Tributário.

Com efeito, o fato gerador, tanto da *taxa*, como da *contribuição de melhoria*, é sempre a prestação, por pessoas jurídicas de direito público interno, de um serviço, *específico* e *divisível*, porém *no âmbito das atribuições de cada uma*, tal como previsto nos artigos 77 e 81 do Código, de tal forma que cada uma dessas pessoas presta os seus *próprios* serviços, por eles cobrando, também, segundo bases de cálculo *próprias*. Não há, pois, como confundir, entre si, quer os serviços geradores de *taxas* quer os de *contribuições de melhoria*, prestados pela União, pelo Estados, pelo Distrito Federal e pelos Municípios, ainda que sejam cobradas com o mesmo nome.

Assim, por exemplo, se para a obtenção de certidão negativa de débito fiscal junto ao Estado e junto ao Município, se paga *taxa de expediente* (ainda que de *nome* igual), o *fato gerador* não é, no entanto, o mesmo para cada uma delas (cada pessoa jurídica presta os seus próprios serviços para fornecê-la), como também não é a mesma a *base de cálculo* utilizada (cada pessoa jurídica tem a sua maneira de dimensionar e quantificar os custos respectivos). Destarte, ainda que o nome da taxa que cada uma dessas pessoas jurídicas cobra seja o mesmo (*de expediente*), e ainda que a natureza ou tipo do serviço (pesquisa de elementos cadastrais, preenchimento da certidão, etc.) se assemelhe ou seja equivalente, a verdade é que os fatos geradores e as respectivas bases de cálculo não o são, daí se concluindo que a competência para a instituição e cobrança dessas espécies tributárias por diferentes pessoas jurídicas de direito público é *privativa* de cada uma, no sentido de que somente pode institui-las e cobrá-las quem presta o serviço que a gera.

Aliás, ninguém daqueles, que sustentam a competência *comum* na instituição e cobrança das *taxas* e *contribuições de melhoria*, ousa afirmar que também os *impostos* são da competência *comum*, só porque todas as pessoas jurídicas de direito público podem institui-los nos termos do inc. I do art. 145 da Constituição. Nem poderiam, porque cada imposto tem o seu próprio fato gerador e sua própria base de cálculo, distintos dos demais.

O que na verdade existe hoje, tanto em relação aos impostos como em relação às taxas e contribuições de melhoria, são apenas *"tributos comuns"*, na expressão de RUBENS GOMES DE SOUSA,[119] mas induvidosamente com *fatos geradores* e *bases de cálculo* diferentes e inconfundíveis entre si.

Por outro lado, é preciso ter presente que toda competência *comum* é, na verdade, uma *bitributação*, enquanto ninguém daqueles que afirmam serem as *taxas* e as *contribuições de melhoria* da competência *comum* sustenta haver *bitributação* em tais cobranças.

**2. Lei complementar.** Essa fonte do direito, constitucionalmente prevista como instrumento utilizável pela União, se diferencia da lei *ordinária* ou *comum*, de um lado, pelo seu *"quorum"* de aprovação, exigindo *maioria absoluta* (cf. art. 69 da CF), e, de outro, em razão da sua matéria (*"ratione materiae"*). Tem por função básica, *completar* a lei constitucional (daí seu qualificação de lei *complementar*), *nos casos em que esta expressamente assim o exigir*.

Alerte-se, no entanto, para o fato de que alguns Estados e Municípios também editam atos de legislação com o nome (impróprio) de *lei complementar*, mas tais normas locais são meras *leis ordinárias*, às vezes *alteradoras* (*complementares*) de outras, suas, ou mesmo *complementares* de suas Constituições ou de suas Leis Orgânicas, dependendo do seu conteúdo, nada tendo a ver, portanto, com as de que, aqui, estamos tratando, de origem *federal*, e complementares à lei constitucional.

A Constituição Federal exige a edição de *lei complementar*, em matéria tributária, em vários dos seus dispositivos, que, a seguir, arrolaremos:

---

[119] *in* "Compêndio de Legislação Tributária", Coord. IBET, Resenha, SP, edição póstuma, 1975, p. 184/5.

a) art. 146, estabelecendo caber à *lei complementar* dispor sobre conflitos de competência em matéria tributária, regular as limitações constitucionais ao poder de tributar, e estabelecer normas gerais em matéria de legislação tributária, especialmente sobre: definição de tributos e de suas espécies, bem como, em relação aos impostos, a dos respectivos fatos geradores, bases de cálculo e contribuintes; obrigação, lançamento, crédito, prescrição e decadência tributários; e adequado tratamento tributário ao ato cooperativo praticado pelas sociedades cooperativas. (Vide "competência legislativa", no Capítulo IV);

b) art. 148, autorizando a União a, mediante *lei complementar*, instituir empréstimos compulsórios (para atender a despesas extraordinárias. (Vide "outras competências institucionais da União", no Capítulo V);

c) art. 153, VII, que confere à União competência para instituir imposto sobre grandes fortunas (IGF), nos termos de *lei complementar*. (Vide "Competência Privativa da União", no Capítulo V, deste livro);

d) art. 154, I, permitindo que a União, mediante *lei complementar*, institua outros impostos, além dos já previstos em seu favor no art. 153, desde que sejam não-cumulativos e desde que não tenham fato gerador ou base de cálculo próprios dos demais impostos discriminados na Constituição. (Vide "Outras Competências Institucionais da União", no Capítulo V, deste livro);

e) art. 155, § 1º, III, que exige, em relação ao imposto de transmissão *"causa mortis"* e doação (ITCD), dos Estados e do Distrito Federal, edição de *lei complementar* prévia para regular a competência para a sua instituição se o doador tiver domicílio ou residência no exterior, ou se o "de cujus" possuía bens, era residente ou domiciliado ou teve o seu inventário processado no exterior. (Vide "Competência Privativa dos Estados e do Distrito Federal", no Capítulo VI, deste livro);

f) art. 155, § 2º, XII, estabelecendo que cabe à *lei complementar*, em relação ao ICMS: definir seus contribuintes; dispor sobre substituição tributária; disciplinar o regime de compensação do imposto; fixar, para efeito de sua cobrança e definição do estabelecimento responsável, o local das operações relativas à circulação de mercadorias e das prestações de serviços; excluir da incidência do imposto, nas exportações para o exterior, serviços e outros produtos além dos mencionados no inciso X, *"a"*; prever casos de manutenção de crédito, relativamente à remessa para outro Estado e exportação para o exterior, de serviços e de mercadorias; regular a forma como, mediante deliberação dos Estados e do Distrito Federal, isenções, incentivos e benefícios fiscais serão concedidos e revogados; definir os combustíveis e lubrificantes sobre os quais o imposto incidirá uma única vez, qualquer que seja a sua finalidade, hipótese em que não se aplicará o disposto no inciso X, *"b"*; fixar a base de cálculo, de modo que o montante do imposto a integre, também na importação do exterior de bem, mercadoria ou serviço. (Vide "Competência Privativa dos Estados e do Distrito Federal", no Capítulo VI, deste livro);

g) art. 156, § 3º, determinando, em relação ao imposto sobre serviços de qualquer natureza (ISS), caber à *lei complementar* fixar as suas alíquotas máximas e excluir da sua incidência exportações de serviços para o exterior. (Vide "Competência Privativa dos Municípios, Relativa a Impostos", no Capítulo VII, deste livro);

h) art. 161, estabelecendo caber à *lei complementar*, entre outras medidas, definir valor *adicionado* (ou *agregado*) para fins do disposto no art. 158, parágrafo único, I, que trata do creditamento, aos Municípios, das parcelas de receita que lhes toca relativamente ao ICMS. (Vide Capítulo VIII, deste livro, sobre "Repartição das Receitas Tributárias").

Além desses, há outros artigos que mandam aplicar os que acima destacamos, como o 149 (*"caput"*) e o 195 (§ 4º).

**3. Decreto legislativo.** O *decreto legislativo* é, a nível federal, ato privativo do Presidente do Congresso Nacional, tendo, em matéria tributária, por finalidade, aprovar, para que adquiram força ou eficácia normativa interna, dentro do país (cf. art. 49, I, da CF), os *tratados e convenções internacionais* (verdadeiros *contratos*, sem força originária de *lei*, portanto) celebrados pelo Presidente da República com outros países. Visam, via de regra, à colaboração recíproca.

O decreto legislativo, aprovador desses *contratos* internacionais, situa-se logo após a lei complementar, pelo que *revoga* (na verdade, *suprime a eficácia*, porque somente norma da *mesma hierarquia* pode revogar outra) ou *modifica* a legislação tributária interna, *de hierarquia inferior*, a ela devendo se submeter a legislação, também de hierarquia inferior, que venha a ser editada posteriormente.

É de se lembrar, por oportuno, que os Estados e o Distrito Federal também podem editar decretos legislativos, para o fim de aprovar seus convênios internos, celebrados entre pessoas jurídicas de direito público interno. Mas tais atos, por se originarem das assembléias legislativas locais (do seu presidente), se situam em outro plano: logo abaixo da Constituições Estadual. Nada impede que, também, o Presidente da Câmara de Vereadores expeça decretos legislativos, quando o Município for participante de convênio. Em qualquer nível e circunstância, não dependem tais decretos legislativos da sanção do Executivo, por uma razão simples: é deste que parte o tratado, a convenção ou o convênio, com o que se esgota a sua competência.

Assim estabelece o Código, a respeito dos tratados e convenções internacionais:

**Art. 98:**
***Os tratados e as convenções internacionais*** (leia-se, *"os decretos legislativos que aprovarem tratados e convenções internacionais"*) ***revogam ou modificam a legislação tributária*** (trata-se de um gênero, abrangendo todo o

sistema normativo, das fontes principais às complementares) *interna* (exceto, por óbvio, a lei constitucional e a lei complementar), *e serão observados pelas* (de hierarquia inferior) *que lhes sobrevenha* (posteriores).

Tais *contratos internacionais* são, pois, apenas fontes de *interpretação*, e não fontes *normativas* do direito tributário. Fontes *normativas* são, nesse particular, seus *decretos legislativos* aprovadores.

Atente-se, todavia, para o fato de que o art. 151, III, da CF, veda à União *"instituir isenções de tributos da competência dos Estados, do Distrito Federal ou dos Municípios"*, o que significa que *isenções* relativas a tributos da competência desses entes não poderiam, pelo menos em princípio, ser objeto de tratados e convenções internacionais, cuja celebração é da competência federal. A propósito da matéria, o STJ assim já se manifestou, envolvendo ICMS:[120]

*"1. O sistema tributário instituído pela CF/1988 vedou a União federal de conceder isenção a tributos de competência dos Estados, do Distrito Federal e Municípios (art. 151, III). 2. Em conseqüência, não pode a União firmar tratados internacionais isentando o ICMS de determinados fatos geradores, se inexiste lei estadual em tal sentido. 3. A amplitude da competência outorgada à União para celebrar tratados sofre os limites impostos pela própria Carta Magna. 4. O art. 98, do CTN, há de ser interpretado com base no panorama jurídico imposto pelo novo sistema tributário nacional".*

Todavia, o § 2º do art. 5º da CF permite, a nosso ver, que, em determinados casos, a União intervenha excepcionalmente no poder de tributar (e, conseqüentemente, de dispensar pagamentos) dos entes federativos, ao dispor que

*"Os direitos e garantias expressos nesta Constituição não excluem outros decorrentes do regime e dos princípios por ela adotados, ou dos tratados internacionais em que a República Federativa do Brasil seja parte".*

Daí a razão, pensamos nós, da seguinte decisão posterior, do mesmo STJ:[121]

*"Quem tributa ou isenta do ICMS são os Estados, mas a União pode, por acordo internacional, garantir que a tributação, quando adotada, não discrimine os produtos nacionais e os estrangeiros, em detrimento destes".*

**4. Resolução do Senado.** Essa fonte tem por função, em matéria tributária, unicamente, estabelecer (cf. art. 155, § 1º, IV, e § 2º, IV e V, da CF) as *alíquotas* (às vezes *máximas*, às vezes *mínimas* e às vezes *exatas*) a serem utilizadas pelas leis *instituidoras* (*ordinárias*, cf. fonte nº 5, a seguir) de dois impostos, da competência estadual: o ICMS (imposto de circulação de mercadorias e de serviços de transporte, interestadual e intermunicipal, e de comunicação) e o ITCD (imposto de transmissão *"causa mortis"* e doação). Hão de ser fixados, contudo, levando sempre em conta a política tributária adotada pelo Sistema Tributário Constitucional. E assim o dizemos porque, a nosso ver, não se ateve ele a essa recomendação quando estabeleceu a alíquota máxima (de 8%) aplicável ao ITCD, permitindo,

---

[120] REsp nº 90871/PE, 17/06/1997, 1ª Turma (DJU de 20/10/97, p. 52977).

[121] ED no REsp nº 147236/RJ, julg. em 11/12/97, 2ª Turma (DJU de 02/02/98, p. 96); ED no Resp nº 163232, julg. em 19/05/98, mesma Turma (DJU de 13/10/98, p. 69); ED no REsp nº 136545/RJ, julg. em 03/11/97, mesma Turma (DJU de 24/11/97, p. 61177).

ademais, seu cálculo de forma *simples* e não *gradual*, ou seja, permitiu que se adote sempre a alíquota única, prevista na faixa de valores onde se situa o valor sujeito à tributação. Veja-se o que a respeito dissemos no Capítulo II, deste livro, sobre "espécies tributárias".

    **5. Lei** (ordinária, comum ou específica) e **Medida Provisória.**

    *Lei*, em sentido próprio e específico, é ato próprio do Poder Legislativo (Congresso Nacional, Assembléia Legislativa e Câmara de Vereadores), enquanto *medida provisória* é ato (com força de lei) exclusivamente federal, do Presidente da República (Poder Executivo). A rigor, ao Legislativo deveria ser reservada, privativamente, a faculdade de disciplinar juridicamente todas e quaisquer situações. Qualquer possibilidade de terceiros traçarem norma de conduta, que a lei constitucional venha a delegar, é sempre um desvio constitucional, que, às vezes se justifica, mas em caráter muito excepcional. No caso, a *lei* e a *medida provisória* têm igual força normativa, mas decorrem de circunstâncias diferentes:

    5.1) A *lei* (*ordinária*, *comum* ou *específica*), em matéria tributária, tem como funções, as previstas no art. 150, I, e § 6º, da CF, além das arroladas no art. 97 do CTN. Assim estabelecem aqueles:

**Art. 150:**
***Sem prejuízo de outras garantias*** (previstas como *"individuais"*, fora dos tributos, no art. 5º da CF, e de outras tantas, relacionadas especificamente com esses, nos vários dispositivos do Sistema Tributário Nacional) ***asseguradas ao contribuinte*** (praticante de fato gerador)***, é vedado*** (proibido) ***à União, aos Estados, ao Distrito Federal e aos Municípios*** (a todas as pessoas jurídicas de direito público, portanto)***:***

    **I - exigir** (*criar* ou *instituir*) **ou aumentar** (*majorar*) **tributo** (não só *imposto*, taxa e *contribuição de melhoria*, mas quaisquer outras *arrecadações pecuniárias compulsórias* previstas no Sistema Tributário Nacional, quando, para tanto, não for prevista, como competente, a *lei complementar*, como ocorre com o *empréstimo compulsório* e os impostos da *competência residual* da União) **sem lei** (ordinária) ***que o estabeleça*** (determine).

    O *princípio da legalidade*, ou *da reserva legal* (consistente na necessidade de edição de *lei*, do Poder Legislativo, para determinados casos), previsto nesse artigo da Constituição, deve ser aplicado apenas quando se trata de *criação* ou de *aumento* de *tributo* (e demais *arrecadações pecuniárias compulsórias* previstas no seu Sistema Tributário), mas o art. 97 do Código Tributário, abaixo transcrito, amplia essas duas hipóteses para inúmeras outras.

    Já vimos alhures, a propósito da matéria (*instituição* ou *aumento* de arrecadações pecuniárias compulsórias, via *lei ordinária*), que a CF apresenta as seguintes *exceções à regra*:

a) a *medida provisória*, da qual logo mais (subitem 5.2) trataremos, pode, em matéria tributária, ser utilizada (nos termos da previsão do art. 62, da CF, recentemente alterado pela Emenda Constitucional nº 32, de 11/09/2001) para todos os casos em que é competente a *lei ordinária*, desde que, obviamente, observados os pressupostos constitucionais da *relevância* e da *urgência*;

b) para três casos de *criação* ou *instituição* (e de *aumentos*) de *arrecadações pecuniárias compulsórias* previstas no seu Sistema Tributário, manda a lei constitucional utilizar lei *complementar*: no art. 148 (para *empréstimos compulsórios*), no art. 154, I (para *impostos da competência residual* da União) e no art. 195, § 4º (para *novas fontes* de custeio de *contribuições sociais*, destinadas à *seguridade social*);

c) para o imposto sobre grandes fortunas (IGF), da União, há necessidade (cf. art. 153, VII, da CF) de prévia definição, através de *lei complementar*, do que deva ser considerado como *grande fortuna*, para, só então, ser ele instituído mediante *lei ordinária*, embora alguns entendam que esse dispositivo já autoriza, desde logo, criação do tributo, através da própria *lei complementar*, o que é ilógico; e

d) o Poder Executivo da União pode (cf. § 1º do art. 153, da CF), atendidas as condições e os limites estabelecidos em *lei* (*ordinária*, a mesma que as estabeleceu inicialmente), *alterar*, mediante *decreto* (*autônomo* ou *independente*), *as alíquotas* de quatro impostos federais, que são os utilizados para medidas fiscais urgentes: *imposto de importação* (II), de *exportação* (IE), *sobre produtos industrializados* (IPI), e *sobre operações de crédito, câmbio e seguro, ou relativas a títulos ou valores mobiliários* (IOF), preservando-se, contudo, a competência originária da *lei ordinária* para a respeito dispor quando conveniente.

Art. 150: ...

§ 6º **Qualquer subsídio** (ajuda ou benefício fiscal) **ou isenção** (dispensa de pagamento)**, redução de base de cálculo** (valor tributável menor do que o real)**, concessão de crédito presumido** (permissão de utilização de crédito fictício ou simbólico para dedução ou compensação do débito, na apuração do montante de imposto a pagar, relativo a IPI e ICMS, sujeitos ao *princípio da não-cumulatividade*)**, anistia** (perdão da infração e da conseqüente multa ou penalidade) **ou remissão** (perdão do tributo propriamente dito)**, relativos a impostos, taxas ou contribuições** (de qualquer natureza, sejam *de melhoria*, sejam *parafiscais*)**, só** (não se admitindo decretos ou atos normativos ou administrativos do Poder Executivo) **poderá ser concedido mediante lei específica** (*ordinária*, do Poder Legislativo, estando aí presente a necessidade de atender-se ao *princípio da legalidade* ou *da reserva legal*, mas a *medida provisória* também pode ser acionada, na esfera federal, porque não se trata, aqui, de lei *complementar*, tendo por objeto benefícios fiscais, à evidência *relevantes* e *urgentes*), *federal, estadual ou municipal* (conforme a competência para a instituição do tributo ou da contribuição a que se refere o benefício), *que regule exclusivamente* (somente, apenas) *as matérias acima enumeradas* (subsídio, isenção, redução de base de cálculo, etc.) *ou o correspondente tributo ou contribuição* (de que se tratar, não podendo, portanto, a matéria ser tratada em lei estranha à tributária, como, por exemplo, a concessão de isenção de IPTU pela lei do plano diretor do Município), *sem prejuízo do disposto no art. 155, § 2º, XII, "g"* (que reserva à *lei complementar* a faculdade de disciplinar a forma como *isenções, incentivos* e *benefícios fiscais* devem concedidos ou revogados mediante deliberação dos Estados e do Distrito Federal, o que, aliás, já vem, desde 07/01/75, disciplinado na Lei Complementar nº 24, que prevê, para tanto, a celebração de *convênios*, verdadeiros ajustes ou contratos entre as referidas pessoas jurídicas de direito público, os quais, no entanto, para adquirirem força normativa perante os contribuintes, devem ser previamente aprovados por lei ou por decreto legislativo dos Estados participantes, conforme estabelecer a Constituição destes).

Assim, ressalvada a possibilidde de celebração de convênios a respeito, a concessão de qualquer dos benefícios referidos no parágrafo ora em comento só pode ocorrer mediante lei específica, do Poder Legislativo, sendo expressamente vedado a este delegar ao Executivo a prerrogativa de a respeito dispor, sob pena de ter-se por ofendido o princípio da separação de poderes e da reserva constitucional de competência legislativa. Esse erro tem sido, aliás, bastante comum, deixando o contribuinte ao inteiro sabor dos caprichos da Administração Fiscal para vê-los autorizados.

**Art. 97:**
*Somente a lei* (*ordinária*, e não outro ato de legislação, salvo, evidentemente, as exceções expressamente previstas na CF, que acima apontamos nas letras *"a"* a *"d"*, quando comentamos seu art. 150, I, como a medida provisória, a lei complementar e, em alguns poucos casos, o decreto autônomo federal, caso este do § 1º do art. 153) *pode estabelecer* (determinar):

*I - a instituição* (criação) *de tributos* (e demais *arrecadações pecuniárias compulsórias* previstas no Sistema Tributário Nacional), *ou a sua extinção*;

*II - a majoração* (aumento) *de tributos* (e demais *arrecadações* antes referidas), *ou sua redução*;

*III - a definição do fato gerador* (situação capaz de, pela sua *prática*, provocar o nascimento do débito) *da obrigação tributária principal* (pagar tributo ou *penalidade pecuniária*, cf. art. 113, § 1º, do CTN) *e do seu sujeito passivo* (devedor da obrigação, podendo ser, ou um *contribuinte*, que é o que deve em razão da prática do fato gerador respectivo, ou um *responsável*, que é o que deve simplesmente porque a lei como tal o define, por estar vinculado à ocorrência do fato gerador respectivo, sem, no entanto, tê-lo praticado).

Note-se que *lei ordinária*, ao instituir o *imposto*, não pode adotar *fato gerador* ou *contribuinte* diversos daqueles que a *lei complementar* (por determinação do art. 146, III, *"a"*, da CF) previamente lhe definiu e apontou;

**IV - a fixação da alíquota** (percentual legalmente utilizável para fins de obtenção do montante a pagar) **do tributo** (bem como paratributos e empréstimos compulsórios) **e da sua base de cálculo** (valor *tributável*, real, presumido ou arbitrado, sobre o qual deve ser aplicada a referida *alíquota)*;

Convém lembrar, a propósito, que a *base de cálculo* utilizável pela lei ordinária, para o cálculo do valor a recolher, não pode ser diversa da que lhe definiu a lei *complementar* (nos termos do citado art. 146, III, *"a"*, da CF), e que a *alíquota* a ser adotada deve estar de acordo com a expressa ou implicitamente autorizada pela lei constitucional (como do ITCD e do ICMS, por *Resolução do Senado*, nos termos do inc. IV do § 1º, e dos incs. IV e V do § 2º, respectivamente, do art. 155, e as do ISS, por *lei complementar*, nos termos do inc. I do § 3º, do art. 156). Em relação às alíquotas do ITCD, utilizadas pela lei do Estado do RS, já tivemos oportunidade de referir serem elas inconstitucionais, porquanto, em nosso entender, a Constituição Federal não autoriza, para esse fim, alíquotas *progressivas*, ainda mais para efeito de cálculo na forma *simples* (uma única alíquota, na escala *progressiva*).

**V - a cominação** (previsão ou definição) **de penalidades** (multas ou sanções) **para as ações** (práticas) **ou omissões** (falta de prática) **contrárias** (que infrinjam) **a seus dispositivos** (da lei), **ou para outras infrações** (ilícitos) **nela definidas**;

**VI - as hipóteses** (casos) **de exclusão** (de retirada, em caráter definitivo, da possibilidade de cobrança, previstas no art. 175), **suspensão** (de impossibilidade temporária de cobrança, previstas no art. 151) **e extinção** (de liquidação, previstas no art. 156, todos do Código Tributário) **de créditos tributários** (tributos, inclusive *penalidades pecuniárias* respectivas, cf. § 1º do art. 113 do mesmo código), **ou de dispensa ou redução de penalidades** (anistia, total ou parcial, a infrações já cometidas).

**§ 1º Equipara-se** (considera-se, para todos os fins e efeitos) **à majoração** (aumento) **do tributo** (havendo, portanto, necessidade de *lei*, isto é, não se admite ato de legislação diverso desta, como, por exemplo, o *decreto*) **a modificação de sua base de cálculo** (mudança ou alteração do *valor tributável)*, **que importe em torná-lo mais oneroso** (que resulte em maior imposto a pagar).

**§ 2º Não constitui majoração** (aumento) **do tributo, para os fins do disposto no inciso II deste artigo** (não havendo, portanto, necessidade de *lei)*, **a atualização** (correção) **do valor monetário** (em dinheiro) *da respectiva base de cálculo* (sobre a qual se aplica a alíquota prevista em lei, para a obtenção do montante a pagar).

A respeito dessa disposição, o Judiciário já decidiu que

"*é vedado ao Poder Executivo municipal, a pretexto de rever valores venais de imóveis, aumentar indiretamente o IPTU*",[122]

o que, inclusive, resultou na Súmula nº 160 do STJ, no sentido de que

"*é defeso, ao município, atualizar o IPTU, mediante decreto, em percentual superior ao índice oficial de correção monetária*".

Contudo, a *base de cálculo* (*valor tributável*) do IPTU está prevista no art. 33 do Código Tributário como sendo "*o valor venal*" (de venda, de mercado) "*do imóvel*" urbano. Assim, nossa opinião é de que a *apuração* desse valor *venal anual*, para efeitos de cálculo do imposto, independe não só de lei, mas também de decreto municipal. Decorre ele da simples evolução do mercado imobiliário, cabendo ao Poder Executivo apenas aferi-lo e apurá-lo a cada novo ano, no momento do lançamento do tributo, desde que o faça de forma idônea e documentada, e não por simples índices de gabinete. Assim, nos parece mais acertado o entendimento do STF, que, embora anterior, melhor reflete o espírito da lei:

"*o § 2º do art. 97 do CTN diz respeito somente à correção monetária do valor venal do imóvel (base de cálculo do IPTU), não alcançando a reavaliação mesma (reavaliação econômica) desse valor venal*".[123]

5.2) Quanto à **medida provisória**, a matéria passou, desde a recente Emenda Constitucional nº 32, de 11/09/01, ser regulada pela Constituição Federal nos seguintes termos, na parte em que nos interessa mais diretamente:

Art. 62:
*Em caso de relevância* (em razão da importância da matéria) *e urgência* (não sendo possível aguardar seja ela tratada e disciplinada dentro da rotina do Poder Legislativo), *o Presidente da República* (como Chefe do Poder Executivo) *poderá* (é mera faculdade) *adotar* (mediante edição) *medidas* (tecnicamente, não são leis, porque fruto do Executivo, embora a elas se assemelhem quanto aos efeitos normativos) *provisórias* (valendo por tempo determinado, o suficiente para movimentar o Legislativo, a quem originariamente compete a disciplinação da matéria), *com força de lei* (ordinária, nos mesmos casos desta, porém só em matéria legislativa da competência federal, de tal forma que, o que à lei ordinária é permitido, à medida provisória em princípio também é lícito disciplinar, desde que atendidos os pressupostos constitucionais da *relevância* e da *urgência*, bem como demais requisitos constitucionais), *devendo submetê-las* (encaminhá-las para exame e *aprovação* – conversão em *lei ordinária* ou *rejeição* – porque, na verdade, é ao Poder Legislativo que, originariamente, compete disciplinar a matéria nela

---

[122] REsp 47230/RS, 1ª Turma, STJ (DJU de 06/06/94, p.14256). Ver, também, REsp nº 147988/RS.
[123] STF, RE 87763/PI, em 23/11/79.

contida, já que, nas medidas provisórias, o Executivo é mero órgão legislativo de transição) *de imediato* (incontinenti) *ao Congresso Nacional.*

**§ 1º** *É vedada* (proibida) *a edição de medidas provisórias sobre matéria:*
*... III - reservada a lei complementar* (aliás, sempre foi assim, mesmo antes da citada Emenda, porque a medida provisória tem força, tão-somente, de lei *ordinária*);

**§ 2º** *Medida provisória que implique instituição ou majoração de impostos, exceto os previstos nos arts. 153, I, II, IV, V, e 154, II* (que, nos termos do § 1º do art. 150, fazem exceção ao *princípio da anterioridade*, a ele não se sujeitando por serem de efeitos a serem alcançados imediatamente, e que são: imposto sobre a importação; sobre a exportação; sobre produtos industrializados, sobre operações de crédito, câmbio e seguro, ou relativas a títulos ou valores mobiliários; e extraordinários), *só produzirá efeitos* (terá eficácia) *no exercício financeiro* (ano civil) *seguinte* (o que, de resto, já está no art. 150, III, *"b"*, como *princípio da anterioridade*) *se houver sido convertida* (transformada) *em lei* (pelo Legislativo, exigência esta muito oportuna, introduzida como freio ao Executivo pela citada Emenda Constitucional nº 32/01, tendente a barrar os ímpetos fiscais deste, que vinham externados via medidas provisórias sem *relevância* e *urgência*) *até o último dia daquele* (exercício financeiro) *em que foi editada* (31 de dezembro).

**§ 3º** *As medidas provisórias, ressalvado o disposto nos §§ 11 e 12* (vide abaixo) *perderão eficácia* (deixam de ter validade e, conseqüentemente, aplicação), *desde a edição* (publicação, cf. § 4º, seguinte), *se não forem convertidas* (transformadas) *em lei* (pelo Legislativo) *no prazo* (contínuo) *de sessenta dias* (que se inicia no primeiro dia útil seguinte, encerrando-se no 60º dia deste, desde que também útil, e caso não seja, será prorrogado para o primeiro dia útil que se seguir), *prorrogável* (antes do seu vencimento, obviamente), *nos termos do § 7º* (vide abaixo), *uma vez* (decaindo o direito se não oportunamente exercido, e, se exercido, com o vencimento do seu prazo) *por igual período* (60 dias), *devendo o Congresso Nacional disciplinar* (regrar), *por decreto legislativo* (ato do Presidente do Congresso Nacional, que não depende da sanção do Executivo), *as relações jurídicas* (efeitos) *delas* (da perda da eficácia) *decorrentes.*

**§ 4º** *O prazo a que se refere o § 3º* (para conversão em lei) *contar-se-á da publicação* (no órgão oficial) *da medida provisória, suspendendo-se* (mediante subtração do prazo, e não mediante seu reinício integral) *durante os períodos de recesso* (fechamento temporário) *do Congresso Nacional.*

**§ 5º** *A deliberação de cada uma das Casas do Congresso Nacional* (o exame será duplo, portanto) *sobre o mérito* (conteúdo) *das medidas* *provisórias dependerá de juízo* (manifestação) *prévio* (como preliminar) *sobre o atendimento de seus pressupostos constitucionais* (cabimento da medida provisória, em todo o sentido).

§ 6º *Se a medida provisória não for apreciada* (apreciada) *em até quarenta e cinco dias contados de sua publicação, entrará em regime de urgência* (torna-se preferencial), *subseqüentemente, em cada uma das Casas do Congresso Nacional, ficando sobrestadas* (suspensas), *até que se ultime a votação, todas as demais deliberações legislativas da Casa em que estiver tramitando* (o que, na verdade, é um ônus que torna o Legislativo subserviente ao Executivo, o que é o grande inconveniente das medidas provisórias, já que quebra a igualdade jurídica dos poderes).

§ 7º *Prorrogar-se-á uma única vez por igual período* (60 dias) *a vigência* (tempo de vida) *de medida provisória que, no prazo de sessenta dias, contado de sua publicação, não tiver a sua votação encerrada nas duas Casas do Congresso Nacional.*

§ 10. *É vedada a reedição, na mesma sessão legislativa* (entre um recesso anual e outro), *de medida provisória que tenha sido rejeitada* (matéria, aliás, de há muito já pacífica) *ou que tenha perdido sua eficácia por decurso de prazo.*

§ 11. *Não editado o decreto legislativo a que se refere o § 3º* (sobre os efeitos já produzidos, enquanto eficaz, da medida provisória não convertida em lei) *até sessenta dias após a rejeição ou perda de eficácia de medida provisória, as relações jurídicas constituídas e decorrentes de atos praticados durante sua vigência conservar-se-ão por ela regidas* (vale dizer, os efeitos já produzidos serão mantidos).

§ 12. *Aprovado projeto de lei de conversão alterando o texto original* (quer dizer, este não foi aprovado na íntegra pelo Legislativo) *da medida provisória, esta manter-se-á integralmente em vigor até que seja sancionado ou vetado o projeto* (o que abre sério precedente para o retardamento da sanção ou veto, e conseqüente publicação da media, no órgão oficial).

A medida provisória é, assim, ato de legislação *condicionada* e de natureza *resolutória*, daquelas que, caso não seja implementada a condição imposta, que, no caso, é a sua conversão em lei no prazo estabelecido, fazem com que o ato perca a sua eficácia.

O que vinha sendo questionado, até o advento da Emenda Constitucional nº 32/01, é se a *medida provisória* podia tratar de matéria constitucionalmente reservada à lei *complementar*, como, por exemplo, a instituição de *empréstimo compulsório*. A tendência sempre foi considerá-la como tendo apenas força normativa de *lei ordinária*, pelo que não se lhe reconhecia essa possibilidade. Hoje, no entanto, a matéria não mais comporta discussão sob esse ângulo, diante do inciso III do § 1º do citado art. 62, que veda a *"edição de medidas provisórias sobre matéria ... reservada a lei complementar".*

**6. Decreto.** Essa fonte do direito tributário é ato do Poder Executivo (federal, estadual ou municipal, conforme a competência). Há duas espécies de decreto, em matéria tributária:

a) o *autônomo* ou *independente* (não relacionado com o *regulamentar*), utilizável, pela União, para *alterar alíquotas* dos seguintes impostos (cf. art. 153, § 1º, da CF): de importação (II); de exportação (IE); sobre produtos industrializados (IPI); e sobre operações de crédito, câmbio e seguro, ou relativas a títulos ou valores mobiliários (IOF); e

b) o *regulamentar*, utilizável para aprovar a *forma* como as autoridades administrativas, encarregadas do fiscalização, lançamento e arrecadação de tributos, devem *executar* as *leis* respectivas. São os conhecidos *regulamentos*. Destinam-se, portanto, exclusivamente aos funcionários do Poder Executivo, encarregados da cobrança. Em outras palavras, para o contribuinte a fonte direta das suas obrigações de natureza tributária (e, por extensão, às demais *arrecadações pecuniárias compulsórias* previstas no Sistema Tributário Nacional) é a lei, enquanto para as autoridades administrativas encarregadas da sua cobrança, a fonte direta é o regulamento, servindo este, no entanto, também ao contribuinte, que nele poderá encontrar a informação de como o fisco interpreta e aplica a lei. Em palavras mais simples, o que se deve fazer, ou não, em matéria tributária, está na lei (do Poder Legislativo), cabendo ao Poder Executivo dar-lhe a devida interpretação, via regulamento, sem contudo estender ou restringir o seu alcance, para fins de aplicação, pelos seus servidores. Como diz GIAN ANTONIO MICHELI,[124] *"mediante esses regulamentos o Poder Executivo se autodisciplina, pondo a regra do seu agir e completando assim a disciplina da lei"*, vale dizer, interpretando o seu espírito, sem, contudo, poder alterá-lo.

Quanto ao conteúdo e alcance dos decretos regulamentares, assim dispõe o Código Tributário:

**Art. 99:**

***O conteúdo*** (matéria disciplinada) ***e o alcance*** (extensão) ***dos decretos*** (no caso, *regulamentares*, editados pelo Poder Executivo) ***restringem-se*** (limitam-se) ***aos das leis*** (editadas pelo Legislativo, não podendo, portanto, dispor de forma contrária a estas, ou seja, não podem criar direito ou obrigação nova, não contemplados nas leis regulamentadas) ***em função das quais sejam expedidos*** (que originaram a necessidade de sua edição)***, determinados com observância das regras de interpretação estabelecidos nesta***

---

[124] in "Corso di Diritto Tributario" ("a cura di Augusto Fantozzi e Andrea Fedele"), Unione Tipografico - Editrice Torinese, Torino, Italia, 1970, p. 21.

*lei* (devendo, para tanto, ser observados os arts. 107 a 112 do Código, e, obviamente, também as demais regras de hermenêutica, competindo ao Judiciário, todavia, por provocação do interessado, avaliar se o Poder Executivo deu, por via de seus regulamentos, adequada interpretação da *lei*).

Caso os *regulamentos* venham a criar direito ou obrigação nova, não previstos na lei que visam a regulamentar, serão eles, nesse particular, de um lado, *ilegais* (sob a ótica de que afrontam a *lei* que visam a regulamentar), e, de outro, *inconstitucionais* (sob a ótica de que invadiram a competência do Poder Legislativo), assim declaráveis pelo Poder Judiciário, pelo que nada impede que o sujeito passivo peça ao Juízo comum, tão-somente, que declare, *"incidenter tantum"* (como incidente), a inaplicação da lei tida como inconstitucional, ou peça ao Tribunal, desde logo, a decretação da inconstitucionalidade de determinada lei ou dispositivo, por invasão de competência legislativa. A opção é do contribuinte.

Por outro lado, surge outra questão: se determinado dispositivo regulamente for manifestamente inconstitucional, é o administrador público (auditor ou agente fiscal, etc.) obrigado a aplicá-lo? Somos de opinião que sim, porque ao agente público não cabe outra conduta (sob pena de desobediência), senão a de cumpri-lo, porquanto se encontra ele funcionalmente atrelado ao Poder Executivo. Afinal, o regulamento é a ordem do Chefe do Executivo a todos os seus agentes, mostrando-lhes o caminho da execução a lei a seu cargo. Somente poderá o agente abster-se de cumprir a norma regulamentar, enquanto inserida no ordenamento jurídico, que vier a ser, nos termos do art. 97 da CF, *julgada* inconstitucional pelo STF, observado o seguinte:

a) com alcance em relação às *partes envolvidas* na ação, tão-somente (cujos efeitos serão, então, *"ut singuli"* ou *"inter partes"*); e

b) com alcance em relação a *todos os contribuintes*, sejam ou não partes na ação (cujos efeitos serão, então, *"ut universi"* ou *"erga omnes"*), a partir do momento em que o *Senado*, à vista da decisão definitiva do Supremo, *declarar a inconstitucionalidade da norma*.

Note-se, todavia, que, tanto a *decisão* final (pelo Supremo) como a *declaração* oficial (pelo Senado) da inconstitucionalidade da norma (lei ou ato normativo do Poder Público) não a *revogam* (não a excluem do ordenamento jurídico). Apenas *suspendem* a sua *eficácia* (aplicação).

É por essas duas fundamentais razões (porque obriga a autoridade fiscal a cumprir a lei tributária *na forma do regulamento*, seja ele inconstitucional ou não, e porque é ao Judiciário que compete o exame de sua eventual inaplicabilidade) que os julgadores administrativos se recusam, e com razão, a adentrar no exame do aspecto constitucional da exigência fiscal (sempre fundada na lei, mas, repita-se, *na forma do regulamento*). É que, ao avaliarem a exigência fiscal contida no lançamento do crédito tributário, os julgadores administrativos nada mais fazem do que verificar se os agentes fiscais, executores da lei, na forma do regulamento respectivo, pautaram a sua conduta na estrita observância deste, cabendo ao sujeito passivo, na hipótese de inconformidade, socorrer-se do Judiciário.

## 3.2. Fontes complementares do direito tributário

Segundo o Código Tributário, as *fontes complementares* (nada a ver com *leis complementares*, como já se advertiu) do direito tributário estão previstas no seguinte dispositivo:

**Art. 100:**
*São normas complementares* (existentes em função das principais) *das leis* (em geral, mas especialmene as ordinárias, instituidoras das *arrecadações pecuniárias compulsórias* previstas no Sistema Tributário Nacional), *dos tratados e das convenções internacionais* (na verdade, dos decretos legislativos que os provam, conferindo-lhes eficácia interna) *e dos decretos* (do Poder Executivo):

1. os atos normativos (ou *administrativos*, cf. art. 103, I, que são as *portarias*, *ordens de serviço*, *circulares*, *instruções*, e outras recomendações ou ordens *internas* do Poder Executivo, emanadas dos chefes aos seus subalternos, mostrando-lhes como aplicar os *regulamentos* das leis tributárias e, por via de conseqüência, também estas) **expedidos pelas autoridades administrativas** (encarregadas da fiscalização, lançamento e cobrança das arrecadações pecuniárias compulsórias previstas no Sistema Tributário Nacional);

Tanto quanto os *regulamentos*, também os atos *normativos* ou *administrativos* (por serem ordens ou instruções internas da repartição fiscal) não se aplicam aos sujeitos passivos, mas servem-lhes de subsídio ou referência (porquanto retratam o entendimento do fisco) para a definição da conduta que deverão adotar.

2. as decisões (soluções) *dos órgãos singulares* (proferidas por um único julgador administrativo) *ou coletivos* (proferidas por um órgão colegiado, como os Conselhos de Contribuintes, os Tribunais Administrativos de Recursos Fiscais, os Tribunais de Impostos e Taxas, etc.) *de jurisdição administrativa* (do Poder Executivo, e não do Judiciário), *a que a lei atribua eficácia normativa* (ou seja, *força de lei*, de cumprimento obrigatório);

A rigor, todas as *"decisões"* (*administrativas*) proferidas por órgãos de jurisdição administrativa possuem *"eficácia normativa"*. O que importa, no entanto, é saber a quem elas se dirigem, obrigando ao seu cumprimento. Para tanto, deve-se atentar para o seguinte:

   a) em primeiro lugar, trata-se, aqui, exclusivamente de decisões *administrativas* (e *não judiciais*), sendo elas as *soluções* (normativas), dadas pelas autoridades julgadoras internas (do Poder Executivo), em suas única ou dupla instância (graus), ora a *consultas* (somente as escritas são admitidas) formuladas pelos sujeitos passivos sobre a correta maneira de aplicar a legislação tributária, ora a *impugnações* ou *reclamações* (defesas) por eles oferecidas a autos de infração ou de lançamento do crédito tributário, lavrados pelas autoridades fiscais do sujeito ativo; e

b) em segundo lugar, somente a quem for parte (sujeito passivo, de um lado, e sujeito ativo, de outro) na consulta fiscal ou na defesa administrativa (impugnação ou reclamação) é que se aplica a decisão respectiva, daí porque só em relação a elas é que a decisão tem força ou eficácia *vinculante, normativa* (de cumprimento obrigatório, portanto).

*Decisão administrativa com eficácia normativa* é, portanto, somente aquela que obriga ao seu cumprimento a quem for parte (ativa e passiva) no processo que lhe deu origem.

Há de se entender, contudo, que os Tribunais Administrativos tenham a necessária autonomia para solucionar as questões que lhes são postas. Tribunal sem autonomia é tribunal subserviente. Erro comum, de um lado, é a requisição de juízes administrativos, como representantes dos contribuintes, do quadro de ex-servidores fazendários, e, de outro, a delegação, pelo Secretário da Fazenda, a quem compete a administração do Tribunal, das suas funções aos próprios órgãos da fiscalização, ou seja, aqueles cujos atos são submetidos ao crivo decisório do Tribunal.

Recente questão envolvendo a autonomia do Tribunal Administrativo de Recursos Fiscais do Estado do RS (TARF), cuja presidência honrosamente nos coube nos idos de 1996/1997, assim restou decidida, por unanimidade, pelo 1º Grupo Cível do TJERS, tendo como Relator o eminente Des. Genaro José Baroni Borges:[125]

> "*Decisão proferida pelo Tribunal Administrativo de Recursos Fiscais e anulada pelo Secretário da Fazenda. Ilegalidade. I. No RS, desde a Lei estadual nº 3.694/59, até chegar à Lei nº 6.537/73, ora em vigor, a Administração Pública autosubordinou-se às decisões emanadas do Tribunal Administrativo de Recursos Fiscais, tornando-as definitivas na esfera administrativa. II. Com vincular a Administração Tributária ao julgamento do TARF, o legislador estadual não deixou margem à revisão hierárquica, falecendo ao Secretário de Estado competência para rever suas decisões, quer de ofício, quer mediante provocação*".

No caso, a decisão atacada foi definitivamente favorável, na esfera administrativa, ao contribuinte. Ora, se é o próprio Estado que, por seu Tribunal Administrativo, declara insubsistente a exigência fiscal, não há como pretender seja por ele anulada a decisão assim proferida, sob pena de afronta à autonomia daquele órgão. Em seu brilhante e histórico voto, o eminente Relator, além de referir a definitividade, nos termos do art. 65 da Lei nº 6.537/73, das decisões administrativas proferidas, em último grau, contra o Estado, como no caso, invoca a seguinte lição de RUY CIRNE LIMA,[126] lembrada por HELY LOPES MEIRELLES:[127]

> "*... os tribunais administrativos, existentes entre nós, ou funcionam sob a censura do Poder Judiciário e, neste caso, embora decidam, realmente não julgam; ou tiram, então, a sua competência de fontes diversas daquela de que promana, para o Estado, o poder de julgar e, nesta hipótese, não podem considerar-se tribunais ou órgãos judicantes propriamente tais.*

---

[125] MS nº 70002155620, 1º Grupo Cível, TJERS, 01/06/01, Rel. Des. Genaro José Baroni Borges.

[126] in "Princípios de Direito Administrativo", Ed. Revista dos Tribunais, 6ª edição, p. 206/209.

[127] in "Direito Administrativo Brasileiro", Malheiros, 24ª edição, p. 686.

Mas, nem por não serem órgãos judicantes, não deixam as decisões dos Tribunais Administrativos de terem autoridade fundada 'na autosubordinação legal da administração pública e na voluntária aceitação do julgado pelos particulares'".

3. **as práticas** (usos e costumes, ou maneiras de agir) ***reiteradamente*** (que revelem constância ou freqüência) ***observadas*** (*vistas, toleradas* e *admitidas*, no cumprimento do seu dever) ***pelas autoridades administrativas*** (auditores ou agentes fiscais, técnicos ou auxiliares fazendários, etc.);

Os *usos e costumes* costumam ser classificados em três grupos:

a) *introdutórios* (ou *"praeter legem"*, ou, literalmente, *"além"*, *"à margem da lei"*), quando, pela sua prática, se estabelece (se introduz) outra (nova) conduta ou maneira de agir, além (*"à margem"*) da determinada na norma existente;

b) *abrogatórios* (ou *"contra legem desuetudo"*, ou, literalmente, o *"desuso contra a lei"*), quando, pela sua prática, se põe em desuso uma norma existente (que fica, assim, tacitamente *"revogada"* ou *"abrogada"*), estabelecendo-se, em substituição, outra (nova) regra de conduta ou ação; e

c) *interpretativos* (ou *"secundum legem"*, ou, literalmente, *"segundo a lei"*), quando, pela sua prática, se dá a entender sejam eles a verdadeira conduta admitida na norma existente, com o que, na verdade, se a termina interpretando, segundo a maneira de colocá-la em ação.

Somente as *práticas* (usos e costumes) *administrativas*, reiteradamente *observadas* (*vistas* e *toleradas* pelas autoridades fiscais), é que podem ser tidas como *interpretativas* da lei e do respectivo regulamento, tendo, pois, ampla aplicação no direito tributário, como fonte complementar deste. Certo é que não podem tais práticas levar à revogação da lei tributária, pelo simples fato de que o tributo há anos não é exigido pelo fisco. O que se exige, é que a conduta fiscal, ao *implantar, observar* e *tolerar* certos procedimentos, esteja dentro do *espírito da lei*.

Um exemplo melhor esclarecerá a matéria: a pedido de determinado Prefeito do interior do Estado, os talonários de notas fiscais de produtores rurais foram entregues, por estes, para fins de exame de dados de interesse do Município, na prefeitura local, como há anos já vinha ocorrendo em todo Estado, sem que a respeito houvesse, em momento algum, qualquer objeção de parte da fiscalização do ICMS. Entendendo ser contra a lei a saída desses documentos do estabelecimento do contribuinte, o agente fiscal de tributos daquela localidade autuou cada um deles, impondo-lhes pesada multa, em dinheiro. Sem razão, pensamos nós, porque a *conduta* da fiscalização, que durante longos anos *via* e *admitia* esse tipo de procedimento em todo o Estado, deve ser tida como uma *"prática reiteradamente observada"* (*vista*) *"pelas autoridades administrativas"*, pela qual vinham elas entendendo ser esse o *espírito da lei*, recomendado para casos tais, a justificar, portanto, a aplicação do parágrafo único do art. 100 do Código Tributário (inexigibilidade de multa). Em outras palavras, a norma legal restritiva da saída dos talonários do estabelecimento vinha sendo interpretada, há anos, pela tolerância da fiscalização, como permitindo, sem afronta à lei estadual, a sua remoção naquelas circunstâncias especiais.

**4. os convênios** (ajustes internos, de natureza contratual) *que entre si celebrem a União, os Estados, o Distrito Federal e os Municípios* (tendo por objetivo *propor* ou *sugerir*, aos Poderes Legislativos respectivos, medidas ou alterações na lei tributária, ou mesmo, nos casos constitucionalmente previstos, decidir sobre certas matérias que lhe são reservadas, especialmente em relação ao ICMS).

Para que tais *convênios* adquiram força normativa *perante terceiros* (contribuintes e outros) devem eles ser aprovados por *lei* ou por *decreto legislativo* (segundo a previsão nas Constituições de cada um dos respectivos signatários, sendo que, no Estado do RS, por exemplo, deve ser utilizado o decreto legislativo, cf. art. 53, XXIV, da sua Constituição Estadual, que é ato do Presidente da Assembléia Legislativa). Tais atos são, pois, tal como os *tratados* e as *convenções internacionais*, meras fontes *de interpretação* e não fontes *normativas* do direito tributário. *Normativas* são as leis (ou decretos legislativos, conforme o caso) que vierem a aprovar os convênios.

A forma de aprovação dos convênios está disciplinada na Lei Complementar nº 24, de 07/01/75.

O mesmo art. 100 do Código, estabelece, ainda, o seguinte, relativamente às fontes complementares do direito tributário:

**Art. 100:** ...

**Parágrafo único. A observância** (pelo sujeito passivo) **das normas** (complementares) **referidas neste artigo exclui** (afasta) **a imposição** (aplicação) **de penalidades** (multas)**, a cobrança de juros de mora** (que, salvo disposição de lei em contrário, seria de 1%, cf. § 1º do art. 161 do Código) **e a atualização** (correção) **do valor monetário da base de cálculo do tributo** (ou do próprio tributo, o que dá no mesmo).

Em outras palavras, somente o montante do *tributo* pode ser exigido em tais circunstâncias, mas sem qualquer acréscimo ou atualização, para quem observa as citadas fontes complementares, caso a orientação fiscal venha a ser, *com fundamento no espírito da lei*, alterada para declará-lo devido, após orientação anterior, na qual se baseara o sujeito passivo, no sentido de que não era devido. Acrescente-se ainda que esse parágrafo é o único caso em que o Código abre expressamente mão da *correção* ou *atualização monetária*, cuja natureza jurídica, diga-se de passagem, *é sempre a mesma da parcela que visa a corrigir* (se a correção é do imposto, será ela *imposto*; se da multa, será ela *multa*).

Assim, por exemplo, nenhuma resposta, que é sempre *interpretativa* da lei, dada pelo fisco a uma consulta formulada por sujeito passivo, pode ser considerada definitiva, estando sempre sujeita a reexame da autoridade administrativa (para que se adapte ao espírito da lei), mas com as conseqüências expostas. Registre-se aqui, por oportuno, que, também para o fisco, há ônus decorrentes de uma consulta mal respondida num primeiro momento, conforme já decidiu a 2ª Turma do STF:[128]

> "*Ocorrendo resposta à consulta feita pelo contribuinte e vindo a administração pública, via fisco, a evoluir, impõe-se-lhe a responsabilidade por danos provocados pela observância do primitivo enfoque*".

## 4. Vigência da legislação tributária

A doutrina e a legislação tributária utilizam, muitas vezes, com o mesmo significado, as expressões *"entrar em vigência"* e *"entrar em vigor"*. No entanto, partindo da origem das palavras, percebe-se que têm elas significados diferentes: *vigência* (do verbo *viger*), é o *tempo de vida* da norma jurídica, desde o seu nascimento ou promulgação no órgão oficial (que nem sempre é o Diário Oficial), até sua revogação (extinção), expressa ou tácita, enquanto *vigor* (cujo verbo é *vigorar*), é a efetiva possibilidade de *aplicação* ou *utilização* da norma jurídica ao caso concreto. Assim, nem toda norma *vigente* está em *vigor*, mas, toda norma em *vigor* deve estar *vigente*.

Ao espaço tempo, entre a *entrada em vigência* da norma jurídica, e a sua *entrada em vigor*, costuma-se chamar de *"vacatio legis"* ou *"vigência latente da lei"* (significando sua *vida oculta*, ainda sem aplicação).

Sobre a matéria, o Código oferece a seguinte regra geral:

**Art. 101:**

***A vigência*** (aqui empregada no duplo sentido de *viger* e de *vigorar*), ***no espaço*** (onde será aplicada) ***e no tempo*** (quando será aplicada), ***da legislação tributária*** (gênero, abrangendo todas as espécies de normas, conforme art. 96 do Código), ***rege-se pelas disposições legais aplicáveis às normas jurídicas em geral*** (previstas na Lei de Introdução ao Código Civil), ***ressalvado o previsto neste Capítulo*** (e, obviamente, na Constituição Federal, que é lei maior).

São as seguintes as regras sobre a *entrada em vigor* (momento a partir do qual deve ser aplicada) da legislação relativa aos *tributos* (e demais *arrecadações pecuniárias compulsórias* previstas no Sistema Tributário Nacional), levando em conta as regras da lei constitucional, do Código Tributário e da Lei de Introdução ao Código Civil (LICC, Lei nº 4.657, de 04/09/42), para o que as distribuimos levando em conta as fontes principais e as fontes complementares:

### 4.1. Regras para a entrada em vigor das fontes "principais" do direito tributário

As regras, relativas à entrada em vigor das diversas fontes formais *principais* do direito tributário, são as seguintes, pela ordem de exame, de tal forma que,

---

[128] RE nº 131741-8/SP (DJU de 24-05-96, p. 17415, e RDDT nº 11, p. 111/5).

encontrada a solução numa delas, desprezam-se as demais. São elas, portanto, pela ordem:

**1ª regra** (baseada no art. 195, § 6º, da Constituição Federal): *As contribuições sociais* (integrantes do *paratributos* ou *contribuições parafiscais*) *destinadas à seguridade social* (como a *contribuição previdenciária*, a *COFINS*, a *contribuição social sobre o lucro das empresas* e a *CPMF*) *somente poderão ser exigidas* (cobradas) *após decorridos 90 dias* (portanto, a partir do 91º dia, mas nunca retroativamente) *da data da publicação* (no órgão oficial) *da lei* (*ordinária*, exceto quando se tratar de contribuição sobre fonte, baseada no § 4º do art. 195 da Constituição, diferente das previstas nos incisos I a III do *"caput"* desse artigo, quando, então, a lei instituidora deve ser *complementar*, por força do disposto no art. 154, I, aplicável ao caso) *que as houver instituído* (criado) *ou modificado* (para mais, ou para menos).

**2ª regra** (baseada no art. 104 do Código Tributário): *Entram em vigor* (passam a ser aplicáveis) *no 1º dia do exercício* (ano civil) *seguinte* (1º de janeiro, portanto) *àquele em que ocorra a sua publicação* (no órgão oficial)*, os dispositivos* (artigos, regras) *de lei referentes a impostos sobre o patrimônio e a renda* (que são, entre os atuais 13 impostos: IR, ITR, IGF, ITCD, IPVA, IPTU e ITBI, ficando excluídos, portanto, dessa regra, o ICMS e o ISS, o II, o IE, o IPI e o IOF, e os empréstimos compulsórios nas suas duas modalidades, aos quais se aplica a 3ª regra, seguinte) *que:*

*a) instituem* (criam) *ou majoram* (aumentam) *tais impostos* (ficando, assim, as *reduções* e as *extinções* desses impostos excluídas da regra, cujos dispositivos podem, portanto, entrar em vigor no mesmo exercício em que a publicação ocorra, na data que for fixada na própria lei, e, caso esta não a estabeleça, no prazo da regra 3ª, seguinte);

*b) definem novas hipóteses de incidência* (novos fatos geradores);

*c) extinguem ou reduzem isenções* (pelo que não são alcançadas, por esta regra, as hipóteses de *criação* e *majoração* de *isenções* dos referidos impostos, que podem, assim, entrar em vigor no mesmo exercício em que a publicação ocorra, na data que for fixada na própria lei, e, caso esta não a estabeleça, no prazo da regra 3ª, a seguir);

**3ª Regra** (baseada em dois dispositivos: no art. 1º da Lei de Introdução ao Código Civil, e no art. 150, III, *"b"*, da CF, pela ordem): *a) salvo disposição contrária* (observe-se que a atual Constituição do Estado do RS usou dessa faculdade, estabelecendo, em seu artigo 67, para as suas leis, o prazo de 10 dias, não mais se aplicando, em relação a elas, a Lei de Introdução)*, a lei começa a vigorar* (a ser aplicável)*, em todo o país, 45 dias depois de oficialmente publicada* (no órgão oficial, que pode ser o Diário Oficial)*, e, nos Estados estrangeiros, quando admitida a lei brasileira* (em casos muito especiais)*, três meses* (observar que, aqui, o prazo não foi fixado em *dias*) *depois da publicação* (no órgão oficial)*, desde que, contudo, com a aplicação dessa regra, não seja ferido o *princípio constitucional da* anterioridade, previsto no art. 150, III, *"b"*, da CF, segundo o qual, *b) é vedado* (proibido) *cobrar* (exigir) *tributos* (e demais *arrecadações pecuniárias compulsórias* previstas no Sistema Tributário Nacional, exceto o empréstimo compulsório a que se refere o inciso II do art. 148 da CF, destinado a investimento público de caráter urgente e de relevante interesse nacional, a *contribuição social* prevista no art. 195 da CF, destinada à *"seguridade social"*, e a redução e o restabelecimento de alíquotas do ICMS, sobre combustíveis e lubrificantes de incidência única, nas hipóteses da letra *"c"* do inciso IV do § 4º do art. 155, da CF) *no mesmo exercício financeiro* (ano civil, de 1º/01 a 31/12) *em que haja sido publicada a lei que os instituiu ou aumentou.*

Assim, por exemplo:

1) se a União aumenta, em 1º de agosto, o IPI sobre automóveis, sem estabelecer a data da sua entrada em vigor, tem-se que esse aumento passará a ser exigido 45 dias depois (1ª parte da regra), porque, com essa cobrança, não estará sendo ferido o princípio da anterioridade (2ª parte da regra), que não se aplica a esse imposto;

2) se determinado Município aumenta o seu ISS, de 5% para 10%, em 1º de agosto, sem estabelecer a data da sua entrada em vigor, neste caso o aumento, pela 1ª parte da regra, ocorreria 45 dias depois, mas terminaria ferindo o princípio da anterioridade (2ª parte da regra), com o que a entrada em vigor, dessa lei, passará automaticamente para 1º de janeiro de ano seguinte; e

3) se, contudo, esse Município aumentar o seu ISS em 1º de dezembro, sem estabelecer a data da sua entrada em vigor, neste caso o aumento, pela 1ª parte da regra, ocorrerá realmente após 45 dias, já no ano seguinte, sem ferir o princípio da anterioridade (2ª parte da regra).

### 4.2. Regras para a entrada em vigor das fontes "complementares" do direito tributário

As fontes complementares estão referidas no art. 100 do Código Tributário, mas as regras para a sua entrada em vigor estão no seguinte:

Art. 103:

*Salvo disposição em contrário* (permite-se, portanto, estabelecer data diversa)*, entram em vigor* (passam a aplicar-se)*:*

a) *os atos normativos ou administrativos* (portarias, ordens de serviço, circulares, instruções, etc.), *na data da sua publicação* (portanto, não se aplica, aqui, nenhuma das regras que comandam a entrada em vigor das fontes principais);

b) *as decisões administrativas com eficácia normativa* (proferidas em processos de consulta fiscal e em impugnações, reclamações ou defesas administrativas a autos de infração ou de lançamento)*, 30 dias após a* *data da sua publicação* (note-se que o Estado do RS, pelo art. 66 da sua Lei nº 6.537/73, usou da faculdade prevista neste artigo, dispondo de forma contrária, reduzindo esse prazo para 15 dias); e

c) *os convênios internos* (*ajustes* ou *contratos* celebrados entre os Poderes Executivos da União, dos Estados, do Distrito Federal e dos Municípios), *na data neles prevista* (mas a Lei Complementar nº 24, de 07/01/75, posterior ao Código Tributário, fixou prazos automáticos para a aprovação de tais ajustes ou contratos, não mais prevalecendo a regra aqui prevista).

É preciso, contudo, muita cautela quando se trata de convênios: uma situação é o prazo para a entrada em vigor destes, *entre seus participantes* (para poderem levá-los às respectivas Assembléias Legislativas para fins de aprovação), e, outra, é o prazo para a sua entrada em vigor em relação *aos contribuintes e terceiros em geral*, que é regulado pelas regras estabelecidas para as *fontes principais* (acima vistas, especialmente a 3ª).

Em outras palavras, tais *convênios* (meros contratos) somente adquirem força de lei, aplicáveis aos contribuintes em geral (*"erga omnes"*), com a respectiva aprovação, pelo Poder Legislativo das pessoas jurídicas de direito público signatárias, tal como previsto no art. 4º da LC nº 24, de 07/01/75. No Estado do RS, segundo o art. 28 da Lei nº 8.820/89, a concessão ou revogação de isenções, incentivos e benefícios fiscais, dos quais resulte redução ou eliminação, direta ou indireta, do ônus do imposto, depende de convênios celebrados nos termos do art. 155, § 2º, VI e XII, *"g"*, da CF, e da citada LC nº 24/75, devendo tais convênios ser submetidos,

"*até o 4º dia subseqüente ao da sua publicação no Diário Oficial da União, à apreciação da Assembléia Legislativa, que deliberará e publicará o Decreto Legislativo correspondente nos 10 dias seguintes ao 4º dia antes referido*",

e,

"*não havendo deliberação no prazo referido, consideram-se ratificados os convênios*".

### 4.3. Outras regras relativas à entrada em vigor da legislação tributária

Há, a propósito das regras acima analisadas, aplicáveis à entrada em vigor da *legislação tributária*, duas outras, de grande interesse:

a) "*a isenção pode ser revogada ou modificada por lei, a qualquer tempo*" (cf. art. 178 do Código), regra que, no entanto, sofre duas exceções:

a.1) "*salvo se concedida a prazo certo e em função de determinadas condições*" (como no caso de uma indústria que legalmente receba do Estado o benefício para um período determinado, condicionado, porém, à sua instalação e início de funcionamento para prazo certo), caso em que o benefício não pode ser revogado antes, a menos que as condições para o seu gozo não sejam cumpridas; e a.2) *"observado o disposto no inc. III do art. 104"*, que é, exatamente, a situação prevista na letra *"c"* da regra 2ª (relativa à entrada em vigor das fontes principais), acima, que impede entrem em vigor no mesmo ano da sua publicação as *extinções* ou *reduções* de *isenções relativas a impostos sobre o patrimônio e a renda;* e,

b) *sempre que determinada norma depender de regulamentação* (o que é feito por decreto do Poder Executivo, estabelecendo, de acordo com o art. 99 do Código, a maneira como devem as leis tributárias ser aplicadas pela Administração Tributária), *sua entrada em vigor somente ocorrerá na publicação do respectivo regulamento* (observada, ainda, a regra, nacional, dos 45 dias, prevista no art. 1º da Lei de Introdução ao Código Civil, ou, prevista no art. 67 da Constituição do Estado do RS, dos 10 dias, para suas leis, se nada for estabelecido em sentido contrário).

## 5. Aplicação da legislação tributária

O problema, aqui, é saber quais as situações que passam a ser abrangidas pela nova norma jurídica, *uma vez posta ela em vigor:* atuais, futuros ou passados?

Pela sistemática brasileira, repetida de anteriores e consagrada na atual Constituição Federal, em seu art. 5º, inc. XXXVI (*"a lei não prejudicará o direito adquirido, o ato jurídico perfeito e a coisa julgada"*), e que também se acha consignada na Lei de Introdução ao Código Civil (LICC, nº 4.657/42), em seu art. 6º (*"a lei em vigor terá efeito imediato e geral, respeitados o ato jurídico perfeito, o direito adquirido e a coisa julgada"*), a regra é a de que, em princípio, a nova norma, uma vez posta em vigor, passa a disciplinar desde logo *todas* as situações e fatos (*"a lei em vigor terá efeito imediato e geral"*), com exceção de *alguns*, expressamente ressalvados: o *"ato jurídico perfeito"* (já consumado segundo a lei em vigor no momento da sua prática), o *"direito adquirido"* (que já se incorporou definitivamente ao patrimônio jurídico de alguém, pelo seu pleno e completo exercício) e a *"coisa julgada"* (decisão da qual não mais caiba recurso, portanto definitiva).

Vigora, no Brasil, nessas condições, a retroatividade *relativa*, e não a *absoluta*, da lei, inclusive a tributária.

Relativamente à matéria, o Código Tributário alinha os artigos 105 e 106, que assim estabelecem:

**Art. 105:**

***A legislação*** (gênero, abrangendo todos as fontes *formais*) **tributária** (do direito tributário) ***aplica-se*** (abrange, alcança, passa a disciplinar, *desde que já em vigor*) ***imediatamente*** (desde logo) ***aos fatos geradores futuros*** (ainda por ocorrerem) ***e aos pendentes*** (já iniciados, em andamento ou em formação, isto é, ainda incompletos), ***assim entendidos*** (como pendentes) ***aqueles cuja ocorrência tenha tido início*** (já começaram, portanto) ***mas***

*não esteja completa* (consumada) **nos termos do art. 116** (que define o momento em que o fato gerador se considera ocorrido e existentes os seus efeitos).

Para bem se entender o que são *"fatos geradores pendentes"*, é preciso, antes, saber que há três tipos de fatos geradores de obrigações tributárias, para cuja classificação se leva em conta o tempo necessário (elemento temporal) para a sua consumação (cf. Capítulo XI, deste livro, sobre o "fato gerador da obrigação tributária"), os quais podem ser de *formação*:

a) *instantânea* ou *momentânea*, como o ITBI, o ICMS, o IPI, o IOF;

b) *periódica* ou *cíclica*, exigindo certo período ou lapso de tempo, como o IR e o IGF (ainda não instituído); e

c) *continuada* ou *permanente*, de consumação imprevisível, como o ITR, o IPTU e o IPVA, mas que a lei, para efeitos fiscais, transforma em períodos, hoje de um ano.

Portanto, fatos *"geradores pendentes"* são os que necessitam de certo tempo para a sua formação (das letras *"b"* e *"c"*).

Em relação a esses impostos, contudo, já vimos (quando analisamos as regras que tratam da entrada em vigor das leis instituidoras ou majoradoras de *tributos* e demais *arrecadações pecuniárias compulsórias* previstas no Sistema Tributário Nacional), que (em face do art. 150, III, *"b"*, da Constituição Federal, e do art. 104 do Código Tributário, que utilizam o princípio da *anterioridade*) sua entrada em vigor se opera sempre no dia 1º de janeiro do ano seguinte ao da publicação da lei respectiva.

Assim, fácil fica de entender, agora, esse artigo 105, pelo qual resta estabelecido que a legislação tributária, *uma vez posta em vigor*, passa a disciplinar (abranger ou alcançar) todos os fatos, tidos como geradores, que vierem a ocorrer daquele momento em diante, qualquer que seja o seu tipo quanto à formação no tempo. Isso quer dizer que a legislação que criar ou aumentar impostos relativos a fatos geradores *periódicos* e *continuados* entra em vigor sempre no dia 1º de janeiro do ano seguinte, não alcançando os anteriores fatos.

Assim, escapam da abrangência da nova lei apenas os fatos já integralmente consumados quando da entrada em vigor desta, que continuarão sob o amparo da lei anterior, revogada, sob a eficácia da qual foram praticados. É que, quando determinada norma jurídica é *revogada*, total (*abrogação*) ou parcialmente (*derrogação*), os atos já integralmente praticados ao seu tempo são considerados *direito adquirido*, não mais podendo ser suprimidos ao seu titular. Isso porque a norma jurídica que lhes atribuiu essa qualidade, embora revogada, continua tendo *ação futura* ou *eficácia residual* (ao que se chama de *ultratividade*, ou *sobrevivência*, ou, ainda, *preservação da norma jurídica revogada*), exatamente para garantir e preservar os efeitos que gerou.

**Art. 106:**
*A lei aplica-se a ato ou fato pretérito* (passado, vale dizer, retroage, nos seguintes casos):

*I - em qualquer caso* (sempre que)*, quando seja expressamente* (ela própria há de referir essa circunstância) *interpretativa* (tem por objetivo interpretar outra)*, excluída* (afastada) *a aplicação de penalidade* (sanção) *à infração dos dispositivos interpretados.*

É característica da *lei interpretativa* mostrar, ao seu aplicador, o verdadeiro sentido, conteúdo, e alcance de uma norma existente. É a chamada *interpretação autêntica*. Pela lógica, no entanto, não é, na verdade, em tais circunstâncias (como quer o Código), a norma atual (*interpretativa*) que retroage, mas é a anterior (*interpretada*) *que passa a agir* com sua real (antes não evidenciada) intenção, agora esclarecida pela nova lei.

Há, por outro lado, grandes controvérsias doutrinárias em torno da constitucionalidade desse dispositivo, que, embora excluindo *multas* ou *penalidades* (inclusive juros de mora), declara exigível o *tributo* (e, por extensão, sua *atualização monetária*). Para os dissidentes, a lei interpretativa deve ser considerada como *correção* à lei anterior, e, como tal, *lei nova*, sem efeitos retroativos, tal como assentado no § 4º do art. 1º da Lei de Introdução ao Código Civil (nº 4.657, de 04/09/42, cujas normas são consideradas como de *sobredireito*, sobrepondo-se às demais).

Entendemos, contudo, ser perfeitamente possível a edição válida de lei interpretativa *retroativa*, desde que não seja ela mero instrumento para ampliar ou reduzir a verdadeira regra contida na disposição anterior, interpretada;

*II - tratando-se de ato não definitivamente julgado* (leia-se *ato não definitivamente solucionado*, julgado ou não, porque não se trata de ato sobre o qual esteja pendendo uma decisão, administrativa ou judicial, mas de *cumprimento* ou *solução*, incluído o pagamento, tudo por força do mesmo princípio que inspirou o Código Penal a estabelecer, em seu art. 2º, parágrafo único, com a redação dada pela Lei nº 7.209/84, que *"a lei posterior, que de qualquer modo favorecer o agente, aplica-se aos fatos anteriores, ainda que decididos por sentença condenatória transitada em julgado"*):

*a) quando deixe de defini-lo como infração* (por exemplo: se um livro fiscal deixa de ser legalmente exigido, não só não será possível aplicar multa em razão de eventual falta de escrituração anterior, como também não será ela exigida caso já aplicada, mas pendente de pagamento);

*b) quando deixe de tratá-lo como contrário a qualquer exigência de ação ou omissão, desde que não tenha sido fraudulento e não tenha implicado em falta de pagamento de tributo* (de tal forma que, se a nova lei revogar um tributo, os pendentes de pagamento continuarão devidos);

*c) quando lhe comine penalidade menos severa* (mais branda ou mais benigna, devendo ser evitada a expressão *"lei mais benéfica"*, porque, em princípio, todas as leis são *benéficas*, no sentido de que visam ao bem-estar social) *que a prevista na lei vigente ao tempo da sua prática* (caso em que se aplica a lei que prevê a multa mais branda, menos onerosa).

Portanto, a lei *mais branda* ou *mais benigna* (*"lex mitior"*) há de ser aplicada sempre, *até de ofício*, independentemente de pedido, possuindo natureza de *anistia* parcial, pouco importando, também, a fase de cobrança da dívida: se administrativa ou judicial, como muito bem esclarece o eminente Des. FRANCISCO JOSÉ MOESCH,[129] integrante do 1º Grupo Cível do TJERS, em ementa assim consubstanciada:

"A expressão 'ato não definitivamente julgado', contida no inciso II, 'c', do art. 106 do CTN, refere-se ao julgamento em ambas as esferas, judicial e administrativa, sendo inadequada a interpretação restritiva, que exclui a hipótese de retroatividade da lei mais benigna, quando já exaurido o contencioso na esfera administrativa".

RUBENS GOMES DE SOUSA,[130] autor do anteprojeto do nosso Código Tributário Nacional,[131] discorrendo sobre as infrações tributárias e penalidades assim já prelecionava:

"A lei posterior mais favorável aplica-se retroativamente: se, antes de descoberto o ato, ou antes de aplicada a pena, uma lei nova vem prever uma pena mais suave, é essa pena que se aplica, e não a mais severa prevista na lei vigente ao tempo em que o ato foi praticado. Esta regra é sempre aplicada, em matéria fiscal, pelos tribunais (STF: Revista Forense, 113/361 e 113/409)".

Aliás, a redação do citado anteprojeto, do citado mestre era bem mais clara a respeito do tema, evitando a estéril discussão que hoje se trava em torno da abrangência da lei nova, mais benigna, que, para ele, baseado nas normas do *direito penal*, simplesmente exclui (total ou parcialmente, conforme se trate de *extinção* ou de *redução* de penalidade), a *punição* e a *punibilidade* das infrações cometidas antes da sua entrada em vigor:

"Art. 271:
*A lei tributária que defina infrações ou lhes comine penalidades aplica-se a fatos geradores anteriores à sua vigência:*

*I - quando exclua a definição de determinado fato como infração, cessando, à data de sua entrada em vigor, a punibilidade dos fatos ainda não definitivamente julgados e os efeitos da penalidades impostas por decisão definitiva;*

*II - quando comine penalidade menos severa que a anteriormente prevista para o fato ainda não definitivamente julgado".*

---

[129] Embargos Infringentes nº 70001873439, 20/04/01, 1º Grupo Cível, TJERS, Rel. Des. Francisco José Moesch.
[130] in "Compêndio de Legislação Tributária", edição póstuma, Coord. IBET, Resenha Tributária, SP, 1975, p. 140.
[131] DOU de 20/08/53, p. 14.362, para receber sugestões nos termos da Portaria nº 784, de 19/08/53, do Ministro da Fazenda, com separata publicada no mesmo ano pelo Departamento de Imprensa Nacional, RJ.

Tem-se, pois, que, para o cálculo da *multa* ou *penalidade*, deve-se levar em conta o valor desta, inclusive seus elementos de apuração (*base de cálculo* e *alíquota*), do *dia da consumação da infração*. Mas se, da *data da infração* à data do pagamento (solução final), tiver sido à infração cominada pena menor, menos severa ou menos onerosa, – em suma, mais branda –, *é esta que deverá prevalecer para o pagamento*, e, caso o ato não mais seja legalmente considerado infração, *nenhuma pena ou multa poderá ser então exigida* (o que nada tem a ver com eventual revogação de tributo, que, se pendente de pagamento, será devido, juntamente com a respectiva penalidade, a menos que novo tratamento, mais benigno, a esta tenha sido legalmente dado).

A justificativa é simples: se a punição não visa suprir necessidades financeiras do Estado, mas, tão somente, a recuperação do infrator em relação a determinada falta ou ato ilícito cometido, parece lógico estar ausente, então, qualquer razão de penalizá-lo para que não mais venha a repetir a mesma conduta que, nessas alturas, infração não mais é, ou, se ainda é, com grau de intensidade menor, e, conseqüentemente, com pena reduzida, de tal forma que se possa considerar já inútil e desnecessária a pena originariamente prevista.

## 6. Interpretação e integração da legislação tributária

Estabelece o Código Tributário a respeito da matéria:
Art. 107:
*A legislação tributária* (gênero, compreendo todas as fontes do direito tributário) *será interpretada conforme o disposto neste Capítulo.*

O capítulo referido neste artigo disciplina duas figuras afins, mas com objetivos diferentes: a *interpretação* e a *integração* da legislação tributária.

### 6.1. Interpretação da legislação tributária

*Interpretação* é o trabalho mental de pesquisa do sentido, do conteúdo e do alcance de uma *norma jurídica expressa* (escrita, existente). Procura-se descobrir a *vontade* da lei, e não mais do legislador. Utilizam-se, para tanto, *métodos* ou *critérios*. Estes podem ser *amplos* (ou *extensivos*, quando, nas palavras ou expressões utilizadas pela legislação, se procura todo o alcance que elas possuem, sem limitações) e *restritos* (ou *restritivos*, quando, na pesquisa do sentido das palavras ou expressões utilizadas, se limita o raciocínio ao seu sentido literal, sem estendê-lo a outras hipóteses não expressamente contempladas).

Para o direito tributário, o método recomendado para interpretação das suas normas é, salvo as exceções previstas no Código, o *amplo* ou *extensivo*, sendo, portanto, válidos todos os caminhos que possam conduzir à completa declaração da vontade da norma jurídica. Esse método amplo é composto de um roteiro que utiliza quatro *elementos* simultâneos (devendo todos ser avaliados, independentemente da sua ordem): o *literal* ou *gramatical* (pelo qual se procura descobrir o sentido, popular ou técnico, das palavras ou expressões utilizadas, sendo, para tanto, de grande valia, o dicionário e a gramática); o *lógico* ou *sistemático* (pelo qual se busca o sentido das palavras ou expressões dentro do próprio texto legal e de outros); o *teleológico* ou *finalístico* (pelo qual se procura saber as razões que levaram a ser editada a lei sob interpretação); e o *histórico* ou *ocasional* (pelo qual se procura descobrir o porquê da edição da lei num determinado momento).

Fazem *exceção* à utilização desse método *amplo*, no direito tributário, as seguintes hipóteses previstas no Código:

**Art. 111:**
*Interpreta-se literalmente* (ao pé da letra, estando, aí, a necessidade de aplicação do método restritivo, não no sentido de dar menor alcance ao dispositivo legal, mas no sentido de que não se pode alargar ou estender a sua aplicação a outros fatos apenas semelhantes, não contemplados) *a legislação tributária* (gênero, incluindo todas as fontes do direito tributário) *que disponha sobre*:

*I - suspensão* (*moratória*, figura que identifica novo prazo legal que se concede para pagamento de um crédito tributário já vencido; *depósito do montante integral do crédito tributário*; *reclamações e recursos* nos termos das leis reguladoras do processo tributário *administrativo*; concessão de *medida liminar* em mandado de segurança; concessão de *medida liminar* ou de *tutela antecipada*, em outras espécies de ação judicial; e *parcelamento*, tudo cf. art. 151 do Código) *ou exclusão* (*isenção*, que é a dispensa legal de pagamento de um crédito tributário, e *anistia*, que é o perdão legal de infração à legislação tributária e, por via de conseqüência, das multas ou penalidades respectivas, tudo cf. art. 175 do Código) *do crédito tributário* (que, dessa forma, é tornado definitivamente inexigível);

*II - outorga* (concessão) *de isenção* (dispensa de pagamento do tributo), de tal forma que, como bem acentuou um julgado do STJ,[132] ao referir-se ao beneficiado do favor, *"a regra de isenção deve ser interpretada restritivamente, só alcançando as pessoas nela nominadas; a semelhança, portanto, não é suficiente para o reconhecimento do favor fiscal"*;

*III - dispensa do cumprimento de obrigações tributárias acessórias* (aquelas que tenham por objeto, não o pagamento de tributo ou penalidade pecuniária, mas qualquer outra obrigação, criada no interesse da fiscalização ou da arrecadação daqueles, como, por exemplo, escriturar livros fiscais, inscrever-se no cadastro fiscal, afixar alvará em local visível, emitir notas fiscais, permitir o exercício da fiscalização, etc., cf. art. 113, § 2º, do Código).

---

[132] REsp nº 21225/SP, 25/04/96, 2ª Turma, DJ de 20/05/96, p. 16685, RSTJ vol. 87, p. 127.

Como se observa, os casos exigidos para a interpretação *literal* são taxativos, limitados às hipóteses expressamente enunciadas no texto legal antes transcrito. Não se enquadra, em seu elenco, a norma constitucional que veda a instituição de impostos em razão de *imunidade*, nem a complementar que a regula. As normas, a respeito da *imunidade*, comportam interpretação *ampla, extensiva*, porque têm a ver com a vedação à criação do imposto (no terreno da *não-incidência*), enquanto que as que exigem interpretação *literal* têm a ver com a exclusão da exigibilidade de direitos do Estado, decorrentes de hipóteses em que o fato gerador ocorre (no terreno da *incidência*).

Aliás, já decidiu o Pleno do STF,[133] que, por *interpretação extensiva*, também os insumos necessários à fabricação, composição e impressão do jornal e dos livros culturais (barbante, cola, grampos, tinta, fotolitos, papel fotográfico, papel para artes gráficas, etc.) são *imunes*, e não apenas o papel a eles destinado.

**Art. 112:**
*A lei tributária que define infrações* (nada tendo a ver, pois, com o tributo em si), *ou lhe comina penalidades* (sanções, multas), *interpreta-se da maneira mais favorável ao acusado* (evita-se condenar um possível inocente) *em caso de dúvida* (somente nesse caso) *quanto:*

*I - à capitulação legal do fato* (dúvidas sobre o enquadramento legal deste);

*II - à natureza ou circunstâncias materiais do fato, ou à natureza ou extensão dos seus efeitos* (dúvidas sobre a ocorrência do fato em si, e suas conseqüências);

*III - à autoria* (dúvidas em relação a quem realmente praticou a infração), *imputabilidade* (dúvidas a respeito do acusado: se pode ele ser, ou não, penalmente responsabilizado, levando-se em conta a sua idade, o seu estado mental, a sua saúde, a sua possibilidade de entender ou discernir os efeitos do ato praticado, etc.), *ou punibilidade* (dúvidas a respeito da possibilidade, ou não, de vir a ser aplicada a pena);

*IV- à natureza da penalidade aplicável* (dúvidas quanto ao tipo ou espécie da pena a ser aplicada, que pode consistir em: medidas de restrição à liberdade, como a prisão e a detenção; perdimento ou expropriação de bens ou de mercadorias; multas pecuniárias), *ou à sua graduação* (dúvidas acerca da exata proporção ou dose da pena a ser aplicada: se 200%, 100%, etc.).

Falando em pena de *perdimento de mercadoria*, já decidiu o STJ que
"A pena de perdimento não alcança quem adquiriu a mercadoria estrangeira no mercado interno, de comerciante estabelecido, mediante nota fiscal. A pena de perdimento - até por ser pena - não pode abstrair o elemento subjetivo nem desprezar a boa-fé".[134]

---

[133] RE nº 174476/SP (DJU de 12/12/97, p. 65580, e RDDT nº 30, p. 155/172).
[134] REsp nº 315553/PR, 1ª Turma, STJ, 04/09/01, DJU de 12/11/01, p. 129, e RDDT nº 76, p. 237.

## 6.2. Integração da legislação tributária

*Integração* é, por outro lado, o trabalho, também de natureza mental, por meio do qual se busca solucionar (*integrar dentro do direito* ou *da legislação*) casos ou situações (fatos) *para os quais não haja, total ou parcialmente, lei expressa*, isto é, quando haja omissão total (quando não há lei) ou lacuna (quando há lei, mas ela se apresenta parcialmente omissa, hipótese, aliás, mais comum) de regra legal a respeito da matéria que se pretende solucionar. Utilizam-se, para esse fim, *meios*, mas na ordem estabelecida pelo Código, de tal forma que, servindo um deles (como solução), desprezam-se os demais.

São as seguintes as regras do Código, relativas à *integração*, em matéria tributária:

Art. 108:

*Na ausência* (omissão, total ou parcial) *de disposição expressa de lei* (de norma escrita), *a autoridade competente* (administrativa ou judicial) *para aplicar* (solucionar casos) *a legislação tributária* (gênero, abrangendo todas as fontes formais do direito tributário) *utilizará, sucessivamente* (um após o outro, de tal forma que, servindo um deles, sejam desprezados os demais), *na ordem* (a seguir) *indicada*:

> I - *a analogia* (meio pelo qual se utiliza uma regra expressa, escrita e existente, para solucionar situação ou fato de natureza estruturalmente semelhante ou afim, para o qual não há regra escrita*);*

Deve, pois, haver afinidade, identidade ou semelhança estrutural entre as situações ou fatos que, por não possuírem normas disciplinadoras expressas, se pretende ver solucionados, com as situações ou fatos disciplinados na regra legal existente, e que àqueles se pretende aplicar.

Há duas espécies de *analogia*:

> a) a **extensiva**, pela qual, partindo-se (para a solução de fatos sem disciplinação jurídica expressa) de uma regra legal expressa (que disciplina fatos estruturalmente semelhantes ou afins), se chega a um resultado diferente daquele que a norma estabeleceria, se expressa ou existente fosse; e
>
> b) a **compreensiva**, pela qual se consideram incluídos nos fatos disciplinados por uma regra existente todos aqueles que, não expressamente referidos, com ela tenham semelhança e afinidade.

O resultado da aplicação da *analogia extensiva* (que alguns chamam de *interpretação extensiva*) é, no fundo, a criação de uma *nova norma jurídica*, porque a técnica mental que se adota é a de utilizar raciocínios que se desenvolvem em duas etapas sucessivas (daí a palavra *extensiva*), num verdadeiro exame sucessivo da *"semelhança da semelhança"*, como no seguinte exemplo: João é parecido com Pedro e Pedro é parecido com Paulo, logo, Paulo é parecido com João. Já na *analogia compreensiva* não ocorre criação de norma *nova*, porque através da sua aplicação apenas se descobrem situações ou fatos ocultos, que, no fundo, já se acham incluídos na regra (aparentemente) omissa.

Para o direito tributário podemos exemplificar essas duas espécies de *analogia* da seguinte forma: se a lei, ao tributar aves e animais, estabelece que *"são isentos do imposto os pintos de um dia e os eqüinos"*, há de se entender que não é possível incluir, como *"pinto de um dia"*, o filhote de marreco ou de canário (omissos na norma), mesmo de um dia, sob pena de analogia *extensiva* (assim: se o pinto é filho da galinha, e se o marrequinho é semelhante ao pinto, o marrequinho é filho de galinha, merecendo, conseqüentemente, o mesmo tratamento tributário), porque a regra legal expressamente referiu os *pintos* (como legítimos filhotes de galinha, e não por via de raciocínio analógico); mas há de se incluir, por analogia *compreensiva* (compreende-se no texto legal), na palavra *"eqüinos"*, embora não expressamente nominados (está aí a omissão), todos os que compõem a família respectiva: cavalos, éguas, potros, etc.

A analogia *extensiva* não é permitida no direito tributário (por abranger hipótese de incidência não expressamente autorizada ou contemplada) sempre que, do seu uso ou emprego resultar a exigência de tributo sem lei, tal como estabelecido no § 1º do artigo ora sob análise, a teor do qual *"o emprego da analogia não poderá resultar na exigência de tributo não previsto em lei"*.

II - *os princípios gerais de direito tributário* (da *legalidade*, da *isonomia*, da *irretroatividade*, da *anterioridade*, da *proporcionalidade razoável*, da *unidade geográfica*, etc.);

Exemplo: se determinada lei aumentar a alíquota do IR sem estabelecer expressamente (está aí a omissão) a data da sua entrada em vigor, saber-se-á, pela aplicação do *princípio constitucional da anterioridade*, que ela acontecerá no dia 1º de janeiro do ano seguinte ao da sua publicação;

III - *os princípios gerais de* (*outros* ramos do) **direito público** (administrativo, financeiro, criminal, penal, etc.);

Por esses meios também é possível encontrar soluções para eventuais casos de omissão ou de lacuna na legislação tributária, como, por exemplo, o conceito de *auditor* ou *agente fiscal* (encontrável no direito administrativo), de *infração qualificada, básica* ou *privilegiada*, e de *dolo* ou *culpa* (definidas no direito penal); e

**IV - *a eqüidade*.**

O julgador jamais poderá alegar que deixará de decidir determinada matéria sob a alegação de falta de norma solucionadora a respeito. A *eqüidade*, sinônimo de *bom-senso jurídico*, é tida como o derradeiro recurso para a solução de casos para os quais não haja previsão legal expressa. Os romanos já a definiam como sendo *a norma que o julgador estabeleceria para o caso omisso, se fosse ele o legislador*. Mas o § 2º do artigo ora em análise estabelece que *"o emprego da eqüidade não poderá resultar na dispensa do pagamento de tributo devido"* (matéria reserva à lei), mas poderá resultar noutras dispensas, como sanções fiscais.

§ 1º *O emprego da analogia* (extensiva) **não poderá resultar na exigência** (na verdade, *criação artificial* por via de raciocínio) **de tributo não previsto em lei** (em face do *princípio da legalidade* ou *da reserva da lei*, previsto no art. 150, I, da CF);

§ 2º *O emprego da eqüidade* (último meio de integração para a solução de casos omissos ou lacunosos) **não poderá resultar na dispensa** (inexigibilidade) **do pagamento de tributo** (apenas deste) **devido** (o que somente pode ser feito por meio de lei, segundo o *princípio da legalidade* ou *da reserva legal*, tal como previsto no art. 172 do Código).

Assim, a nosso ver, é perfeitamente possível ao julgador dispensar, por *eqüidade*, a exigência de multa ou penalidade pecuniária, se circunstâncias especiais o recomendarem, como: matéria complexa; dificuldade de entendimento da legislação tributária; erro ou ignorância escusável, pelo sujeito passivo, da matéria de fato; acentuada dificuldade para o cumprimento da obrigação; culpa da repartição fiscal, etc., situações essas que revelam falta (*omissão*) de normas esclarecedoras.

### 6.3. Outras regras de interpretação e de integração da legislação tributária

O Código apresenta, ainda, as seguintes importantes normas sobre a matéria:

**Art. 109:**
*Os princípios* (regras) *gerais de direito privado* (civil, comercial e trabalhista, basicamente) *utilizam-se para a pesquisa da definição, do conteúdo e do alcance de seus* (do direito privado) *institutos* (figuras), *conceitos* (como, por exemplo, o que significa *"capacidade jurídica"* das pessoas naturais ou físicas, e jurídicas, figuras essas reguladas, respectivamente, nos arts. 2º a 12 e 13 a 30 do Código Civil, ou, ainda, o que quer dizer *doação, propriedade, transmissão da propriedade, compra e venda mercantil, ato de comércio, mercadoria, salário, fusão, incorporação, cisão total ou parcial,* etc.) *e formas* (maneira de praticar o ato ou de tratar a figura jurídica), *mas não para definição dos respectivos efeitos* (conseqüências) *tributários* (os quais competem somente ao direito tributário, em razão da sua autonomia, como, por exemplo, quando considera o menor, que é *civilmente* incapaz, *tributariamente* capaz, e quando *equipara*, para efeitos do IR, a pessoa *natural* ou *física comerciante* aos efeitos tributários da *pessoa jurídica*, continuando, no entanto, no direito civil e comercial, como pessoa *natural* ou *física*).

A propósito da *equiparação* (não é, nem civil nem comercialmente, mas fica submetida aos mesmos efeitos) da *pessoa física comerciante (*conhecida como *empresa* ou *firma individual) aos efeitos da pessoa jurídica*, a doutrina e a jurisprudência são pacíficas no sentido de entender-se que ela é legalmente feita apenas para efeitos tributários (mais especificamente, do *imposto sobre a renda e* *proventos de qualquer natureza*), tal como se vê da seguinte transcrição[135] e decisões:[136]

"*Advertência importante deve ser feita referente à confusão que vem ocorrendo entre a situação do comerciante pessoa física e a pessoa jurídica. A questão ocorre tendo como causa o fato de que, para fins tributários, principalmente a legislação ter equiparado (e note-se, equiparado apenas) o comerciante individual às pessoas jurídicas, obtendo, por exemplo, no seu registro o CGC, devendo apresentar a soma de capital dos seus negócios (estabelecimento) para registro na Junta Comercial e apresentar para o regime do Imposto sobre a Renda, duas declarações, uma de pessoa física e outra de pessoa jurídica. Essa situação dual, entretanto, não acarreta para o comerciante pessoa física a aquisição da personalidade jurídica, num verdadeiro exercício de esquizofrenia jurídica. Deve-se insistir que essas exigências não o transformam em pessoa jurídica, e assim ele não passa a ostentar duas qualidades: a de pessoa física e de pessoa jurídica. Apenas cumpre ele, como pessoa física comerciante, algumas exigências referentes às pessoas jurídicas. Esta advertência é importante, para se evitar situações até constrangedoras, como costumam ocorrer em Juízo...*".

"*As obrigações contraídas sob o manto da firma comercial ligam a pessoa física civil do comerciante e vice-versa. Utilizando uma firma para exercer o comércio e mantendo o seu nome civil para atos civis, o comerciante – pessoa física ou natural – não fica investido de dupla personalidade, vez que não existem duas personalidades: uma civil e outra comercial*".

"*Firma individual. Personalidade jurídica distinta da única pessoa que a integra. Inadmissibilidade. O conceito de empresa, restrito ao campo econômico-financeiro, nada tem a ver com a personalidade jurídica de ente moral. É absurdo admitir a existência de personalidade jurídica da firma ou empresa individual para atuação do disposto no art. 20 do Código Civil, o qual pressupõe pluralidade de pessoas físicas*".

Resumindo: pelo art. 109 do Código Tributário tem-se que, quando o *direito tributário* se utiliza de figuras (*institutos, conceitos* e *formas*) de outro ramo do direito, é neste, e não naquele, que se deve procurar o seu significado, mas os *efeitos* ou *conseqüências tributárias* que elas terão, serão sempre determinadas, com exclusividade, *pelo direito tributário*, em razão da sua autonomia.

Art. 110:

*A lei tributária* (criadora ou instituidora do tributo) **não pode alterar a definição, o conteúdo e o alcance de institutos, conceitos e formas de direito privado** (proíbe-se ao direito tributário alterar, com o fito de aumentar a arrecadação ou de tirar outro proveito qualquer, o sentido original que as palavras, figuras ou expressões possuem no direito civil, comercial ou trabalhista, ramos aos quais pertencem)**, *utilizados*** (o direito tributário apenas se socorre de figuras do direito privado, para delas fazer seus fatos geradores, não podendo, no entanto, alterar seu sentido original)**, *expressa*** (direta) ***ou implicitamente*** (indiretamente)**, *pela Constituição Federal*** (basicamente)**, *pelas Constituições dos Estados, ou pelas Leis Orgânicas do Distrito Federal ou dos Municípios*** (que não podem contrariar a Constituição Federal)**, *para definir*** (estabelecer) ***ou limitar*** (até que ponto, e em que condições) ***competências tributárias*** (poderes para instituir ou criar *tributos* e demais

---

[135] Waldírio Bulgarelli, in "Direito Comercial", 14ª ed., 1999, Editora Atlas SA, SP, p.111.

[136] TJPR, RT, 687/135 e 1º TACivSP, transcrito no Boletim AASP nº 1.650, p. 185/186, respectivamente.

arrecadações pecuniárias compulsórias previstas no Sistema Tributário Nacional, sobre as referidas figuras jurídicas).

Resumindo: pelo art. 110 do Código Tributário tem-se que, quando a Constituição Federal usar determinada palavra ou figura jurídica do direito privado *para definir* (dizer qual a pessoa jurídica de direito público) ou *limitar* (estabelecer as condições) competências (para instituir este ou aquele tributo ou *arrecadação pecuniária compulsória*), essa palavra ou figura jurídica não pode ter, quando da criação do tributo ou arrecadação respectiva, o seu sentido original alterado.

Assim, por exemplo, não pode a lei ordinária de um Estado, que recebeu a competência para instituir o ICMS, considerar, para efeitos desse imposto, também como *mercadorias* (definido pelo direito comercial como o *bem móvel adquirido com o intuito de revenda habitual, mediante lucro*), bens outros, vendidos *sem habitualidade* (por pessoas, portanto, *não-comerciantes*), ainda que com lucro.

Da mesma forma, não podem os Municípios, diante da *limitação de competência* contida no § 2º do art. 156 da lei constitucional (que veda a incidência do ITBI sobre a transmissão de bens ou direitos decorrente de *fusão, incorporação* ou *cisão*), por exemplo, alterar o sentido dessas palavras para fazer com que a incidência ocorra.

*Capítulo X*

# OBRIGAÇÃO TRIBUTÁRIA

## 1. Conceito de "obrigação tributária"

Uma das grandes classificações do direito, como um todo, é o que o divide em:

a) **direito das pessoas**, que compõe o conjunto de normas jurídicas que disciplinam *situações* relativas à *personalidade*, seja das pessoas *naturais* (ou *físicas*), seja das *pessoas jurídicas* (estas constituídas por pessoas naturais), definindo-as, identificando-as e qualificando-as no grupo social, sendo que os direitos daí decorrentes têm o nome de *pessoais*;

b) **direito das coisas**, que compõe o conjunto de normas jurídicas que disciplinam *situações* relativas aos *bens* ou *patrimônio* das pessoas, como a propriedade e a posse, sendo que os direitos daí decorrentes têm o nome de *reais*; e

c) **direito das obrigações**, que compõe o conjunto de normas jurídicas que disciplinam *relações entre duas ou mais pessoas*, em que uma delas *deve*, por força de lei ou de contrato, satisfazer à outra, e esta tem o direito (e, às vezes, o dever) de exigir daquela, determinada *prestação*, de natureza positiva (de *dar* ou de *fazer*) ou negativa (de *não fazer*), sendo que os direitos daí decorrentes têm o nome de *obrigacionais*.

Os conhecidos ramos do direito (civil, comercial, trabalhista, administrativo, tributário, etc.) possuem normas que se enquadram, preponderantemente, ora numa, ora noutra das grandes divisões apresentadas. Alguns ramos possuem normas que enquadram nas três divisões, como é o caso do direito civil. Já as normas do direito tributário se enquadram praticamente todas no *direito das obrigações*.

Ora, sendo o direito tributário um ramo do *direito obrigacional*, a *obrigação tributária* pode ser definida utilizando-se os mesmos elementos que genericamente àquela servem (identificação do devedor, do credor, da razão ou motivo jurídico que os aproxima ou vincula, e do objeto ou prestação a ser satisfeita e, inversamente, a ser exigida), bastando adaptá-los. Esses elementos já nos são conhecidos, pelo que não se torna difícil montar uma definição a essa figura, que propomos nos seguintes termos:

*Obrigação tributária é o dever, decorrente da prática de um fato legalmente definido como capaz de gerá-lo, que tem alguém de satisfazer ao Estado (pessoa jurídica de direito público), e este de exigir daquele, determinada prestação, de natureza tributária.*

Convém, a propósito, lembrar que as normas *tributárias* são, também, aplicáveis aos *paratributos* (ou *contribuições parafiscais*) e aos *empréstimos compulsórios*, embora tendo cada uma dessas figuras natureza jurídica distinta. É que, como já vimos, todas essas figuras possuem um traço comum, que é a *compulsoriedade* decorrente de lei. Por essas razões, a definição apresentada pode ser adaptada, *"mutatis mutandis"*, a cada uma dessas arrecadações compulsórias (*obrigação paratributária* e obrigação relativa a *empréstimo compulsório*).

## 2. Espécies de obrigação tributária

Levando-se em conta seu *objeto* (a *prestação* a ser satisfeita), há, segundo o Código Tributário, duas espécies de obrigação tributária:

**Art. 113:**
*A obrigação tributária é* (ou) **principal ou acessória.**

§ 1º *A obrigação principal* (*pagar*, representando, pois, uma obrigação de *dar*, de *entregar* algo a alguém, no caso, dinheiro) **surge** (nasce) **com a ocorrência** (prática) **do fato gerador** (definido ou previsto em lei, cf. art. 114)**, tem por objeto** (prestação a ser satisfeita) **o pagamento de tributo** (entrega de dinheiro como contraprestação, compulsória por força de lei, de serviço público) **ou penalidade** (multa, uma das espécies de sanção do ato ilícito) **pecuniária** (em dinheiro, ou o equivalente) **e extingue-se** (a obrigação desaparece) **juntamente com o crédito** (com o valor devido) **dela decorrente** (vale dizer, uma vez *extinto* ou *liquidado* o *crédito*, seja pelo pagamento, que é a forma normal, seja pela *remissão*, pela *decadência*, pela *prescrição*, ou por qualquer outra forma prevista no art. 156 do Código, automaticamente desaparece, também, a *obrigação* que lhe deu origem; se, porém, o crédito for anulado ou tornado sem efeito, por decisão administrativa ou judicial, a obrigação persiste, devendo seu objeto ser novamente apurado pelo fisco, mediante novo lançamento, conforme adiante, no art. 142, veremos).

Por esse parágrafo vê-se que, tanto o *tributo* como a *multa* ou *penalidade pecuniária* (nos casos de infração), já passam a ser legalmente devidos com a prática ou *consumação* dos respectivos fatos geradores (tanto o *tributo* como a *multa* possuem seus fatos geradores, legalmente definidos: o desta é a *prática de infração* ou *ato contrário à lei* e, o daquele, é a *prática de um fato*, de conteúdo econômico, capaz de ensejar o nascimento de uma obrigação tributária). O pagamento do montante respectivo, contudo, se dará na época própria, também prevista em lei, devendo, em alguns casos, ser apurado pelo próprio devedor, sujeitando-se à posterior conferência pelo sujeito ativo, e, em outros casos, ser previamente apurado e documentado (lançado) pelo fisco para, só então, ser exigido ou cobrado.

Erra, pois, quem, diante da regra expressa do transcrito § 1º, raciocina no sentido de que a *multa* (ou *penalidade*) *pecuniária*, quando devida em razão da falta de pagamento de *tributo*, seja uma obrigação *acessória*. Esse erro é muito comum em concursos públicos, porque o candidato parte do raciocínio de que, se houve descumprimento da lei em razão da falta de pagamento do tributo devido, a multa será uma conseqüência, um adicional, um *"plus"*, um *acessório*. Ser um *acréscimo* ou *acessório ao tributo*, e ser uma *obrigação acessória*, são situações distintas. A verdade é que, para a *obrigação tributária principal*, todo e qualquer pagamento que se deva fazer (seja *tributo*, seja *multa* ou *penalidade pecuniária*), integra seu objeto, que podemos resumir em *pagar* (seja *tributo*, seja *penalidade pecuniária*).

§ 2º ***A obrigação acessória*** (correto seria *"o dever acessório"*, como a seguir esclareceremos, significando qualquer *outro dever*, que não seja *pagar*) ***decorre da legislação tributária*** (portanto, não apenas da lei, mas até de decreto regulamentar, que é o que, por sinal, costuma estabelecer tais *deveres acessórios*) ***e tem por objeto*** (conteúdo) ***as prestações*** (exigências)***, positivas*** (exigindo um *agir*, – um *fazer* –, como, por exemplo, escriturar livros fiscais, emitir notas, entregar guias ou relatórios na repartição fiscal, prestar informações, inscrever-se na repartição competente, afixar alvará em local visível, permitir o exercício da fiscalização, entregar declaração de rendimentos, etc., etc.) ***ou negativas*** (exigindo uma *omissão* por parte sujeito passivo, – um *não agir*, um *não fazer* –, como, por exemplo, não impedir o exercício da fiscalização, não rasurar livros ou documentos fiscais, etc.)***, nela*** (na legislação) ***previstas no interesse da arrecadação*** (cobrança) ***ou da fiscalização*** (controle de pagamento) ***dos tributos*** (que representam a essência, o núcleo da obrigação principal).

Na verdade, qualquer prestação pode ser legalmente estabelecida, ou na forma *positiva*, ou na forma *negativa*, dependendo da maneira como o texto é redigido. Assim, tanto faz a lei estabelecer, como dever do contribuinte, o dever acessório de *"escriturar livros fiscais sem rasura"*, ou *"permitir o exercício da fiscalização"*, como *"não rasurar livros fiscais ao escriturá-los"*, ou *"não impedir o exercício da fiscalização"*. É o verso e o anverso da mesma moeda.

Estamos, por outro lado, de pleno acordo com os inúmeros autores que entendem não existirem *obrigações acessórias*, mas *deveres acessórios*. A estes se submete, no nosso entender, somente a pessoa sujeita à obrigação *principal*, da qual decorrem, desde que, obviamente, previstos em lei.

Mas, é aí que surgem duas grandes indagações: pode o fisco, como rotineiramente o faz, de um lado, impor, *ao contribuinte*, a prestação de garantia (real ou fidejussória), como condição para a concessão de sua inscrição no cadastro fiscal ou para o fornecimento de autorização para a impressão de seus documentos fiscais, e, de outro lado, impor *deveres acessórios* a quem *não é contribuinte*?

Entendemos que não, para ambas as hipóteses: quanto à *prestação de garantia*, real ou fidejussória, é ela autêntica *obrigação principal* (de *dar* ou *pagar valor certo, previamente definido*), não prevista no § 1º do retrotranscrito art. 113, logo, inadmissível, além do que, se exigida de *terceiros* (sócios, bancos, etc.), *alheios à obrigação tributária*, a impossibilidade de sua imposição é ainda mais flagrante, já que refoge ao fisco o direito de impor *deveres acessórios* a terceiros, alheios à obrigação tributária. Assim, não há como ser exigida a prestação de garantia, seja ao próprio *contribuinte*, seja a terceiros, até porque, no fundo, o que o fisco visa é a coerção ao pagamento do seu crédito, quando é sabido que seu único direito é a cobrança judicial, por sinal privilegiada.

Recente decisão do STJ, relativamente à matéria, restou assim consubstanciada:[137]

> "Trata-se de possibilidade da fiança bancária ser prestada pelo próprio devedor afiançado, e não por terceiro. A fiança sempre pressupõe que seja ofertada por terceiro, uma vez que se destina a assegurar o cumprimento de obrigação de outrem. Na fiança bancária há três figuras distintas: o credor, o devedor-afiançado (ou executado) e o banco-fiador (ou garante), não se confundindo o garante e o executado. Sendo assim, incabível a prestação de fiança bancária para garantia do processo de execução fiscal pela própria CEF devedora".

Mas, não se diga que o fisco pode impor ao *próprio contribuinte* a obrigação de prestar garantia envolvendo os seus próprios bens, porque, em primeiro lugar, essa exigência não é objeto da *obrigação principal* prevista no § 1º do citado art. 113 (que é restrita a pagar *tributo* ou *penalidade pecuniária*, com exclusão de qualquer outra), e, em segundo lugar, porque os bens do *contribuinte* já respondem pelo crédito tributário, como claramente previsto no art. 184 do Código Tributário, o que resultaria em escancarada obviedade e redundância.

Convém, no entanto, não confundir a figura da *sujeição ao cumprimento de deveres acessórios* (a que estão sujeitos somente os devedores da obrigação *principal* respectiva, como enfatizamos), com a figura da *sujeição à fiscalização tributária* (a que estão sujeitas todas as pessoas, nos termos do parágrafo único do art. 194 do Código, segundo o qual a legislação que trata dos poderes e competências das autoridades fiscais, – relativas à *fiscalização*, portanto –, *"aplica-se às pessoas naturais ou jurídicas, contribuintes ou não, inclusive às que gozem de imunidade tributária ou de isenção de caráter pessoal"*). Um exemplo melhor esclarecerá a matéria: se a lei do ICMS estabelece que, no trânsito, deve a *mercadoria* (que é apenas o *bem móvel destinado à revenda habitual, com intuito de lucro*) estar acompanhada de documento fiscal idôneo (*dever acessório*), entende-se que essa regra se aplica somente aos que transportarem bens que se enquadrem no conceito de *mercadorias* (porque o *dever acessório*, de fazer com que a *mercadoria* esteja acompanhada de documento fiscal idôneo, é decorrente de uma obrigação

---

[137] in "Informativo de Jurisprudência STJ" nº 0128, de 25/03 a 05/04/02, p. 1 e 2, REsp nº 278741/SC, julgado em 26/03/02. Precedente citado: REsp nº 62198/SP, DJ de 09/06/97.

*principal*, que apenas manda tributar saídas de *mercadorias*); ao contrário, quem transportar uma *mudança* (que não é *mercadoria*, porquanto não destinada à *revenda*) não está obrigado a fazê-la acompanhar de documento fiscal (*dever acessório*), exatamente porque a obrigação *principal* em relação a ela não existe.

Decisão do 1º Grupo Cível do TJERS,[138] tendo como relator o eminente Des. ARNO WERLANG, assim restou ementada, partindo da consideração de que, pelo art. 110 do Código Tributário, não podia a lei ordinária do RS, ao instituir o ICMS, considerar *mercadoria* o bem que, para o direito comercial, não é, de tal forma que o transportador respectivo não está sujeito às obrigações tributárias acessórias a que se submetem todos os contribuintes daquele imposto, embora se sujeite ele à fiscalização (com o fim de saber se é, ou não, *contribuinte*), nos termos do art. 194 do mesmo Código:

> "*ICMS. O transporte de eqüinos para participação em competição hípica não caracteriza circulação de mercadorias e não ocorre o fato gerador do ICMS tal como definido no art. 4º da Lei 8.820/89; não se trata de eqüino de corrida, de mercadoria, nem é seu proprietário contribuinte do imposto*".

Quanto à interpretação das obrigações tributárias *acessórias* (*deveres acessórios*, na verdade), convém lembrar que o método a ser utilização é o amplo, mas a legislação que disponha sobre *dispensa* do cumprimento de tais obrigações acessórias, deve, nos termos do art. 111 do Código, ser interpretada *literalmente* (ao pé da letra, estando, aí, a necessidade de aplicação do método restritivo, não no sentido de dar menor alcance ao dispositivo legal, mas no sentido de que não se pode alargar ou estender a sua aplicação a outros fatos apenas semelhantes, não contemplados), fazendo, assim, exceção à utilização do método amplo de interpretação das normas do direito tributário.

§ 3º ***A obrigação acessória*** (*positiva* ou a *negativa*, respectivamente, de *fazer* e de *não fazer* alguma coisa, imposta pela legislação tributária ao sujeito passivo, e que, conseqüentemente, não constitua objeto de obrigação principal, ou seja, pagar), **pelo simples fato da sua inobservância** (descumprimento), **converte-se** (transforma-se) **em obrigação principal** (de *pagar*) **relativamente à penalidade pecuniária** (legalmente prevista, cf. art. 97, V, e imposta, mediante condenação, ao infrator respectivo, após proposição da autoridade lançadora, via auto de lançamento ou de infração).

Em outras palavras: uma vez autuado e condenado o sujeito passivo infrator ao pagamento de determinada *multa* ou *penalidade pecuniária* em razão de descumprimento de obrigação *acessória* (*dever acessório*), o que, antes, era de *fazer* ou de *não fazer*, passa a ser de *dar* (*entregar* dinheiro), convertendo-se, assim, em obrigação *principal* (de *pagar*). Essa conversão desobriga o autuado, em conseqüência, ao cumprimento da obrigação acessória em relação à qual já houve a

---
[138] Embargos Infringentes nº 70001667153, 1º/06/01, Rel. Des. Arno Werlang.

punição, podendo, no entanto, ser punido novo (futuro) descumprimento de *obrigação acessória*, mas a já autuada fica extinta.

## 3. Elementos da obrigação tributária

Na definição que apresentamos, de *obrigação tributária*, encontram-se, também, claramente definidos, os *elementos* desta:
    a) os **sujeitos** (ativo e passivo, ou seja, credor e devedor, respectivamente);
    b) o **objeto** (que é a prestação a ser satisfeita pelo sujeito passivo ao sujeito ativo, ou, inversamente, a prestação a ser exigida por este); e
    c) o **vínculo jurídico** (circunstância legal que une entre si, na mesma obrigação, os sujeitos desta, que é a *prática* do fato gerador previsto e definido em lei, pelo sujeito passivo, e que adiante identificaremos com o nome de *contribuinte*).

Alguns autores, como RUBENS GOMES DE SOUSA,[139] consideram a *causa* como o terceiro elemento da obrigação tributária. Todavia, fácil é de se entender que, sendo ela a que provoca o nascimento da obrigação, não a pode integrar. Esta, na verdade, surge como *efeito* daquela *causa*, que é a prática do fato gerador. Assim, sendo sua causa, o fato gerador não faz parte da obrigação. O mais correto é considerar que o terceiro elemento desta é o *vínculo jurídico* (que une o sujeito passivo ao ativo em determinada obrigação) que se estabelece com a ocorrência daquela causa.

Cada um desses elementos será estudado em separado, iniciando-se, porém, por uma questão de ordem didática, pelo *fato gerador* (*causa*) e pelo seu *efeito* (*vínculo jurídico*), prosseguindo-se, após, pelos *sujeitos* (ativo e passivo, este dividido em *contribuinte* e *responsável*) e pelo *objeto* (prestação a ser satisfeita, que é o crédito tributário, incluindo, por força do já comentado art. 113, tanto o *tributo* como a *multa* ou *penalidade pecuniária*).

---

[139] *in* "Compêndio de Legislação Tributária", SP, Resenha, coord. IBET, edição póstuma, 1975, p. 83/84.

## Capítulo XI

# FATO GERADOR DA OBRIGAÇÃO TRIBUTÁRIA

### 1. Conceito de "fato gerador"

O fato gerador da obrigação tributária (e de qualquer outra *arrecadação pecuniária compulsória* prevista no Sistema Tributário Nacional) sempre foi considerado a alma do direito tributário. É dele que decorre, ao sujeito passivo, o dever (vínculo jurídico) de satisfazer determinada prestação de natureza tributária (ou outra, de natureza compulsória, de fins arrecadatórios, obviamente excluídas as *multas*, que não têm essa finalidade, mas sim, de *punição*), em dinheiro, ao sujeito ativo, e o direito-dever deste de exigi-la. Mas, entenda-se desde logo: somente fato integralmente consumado é capaz de gerar essa obrigação. Assim se encontra definida essa importante figura no Código Tributário:

Art. 114:
*Fato gerador* (motivo ou causa que determina o nascimento) **da obrigação principal** (de pagar *tributo* ou *penalidade pecuniária*, cf. § 1º do art. 113, já analisado, segundo o qual *"a obrigação principal surge com a ocorrência do fato gerador"* e *"tem por objeto o pagamento de tributo ou penalidade pecuniária")* **é a situação definida em lei** (que, pelo nosso *Sistema Tributário Nacional*, exige, em se tratando de *impostos* e *paraimpostos*, na verdade, duas leis para esse fim, de forma sucessiva no tempo: a primeira, que é a *lei complementar*, - cf. art. 146, III, *"a"*, da Constituição -, que *delimitará* e *especificará*, dentro do campo amplo previsto na lei constitucional, o fato específico, a ser utilizado quando da criação ou instituição do imposto e do paraimposto, pela lei própria, e, a segunda, que é a lei *instituidora* ou *criadora*, via de regra *ordinária*, que o adotará, para esse fim, sem, contudo, alterá-lo) **como necessária** (sem a qual não nascerá a obrigação tributária) **e suficiente** (quanto basta) **à sua ocorrência** (configuração).

Conseqüentemente, estão presentes, no direito tributário (aqui, no sentido amplo, de disciplina jurídica abrangendo todas as arrecadações pecuniárias compulsórias previstas no Sistema Tributário Nacional: *tributos*, *paratributos* e *empréstimos compulsórios*), fatos geradores de obrigações relativas a dois diferentes ramos do direito: um, do *direito tributário*, consistente numa *situação*, de fato ou de direito, que tem por objeto (prestação pecuniária) o pagamento de um *tributo*, e, outro, do *direito penal*, consistente no *descumprimento* (*infração*) de norma de natureza tributária, que tem por objeto o pagamento (prestação) de *multa* ou *penalidade pecuniária*. Ambas essas prestações pecuniárias (*tributo e penalidade*), embora decorrentes de normas de natureza jurídica distinta, constituem, no entanto, objeto da *"obrigação tributária principal"* (cf. § 1º do art. 113 do Código, segundo o qual tem ela *"por objeto o pagamento de tributo ou penalidade pecuniária"*).

Fato gerador da obrigação tributária *principal* é, em outras palavras, a *situação*, legalmente definida, que, pela sua *prática* (ocorrência), provoca o nascimento de uma obrigação tributária de *pagar tributo* ou *penalidade pecuniária*, a ela *vinculando* os respectivos *sujeitos* (ativo e passivo).

Vários são os nomes dados à figura em exame: *hipótese de incidência, fato imponível, suporte fáctico, situação de base, pressuposto de fato*, etc. No Brasil, o emprego da expressão *fato gerador* se deve a GASTON JÈZE,[140] em decorrência de um estudo por ele realizado e aqui difundido.

A importância do estudo do fato gerador da obrigação tributária *principal* (pagar) não se limita a demarcar o *momento* da sua *ocorrência* ou *consumação* (*elemento temporal*). É ele utilizado, também, para definir a *natureza jurídica específica* de qualquer *arrecadação pecuniária compulsória* prevista no Sistema Tributário Nacional, e das suas espécies e subespécies, até porque, como estabelece o art. 4º do Código, o *nome* (*"nomen juris"*) e a *destinação* (aplicação) são *irrelevantes* para a qualificação jurídica da cobrança. O que vale, para tanto é, tão-somente, o seu *fato gerador*. Assim, por exemplo, se o poder público exige, diante da impossibilidade de mensurar o consumo individual de cada consumidor (já que as taxas devem atender ao princípio da *divisibilidade* do serviço público entre todos os consumidores, proporcionalmente ao consumo, isto é *"ut singuli"*), a *taxa de iluminação pública* de todos os moradores da cidade, sem levar em conta o consumo real de cada um em relação ao serviço público prestado, a arrecadação *não será taxa*, mas *imposto*, porque o fato gerador deste é que corresponde a um serviço público *indivisível*. Da mesma forma, se o Município cobra o serviço público de calçamento como *taxa*, deverá ela ser tida como irregular, porque obras públicas devem ser contraprestacionadas, ou por imposto (genericamente, pela indivisibilidade), ou por *contribuição de melhoria* (especificamente, por todos os beneficiados da obra pública).

Mas o Código Tributário, sempre preocupado em traçar os contornos de todas as figuras jurídicas nele disciplinadas, não se limita à disciplinação do fato gerador da obrigação principal (pagar tributo ou penalidade pecuniária). Define, ainda, o da obrigação acessória (qualquer outra obrigação instituída pela legislação tributária, que não seja *pagar*):

---

[140] Estudo publicado na "Revue du Droit Public et de la Science Politique", tomo 54, ano 44, Paris, 1937, p. 618/634, aqui traduzido por Paulo da Mata Machado na RDA, vol. II, fasc. I, p. 50 e segs. Ver, também, "O Fato Gerador do Imposto", Revista Forense 104/36.

**Art. 115:**

*Fato gerador* (motivo ou causa que determina o nascimento) *da obrigação acessória* (na verdade, *dever acessório*, estabelecido pela legislação, no interesse da *fiscalização* ou da *arrecadação* do tributo) *é qualquer situação* (fato) *que, na forma da legislação* (gênero, incluindo todas as fontes formais do direito tributário) *aplicável* (a cada tributo), *impõe* (exige) *a prática* (um fazer) *ou a abstenção de ato* (uma omissão, um *não fazer*) *que não configure obrigação principal* (de pagar).

Aqui lembramos, a propósito, duas indagações que lançamos naquela oportunidade: pode o fisco, de um lado, impor *qualquer dever* ao *contribuinte*, como a prestação de garantia (real ou fidejussória), esta como condição para a concessão de sua inscrição no cadastro fiscal ou para o fornecimento de autorização para a impressão de seus documentos fiscais, e, de outro lado, impor *deveres acessórios* também a quem não é *contribuinte*?

Dissemos que não, para ambos os casos, porque a *prestação de garantia* é autêntica *obrigação de dar* (portanto, *principal* e não *acessória*), não prevista no § 1º do também retrotranscrito art. 113, além do que, com isso, se exige ato de *terceiros* (sócios, administradores, bancos, etc.), alheios à obrigação tributária, em relação aos quais não tem o fisco o direito de impor *deveres acessórios*. Assim, não há como ser ela imposta ao *contribuinte* ou a terceiros.

Justificamos, ainda, que não pode o fisco, ademais, impor ao *contribuinte* a obrigação de prestar *garantia* envolvendo os seus *próprios* bens, porque essa exigência não é objeto da *obrigação principal*, que é restrita a pagar *tributo* ou *penalidade pecuniária*, com exclusão de qualquer outra, e porque os bens do *contribuinte* já respondem, por si sós, pelo crédito tributário, como claramente previsto no art. 184 do Código Tributário, o que resultaria em escancarada obviedade e redundância.

Ainda sobre a matéria, convém ter presente que, quanto à interpretação das obrigações tributárias *acessórias* (*deveres acessórios*, na verdade), o método a ser utilizado é o amplo, mas a legislação que disponha sobre *dispensa* do cumprimento de tais obrigações acessórias, deve, nos termos do art. 111 do Código, ser interpretada *literalmente* (ao pé da letra, estando, aí, a necessidade de aplicação do método restritivo, não no sentido de dar menor alcance ao dispositivo legal, mas no sentido de que não se pode alargar ou estender a sua aplicação a outros fatos apenas semelhantes, não contemplados), fazendo, assim, exceção à utilização do método amplo de interpretação das normas do direito tributário.

## 2. *Elementos (objetivo e subjetivo) do fato gerador*

Trata-se, aqui, de saber se determinado fato, na prática ocorrido, é, à vista da lei definidora, *gerador de obrigação tributária*, e, em caso positivo, qual o seu conteúdo ou expressão econômico-financeira (em dinheiro) para efeitos da *base de cálculo* respectiva. Em outras palavras, procura-se saber quais os elementos exigidos para ambas essas constatações.

A exteriorização material legalmente previsto como gerador parece, ao leigo, ser suficiente para se ter como nascida a obrigação tributária. Esse é, todavia, apenas um dos elementos do fato gerador, o seu elemento *objetivo*, não suficiente, no entanto, para a sua configuração jurídica. Um exemplo melhor mostra essa realidade: um agente fiscal, passando pela frente de um supermercado no exato momento em que uma pilha de compotas de pêssego dele rola porta à fora em virtude de um acidente interno qualquer, imediatamente lavra, contra o estabelecimento, um auto de infração, sob a alegação de que o fato gerador do ICMS ocorreu: a *saída* da mercadoria. Faltou, no caso, o essencial para o nascimento da obrigação tributária: o elemento *subjetivo*, qual seja, a *vontade*, livre e consciente do contribuinte (empresa), de promover aquela *saída*, do estabelecimento respectivo.

Com efeito, à semelhança do que ocorre no direito criminal, em que a *intenção* ou *vontade consciente do agente* é imprescindível para a configuração do *crime*, e em que o fato ocorrido na prática (conduta delituosa) deve, para tanto, coincidir, em seus exatos termos, com a situação abstrata ou hipotética descrita em lei (*tipicidade*), também no direito tributário, "*mutatis mutandis*", esses pressupostos devem estar presentes: a obrigação tributária somente nascerá se, de um lado, a *prática*, pelo sujeito passivo respectivo, do fato, legalmente tido como gerador, for *intencional*, *consciente* e *voluntária*, e se, de outro lado, o fato (conduta), assim praticado, *coincidir*, com absoluta precisão, com o fato em tese descrito e caracterizado na lei como gerador.

Esses pressupostos são os *elementos do fato gerador*: de um lado, o *subjetivo* (*volitivo* ou *intrínseco*), e, de outro, o *objetivo* (*material* ou *extrínseco*). Faltando qualquer um deles, não haverá obrigação tributária, juridicamente *válida*. Exemplos:

    a) não haverá fato gerador *válido*, para os efeitos do ICMS e do IPI, se a *saída* (elemento *objetivo* ou *material*) do produto ou da mercadoria (legalmente prevista como fato gerador) for decorrente de furto ou de roubo (nos quais se acha ausente o elemento *subjetivo* ou *volitivo*, ou seja, a vontade, da unidade empresarial, de promover a respectiva saída);

    b) não ocorrerá o fato gerador do ITCD se não houver a *aceitação* da herança (elemento *subjetivo* ou *volitivo*) pelo interessado, implementada pelo registro do formal de partilha no respectivo Registro Imobiliário;

    c) se não houver a *livre* e *consciente* transmissão da propriedade imobiliária ao adquirente, como na *desapropriação* e no *usucapião*, não haverá o fato gerador do ITBI.

Em todos esses casos a *obrigação* pode até ser tida como *existente*, mas não será juridicamente *válida*, porquanto ausente o elemento *subjetivo* ou *volitivo*, daquele que, legalmente, seria o sujeito passivo respectivo, inocorrendo, portanto, o nascimento da obrigação tributária, embora haja, relativamente ao IPI e ao ICMS (a teor do art. 155, § 2º, II, da CF), o conseqüente dever de cancelar o crédito fiscal respectivo, efetuado por ocasião da entrada do produto no estabelecimento.

Essa matéria foi muito bem abordada por MARCELO JOSÉ M. VOLKWEISS.[141] Segundo o citado autor, além da necessidade de previsão legal do fato gerador, deve ele, ainda, ser

> "praticado de forma consciente, voluntária e eficaz, pelo respectivo contribuinte, não bastando sua simples ocorrência, como apregoado pela doutrina em geral",

não sendo suficiente, assim, em seu entender,

> "a simples exteriorização do fato, legalmente previsto como gerador (seu elemento objetivo), o que, apenas, traduz a existência da obrigação: exige-se contudo, ainda, como condição, que ele resulte da vontade, consciente e eficaz, do contribuinte respectivo, vale dizer, que seja praticado (seu elemento subjetivo), única forma de traduzir a validade jurídica da obrigação".

Os elementos do fato gerador se prestam para o exame e definição de vários aspectos da obrigação tributária que dele decorre, como a *base de cálculo* do tributo (expressão do conteúdo econômico-financeiro ou pecuniário do seu fato gerador), especialmente no tocante aos valores que a podem ou devem integrar, como a seguir se verá.

## 3. Classificação dos fatos geradores

O fato gerador da obrigação tributária admite várias classificações, tudo dependendo do ângulo sob o qual é enfocado: segundo sua *fonte*, segundo sua *formação no tempo*, segundo sua *estrutura* ou *composição*, etc.

### 3.1. Fatos geradores, segundo suas fontes

O dia-a-dia é constituído de *acontecimentos* ou *fatos*. Alguns são *naturais* (como o *nascimento* e a *morte*) e, outros, são *voluntários* ou *provocados* (dependentes da *vontade*, como o *prestar serviços*, o *auferir rendimentos* ou *lucros*, o *importar* ou *exportar bens*, o *ser proprietário*, o *adquirir* e *transmitir a propriedade de bens*, o *dar saída de mercadorias*, o *prestar serviços de transporte* ou *de comunicação*, etc.).

Muitos dos são contemplados pelo *direito*, que, como ciência que disciplina a conduta das pessoas em sociedade, lhes traça normas (*normas de agir*) e estabelece sanções (*normas repressivas*) para as omissões ou ações contrárias a elas.

Podem, por outro lado, os acontecimentos ou fatos ser *econômicos* (quando relacionados com situações, atividades e bens que expressem valores ou grandezas monetárias, como riquezas, lucros, especulações, produção, consumo, etc.,

---

[141] cf. monografia jurídica intitulada "Fato Gerador da Obrigação Tributária, Fruto da Vontade do Contribuinte", elaborada como trabalho de conclusão, em maio de 1998, no curso de Ciências Jurídicas e Sociais da Universidade do Vale do Rio dos Sinos - UNISINOS, em São Leopoldo/RS.

mais conhecidos como *situações de fato*), ou *jurídicos* (quando consistentes em figuras do próprio direito (institutos, conceitos e formas em que este se manifesta), como a *propriedade* e sua *aquisição* ou *transmissão*, a *compra e venda*, a *locação*, a *doação*, etc., também conhecidas como *situações jurídicas*). Temos, então, como possíveis fatos geradores, ou *situações de fato*, ou *situações de direito* (*jurídicas*), mas quando as *situações de fato* forem contempladas ou disciplinadas pelo *direito* (que pode ser o civil, o comercial, o trabalhista, ou qualquer outro), diz-se, então, que passam elas a ter *relevância jurídica*.

Qualquer dessas *situações* (*de fato* ou *de direito*) pode ser escolhida, utilizada ou eleita pelo direito tributário como *fato gerador de obrigação tributária*, o que (já vimos), segundo o sistema tributário brasileiro, é feito em dois momentos diferentes: em primeiro lugar, cabe à *lei complementar* definir os fatos geradores de todos os impostos, e, num segundo momento, cabe à lei *instituidora* ou *criadora* respectiva (via de *regra ordinária*) utilizá-lo para esse fim. Quando a situação escolhida for *de direito* (ou *jurídica*), já definida, portanto, por outro ramo do direito (como a *propriedade* ou sua *aquisição* ou *transmissão*, a *compra e venda*), o direito tributário, ao acolhê-la, apenas a busca como referência ou empréstimo, visando seu conteúdo ou expressão econômicos, para, sem alterá-la na origem, dela tirar proveito próprio (tributário), tal como já advertimos quando discorremos sobre as "*relações do direito tributário com outros ramos do direito*", no ponto relativo ao "*direito tributário*" (Capítulo II, deste livro), quando deixamos claro que a busca de figuras jurídicas (institutos, conceitos e formas) de outros ramos do direito, pelo direito tributário, encontra-se disciplinada pelo Código Tributário nos seguintes termos:

a) pelo seu art. 109, tem-se que, quando o *direito tributário* se utiliza de figuras (*institutos*, *conceitos* e *formas*) de outro ramo do direito, é neste, e não naquele, que se deve procurar o seu significado, mas os *efeitos* ou *conseqüências tributárias* que elas terão serão sempre determinadas, com exclusividade, *pelo direito tributário*, em razão da sua autonomia, como ocorre, por exemplo, com o IR, cuja legislação equipara a *pessoa natural* ou *física* (figura típica do *direito civil*), quando comerciante (figura do *direito comercial*), aos *efeitos tributários da pessoa jurídica* (que paga aquele imposto mediante alíquota maior), tributando-a, assim, como se *pessoa jurídica* fosse (embora, para o direito privado, continue sendo *pessoa natural* ou *física*); e

b) pelo seu art. 110, tem-se que, quando a Constituição Federal usar determinada palavra ou figura jurídica do direito privado *para definir* (dizer qual a pessoa jurídica de direito público) ou *limitar* (estabelecer as condições) competências (para instituir este ou aquele *tributo* ou *arrecadação pecuniária compulsória*), essa palavra ou figura jurídica não pode ter, quando da criação do tributo ou arrecadação respectiva, o seu sentido original alterado. Assim, por exemplo, não pode a lei ordinária de um Estado, que recebeu a competência para instituir o ICMS, considerar, para efeitos desse imposto, também como *mercadorias* (definido pelo direito comercial como o *bem móvel adquirido com o intuito de revenda habitual, mediante lucro*), bens outros, vendidos *sem habitualidade* (por pessoas, portanto, não-comerciantes), ainda que com lucro.

Levando em conta, pois, a possibilidade de busca, *pelo direito tributário*, de *situações* suscetíveis de fornecerem *arrecadações pecuniárias compulsórias*, tanto fora (consistentes em simples *situações de fato*) como dentro da ciência do direito (consistentes em *situações jurídicas*, isto é, figuras, conceito, institutos ou formas deste), *para delas fazer seus fatos geradores*, o Código Tributário (art. 116) os classifica (*segundo sua fonte*) em fatos geradores consistentes em:

1) **situações de fato**, de natureza *econômica*, como a *entrada* de produtos estrangeiros no território nacional e a saída de produtos nacionais ou nacionalizados (do II e do IE, respectivamente), a *percepção* de lucro ou de rendimentos (do IR), a *prestação* de serviços (do ISS), a *saída* de produtos industrializados (do IPI), a *saída* de mercadorias (do ICMS), a prestação de serviços de transporte interestadual e intermunicipal e de comunicação (também do ICMS, na parte relativa aos serviços), etc.; e

2) **situações de direito** (ou **jurídicas**), buscadas em outros ramos do direito, geralmente do direito privado (direito civil, comercial e trabalhista), como a *propriedade* (figura do direito civil, utilizada para o ITR, para o IPTU e para o IPVA), a *transmissão da propriedade* (figura também do direito civil, utilizada para o ITCD, quando a título gratuito, tendo por objeto quaisquer bens, e para o ITBI, quando a título oneroso, tendo por objeto bens imóveis e direitos a eles relativos), a *venda a varejo* (figura do direito comercial, utilizada para o extinto IVVC – imposto sobre vendas a varejo de combustíveis líquidos e gasosos), etc.

É preciso muita atenção e cautela no exame da situação eleita ou definida como fato gerador de obrigação tributária, não se deixando levar pelo primeiro impulso ou pelas aparências, como, por exemplo: o fato gerador do ISS não é o *contrato* de prestação de serviços (causa), mas a *prestação do serviço* dele decorrente (efeito); o do IR não são os *contratos* de prestação de serviços, de empreitada, de compra e venda de mercadorias, etc. (causa), mas a *percepção dos rendimentos* deles decorrentes (efeito); o do ICMS não é o *contrato* de compra e venda de mercadoria, ou o de transporte interestadual ou intermunicipal ou de comunicação (causas), mas a *saída* da mercadoria e a *prestação do serviço* de transporte, respectivamente, deles decorrentes (efeitos); já o fato gerador do ITR, do IPTU e do IPVA, é sempre a *propriedade* (causa), e não é o *uso* ou a posse do bem (efeito), etc.

Assim dispõe o Código (na verdade, de forma pouco esclarecedora) a propósito do *momento* (elemento *temporal*) da ocorrência ou da consumação do fato gerador (porque, como já dissemos, somente com a integral prática deste é que a obrigação tributária nasce, constituindo, até aí, mera expectativa de direito):

Art. 116:
*Salvo disposição de lei em contrário* (admite-se, excepcionalmente, que a lei estabeleça outro momento), **considera-se ocorrido** (consumado) **o fato gerador** (legalmente definido) **e existentes os seus efeitos** (a obrigação tributária nasce e, conseqüentemente, seu objeto já é devido, ainda que dependente de apuração, via lançamento):

> *I - tratando-se de situação de fato* (fato *econômico*, como visto no item 1, retro), **desde o momento em que se verifiquem as circunstâncias materiais** (externas, aparentes, de visualização concreta) **necessárias a que produza os efeitos** (dessa situação de fato, como, por exemplo: tratando-se de *percepção de rendimentos*, fato gerador do IR da pessoa natural ou física, quando já estejam eles realmente à sua disposição; de *prestação de serviços*, fato gerador do ISS, quando, pela sua conclusão, sejam eles colocados à disposição do respectivo destinatário, que deles poderá dispor e usar; e de *saída de mercadoria*, fato gerador do ICMS, quando, no caso de instalação de elevador, em que as peças são levadas por partes, seja ele entregue, para fins de uso, ao respectivo adquirente) **que normalmente lhe são próprios** (isto é, efeitos próprios do fato, como, nos exemplos citados: a possibilidade de utilização do rendimento, no caso do IR; a possibilidade de utilização do serviço, no caso do ISS; e a possibilidade de utilização do elevador, no caso do ICMS); e

> *II - tratando-se de situação jurídica* (figura, conceito, instituto ou forma *do direito*, como visto no item 2, retro), **desde o momento em que esteja** (ela) **definitivamente constituída** (perfeita, capaz de, segundo as regras do direito, gerar eficazmente os seus efeitos), **nos termos do direito aplicável** (onde esteja ela prevista e disciplinada, como, por exemplo, na transmissão de bens em decorrência de falecimento, em que o fato gerador do imposto, que é o ITCD, somente se considera consumado, e existentes os seus efeitos, isto é, passa a ser devido, quando da *aceitação da herança*, nos termos do art. 1.581 do Código Civil, formalizada no momento processual próprio, e da conseqüente transcrição do formal de partilha ou de adjudicação no Registro Imobiliário competente).

Interessante é observar, no caso do inciso I (situações de *fato*), que o fato gerador somente se considera consumado e, conseqüentemente nascida a obrigação tributária, quando os efeitos dele realmente já se fizerem sentir, de tal forma que, no caso da saída da mercadoria, não basta que tenha ela transposto os limites físicos do estabelecimento remetente, mas é preciso, ainda, que reste ela disponível ao respectivo destinatário, e, no caso do inciso II (situações *de direito*), que o ato jurídico já se tenha juridicamente formado. Em outras palavras, o fato gerador deve estar integralmente praticado para que produza seus efeitos tributários.

> *Parágrafo único. A autoridade administrativa* (encarregada do lançamento do crédito tributário) **poderá desconsiderar** (não levar em conta) **atos ou**

*negócios jurídicos* (situações jurídicas) *praticados* (levados a efeito) *com a finalidade de dissimular* (simular, encobrir, disfarçar, dar outra aparência) *a* (real) *ocorrência* (prática) *do fato gerador* (legalmente definido) *do tributo* (e demais arrecadações pecuniárias compulsórias previstas no Sistema Tributário Nacional) *ou a natureza* (tipo ou qualidade) *dos elementos constitutivos* (criadores) *da obrigação tributária, observados os procedimentos* (forma de agir) *a serem estabelecidos em lei ordinária* (instituidora e disciplinadora do tributo a que se refira).

Esse dispositivo, introduzido no Código Tributário pela Lei Complementar nº 104, de 10/01/2001, na verdade nada mudou em relação ao que já estava integrado no texto daquele, que já prevê essa possibilidade em vários dos seus artigos, não passando, pois, de disposição meramente redundante. Veja-se, a propósito, o disposto nos arts. 149, VII (pelo qual *"o lançamento é efetuado e revisto de ofício pela autoridade administrativa ... quando se comprove que o sujeito passivo, ou terceiro em benefício daquele, agiu com dolo, fraude ou simulação"*), e 150, § 4º (pelo qual, expirado o prazo de 5 anos, contado da ocorrência do fato gerador respectivo, previsto para a homologação do pagamento de imposto sujeito a essa modalidade, considera-se ela tacitamente ocorrida e definitivamente extinto o crédito, *"salvo se comprovada a ocorrência de dolo, fraude ou simulação"*).

Ademais, o próprio Código Civil já prevê, em seu art. 102, a ensejar a declaração de nulidade do ato jurídico:

Art.102:

*Haverá simulação nos atos jurídicos em geral:*

*I - quando aparentarem conferir ou transmitir direitos a pessoas diversas das a quem realmente se conferem, ou transmitem;*

*II - quando contiverem declaração, confissão, condição, ou cláusula não verdadeira;*

*III - quando os instrumentos particulares forem antedatados, ou pós-datados.*

A única diferença dessa disposição civil, em confronto com a do Código Tributário, é que, para as relações do *direito privado*, necessário faz-se prévia obtenção judicial da *nulidade* do ato, enquanto que, para as relações do *direito tributário*, não é ela desde logo exigida, facultada ao fisco a desconsideração, no próprio auto de lançamento do crédito tributário dele decorrente, do ato ou negócio jurídico por ele tido do dissimulado.

É que, segundo o art. 109 do Código Tributário, quando o *direito tributário* se utiliza de figuras (*institutos, conceitos* e *formas*) de outro ramo do direito, é neste, e não naquele, que se deve procurar o seu significado, mas os *efeitos* ou *conseqüências tributárias* que elas terão serão sempre determinadas, com exclusividade, *pelo direito tributário*, em razão da sua autonomia, como ocorre, por exemplo, com o IR, cuja legislação equipara a *pessoa natural* ou *física* (figura típica do *direito civil*), quando comerciante (figura do *direito comercial*), aos *efeitos tributários da pessoa jurídica* (que paga aquele imposto mediante alíquota maior), tributando-a, assim, como se *pessoa jurídica* fosse (embora, para o direito privado, continue sendo *pessoa natural* ou *física*).

Todavia, essa possibilidade de desconsideração, pelo fisco, no próprio auto de lançamento, do ato ou negócio jurídico tido como *dissimulado*, não o exclui do ônus da provar as suas alegações nesse sentido, por tratar-se de acusação de ato ilícito, e não de simples constatação de tributo (ou outra *arrecadação pecuniária compulsória* prevista no Sistema Tributário Nacional) alegadamente devido. Em matéria penal, quem acusa deve provar.

Estabelece o Código Civil, ainda, a propósito da matéria:

*Art. 103. A simulação não se considerará defeito em qualquer dos casos do artigo antecedente, quando não houver intenção de prejudicar a terceiros, ou de violar disposição de lei.*

*Art. 104. Tendo havido intuito de prejudicar a terceiros ou infringir preceito de lei, nada poderão alegar, ou requerer os contraentes em juízo quanto à simulação do ato, em litígio de um contra o outro, ou contra terceiros.*

*Art. 105. Poderão demandar a nulidade dos atos simulados dos terceiros lesados pela simulação, ou os representantes do poder público, a bem da lei, ou da Fazenda.*

De fato, é perfeitamente possível o contribuinte mascarar seus fatos negociais, com o intuito de fugir ao pagamento do tributo devido na operação que deixa de transparecer aos olhos do fisco. Diversos são os exemplos:

a) o pai, sabendo que o ITCD é de 8% sobre o valor venal do imóvel e que o ITBI é de 2%, ajusta com o filho um contrato de promessa de compra e venda, em vez de efetuar-lhe a doação, como seria o normal, sem nunca cobrar-lhe o valor respectivo (o que é direito seu), com o que *"economizam"* 6% de imposto;

b) considerando que o imposto sobre a venda de bens móveis é maior do que o incidente sobre aluguéis, uma empresa, ao invés de vender uma máquina, resolve alugá-la pelo tempo equivalente ao valor que receberia se o vendesse, transferindo-lhe, ao final, a propriedade, por um preço irrisório, considerando que o bem foi usado pelo comprador, com o que, ao final de tudo, terá recebido o valor da venda, com menor custo tributário;

c) os interessados na compra e na venda, respectivamente, de um imóvel avaliado em R$ 300.000,00, ajustam formar uma sociedade integralizando, como capital social, o comprador o equivalente em dinheiro e, o vendedor, o próprio imóvel, no mesmo valor, operações essas tidas como não tributadas, sendo que, ao cabo de alguns meses, resolvem dissolver a sociedade, recebendo ambos, em retorno do seu capital social (que também não é tributado), o valor integralizado, só que a parcela em dinheiro termina nas mãos do vendedor, e, o imóvel, nas do comprador, com o que não houve desembolso do ITBI.

Aí vem a pergunta: pode o fisco interessado no tributo não pago desconsiderar tais atos ou negócios jurídicos, e, em conseqüência, exigir o tributo pela operação encoberta? Entendemos que sim.

Todavia, o que não pode é o fisco presumir a *má-fé* do contribuinte, quando este, mediante conduta *lícita* (conhecida como *"elisão fiscal"*), visa a minimização dos seus custos. Emerge cristalinamente do texto introduzido como parágrafo único ao art. 116 do Código Tributário, somente *evasão ilícita*, fuga ao pagamento do tributo em conduta contrária à lei (e que podemos chamar de *"elusão fiscal"*), é que permite ao fisco a desconsideração dos atos e negócios jurídicos do contribuinte. Essa colocação possui sua razão de ser, na medida em que as empresas procuram, de um modo geral, pautar a sua conduta fazendo planejamentos tributários, partindo das possibilidades que a lei oferece ou não proíbe, tudo com base no princípio de que *"tudo que não é proibido, é permitido"*.

ANTÔNIO ROBERTO SAMPAIO DÓRIA,[142] em interessante e alentado estudo sobre a matéria, publicado em 1971, assim se manifesta a respeito da *elisão fiscal*:

> *"Nenhum obstáculo, de ordem jurídica ou ética, inibe o contribuinte de tentar minimizar seus custos tributários, assim também quaisquer outros, agindo licitamente dentro de opções várias que a própria lei lhe possibilita".*

Mais adiante, tratando da prova e conseqüências das simulação fiscal, assim se manifesta o mesmo autor, referindo decisão judicial[143] que considera *"a mais incisiva e lúcida manifestação da jurisprudência brasileira em favor da legitimidade jurídica da elisão"*:

> *"O ônus da prova da simulação e, em conseqüência, a revelação da verdadeira natureza do negócio, com as resultantes implicações fiscais, deve caber à administração pública, quando a impugna".*

Há de haver, contudo, um critério jurídico capaz de distinguir a *elisão* (forma lícita de não pagar o tributo) da *"elusão fiscal"* (forma *ilícita*, pela qual se simula ou se aparenta de lícito um ato ou negócio jurídico que, no fundo, não é). Essa é a preocupação dos autores.

Pensamos nós que o critério deve repousar sempre na *intenção* das partes envolvidas (e, aqui, diz-se *"partes envolvidas"*, porque a simulação é sempre *bilateral*), abandonando-se quaisquer critérios que, objetivamente, queiram solucionar a espécie. Somente mediante utilização de um *critério subjetivo* torna-se possível certificar-se, qual a real intenção que, na prática, norteou as partes a praticarem o ato apontado como tendo dissimulado a ocorrência de um fato gerador. É claro que não é possível, nessa hora, abandonar o objetivo visado pelas partes, mas esse depende, inequivocamente, da sua intenção.

---

[142] *in* "Elisão e Evasão Fiscal", LAEL, SP, 1971, p.11/12.

[143] *Idem*, p. 40, baseando-se no AC da 2ª Câm. Cível do TASP, ap. nº 3.935, 04/08/53, Rev. Forense, vol. 157, p. 262/265, p. 40, recomendando, no rodapé, a leitura de *Studies on International Fiscal Law*, Relatórios, 19º Congresso Internacional da IFA, Londres, 1965, 1º Tema - "A Interpretação das Leis Tributárias com Especial Referência à Forma e Substância", p. 117 (Relatório nacional da França, por Marcel Martin).

### 3.2. Fatos geradores, segundo seu ciclo de formação no tempo

Outra maneira de classificar os fatos geradores leva em conta o tempo necessário (elemento temporal) à sua *consumação* ou *ocorrência*, podendo eles ser de *formação*:

a) *instantânea* ou *momentânea*, que é aquele que se consuma em curto espaço de tempo, como no caso do ITBI, em que a *propriedade* respectiva é, juridicamente, *transferida* (fato gerador) em fração de segundos, pelo registro do ato na matrícula imobiliária do competente Cartório de Registro Imobiliário;

b) *periódica* ou *cíclica*, que é aquele que, compreendendo vários fatos isolados, mas somados e agrupados como se fossem um só, exige determinado espaço (período) de tempo para ter-se um grupo unificável deles, como no caso do IR, para o qual a lei prevê, hoje, o prazo de um ano como período de abrangência ou consumação, considerando como um único fato gerador a soma dos rendimentos (pessoa física), ou o lucro decorrente deles (pessoa jurídica), havidos nesse período ou ciclo (que pode não coincidir com o ano ou exercício civil, podendo ir de balanço a balanço), de tal sorte que o fato gerador passa a ser, nos exemplos citados, respectivamente, o *rendimento* e o *lucro anuais*;

c) *continuada* ou *permanente*, que é aquele que se prolonga no tempo, sem solução (quebra) de continuidade, e sem previsão de conclusão ou consumação, como no caso do imposto ITR, do IPTU, e do IPVA, em que o fato gerador (a *propriedade*) se estende no tempo de forma continuada, por anos e anos, sem previsão de conclusão. Como a cada fato gerador consumado deve corresponder uma obrigação nova e autônoma, e para que isso possa ocorrer em períodos certos de tempo, a lei divide o longo e imprevisível período da propriedade em frações menores, perfeitamente definidas, geralmente de um ano, como o é hoje, atribuindo a cada *fração* uma obrigação tributária *autônoma*, de tal forma que o fato gerador passa a ser, no exemplo citado, a *propriedade anual*.

A respeito dos fatos geradores *periódicos* e *continuados* (letras *"a"* e *"b"*), que o Código Tributário denomina, em várias oportunidades, de *"impostos lançados por períodos certos de tempo"*, o § 2º do seu art. 144 praticamente exige que a lei ordinária defina o momento (dia) em que se consideram eles ocorridos, para efeitos de exigência do tributo. Nossas leis tem definido esse dia como sendo 1º de janeiro de cada ano.

### 3.3. Fatos geradores, segundo sua estrutura

Quanto à sua *estrutura*, porém, pode o fato gerador consistir, ou num *fato simples* ou *único* (quando formado apenas por *um só fato*, como no caso do IPI e do IPTU, em que o fato gerador é, respectivamente, a *saída* do produto do respectivo estabelecimento industrial e a *propriedade de imóvel urbano*), ou num *fato complexo* ou *múltiplo* (quando composto de um conjunto de fatos da mesma natureza, mas legalmente considerados como se fossem *um só*, isto é, *unificados*, como no caso do IR, em que o fato gerador é, para a pessoa natural ou física, a soma dos vários rendimentos obtidos num determinado período, hoje anual, e, para a pessoa jurídica, o lucro decorrente deles, havidos no mesmo período).

Os fatos geradores *simples* correspondem, na verdade, aos de formação *instantânea* ou *momentânea* e os de formação *continuada* ou *permanente* (todos envolvendo um único ato, mais ou menos durável no tempo), enquanto os fatos geradores *complexos* correspondem aos de formação *periódica* ou *cíclica* (exatamente por envolverem um *tempo* necessário à formação de vários atos que o formam, findo o qual novo período ou ciclo se abre), previstos na classificação dos fatos geradores segundo sua *formação no tempo* (subitem 3.2, retro).

### 3.4. Fato gerador consistente em ato jurídico "condicional" e "incondicional"

Já vimos, quando tratamos das classificações do fato gerador, que este pode ser, ou uma *situação de fato*, ou uma *situação de direito* (ou *jurídica*, da qual fazem parte todos os *atos jurídicos*, como os contratos de compra e venda, de doação, etc.), e que um fato, legalmente previsto como gerador, somente provoca o nascimento da obrigação tributária *quando da sua integral consumação*.

Especial atenção merece, em face disso, o *ato jurídico*, quando legalmente definido como fato gerador de obrigação tributária (cf. inc. II do art. 116), ato jurídico esse que, tanto pode ser *condicional* (quando impõe determinada condição a ser cumprida, para a sua validade ou eficácia) como *incondicional* (quando nenhuma condição é imposta).

Quando o ato jurídico for *incondicional* (sem que as partes tenham estabelecido qualquer *ressalva* ou *condição* para que seja ele considerado perfeito e acabado), a solução é simples: já a partir da prática do ato está o fato gerador consumado nasce a obrigação tributária, com seus efeitos jurídicos (o tributo é devido). Assim, se o pai doa a seu filho um imóvel nessas condições, sem qualquer ressalva ou condição, o fato gerador do ITCD se opera com o simples registro da *transmissão da propriedade*, no Cartório Imobiliário competente.

Quando, porém, o ato jurídico (*doação*, no exemplo citado) for *condicional* (prevendo um *"se"*, ou um *"desde que"* a implementar ou cumprir, para que se considere ele perfeito e acabado), a solução exige, caso a caso, segundo o art. 117 do Código, o exame dessa *condição*, estabelecida pelas partes:

    a) ou ela é *suspensiva* (que mantém o ato jurídico *suspenso* ou inoperante até que a condição prevista se verifique ou se *implemente*), como no seguinte caso: prometo doar ao meu filho um automóvel, *desde que* consiga ele aprovação no próximo vestibular, quando, então, o fato gerador somente se considerará ocorrido (inc. I do art. 117), e o imposto (ITCD) devido, no exato momento em que *vier ele a ser aprovado* (que é a condição a ser implementada para que o ato seja definitivo);

b) ou ela é *resolutória* ou *resolutiva* (que permite seja o ato *resolvido*, isto é, tornado sem efeito ou cancelado, caso a condição prevista venha a ocorrer), como no seguinte exemplo: dôo à minha filha, casada pelo regime da comunhão universal de bens, o apartamento tal, *mas se houver o descasamento*, a doação ficará desfeita, caso em que o fato gerador ocorre *desde logo*, vale dizer, desde o *ato da doação* (quando do seu registro no Cartório Imobiliário competente), e o imposto (ITCD), conseqüentemente, é também desde logo devido (inc. II do art. 117), e, caso haja a posterior *resolução* ou *desfazimento do ato* (porque aconteceu a *condição* prevista como *resolutória*, qual seja, o descasamento), a propriedade do imóvel retorna integralmente ao doador, sem devolução do imposto já pago (porque era condição para a definitividade da doação, que a filha se mantivesse casada), e sem que haja nova incidência do imposto em razão do retorno.

A respeito do ato jurídico *condicional*, assim estabelece o Código:

**Art. 117:**
***Para os efeitos do inciso II do artigo anterior*** (tratando-se, portanto, de fato gerador consistente em *situação jurídica*) ***e salvo disposição de lei em contrário*** (podendo a lei estabelecer outro momento)***, os atos ou negócios jurídicos*** (quando legalmente previstos como fatos geradores) ***condicionais*** (que, como vimos, dependem de um *"se..."* ou de um *"desde que..."* para que sejam considerados definitivos) ***reputam-se perfeitos e acabados*** (capazes de gerar a obrigação tributária)**:**

*I - sendo suspensiva a condição* (aquela em que o ato jurídico somente se torna perfeito, completo, acabado, quando da ocorrência ou consumação da condição estabelecida, como, no exemplo citado, a aprovação do filho no vestibular, para os efeitos do ITCD)***, desde o momento*** (somente quando) ***de seu implemento*** (efetiva aprovação);

*II - sendo resolutória a condição* (aquela que, pela sua ocorrência, como, no exemplo dado, o descasamento, torna o ato jurídico da doação sem efeito)***, desde o momento*** (desde logo) ***da prática do ato ou da celebração do negócio*** (da doação, independentemente da ocorrência, ou não, do descasamento).

Outro caso de aplicação do citado art. 117, é o relativo à exata definição do momento da ocorrência, prática ou consumação do fato gerador do ITCD, nos inventários ou arrolamentos (estes últimos tidos como os inventários de pequeno valor, ou aqueles em que figurarem exclusivamente sucessores maiores e capazes, em que simplesmente se requer a homologação judicial da partilha, com o prévio pagamento do imposto devido e comprovante das negativas fiscais), à vista do que dispõe o art. 1.572 do Código Civil, de que, *"aberta a sucessão"* (o que se dá com a morte), *"o domínio e a posse da herança transmitem-se, desde logo, aos herdeiros e testamentários"*.

O inventário ou arrolamento (judicial) tem por finalidade, na verdade, apenas a *partilha* (quando houver mais de um sucessor) ou a *adjudicação* (um único sucessor) dos bens deixados pelo falecido (*"de cujus"*), ou seja, à *individualização judicial da propriedade dos bens* (espólio) por ele deixados, os quais, com a morte, passam a pertencer (até a partilha), em comunhão (condomínio), a todos os sucessores (herdeiros e legatários) e ao cônjuge meeiro.

Contudo, pelo art. 1.581 do citado Código Civil, se exige, para a definitividade da *transmissão da propriedade*, a prévia *aceitação da herança*, que pode ser *expressa* (por declaração escrita) ou *tácita* (quando presumida), devendo ser manifestada perante a autoridade judiciária competente. A *renúncia* à herança também pode ocorrer, mas esta, segundo o mesmo artigo, deve ser sempre *expressa* (reduzida a termo), perante a mesma autoridade judiciária. Se a renúncia for *abdicativa* (o herdeiro simplesmente abre mão da sua parte em favor do espólio, onde todos os remanescentes serão, conseqüentemente, beneficiados na respectiva partilha), o renunciante não pagará ITCD. Contudo, se a renúncia for *translativa* (em favor de pessoa determinada), haverá duplo pagamento de ITCD: um como *"causa mortis"* (pela aceitação da herança) e, outro, como *"inter vivos"* (pela doação).

É precisamente com essa *aceitação* (expressa ou tácita) *da herança*, formalizada no momento processual próprio, que nem o Código Civil nem o de Processo Civil definem qual seja, mas que, o exame das disposições de um e de outro permitem concluir possa ela ocorrer até a homologação do cálculo), que ocorre a implementação da condição, para, após, com a *transcrição do ato* (formal de partilha ou de adjudicação) no Registro Imobiliário competente, ocorrer o fato gerador. Até a aceitação da herança, o que existe é mero *ato jurídico* (*transmissão da propriedade*, cf. art. 1.572 do Código Civil) *condicional*, de natureza *suspensiva*, pendente de *aceitação* (expressa ou tácita) *da herança* e conseqüente transcrição no álbum imobiliário do título aquisitivo, quando, então, se encontrarão presentes todos os elementos da obrigação tributária (o tributo passa a ser efetivamente devido, ainda que exigido por ocasião do inventário ou arrolamento).

Daí por que não ocorre a *decadência* (perda do direito de o Estado lançar o crédito tributário relativo ao ITCD) em razão do decurso de prazo superior a 5 anos, entre a morte (*abertura da sucessão*) e a partilha ou adjudicação dos bens (quando se dá a homologação da aceitação da herança). É que, a falta de aceitação formal da herança, perante a autoridade judiciária, e a conseqüente transcrição, no registro imobiliário competente, do formal de partilha ou de adjudicação dos bens, impedem que se dê por iniciada a contagem do prazo decadencial.

Essa é, também, a razão pela qual se deve levar em conta, para o cálculo do ITCD, de um lado, a *alíquota* vigorante ao tempo da morte ou abertura da sucessão (momento em que ocorre a tansmissão dos bens aos sucessores a qualquer título, condicionada, porém, à aceitação da herança e à transcrição do formal de partilha no registro imobiliário competente, cf. arts. 117, I, do Código Tributário, e arts. 530, I, e 532, II, do Código Civil), e, de outro, o *valor* dos bens no momento da partilha ou adjudicação, melhor dizendo, no momento da homologação dos cálculos respectivos (cf. Súmulas nºs 112 a 114, do STF), último momento para a manifestação formal da aceitação da herança.

### 3.5. Ato "sem validade jurídica", inclusive o "ilícito", como fato gerador

Outro aspecto, de extrema relevância, é saber se a prática de ato juridicamente *inválido*, inclusive o *ilícito*, pode ser tributado, isto é, considerado fato gerador de obrigação tributária, como, por exemplo: os rendimentos da prostituição e do jogo do bicho, para os efeitos do IR, e a venda de imóvel, sem a assistência do seu responsável legal, por menor relativamente incapaz (maior de 16 e menor de 21 anos, segundo o Código Civil em vigor), para os efeitos do ITBI.

A matéria encontra-se disciplinada no Código Tributário:

**Art. 118:**
*A definição legal* (que a lei dá) *do fato gerador* (da obrigação tributária) *é interpretada* (com o fim de saber se ocorreu ele, ou não) *abstraindo-se* (não se levando em conta):

I - *da validade jurídica* (se produziram, ou não, os efeitos jurídicos que lhes são próprios) *dos atos* (procedimentos ou condutas) *efetivamente* (real e integralmente) *praticados* (segundo livre e consciente vontade) *pelos contribuintes* (pessoas consideradas devedoras em razão da prática do fato gerador respectivo), *responsáveis* (pessoas legalmente consideradas devedoras em razão da sua simples vinculação ao fato gerador, sem, contudo, tê-lo praticado), *ou terceiros* (outros, diversos do contribuinte e do responsável), *bem como da natureza* (qualidade, tipo) *do seu objeto* (do ato) *ou dos seus efeitos* (das conseqüências do ato);

II - *dos efeitos* (conseqüências) *dos fatos efetivamente* (realmente) *ocorridos* (se foram anulados os atos ilícitos, se houve posterior arrependimento, se o rendimento ilicitamente obtido foi destinado a um fim social, etc.).

Segundo o Código, os atos, mesmo juridicamente *inválidos* ou *ilícitos*, são aptos a gerarem obrigação tributária, sendo, portanto, normalmente tributáveis, desde que efetivamente praticados. O que, no entanto, tem sido objeto de questionamento, é se o ato jurídico *nulo* (aquele que já nasce sem validade, nunca produzindo efeitos jurídicos, diferentemente do ato jurídico *anulável*, que, ao contrário, produz efeitos até que seja declarado ineficaz) também pode constituir fato gerador de obrigação tributária, apesar de o transcrito art. 118 estabelecer que a definição legal do fato gerador se interpreta *abstraindo-se da validade jurídica do ato*, dando a entender que tanto faz ser ele *nulo*, como *anulável*.

A maior parte da doutrina, partindo do fato de que o ato *nulo* (também conhecido como *absolutamente nulo*, ou, ainda, de *nulidade absoluta*) não produz, desde seu início, efeito jurídico algum, pende para a resposta negativa (no sentido de que também não produz efeitos tributários), diferentemente do *ato anulável* (também conhecido como *relativamente nulo*, ou, ainda, de *nulidade relativa*), que, ao contrário, gerando efeitos até que seja tornado ineficaz (sem validade), também produz efeitos tributários. Essa é, também, a nossa opinião.

Exemplo de ato jurídico *nulo* é o praticado por uma pessoa *absolutamente incapaz* (como um menor, de até 16 anos de idade), sem que, para tanto, esteja devidamente *representado* por quem de direito, e, de ato jurídico *anulável*, o praticado por pessoa *relativamente capaz* (entre 16 e 21 anos), sem que esteja devidamente *assistido*.

Suponha-se, assim, que um menor de 15 anos se apresente, como vendedor de imóvel em seu nome, para formalizar a necessária escritura pública, perante determinado tabelião, e, este, sem se certificar da idade do menor, reduz o ato a termo, ocasião em que é pago o ITBI. Esse ato vem, após certo tempo, a ser *declarado nulo* pelo Judiciário. Pergunta-se: houve, nesse caso, fato gerador válido? Para os que pregam que o ato *nulo* não produz efeitos jurídicos, também o tributo, no caso, não é devido, devendo ser restituído, porque o fato não era gerador. Mas se, em lugar desse absolutamente incapaz tivesse comparecido um menor relativamente incapaz (digamos, de 19 anos), mesmo que *anulado* o ato, o tributo seria considerado devido, não se cogitando, pois, da sua devolução, uma vez que o ato produziu efeitos jurídicos durante o tempo da sua prática até a sua anulação, sendo, portanto, gerador.

## 4. Campos ou hipóteses de incidência e de não-incidência (da regra jurídica)

É no estudo do fato gerador da obrigação tributária que surge a necessidade de ter-se uma perfeita noção dos campos ou hipóteses de *incidência* e de *não-incidência* (da norma jurídica sobre determinado fato ou situação).

### 4.1. Incidência

*Incidência* é a projeção da regra jurídica sobre determinada situação ou fato por ela previamente definido como suscetível de, pela sua prática ou ocorrência, vir a gerar uma obrigação de natureza tributária.

Em termos práticos, costuma-se dizer que, na *incidência, ocorre o fato gerador da obrigação tributária e o conseqüente nascimento desta*, passando o tributo a ser devido, mas com um dos seguintes *efeitos*: com *exigibilidade* (imediata), com *dispensa* (definitiva) e com *diferimento* ou *suspensão* (temporária) do *crédito tributário* correspondente.

Analisemos esses *efeitos da incidência* (da regra jurídica):

**1) *exigibilidade imediata do crédito tributário,*** caso em que ocorre a *incidência pura e simples*: o fato gerador acontece, a obrigação nasce, *o tributo torna-se devido e o pagamento deve ser satisfeito desde logo*, no prazo que a lei estabelece.

Registre-se que a *alíquota "zero"* é tida, pela doutrina e pela jurisprudência, como incluída nesta modalide de *hipótese de incidência pura e simples*, e não de *isenção* (prevista no item 2, seguinte).

A *redução* legal *da base de cálculo* de tributo, por sua vez, é tida como também incluída nesta modalidade de *hipótese de incidência pura e simples*, no tocante à *parcela tributada*, e como *hipótese de não-incidência por exclusão legal* (item 4 das *hipóteses de não-incidência*), no tocante à parcela *não tributada*;

**2) *inexigibilidade definitiva do crédito tributário,*** em razão de dispensa determinada por outra regra jurídica, do mesmo ou de outro texto, caso em que ocorre a *isenção* (ou *inexigibilidade definitiva* do pagamento do crédito tributário): o fato gerador acontece, a obrigação nasce e o tributo torna-se devido, mas, por força de regra jurídica paralela e da mesma natureza daquela que instituiu o tributo, seu pagamento fica definitivamente dispensado, constituindo, assim, direito do sujeito passivo de não pagá-lo (ou renunciar ao benefício, desde que, então, se submeta normalmente ao seu pagamento), e correlato dever de o sujeito ativo não exigi-lo;

**3) *diferimento*** (adiamento, postergação, protelamento) ***da exigibilidade do crédito tributário para uma etapa, fato ou momento posterior,*** legalmente previsto, caso em que ocorre a *suspensão temporária* do pagamento do crédito tributário: o fato gerador ocorre, a obrigação nasce e o tributo torna-se devido, mas, por força de regra jurídica paralela, da mesma natureza daquela que instituiu o tributo, contida no mesmo ou em outro texto legal, seu pagamento fica *adiado*, *postergado* ou *protelado* (enquanto isso *suspenso*) até que novo fato (legalmente previsto) aconteça, quando, então, sua *exigibilidade* ocorrerá.

Nada tem o *diferimento* a ver com *data do pagamento* do tributo. O que é legalmente diferido, para uma etapa ou fato posterior, é o cumprimento de toda a obrigação de pagar um crédito já configurado, quando então se somará ela, para fins de pagamento, ao valor do crédito relativo ao futuro fato gerador, no prazo para este fixado. O pagamento do crédito diferido se integrará, então, na nova obrigação que, no tempo, se sucederá, e que abrangerá o tributo relativo às duas etapas da circulação do mesmo bem ou objeto tributado.

Como na *isenção*, o *diferimento* é, de um lado, um direito assegurado ao sujeito passivo (de adiar o pagamento para uma etapa ou fato posterior), e, de outro, um dever do fisco (de não o exigir desde logo, na primeira etapa), nada impedindo, portanto, que aquele desde logo efetue o recolhimento, abrindo mão do seu direito.

O fato de a lei designar essa figura de *diferimento* ou de *suspensão* (do pagamento) é irrelevante, porque aquele é *causa*, e, esta, seu *efeito*.

Não deve o *diferimento do pagamento*, por outro lado, ser confundido com a figura do *diferimento da incidência* (esta inicialmente adotada, possivelmente por equívoco, pela lei do Estado do RS, hoje revogada). Este tem por objetivo adiar, para uma etapa ou fato posterior, a *ocorrência do fato gerador* (*incidência*), vale dizer, o nascimento da obrigação tributária, enquanto aquele tem por objetivo adiar a *exigibilidade* do *crédito tributário*, decorrente de uma obrigação que já nasceu, isto é, cujo fato gerador já ocorreu.

São exemplos atuais de *diferimento da exigibilidade do crédito tributário* para uma etapa ou fato posterior, ressaltando-se que a lei costuma escolher, para esse fim, operações que não recomendem a tributação na primeira etapa, quando a segunda as venha a tributar, sempre que o contribuinte for o mesmo de ambas ou, pelo menos, seja ele de fácil identificação para o fisco:

a) nas saídas de matéria prima de uma empresa a outra, para fins de industrialização por encomenda e posterior retorno (do produto pronto e acabado), ocorre o fato gerador do ICMS e do IPI, devendo eles serem satisfeitos, mas as leis ordinárias, criadoras desses impostos, autorizam que, tanto a remessa como o retorno, sejam feitos mediante *diferimento* (caso do ICMS) ou *suspensão* (caso do IPI), devendo, no entanto, ser satisfeitos quando da saída final dos produtos (já prontos e acabados), do estabelecimento encomendante, quando, então, o pagamento é feito abrangendo ambas as operações;

b) nas saídas de fumo em folha, promovidas pelo produtor rural ao fabricante do cigarro, o fato gerador do ICMS ocorre, sendo este devido, mas, por determinação da lei, seu pagamento é *diferido*, para pagamento conjunto, quando da futura saída (venda) do cigarro (pelo fabricante) que, além de pagar o seu próprio imposto, termina por pagar, também, na mesma operação tributada, o do produtor rural, que restou diferido. Nessa situação, em que o produtor da folha *difere* o pagamento do imposto ao fabricante do cigarro, ocorre uma legítima *substituição tributária antecedente* (vulgarmente chamada de *substituição "para trás"*), em que o produtor rural é o *substituído* e, o fabricante, o *substituto tributário*.

Reitere-se, contudo, que a *isenção* e o *diferimento* decorrem sempre de regra jurídica da mesma natureza da que determina a instituição e a conseqüente exigência do crédito. Assim, o instrumento legal normalmente utilizável, tanto para a *dispensa* (isenção) como para o *diferimento* (adiamento) para uma etapa posterior, do pagamento do crédito, é a *lei ordinária*, porque é esta que institui (cria) o tributo, determinando a sua exigência. Tratando-se, porém, de *empréstimo compulsório*, ou de *imposto da competência residual* da União, o instrumento legal adequado, seja para conceder *isenção*, seja para estabelecer *diferimento* dos respectivos pagamentos, é *a lei complementar*, porque é a esta que cabe instituí-los (cf. arts. 148 e 154, I, da CF).

O problema surge, no entanto, quando a lei constitucional desde logo estabelece *isenção* para certos casos (como no § 7º do art. 195, segundo o qual *"são isentas de contribuição para a seguridade social as entidades beneficentes de assistência social que atendam às exigências estabelecidas em lei"*). É que, já sabemos, a lei constitucional não *cria* tributos (ou quaisquer outras *arrecadações pecuniárias compulsórias*): apenas *autoriza a sua instituição*. Por essa razão, também não pode dispensá-los. Duas teorias procuram solucionar a questão: ou se trata de legítima *imunidade* (figura constitucional que *veda a instituição* ou *criação* do tributo sobre fatos normalmente tributáveis, conforme a seguir examinaremos no estudo das hipóteses de não-incidência), ou se trata de simples *determinação*, à *lei ordinária*, para que esta, ao instituir o tributo, lhe dê o tratamento da *dispensa de pagamento* (*isenção*).

A par do nosso entendimento, no sentido de que a lei constitucional, *por não criar tributos também não pode conceder isenções* (atenta ao princípio de que somente pode *dispensar* quem pode *exigir*), o STF[144] solucionou a espécie adotando a primeira proposta, conforme se vê da seguinte ementa:

> *"A cláusula inscrita no art. 195, § 7º, da Carta Política – não obstante referir-se impropriamente à isenção de contribuição para a seguridade social –, contemplou as entidades beneficentes de assistência social com o favor constitucional da imunidade tributária, desde que por elas preenchidos os requisitos fixados em lei. A jurisprudência constitucional do STF já identificou, na cláusula inscrita no art. 195, § 7º, da Constituição da República, a existência de uma típica garantia de imunidade (e não de simples isenção) estabelecida em favor das entidades beneficentes de assistência social. Precedente: RTJ 137/965. Tratando-se de imunidade – que decorre, em função de sua natureza mesma, do próprio texto constitucional –, revela-se evidente a absoluta impossibilidade jurídica de a autoridade executiva, mediante deliberação de índole administrativa, restringir a eficácia do preceito inscrito no art. 195, § 7º, da Carta Política, para, em função da exegese que claramente distorce a teleologia da prerrogativa fundamental em referência, negar, à entidade beneficente de assistência social que satisfaz os requisitos da lei, o benefício que lhe é assegurado no mais elevado plano normativo".*

### 4.2. Não-incidência

*Não-incidência* é a ausência (falta) de projeção (incidência) de regra jurídica sobre determinado fato. Em suma: não há fato gerador. Pode ocorrer em razão de 4 causas diferentes, as primeiras duas constitucionais e, as duas restantes, infraconstitucionais:

a) por falta de previsão constitucional para a incidência (instituição ou criação do tributo) em relação a determinado fato (*não incidência pura e simples*);

b) por vedação ou proibição constitucional à incidência sobre determinados fatos desta (*imunidade*);

---

[144] ROMS nº 22192-9, 1ª Turma (DJU de 19/12/96, p. 51802, e RDDT nº 17, p. 188/9, e nº 19, p. 105/113).

c) por falta de edição da lei instituidora ou criadora da incidência (*omissão legal na criação do tributo*); e

d) por exclusão, da incidência, de certos fatos desta (*exclusão legal*).

Em termos práticos, não há, na *não-incidência*, como se disse, a ocorrência de *fato gerador*, daí porque nenhuma obrigação tributária chega a nascer, não havendo, em conseqüência (como na *incidência*), tributo *a pagar, a dispensar* ou *a diferir*.

Analisemos essas *causas de não-incidência* (da regra jurídica):

**1) falta de previsão** (ou *autorização*) **constitucional para a instituição** (ou *criação* do tributo): trata-se, neste caso, de *não-incidência pura e simples*, decorrente da falta de autorização, pela lei constitucional, para que a incidência possa vir a ocorrer, vale dizer, para que seja instituído ou criado o tributo. São exemplos:

a) se a lei constitucional define, em favor da União, a competência para a instituição (incidência) do ITR (territorial rural, isto é, sobre a terra nua, apenas), logicamente não se acham incluídas nessa abrangência as benfeitorias existentes na propriedade rural (casas, galpões, etc.);

b) quando a Constituição Federal define, em favor da União, a competência para a instituição (incidência) do IPI, nele não se acha contemplado qualquer produto *"in natura"* (não industrializado);

c) quando a lei constitucional define, em favor dos Estados e do Distrito Federal, a competência para a instituição do ICMS e do IPVA, claramente não podem ser tributados os bens que não se enquadram no conceito de *mercadorias* (para os efeitos do ICMS), que são todos os *bens adquiridos com o intuito de revenda habitual, mediante lucro*, e de *veículos automotores* (como bicicletas, carroças, planadores e reboques), para os efeitos do IPVA;

d) quando a Constituição Federal define em, favor dos Municípios, a competência para a instituição (incidência) do IPTU, nele não se incluem, por óbvio, quaisquer imóveis imóveis com destinação rural.

É que, em resumo, a lei *constitucional* não institui ou cria tributos; apenas autoriza as hipóteses (fatos) em relação aos quais a incidência pode ser determinada, encontrando-se fora dela, conseqüentemente (como *hipóteses de não-incidência*), todas as situações não expressamente contempladas quando da definição das competências tributárias;

**2) vedação** (ou *proibição*) **constitucional à instituição** (ou *criação*) **do tributo sobre certos fatos, normalmente tributáveis:** trata-se, neste caso, de *imunidade*, em que o tributo (aqui considerado em seu gênero, porque as imunidades alcançam hoje somente *impostos* e *paraimpostos*) não pode, por determinação (proibição) da lei constitucional, ser instituído ou criado sobre algumas das situações ou fatos genericamente incluídos na incidência por ela autorizada. É, assim, uma *não-incidência* constitucionalmente *qualificada*. São exemplos:

a) o ITR e o IPTU são da competência da União e dos Municípios, mas, por força da própria lei constitucional (art. 150, VI, *"a"*, *"b"* e *"c"*, respectivamente), é vedada (proibida) a instituição ou criação desses impostos sobre o patrimônio imobiliário das pessoas jurídicas de direito público (União, Estados, Distrito Federal e Municípios), em razão da *imunidade tributária recíproca*, bem como das entidades que tenham por finalidade realizar e promover o culto religioso (templos de qualquer culto), dos partidos políticos e suas fundações, das entidades sindicais de trabalhadores, e das instituições de educação e de assistência social, sem fins lucrativos (que não distribuam seus lucros), e que cumprirem os requisitos previstos no art. 14 do Código Tributário;

b) o IPI, o ICMS e o ISS são, respectivamente, da competência da União, dos Estados e do Distrito Federal, e dos Municípios (arts. 153, IV, 155, II, e 156, I), mas o texto constitucional (art. 150, VI, *"d"*) veda (proíbe) a instituição ou criação desses impostos sobre livros (culturais), jornais e periódicos, bem como sobre o papel destinado à sua impressão;

c) o ISS é da competência municipal, mas a lei constitucional (art. 156, § 2º) veda a sua instituição ou criação sobre a transmissão de bens ou direitos incorporados ao patrimônio de pessoa jurídica em realização de capital, nem sobre a transmissão de bens ou direitos decorrente de fusão, incorporação, cisão ou extinção de pessoa jurídica, salvo se, nesses casos, a atividade preponderante do adquirente for a compra e venda desses bens ou direitos, locação de bens imóveis ou arrendamento mercantil;

A *imunidade* é verdadeira limitação *constitucional* ao poder de tributar, ou seja, ao poder de instituir ou criar o imposto sobre determinados fatos, normalmente imponíveis ou tributáveis. O que na imunidade se proíbe (veda) não é a *cobrança* (*efeito* da incidência), mas a criação ou instituição do imposto (*causa* da incidência) sobre determinados fatos normalmente tributáveis. Comparando *imunidade* com *isenção*, tem-se que, nesta, ocorre (por força de lei da mesma natureza da lei instituidora) dispensa de pagamento do crédito tributário decorrente da prática de um fato gerador, enquanto naquela ocorre (por força de lei constitucional) a proibição de instituição do imposto sobre determinados fatos da incidência, não havendo, portanto, o que pagar. É por isso que a imunidade é tida, pela doutrina, como *não-incidência qualificada* (constitucionalmente);

**3)** *falta de instituição* (ou *criação*) ***do tributo, nos casos em que a incidência se acha constitucionalmente autorizada:*** trata-se, neste caso, de *omissão legal*, isto é, de falta de atuação da regra jurídica para a *instituição* ou *criação* do tributo, sempre que esta se acha constitucionalmente autorizada. Convém aqui lembrar, mais uma vez, que a lei constitucional não cria tributos: apenas autoriza a sua *instituição*, ou seja, exige que lei posterior que os crie. É o caso do *imposto sobre grandes fortunas* (IGF), da competência da União, que, embora constitucionalmente autorizado quanto à sua instituição ou criação, até hoje não o foi. Assim, não basta, para a cobrança de um tributo, que a lei *constitucional* autorize sua incidência (instituição ou criação); é preciso, ainda, que ele seja efetivamente instituído ou criado (pela lei própria); e

**4) *exclusão, da incidência, de certos fatos específicos desta:*** trata-se, neste caso, de *retirada* ou *supressão*, por outra regra jurídica paralela (da mesma natureza da que instituiu o tributo), do mesmo ou de outro texto legal, de certos fatos específicos da *tributação*. Em outras palavras, num primeiro momento o tributo é *instituído* (*criado*), e, num segundo momento é ele, por força de outra regra legal, da mesma natureza, *excluído* da sua *incidência*. É o caso da lei do IPI, que, após tê-lo *instituído* sobre a saída de todos os produtos dessa natureza, em outro dispositivo seu exclui (afasta) da sua incidência (tributação) a confecção (industrialização) de produtos por oficinas que forneçam preponderantemente trabalho profissional (como os ateliês de fotografias, de alfaiates e de modistas, que, ainda que em menor proporção, também são estabelecimentos industriais).

Observe-se que a *redução* legal *da base de cálculo* de tributo é tida, pela doutrina e pela jurisprudência, como enquadrável, parte (a relativa à parcela não tributada) nesta última modalidade de **hipótese de não-incidência** (*por exclusão legal*), e parte (a relativa à parcela tributada), como **hipótese de incidência** (*pura e simples*, enquadrável no seu item 1).

*Capítulo XII*

# BASE DE CÁLCULO DO TRIBUTO
# (VALOR TRIBUTÁVEL)

### 1. Conceito de "base de cálculo", ou "valor tributável"

A *base de cálculo* do tributo (ou *valor tributável*) vem sempre definida na *lei criadora* ou *instituidora* do tributo. Em se tratando de *impostos* (e de *paraimpostos*), porém, o nosso *Sistema Tributário Nacional* exige, na verdade, duas leis para esse fim, de forma sucessiva no tempo: a primeira, que é a *lei complementar* (cf. art. 146, III, *"a"*, da Constituição), que a *definirá* para fins de sua utilização quando da criação ou instituição do imposto (e do paraimposto), e, a segunda, que é a *lei instituidora* ou *criadora* (via de regra *ordinária*), que a adotará, para esse fim, sem, contudo, alterá-la.

Como foi enfatizado no capítulo anterior, os *elementos do fato gerador* são extremamente importantes para, entre outros aspectos, definir quais os *valores* que podem ou devem, segundo a *lei*, integrar a *base de cálculo do tributo*, ou seja, seu *valor tributável*, que é, no fundo, a expressão ou dimensão do conteúdo *econômico-financeiro* ou *pecuniário* de cada fato gerador.

É que o elemento *subjetivo* ou *volitivo* do fato gerador (a ação conscientemente voltada a ele) demarca tanto o início como o fim deste (elemento temporal), qual seja, seu *trajeto* ou *"iter actionis"* (*ciclo de formação*), que é, também, o seu elemento *objetivo* ou *material* (de *exteriorização*). Assim, considera-se consumado o fato gerador e, *conseqüentemente, existentes os seus efeitos jurídicos* (nascimento da obrigação), no preciso momento em que *cessar*, por ter sido atingido o desiderato (o fato visado), a *ação* que o visa praticar, servindo de *medida do conteúdo econômico-financeiro* ou *pecuniário* desse fato (*base de cálculo* do tributo ou *valor tributável*), todos os valores envolvidos no trajeto dessa ação.

Tomemos, para tanto, como exemplo, o IPI e o ICMS, que têm, nos seus fatos geradores, como elemento comum, a *saída* (do estabelecimento) de *produto industrializado* ou de *mercadoria*, respectivamente. Em ambos esses impostos o *valor tributável* é definido como sendo o *valor da operação* que motiva *a saída*. Ressalvada a possibilidade de a lei (*complementar*, num primeiro momento, cf. art. 146, III, *"a"*, da CF) dar definição própria do que seja esse valor, vale dizer, dos elementos que o compõem (incluindo ou excluindo acessórios financeiros, frete, seguro, etc.), é perfeitamente possível delimitá-lo, usando-se, para tanto, o elemento *volitivo* ou *subjetivo*.

Assim, integram o *valor da operação*, além do próprio valor do produto ou da mercadoria, todos os que se compreenderem no *trajeto da ação voluntária do praticante do seu fato gerador*, como, por exemplo, o valor do frete e do seguro pela entrega do produto no local ajustado, ou, se for o caso, o valor dos serviços de instalação ou colocação do produto no local definitivo, ou mesmo, ainda, o valor cobrado a mais do adquirente da mercadoria, em razão de financiamento próprio. Ao cessar, pois, a *ação* (elemento *subjetivo*) do praticante do fato previsto como gerador, com a consecução do objetivo visado, terá, então, nascido a obrigação tributária com todos os seus efeitos, podendo integrar a base de cálculo dos referidos impostos, nos termos da lei, *todos os valores* contidos no trajeto da *ação*, desde a saída do produto ou mercadoria do estabelecimento, até sua entrega ao destinatário, a cargo do remetente.

A *"contrario sensu"*, não integram a *base de cálculo* dos citados impostos, no exemplo citado, o valor das *parcelas acessórias* (frete, seguro, etc.), as despesas de instalação do produto no local definitivo, ou as de financiamento, quando, respectivamente, o produto for retirado pelo próprio adquirente, a instalação for efetuada por pessoa diversa de quem promove a saída, e o financiamento for efetuado por terceiros (financeira), já que, no caso, o *elemento subjetivo* ou *volitivo* do contribuinte, na prática do fato gerador respectivo (saída), termina com a entrega do produto ou mercadoria na porta do estabelecimento vendedor. Essa situação está muito bem caracterizada na seguinte ementa, do 1º Grupo Cível do TJERS,[145] da lavra da eminente Desª. TERESINHA DE OLIVEIRA SILVA:

> *"ICMS. Venda a prazo. Cartão de crédito. Base de cálculo. Integram a base de cálculo para pagamento do ICMS os acréscimos decorrrentes do financiamento obtido através da compra e venda com utilização de crédito da própria vendedora. Precedentes jurisprudenciais, inclusive do STF".*

Assim, se, no primeiro caso (que envolve obrigação de *entregar*, diretamente ou por intermédio de terceiro), o produto ou mercadoria se incendiar no trajeto, o fato gerador não se considerará ocorrido ou consumado, embora o remetente deva, em conseqüência, estornar ou cancelar o crédito fiscal respectivo, apropriado em seus livros fiscais por ocasião da entrada do produto em seu estabelecimento. No segundo caso, porém (de retirada do produto pelo adquirente, ou por terceiro, a pedido daquele), o fato gerador já estava consumado antes do incêndio, vale dizer, o elemento *subjetivo* ou *volitivo* já havia ocorrido com a entrega do produto ao adquirente.

Por oportuno, convém lembrar que em relação à *redução da base de cálculo* dos *impostos, taxas* e *contribuições em geral*, há a seguinte advertência no § 6º do art. 150 da CF:

> *"Qualquer subsídio ou ... redução de base de cálculo, relativo a impostos, taxas ou contribuições, só poderá ser concedido mediante lei específica, federal, estadual ou municipal, que regule exclusivamente essa matéria ou o correspondente tributo ou contribuição, sem prejuízo do disposto no art. 155, § 2º, XII, "g""*.

---

[145] ROMS nº 22192-9, 1ª Turma (DJU de 19/12/96, p. 51802, e RDDT nº 17, p. 188/9, e nº 19, p. 105/113).

Esse art. 155, § 2º, XII, "g", tem a ver, na verdade, com o ICMS, e diz que cabe à *lei complementar* regular a forma como *isenções, incentivos* e *benefícios fiscais* devem concedidos ou revogados mediante deliberação dos Estados e do Distrito Federal, o que, aliás, já vem, desde 07/01/75, disciplinado na Lei Complementar nº 24, que prevê, para tanto, a celebração de convênios, verdadeiros ajustes ou contratos entre as referidas pessoas, que, para adquirirem força normativa, isto é, de lei, perante terceiros portanto, inclusive contribuintes, devem ser aprovados por decreto legislativo.

Todavia, tem sido freqüente o cometimento de erro, inconseqüente e irresponsável, pelo Poder Legislativo, pelo fato de delegarem, via lei, ao Poder Executivo, o direito de conceder os benefícios previstos no citado § 6º, deixando o contribuinte ao inteiro sabor dos caprichos da Administração pública para vê-los deferidos. Os atos praticados pelo Executivo, no exercício dessa delegação, devem ser tidos como inconstitucionais por invasão de competência legislativa, devendo o gozo do benefício respectivo ser integralmente assegurado, desde logo, ao contribuinte que nele se enquadrar, como se concedido tivesse sido pelo próprio Legislativo, porque, com a delegação, a real intenção era concedê-lo.

## 2. Critérios para a apuração da base de cálculo (valor tributável)

*A base de cálculo* do imposto é a *expressão econômico-financeira* (ou *monetária*) do seu fato gerador, devendo ser, antes de sua adoção, pela *lei ordinária* (instituidora ou majoradora da arrecadação), definida em *lei complementar* (cf. art. 146, III, "a", da CF). Mas é à lei ordinária que compete estabelecer a *forma de sua apuração*, caso a caso, podendo ela ser:

a) *real:* quando apurável de forma direta, com base em elementos documentais, concretos e idôneos, contábeis ou extracontábeis, retratando com fidelidade o seu conteúdo pecuniário;

b) *presumida:* quando apurável de forma indireta ou por via oblíqua, por estimativa, como meio simplificado de obtenção do seu conteúdo pecuniário da base de cálculo, para o que, contudo, devem sempre ser utilizados índices, percentuais, circunstâncias e outros elementos idôneos, capazes de refletir a realidade; e

c) *arbitrada:* quando apurável forma indireta ou oblíqua, por estimativa, sempre que tenha havido omissão, de parte do sujeito passivo, na sua apuração em bases reais, ou no fornecimento dos elementos a ela necessários, ou, ainda, quando não mereçam fé as declarações ou os esclarecimentos por ele prestados, devendo, contudo, ser sempre utilizados, para tanto, índices ou outros parâmetros tecni*camente aceitáveis*, que retratem, o mais aproximado possível do *real*, o seu *conteúdo econômico-financeiro* ou *pecuniário*.

A regra é que se faça a apuração da *base de cálculo* do tributo, sempre que possível, na forma *real*. No entanto, a situação as vezes recomenda, e, noutras exige, seja ela estimada em bases *presumidas*, quer no interesse do contribuinte (como nos casos de reduzido movimento ou de pequeno porte, tanto para os efeitos do IR como do ICMS), quer no do próprio fisco (como nos casos de *"substituição tributária subseqüente"* ou *"para frente"*, hipótese de tributação antecipada aplicável ao ICMS nos termos do permissivo contido no § 7º do art. 150 da CF). Assim estabelece, a propósito, esse dispositivo, já analisado no Capítulo IV deste livro, quando tratamos das *limitações constitucionais ao poder de tributar*:

> *§ 7º. A lei poderá atribuir a sujeito passivo de obrigação tributária a condição de responsável pelo pagamento de imposto ou contribuição, cujo fato gerador deva ocorrer posteriormente, assegurada a imediata e preferencial restituição da quantia paga, caso não se realize o fato gerador presumido.*

O que, no entanto, tem suscitado vivas controvérsias, é saber se pode o fisco atribuir valor mínimo a determinado produto ou operação (nas chamadas *pautas de valores*), para fins de *base de cálculo* do tributo, como, por exemplo, para o ICMS.

O STJ tem repelido, em circunstâncias tais, a pura e simples aplicação indiscriminada desse critério de fixação de valores:

> *"1. Está consolidado na jurisprudência da 1ª Seção, deste Superior Tribunal de Justiça, que é impossível, segundo as regras do ordenamento jurídico tributário, prestigiar-se a cobrança de ICMS com base no valor da mercadoria apurado em pauta fiscal. 2. Não merece guarida o argumento ... de que o teor do art. 148, do CTN, confere legalidade ao arbitramento da base de cálculo do ICMS, eis que, 'in casu', não se discutiu, em momento algum, a idoneidade dos documentos e a veracidade das declarações prestadas pelo contribuinte. 3. O art. 148, do CTN, somente pode ser invocado para estabelecimento de bases de cálculo, que levam ao cálculo do tributo devido, quando a ocorrência dos fatos geradores é comprovada, mas o valor ou preço de bens, direitos, serviços ou atos jurídicos registrados pelo contribuinte não mereçam fé, ficando a Fazenda Pública autorizada a arbitrar o preço, dentro de processo regular. A invocação desse dispositivo somente é cabível, como magistralmente comenta Aliomar Baleeiro, quando o sujeito passivo for omisso, reticente ou mendaz em relação a valor ou preço de bens, direitos, serviços: '... Do mesmo modo, ao prestar informações, o terceiro, por displicência, comodismo, conluio, desejo de não desgostar o contribuinte, etc., às vezes deserta da verdade ou da exatidão. Nesses casos, a autoridade está autorizada legitimamente a abandonar os dados da declaração, sejam do primeiro, sejam do segundo e arbitrar o valor ou preço, louvando-se em elementos idôneos de que dispuser, dentro do razoável' (Misabel Abreu Machado Derzi, in "Comentários ao CTN", Ed. Forense, 3ª ed., 1998)".*[146]

> *"Mesmo que tomada como presunção relativa, a pauta de valores só se admite nos casos do art. 148 do CTN, em que, mediante processo regular, arbitre-se a base de cálculo, se inidôneos os documentos e declarações prestadas pelos contribuintes".*[147]

---

[146] Agravo Regimental no REsp nº 119337/MG, 22/06/99, 1ª Turma, STJ, DJ de 16/08/99, p. 48.
[147] REsp nº 23313-GO, 1ª Turma (DJU de 15/02/93, p. 1670, e RSTJ, v. 48, p. 254).

> "*A base de cálculo do tributo só pode ser estabelecida por lei e, no caso do ICM, ela é o valor da operação de que decorrer a saída da mercadoria. Não pode ser fixado por portaria e resolução este valor com base em pauta de valor fiscal*".[148]
>
> "*Em face do nosso direito (...), é inadmissível a fixação da base de cálculo do ICMS com apoio em pautas de preços ou valores (pautas fiscais), porquanto aquela (base de cálculo do tributo) é o valor da operação de que decorrer a saída da mercadoria. A pauta de valores só se permite nos casos previstos no art. 148 do CTN, em que, mediante processo regular, seja arbitrada a base de cálculo, quando inidôneos os documentos e declarações prestadas pelo contribuinte. Ao direito tributário repugna a adoção de base de cálculo que esteja dissociada do efetivo valor econômico do fenômeno tributário*".[149]

O *arbitramento*, por outro lado, diferentemente da forma *presumida* de apuração da *base de cálculo*, é exceção à regra da sua apuração em *bases reais*, devendo partir sempre de uma ilicitude no comportamento do contribuinte, daí porque é ele, excepcionalmente, faculdade dirigida ao sujeito ativo e não ao sujeito passivo.

Justifica-se o *arbitramento* do valor da matéria tributável, segundo CARLOS MARIA GIULIANI FONROUGE,[150] somente quando o sujeito ativo, para a apuração real da base de cálculo pelo contribuinte,

> "não obteve os antecedentes necessários para a apuração certa, seja porque o contribuinte tenha se furtado à obrigação de apresentar declaração ou se negue a exibir livros, registros ou comprovantes, seja porque os elementos oferecidos sejam incompletos ou não mereçam fé".

É tão excepcional a aplicação do *arbitramento*, que é dever do sujeito ativo apurar a *real* base de cálculo do tributo sempre que possível pelos elementos à sua disposição, mesmo à vista de manifestas irregularidades do sujeito passivo. Em suma: o *arbitramento* não é uma faculdade colocada pelo Código Tributário à disposição do fisco, com o fim de tornar a sua tarefa mais rápida ou mais cômoda, mas um meio extremo, utilizável somente quando a base de cálculo não puder ser obtida na forma *real*. Disso resulta, entre tantos outros efeitos, que uma contabilidade falha ou lacunosa, em princípio imprestável para a apuração do lucro líquido de uma empresa, pode ser reconstituída pela fisco, para, então, exigir o imposto de renda por via de sua *real base de cálculo*, sob pena de nulidade do lançamento assim levado a efeito.

Assim estabelece o Código a respeito do *arbitramento*, pelo fisco, da base de cálculo do tributo:

### Art. 148:

*Quando o cálculo* (apuração) ***do tributo*** (ou de qualquer outra *arrecadação pecuniária compulsória* prevista no Sistema Tributário Nacional) ***tenha por base*** (leve em conta), ***ou tome em consideração*** (expressão equivalente à anterior), ***o valor*** (sujeito à apuração) ***ou o preço*** (real) ***dos bens, direitos,***

---

[148] REsp nº 79570-SP, 1ª Turma (DJU de 06/10/97, p. 49882/3, e RDDT nº 27, p. 228).
[149] Embargos de Divergência em REsp nº 33.808-SP, 1ª Seção (DJU de 20/01/97, p. 52965, e RDDT nº 27, p. 229).
[150] *in* "Derecho Financiero", B. Aires, Depalma, 1962, vol. I, p. 441.

*serviços ou atos jurídicos* (praticamente todos os impostos brasileiros têm valores ou preços como base de cálculo ou valor tributável), *a autoridade* (administrativa) *lançadora* (com poderes para efetuar o lançamento, via de regra os auditores ou agentes fiscais de tributos), *mediante processo regular* (devidamente formalizado, em separado ou no próprio auto de lançamento, no qual deve ser feito menção ao método ou critério técnico utilizado e as conclusões lógicas adotadas), *arbitrará* (a palavra, aqui, tem a ver com *arbitramento*, e não com *arbitrariedade*, significando que o fisco, por considerar inidôneo ou inconfiável o valor ou o preço adotado ou fornecido pelo sujeito passivo, o abandona e substitui por outro, idôneo e tecnicamente confiável, obtido por critério cientificamente aprovado, não podendo fundar-se em mera opinião pessoal ou subjetiva da autoridade lançadora, sem aceitação geral) *aquele valor ou preço* (utilizado pelo sujeito passivo), *sempre que sejam omissos* (silentes a respeito) *ou não mereçam fé* (por serem inconfiáveis) *as declarações ou os esclarecimentos prestados* (ao fisco), *ou os documentos expedidos pelo sujeito passivo* (pelo próprio contribuinte, por não serem autênticos, por conterem rasuras, ou por qualquer outra razão que os leve à inconfiabilidade) *ou pelo terceiro legalmente obrigado* (como recibos de favor, passados por médicos, dentistas, e outras pessoas, para fins de abatimento no cálculo do imposto), *ressalvada* (garantida), *em caso de contestação* (discordância), *avaliação contraditória* (demonstração, em sentido contrário, mediante amplo direito de defesa, por todos os meios de prova em dieito admitidos, especialmente perícia, no sentido de demonstrar que o *arbitramento*, seja da quantidade, do preço, da margem de lucro, ou de qualquer outro elemento levado em conta para a apuração da base de cálculo, pelo fisco, não corresponde à verdade dos fatos), *administrativa ou judicial* (em qualquer uma dessas esferas, de tal sorte que, nos arbitramentos, a prova pericial é sempre garantida ao acusado, não podendo ser negada, em hipótese alguma, quando pertinente às alegações do acusado, seja ela requerida na impugnação administrativa, seja em qualquer ação ou defesa judicial).

ALIOMAR BALEEIRO bem expressou, nas seguintes palavras, o alcance desse dispositivo:[151]

> "Até prova em contrário (e também são provas os indícios e as presunções veementes), o fisco aceita a palavra do sujeito passivo, em sua declaração, ressalvado o controle posterior, inclusive nos casos do art. 149 do CTN.
>
> Mas, em relação ao valor ou preço de bens, direitos, serviços ou atos jurídicos, o sujeito passivo pode ser omisso, reticente ou mendaz. Do mesmo modo, ao prestar informações, o terceiro, por displicência, comodismo, conluio, desejo de não desgostar o contribuinte, etc., às vezes deserta da verdade ou da exatidão.
>
> Nesses casos, a autoridade está autorizada legitimamente a abandonar os dados da declaração ou de informações, esclarecimentos ou documentos, sejam do primeiro, sejam do segun-

---
[151] in "Direito Tributário Brasileiro", Forense, RJ, 1976, 8ª edição, p. 468/469.

do, e arbitrar o valor ou preço, louvando-se em elementos idôneos de que dispuser, dentro do razoável.
Poderá arbitrar, isto é, estimar, calcular, buscar a verdade dentro ou fora da omissão, reticência, mentira. Poderá arbitrar, nesse sentido, mas não praticar o arbítrio puro e simples, indo até o absurdo ou às vizinhanças dele. O procedimento há de ser racional, lógico e motivado.
A pena contra a omissão, reticência, ou fraude, é a da lei, geralmente, não porém o arbítrio puro e simples, que duplicaria ou multiplicaria o peso do castigo.
E tanto é esse o fim e o objeto do art. 148, que, na cláusula final, ele ressalva, em caso de contestação, a avaliação contraditória (isto é, bilateral), seja na instância administrativa, seja na judicial. Esta é sempre garantida ... pela CF".

Há um aspecto importante quanto à defesa do autuado: é-lhe facultado renunciar, expressa ou implicitamente, ao seu direito na esfera administrativa, podendo se socorrer desde logo da via judicial, na defesa dos seus direitos. Em qualquer dessas esferas, o direito à avaliação contraditória existe de forma ampla e absoluta, ainda que tenha o sujeito passivo renunciado ao seu direito de impugnação na esfera administrativa. Veja-se, a propósito, as seguintes decisões do STJ:

"Crédito tributário fixado por arbitramento fiscal. Prova pericial. Necessidade. Cerceamento de defesa. O juiz só pode julgar antecipadamente a lide quando a questão de mérito for unicamente de direito, ou, sendo de direito e de fato, não houver necessidade de produzir provas em audiência. Fora dessas hipóteses, há cerceamento de defesa".[152]

"Se o crédito tributário foi fixado por arbitramento fiscal, cujo método e resultados o contribuinte atacou nos embargos do devedor, requerendo a produção de prova pericial, a lide não é daquelas que pode ser julgada antecipadamente ...".[153]

"Requisitos do auto de infração e ônus da prova. O lançamento fiscal, espécie de ato administrativo, goza da presunção de legitimidade; essa circunstância, todavia, não dispensa a Fazenda Pública de demonstrar, no correspondente auto de infração, a metodologia seguida para o arbitramento do imposto - exigência que nada tem a ver com a inversão do ônus da prova, resultando da natureza do lançamento fiscal, que deve ser motivado. Recurso especial não conhecido".[154]

"O arbitramento fiscal (art. 148, CTN), de forma casuística e mediante processo regular, é condicionado à omissão ou infidelidade do contribuinte".[155]

"Auto de Infração. O auto de infração registra omissão ou atividade ilegal do contribuinte. Enseja, por isso, o direito de defesa para negar o fato a fim de fazer cessar a sua eficácia".[156]

Interessante é observar, por derradeiro, que a apuração da base de cálculo por *arbitramento*, tanto quanto a por *estimativa*, não pode, jamais, ter natureza *punitiva*, constituindo meras *formas de apuração presuntiva* (*indireta* ou *oblíqua*) da base de cálculo do tributo, que, por princípio, deve se aproximar sempre, ao máximo, da sua base *real*.

---

[152] REsp nº 232443/MG, 18/11/99, 1ª Turma, STJ, DJ de 07/02/00, p. 139. Veja: REsp 77360-SP.
[153] REsp nº 77360/SP, 05/09/96, 2ª Turma, STJ, DJ de 30/09/96, p. 36619.
[154] REsp nº 48516/SP, 23/09/97, 2ª Turma, STJ, DJ de 13/10/97, p. 51553.
[155] REsp nº 5481/SP, 23/06/97, 1ª Turma, STJ, DJ de 06/10/97, p. 49878.
[156] REsp nº 5421/RJ, 24/10/90, 2ª Turma, STJ, DJ de 26/11/90, p. 13774.

*Capítulo XIII*

# SUJEITO ATIVO DA OBRIGAÇÃO TRIBUTÁRIA

## 1. Definição de "sujeito ativo"

Assim define o Código Tributário Nacional o *sujeito ativo* da obrigação tributária (e, por extensão, da relativa às demais *arrecadações pecuniárias compulsórias* prevista no Sistema Tributário Nacional):
Art. 119:
**Sujeito ativo** (credor) **da obrigação tributária** (dever de pagar tributo, incluindo, no caso, penalidade pecuniária, cf. § 1º do art. 113 do Código Tributário) **é a pessoa jurídica de direito público** (União, Estado, Distrito Federal ou Município, e, por extensão, qualquer ente de cooperação em favor de quem foram instituídos *paratributos* ou *contribuições parafiscais*) **titular da competência para exigir o seu cumprimento** (cobrar o seu objeto).

É sujeito ativo da obrigação tributária, nessas condições, o credor do objeto desta, qual seja, a prestação a ser satisfeita pelo sujeito passivo, e não o seu instituidor.

Para uma melhor caracterização de quem, em cada *obrigação*, deve ser constitucionalmente considerado o sujeito ativo, convém lembrar o que a respeito já dissemos, quando (no Capítulo IV, deste livro) tratamos da *competência tributária*, e a definimos como *faculdade* ou *capacidade* (*poder*), constitucionalmente atribuída às pessoas jurídicas de direito público interno, de exercer e praticar os atos relacionados com a *instituição* e a *arrecadação* de *tributos* (e, por extensão, de *paratributos* e de *empréstimos compulsórios*), e de a respeito *legislar*, nos limites constitucionalmente estabelecidos.

*Competência tributária* é, pois, a *faculdade* ou *capacidade* (*poder*), constitucionalmente atribuída às pessoas jurídicas de direito público interno, de exercer e praticar os atos relacionados com a *instituição* (de, a respeito, legislar) e a *arrecadação* (exação) de *tributos* (e, por extensão, de *paratributos* e de *empréstimos compulsórios*).

Quando, no tocante à determinada arrecadação, a competência *legislativa* e a *exacional* se concentram na *mesma* pessoa jurídica de direito público, a *competência* será *total* ou *plena*, e que, quando apenas uma, ou duas delas, puderem ser exercidas pela mesma pessoa jurídica, ela será, então, *parcial* ou *limitada*.

Aplicando-se, ao que dissemos, as regras que distinguem os *tributos* dos *paratributos* (ou *contribuições parafiscais*), podemos dizer que, se as duas espécies de competências ou poderes (*institucional* ou *legislativa* e *exacional*) estiverem presentes na mesma pessoa jurídica de direito público, a arrecadação daí resultante será um *tributo* (coincidindo, portanto, na mesma pessoa, o direito de *criar*, de a respeito *legislar*, e de *exigir* a obrigação respectiva); se, porém, o poder *institucional* (de *criação*) couber a uma pessoa jurídica de direito público (que, por ter Poder Legislativo, é o Estado, genericamente falando), e, o *exacional* (de *arrecadação* ou *cobrança*), é constitucionalmente deferido a um ente de cooperação criado pelo Estado (normalmente uma *autarquia*, por natureza sem Poder Legislativo), que se torna, assim o *credor* (*sujeito ativo*) respectivo, a arrecadação daí resultante será um *paratributo* (caso em que o direito de *instituir* a obrigação é de uma pessoa, qual seja, do Estado, e, o direito de *exigi-la*, é de outra, qual seja, de um ente de cooperação seu).

*Sujeito ativo* (ou credor) é, desta forma, a pessoa jurídica *titular da competência para exigir o seu cumprimento*, tal como definido no retro transcrito art. 119, sendo ela sempre, nos *tributos* (e no *empréstimo compulsório*), uma *pessoa jurídica de direito público* (Estado), e, nos *paratributos* (ou *contribuições parafiscais*), uma *pessoa jurídica de direito especial* (assim preferimos denominar as autarquias, por se situarem elas entre as pessoas jurídicas de direito público e as de direito privado, não sendo, pois, nem uma nem outra).

## 2. Critérios para a definição constitucional do sujeito ativo

Tanto para a esfera internacional (externa), como para a interna (nos países de regime federativo, como no Brasil), recomenda-se sempre, para a definição de quem, em cada obrigação tributária (e, por extensão, às obrigações relativas às demais *arrecadações pecuniárias compulsórias* previstas no Sistema Tributário Nacional), deve ser o *sujeito ativo* ou *credor*, a adoção do critério *objetivo*: a competência *institucional* e *exacional* deve caber à pessoa jurídica de direito público (externo ou interno, conforme o caso) onde ocorrer o fato tributável (fato gerador). Se o critério for imposto para adoção por todos os entes tributantes, estar-se-á evitando a *bitributação* (*internacional* ou *nacional*, conforme o caso), razão pela qual se recomenda sejam sempre desprezados eventuais critérios *subjetivos* (nacionalidade ou cidadania do praticante do fato gerador, etc.) para a definição do sujeito ativo de cada obrigação tributária.

Na esfera *internacional*, deve a matéria ser ajustada mediante tratados (que, para sua validade interna, devem, no Brasil, ser aprovados por *decreto legislativo*) e, na esfera *interna*, por meio da própria lei constitucional, quando da definição das competências tributárias.

Aspectos específicos relacionados com a definição interna de competências tributárias sujeitam-se, no Brasil, à disciplinação e solução em *lei complementar*, à qual cabe, por força do art. 146, I, da lei constitucional, dispor sobre *conflitos* (disputas e controvérsias) *de competência* em matéria tributária, evitando-se que uma pessoa jurídica de direito público (interno) entre ou interfira na competência da outra.

Exemplo de solução de conflito de competência é a regra, contida no Decreto-Lei nº 406/68 (com força de lei complementar), que define, como competente para a exigência do ISS, o *local* (Município) *da prestação do serviço*, considerando como tal (art. 12): a) o do estabelecimento prestador ou, na falta de estabelecimento, o do domicílio (não confundir com *residência*) do prestador; b) no caso de construção civil, o local onde se efetuar a prestação; e c) no caso de exploração de serviços contidos no item 101 da Lista de Serviços[157] tributáveis (*exploração de rodovia mediante cobrança de preço dos usuários, envolvendo execução de serviços de conservação, manutenção, melhoramentos para adequação de capacidade e segurança de trânsito, operação, monitoração, assistência aos usuários e outros definidos em contratos, atos de concessão ou de permissão ou em normas oficiais*), o Município em cujo território haja parcela da estrada explorada, e não, sumária e simplesmente, onde a empresa prestadora do serviço tenha sua sede ou estabelecimento.

Outras tantas regras solucionadoras de conflitos de competência encontram-se espalhadas no texto da Lei Complementar nº 87, de 13/09/96, que disciplina a instituição e a arrecadação, pelos Estados e Distrito Federal, do ICMS.

### 3. Outras disposições do Código Tributário a respeito do sujeito ativo

Preocupado com falta de legislação própria, que garanta arrecadações pecuniárias compulsórias próprias às novas pessoas jurídicas de direito público, no interstício, entre seu desmembramento ou seu fracionamento de outra, e a entrada em vigor da sua própria legislação, o Código disciplinou a matéria nos seguintes termos:

**Art. 120:**
*Salvo disposição de lei em contrário* (que poderá prever que o Estado ou o Município de origem se encarregue da cobrança, repassando-a ao ente recém-criado, o que é a solução mais recomendada), ***a pessoa jurídica de direito público*** (interno), ***que se constituir pelo desmembramento territorial*** (emancipação ou divisão, como, por exemplo, nas divisões de Estados ou nas emancipações de Municípios novos) ***de outra*** (já existente), ***sub-roga-se*** (recebe, assume, põe-se em lugar de) ***nos direitos desta*** (da qual se desmembrou), ***cuja legislação tributária*** (essa é a regra, mas é possível, como se viu, ser estabelecido de outra forma) ***aplicará*** (utilizará) ***até que entre em vigor a sua própria*** (o que leva algum tempo, havendo necessida-

---

[157] Anexa ao Decreto-Lei nº 406-68, na redação que lhe deu a Lei Complementar nº 56, de 15/12/87, e alterações (transcrita no Capítulo VII, deste livro, que trata dos Impostos da Competência Privativa dos Municípios).

de, não só de instalar a Câmara de Deputados ou de Vereadores, mas de todo o aparato indispensável à criação da legislação própria).

Advirta-se, contudo, a tais entes resultante do desmembramento, quanto ao cuidado que devem ter na aplicação da legislação do ente de origem, em relação a casos específicos, como a *contribuição de melhoria*, que exige *lei prévia, obra por obra* (já editada, portanto), já que a simples existência da Constituição ou da Lei Orgânica, ou mesmo de Código Tributário, não autorizam a sua cobrança.

*Capítulo XIV*

# SUJEITO PASSIVO DA OBRIGAÇÃO TRIBUTÁRIA

## 1. Definição e divisões do sujeito passivo: contribuinte e responsável

*Sujeito passivo*, já vimos, é aquele que deve satisfazer, ao sujeito ativo, por força de lei, a prestação que constitui objeto da obrigação tributária (e, por extensão, da obrigação relativa às demais *arrecadações pecuniárias compulsórias* previstas no *"Sistema Tributário Nacional"*). Essa prestação a ser satisfeita, vista sob o ângulo do *devedor*, tem o nome de *débito* (*tributário*), e, vista sob o ângulo do *credor*, é denominada de *crédito* (*tributário*), que é a que o Código Tributário adotou, com algumas poucas exceções.

Estabelece, a propósito, o Código:

**Art. 121:**

**Sujeito passivo** (devedor) **da obrigação principal** (pagar) **é a pessoa, natural** (física) **ou jurídica** (criada por pessoas naturais)**, obrigada** (por força de lei e da prática do fato gerador nela previsto) **ao pagamento de tributo** (ou qualquer outra *arrecadação pecuniária compulsória* prevista no Sistema Tributário Nacional) **ou penalidade pecuniária** (que, embora não sendo *tributo*, mas *sanção de ato ilícito*, integra a obrigação principal, cf. § 1º do art. 113).

**Parágrafo único. O sujeito passivo** (devedor) **da obrigação principal** (pagar tributo ou penalidade pecuniária) **diz-se:**

I - **contribuinte, quando tenha relação pessoal e direta com** (quando pratica) **a situação** (fato) **que constitua** (seja, segundo a lei) **o respectivo fato gerador** (previsto como motivo determinante do nascimento da *obrigação principal*);

II - **responsável, quando, sem revestir a condição de contribuinte** (sem ter praticado o fato gerador respectivo)**, sua obrigação** (dever de pagar) **decorra de** (tem sua origem) **disposição** (determinação, preceito) **expressa** (não podendo ser presumida) **de lei** (e não da prática do fato gerador, que é ato do *contribuinte*).

**Contribuinte** é, assim, o sujeito (tanto pessoa *natural* ou *física*, como *jurídica*) que deve satisfazer a prestação que constitui objeto da obrigação tributária, pela simples razão de ter sido o praticante do seu fato gerador, legalmente previsto, enquanto **responsável** é quem, sem ter praticado o seu fato gerador, deve satisfazer a prestação (às vezes isoladamente e, noutras, em conjunto com o *contribuinte*, na ordem de escolha legalmente prevista), simplesmente porque a lei assim o determina.

O **contribuinte** vem sempre definido na *lei criadora* ou *instituidora* do tributo. Em se tratando de *impostos* (e de *paraimpostos*), porém, o nosso *Sistema Tributário Nacional* exige, na verdade, *duas leis* para esse fim, de forma sucessiva no tempo: a primeira, que é a *lei complementar* (cf. art. 146, III, *"a"*, da Constituição), que o *definirá* para fins de sua utilização quando da criação ou instituição do imposto (e do paraimposto), e, a segunda, que é a *lei instituidora* ou *criadora* (via de regra *ordinária*), que o adotará, para esse fim, sem, contudo, alterá-lo. Exemplo de aplicação dessas duas leis está na seguinte ementa, de lavra do eminente Des. VASCO DELLA GIUSTINA,[158] do TJERS, enfocando inconstitucionalidade do ISS do Município de Porto Alegre:

> *"... Não pode a lei instituidora do imposto adotar contribuinte ou base de cálculo diversos dos que lhe define lei complementar federal, ..., sob pena de violar o princípio constitucional da isonomia e de invadir e usurpar competência legislativa federal. É inconstitucional, via de conseqüência, o inciso IV do art. 25 do Decreto nº 10.549/93, com a redação que lhe deu o art. 4º do Decreto nº 12.665/00, do Município de Porto Alegre, ao considerar sociedades de profissionais liberais, para fins do art. 17, § 7º (pagamento do imposto calculado em relação a cada profissional, e não sobre a receita bruta), do mesmo decreto, somente aquelas 'cujo número de funcionários auxiliares na atividade-fim da sociedade não exceda a proporção de um para cada grupo de três profissionais habilitados, sócios, empregados ou não'. O enquadramento há de ser feito levando em conta as citadas normas federais, o critério da prestação pessoal do serviço pelo profissional habilitado, pouco importando o número de seus auxiliares, vedada, conseqüentemente, a prestação impessoal ou empresarial do serviço, em que a pessoa do titular é inteiramente irrelevante. ..."*

A escolha do **responsável** pela satisfação da obrigação tributária, por sua vez, costuma ser delegada à lei ordinária, instituidora e disciplinadora da cobrança do imposto, observadas sempre eventuais pré-definições já feita pelo Código ou por outra lei complementar específica sobre o imposto.

São exemplos mais comuns de *responsáveis*, em matéria tributária:

a) o *transportador*, caso receba do comerciante, para transporte, mercadoria sujeita à tributação (ICMS ou IPI), desacompanhada de documento fiscal;

b) o *banco*, em relação à CPMF dos seus correntistas;

c) o *administrador*, em relação a todos débitos tributários da empresa administrada, quando tenha agido com *excesso de poderes ou infração de lei, contrato social ou estatutos*;

d) a *Caixa Econômica Federal*, pela retenção e recolhimento do IR sobre os prêmios lotéricos e outros que vier a pagar;

---

[158] ADIn 70001267517, j. em 06/09/01, in "Leis Municipais e seu Controle Constitucional pelo Tribunal de Justiça", Livraria do Advogado, Porto Alegre, 2001, autor: Vasco Della Giustina, p. 242 e 243.

e) o *adquirente do imóvel*, pelos débitos pendentes deste (IPTU, taxas de coleta de lixo, d'água, esgoto, e contribuições de melhoria);

f) o *fabricante do cigarro*, pelos débitos do ICMS relativo ao fumo em folha que lhe for remetido por produtor rural, e pelo débito relativo à operação seguinte, nas saídas destinadas a revendedores (bares, restaurantes, etc.).

*Contribuinte* e *responsável* são, pois, *espécies* (devedores) do mesmo *gênero* (*sujeito passivo*), de tal sorte que não haverá *responsável* pela satisfação de obrigação tributária sem a prévia ou concomitante existência de um *contribuinte*, como *praticante* do seu fato gerador. Em outras palavras, não existe *responsável tributário* como figura autônoma. É ele sempre um *terceiro* em relação ao *contribuinte*, que tem a sua existência jurídica justificada na medida em que este, antes ou simultaneamente, tenha praticado um fato gerador de obrigação tributária, à qual se vincula, por dependência.

Da palavra *responsável* decorre *responsabilidade*, que é o *compromisso* legal que detém aquele de satisfazer determinada obrigação tributária. A impropriedade da terminologia adotada pelo Código Tributário no tocante às citadas espécies de *sujeito passivo* é visível e notável: ao designar de *responsável* o *terceiro* (*não contribuinte*), implicitamente está ele estabelecendo que o *contribuinte* (praticante do fato gerador da obrigação) nenhuma *responsabilidade* (dever de satisfazer) possui, quando é ele que, na verdade, possui a maior dose dela, pelo menos conceitualmente.

Na verdade, a palavra *responsabilidade*, adotada pelo Código, é uma qualidade também atribuível ao *contribuinte*. Como bem esclarece o Des. ADÃO SÉRGIO DO NASCIMENTO CASSIANO,[159] ilustre integrante do TJERS,

"*Em sentido amplo e comum, responsável é todo aquele que tem o dever de pagar e, portanto, o próprio contribuinte é, nesse sentido, também um responsável*".

Daí a confusão conceitual, fazendo com que o aplicador da lei, principalmente o leigo, conclua que o Código Tributário, ao utilizar a palavra "*responsabilidade*", esteja se referindo tanto ao *contribuinte* como ao *responsável*, o que não é verdade. Exemplo típico dessa situação é o título "*Responsabilidade Tributária*", logo antes do art. 128, que nada tem a ver com a figura do *contribuinte*.

Essa inadequada terminologia compromete o bom entendimento da matéria e do próprio Código, como se observa, por exemplo, da regra dos seus artigos 123 e 128 (segunda parte), nos quais a palavra *responsabilidade* (qualidade, segundo ele, apenas do chamado *responsável*) não se refere somente a este, como seria de esperar, mas também ao *contribuinte*, ou seja, a ambos os devedores.

Melhor teria sido, embora solucionasse totalmente o problema, que o Código tivesse denominado o *contribuinte* de *responsável* e, este, de *co-responsável*, ou, como em outra oportunidade (art. 163) o fez, denominou o *contribuinte* de *devedor por obrigação própria*, e, o *responsável*, de *devedor por obrigação alheia* (ou *de terceiro*), no que foi bem mais lógico.

---

[159] in "Direito Tributário", Síntese Editora, Porto Alegre, 2000, p. 79.

Para evitar confusões decorrentes dessa imprópria terminologia, utilizada, de resto, por influência do Código Tributário, por todas as leis tributárias de hierarquia inferior, a doutrina costuma classificar os devedores tributários em *sujeito passivo direto* ou *originário* (em lugar de *contribuinte*), e *sujeito passivo indireto* ou *derivado* (em vez de *responsável*), o que só tem o inconveniente de utilizar expressões mais longas. Daí, por extensão, também as expressões *sujeição passiva direta* ou *originária*, e *sujeição passiva indireta* ou *derivada* (ou, ainda, *transferida*, ou *por transferência*). O ideal seria, como se disse, envolver tudo isso em duas únicas expressões: *responsabilidade originária*, quando do contribuinte, e *responsabilidade derivada* (ou *transferida*), quando do terceiro.

Há, todavia, nas relações do direito tributário, dois tipos de vinculação do *responsável* (terceiro), à obrigação tributária:

a) ou **à sua causa, ou origem** (nascimento ou formação, que é seu *fato seu gerador*, sem, contudo, tê-lo praticado), cf. art. 128 do Código, como nos exemplos acima dados, em que se pode perceber, com facilidade, essa vinculação: do *transportador*, pelos débitos de ICMS e IPI (porque é ele o agente da circulação física da mercadoria, cuja saída é promovida pelo comerciante); do *banco*, em relação à CPMF dos seus correntistas (porque é ele que movimenta o numerário respectivo); do *administrador* (sócio-gerente ou diretor), em relação ao débitos tributários da empresa administrada, quando tenha agido com *excesso de poderes ou infração de lei, contrato social ou estatutos* (porque é por mãos dele que a empresa pratica dos fatos geradores que dão origem às obrigações fiscais); da *Caixa Econômica Federal*, pela retenção e recolhimento do IR sobre os prêmios lotéricos e outros (porque é ela que paga o numerário correspondente); do *adquirente de imóvel*, pelos débitos deste, pendentes de pagamento (como IPTU, taxas e contribuições de melhoria, porque se sub-roga no fato gerador respectivo, que é a propriedade imobiliária); e do *fabricante do cigarro*, pelos débitos do ICMS relativo ao fumo em folha que lhe for remetido por produtor rural, e pelo débito relativo à operação seguinte, nas saídas destinadas a revendedores (porque é ele o intermediário nessa circulação);

b) ou **ao seu cumprimento, ou cobrança** (e não ao seu *fato gerador*):

b.1) seja em decorrência de um *dever legal*, como os que participam de um ato em relação ao qual tenham dispensado certidões negativas legalmente exigíveis (art. 207 do Código), ou um servidor público que venha a expedir falsa certidão negativa de débito (art. 208 do Código), ou, ainda, o síndico e o comissário, quando, nas falências e concordatas, agirem contrariamente à lei (§ 1º do art. 4º da Lei nº 6.830/80),

b.2) seja em decorrência de um *dever voluntariamente assumido*, como nos do garantidor, por aval ou fiança (cf. inciso II do art. 4º da citada Lei nº 6.830/80).

O *responsável* pela satisfação da obrigação tributária é, pois, sempre um *terceiro* em relação ao *contribuinte*, ou *vinculado* à sua *origem* (fato gerador), ou ao seu *cumprimento* ou *cobrança* (neste caso, ou por força *de lei* (*"ex lege"*), ou em decorrência de *vontade* (*"ex voluntate"*).

Há, dessa forma, em matéria tributária, os *responsáveis necessários* (que são os *legalmente* definidos como *sujeitos passivos indiretos*, e que nos interessam para os efeitos do inciso II do parágrafo único do art. 121 do Código), e os *responsáveis facultativos* (aqueles que, *voluntária* ou *contratualmente*, aderirem ao cumprimento da obrigação, como é o caso do fiador, do qual se exige expressa adesão *voluntária*, nos limites previamente ajustados, de tal forma que não pode a lei *ordinária* impor ao devedor principal, por falta de respaldo jurídico, que obtenha de terceiro a garantia do cumprimento da obrigação tributária. Quanto à exigência de garantia do próprio *contribuinte* (devedor principal), a impossibilidade já restou demonstrada anteriormente (no Capítulo X), quando tratamos da obrigação tributária *acessória*.

Quando o Código desde logo define casos de *responsabilidade* tributária (do terceiro, sujeito passivo indireto), não há necessidade de a lei *ordinária* repeti-los, como ocorre nos arts. 124 e 125 (de *solidariedade*), 129 a 133 (dos *sucessores* em geral), 134 e 135 (de outros *responsáveis, não-sucessores*), 207 (dos participantes de ato para o qual dispensam a prova da quitação de tributos, legalmente exigida) e 208 (de expedição de falsa certidão negativa).

Quando, porém, a definição da *responsabilidade* é delegada pelo Código, como faculdade deste, à *lei ordinária* (como nos casos do seu art. 128), somente com a edição desta, e na forma dela, é que ela ocorrerá. Pode, assim, a lei ordinária enquadrar – mas há de fazê-lo expressamente, se quiser –, como *responsável* pelo pagamento do IPI ou do ICMS devido por estabelecimento que promove a saída de produto ou mercadoria (*contribuinte*), o *transportador* que conduzir ou portar produto ou mercadoria desacompanhada de documento fiscal idôneo, ou mesmo quem vier a adquirir mercadoria nessas condições, por estar ele vinculado à prática do fato gerador (que é a saída do produto ou mercadoria), mas não poderá fazê-lo em relação a quem ainda não tiver recebido os bens assim transportados, por falta de sua vinculação, até aí, com o fato gerador (saída).

Acerca da *obrigação acessória* (*dever acessório*), assim dispõe o Código:
**Art. 122:**
***Sujeito passivo*** (devedor) ***da obrigação acessória*** (prestação *positiva* ou *negativa*) ***é a pessoa obrigada*** (legalmente) ***às prestações*** (*ações* ou *omissões*) ***que constituam o seu objeto*** (seja um *fazer* ou um *não-fazer*, previstos no interesse da *arrecadação* ou da *fiscalização* dos *tributos*, tal como estabelecido no § 2º do art. 113).

É preciso, contudo, cautela no exame do alcance dessa disposição, à vista do citado § 2º do art. 113, que define *dever acessório* como sendo o instituído no interesse da *arrecadação* ou da *fiscalização do tributo*, em confronto com a regra do parágrafo único do art. 194 do Código, que trata da *competência* e dos *poderes* das autoridades administrativas encarregadas da fiscalização dos tributos. São situações diferentes: enquanto o § 2º do art. 113 estabelece que a lei somente pode impor *deveres acessórios*, isto é, *acessórios à obrigação tributária principal*, a quem a esta está sujeito, o parágrafo único do art. 194 estabelece que todas as pessoas, *contribuintes ou não*, se sujeitam *à fiscalização tributária*, com o fim de saber se é, ou não, *contribuinte*.

Assim, se a lei do ICMS (que, no tocante a bens, tributa somente o que é *mercadoria*, como tal se entendendo, segundo o direito comercial, o *bem móvel adquirido com o intuito de revenda habitual, mediante lucro*) estabelece, por exemplo, que a *mercadoria* em trânsito deve estar acompanhada de nota fiscal (*dever acessório*), há de se entender que essa regra se aplica somente a quem vier a transportar bens que se enquadrem no conceito de *mercadorias* (porque o *dever acessório*, de fazer com que a mercadoria esteja acompanhada de documento fiscal idôneo, é decorrente de uma obrigação *principal*, que manda tributar apenas *mercadorias*). Ao contrário, quem vier a transportar uma *mudança* (que não é *mercadoria*), não estará obrigado a fazê-la acompanhar de documento fiscal (*dever acessório*), porque a obrigação *principal* (pagar tributo) em relação a ela não existe, ou seja, seu dono não é *contribuinte* do ICMS. Contudo, qualquer carga, inclusive a mudança, se sujeitará à fiscalização, para que a autoridade fiscal possa aferir a sua natureza, certificando-se de que se trata, ou não, de *mercadoria*.

**Art. 123:**
***Salvo disposições de lei em contrário*** (admite-se que esta disponha de modo diverso)***, as convenções*** (contratos) ***particulares*** (entre sujeitos passivos)***, relativas à responsabilidade*** (dever, compromisso) ***pelo pagamento de tributos*** (e demais *arrecadações pecuniárias compulsórias* previstas no Sistema Tributário Nacional)***, não podem ser opostas*** (alegadas em defesa) ***à Fazenda Pública*** (credora)***, para modificar*** (mudar, alterar) ***a definição legal*** (que a lei dá) ***do sujeito passivo*** (devedor) ***das obrigações tributárias correspondentes*** (como, por exemplo, não pode o locador alegar, para se exonerar do pagamento do IPTU, que contratualmente transferiu ao inquilino o dever de pagá-lo, caso em que, todavia, lhe fica assegurado o direito de se ressarcir, mediante ação regressiva, de todos os valores que vier a pagar nessas circunstâncias).

## 2. *Ordem a ser seguida para a cobrança, havendo, na mesma obrigação, mais de um devedor*

Nada impede que, na mesma obrigação tributária (ou relativa a qualquer outra, tendo por objeto *arrecadações pecuniárias compulsórias* previstas no Sistema Tributário Nacional) haja uma pluralidade de devedores, ao mesmo tempo. Assim, podem figurar, em determinada obrigação:

a) **um ou mais contribuintes** (*praticantes* do fato gerador, como no IPTU, no ITR e no IPVA, relativamente ao mesmo bem tributado, quando pertencente, em frações ideais, a mais de um proprietário, como marido e mulher casados pelo regime da comunhão universal de bens, co-proprietários de áreas rurais ou urbanas, etc.);

b) **um ou mais contribuintes,** e, ao mesmo tempo, um ou mais *responsáveis* (*não-praticantes do fato gerador*); e

c) **um ou mais responsáveis,** tão-somente (sem *contribuintes*).

Figurando, *simultaneamente*, *mais de um devedor* na mesma obrigação tributária, a ordem de chamamento de cada um deles, para o seu adimplemento (pagamento), pode ser legalmente estabelecida de acordo com uma das seguintes *modalidades*:

a) de **forma solidária**, quando qualquer um dos devedores pode ser chamado a satisfazer o pagamento da totalidade do débito, sem que haja necessidade de o credor seguir qualquer ordem de preferência na respectiva escolha. Essa figura está prevista, no Código, nos arts. 124 (no inciso I, como de *aplicação* sempre *obrigatória* entre praticantes do fato gerador da mesma obrigação, e no inciso II, como de aplicação a outros casos a serem definidos por lei ordinária), 125 (quanto aos seus efeitos) e 134 (quanto à sua aplicação a partir da impossibilidade da cobrança do crédito tributário contra o *contribuinte*, seu devedor principal pela prática do fato gerador respectivo); e

b) de **forma subsidiária** (ou **supletiva**), quando, para a cobrança do crédito tributário, haja necessidade de o credor seguir, por força de lei, uma ordem previamente estabelecida em relação aos seus devedores, exigindo-a, primeiramente, de um deles (que pode ser tanto o *contribuinte* como o *responsável*), e, caso comprovadamente inexitosa a cobrança judicial, só então do outro, que é o devedor *subsidiário* ou *supletivo*, havendo, assim (contrariamente ao que ocorre em relação à *solidariedade*), uma *ordem* legal a ser seguida (chamada de *benefício de ordem*) para a cobrança. Essa figura também está prevista, no Código, ora como de aplicação obrigatória para determinados casos, desde logo definidos (como nos casos dos arts. 131, I, e 133, II), ora como de aplicação para casos outros, a serem definidos pela lei ordinária (cf. art. 128), exigindo sempre, porém, para esse fim, que haja vinculação do *responsável* à prática do fato gerador respectivo. Fique claro, contudo, que, se a lei ordinária vier a nomear *responsável*, mas com omissão da *modalidade* respectiva (se *solidária* ou se *subsidiária*), será ela sempre tida como *subsidiária*, porque a solidariedade não se presume, devendo resultar sempre de expressa previsão legal (cf. art. 896 do Código Civil).

Nessas duas *modalidades*, o devedor originário (*contribuinte*) é sempre mantido na obrigação tributária.

Pode acontecer, contudo, que lei, anterior à ocorrência do fato gerador da obrigação, já tenha nomeado ou definido um terceiro (*responsável*) para, com *exclusividade* (excluindo, portanto, aquele que seria o seu verdadeiro devedor, o praticante do seu fato gerador, o *contribuinte*), satisfazer determinada obrigação tributária.

Em tal caso ocorre a conhecida figura da *substituição tributária*, em decorrência do que o objeto da obrigação deverá ser integralmente satisfeito pelo *responsável* (*sujeito passivo indireto*), de forma *exclusiva*, com o que fica, por via de conseqüência, definitiva e irreversivelmente, dela *afastado* ou *excluído* aquele que seria o seu devedor originário (*contribuinte* ou *sujeito passivo direto*), praticante do seu fato gerador. Daí as figuras do *substituto* (que é o *terceiro*, legalmente nomeado *responsável*), e do *substituído* (o praticante do fato gerador, desde logo excluído da qualidade de *contribuinte*), na obrigação tributária.

A figura da **exclusividade** é, na verdade, a *responsabilidade por substituição*, ou *substituição tributária*, como mais freqüentemente se diz, e está prevista, no Código, ora como de aplicação obrigatória para determinados casos, desde logo definidos (como nos casos dos arts. 130, 131, II e III, 132 e 133, I), ora como de aplicação para casos outros, a serem definidos pela lei ordinária (cf. art. 128), exigindo sempre, porém, para esse fim, que haja vinculação do *responsável* (*sujeito passivo indireto*) à prática do fato gerador respectivo.

Maiores considerações a respeito dessas três figuras (*solidariedade*, *subsidiariedade* ou *supletividade* e *exclusividade*) serão feitas quando dos comentários a cada um dos artigos mencionados.

## *3. Disciplinação jurídica da solidariedade*

### 3.1. Previsão legal e hipóteses de solidariedade

A **solidariedade** tem sua previsão, conceito, hipóteses, aplicação e efeitos tributários previstos no Código, basicamente nos seus arts. 124 e 125, e, esparsamente, em outros, como no 134, neste, porém, com o sentido de *subsidiariedade* ou *supletividade*, porque, conforme comentários que a ele adiante faremos, há necessidade de o sujeito ativo seguir certa ordem na cobrança do crédito tributário respectivo, exigindo-o primeiramente do *devedor originário* (*contribuinte* ou *sujeito passivo direto*), somente *então* podendo cobrá-lo dos *responsáveis* (sujeitos passivos indiretos), caso frustrada a cobrança contra aquele. Assim dispõe o primeiro daqueles citados artigos:

**Art. 124:**
*São solidariamente* (quando qualquer um dos devedores pode ser chamado a satisfazer o débito, por inteiro, sem que o credor deva seguir qualquer ordem de preferência na escolha de quem cobrar primeiro) **obrigadas** (ao pagamento):

*I - as pessoas que tenham interesse comum* (o mesmo interesse) *na situação* (de fato ou de direito) *que constitua o fato gerador da obrigação principal* (vale dizer, são tidas como devedoras *solidárias* as pessoas que praticarem o fato gerador da *mesma* obrigação, como no caso de marido e mulher, quando casados pelo regime da comunhão universal de bens, ou pelo do regime da comunhão parcial, relativamente aos bens adquiridos em comum, ou mesmo de outros co-proprietários de um mesmo bem, com exceção de edifícios em condomínio, onde, *para efeitos tributários*, segundo o art. 11 da Lei nº 4.591/64, *"cada unidade autônoma será tratada como prédio isolado, contribuindo o respectivo condômino, diretamente, com as importâncias relativas aos impostos e taxas federais, estaduais e municipais, na forma dos respectivos lançamentos")*;

Tratando-se de *solidariedade*, o lançamento e a cobrança podem ser feitos, por inteiro, contra qualquer um deles, à livre escolha do sujeito ativo (credor), como no caso do ITR, do IPTU e do IPVA, pouco importando a fração ideal de cada um na propriedade respectiva;

*II - as pessoas expressamente* (porque a *solidariedade* não se presume, segundo o art. 896 do Código Civil, devendo resultar de expressa previsão legal) *designadas* (nos demais casos, diferentes dos previstos no inciso anterior, que exigem *interesse comum* na prática do fato gerador respectivo) *por lei* (ordinária ou comum).

Se a lei ordinária apenas estabelece a responsabilidade, sem definir a sua *espécie* ou *modalidade* (grau de intensidade), deve ela, então, ser tida como meramente *subsidiária*, porque, como se disse, a *solidariedade, não se presume*, devendo resultar sempre de clara e expressa disposição de lei.

O § 1º do art. 4º da Lei federal nº 6.830/80 (lei das execuções fiscais), por exemplo, usou dessa faculdade, ao estabelecer a *solidariedade* tributária do *síndico*, do *comissário*, do *liquidante*, do *inventariante* e do *administrador*, nos casos de falência, concordata, liquidação, inventário, insolvência ou concurso de credores, se, antes de garantidos os créditos da Fazenda Pública, alienarem ou derem em garantia, sem a necessária prova de quitação da dívida ativa ou sem a concordância da Fazenda Pública, quaisquer dos bens administrados. Contudo, é discutível que essa lei federal, de natureza *ordinária* e *processual* (*formal*), possa dispor sobre *responsabilidade* tributária e suas modalidades, que é de direito *material*.

Também o art. 3º da Lei nº 6.537/73, do Estado do RS, que trata *"das infrações à legislação tributária"*, *"do procedimento tributário administrativo"*, *"do Tribunal Administrativo de Recursos Fiscais do Estado"* e *"das formas de extinção do crédito tributário"*, usou da mesma faculdade (também indevidamente, a nosso ver, por disciplinar matéria de natureza *penal, formal* e *administrativa*, quando o assunto deveria ser tratado, antes, pela lei *material* respectiva, instituidora e disciplinadora do tributo), ao estabelecer a *solidariedade "dos infratores quanto aos tributos"*, nos casos *"de co-autoria da infração"*: *"a co-autoria da infração é punível* com penalidade igual à aplicável à autoria e estabelece a responsabilidade solidária dos infratores quanto aos tributos".

**Parágrafo único.** A **solidariedade referida neste artigo** (somente a deste artigo, frise-se) **não comporta** (não admite) **benefício de ordem** (preferência na escolha de quem, entre os devedores, deve satisfazer o crédito tributário, em primeiro lugar, ou seja, qualquer um dos devedores pode ser chamado a satisfazer a obrigação, por inteiro).

Ao ficar estabelecido, neste parágrafo, que a *"solidariedade referida neste artigo não comporta benefício de ordem"*, resta claro, a *"contrario sensu"*, que, a que for estabelecida em qualquer outro artigo do Código, a comporta. Por via de conseqüência, a *solidariedade* referida no artigo 134 exige benefício de ordem, fazendo com que o crédito tributário a que se refere ele somente possa, num primeiro momento, ser cobrado dos seus *devedores originários* (*contribuintes* ou *sujeitos passivos diretos*), de tal forma que, somente depois de frustrada essa possibilidade, é que o crédito tributário (exceção feita à multa, que se limitará à de natureza *moratória*, excluída a de natureza *punitiva*, cf. parágrafo único do artigo) pode ser exigido dos *responsáveis* nele referidos (*sujeitos passivos indiretos*), numa situação de verdadeira *subsidiariedade* ou *supletividade* destes em relação aos devedores principais ou originários (*contribuintes*). Aliás, até a redação do referido art. 134 leva a essa conclusão, ao determinar que a cobrança, contra os *responsáveis*, somente possa ser feita depois de frustrada a cobrança contra os *devedores originários* (*contribuintes*). E é assim que os doutrinadores interpretam esse dispositivo.

### 3.2. Efeitos da solidariedade, em matéria tributária

**Art. 125:**
**Salvo disposição de lei em contrário** (permite-se à lei ordinária, portanto, disciplinação diversa)**, são os seguintes os efeitos** (conseqüências) **da solidariedade** (prevista no artigo 124)**:**

- **I - o pagamento** (visando à quitação da dívida) **efetuado por um dos obrigados** (devedores solidários) **aproveita** (beneficia) **aos demais** (que integrarem a obrigação, liberando-os do ônus);
- **II - a isenção** (dispensa legal de pagamento) **ou remissão** (perdão legal) **de um crédito** (seja tributário, seja qualquer outro relativo a *arrecadações pecuniárias compulsórias* previstas no Sistema Tributário Nacional) **exonera** (libera) **todos os obrigados** (devedores solidários da mesma obrigação, se a *isenção* ou *remissão* for *objetiva*, isto é, quando legalmente concedida ao bem ou objeto tributado, sem levar em conta o *contribuinte* respectivo)**, salvo se** (a menos que) **outorgada** (concedida) **pessoalmente a um deles** (isto é, quando *subjetiva*, legalmente concedida ao contribuinte, em consideração à sua pessoa, como, por exemplo, a um clube

de futebol, mas somente quando a *isenção* ou a *remissão* forem *objetivas*, isto é, quando legalmente concedidas ao bem ou objeto tributado, sem levar em conta o *contribuinte* respectivo), **subsistindo** (remanescendo), **nesse** (leia-se *neste*) **caso** (de outorga ou concessão *pessoal* da *isenção* ou da *remissão*), **a solidariedade** (direito de cobrar a dívida de qualquer um) **quanto aos demais** (devedores remanescentes) **pelo saldo** (isto é, da parcela *não dispensada* ou *não perdoada*, de tal forma que, se a isenção, ou a remissão, do IPTU for concedida diretamente ao imóvel, hipótese em que será *objetiva*, todos o co-proprietários ficarão liberados do pagamento, mas, se concedida a um ou alguns deles apenas, os não contemplados ficarão *solidariamente* sujeitos ao pagamento do saldo);

**III - a interrupção** (*reinício de contagem integral do prazo*, quando determinada por lei, como ocorre, por exemplo, quando o devedor confessa a dívida ou pede seu pagamento parcelado, ou qualquer outro caso previsto no parágrafo único do art. 174 do Código) **da prescrição** (perda do direito, após o decurso de certo tempo, de vir o sujeito ativo a *ajuizar* ou *propor a ação judicial de cobrança* de seu crédito, já lançado, que, em conseqüência, também se *extingue*), **em favor ou contra um dos obrigados** (ocorrida em relação a qualquer um dos devedores *solidários* da mesma obrigação), **favorece** (beneficia) **ou prejudica** (se aplica) **aos demais** (estendendo-se aos outros devedores solidários, como no caso de pedido de pagamento parcelado do IPTU efetuado por marido casado pelo regime da comunhão universal de bens, em que, tanto as parcelas obtidas para pagamento, como a reabertura da contagem do prazo prescricional, se estendem também à mulher).

Já no caso do citado artigo 134, que prevê a *responsabilidade solidária* (na verdade, *subsidiária* ou *supletiva*, conforme já explicado) dos pais, tutores, curadores, administradores de bens de terceiros, inventariantes, síndicos, comissários, tabeliães, escrivães, serventuários de ofício e sócios no caso de liquidação de sociedades de pessoas a partir da prática de atos de intervenção ou por omissões que se lhes possam ser atribuídas (*"nos atos em que intervierem ou pelas omissões de que forem responsáveis"*), a prescrição em relação a eles (e, conseqüentemente, a interrupção desta, ou seja, o reinício de sua contagem) somente se iniciará a partir da configuração de tais pressupostos, daí se concluindo que, caso já tenha ela sido consumada em relação aos devedores originários, a obrigação já não mais existirá.

## 4. Capacidade tributária passiva

Trata-se, aqui, de saber quem, em cada obrigação tributária (ou qualquer outra, que tenha por objeto *arrecadações pecuniárias compulsórias* por força de lei, previstas no *"Sistema Tributário Nacional"*), deve ser considerado *sujeito pas-*

sivo ou *devedor*, vale dizer, contra quem deve ser efetuado o *lançamento* e a *cobrança* do crédito respectivo. Nada tem a ver, portanto, com a pessoa que, em nome do devedor, deve *agir* legalmente no sentido de satisfazer a prestação, objeto da obrigação, como, por exemplo, os pais, que devem atender às obrigações tributárias dos seus filhos menores, ainda que com os recursos financeiros destes.

Preceitua o Código Tributário, a respeito da matéria:

**Art. 126:**

*A capacidade tributária passiva* (ser sujeito passivo) *independe* (não leva em conta):

*I - da capacidade civil* (se menor, se incapaz, etc.) *das pessoas naturais* (ou físicas, de tal forma que, por exemplo, tendo um imóvel como proprietário um menor, contra este, e não contra seu responsável legal, é que será efetuado o lançamento do IPTU);

*II - de achar-se a pessoa natural* (ou física) *sujeita a medidas que importem privação ou limitação do exercício de atividades civis, comerciais ou profissionais* (aquela que, por lei, está impedida da prática de certos atos da vida civil, como, por exemplo: não pode o funcionário público ser administrador de empresa comercial; não pode o advogado efetuar perícias contábeis, etc.), *ou da administração direta* (pela própria pessoa) *de seus bens ou negócios* (como o louco de todo o gênero, assim declarado pelo Judiciário, cujos bens são administrados por um curador);

*III - de estar a pessoa jurídica* (sociedade) *regularmente constituída* (como as sociedades de fato, quais sejam, aquelas que deixam de arquivar seus atos constitutivos no registro ou órgão competente, como na Junta Comercial, no Cartório de Registro Especial, etc.), *bastando que configure uma unidade* (entidade) *econômica ou profissional* (realmente agindo, portanto, como pessoa jurídica, isto é, como empresa, praticando fatos geradores, não bastando sua simples existência no papel).

Problema correlato ao previsto nesse inciso III, é o relativo à possibilidade de desconstituição, pelo fisco, da personalidade jurídica de uma empresa, que, pelas evidências, se apresenta com sua composição societária e administração *simuladas* ou disfarçadas, conhecidos como *"laranjas"* ou testas-de-ferro de outros, que se mantêm ocultos para melhor tirar proveito da entidade. Por esse expediente, vindo a ser exigido o tributo dos sócios ou administradores, estes, na verdade, por não possuírem recursos financeiros, terminam frustrando a cobrança. O STJ já tem precedente a respeito, embora genérico:

"Desconsideração da pessoa jurídica. É possível desconsiderar a pessoa jurídica usada para fraudar credores".[160]

A prova dessa conduta cabe, obviamente, a quem acusa, que é o fisco.

---

[160] (REsp nº 86502/SP, 21/05/96, 4ª Turma, STJ, DJ de 26/08/96, p. 29693, LEXSTJ VOL. 89 JANEIRO/1997, p. 206, RDR vol. 7, p. 263, RSTJ vol. 90, p. 280. Ver: RT 528/25-13, RT 410/12, RT 599/133, RT 621/127, REsp 3047-ES, AGA 36801-GO.

## 5. Domicílio tributário

Há substancial diferença entre *residência* (lugar onde se mora) e *domicílio* (lugar onde se tem o centro de interesses). *Residência*, pode-se ter mais de uma, mas *domicílio*, só se tem um.

Em princípio, pode a própria pessoa *eleger* o seu *domicílio tributário* (lugar onde satisfazer suas obrigações daí decorrentes e, conseqüentemente, onde ser localizado pelo sujeito ativo para qualquer fim). Essa é a regra. Se, porém, a eleição ou escolha não for feita, na forma da legislação própria (de cada tributo), somente então o domicílio tributário do sujeito passivo será definido pelo Código Tributário, que assim dispõe a respeito:

**Art. 127:**

*Na falta* (omissão) *de eleição* (escolha ou definição)*, pelo contribuinte* (devedor praticante do fato gerador) *ou responsável* (devedor não praticante do fato gerador)*, de domicílio tributário* (de local onde satisfazer a obrigação tributária)*, na forma da legislação aplicável* (que disciplina o tributo e o domicílio respectivo)*, considerar-se-á como tal* (como domicílio):

- *I - quanto às pessoas naturais* (físicas)*, a sua residência* (simples moradia) *habitual* (permanente)*, ou, sendo esta incerta* (duvidosa) *ou desconhecida* (caso dos ciganos, que não têm paradeiro certo)*, o centro habitual de sua atividade* (onde as pessoa natural é encontrada exercendo costumeiramente a sua atividade)*;*

- *II - quanto às pessoas jurídicas de direito privado* (empresas, tanto as privadas como as públicas)*, ou às firmas individuais* (que o direito tributário, especialmente para fins do IR, equipara aos efeitos das pessoas jurídicas, continuando elas, no entanto, para as relações do direito civil e comercial, como pessoas físicas ou naturais)*, o lugar da sua sede* (hipótese aplicável, por exemplo, ao IR, cujo fato gerador é o *lucro* da empresa, como um todo)*, ou, em relação aos atos ou fatos que derem origem à obrigação* (caso do IPI, do ICMS e do ISS, que levam em conta, respectivamente, a saída de mercadorias, a saída de produtos industrializados e a prestação de serviços praticados por cada uma das unidades físicas da empresa, que são, assim, os contribuintes)*, o de cada estabelecimento* (filial, posto de venda, agência, sucursal, etc.);

- *III - quanto às pessoas jurídicas de direito público* (União, Estados, Distrito Federal e Municípios, e, para esse fim, também as autarquias e fundações instituídas e mantidas pelo Poder Público, que, embora *imunes a impostos*, conforme art. 150, VI, a, e §§ 1º e 2º, da CF, sujeitam-se, no entanto, ao pagamento de *taxas* e *contribuições de melhoria*)*, qualquer de suas repartições* (unidades) *no território da entidade tributante* (do sujeito ativo).

**§ 1º** *Quando não couber a aplicação das regras fixadas em qualquer dos incisos deste artigo* (como na hipótese de pessoas residentes e domiciliadas no exterior), *considerar-se-á como domicílio tributário* (onde deverá, portanto, ser satisfeita ou será exigida a obrigação tributária) *do contribuinte* (praticante do fato gerador) *ou responsável* (terceiro, vinculado à prática do fato gerador respectivo) *o lugar da situação* (localização) *dos bens* (no Brasil, é claro, como no caso de proprietários estrangeiros de imóveis no Brasil, para os efeitos do IPTU, do ITR e do ITBI) *ou da ocorrência dos atos ou fatos* (geradores) *que derem origem à obrigação* (caso de percepção, no Brasil, por estrangeiro, de rendimento tributável pelo IR, relativo a prêmio conquistado em "Fórmula 1", digamos, em Interlagos).

**§ 2º** *A autoridade administrativa* (sujeito ativo) *pode recusar* (não aceitar) *o domicílio* (tributário) *eleito* (escolhido, portanto, e não aquele que já se tem naturalmente, que independe de eleição ou escolha), *quando* (só em tais casos, portanto) *impossibilite* (torna absolutamente inviável) *ou dificulte* (cria embaraços) *a arrecadação* (cobrança) *ou a fiscalização* (controle) *do tributo* (ou de qualquer outra *arrecadação pecuniária compulsória* prevista no Sistema Tributário Nacional), *aplicando-se então* (não há outra opção ao fisco) *a regra do parágrafo anterior* (ou seja, do lugar da *situação* dos bens ou da *ocorrência* ou *prática do fato gerador*, conforme o caso).

Já se manifestou o STJ,[161] a propósito desse § 2º, que *"não procede o argumento de que, sendo inviolável o domicílio da pessoa física, dificultaria a atuação dos agentes fiscais, caso tenha o domicílio tributário a mesma sede, porque tal deixaria de existir"*, razão pela qual *"é injustificável e sem base legal impedir o contribuinte de indicar sua residência para domicílio tributário"*.

## 6. Disciplinação da subsidiariedade (supletividade) e da exclusividade (substituição) em matéria tributária

Já vimos (item 2 retro) as figuras jurídicas da *subsidiariedade* (ou *supletividade*) e da *exclusividade* (ou *substituição tributária*).

Dissemos, na ocasião, que:

a) a **responsabilidade subsidiária** (ou *supletiva*):
    a.1) ocorre quando, para a cobrança do crédito, haja necessidade de o credor seguir, por força de lei, uma ordem previamente estabelecida, exigindo-a primeiramente (com preferência) de um deles (que pode ser tanto o *contribuinte*, que é mantido na obrigação, como o *responsável*), e, caso não seja, comprovadamente, exitosa a cobrança

---
[161] REsp nº 28237/SP, 1ª Turma (DJU de 14/12/92, p. 23906).

judicial, só então do outro, que é o devedor *subsidiário* ou *supletivo*, havendo, assim, contrariamente ao que ocorre em relação à *solidariedade*, uma *ordem* a ser necessariamente seguida (chamada de *benefício de ordem*) para a cobrança;

a.2) está, ou desde logo prevista, no Código, como sendo de aplicação obrigatória para determinados casos (como os dos arts. 131, I, e 133, II), ou o Código delega, à lei ordinária (cf. art. 128), a possibilidade de sua aplicação a casos outros, que vier a entender necessários, exigindo, no entanto, para esse fim, que haja *vinculação*, daquele que vier a ser nomeado *responsável*, com a prática do fato gerador respectivo;

a.3) será a única modalidade aplicável se a lei nomear um *responsável*, sem, contudo, definir a *modalidade* respectiva (se *solidária* ou se *subsidiária*), porque a *solidariedade* não se presume, devendo resultar sempre de expressa previsão legal (cf. art. 896 do Código Civil);

b) a **responsabilidade exclusiva** (ou **por substituição**, ou, simplesmente, **substituição tributária**):

b.1) ocorre quando lei, nomeia ou define, já antes da ocorrência do fato gerador da obrigação, um terceiro para, na qualidade de *responsável* (*sujeito passivo indireto*), satisfazê-la com *exclusividade* (excluindo, portanto, de forma definitiva e irreversível, o *sujeito passivo direto*, aquele que, como praticante do seu fator gerador, seria o verdadeiro devedor, o *contribuinte*), daí surgindo a figura do *substituto tributário* (que é o terceiro, o *responsável*), e do *substituído* (o praticante do fato gerador, que fica excluído da obrigação);

b.2) é, ou desde logo prevista, pelo Código, como sendo de aplicação obrigatória para determinados casos (como os dos arts. 130, 131, II e III, 132 e 133, I), ou prevê ele a sua possibilidade de aplicação, pela lei ordinária, a casos outros (cf. art. 128), desde que haja vinculação destes à prática do fato gerador respectivo.

Assim estabelece o artigo 128 do Código a respeito dos *responsáveis tributários* (onde *não* se inclui o *responsável solidário*, cuja disciplinação está nos arts. 124, 125 e 134):

**Art. 128:**
***Sem prejuízo do disposto neste Capítulo*** (onde já se acham, por antecipação, algumas outras regras a serem observadas)***, a lei*** (*ordinária*, instituidora e disciplinadora do tributo, não servindo qualquer outro ato, portanto, como o decreto, a portaria, etc.) ***pode*** (é-lhe facultado, se for do seu interesse) ***atribuir*** (impor) ***de modo expresso*** (não podendo ser presumida, devendo ser claramente definida) ***a responsabilidade pelo*** (ônus de o satisfazer) ***crédito tributário*** (tributo e penalidades pecuniárias, extensivo às demais *arrecadações pecuniárias compulsórias* previstas no Sistema Tributário Nacional)

*a terceira pessoa* (diferente da do *contribuinte*, e que será, assim, o *responsável* ou *sujeito passivo indireto*), ***vinculada*** (economicamente ligada) ***ao fato gerador*** (do qual se origina a dívida) ***da respectiva obrigação*** (como o transportador, para os efeitos do IPI e do ICMS, em relação a quem lhe entregou mercadoria sem documentação fiscal idônea, ou, ainda, como a Caixa Econômica, para os efeitos do IR, quando paga o prêmio lotérico ao acertador), ***excluindo*** (afastando em caráter definitivo, estando aí, pois, a *exclusividade* pela satisfação da dívida em relação a quem remanesce na obrigação) ***a responsabilidade*** (dever ou compromisso de pagar) ***do contribuinte*** (praticante do fato gerador, *sujeito passivo direto*), ***ou atribuindo-a a este*** (*contribuinte*) ***em caráter supletivo*** (ou *subsidiário*, ou seja, ocorre, então, uma inversão, passando o *contribuinte*, – que é o praticante do fato gerador –, para o segundo plano, e, o *responsável*, para o primeiro, para fins da cobrança), ***do cumprimento*** (pagamento) ***total ou parcial da referida obrigação*** (podendo se limitar à parte da dívida, apenas).

Duas são, assim, as modalidades de *responsabilidade* (do terceiro, *sujeito passivo indireto*) de que trata esse art. 128, devendo, em qualquer uma delas, estar ele vinculado à prática do fato gerador respectivo:

- a) a ***subsidiária*** (ou ***supletiva***), pela qual o *contribuinte* (*sujeito passivo direto*, praticante do fato gerador da obrigação) remanesce sempre na obrigação, podendo a lei atribuir a preferência para a sua cobrança ora a *ele*, ora ao *responsável* (*sujeito passivo indireto*); e

- b) a ***exclusiva***, pela qual aquele que seria o *contribuinte* (*sujeito passivo direto*) é, desde logo, legalmente afastado, de forma definitiva e irreversível, da obrigação tributária, cedendo seu lugar a um *terceiro* (o *responsável*, *sujeito passivo indireto*), ocorrendo, assim, uma verdadeira *substituição* dos sujeitos passivos da obrigação.

Com a Emenda Constitucional nº 3/93, essa possibilidade de *responsabilidade tributária exclusiva* (ou *por substituição*), inicialmente prevista apenas no art. 128 do Código Tributário, passou a figurar, também, na lei maior, em face do seguinte § 7º do seu art. 150, aplicável, porém, como se vê do seu texto, somente em relação a fatos geradores *futuros* (*subseqüentes*), em legítima *substituição tributária* (*subseqüente* ou *para frente*), pela qual o imposto devido na operação ou etapa seguinte deve ser pago desde logo, por antecipação, por um terceiro (*responsável*):

§ 7º:
A *lei* (ordinária) *poderá* (é uma faculdade) *atribuir a sujeito passivo* (*contribuinte*, como, nos exemplos citados, o fabricante do cigarro) *de obrigação tributária* (no exemplo citado, o ICMS) *a condição de responsável* (porque deverá, então, satisfazer obrigação que, na verdade, não é própria, mas de outro) *pelo pagamento* (devido pelo outro, que seria o *contribuinte*, no caso o varejista, dono do bar) *de imposto ou contribuição* (inclusive a *parafiscal*),

*cujo fato gerador deva ocorrer posteriormente* (quando da saída, decorrente da venda, a ser promovida pelo varejista), *assegurada a imediata e preferencial restituição da quantia paga, caso não se realize* (pela prática respectiva) *o fato gerador presumido* (ou *previsto*, como nos casos de devolução da mercadoria ao fabricante, pelo varejista).

Aliás, a *substituição tributária*, especialmente a *"subseqüente"* (ou *"para frente"*), é uma técnica e de grande efeito, com duas grandes vantagens: de um lado, de fácil e pouco onerosa fiscalização, e de outro, de eficaz redução da possibilidade de sonegação, permitindo à lei escolher *responsáveis* de grande porte e concentradores de grandes riquezas, como indústrias de automóveis, de cigarros, de cimento, de tintas, de alimentos e de bebidas, de derivados de petróleo, de energia elétrica, etc.

O Engº. LUIS ROBERTO PONTE,[162] ilustre homem público brasileiro, inspirou-se nessa moderna técnica para a formulação da sua Emenda Constitucional, *"com ênfase na tributação insonegável, justa e econômica"*, ainda pendente de apreciação pelo Congresso Nacional, e que muito nos honrou com seu convite para compartilhar da sua redação.

Várias arrecadações pecuniárias compulsórias já adotam, hoje, a técnica da *responsabilidade tributária por substituição* (seja ela *antecedente*, *subseqüente* ou *concomitante*), como, exemplificativamente: a CPMF, em relação à qual o Banco é legalmente designado, como *responsável*, para, em nome do correntista, que seria o *contribuinte*, satisfazer o pagamento da contribuição por este devida e criada, ficando, por essa razão, inteiramente dela excluído; o IR, cuja lei exige ao empregador o desconto do IR sobre o 13º salário, com inteira exclusão do dever do empregado; e o ICMS, sobre 30 mercadorias: cigarros, cimento, automóveis, combustíveis, lubrificantes, medicamentos, pneus, bebidas, tintas, sorvetes, discos musicais, etc., que são, na verdade, como já dissemos, os produtos que têm origem em poucos fabricantes, facilmente fiscalizáveis, em relação aos quais a lei exige o pagamento do imposto por antecipação, vale dizer, sobre fato gerador futuro, *subseqüente* ou *para frente*.

No ICMS, por exemplo, a *responsabilidade por substituição* tanto pode ser, nos termos do § 1º do art. 6º da citada LC nº 87/96, *antecedente* ou *para trás* (quando o dever de satisfazer se refere a uma obrigação anterior), como *subseqüente* ou *para frente* (quando o dever de satisfazer se refere a uma obrigação posterior, *presumida* ou *prevista*, como previsto no citado § 7º do art. 150 da CF), como pode ser, ainda, *concomitante* ou *simultânea* (quando ambas – a *anterior* e a *posterior* – vierem a se concentrar ou coincidir legalmente na mesma pessoa), como ocorre, hoje, com a fábrica de cigarros, que, ao dar saída de seus produtos (fato gerador seu), está, por força de lei ordinária dos Estados, incumbida de recolher, além do seu próprio ICMS (como *contribuinte*), não só (mas como *respon-*

---

[162] Proposta de EC nº 46/1995, Câmara dos Deputados, Centro de Documentação e Informação, Coordenação de Publicações, Brasília, 1995.

*sável*) o imposto devido na etapa (fato gerador) *anterior* ou *antecedente* (em que seu *contribuinte*, o produtor do fumo, lhe *diferiu* ou *transferiu*, por força de lei, o pagamento que lhe cabia), mas, também, o devido na etapa (fato gerador) posterior ou subseqüente, pelo revendedor (varejista do cigarro).

Em outras palavras, o fabricante do cigarro, no exemplo citado, além de pagar (quando da saída do seu produto para o varejista), o seu próprio imposto (sobre a sua *saída* do cigarro, como *contribuinte*) é obrigado, também (agora como *responsável*), a recolher o imposto gerado pelo seu fornecedor da matéria-prima natural (produtor) e, ainda, desde logo (quando da saída do seu estabelecimento), o imposto que será gerado na etapa seguinte, relativo à saída (venda) a varejo, pelo bar, do produto pronto e acabado.

## 7. Formas de surgimento do responsável (sujeito passivo indireto), na obrigação tributária

De três formas diferentes pode, segundo a lei, surgir, na *obrigação tributária* (gerada pelo praticante do seu fato gerador), um terceiro (*responsável*), como sujeito à sua satisfação: *por acréscimo* (a um *contribuinte*), *por sucessão* (a um *devedor*) e *por substituição* (a um *contribuinte*).

Em outras palavras, o terceiro (*responsável* ou *sujeito passivo indireto*),

a) ou é legalmente **acrescentado ao devedor originário** (*contribuinte* ou *sujeito passivo direto*), que é mantido na obrigação, havendo, então, *mais um devedor* para efeitos do cumprimento da obrigação tributária, daí surgindo, conseqüentemente, a necessidade de saber-se quem, em cada obrigação, pode ou deve ser chamado em primeiro lugar para satisfazê-la, o que se resolve perquirindo qual a *modalidade da responsabilidade* legalmente adotada para o caso (se *solidária* ou *subsidiária*), do que, aliás, já nos ocupamos;

b) ou **sucede**, no tempo, *a um devedor*, em razão da aquisição, dele, por força de ato bilateral, geralmente negocial (*"inter vivos"*), ou por força de sua morte (*"causa mortis"*), de bens ou direitos em relação aos quais haja obrigação tributária pendente de pagamento, subrogando-se legalmente no dever de satisfazê-la, às vezes de forma *exclusiva* (restando integralmente afastado o dever do *sucedido*, como no caso dos arts. 130 e 133, I) e, às vezes, *em conjunto* (por acréscimo) *com o sucedido*, quando mantido na obrigação, resolvendo-se, neste caso, a *modalidade* da responsabilidade de cada um (se *solidária* ou *subsidiária*) de acordo com o que tiver sido legalmente estabelecido (como no caso do art. 133, II, que adotou a *subsidiariedade* do *adquirente* do ponto ou fundo de comércio);

c) ou **assume** legalmente, desde logo, já por ocasião da prática do respectivo fato gerador, na obrigação tributária, **a posição daquele que seria** *originariamente seu devedor* (*contribuinte*), ficando este, então, necessariamente dela excluído, de forma definitiva e irreversível.

Mas, para qualquer um desses casos há o pressuposto do art. 128 do Código, para a configuração da *responsabilidade*: o de que o terceiro esteja economicamente vinculado à prática do fato gerador respectivo. Não pode a lei, assim, escolher um *responsável* ao acaso.

Nessa esteira já decidiu o STJ,[163] que não considerou tributariamente *responsável* pelo pagamento do ISS, devido pelos seus filiados, a empresa que, apenas, administra cartões de crédito de terceiros, pelo fato de não haver, nesse ato, qualquer vinculação econômica *com o fato gerador* respectivo, que é a prestação de serviços relacionados com os cartões de crédito, como, também, não serve de exemplo o fato de alguém ser apenas torcedor ou simpatizante de determinado clube, pelas dívidas tributárias ou paratributárias deste.

São exemplos de *vinculação* (econômica) à prática do fato gerador, entre tantos outros:

a) o *transportador* que conduzir mercadoria (sua vinculação está no fato de ser por intermédio dele que a mercadoria sai do estabelecimento, que a promove) sem documentação fiscal idônea (para efeitos do IPI e do ICMS, que têm como contribuintes os que promovem a saída dos produtos ou mercadorias);

b) a *fonte pagadora* do rendimento, como a Caixa Econômica Federal, no tocante ao prêmio pago (a vinculação está no fato de que ser ela a que efetua o pagamento), relativo a concursos de prognósticos ou loterias em geral (para efeitos do IR na fonte);

c) o *espólio*, nos casos de falecimento (sua vinculação está no fato de compor ele o conjunto de bens do falecido, até sua adjudicação ou partilha entre os sucessores a qualquer título, que passam a ser responsáveis por eventuais dívidas deixadas pelo espólio) e os *sucessores a qualquer título*, quais sejam, *herdeiros* e *legatários* (sua vinculação está no fato de aceitarem a *herança*, resultante da divisão do espólio, em relação ao qual restaram dívidas tributárias insatisfeitas);

d) o *adquirente* da propriedade de um automóvel com dívida de IPVA, ou de um imóvel com dívida de IPTU ou ITR (estando a sua vinculação no fato de ser ele quem se sub-roga na propriedade respectiva.

Analisando a matéria, RUBENS GOMES DE SOUSA,[164] autor do anteprojeto do Código Tributário, parte do princípio de que

"a sujeição passiva indireta" (do *responsável*) "apresenta duas modalidades: transferência e substituição", e que, "por sua vez, a transferência comporta três hipóteses: solidariedade, sucessão e responsabilidade".

---

[163] STJ, REsp nº 55346-RJ, 1ª Turma (DJU de 12/02/96).
[164] in "Compêndio de Legislação Tributária", SP, Resenha, coord. IBET, edição póstuma, 1981, p. 92/93.

Segundo ele, a

*"a transferência ocorre quando a obrigação tributária, depois de ter surgido contra uma pessoa determinada (que seria o sujeito passivo direto), entretanto, em virtude de um fato posterior, transfere-se para outra pessoa diferente (que será o sujeito passivo indireto)"*,

enquanto

*"a substituição ocorre quando, em virtude de uma disposição expressa de lei, a obrigação tributária surge desde logo contra uma pessoa diferente daquela que esteja em relação econômica com o ato, fato ou negócio tributado: nesse caso, é a própria lei que substitui o sujeito passivo direto por outro, indireto".*

Esse entendimento, anterior à entrada em vigor do Código Tributário, está correto no tocante à afirmação de que *"a sujeição passiva indireta"* (que é, segundo o Código, a figura da *responsabilidade*) *"apresenta duas modalidades: transferência e substituição"*, mas a afirmação de que *"a transferência comporta três hipóteses: solidariedade, sucessão e responsabilidade"*, não resiste, hoje, ao preceituado no artigo 128 do Código (regra-matriz da *responsabilidade tributária*, ou seja, da *sujeição passiva indireta*, que tem, como centro, a figura do *responsável*, definido no inciso II do parágrafo único do art. 121).

Lembrando, assim estabelece a citada regra-matriz:

Art. 128:
*"... a lei pode atribuir de modo expresso a responsabilidade pelo crédito tributário a terceira pessoa, vinculada ao fato gerador da respectiva obrigação, excluindo a responsabilidade do contribuinte ou atribuindo-a a este em caráter supletivo do cumprimento total ou parcial da referida obrigação".*

Ora, o *responsável* (*sujeito passivo indireto*), assim caracterizado, é, precisamente, o *terceiro* que passa a figurar na obrigação tributária, ou *ao lado* (*por acréscimo*), ou *em substituição* (*em lugar do*) *ao contribuinte*, tanto podendo este, em decorrência, restar legalmente *mantido* como *definitivamente excluído* da obrigação.

Nessas condições, não mais se harmoniza com o Código Tributário (especialmente com seu art. 121, parágrafo único, combinado com o art. 128) a divisão da *responsabilidade* apresentada por RUBENS GOMES DE SOUSA. A *sujeição passiva* deve ser, hoje, assim vista: ou ela é *direta* (quando a figura central é um contribuinte, cujo dever de satisfazer a obrigação tributária surge com a prática, por ele, do fato gerador respectivo), ou ela é *indireta* (quando a figura central é um *responsável*, cujo dever surge *por acréscimo*, *por sucessão*, ou *por substituição* a um *contribuinte*, em decorrência da prática, *por este*, de um fato gerador).

A *solidariedade* e a *subsidiariedade* (ou *supletividade*), por sua vez, são meras *modalidades* ou *graus de vinculação* dos múltiplos sujeitos passivos (havendo mais de um, sejam eles apenas *contribuintes*, sejam eles apenas *responsáveis*, sejam eles *contribuintes* e *responsáveis*) ao sujeito ativo respectivo, para efeitos de satisfação da prestação, objeto da *mesma* obrigação tributária.

Diante da importância da matéria, analisaremos, em separado, cada uma dessas formas de surgimento do *responsável* pela obrigação tributária, na seguinte ordem: *por sucessão, por acréscimo* e *por substituição*.

## 8. A responsabilidade por sucessão, segundo o Código Tributário

Dissemos, acima, que um *terceiro* (diverso do praticante do fato gerador), pelo Código designado de *responsável* (cf. parágrafo único do seu art. 121), e que a doutrina chama de *sujeito passivo indireto*, pode *suceder*, no tempo, a um *devedor*, em razão da aquisição, que dele faz, por força de ato bilateral, geralmente negocial (*"inter vivos"*), ou por força de sua morte (*"causa mortis"*), de bens ou direitos em relação aos quais haja obrigação tributária pendente de pagamento, sub-rogando-se legalmente, dessa forma, no dever de satisfazê-la, às vezes de forma *exclusiva* (restando integralmente afastado o dever do *sucedido*, como no caso do art. 133, I) e, às vezes, *em conjunto* (por acréscimo) *com o sucedido*, quando mantido este na obrigação, caso em que a cobrança será efetuada segundo *modalidade* legalmente atribuída a cada um (*solidária* ou *subsidiária*), como no caso do art. 133, II, que adotou a *subsidiariedade* do *adquirente* do ponto ou fundo de comércio.

Ocorre, assim, na *sucessão*, a *transferência* da obrigação tributária a um terceiro (*responsável* ou *sujeito passivo indireto*), *após* ter sido praticado o seu fato gerador pelo *contribuinte originário* (*sujeito passivo direto*).

A matéria está disciplinada, no Código Tributário, nos seguintes dispositivos:

**Art. 129:**
***O disposto nesta Seção*** (relativa à *sucessão tributária*, seja *"causa mortis"*, seja *"inter vivos"*) ***aplica-se por igual*** (também) ***aos créditos tributários*** (já) ***definitivamente constituídos*** (lançados) ***ou em curso de constituição*** (sob lançamento) ***à data dos atos*** (de sucessão) ***nela*** (nesta seção do Código) ***referidos, e aos constituídos*** (lançados) ***posteriormente aos mesmos atos*** (de sucessão), ***desde que relativos a obrigações tributárias surgidas até a referida data*** (da sucessão).

Por essa disposição é irrelevante, para que haja a *transferência* do dever de satisfazer a obrigação tributária, de um devedor (*sucedido*) a outro (*sucessor*), tenha sido o crédito respectivo lançado *antes*, *durante* ou *depois* do ato sucessório. Porém, em relação às dívidas decorrentes de fatos geradores *novos*, praticados a partir do *ato sucessório*, não há *sucessão*: são dívidas próprias, decorrentes de atos próprios, em relação aos quais o sucessor é o próprio *contribuinte* (sujeito passivo direto).

**Art. 130:**
***Os créditos tributários*** (ainda pendentes de pagamento) ***relativos a impostos*** (contraprestações pecuniárias, compulsórias por força de lei, de serviços públicos inespecíficos e indivisíveis em relação ao seu contribuinte) ***cujo fato gerador seja a propriedade*** (mas só de bens imóveis, como dito no texto legal logo a seguir, ou seja, ITR e IPTU), ***o domínio útil*** (em que a *propriedade*, ou seja, o *domínio*, é, pelo seu titular, transferido a terceiro, chamado

de *enfiteuta* ou *foreiro*, em caráter vitalício, para fins exclusivos de sua *utilização*, como se *proprietário* fosse, mediante pagamento de uma retribuição pecuniária periódica, chamada de *foro*, tal como previsto no art. 678 e seguintes do código Civil) *e a posse* (esta não prevista, isoladamente, pela atual lei constitucional, como *fonte tributável*) **de bens imóveis** (apenas destes, porque, quanto aos demais bens móveis, como os alcançados pelo IPVA por exemplo, a regra está no art. 131), **e bem assim** (inclusive) **os** (créditos tributários) **relativos a taxas** (contraprestações pecuniárias, compulsórias por força de lei, de serviços públicos específicos e divisíveis em relação ao seu contribuinte) **pela prestação de serviços** (taxa d'água, de coleta de lixo, de esgoto, etc.) **referentes a tais bens** (imóveis), **ou a contribuições de melhoria** (decorrentes de obras públicas), **sub-rogam-se** (são assumidos, por transferência) **na pessoa dos respectivos adquirentes** (por compra, doação, herança, troca ou permuta, ou, ainda, por recebimento em virtude de dação em pagamento de dívida, porém, em qualquer caso, somente a partir da transcrição, no Registro de Imóveis, do título respectivo, continuando, até então, o ônus em nome do transmitente, de quem deverá ser efetuada a cobrança), **salvo quando** (a menos que) **conste do título** (pelo qual o imóvel é transferido) **a prova de sua quitação** (ou seja, *certidão negativa* passada pelo fisco, desde que *plena*, isto é, sem ressalvas, o que geralmente não ocorre, porque o Poder Público costuma fornecer certidões negativas resguardando, em seu texto, o seu direito de apuração, no prazo de lei, de débitos ou diferenças ainda sujeitos a lançamento).

Portanto, ao estabelecer, este artigo, que os créditos tributários nele previstos se *sub-rogam* na pessoa dos respectivos *adquirentes*, está ele deixando absolutamente claro tratar-se de *sucessão* na forma *exclusiva* (e não *solidária*, ou mesmo *subsidiária* ou *supletiva*), porque essa transferência afasta, da obrigação tributária eventualmente pendente de pagamento, o alienante (transmitente) do bem imóvel, cujo dever fica, assim, definitiva e irreversivelmente excluído.

A responsabilidade tributária do *adquirente*, contudo, como já se disse, somente passa a existir com a transcrição, no Registro de Imóveis, do título de aquisição definitiva da propriedade, não bastando simples existência de contrato de promessa de compra do bem ou escritura pública definitiva, porque o fato gerador da transmissão imobiliária se dá apenas no ato do registro respectivo. Nessas condições, a ação de cobrança do crédito tributário deverá ser sempre dirigida contra o devedor originário (*contribuinte* ou *sujeito passivo direto*), enquanto não registrada, no órgão competente, a transferência da propriedade ou do domínio útil do imóvel.

Esse é, também, o entendimento do STJ, ao decidir, embora apreciando questão relativa a ITBI, que, sendo o fato gerador desse imposto a *transmissão da propriedade (domínio) do imóvel* nos termos da lei civil, esta só se dá no momento da *transcrição do título de transferência no Registro de Imóveis*, continuando, até então, o *alienante* como dono do imóvel e respondendo, conseqüentemente, pelos seus encargos, não ocorrendo a incidência desse imposto, nessas condições, por ocasião do *contrato de promessa de compra e venda*, que antecede a *transmissão da propriedade*, sendo as respectivas ementas no seguinte teor:

> "ITBI. CTN (art. 35) e Código Civil (arts. 530, I, e 860, parágrafo único). 1. O fato gerador do imposto de transmissão de bens imóveis ocorre com a transferência efetiva da propriedade ou do domínio útil, na conformidade da Lei Civil, com o registro no cartório imobiliário. 2. A cobrança do ITBI sem obediência dessa formalidade ofende o ordenamento jurídico em vigor".[165]

> "ITBI. Contrato de promessa de compra e venda. 1. O fato gerador do ITBI é a transmissão do domínio do bem imóvel, nos termos do art. 35, II, do CTN, e art. 156, II, da CF/88. 2. Não incidência do ITBI em promessa de compra e venda, contrato preliminar que poderá ou não se concretizar em contrato definitivo, este sim ensejador da cobrança do aludido tributo. Precedentes do STF".[166]

**Parágrafo único. No caso de arrematação** (venda judicial do bem imóvel) **em hasta pública** (leilão)**, a sub-rogação** (transferência da obrigação tributária) **ocorre** (apenas) **sobre o respectivo preço** (valor total do lanço, vale dizer, é deste que deve ser destacado o valor do crédito tributário respectivo ao fisco credor, que deverá se manifestar nos autos da ação de execução antes da liberação do numerário ao exeqüente).

Nessas circunstâncias, se o preço total da arrematação foi de R$ 30 mil, e se o débito tributário pendente é de R$ 2 mil, é daquele preço total (R$ 30 mil) que deverão ser destacados estes (R$ 2 mil), não cabendo ao arrematante suplementar qualquer valor, nem mesmo recolher o débito à parte. Esse é, também, o entendimento do STJ, como se vê da ementa a seguir:[167]

> "Tributo predial incidente sobre o imóvel arrematado. Art. 130, parágrafo único, CTN. I. Na hipótese de arrematação em hasta pública, dispõe o parágrafo único do art. 130 do CTN que a sub-rogação do crédito tributário, decorrente de impostos cujo fato gerador seja a propriedade do imóvel, ocorre sobre o respectivo preço, que por eles responde. Esses créditos, até então assegurados pelo bem, passam a ser garantidos pelo referido preço da arrematação, recebendo o adquirente o imóvel desonerado dos ônus tributários devidos até a data da realização da hasta. II. Se o preço alcançado na arrematação em hasta pública não for suficiente para cobrir o débito tributário, não fica o arrematante responsável pelo eventual saldo devedor. A arrematação tem o efeito de extinguir os ônus que incidem sobre o bem imóvel arrematado, passando este ao arrematante livre e desembaraçado dos encargos tributários".

No mesmo sentido a lição de ALIOMAR BALEEIRO:[168]

> "Se a transmissão do imóvel se opera por venda em hasta pública, ou seja, em leilão judicial, o arrematante escapa ao rigor do art. 130, porque a sub-rogação se dá sobre o preço por ele depositado. Responde este pelos tributos devidos, passando o bem livre ao domínio de quem o arrematou".

---

[165] ROMS nº 10650/DF, 16/06/00, 2ª Turma, STJ, DJ de 04/09/00, p. 135. Ver, também: REsp 12546/RJ, REsp 1066/RJ (STJ) e RP 1121/GO (STF).

[166] REsp nº 57641/PE, 04/04/00, 2ª Turma, STJ, DJ de 22/05/00, p. 91. Ver, também: REsp 12546/RJ (STJ) e RP 1211/RJ (STF).

[167] REsp nº 166975/SP, de 24/08/99, 4ª Turma (DJU de 04/10/99, p. 60. Ver, também, RE 87550, RTJ 89/272 (STF) REsp 70756-SP, REsp 39122-SP (STJ).

[168] in "Direito Tributário Brasileiro", 8ª edição, Forense, RJ, 1976, p. 438.

Art. 131:
**São pessoalmente** (leia-se *diretamente*, ou omita-se, simplesmente, a leitura da palavra *"pessoalmente"*, porque o sentido é o mesmo, sem essa referência, até porque o *espólio*, um dos que respondem pelo pagamento, segundo este artigo, não é *pessoa*) **responsáveis** (devendo satisfazer a obrigação tributária, sendo que, na análise a seguir, intencionalmente colocamos, para efeitos didáticos, o inciso III antes do II, já que, no tempo, em primeiro lugar vem o *espólio* (conjunto de bens do falecido), previsto no inciso III, que desaparece com a *partilha* e a *adjudicação judiciais* (previstas no inciso II):

*I - o adquirente* (por compra, doação, herança, troca e por recebimento na dação em pagamento) *ou remitente* (deve ser *remidor*, do verbo *remir*, e não *remitente*, do verbo *remitir*, que possui sentido completamente diferente, conforme a seguir justificaremos), **pelos tributos** (observe-se que o Código fala em *tributos*, e não em *crédito tributário*, não incluindo, portanto, numa *interpretação literal*, eventuais *penalidades pecuniárias* que estejam onerando os bens adquiridos, a respeito do que, contudo, recomendamos a leitura dos comentários que, adiante, após a transcrição do art. 133, e no art. 136, faremos, justificando a omissão, que nos parece proposital, sem que, com ela, fiquem excluídas as citadas *sanções pecuniárias*) **relativos aos bens adquiridos** (na forma acima) **ou remidos** (palavra, aqui, corretamente empregada, porque vem do verbo *remir* – ato mediante o qual o cônjuge, o descendente, ou o ascendente do devedor executado judicialmente, resgata, isto é, adquire, por força do art. 787 do CPC, com preferência a qualquer outro, a propriedade de todos ou de parte dos bens penhorados ou arrecadados no processo, depositando, no prazo legal, o respectivo preço –, enquanto *remitente*, erradamente empregado neste inciso, vem do verbo *remitir*, que tem o sentido de *"perdoar uma dívida"*, nada tendo a ver, portanto, com a matéria aqui disciplinada);

A intenção desse inciso é, na verdade, incluir, na responsabilidade tributária, todos os adquirentes de bens em relação aos quais haja dívidas tributárias não pagas por seu alienante. A referência à palavra *remitente* (do verbo *remitir* = perdoar), mal empregada nesse inciso, já que deveria ser *remidor* (do verbo *remir* = resgatar), visava abranger, também, as aquisições feitas por via judicial, decorrentes de alienações sem o consentimento, isto é, sem a vontade do seu (anterior) titular.

Como bem lembra ADALBERTO J. KASPARY,[169] *remitente*, do verbo *remitir*, *"designa a pessoa que remite, que concede a remissão, que dá quitação graciosa"*, sendo *"sinônimo de remissor"*, não devendo, pois, ser confundida com a palavra *remidor* (palavra esta que deveria figurar no inciso I do art. 131), que vem do verbo

---

[169] in "Habeas Verba - Português Para Juristas", Porto Alegre: Livraria do Advogado, 3ª edição, p. 170/2, e "O Verbo na Linguagem Jurídica - Acepções e Regimes", Porto Alegre: Livraria do Advogado, 2ª edição, verbetes *"remir"* e *"remitir"*, p. 281/4.

*remir* (*"forma evoluída de redimir"*), ao qual corresponde o substantivo *"remição"*, sendo importante notar que o substantivo que corresponde ao verbo *remitir* é com *"ss"* (*remissão*), enquanto o que corresponde ao verbo *re(di)mir* é com *"ç"* (*remição*).

Quanto à *modalidade* da responsabilidade prevista nesse inciso I, é ela meramente *subsidiária*, e jamais *solidária* (porque esta modalidade não se presume, devendo decorrer de norma legal expressa, cf. art. 896 do Código Civil), ou mesmo *exclusiva* (porque, pelo dispositivo, o alienante não restou excluído do seu dever de satisfazer a obrigação, continuando a figurar como devedor principal);

    *II - o espólio* (conjunto de bens deixados pelo falecido), **pelos tributos** (sem previsão expressa, portanto, de eventuais *penalidades pecuniárias* pendentes, valendo, aqui, a mesma observação que, a respeito, fizemos no inciso anterior) **devidos pelo "de cujus"** (falecido) **até a data da abertura da sucessão** (que se dá com a morte);

A responsabilidade atribuída ao espólio deve ser naturalmente tida como *exclusiva*, porque substitui o *devedor originário* (*contribuinte*), em razão do seu falecimento. Contudo, o próprio *espólio*, embora transitório, pode praticar fatos geradores de obrigações tributárias, como IR, IPTU, ITR, ITBI, e, como se verá no inciso seguinte (que, no Código, é, na verdade, o III), caso não sejam satisfeitas por ele, serão elas transferidas ao cônjuge meeiro e beneficiários da herança (herdeiros legítimos e legatários);

    *III - o sucessor a qualquer título* (que é o herdeiro legítimo e o legatário, sendo este último o que recebe bens por força de testamento) *e o cônjuge meeiro* (viúvo ou viúva, co-titular dos bens inventariados, como no casamento pelo regime da comunhão universal de bens, e, no regime da comunhão parcial, em relação aos havidos em comum após o casamento), **pelos tributos** (também sem previsão expressa, aqui, de *penalidades pecuniárias* pendentes, valendo, aqui, a mesma observação que, a respeito, fizemos no inciso anterior) **devidos pelo "de cujus"** (na verdade, pelo *espólio*, como gerador e *contribuinte* das dívidas por ele criadas, após a morte do ex-titular, dos bens que o compõem, nada tendo a ver, assim, com as deixadas pelo falecido, que são de responsabilidade *do espólio*) **até a data da partilha** (divisão dos bens entre os *herdeiros*, *legatários* e *cônjuge meeiro*) **ou adjudicação** (figura que significa, ou o recebimento, por credor do espólio, de bens deste, em pagamento de créditos seus, ou o recebimento da totalidade dos bens do espólio, por herdeiro único), **limitada esta responsabilidade** (portanto, podem restar dívidas tributárias impagáveis, na parte que excerem ao valor do espólio) **ao montante** (valor) **do quinhão** (parte recebida pelo *herdeiro*), **do legado** (parte recebida pelo *legatário*, isto é, do beneficiado por testamento) **ou da meação** (parte do *cônjuge sobrevivente*, quando casados pelo regime da comunhão universal de bens, e, hoje, pelo regime da comunhão parcial, na parte que corresponder ao cônjuge sobrevivente).

A responsabilidade aqui prevista (dos *sucessores a qualquer título* e do *cônjuge meeiro*) também é *exclusiva* porque, com a partilha dos bens, o *espólio* (gerador das dívidas remanescentes) desaparece, com o que, automaticamente, são estas *transferidas* aos beneficiários dos bens.

Em palavras mais simples, a regra desses dois últimos incisos (II e III, cuja ordem intencionalmente invertemos) é esta: pelos *tributos* decorrentes de fatos geradores praticados pelo falecido (em vida, portanto), pendentes de pagamento à data da sua morte, responde o *espólio*, e, por eventuais dívidas tributárias por ele criadas, e deixadas com a partilha dos bens que o compunham, respondem os *herdeiros*, os *legatários* e o *cônjuge meeiro*, *limitada* essa *responsabilidade*, porém, *ao valor do quinhão* (parte que, nos bens, cabe a cada herdeiro), *do legado* (parte que, nos bens, cabe a cada legatário, ou seja, aquele que recebe por força de testamento) *ou da meação* (parte do cônjuge sobrevivente).

Assim, não respondem os *sucessores diretamente* pelas dívidas deixadas pelo falecido, pelas quais, na verdade, responde o *espólio*, mas somente pelas criadas e deixadas por este, e, assim mesmo, na qualidade de *contribuinte* (decorrente da prática de fatos geradores próprios, como, por exemplo, pelo IR devido sobre a percepção de rendimentos diretamente pelo espólio). As dívidas tributárias eventualmente deixadas pelo falecido, pelas quais *responde* o espólio, devem ser exigidas deste, tão-somente, até o momento da partilha (daí a razão de exigir-se certidão negativa fiscal para esse fim), sob pena de se tornarem incobráveis. Resumindo: o *cônjuge meeiro* e os *sucessores* a qualquer título respondem pelas dívidas deixadas pelo *espólio*, apenas, e, assim mesmo, de forma limitada.

Tratando-se, porém, de créditos tributários relativos a imóveis (IPTU e ITR, bem como taxas e contribuições de melhoria relativas a tais bens), essa regra do inciso II do art. 131 do Código (que atribui aos sucessores a qualquer título, e ao cônjuge meeiro, a responsabilidade pelo pagamento das dívidas que remanesceram com a partilha dos bens do espólio) cede lugar à regra do art. 130, pelo qual são eles automaticamente transferidos aos respectivos adquirentes (no caso, os sucessores a qualquer título e o cônjuge meeiro), com a partilha dos bens, mesmo que anteriores ao falecimento. Tratando-se, de IPVA (bens móveis), essa regra (do inciso III) cede lugar ao inciso I deste art. 131, pela qual seus adquirentes (sucessores e cônjuge meeiro) por ele respondem, a partir da partilha dos bens, ainda que anteriores ao falecimento. Em ambos esses casos, contudo, somente respondem pelos citados créditos tributários os que, pela partilha, passaram a ser os titulares do bens onerados com impostos em atraso, e, assim mesmo, nos limites do valor do seu quinhão, legado ou meação.

A diferença, em termos práticos, entre o anterior artigo (130) e o presente (131), está em que, segundo aquele, a dívida tributária pendente se *sub-roga* na pessoa do adquirente do imóvel, acompanhando o imóvel, enquanto neste, os adquirentes dos bens por elas são co-responsabilizados, na medida do possível, nas circunstâncias ali previstas, prevalecendo sempre, tratando-se de bens imóveis e quando cabível, a regra do art. 130.

Dois outros artigos do Código disciplinam, ainda, a *sucessão*, em matéria tributária, agora, porém, dirigida a empresas:

**Art. 132:**

*A pessoa jurídica de direito privado* (considerando-se, como tal, não só as empresas privadas, mas, também, as públicas, embora criadas pelo Estado, as quais, juridicamente, nenhum privilégio gozam em relação àquelas) *que resultar de fusão* (união, e sua conseqüente extinção, de duas ou mais empresas, para formarem uma terceira)*, transformação* (mudança do tipo jurídico, como, por exemplo, de *limitada* para *sociedade anônima*) *ou incorporação* (absorção, e conseqüente extinção, de uma ou mais empresas, chamadas de *incorporadas*, por outra, chamada de *incorporadora*, que se avoluma conforme o patrimônio líquido recebido) *de outra ou em outra* (vale dizer, incluídos os atos inversos, à *fusão* e à *incorporação*, que são, respectivamente, a *cisão total*, quando a cindida se extingue para formar outras, e a *cisão parcial*, quando a cindida prossegue, mas destaca parte sua para formar outra, ou outras) *é responsável* (palavra correta, já que os assume de outra, por *sucessão*) *pelos tributos* (novamente aqui o Código não cogita das *penalidades pecuniárias* pendentes, a respeito do que, contudo, recomendamos a leitura dos comentários que, adiante, após a transcrição do art. 133, e no art. 136, faremos, justificando a omissão, que nos parece proposital, sem que, com ela, fiquem excluídas as citadas *sanções pecuniárias*) *devidos até a data do ato* (da fusão, transformação ou incorporação, inclusive a cisão total e a parcial) *pelas pessoas jurídicas de direito privado fusionadas, transformadas ou incorporadas* (isto é, as que, na qualidade de *contribuintes*, praticaram os fatos geradores respectivos).

Decisão do STJ,[170] que bem retrata a regra desse artigo, está na seguinte ementa:

"*ICMS. Sociedade Comercial ... 1. Transformação, incorporação, fusão e cisão constituem várias facetas de um só instituto: a transformação das sociedades. Todos eles são fenômenos de natureza civil, envolvendo apenas as sociedades objeto de metamorfose e os respectivos donos de cotas ou ações. Em todo o encadeamento da transformação não ocorre qualquer operação comercial. 2. A sociedade comercial – pessoa jurídica corporativa – pode ser considerada um condomínio de patrimônios ao qual a ordem jurídica confere direitos e obrigações diferentes daqueles relativos aos condôminos (Kelsen). 3. Os quotistas de sociedade comercial não são, necessariamente, comerciantes. Por igual, o relacionamento entre a sociedade e seus cotistas é de natureza civil. 4. A transformação em qualquer de suas facetas das sociedades não é fato gerador do ICMS*".

**Parágrafo único. *O disposto neste artigo*** (atribuição de *responsabilidade por sucessão*) ***aplica-se*** (também) ***aos casos de extinção*** (encerramento)

---

[170] REsp nº 242721, 1ª Turma, STJ, 19/06/01, DJU de 17/09/01, p. 112, RDDT nº 74, p. 226.

*de pessoas jurídicas* (incluindo as empresas individuais, porque, a seguir, se fala em espólio, que são os bens deixados por tais pessoas) *de direito privado* (empresas em geral, inclusive as públicas)*, quando a exploração* (exercício do ato de comércio) *da respectiva* (da mesma) *atividade* (objeto social) *seja continuada* (é condição, para a responsabilização, que haja *prosseguimento* no exercício da *mesma* atividade) *por qualquer sócio remanescente* (por força da extinção)*, ou seu espólio* (nos casos de falecimento do titular, tratando-se de empresa ou firma *individual*)*, sob a mesma ou outra razão social* (tecnicamente, somente as *sociedades de pessoas* possuem *razão social*, e não as *mistas* ou de *capital*, que possuem *denominação social*)*, ou sob firma individual* (que são as empresas individuais, de um único titular, *não sociedades*, portanto).

À evidência, é absolutamente imprópria a redação dada ao final desse dispositivo, ao mencionar *"sob a mesma ou outra razão social"*, porque a intenção da regra era, evidentemente, abranger todas as sociedades que prosseguissem na mesma atividade. Diríamos melhor: *"sob o mesmo ou outro nome empresarial"*, gênero no qual se incluem tanto a *razão social* (formado pelo nome de um dos sócios, pelo menos, com o símbolo &, como *"Silva & Santos"*, ou *"Silva & Santos Ltda."*, ou *"Silva & Cia."*, ou *"Silva & Cia. Ltda."*, etc.) como a *denominação social* (identificada por um elemento de fantasia e seu objetivo social, como *"Venart Móveis e Decorações Ltda."*, *"Transportes Matos S.A."*, etc.), de tal forma que a responsabilidade tributária (por *sucessão*) subsiste mesmo que haja mudança de *nome* da sociedade resultante, desde que, obviamente, haja *continuidade* na exploração da *mesma* atividade (negócio) da entidade extinta.

Essa regra abrange tanto a extinção *regular* como a *de fato*, esta pela qual os sócios criam outra, em substituição, desativando a antiga, com o inequívoco propósito de evadir-se do pagamento de créditos tributários já configurados naquela, mas essa circunstância há de restar, sempre, robustamente comprovada pelo fisco, no auto de lançamento para esse fim lavrado, observado sempre o devido processo legal e o amplo direito de defesa, por se tratar, no caso, de *acusação* (de ato ilícito), e não da simples constatação da existência de *tributo* devido, a cargo da antiga empresa, quando, então, o ônus da prova de que o tributo não é devido cabe ao acusado. A acusação está em atribuir-se à nova empresa, ou a seus sócios, a prática de ato ilícito. Não pode o fisco, portanto, partindo de simples presunção de que houve *sucessão*, atribuir débitos a uma nova empresa, inscrevendo-a em dívida ativa, sem o devido processo legal a garantir-lhe o prévio e amplo direito de defesa.

### Art. 133:
*A pessoa natural* (física) *ou jurídica* (sociedade) *de direito privado* (inclusive a empresa pública, que, embora criada pelo Poder Público, também é de direito privado) *que adquirir* (a propriedade ou os direitos respectivos, e não por simples locação) *de outra* (já existente)*, por qualquer título* (em

decorrência de compra, doação, permuta ou dação em pagamento, não estando aí incluída a locação, que não é forma de *aquisição da propriedade* ou de *direitos a ela relativos*, nem o leilão judicial, por meio do qual não se adquire bens do seu titular, estando ausente, pois, a livre vontade de negociação entre as partes, pressuposto para a responsabilidade a que se refere este artigo), **fundo de comércio** (tudo aquilo que corporifica uma empresa, propiciando-lhe o exercício do comércio com o objetivo de lucro, como ponto, clientes, nome, marcas, patentes, máquinas, mercadorias, existência, ativos, etc., de tal forma que, o que aqui se prevê, é a aquisição do todo, e não de partes que o compõem) **ou estabelecimento** (unidade de uma empresa, e seus ativos, seja matriz ou filial, portanto, apenas um setor de uma empresa, não se considerando, como tal, a compra da totalidade das suas mercadorias, máquinas, etc., sem o ponto correspondente) **comercial, industrial ou profissional** (qualquer que seja a atividade nele desenvolvida), **e continuar** (prosseguir, de tal forma que, se a aquisição de uma empresa ou estabelecimento ocorrer para, em seu lugar, ser construído um prédio de apartamentos, a *responsabilidade tributária* não ocorrerá) **a respectiva** (a mesma) **exploração** (isto é, a mesma atividade ou ramo de negócio), **sob a mesma ou outra razão social ou sob firma ou nome individual** (leia-se: "*sob o mesmo ou outro nome empresarial*", tal como já observado nos comentários ao artigo anterior), **responde** *(por sucessão)* **pelos tributos** (não há alusão, aqui, mais uma vez, às *multas* ou *penalidades pecuniárias* pendentes, a respeito do que, contudo, falaremos ao final deste artigo e no art. 136, quando justificaremos a omissão, que nos parece proposital, sem que, com ela, fiquem excluídas as citadas *sanções pecuniárias*), **relativos ao fundo** (todos os ativos da empresa) **ou estabelecimento** (unidade da empresa, seja matriz ou filial, ou seja, um setor dela) **adquirido** (transacionado), **devidos** (já lançados, sob lançamento, ou por lançar) **até a data do ato** (da aquisição, porque, daí em diante, os atos serão considerados do próprio adquirente, resultando em novas obrigações, que deverá satisfazer como *contribuinte*, e não como *responsável*):

I - **integralmente** (com *exclusividade*, passando o dever de satisfazer as obrigações tributárias pendentes à *responsabilidade única* da pessoa natural ou jurídica *adquirente*, com total *exclusão* da devedora originária), **se o alienante** (transmitente da propriedade ou direitos a ela relativos) **cessar** (encerrar) **a exploração** (exercício) **do comércio, indústria ou atividade** (de qualquer atividade empresarial, vindo a extinguir-se, não mais podendo ser localizado pelo fisco);

II - **subsidiariamente** (*supletivamente*) **com o alienante** (transmitente ou transferente, que continuará como devedor principal das dívidas pendentes de pagamento, contra ele devendo ajuizada a ação de cobrança em primeiro lugar), **se este** (alienante) **prosseguir** (continuar) **na exploração** (do mesmo negócio) **ou iniciar** (se instalar novamente) **dentro de 6 me-**

*ses* (prazo esse que não faz sentido algum), *a contar da data da alienação* (transferência), *nova* (outra) *atividade* (empresarial) *no mesmo* (que já vinha explorando) *ou em outro* (diferente, novo) *ramo de comércio, indústria ou profissão* (onde possa ser localizado pelo fisco).

A fixação de prazo, para o início de nova atividade, pelo alienante, como condição de sua manutenção na obrigação tributária por ele gerada, pendente de pagamento no momento da alienação do fundo de comércio ou estabelecimento industrial, comercial ou profissional, não é critério lógico para esse fim. O melhor critério a ser utilizado para definir quem deve, nos termos desses dois incisos, satisfazer a obrigação tributária pendente, nos casos de transferência de fundo de comércio ou estabelecimento (se o alienante ou se o *adquirente*), é o da existência (e, conseqüentemente, da possibilidade de localização) do *alienante*: mantendo-se ele existente, exercendo ou não nova atividade (inciso II), remanescerá ele como *devedor principal*, respondendo a *adquirente*, conseqüentemente, *subsidiária* ou *supletivamente* com ele; extinguindo-se ele, porém, (inciso I), sua responsabilidade restará, então, *excluída*, cabendo à *adquirente* a responsabilidade *exclusiva* pelo pagamento dos créditos tributários pendentes.

Interessante é observar que, ao definir o Código, nos três artigos acima transcritos (131 a 133), a *responsabilidade, por sucessão*, dos adquirentes de bens com dívidas pendentes de pagamento, restringe-a ele aos *tributos*, omitindo-se, por completo, em relação às *multas* ou *penalidades pecuniárias* respectivas. Cremos, no entanto, que essa omissão foi proposital, não porque não quisesse ele que o *sucessor* por elas não respondesse (como preconizam determinados acórdãos judiciais e alguns doutrinadores), mas simplesmente porque, pela sistemática por ele adotada, a *responsabilidade por infrações* passou a ser integralmente disciplinada nos seus arts. 136 a 138, especialmente no primeiro deles, onde, em nosso entender, a *responsabilidade por sucessão* inclui, também, as *sanções pecuniárias* relativas aos créditos tributários pendentes de pagamento no momento do ato sucessório. Portanto, o sucessor responde sempre, tanto pelos *tributos* pendentes de pagamento, como pelas *penalidades pecuniárias* respectivas.

Com efeito, é ali, no artigo 136 (com as ressalvas do art. 137), que está, a nosso ver, a solução:

"*salvo disposição de lei em contrário, a responsabilidade por infrações da legislação tributária independe da intenção do agente ou do responsável ...*".

Não fosse assim, estaria aberta a porta para, mediante simples e cômoda fusão, incorporação, aquisição de fundo de comércio ou de estabelecimento, de empresas inadimplentes, fugir, com facilidade e de forma impune, ao pagamento das *sanções pecuniárias* por elas devidas.

Outra não tem sido a orientação dos Tribunais Superiores, como se vê das seguintes decisões:

*"Não se aplica à multa fiscal o princípio de que nenhuma pena passará a pessoa do delinqüente, mormente quando regularmente inscrita a dívida, antes do falecimento do devedor".*[171]

*"Havendo sucessão, caracterizada pela compra do fundo de comércio, o sucessor responde pelos débitos tributários do sucedido".*[172]

*"Art. 132 do CTN. Doutrinariamente, discutível a elisão da multa punitiva da responsabilidade do sucessor. Sem discrepância jurisprudencial, impõe-se ao sucessor a multa moratória".*[173]

RUBENS GOMES DE SOUSA lembra posição jurisprudencial mais restritiva a respeito, da qual, contudo, diverge em parte:[174]

*"A pena não passa da pessoa do delinqüente: no direito penal esta regra é absoluta, no sentido de que só o criminoso responde pelo crime, o que significa que com a morte do criminoso a pena se extingue ou não mais pode ser imposta, se ainda não descoberto ou julgado o crime. Entretanto, no direito tributário, em razão do caráter patrimonial das penas, a jurisprudência tem feito exceções ao princípio. Assim, já foi julgado que o sucessor (herdeiro ou comprador do estabelecimento) responde pelas multas impostas ao contribuinte e até mesmo pelas infrações descobertas posteriormente (STF: Rev. For. 105/68). Concordamos com essa jurisprudência só no primeiro caso, porque a multa imposta já estava incorporada, como um elemento passivo, ao patrimônio do contribuinte; no segundo caso, isto é, se a infração não estava descoberta ou julgada, entendemos que, em se tratando de sucessão por morte, extingue-se a punibilidade e, em se tratando de sucessão em vida, o fisco só pode cobrar a multa do próprio autor da infração e não do sucessor".*

## 9. A responsabilidade "por acréscimo", segundo o Código Tributário

Dissemos acima (item 7) que, de três *formas* diferentes pode, segundo o Código, *surgir* um terceiro (diverso daquele que pratica seu fato gerador) como *responsável* pelo cumprimento de uma *obrigação tributária*: *por acréscimo* (a um *contribuinte*), *por sucessão* (a um *devedor*) e *por substituição* (a um *contribuinte*).

Mencionamos, ainda, que, pela primeira *forma de surgimento*, esse terceiro é legalmente *acrescentado* ao devedor originário (*contribuinte*), que é mantido na obrigação, havendo, então, *mais um devedor*, na mesma obrigação tributária, de quem o sujeito ativo poderá exigir o seu cumprimento. Daí decorre, conseqüentemente, a necessidade de saber-se quem, em tal obrigação, pode ser chamado a satisfazê-la em primeiro lugar, o que se resolve perquirindo qual a *modalidade da responsabilidade* legalmente adotada para o caso: se *solidária* (qualquer um pode ser chamado a satisfazê-la por inteiro, sem que deva ser seguida qualquer ordem de preferência) ou se *subsidiária* (devendo ser seguida determinada ordem).

---

[171] RE nº 74851/SP, 27/03/73, DJ de 13/04/73, 2ª Turma, STF. Ver, ainda: RE nº 83613/SP, 20/08/76, DJ de 17/09/76, RTJ vol. 78/03, p. 965, 2ª Turma, STF; RE nº 77187/SP, 12/11/74, DJ de 18/0275, 2ª Turma, STF; RE nº 59883/SP, 03/03/67, DJ de 24/05/67, 2ª Turma, STF.

[172] REsp nº 51504/SP, 14/06/95, 2ª Turma, STJ, DJ de 14/08/95, p. 24015. Ver, ainda: REsp 36540-MG, STJ. Ver, ainda: REsp nº 3097/RS, 24/10/90, 1ª Turma, STJ, DJ de 19/11/90, p. 13245; AMS-83581/RS, TFR.

[173] REsp nº 32967/RS, 22/02/00, 2ª Turma, STJ, DJ de 20/03/00, p. 59. Ver: REsp 3097-RS, STJ.

[174] *in* "Compêndio de Legislação Tributária", Resenha Tributária, SP, coord. IBET, 1975, edição póstuma, p. 141.

A expressão *"por acréscimo"*, como *forma de surgimento* da *responsabilidade* (de terceiros), na verdade, não é utilizada pelo Código. É criação nossa, para efeitos didáticos, para referir as hipóteses em que um *responsável é somado* (*acrescido*), para efeitos do adimplemento da obrigação tributária, ao seu devedor originário (o *contribuinte*, praticante do seu fato gerador), que nela fica mantido para todos os fins e efeitos.

Essa forma de surgimento está prevista, no Código, ora como de aplicação obrigatória para determinados casos, desde logo definidos, ora como de aplicação para casos outros, a serem definidos pela lei ordinária (cf. art. 128), exigindo sempre, porém, para esse fim, que haja vinculação do *responsável* à prática do fato gerador respectivo.

São exemplos de *terceiros* desde logo *"acrescidos"* ao *devedor originário* (*contribuinte* ou *sujeito passivo direto*), pelo Código Tributário, como *responsáveis* (*sujeitos passivos indiretos*) pela satisfação da obrigação tributária, os previstos nos seguintes artigos (coincidentemente todos na forma *subsidiária* ou *supletiva*, inclusive os do 134, aparentemente de *solidariedade*, conforme demonstraremos quando discorrermos a respeito do seu texto, logo adiante):

   a) 131, I (*adquirentes* e *remidores* de bens, excetuados os imóveis); 133, II (*adquirentes* de fundo de comércio e de estabelecimentos industriais, comerciais ou profissionais, que prosseguirem na exploração da respectiva atividade); 134 (pais, tutores, curadores, administradores de bens de terceiros, inventariantes, síndicos, comissários, tabeliães, escrivães, serventuários de ofício e, no caso de liquidação de *sociedades de pessoas* – excluídas, portanto, as *sociedades limitadas*, que são tidas como *mistas*, bem como as *sociedades de capital* –, em relação aos débitos, respectivamente, dos contribuintes referidos no artigo citado, quando tenham agido com intenção de produzir o ato e o resultado ilícitos); e 135 (as mesmas pessoas do art. 134, bem como mandatários, prepostos e empregados, diretores, gerentes ou representantes de pessoas jurídicas de direito privado, por créditos correspondentes a obrigações tributárias resultantes de atos praticados com excesso de poderes ou infração de lei, contrato social ou estatutos), todos eles abrangendo *terceiros vinculados ao fato gerador* da respectiva obrigação; e

   b) 208 (servidor público que expedir certidão negativa falsa, este vinculado, não ao fato gerador da obrigação tributária respectiva, mas à *administração* do crédito tributário, sendo de modalidade meramente *subsidiária* ou *supletiva*, e não *por substituição*, conforme comentários que a respeito faremos quando do seu estudo).

São exemplos de *terceiros "acrescidos"* pela lei ordinária ao *devedor originário* (*contribuinte* ou *sujeito passivo direto*), por força da autorização contida nos arts. 124, II (de *solidariedade*), e 128 (de *subsidiariedade* ou *supletividade*), ambos do Código, como *responsáveis* (*sujeitos passivos indiretos*) pela satisfação da obrigação tributária:

a) o § 1º do art. 4º da Lei federal nº 6.830/80 (Lei das Execuções Fiscais), que estabelece a *solidariedade* do síndico, do comissário, do liquidante, do inventariante e do administrador, pela satisfação do crédito tributário, nos casos de falência, concordata, liquidação, inventário, insolvência ou concurso de credores, se, antes de garantidos os créditos da Fazenda Pública, alienarem ou derem em garantia, sem a necessária prova de quitação da dívida ativa ou sem a concordância da Fazenda Pública, quaisquer dos bens administrados (regra essa de discutível validade, porque essa lei é de natureza nitidamente *processual* (*formal*), matéria que cabe, tão-somente, à lei *material*, instituidora ou disciplinadora do tributo);

b) o art. 3º da Lei nº 6.537/73, do Estado do RS (que trata *"das infrações à legislação tributária"*, *"do procedimento tributário administrativo"*, *"do Tribunal Administrativo de Recursos Fiscais do Estado"* e *"das demais formas de extinção do crédito tributário"*), que estabelece a *solidariedade dos infratores* quanto aos *tributos*, nos casos de *co-autoria em infrações tributárias* (regra essa também de discutível validade, por disciplinar matéria de natureza *penal*, *formal* e *administrativa*, quando o assunto deveria ser tratado pela lei *material* respectiva, instituidora e disciplinadora do tributo).

A configuração (vinculação) de um terceiro, como *responsável "por acréscimo"* (*sujeito passivo indireto*), pode ocorrer a qualquer momento, a partir da prática, pelo *contribuinte* (*sujeito passivo direto*), do fato gerador da obrigação tributária respectiva, cabendo à lei ordinária disciplinar o momento e as circunstâncias da sua configuração, caso a caso.

Assim estabelece o Código, relativamente à responsabilidade dos *terceiros*, por ele *"acrescidos"* à obrigação tributária, mantendo o praticante do respectivo fato gerador (*contribuinte*):

**Art. 134:**

**Nos casos de impossibilidade** (provada nos autos da ação de execução ajuizada contra os devedores originários) **de exigência** (cobrança) **do cumprimento** (satisfação) **da obrigação principal** (de *tributo* ou *penalidade pecuniária*, esta, porém, conforme estabelecido no parágrafo único deste artigo, limitada à multa *moratória*, excluída, portanto, a de natureza *punitiva*, que é a prevista para autuações fiscais) **pelo** (por intermédio do) **contribuinte** (ou seja, do *devedor originário*, que praticou o fato gerador respectivo), **respondem** (pelo pagamento) **solidariamente com este** (na verdade *"respondem subsidiária ou supletivamente"*, não só em razão da condição posta no início deste artigo, que obriga seja a cobrança efetuada primeiramente dos devedores originários, mas, também, por força do parágrafo único do art. 124, que diz que somente a *solidariedade* lá referida é que comporta benefício de ordem, e não qualquer outra do Código, inclusive a aqui prevista) **nos atos em que intervierem** (em nome do *contribuinte*, devedor originário da obrigação, que é o filho menor, o tutelado, o curatelado, etc., contra quem deve ser feito o lançamento do crédito tributário respectivo) **ou pelas omissões** (na prática dos atos que lhes compete) **de que forem responsáveis** (por força do seu dever legal):

- *I - os pais, pelos tributos devidos* (pela prática do fato gerador, por este) *por seus filhos menores* (é que filhos menores podem, por exemplo, ser proprietários de imóveis e auferir rendimentos relativos a aluguéis, sendo, portanto, *contribuintes* do IPTU e do IR, respectivamente, mas cabe aos pais diligenciar para que a obrigação tributária seja satisfeita, ainda que com o dinheiro dos filhos, inclusive requerendo as necessárias liberações judiciais para esse fim, se necessário);
- *II - os tutores* (representantes legais de menores) *e curadores* (representantes legais de maiores incapazes), *pelos tributos devidos por seus tutelados ou curatelados* (nas mesmas circunstâncias do inciso anterior);
- *III - os administradores de bens* (imobiliárias, empresas de administração, síndicos de prédios em condomínio, etc.) *de terceiros, pelos tributos devidos por estes* (seus administrados);
- *IV - o inventariante* (representante legal do espólio, nomeado pelo juiz, geralmente o cônjuge sobrevivente, o herdeiro mais idoso, ou qualquer outra pessoa idônea), *pelos tributos devidos pelo espólio* (bens deixados pelo falecido, e os devidos pelos bens que o integram, enquanto não houver a partilha ou adjudicação judicial respectiva);
- *V - o síndico* (representante legal da massa falida, nomeado pelo juiz, já que, com a extinção da empresa, seus administradores dela são afastados) *e o comissário* (fiscal judicial da concordata, uma vez que, prosseguindo a empresa, seus administradores continuam no exercício do cargo), *pelos tributos devidos pela massa falida ou pelo concordatário*;
- *VI - os tabeliães, escrivães e demais serventuários de ofício* (que prestam seus serviços em Tabelionatos, Varas Judiciais, Cartórios de Registro Civil, ou Especial, ou de Imóveis, ou de Protestos, etc.), *pelos tributos devidos sobre os atos praticados por eles, ou perante eles, em razão do seu ofício* (por exemplo, quando tenham de exigir a prova da quitação de tributo ou a apresentação de negativa para a lavratura ou formalização de determinado ato jurídico, como uma escritura pública);
- *VII - os sócios, no caso de liquidação* (atos visando à sua dissolução ou extinção) *de sociedades de pessoas* (conhecidas como *sociedades em nome coletivo*, que se identificam pelo símbolo "&", sem o qualificativo, abreviado ou por extenso, *"limitada"*, como, *Santos & Silveira*, ou *Silva & Cia.*,

não se incluindo, como tais, portanto, as sociedades *de capital*, como as SAs, nem as sociedades *mistas*, nas quais se incluem, como veremos, as *sociedades limitadas*).

Convém lembrar que, quem deve satisfazer a obrigação tributária é, em princípio, sempre o praticante do seu fato gerador, ou seja, o *contribuinte* (*sujeito passivo direto*), que, na hipótese desse inciso VII, é a *sociedade*, que tem sua existência distinta da de seus sócios (membros), tal como previsto no art. 20 do Código Civil (*"as pessoas jurídicas têm existência distinta da dos seus membros"*). Só em casos muito especiais, expressamente previstos no direito tributário (por força do art. 109 do Código Tributário, segundo o qual, quando o *direito tributário* se utiliza de figuras jurídicas de outro ramo do direito, é neste, e não naquele, que se deve procurar o seu significado, mas os *efeitos* ou *conseqüências tributárias* que elas terão serão sempre determinadas, com exclusividade, *pelo direito tributário*, em razão da sua autonomia), é que a *responsabilidade tributária* pode recair sobre terceiros (que passam a ser *sujeitos passivos indiretos*), no caso, os *sócios*, como a prevista no inciso VII desse art. 134.

A expressão *sociedade de pessoas*, utilizada nesse inciso VII, decorre do fato de que as *sociedades* comerciais constumam ser, doutrinariamente, classificadas em três tipos diferentes: *de pessoas, de capital* e *mistas* (*híbridas* ou *intermediárias*).

São, segundo essa classificação:

a) *sociedades de pessoas*, as *"em nome coletivo"* (identificadas pelo símbolo *"&"*, precedido ou não da palavra *"Companhia"*, de forma abreviada – *"Cia."* – ou por extenso, mas sem o qualificativo *"limitada"*, as *"de capital e indústria"* e as *"em comandita simples"*);

b) *sociedades de capital*, as *"anônimas"*; e

c) *sociedades mistas* (ou *híbridas*, ou *intermediárias*), as *"limitadas"*.

Essa classificação é, hoje, praticamente aceita por todos os autores. Assim se expressam alguns deles:

*"A sociedade por quotas, de responsabilidade limitada – já ficou dito, mas convém ter sempre em mente – é uma sociedade híbrida, misto de sociedade em nome coletivo e de sociedade anônima, ..."*.[175]

*"Não se pode olvidar, antes de mais nada, que mesmo a doutrina mais avançada, corrente nos dias atuais, reluta em considerar a sociedade por quotas de responsabilidade limitada como sociedade estritamente de capital, preferindo conceituá-la como sociedade mista, de pessoas e de capital"*.[176]

*"São sociedades de pessoas: em nome coletivo, capital e indústria e comandita simples; são de capital: a anônima e a comandita por ações. A sociedade limitada é do tipo híbrido, que pode variar de natureza de acordo com o previsto no contrato (Cap. 27, item 5). ... A discussão*

---

[175] Waldemar Ferreira, *in* "Sociedade por Quotas", 5ª edição, 1925, Cia. Gráfico-Editora Monteiro Lobato, SP, p. 25.

[176] RT, SP, 499:144, maio 1977, *apud* Nélson Abrão, *in* "Sociedade por Quotas de Responsabilidade Limitada", 3ª edição, 1983, Saraiva, p. 26.

sobre a natureza da sociedade limitada é um dos mais importantes temas do direito societário brasileiro. Deriva, por certo, do contexto em que ela surgiu, como um novo tipo de sociedade, isto é, o da busca de uma alternativa para a exploração de atividades econômicas, em parceria, que pudesse assegurar a limitação da responsabilidade característica da anônima, mas sem as formalidades próprias desta. A meio caminho, portanto, entre as sociedades de pessoas, reguladas pelo Código Comercial, e a anônima, sempre de capital, a limitada acabou assumindo a configuração híbrida, revelando ora os traços daquelas, ora os desta".[177]

"Exemplo típico de sociedade de pessoas é a em nome coletivo, enquanto a anônima o é das sociedades de capitais. De tais extremos, surgiu a sociedade de responsabilidade limitada, tanto que muitos a chamam de sociedade mista, híbrida, intermédia, ou de transição, por topologicamente situada entre uma espécie e outra. ... Egberto Lacerda Teixeira, após ressaltar o "particularismo da sociedade por quotas", acrescenta que ela "tem, em si mesma, elementos distintivos que a extremam das demais e que justificam plenamente ser tratada como espécie à parte'".[178]

Portanto, as *sociedades de pessoas* referidas no transcrito inciso VII do art. 134 do Código Tributário são, tão-somente, as *sociedades em nome coletivo*, identificadas pelo símbolo comercial *"&"*, ou pela expressão *"& Cia"*, sem o qualificativo *"limitada"*, ficando dele, conseqüentemente, excluídas as sociedades ditas *limitadas*.

Quanto à **modalidade** (*espécie* ou *grau de intensidade*) **da responsabilidade tributária** das pessoas referidas no inciso VII desse art. 134, em confronto com o dever originário da *sociedade*, praticante do seu fato gerador, é preciso que a avaliemos adequadamente, já que pode a responsabilidade assumir, em tese, ou a **solidariedade**, ou a **subsidiariedade** (ou **supletividade**), ou a **exclusividade**.

1) A modalidade será **solidária** quando qualquer um dos devedores da obrigação pode, sem que haja necessidade de o credor seguir qualquer ordem ou preferência na respectiva escolha, ser chamado a satisfazer a totalidade do débito. Esse é um conceito genérico, do direito em geral, que cada ramo adapta à sua feição. A lei das sociedades limitadas (Decreto nº 3.708, de 10 de janeiro de 1919), por exemplo, em seu art. 10 estabelece, mas para *seus* efeitos, que

"os sócios-gerentes ou que derem o nome à firma não respondem pessoalmente pelas obrigações contraídas em nome da sociedade, mas respondem para com esta e para com terceiros solidária e ilimitadamente pelo excesso de mandato e pelos atos praticados com violação do contrato ou da lei".

Mas, como já dito, o direito tributário, como ramo autônomo, está devidamente autorizado (cf. art. 109 do Código Tributário, cujas *normas gerais de legislação tributária* tem força de lei complementar, nos termos do art. 146, III, *"b"*, da Constituição Federal), em razão da sua autonomia, a dar *efeitos* ou *conseqüências tributárias próprias* às *figuras* (*institutos, conceitos* e *formas*) de outros ramos do direito. Prevê o Código duas formas diferenciadas de *solidariedade*:

   a) a do art. 124 (que, em seu inciso I, a exige entre pessoas que praticam o fato gerador da *mesma* obrigação tributária, como entre marido e

---
[177] Fábio Ulhoa Coelho, *in* "Curso de Direito Comercial", vol. 2, 1999, Saraiva, SP, ps. 25 e 362, respectivamente.
[178] José Waldecy Lucena, *in* "Das Sociedades por Quotas de Responsabilidade Limitada", Renovar, 1996, RJ, p. 43.

mulher casados pelo regime da comunhão universal de bens para os efeitos do IPTU, do ITR e do IPVA, e, em seu inciso II, a estende a outros casos previstos em lei ordinária), com seus efeitos *tributários* delineados no art. 125, *solidariedade* essa que, em princípio, coincide com o conceito exposto, mas com uma ressalva (cf. seu parágrafo único): somente a referida nesse artigo (124) não comporta benefício de ordem, de tal forma que, qualquer solidariedade referida em outro artigo o comporta; e

b) a do art. 134 (da qual ora estamos tratando), que, na verdade, assume feições de *subsidiariedade* ou *supletividade* (forma seguinte), porquanto admite benefício de ordem, embora rotulada de *solidária*.

2) A modalidade será **subsidiária** (ou **supletiva**) quando, havendo mais de um devedor na *mesma* obrigação, haja necessidade de o credor seguir, para a cobrança, uma ordem previamente estabelecida, exigindo o pagamento primeiramente de um dos devedores (que, segundo o art. 128, tanto pode ser o *contribuinte* como o *responsável*), e, caso comprovadamente não a satisfaça, só então do outro (que é o chamado devedor *subsidiário* ou *supletivo*), que responderá, assim, em caráter de reforço àquele que figurar como devedor *principal* (preferido). É o que se chama de benefício de ordem para a cobrança: primeiramente exigir de um dos devedores e, caso este, infrutiferamente demandado, não a satisfaça, somente então (num segundo momento), do outro.

3) A modalidade será **exclusiva** quando a cobrança deva ser, desde logo, por força de lei, direcionada (*unicamente*) contra um terceiro (*responsável* ou *sujeito passivo indireto*), diverso daquele que, pela prática do seu fato gerador, seria seu devedor originário (*contribuinte* ou *sujeito passivo direto*), que, em conseqüência, restou definitiva e irreversivelmente afastado (*excluído*) do pólo passivo da obrigação tributária, numa verdadeira *substituição* (*troca*) *tributária*, não mais podendo o credor, conseqüentemente, voltar-se contra o devedor originário (*contribuinte*), para dele obter o pagamento, caso o responsável não o tenha satisfeito.

É preciso, contudo, ter presente que *a solidariedade não se presume* (cf. art. 896 da Código Civil), devendo resultar sempre de expressa disposição, de tal forma que, se apenas for determinada a responsabilidade, sem sua especificação (se *solidária*, ou se *subsidiária* ou *supletiva*), será ela sempre subsidiária. Da mesma forma, também a *exclusividade* (responsabilidade *por substituição*) não se presume, devendo resultar de expressa previsão legal (art. 128 do Código Tributário e art. 150, § 7º, da CF/88), de tal forma que, se a lei apenas impõe a *responsabilidade*, sem definir-lhe a *modalidade* (*espécie* ou *intensidade*), há de se entender seja ela simplesmente *subsidiária*. Importante é ter presente, também, que, quando o Código desde logo expressamente define a *responsabilidade* de um terceiro (*sujeição passiva indireta*), bem como sua *modalidade* (se *solidária*, ou se *subsidiária* ou *supletiva*), não se faz necessário que lei ordinária a repita.

Embora o inciso VII do citado art. 134 estabeleça que, *"na liquidação de sociedades de pessoas"*, a responsabilidade tributária dos sócios seja *solidária*, ela, contudo, é meramente *subsidiária* ou *supletiva*, devendo, conseqüentemente, a cobrança ser necessariamente direcionada, num primeiro momento, contra a devedora originária (*sociedade*), porquanto, como asseverado no próprio texto legal, a cobrança exige benefício de ordem (*"no caso de impossibilidade de exigência"*), o que, de resto, é corolário ou conseqüência lógica do disposto no parágrafo único do art. 124 do Código, que deixa absolutamente claro que ser somente a solidariedade *nele* contemplada (e não a prevista noutros artigos) que *"não comporta benefício de ordem"*.

Esse é, também, o pensamento de JOÃO LUIZ COELHO DA ROCHA,[179] para quem,

> "Já no art. 134 o Código nomeia casos típicos de responsabilização subsidiária, se o devedor principal se vir insolvente, como a dos ... sócios "no caso da liquidação da sociedade de pessoas"".

Convence-nos, hoje, a idéia de que a responsabilidade tributária dos sócios de *sociedades de pessoas*, prevista no inciso VII do citado art. 134 (que, como visto, não incluem as *"limitadas"*), somente se configura se agirem eles com *dolo*, vale dizer, tanto o *ato* como o *resultado* ilícitos devem decorrer da sua vontade. Assim, para que se configure a responsabilidade *tributária* de tais sócios, devem eles ter agido (ou se omitido) *com a inequívoca intenção de causar dano ao erário*.

Até o início da *liquidação* da sociedade, portanto, a responsabilidade tributária dos sócios, dessas *sociedades de pessoas* (que não abrangem as *"limitadas"*), é, por força do próprio texto legal em comento, legalmente *inexistente*, cabendo, até então, à sociedade e, eventualmente, a seus sócios e administradores (estes em caráter *subsidiário* ou *supletivo* àquela, mas por força do art. 135, do Código, desde que preenchidos os pressupostos nele estabelecidos), arcar com eventuais dívidas tributárias.

Assim, concluindo: a *responsabilidade* tributária dos sócios (*sujeitos passivos indiretos*) de *sociedades de pessoas*, prevista no inciso VII do art. 134 (que não incluem as *"limitadas"*), apenas se *configura a partir da sua liquidação*, tendo como limite os *"atos em que intervierem"* ou *"pelas omissões de que forem responsáveis"*, sem, contudo, afastar a *responsabilidade originária* da sociedade (de *contribuinte* ou *sujeito passivo direto*), pelo que é meramente *subsidiária* ou *supletiva* a dos sócios, não se aplicando a estes, conseqüentemente, o art. 125 do Código Tributário (que trata dos efeitos da *responsabilidade solidária* a que se refere o art. 124, cujo parágrafo único, de resto, expressamente exige o *benefício de ordem* nas *solidariedades* previstas em outros dispositivos do Código).

**Parágrafo único. O disposto neste artigo** (atribuição de *responsabilidade* pelo pagamento do crédito tributário às pessoas nele referidas) **só se aplica** (fica limitado), **em matéria de penalidades** (multas pecuniárias)**, às de ca-**

---

[179] *in* "Responsabilidade de Diretores, Sócios-Gerentes e Controladores por Débitos Tributários", RDDT nº 28, p. 39.

*ráter moratório* (decorrentes de *simples atraso*, sem autuação fiscal, e não, via de conseqüência, às de caráter *punitivo*, decorrentes de autuação fiscal, estas sempre mais onerosas).

Observe-se que a *responsabilidade* tributária prevista nesse artigo 134 tem como pressuposto, para a sua configuração, o fato de virem as pessoas nele referidas a agir com *dolo*, querendo conscientemente a ilicitude e os efeitos previstos no *"caput"* do artigo (*"atos em que intervierem ou pelas omissões de que forem responsáveis"*). Nesse ponto, retificamos nosso ponto de vista manifestado nas anteriores edições deste livro, quando pregávamos que simples *culpa* seria suficiente para a sua responsabilização. Em outras palavras, para que haja a *responsabilização tributária* dos sócios na *liquidação de sociedades de pessoas*, devem eles ter agido (ou se omitido) *com a inequívoca intenção de causar dano ao erário.*

**Art. 135:**
**São pessoalmente** (leia-se *diretamente*) **responsáveis** (pelo pagamento, sem, no entanto, excluir o verdadeiro *contribuinte*, ou seja, o *sujeito passivo direto*, pelo que, os aqui definidos como *responsáveis*, são meramente *subsidiários* ou *supletivos*, embora alguns autores e julgados entendam, equivocadamente, sejam eles responsáveis *por substituição* e, até, *solidários*) **pelos créditos** (haveres do fisco) **correspondentes** (que se refiram) **a obrigações tributárias** (extensivas, obviamente, às demais *arrecadações pecuniárias compulsórias* previstas no Sistema Tributário Nacional) **resultantes** (que tenham sua origem) **de atos praticados** (portanto, trata-se de responsabilidade estritamente limitada a créditos que tenham sido *gerados* de forma *irregular* ou *ilícita*, pelas pessoas referidas neste artigo, *em nome da sociedade*, não se aplicando, pois, aos gerados *regular* ou *licitamente*) **com excesso** (além dos previstos ou autorizados) **de poderes** (que detêm as pessoas referidas neste artigo) **ou infração de lei** (contrários a esta)**, contrato social ou estatutos** (que são os instrumentos, editados pelos sócios, que regulam o funcionamento da sociedade e a atuação dos seus administradores):

Como se observa, esse artigo pressupõe, para que se configure a *responsabilidade tributária* das pessoas nele referidas, tenham elas agido *"com excesso de poderes ou infração de lei, contrato social ou estatutos"*, com dolo, portanto, de forma intencional, querendo o ato e o resultado ilícitos. Não fosse assim, teria o dispositivo simplesmente dito serem eles *"responsáveis"*, sem qualquer menção aos motivos que a determinam, qualificam ou tipificam. Por se tratar de aspecto infracional, a prova naturalmente sempre compete a quem acusa, no caso ao sujeito ativo sedizente credor, além do que a boa-fé das pessoas é sempre presumida.

**I - as pessoas referidas no artigo anterior** (pais, tutores, curadores, administradores de bens de terceiros, inventariantes, síndicos, comissários, tabeliães, escrivães, serventuários de ofício e, no caso de liquidação de *sociedades de pessoas* – excluídas, portanto, as *sociedades limitadas*, que, como já vimos nos comentários ao art. 134, VII, são tidas, pela doutrina, como *mistas* –, em relação aos débitos dos *contribuintes* respectivos, referidos no artigo citado, quando tenham agido com *dolo*, querendo o ato e o resultado ilícitos);

**II - *os mandatários*** (procuradores)**, *prepostos*** (pessoas que representam outras, como as que na Justiça do Trabalho, se apresentam em nome *do administrador* da empresa reclamada, embora indiretamente fale por esta) ***e empregados*** (bem entendido, aqueles que agirem com excesso de poderes ou infração de lei, pessoas essas, obviamente, investidas de poderes de *gestão* e *administração* empresarial);

**III - *os diretores, gerentes ou representantes de pessoas jurídicas de direito privado*** (em geral, sejam elas empresas privadas ou públicas).

Ficam, conseqüentemente, excluídos os síndicos de prédios em condomínio, porque estes não são, legalmente, pessoas jurídicas, mas os *síndicos* estão, contudo, previstos, como *responsáveis*, no inciso III do art. 134, na qualidade de *administradores de bens de terceiros*. De plano vê-se, também, que, neste inciso III, não se enquadram os simples sócios de pessoas jurídicas de direito privado, os quais, contudo, se acham previstos no inciso I, desde que sejam sócios de *sociedades de pessoas* (identificadas pelo símbolo *"&"*, precedido ou não da palavra *"Companhia"*, de forma abreviada – *"Cia."* – ou por extenso, mas sem o qualificativo *"limitada"*, as *de capital e indústria* e as *em comandita simples*), e não de *sociedades mistas* (que são as *limitadas*) ou *de capital* (sociedades anônimas).

Tem-se, pois, por exegese desse art. 135, que os pressupostos para a configuração da responsabilidade tributária *pessoal* dos *sócios* das *sociedades de pessoas* (inciso I), dos *mandatários*, *prepostos* e *empregados* (inciso II), e dos administradores de *pessoas jurídicas de direito privado* em geral (inciso III), são, rigorosamente, os mesmos: que os créditos sejam

*"correspondentes a obrigações tributárias resultantes de atos praticados com excesso de poderes ou infração de lei, contrato social ou estatutos".*

Em outras palavras, ressalta aos olhos que a *responsabilidade* de tais pessoas não alcança todas e quaisquer dívidas tributárias da pessoa jurídica devedora originária, mas, tão-somente, as relativas a obrigações que vierem a *resultar de atos por elas praticados* nas estritas circunstâncias do art. 135, isto é, *que tenham sua origem* exclusivamente em

*"obrigações tributárias resultantes de atos praticados com excesso de poderes ou infração de lei, contrato social ou estatutos".*

O problema é, pois, *de origem* (da causa da obrigação), e não *de efeito* (do que vem ou veio depois), como o *não-pagamento*.

Em palavras mais simples e objetivas, o importante é, para determinar a *responsabilidade* tributária das pessoas arroladas nesse dispositivo, não a *simples existência* da obrigação tributária insatisfeita (que é mero *efeito*), mas a *causa* desta, que há de consistir, necessariamente, num *ato intencional (doloso)*, atribuível àquelas pessoas, *do qual resulte nascido o crédito tributário impago*, conforme previsto na abertura do citado art. 135. Não fosse assim, bastaria que a regra apenas estabelecesse que as pessoas nele referidas *"são responsáveis pelos créditos correspondentes a obrigações tributárias"*, sem qualificá-las como *"resultantes de atos praticados com excesso de poderes ou infração de lei, contrato social ou estatutos"*.

Há, contudo, quem sustente que o art. 10 da Lei nº 3.708, de 10/01/1919 (que disciplina as *sociedades limitadas*), estaria, também, estendendo às relações disciplinadas pelo *direito tributário* a mesma responsabilidade, ao estabelecer que

> *"os sócios-gerentes ou que derem o nome à firma não respondem pessoalmente pelas obrigações contraídas em nome da sociedade, mas respondem com esta e para com terceiros solidária e ilimitadadamente pelo excesso de mandato e pelos atos praticados com violação do contrato ou da lei"*,

Trata-se de conclusão obviamente precipitada e equivocada, à vista do art. 109 do Código Tributário (com sua força decorrente do art. 146, III, *"b"*, da CF), pelo qual se conclui que, quando o direito tributário se utiliza de *institutos, conceitos* e *formas* de outro ramo do direito, é neste, e não naquele, que se deve procurar o seu significado, mas os *efeitos* ou *conseqüências tributárias* que elas terão serão sempre determinadas, com exclusividade, pelo *direito tributário*, em razão da sua *autonomia*.

Então, é no Código Tributário, mais precisamente no seu art. 135, e não na *lei das sociedades limitadas*, que a solução deve ser encontrada.

Por via de conseqüência, para que se configure a responsabilidade tributária do *sócio* de *sociedade de pessoas* (que nada tem a ver, portanto, com as *sociedades de capital* e as *mistas*, entre estas as *sociedades limitadas*) e do *administrador* de pessoa jurídica de direito privado, pelas dívidas a cargo destas, necessário faz-se que o apontado como *responsável*:

a) tenha sido, efetivamente, *sócio* da sociedade (no caso, *de pessoas*) devedora, ao tempo do *nascimento* da obrigação tributária impaga, devendo, portanto, o nascimento desta e a qualidade de sócio ser contemporâneos, de tal forma que não pode ele ser tributariamente responsabilizado por dívidas anteriores ao seu ingresso na sociedade, nem por dívidas *posteriores* à sua saída do quadro social;

b) tenha estado no *efetivo exercício das suas funções de administrador* da pessoa jurídica de direito privado devedora, ao tempo do *nascimento* da obrigação tributária impaga, não bastando sua simples eleição, nomeação ou escolha, ou que seu nome apenas figure ou tenha figurado no contrato ou estatuto social nessa qualidade, sem o correspondente *exercício efetivo da função*, devendo, assim, também aqui, sua qualidade de administrador e o nascimento da obrigação tributária ser contemporâneos, não lhe podendo ser imputadas dívidas anteriores ou posteriores à sua qualidade de administrador;

c) tenha agido *"com excesso de poderes ou infração de lei, contrato social ou estatutos"* (dolosamente, portanto, sendo este o pressuposto legal para o seu enquadramento, porque, do contrário, como já se disse, bastaria o dispositivo legal simplesmente mencionar que as pessoas nele referidas são *"responsáveis"* pelo crédito tributário pendente de pagamento, sem se preocupar com a qualificação ou tipificação da sua conduta) para o *nascimento* do crédito tributário (e não sua falta de pagamento), não havendo como proceder à responsabilização das referidas pessoas, simplesmente porque não pagaram o tributo no seu vencimento ou porque dissolveram irregularmente a sociedade devedora, sem, antes, certificar-se de que os créditos sob cobrança efetivamente resultam, *na sua origem*, da prática de qualquer dos atos especificados no citado art. 135, tanto quanto temerário também é pretender responsabilizar o administrador por dívidas anteriores ou posteriores à sua atuação como tal, ou, ainda, que restaram impagas pelo fato de ter sido decretada a falência da empresa, sem que, contudo, tenha havido, por qualquer forma, reconhecido o dolo do administrador ou sua condenação por crime falimentar;

d) sua ação, tida como *causadora do nascimento* da obrigação tributária impaga e reclamada, resulte plenamente provada, caso a caso, pelo sujeito ativo respectivo, a quem compete o *"onus probandi"*, por tratar-se de acusação de ato ilícito.

Destarte, a responsabilidade do sócio (inciso I) e do administrador empresarial (inciso III) é de natureza *subjetiva* e não *objetiva*, significando que simples falta de recursos financeiros da sociedade devedora, ou mesmo a decretação judicial da falência desta, sem prova, a cargo do fisco, de que tenham seus sócios ou administradores agido *dolosamente* para a geração da dívida, na forma qualificada do art. 135 do Código Tributário, não lhes acarreta qualquer responsabilidade tributária.

São exemplos de atos que, *em tese*, podem tipificar a conduta do art. 135, todos os previstos na Lei nº 8.137/90 (que define os crimes contra a ordem tributária, conhecida como *"lei do colarinho branco"*), como, entre outros, a ocultação *dolosa* de fatos geradores de obrigação tributária ao Fisco (comprovada venda de mercadorias sem nota, emissão de nota fiscal paralela ou por valor inferior ao real, operação esta conhecida como *"nota calçada"*, etc.). Não basta, obviamente, para a configuração da *responsabilidade* tributária, a demonstração do *fato* em si, objetivamente considerado, – que pode até ser verdadeiro. O importante, para tanto, é a induvidosa demonstração, pelo fisco, do *dolo* (o querer o ato e o resultado ilícitos) com que agiu o administrador *para a geração da dívida* (seu recolhimento aos cofres públicos é mero efeito), no nascedouro dela, como cristalinamente emerge da introdução do citado art. 135.

Inúmeras são, de resto, no sentido exposto, as recentes decisões dos Tribunais, revelando a tendência de sua pacificação nessa esteira. Limitar-nos-emos, contudo, a referir algumas delas, nelas ressalvando, contudo, que não concordamos com antigas e precipitadas conclusões no sentido de que a responsabilidade dos administradores seja *por substituição*, ou mesmo *solidária*, quando é ela estritamente *subsidiária* ou *supletiva*, conforme já amplamente demonstrado:

"O simples inadimplemento da obrigação tributária não caracteriza a dissolução irregular da sociedade de modo a ensejar a responsabilização pessoal do dirigente. Para que este seja pessoalmente responsabilizado, é necessário que se comprove ter agido dolosamente, com fraude ou excesso de poder. O redirecionamento da execução para o sócio necessita de comprovação, a cargo do exeqüente, de que se configurou uma das hipóteses em que o sócio possa ser reponsabilizado".[180]

"Quem está obrigada a recolher os tributos devidos pela empresa é a pessoa jurídica e, não obstante ela atue por intermédio de seu órgão, o diretor ou o sócio-gerente, a obrigação tributária é daquela, e não destes. Sempre, portanto, que a empresa deixa de recolher o tributo na data do respectivo vencimento, a impontualidade ou a inadimplência é da pessoa jurídica, não do diretor ou do sócio-gerente, que só respondem, e excepcionalmente, pelo débito, se resultar de atos praticados com excesso de mandato ou infração à lei, contrato social ou estatutos, exatamente nos termos do que dispõe o artigo 135, inciso III, do CTN.[181]

"*1. O sócio e a pessoa jurídica formada por ele são pessoas distintas (Código Civil, art. 20). Um não responde pelas obrigações da outra. 2. Em se tratando de sociedade limitada, a responsabilidade do cotista, por dívidas da pessoa jurídica, restringe-se ao valor do capital ainda não realizado (Dec. 3.708/1919, art. 9º). Ela desaparece, tão logo se integralize o capital. 3. O CTN, no inciso III do art. 135, impõe responsabilidade – não ao sócio – mas ao gerente, diretor ou equivalente. Assim, sócio-gerente é responsável, não por ser sócio, mas por haver exercido a gerência. 4. Quando o gerente abandona a sociedade – sem honrar-lhe o débito fiscal – o fato ilícito que o torna responsável não é o atraso de pagamento, mas a dissolução irregular da pessoa jurídica. 5. Não é responsável tributário pelas dívidas da sociedade o sócio-gerente que transferiu suas cotas a terceiros, os quais deram continuidade a empresa*".[182]

"*Na hipótese 'sub judice', não se encontrando o sócio quotista na condição de sócio-gerente, quando da dissolução irregular da sociedade, descabe imputar-lhe a responsabilidade de que trata o art. 135, III, do CTN*".[183]

"A responsabilidade de que trata o art. 135, III, do CTN, quando da dissolução irregular da sociedade, não pode ser imputada ao sócio quotista que não detém a função de gerência. Impossibilidade de penhora de bens de sócio que não exerce as funções de gerente".[184]

"A responsabilidade do gerente ou diretor de pessoa jurídica de direito privado, pelo não-pagamento de tributo no prazo estipulado, decorre da atuação dolosa que deve ser cabalmente provada".[185]

"*É dominante no STJ a tese de que o não-recolhimento do tributo, por si só, não constitui infração à lei, suficiente a ensejar a responsabilidade solidária dos sócios, ainda que exerçam a gerência, sendo necessário provar que agiram os mesmos dolosamente, com fraude ou excesso de poderes*".[186]

---

[180] REsp nº 397074/BA, julgado em 12/03/02, in "Informativo de Jurisprudência STJ" nº 0126, período de 11 a 15/03/02, p. 2 e 3. Precedentes citados: REsp 260524/RS, DJ de 1º/10/2001; REsp 174532/PR, DJ de 21/08/00; e REsp 121021/PR, DJ de 11/09/00.

[181] REsp nº 100739/SP, STJ, 2ª Turma, DJU de 1º/02/99, p. 138, e RDDT nº 43, p. 233/34.

[182] REsp nº 101597/PR, 13/03/97, 1ª Turma, STJ, DJ de 14/04/97, p. 12690. Ver, também: Resp 86439-ES, STJ.

[183] REsp nº 93609/AL, STJ, 1ª Turma, 15/12/97, DJ de 02/03/98, p. 14; LEXSTJ, vol. 107, Julho/1998, p. 157; RDTJRJ, vol. 36, p. 115. Veja: STJ REsp 41836-SP; RT 276/819.

[184] Embargos Infringentes nº 70002604338, do 1º Grupo Cível do TJERS, Rel. Des. Marco Aurélio Heinz.

[185] REsp nº 174532-0/PR, 2ª Turma, STJ, 27/06/00, Bol. do STJ nº 12, de 30/08/00, p. 66.

[186] REsp nº 276383/RS, 2ª Turma, STJ, 22/05/01, DJU de 22/05/01, p. 99, RDDT nº 73, p. 240.

"5. A circunstância de a sociedade estar em débito com obrigações fiscais não autoriza o Estado a recusar certidão negativa aos sócios da pessoa jurídica. 6. Na execução fiscal, contra sociedade por cotas de responsabilidade limitada, incidência de penhora no patrimônio de sócio-gerente, pressupõe a verificação de que a pessoa jurídica não dispõe de bens suficientes para garantir a execução. De qualquer modo, o sócio-gerente deve ser citado em nome próprio e sua responsabilidade pela dívida da pessoa jurídica há que ser demonstrada em arrazoado claro, de modo a propiciar ampla defesa".[187]

"Não é responsável tributário pelas dívidas da sociedade o sócio-gerente que transferiu regularmente suas cotas a terceiros, continuando, com estes, a empresa".[188]

"Quem está obrigada a recolher os tributos devidos pela empresa é a pessoa jurídica, e, não obstante ela atue por intermédio de seu órgão, o diretor ou o sócio-gerente, a obrigação tributária é daquela, e não destes. Sempre, portanto, que a empresa deixa de recolher o tributo na data do respectivo vencimento, a impontualidade ou a inadimplência é da pessoa jurídica, não do diretor ou do sócio-gerente, que só respondem, e excepcionalmente, pelo débito, se resultar de atos praticados com excesso de mandato ou infração à lei, contrato social ou estatutos, exatamente nos termos do que dispõe o artigo 135, inciso III, do CTN".[189]

"A pessoa jurídica, com personalidade própria, não se confunde com a pessoa de seus sócios. Constitui, pois, delírio fiscal, à matroca de substituição tributária, atribuir-se a responsabilidade substitutiva (art. 135, 'caput', CTN) para sócios diretores ou gerentes antes de apurado o ato ilícito".[190]

"A regra do art. 135, do CTN, só pode ser invocada quando se demonstra que o sócio gerente contribuiu, com ação qualificada pela lei, para o não pagamento do tributo".[191]

"O sócio não responde pelas obrigações fiscais da sociedade quando não se lhe impute conduta dolosa ou culposa, com violação da lei ou do contrato social".[192]

"Os bens particulares dos sócios, uma vez integralizado o capital, não respondem por dívida fiscal da sociedade, salvo se sócio praticou ato com excesso de poderes ou infração de lei, contrato social ou estatutos".[193]

"Executivo fiscal objetivando receber, de ex-sócio, débito tributário contraído pela sociedade, já extinta. Impossibilidade, já que, no caso, tendo sido integralizado o capital social, não são os sócios responsáveis pelas dívidas da sociedade".[194]

"Penhora de bens particulares de sócio-gerente, de sociedade por quotas de responsabilidade limitada. Decreto nº 3.708, de 1919, art. 10; CTN, art. 135. Necessária se faz prova de que o sócio, nessa condição, tenha agido com excesso de mandato ou infringência à lei ou ao contrato social. O acórdão afirmou, no caso, ao contrário, que tal não ocorreu".[195]

"Não se aplica à hipótese dos autos a norma contida no art. 10 (do Dec. 3.708, de 1919), em que se prevê a responsabilidade dos sócios-gerentes pelo excesso de mandato e pelos atos

---

[187] REsp nº 141516/SC, 1ª Turma, STJ, 17/09/98, DJU de 30/11/98, p. 55. No mesmo sentido: REsp nº 86439/ES, 10/06/96, DJU de 01/07/96, p. 24004; REsp nº 101597/PR, 13/03/97, DJU de 14/04/97, p. 12690.
[188] REsp nº 85115/PR, 1ª Turma, STJ, 06/05/96, DJU de 10/06/96, p. 20189. No mesmo sentido: REsp nº 101597/PR, STJ, 13/03/1997, DJU de 14/04/97, p. 12690.
[189] REsp 100739/SP, 2ª Turma, STJ, 19/11/98, DJU de 01/02/99, p. 138. No mesmo sentido: REsp nº 108827/RS, STJ, 01/12/98, DJU de 17/02/99, p. 138.
[190] REsp nº 139872/CE, 1ª Turma, STJ, 12/05/98, DJU de 10/08/98, p. 20. No mesmo sentido: REsp nº 91858/ES, STJ, 16/12/96, DJU de 24/02/97, p. 3297.
[191] AGR. REG. no AI nº 160427/DF, 1ª Turma, STJ, 18/12/97, DJU de 27/04/98, p. 116.
[192] RE nº 95023/RJ, 1ª Turma, STF, 06/10/81, DJU de 03/11/81, p. 10939.
[193] RE do STF (RTJ 85, p. 945/8).
[194] RE do STF (RTJ 98, p. 791/2).
[195] RE do STF (RTJ 109, p. 1054/6).

*praticados com violação do contrato social ou da lei. É evidente que a falta de pagamento de obrigação fiscal não está abrangida nos casos excetuados".*[196]

*"Não se aplica à sociedade por quotas de responsabilidade limitada o art. 134 do CTN; incide sim, sobre ela, o artigo 135, itens I e III, do mencionado diploma legal, se o crédito tributário resulta de ato emanado de diretor, gerente ou outro sócio, praticado com excesso de poder ou infração de lei, do contrato social ou do estatuto".*[197]

*"1. A responsabilidade tributária prevista no art. 135, III, do CTN, imposto ao sócio-gerente, ao administrador ou ao diretor de empresa comercial só se caracteriza quando há dissolução irregular da sociedade ou se comprova a prática de atos de abuso de gestão ou de violação da lei ou do contrato. 2. Os sócios da sociedade de responsabilidade por quotas não respondem objetivamente pela dívida fiscal apurada em período contemporâneo à sua gestão, pelo simples fato da sociedade não recolher a contento o tributo devido, visto que, o não cumprimento da obrigação principal, sem dolo ou fraude, apenas representada mora da empresa contribuinte e não 'infração legal' deflagradora da responsabilidade pessoal e direta do sócio da empresa. 3. Não comprovados os pressupostos para a responsabilidade solidária do sócio da sociedade de responsabilidade limitada há que se primeiro verificar a capacidade societária para solver o débito fiscal, para só então, supletivamente, alcançar seus bens".*[198]

A ementa a seguir, do TRF da 4ª Região,[199] é, pela sua abrangência e objetividade, um dos mais perfeitos para retratar as conclusões a que acima chegamos:

*"1. É de responsabilidade da empresa o pagamento do tributo, que deve arcar com as conseqüências resultantes do descumprimento da obrigação tributária. 2. A legislação comercial afasta a responsabilidade objetiva do sócio ou administrador, merecendo interpretação sistemática o art. 135, III, do CTN, que trata da responsabilidade tributária subsidiária. 3. Para que a execução seja redirecionada contra o sócio-gerente ou diretor, com fulcro no art. 135, III, do CTN, deve o exeqüente comprovar que o não-recolhimento do tributo resultou da atuação dolosa ou culposa destas pessoas, que, com o seu procedimento, causaram violação à lei, ao contrato social ou ao estatuto. 4. Os mesmos princípios norteiam a responsabilidade dos sócios em caso de dissolução irregular da sociedade, ou mesmo de falência, pois estas hipóteses não configuram, 'a priori', atuação dolosa ou culposa".*

JOÃO LUIZ COELHO DA ROCHA[200] não distoa de todas as conclusões acima:

*"O Dr. Alberto Nogueira, Procurador da Fazenda Nacional, em artigo publicado na Revista de Direito Administrativo nº 4, pág. 77, ensina, sobre a responsabilidade dos administradores, prevista no art. 135, III do CTN, que ele tipifica como 'responsabilidade subsidiária especial': 'Na configuração dessas circunstâncias fáticas, tomar-se-ia indispensável a presença do elemento subjetivo, pois a simples falta de recolhimento do tributo, quando não dolosa, por si só, não deve ser entendida como infração à lei'".*

JOSÉ MORSCHBACHER,[201] por sua vez, ao combater isoladas posições equivocadamente assumidas por alguns Tribunais, em intuitivo e oportuno artigo enfoca aspecto de extrema importância, qual seja, o de que o artigo 135 do Código Tributário somente tem aplicação em relação a infrações tributárias praticadas no

---

[196] RE nº 61990/SP (RTJ nº 41/566-7).
[197] RE nº 96607/RJ (RTJ nº 103/782-4).
[198] REsp nº 121021/PR, 2ª Turma, STJ, 15/08/00, DJU de 11/09/00, p. 235.
[199] AI 2000.04.01.109937.9/PR, 1ª Turma, Rel. Des. Federal Wellington M. de Almeida, DJU de 31/10/01, p. 1019, e "Revista de Estudos Tributários" nº 23, p. 95.
[200] in "Responsabilidade de Diretores, Sócios-Gerentes e Controladores por Débitos Tributários", artigo publicado na Revista Dialética de Direito Tributário nº 28, p. 41.
[201] in "Responsabilidade Tributária Objetiva - Criação Judicial", artigo publicado na Revista de Estudos Tributários nº 1, mai/jun 98, Editora Síntese, Porto Alegre, p. 26/32.

*"nascedouro do tributo"* (*"... créditos correspondentes a obrigações tributárias resultantes ..."*), pelo que não vislumbra ele qualquer responsabilização tributária fundada em *fato posterior* à geração da dívida. Assim se manifesta o citado autor:

> *"Trata-se, como se vê, de executar judicialmente os sócios-administradores de sociedades limitadas e anônimas por dívidas fiscais impagas pela pessoa jurídica ao tempo de sua gestão, sob o suposto fundamento de que a infração legal falta de pagamento do tributo se enquadraria na responsabilidade tributária consignada no artigo 135 do CTN.*
> *Lamentavelmente é isto o que está ocorrendo ...: está-se impondo a cidadãos a responsabilidade por dívidas fiscais impagas pelas pessoas jurídicas, não porque se houvessem eles conduzido dolosamente na gerência dos muitas vezes apenas malsucedidos negócios, mas simplesmente, repita-se, porque lhes é imputada a infração legal de a pessoa jurídica, na sua gestão, haver deixado de recolher determinado tributo, quando nenhuma das possíveis exegeses do artigo 135 do CTN, na melhor das concessões que se possa fazer à Fazenda Pública, pode levar a semelhante resultado. ... Sem o mínimo esforço de interpretação ... ressalta aos olhos mediante ... leitura do texto da lei complementar que a infração legal motivadora da responsabilidade aí criada é exclusivamente aquela ... praticada no nascedouro do tributo ... O sócio-administrador responde exatamente porque praticou negócios com excesso de poderes, com infração à lei, ao contrato ou ao estatuto social, e não pelo fato posterior, de a empresa haver deixado de recolher o tributo no prazo legal".*

Por outro lado, quanto à *modalidade* (*espécie* ou *grau de intensidade*) da responsabilidade tributária (se *solidária*, se *subsidiária* ou *supletiva*, ou se *por substituição* ou *exclusiva*) dos sócios de *sociedades de pessoas* (que não incluem as *"limitadas"*, que são *"mistas"*) e dos *"diretores, gerentes ou representantes"*, em confronto com as suas devedoras originárias (empresas), a análise deve ser feita da seguinte maneira:

a) como **solidária**, não é possível classificar essa responsabilidade, porque essa modalidade pressupõe preceito expresso (cf. art. 896 do CPC), no caso inexistente no Código Tributário para a hipótese, além do que, como já dito e analisado, somente a *solidariedade* a que se refere o art. 124 (onde não se enquadra a situação que estamos examinando) não comporta, segundo seu parágrafo único, benefício de ordem na cobrança;

b) como **exclusiva** (ou *por substituição*), também não é possível classificar essa responsabilidade, porque essa modalidade, além de exigir regra legal expressa para a sua adoção, no caso inexistente, afasta, definitiva e irreversivelmente, do pólo passivo da obrigação, o devedor originário (a empresa-*contribuinte*, *sujeito passivo direto*), o que não ocorre na espécie, já que pode o fisco, a qualquer momento, redirecionar a cobrança contra a devedora originária.

Resta, então, como aplicável ao art. 135, tão-somente a modalidade *subsidiária* ou *supletiva*, o que vem sendo modernamente reconhecido pelos Tribunais e pela quase unanimidade dos doutrinadores. Nesse sentido já nos manifestamos, como Relator, em várias oportunidades:

> *"A responsabilidade tributária dos administradores, prevista no art. 135, III, do CTN, é: a) quando configurada, subsidiária e não por substituição, já que não fica o sujeito ativo respectivo impossibilitado de retornar à cobrança contra o devedor originário (contribuinte, praticante do fato gerador respectivo), o que seria impossível, na previsão do art. 128 do CTN, se a*

*responsabilidade fosse por substituição, em que a exclusão do contribuinte é sempre irreversível; b) o simples não-pagamento do crédito tributário, pela devedora originária, não responsabiliza o administrador respectivo, cabendo ao sujeito ativo interessado provar que aquele agiu dolosamente (com excesso de poderes ou infração de lei, contrato social ou estatutos) no não satisfazer o crédito tributário; c) a simples falta de recursos financeiros não atribuível ao administrador, ou a decretação judicial da falência da devedora originária, sem a conseqüente condenação do administrador por crime falimentar, não o responsabilizam tributariamente".*[202]

*"A responsabilidade tributária dos administradores, prevista no art. 135, III, do CTN, não é por substituição, mas meramente subsidiária, de vez que não fica a pessoa jurídica, devedora originária, excluída da obrigação, e, conseqüentemente, também não é solidária, porque esta, segundo o art. 896 do Código Civil Brasileiro, não se presume, devendo resultar sempre de expressa disposição de lei, no caso inexistente. Por ser a referida responsabilidade subjetiva e não objetiva, o simples não-pagamento do crédito tributário, pela devedora originária, não responsabiliza, por si só, o administrador respectivo, cabendo ao sujeito ativo interessado provar, caso a caso, para que a responsabilidade se configure, que o não-pagamento do crédito tributário decorreu de ação abusiva ou exorbitante do administrador, com excesso de poderes ou infração de lei, contrato social ou estatutos. ...".*[203]

*"Sociedades por quotas, de responsabilidade limitada, classificam-se como sociedades 'mistas' e não 'de pessoas', não se lhes aplicando o disposto no art. 134, VII, do CTN. A responsabilidade tributária dos administradores, prevista no art. 135, III, do CTN, não é, nem por substituição, de vez que não fica a pessoa jurídica, devedora originária, excluída da obrigação, e, tampouco, solidária, porque esta, segundo o art. 896 do Código Civil Brasileiro, não se presume, devendo resultar sempre de expressa disposição de lei, no caso inexistente. Conseqüentemente, é a responsabilidade do administrador meramente subsidiária, desde que presentes os pressupostos fácticos previstos no citado art. 135 ("excesso de poderes ou infração de lei, contrato social ou estatutos"), com prova a inteiro cargo do sujeito ativo, não se lhe aplicando o disposto no art. 125 do mesmo Código. Portanto, se, contra o administrador de pessoa jurídica de direito privado, não for ajuizada a competente ação de cobrança no prazo a que se refere o art. 174 do CTN, a prescrição se consumará fatalmente, não tendo a ocorrência, contra a pessoa jurídica, de qualquer das causas a que se refere seu parágrafo único, o condão de interromper a prescrição contra seus administradores".*[204]

Esse entendimento vem de ser adotado, recentemente, pelo Egrégio 1º Grupo Cível do TJERS, em ementa assim posta pelo eminente Des. GENARO JOSÉ BARONI BORGES:[205]

*"1. É da pessoa jurídica e não dos sócios a obrigação de recolher tributos devidos pela empresa. Por isso só respondem pelo débito, e excepcionalmente, o diretor ou o sócio-gerente quando a eles imputável ato doloso ou culposo praticado com excesso de mandato ou infração à lei, ao contrato e aos estatutos. Por não se cuidar de responsabilidade objetiva, 'in re ipsa', não prevalece a simples presunção, impondo-se apurado o ato ilícito para só então desviar o rumo da execução fiscal. 2. Importa para determinar a espécie de responsabilidade subsidiária do sócio ou gerente, não o efeito (não-pagamento), mas a causa deste. 3. É subsidiária e não solidária a responsabilidade tributária dos sócios, gerentes ou representantes de pessoas jurídicas de direito privado. 4. A responsabilidade subsidiária não institui a solidariedade, e esta não se presume. 5. Não havendo solidariedade, não incide o que dispõe o art. 135, inc. III, do CTN, que é um de seus efeitos, não aproveitando para interromper a prescrição contra*

---

[202] AC e RN nº 70000015909, 1ª Câmara Especial Cível do TJRS, 28/10/99, Rel. Des. Roque Joaquim Volkweiss.
[203] AC e RN nº 70000016949, 1ª Câmara Especial Cível do TJRS, 28/03/00, Rel. Des. Roque Joaquim Volkweiss.
[204] AC nº 70000552901, 1ª Câmara Especial Cível do TJRS, 28/06/00, Rel. Des. Roque Joaquim Volkweiss.
[205] EI nº 70000931154, 15/09/00, Rel. Des. Genaro José Baroni Borges.

*o responsável subsidiário a citação da empresa devedora. 6. O redirecionamento da execução fiscal contra um dos sócios quando decorridos mais de 5 anos desde a citação da pessoa jurídica, autoriza a declaração da prescrição".*

Igual entendimento vem de ser sufragado pela 1ª Seção do Egrégio TRF da 4ª Região,[206] tendo como Relator o eminente Desembargador Federal VILSON DARÓS, que, baseado em sua larga experiência e cultura, e fazendo, inclusive, referência ao entendimento que vimos adotando no TJERS, onde a tese é vencedora, assim consubstanciou o seu judicioso voto, já repetido em outras oportunidades:

*"Minha posição, até recente data, era no sentido de que o não recolhimento do tributo sinaliza ao Fisco que a empresa está em condições de garantia da dívida, razão suficiente para o patrimônio do sócio-gerente, diretor ou representante fosse alcançado para tal fim. Fundamentava minha decisão no fato de que o não-pagamento do tributo constituía infração à lei. Porém, em estudo mais apurado da matéria, rendo-me à forte tendência doutrinária e jurisprudencial que se solidifica em sentido diverso, ..."*

Como última conclusão, tem-se, pois, que a *modalidade*, *espécie* ou *grau de intensidade* da responsabilidade tributária das pessoas previstas nos incisos I e III do art. 135 do Código Tributário, é meramente *subsidiária* ou *supletiva*, o que traz como efeito, também, que:

a) somente após infrutífera demanda judicial contra a devedora originária (sociedade), é que podem as referidas pessoas ser acionadas; e

b) não se lhes aplica o disposto no art. 125 do Código (como a *interrupção à prescrição*), que trata, tão-somente, de responsabilidade *solidária*.

---

[206] Embargos Infringentes em AC nº 96.04.33210-4/PR.

# Capítulo XV

# RESPONSABILIDADE POR INFRAÇÕES EM MATÉRIA TRIBUTÁRIA

## 1. Figuras mais comuns, relativamente às "infrações", em matéria tributária

**Infração** é a violação, tanto por *ação* como por *omissão*, à regra jurídica. Em nossa disciplina jurídica pode ela constituir apenas *infração tributária comum* (quando considerada como tal exclusivamente pelo direito tributário) e, ao mesmo tempo, *crime* ou *contravenção* (quando, também, contemplada pelo direito criminal ou contravencional). Seja *infração tributária comum*, seja infração envolvendo *crime* ou *contravenção em matéria tributária*, seu regramento e princípios vêm de outra disciplina jurídica, aplicável como sanção a todos os ramos do direito: o *direito penal*. Aqui, contudo, nos interessam, tão-somente, as normas de *direito penal* aplicáveis como *repressão* ou *sanção* a ilícitos ou infrações de *natureza tributária*.

As do primeiro tipo (*infrações tributárias comuns*) são puníveis exclusivamente pelas autoridades administrativas do sujeito ativo (Poder Executivo) competente, com base nas *normas penais* (de repressão) previstas no direito *tributário*, punições que, no entanto, estão sempre sujeitas à revisão do Poder Judiciário, enquanto as do segundo tipo (infrações tributárias consistentes em *crimes* e *contravenções*) são puníveis exclusivamente pelas autoridades judiciárias, com base, porém, nas *normas de direito criminal*, previstas como *sanções* aos ilícitos tipificados no direito criminal ou contravencional. Essa situação estava bem clara no anteprojeto do Código Tributário:

"Art. 272: ...

§ 1º *Quando um mesmo fato constitua simultaneamente infração da legislação tributária e da lei criminal, serão independentes uma da outra, na sua apreciação, as jurisdições administrativa e judicial, nos limites de suas respectivas competências; mas na jurisdição administrativa não se poderá questionar sobre a existência, a capitulação legal, a autoria, as circunstâncias materiais e a natureza e extensão dos efeitos de fato já apreciado, sob esses aspectos, por decisão judicial definitiva e passada em julgado".*

As *infrações tributárias comuns* podem ser:

a) *materiais*, quando atentarem contra a obrigação tributária *principal* (não pagar o tributo, tal como definido no § 1º do art. 113 do Código, daí resultando a exigência do *tributo* e da *pena pecuniária* respectiva), ou, como define o parágrafo único do art. 1º da Lei nº 6.537/73 (do RS), quando determinarem *lesão aos cofres públicos*; e

b) *formais*, quando atentarem contra a obrigação *acessória* (qualquer *outra* obrigação, que não seja *pagar*, tal como definido no § 2º do citado art. 113, daí resultando apenas a exigência de *multa* ou *penalidade pecuniária*), ou, como esclarece o mesmo dispositivo da lei rio-grandense, *quando independerem de resultado* (não provocando lesão aos cofres públicos, ou seja, não determinem prejuízo *tributário* ao erário).

Podem as *infrações tributárias materiais comuns*, por sua vez, ser *simples*, quando destituídas de intenção de fraudar o direito do fisco ao crédito tributário, e *qualificadas*, quando decorrentes de ação *dolosa*, visando *intencionalmente* o retardamento ou não-pagamento do tributo devido.

A concepção tradicional da *infração tributária material comum* (que a define como ato atentatório à *obrigação principal*), em confronto com as disposições contidas na lei do RS (que a define como determinante de *lesão aos cofres públicos*), decorre do ângulo pelo qual se aprecia a *infração*: enquanto a primeira leva em conta a *causa* que a provoca (tipo de obrigação infringida, se *principal* ou *acessória*), a segunda leva em conta o seu *efeito* ou *resultado* (se provoca, ou não, lesão *tributária* aos cofres públicos). É preciso ter presente, para bem se entender a razão do enfoque dado pela lei gaúcha, que a finalidade do *tributo* é fornecer ao Estado meios necessários à sua atuação e sobrevivência, resultando sua falta em lesão aos seus cofres, enquanto, para ela, a finalidade da *multa* ou *penalidade pecuniária* é, apenas, punir o infrator, e não suprir o erário de meios financeiros à sua atuação e sobrevivência, daí não resultando, pois, *lesão*, no seu sentido técnico.

A propósito, assim estabelece a citada lei (nº 6.537/73) do RS, para o efeito de distinguir três formas diferentes com que pode se apresentar a *infração* (*tributária*) *material* (*comum*):

"Art. 7º:
*Quanto às circunstâncias de que se revestem, as infrações materiais são havidas como:*

I - qualificadas, quando envolvam falsificação ou adulteração de livros, guias ou documentos exigidos pela legislação tributária, inserção neles de elementos falsos ou utilização dolosa de documentário assim viciado, bem como quando a lei, ainda que por circunstâncias objetivas, assim as considere;

II - privilegiadas, quando o infrator, antecipando-se a qualquer medida administrativa, informe a servidor a quem compete a fiscalização, na forma prevista na legislação tributária, todos os elementos necessários ao conhecimento da infração, tanto qualificada como básica;

III - básicas, quando não se constituam em infrações qualificadas ou privilegiadas.

Os efeitos da infração (*sanções*) são sempre previstos em lei (cf. art. 97, V). Aliás, já referimos alhures que *todos os ramos do direito possuem normas penais*, buscadas num único ramo, chamado *direito penal* (que define as sanções ou punições e sua forma e dosagem de aplicação), que não deve ser confundido com o direito *criminal* ou *contravencional* (que apenas define o que é crime ou contravenção). Em outras palavras, de um mesmo lado se encontram todos os ramos do direito que estabelecem condutas sociais (*normas de conduta*), onde está, também, o direito criminal, e, de outro lado, o *direito penal*, que é o repressivo de todos aqueles (*normas de repressão*), cominando-lhes as *sanções* pelo descumprimento de suas normas.

Há várias figuras ligadas às *infrações tributárias comuns*, de interesse de nosso estudo, e que o Código utiliza com freqüência. São elas, em resumo:

a) ***dolo:*** que pode ser *específico* ou *direto*, quando o agente quer o ato e o resultado ilícitos, e *eventual* ou *indireto*, quando o agente quer o ato, mas não o resultado ilícito, assumindo, no entanto, conscientemente, o risco de produzi-lo, embora não o deseje. Essa circunstância caracteriza a infração *qualificada*;

b) ***culpa:*** configura-se quando o agente quer apenas o ato, mas não o resultado ilícito, podendo este, no entanto, decorrer, ou de *negligência*, ou de *imprudência*, ou de *imperícia* do seu agente. A diferença da culpa para o dolo eventual está no fato de, neste, o agente assumir o risco de produzi-lo, e, naquele, não;

c) ***dissimulação:*** ver, abaixo, ***simulação***;

d) ***evasão:*** é qualquer conduta visando a impedir ou retardar o pagamento de tributo (devido). Pode ser *lícita* (chamada de *"elisão fiscal"*) e *ilícita* (que podemos chamar de *"elusão fiscal"*, embora sendo expressão de pouco uso), conforme se aja, respectivamente, com o propósito de retardar ou de evitar *a prática do fato gerador* (não distribuir lucro num determinado ano, para não pagar IR, distribuindo-o no ano seguinte), ou com o propósito de retardar ou de evitar *o pagamento do tributo, após praticado o fato gerador respectivo*, já devido, portanto;

e) ***fraude:*** é toda ação ou omissão dolosa visando, mediante artifícios, à evasão ilícita. Segundo o art. 72 da Lei (federal) nº 4.502/64 (que institui e disciplina a arrecadação do IPI), *"fraude é toda ação ou omissão dolosa tendente a impedir ou retardar, total ou parcialmente, a ocorrência do fato gerador da obrigação tributária principal, ou excluir ou modificar as suas características essenciais, de modo a reduzir o montante do imposto devido, ou a evitar ou diferir o seu pagamento"*. Essa definição não é muito precisa, mas o que ela realmente quer dizer não é que o *impedir* ou o *retardar* a ocorrência do fato gerador da obrigação principal sejam atos *fraudulentos*, mas, sim, o impedir que a prática de um fato gerador (já praticado) chegue ao conhecimento do fisco, o que, no fundo, é a figura seguinte, da *sonegação*;

f) **sonegação:** é, tecnicamente, toda ação ou omissão *dolosa* visando a *ocultar* (sonegar), à autoridade fiscal, a prática de um fato gerador ou outro elemento que afete a obrigação tributária principal. A Lei nº 8.137/90, *que define os crimes contra a ordem tributária*, agrupa várias condutas ilícitas, inclusive a sonegação, a apropriação indébita, a fraude e outras condutas ilícitas que, antes, eram tratadas pela Lei nº 4.729/65 (que definia a sonegação) e outras:
*"fazer declaração falsa ou omitir declaração sobre rendas, bens ou fatos, ou empregar outra fraude, para eximir-se, total ou parcialmente, de pagamento de tributo; deixar de recolher, no prazo legal, valor de tributo ou de contribuição social, descontado ou cobrado, na qualidade de sujeito passivo de obrigação e que deveria recolher aos cofres públicos; exigir, pagar ou receber, para si ou para o contribuinte beneficiário, qualquer percentagem sobre a parcela dedutível ou deduzida de imposto ou de contribuição como incentivo fiscal; deixar de aplicar, ou aplicar em desacordo com o estatuído, incentivo fiscal ou parcelas de imposto liberadas por órgão ou entidade de desenvolvimento; e utilizar ou divulgar programa de processamento de dados que permita ao sujeito passivo da obrigação tributária possuir informação contábil diversa daquela que é, por lei, fornecida à Fazenda Pública";*

g) **simulação** (ou **dissimulação**)**:** é dar a aparência de lícito a determinado ato que, na verdade, oculta um ilícito. Dá-se ao ato uma aparência diversa daquela que realmente possui. Envolve conduta ilícita, disfarçada em lícita. São elementos da *simulação*: aparência externa ou ostensiva do ato, diversa da do seu real conteúdo, obtida com a participação de outrem, inclusive da autoridade fazendária. A propósito dessa figura, recomendamos os comentários que fizemos ao parágrafo único do art. 116 do Código Tributário, que se concentra na figura da *dissimulação*, que, no fundo, possui os mesmos efeitos;

h) **conluio:** é o ajuste doloso, entre duas ou mais pessoas, naturais (físicas) ou jurídicas, visando ao ato ilícito;

i) **contrabando:** é, segundo o art. 334 do Código Penal, o ato de *"importar ou exportar mercadoria proibida"* (é pressuposto, portanto, que a mercadoria seja de importação ou exportação proibida, nada tendo a ver, portanto, com o objetivo do não-pagamento do tributo em si, que é a figura seguinte);

j) **descaminho:** é, segundo o mesmo artigo 334, do Código Penal, *"iludir, no todo ou em parte, o pagamento de direito ou imposto devido pela entrada,* *pela saída ou pelo consumo de mercadoria"* (este ilícito, sim, tem a ver com o não-pagamento do tributo devido sobre mercadoria estrangeira).

## 2. Configuração da "responsabilidade por infrações"

Sob esse título o Código trata, apenas, da *responsabilidade* pelas conseqüências *penais* (*sanções*) dos atos ilícitos em matéria tributária. Nada tem a ver, portanto, com a *responsabilidade* pelo *tributo* em si, mas sim com os *efeitos penais* (*punições* ou *sanções*) decorrentes do seu não-pagamento no tempo legalmente previsto.

A palavra *responsabilidade* (aqui ligada a *infrações*) não possui o sentido de *dever* atribuído a um terceiro (em oposição à palavra *contribuinte*, na definição do parágrafo único do art. 121), mas ao *dever* que tem qualquer pessoa (seja sujeito passivo *direto*, seja *indireto*) de assumir e arcar com as conseqüências *penais* decorrentes da prática de um *ato ilícito* em matéria tributária, seja por autoria, por co-autoria, seja, ainda, por sub-rogação nas obrigações de alguém (sucessão, por exemplo).

Já vimos que a infração tributária pode ser *simples* (punível, pelo sujeito ativo, exclusivamente pelas normas penais do direito tributário, sujeitas, porém, sempre à revisão da autoridade judiciária) e, ao mesmo tempo, *crime* ou *contravenção* (punível pelas normas penais aplicáveis ao direito criminal ou contravencional, mas pelas autoridades judiciárias).

Assim estabelece, a propósito da matéria, o Código Tributário:

**Art. 136:**

***Salvo disposição de lei em contrário*** (podendo ser adotada outra disciplinação, pela lei ordinária)***, a responsabilidade*** (dever de arcar com as conseqüências penais) ***por infrações*** (atos ilícitos, contrários à conduta previamente estabelecida por regra normativa) ***da legislação tributária*** (*legislação* é gênero, compreendendo todas as fontes do direito tributário, cf. art. 96 do Código) ***independe*** (nada tem a ver) ***da intenção*** (vontade) ***do agente*** (de quem pratica o ato, como *contribuinte*) ***ou do responsável*** (terceiro)***, e da efetividade*** (efetiva configuração)***, natureza*** (tipo) ***e extensão*** (até que ponto se fazem sentir) ***dos efeitos*** (conseqüências) ***do ato*** (isto é, se houve, ou não, prejuízo ao fisco, se o agente se arrependeu depois, etc.).

Lembramos, aqui, o que já dissemos a respeito da *responsabilidade* pelo pagamento das *multas* ou *penalidades pecuniárias* nas *sucessões*, tanto *"causa mortis"* (do art. 131, II e III) como *"inter vivos"* (dos arts. 131, I, 132 e 133): entendemos que, por força deste art. 136, o *sucessor* responde, *também*, pelas *infrações* cometidas pelo *sucedido* (antecessor), o que, de resto, vem sendo amplamente confirmado, como justificamos ao ensejo dos comentários ao art. 133, pelos Tribunais Superiores.

Art. 137:
*A responsabilidade* (pelos efeitos infracionais do ato) *é pessoal ao agente* (atendendo ao princípio penal de que a punição não deve passar da pessoa do infrator: só quem age para a configuração do ilícito é que deve arcar com suas conseqüências penais):

*I - quanto às infrações* (atos ilícitos) *conceituadas* (definidas) *por lei* (não a tributária, mas a criminal ou a contravencional) *como crimes* (como tais considerados, os atos atentatórios à vida, ao patrimônio, à segurança, etc.) *ou contravenções* (atos ou condutas que, pela sua natureza, podem vir a resultar em crime, embora diretamente representem apenas uma ameaça)*, salvo quando praticadas no exercício regular de administração, mandato, função, cargo ou emprego, ou no cumprimento de ordem expressa emitida por quem de direito* (caso em que o agente fica excluído da responsabilidade, devendo, então, ser responsabilizados os diretamente envolvidos, como mandantes);

II - quanto às infrações em cuja definição (tipificação ou previsão legal) *o dolo* (vontade de querer o ato e o resultado ilícitos) *específico* (direto) *do agente* (de quem pratica o ato) *seja elementar* (essencial para a caracterização do ilícito);

*III - quanto às infrações que decorrem direta e exclusivamente de dolo específico* (ou *direto*):

*a) das pessoas referidas no art. 134* (pais, tutores, curadores, administradores de bens de terceiros, inventariantes, síndicos, comissários, tabeliães, escrivães, serventuários de ofício e sócios de sociedades de pessoas) *contra aquelas por quem respondem* (respectivamente: filhos menores, tutelados, curatelados, etc.);

*b) dos mandatários* (procuradores)*, prepostos* (representantes de pessoas) *ou empregados, contra seus mandantes* (que lhes passam procuração) *, preponentes* (que indicam prepostos) *ou empregadores* (que empregam assalariados);

*c) dos diretores, gerentes ou representantes de pessoas jurídicas de direito privado* (administradores)*, contra estas* (administradas).

## 3. Hipóteses de exclusão da "responsabilidade por infrações"

Assim estabelece o Código a respeito da *denúncia espontânea* da infração, tida como excludente ou afastadora da *responsabilidade penal* (tanto para os efeitos do direito tributário como para os do direito criminal ou contravencional, mas com uma advertência: o que se exclui é, tão-somente, a responsabilidade pela *infração*, e não pelo *tributo* devido):

**Art. 138:**
***A responsabilidade*** (pelos efeitos da *infração* já cometida) ***é excluída*** (afastada) ***pela denúncia*** (confissão) ***espontânea*** (por iniciativa do próprio infrator, enquanto não estiver sob ação fiscal, comprovada via lavratura do termo do início de fiscalização, com a ciência do sujeito passivo, na forma do art. 196 do Código) ***da infração*** (ato ilícito)***, acompanhada*** (é condição para a eficácia da denúncia espontânea)***, se for o caso*** (quando houver tributo a pagar, porque, às vezes, a infração é relacionada somente com obrigações acessórias, em que não há tributo envolvido), ***do pagamento*** (recolhimento integral, ou, como vem entendendo o STJ, pelo seu pedido de pagamento parcelamento) ***do tributo devido e dos juros de mora*** (e, segundo leis ordinárias, da multa moratória ou espontânea, em relação à qual, porém, o Judiciário vem se manifestando como indevidas, conforme abaixo se referirá, por falta de previsão no presente artigo)***, ou do depósito*** (que não é pagamento, mas mera garantia) ***da importância arbitrada*** (estimada como devida) ***pela autoridade administrativa*** (sujeito ativo respectivo)***, quando o montante do tributo dependa de apuração*** (quando, desde logo, não se sabe o valor exato da base de cálculo a adotar, dependendo, pois, de apuração, como, por exemplo, se o contribuinte pretende legalizar produto trazido do exterior, cuja importação não seja proibida).

***Parágrafo único. Não se considera espontânea*** (pelo que é, então, cabível a multa *punitiva*, decorrente de autuação fiscal) ***a denúncia*** (confissão, pelo saneamento da infração) ***apresentada*** (providenciada) ***após o início de qualquer procedimento administrativo ou medida de fiscalização, relacionados com a infração*** (o que, como se disse nos comentários ao *"caput"* desse artigo, fica demarcado com a lavratura, pelo fisco, do termo de início de exame de escrita previsto no art. 196, não valendo simples registros internos da repartição, de que a fiscalização já havia sido iniciada, sendo imprescindível a prévia ciência respectiva ao contribuinte).

Como se vê, a *denúncia espontânea* (reconhecimento do erro, com a conseqüente correção ou saneamento do ato infracional) é, para fins de *exclusão* da responsabilidade *por infrações*, condicionada, tão-somente, ao pagamento do tributo eventualmente devido e dos juros de mora. No entanto, praticamente todas as *leis ordinárias* de tributos obrigam o denunciante, em casos tais, também ao pagamento de *multa de mora*, ou, o que é pior, *condicionam* ainda, indevidamente (porque o art. 138, como norma de hierarquia superior, não autoriza essa imposição), a eficácia da denúncia (como o faz o art. 18 da Lei nº 6.537/73, do RS), à sua comunicação *"por escrito à autoridade local encarregada da fiscalização, com a descrição da infração cometida e, sendo o caso, da matéria tributável, juntando prova do pagamento do tributo e acessórios devidos"*.

Não sendo, pois, a *multa de mora* expressamente prevista no Código, que, ao contrário, a *exclui* (ao estabelecer que *a responsabilidade é excluída pela de-*

*núncia espontânea da infração*), não pode ser ela exigida, conforme já pacificado pelos Tribunais Superiores:

"Sem antecedente procedimento administrativo descabe a imposição de multa. Exigi-la, seria desconsiderar o voluntário saneamento da falta, malferindo o fim inspirador da denúncia espontânea e animando o contribuinte a permanecer na indesejada via da impontualidade, comportamento prejudicial à arrecadação da receita tributária, principal objetivo da atividade fiscal".[207]

"Na hipótese de denúncia espontânea, realizada formalmente, com o devido recolhimento do tributo, é inexigível a multa de mora incidente sobre o montante da dívida parcelada, por força do disposto no art. 138 do CTN".[208]

"No pagamento do tributo sem antecedente procedimento administrativo, descabe a imposição de multa, caracterizando-se a denúncia espontânea".[209]

"Em sendo deferido o pedido de parcelamento, não havendo qualquer procedimento administrativo em curso, tem-se como configurada a denúncia espontânea, nos termos do art. 138, do CTN".[210]

"O contribuinte do ISS, que denuncia espontaneamente ao fisco o seu débito em atraso, recolhido o montante devido, com juros de mora e correção monetária, está exonerado da multa moratória, nos termos do art. 138 do CTN".[211]

"Na forma da jurisprudência do Superior Tribunal de Justiça, a denúncia espontânea exclui a aplicação da multa moratória (CTN, art. 138), mesmo em se tratando de imposto sujeito a lançamento por homologação".[212]

"O exercício, anterior a qualquer procedimento administrativo, de ação declaratória negativa de obrigação tributária traduz denúncia espontânea capaz de elidir pagamento de multa moratória. (CTN, art. 138)".[213]

"O preenchimento da GIA não exclui o benefício previsto no artigo 138 do CTN; enquanto a Fazenda Pública não extrair da impontualidade os efeitos próprios, seja notificando o contribuinte a recolher o débito, seja inscrevendo esse débito em dívida ativa, o pagamento do tributo caracteriza a denúncia espontânea".[214]

"O CTN não distingue entre multa punitiva e multa simplesmente moratória; no respectivo sistema, a multa moratória constitui penalidade resultante de infração legal, sendo inexigível no caso de denúncia espontânea, por força do artigo 138, mesmo em se tratando de imposto sujeito a lançamento por homologação".[215]

"O CTN não distingue entre multa punitiva e multa simplesmente moratória; no respectivo sistema, a multa moratória constitui penalidade resultante de infração legal, sendo inexigível no caso de denúncia espontânea, por força do art. 138".[216]

---

[207] REsp nº 272443/SP, 10/10/00, 1ª Turma, STJ, DJ de 05/02/01, p. 81.
[208] Embargos de Divergência no REsp nº 180700/SC, 27/09/00, 1ª Seção, DJ de 25/06/01, p. 99.
[209] Embargos de Divergência no REsp nº 190669/SC, 09/05/01, 1ª Seção, DJ de 04/06/01, p. 52. Ver: STJ, ERESP 193530/RS, ERESP 183313/RS, AERESP 227869/SC.
[210] Embargos de Divergência no Resp nº 184116/SC, 27/06/01, 1ª Seção, DJ de 15/10/01, p. 228.
[211] RE Nº 106068/SP, julg. em 06/08/85, 1ª Turma, STF (DJU de 23/08/85, p. 13781, Em. vol. 1388-02, p. 385).
[212] REsp nº 172816/SP, 2ª Turma, STJ (DJU 21.09.1998, p. 147).
[213] REsp nº 121459/MG, 1ª Turma, STJ (DJU 13.10.1998, p. 16).
[214] Embargos de Declaração no REsp nº 169877/SP, 15-09-1998, 2ª Turma, STJ, DJ de 13/10/98, p. 71, RDDT vol. 40, p. 139.
[215] REsp nº 169877/SP, 04/08/98, 2ª Turma, STJ, DJ de 24/08/98, p. 64. Veja: RESP 9421-PR, STJ, RE 79625, RE 106068-SP, STF.
[216] REsp nº 16672/SP, de 05-02-96, 2ª Turma, STJ (DJU de 04-03-96, p. 5394, e RDDT nº 8, p. 131/3).

Também o pedido de pagamento parcelado do crédito tributário, efetuado antes de qualquer ação fiscal, tem os mesmos efeitos da confissão espontânea da dívida, prevista no art. 138 do Código, merecendo, conforme vários precedentes do STJ e outros, a exclusão da responsabilidade pela infração material, vale dizer, libera o denunciante da eventual multa ou penalidade pecuniária. Vejam-se as seguintes ementas, entre tantas outros, que exigem, principalmente em épocas de crise, como a que estamos vivendo, tratamento fiscal diferenciado ao pagador bem intencionado:

"É entendimento pacífico da egrégia 1ª Seção deste STJ que restará configurada a hipótese de denúncia espontânea prevista no artigo 138 do CTN quando houver parcelamento do débito, com a conseqüente exclusão da multa moratória. Impende a aplicação, 'in specie', do verbete sumular nº 168, que determina que 'não cabem embargos de divergência, quando a jurisprudência do Tribunal se firmou no sentido do acórdão embargado'".[217]

"Para os efeitos do art. 138, do CTN, configura-se denúncia espontânea a confissão de dívida, pelo contribuinte, efetivada antes de 'qualquer procedimento administrativo ou medida de fiscalização' e acompanhada, se for o caso, do pagamento do tributo devido e dos juros de mora. Procedendo o contribuinte à denúncia espontânea de débito tributário em atraso, com o devido recolhimento do tributo, é afastada a imposição da multa moratória. Mas o simples parcelamento do débito, mesmo que deferido pela autoridade competente, sem o efetivo pagamento das frações, não é suficiente para caracterizar a denúncia espontânea prevista pelo art. 138, do CTN".[218]

"Não incide a multa moratória na hipótese de parcelamento do débito deferido pelo Fisco e sem a existência de prévio procedimento administrativo contra o contribuinte".[219]

"Não havendo procedimento administrativo em curso contra o contribuinte pelo não-recolhimento do tributo, deferido o pedido de parcelamento, está configurada a denúncia espontânea, que exclui a responsabilidade do contribuinte pela infração".[220]

"ICMS. Considera-se denúncia espontânea, para os efeitos do art. 138 do CTN, a confissão de dívida, efetivada antes de "qualquer procedimento administrativo ou medida de fiscalização". Em havendo parcelamento, exclui-se a responsabilidade, se o contribuinte efetuou oportuna denúncia espontânea da infração tributária. Em tal hipótese, não se cogita em pagamento integral do tributo devido, ou depósito de seu valor".[221]

"Considera-se denúncia espontânea, para os efeitos do art. 138, do CTN, a confissão de dívida efetivada antes de 'qualquer procedimento administrativo ou medida de fiscalização'. Em havendo parcelamento, exclui-se a responsabilidade, se o contribuinte efetuou oportuna denúncia espontânea da infração tributária. Em tal hipótese, não se cogita em pagamento integral do tributo devido, ou depósito de seu valor".[222]

"A exigência do pagamento de multa punitiva, nos casos de confissão de dívida, acompanhada do pedido de parcelamento, sem que tenha havido qualquer ato da fiscalização ou se iniciado procedimento administrativo, importa em violação ao art. 138, do 'Codex' Tributário".[223]

---

[217] Embargos de Divergência no Resp nº 191195/RS, 18/06/01, 1ª Seção, DJ de 08/10/01, p. 158.

[218] Agravo Regimental no REsp nº 206173/PE, 21/03/00, 1ª Turma, DJ de 02/05/00, p. 104, RT 780/214. Ver: STJ, RESP 111470-SC, RESP 36796-SP, RESP 84413-SP; STF: RE 175739/SP.

[219] Agravo Regimental no REsp nº 110653/DF, 13/03/01, 2ª Turma, DJ de 04/06/01, p. 84.

[220] REsp nº 227225/RS, 19/10/99; 1ª Turma, STJ; DJU de 29/11/99, p. 138, e RDDT nº 53, p. 213/4.

[221] Agravo Regimental no Agravo de Instrumento nº 247408/SP; 11/04/00, 2ª Turma, STJ; DJU de 15/05/00, p. 153 e RDDT nº 58, p. 197.

[222] REsp nº 201971/SC, 02/12/99, DJU de 21/02/00, p. 94.

[223] REsp nº 246457/RS, 2ª Turma, STJ, 06/04/00, DJU de 08/05/00, p. 86.

*"O pedido de parcelamento de débito tributário, formulado antes de qualquer iniciativa do Fisco, caracteriza denúncia espontânea para os efeitos do art. 138 do CTN. A lei faculta ao contribuinte liquidar a sua dívida em prestações e a denúncia só precisa ser acompanhada do pagamento do tributo devido e dos juros de mora 'se for o caso'".*[224]

*"Não obstante o artigo 138 do CTN refira-se expressamente ao pagamento, se a legislação tributária autoriza seja o pagamento realizado de forma diferida, parece razoável concluir que se o contribuinte confessa espontaneamente que deve ao Fisco, e dispõe-se a efetivar o pagamento nas condições autorizadas pela lei, ou seja, parceladamente, deve ele receber o mesmo tratamento dispensado àquele que confessa e paga integralmente o débito. Por razões óbvias, exige-se apenas que a denúncia, em qualquer caso, não seja precedida de processo administrativo ou fiscalização tributária, porque isso retiraria do procedimento a espontaneidade, que é exatamente o que o legislador tributário buscou privilegiar ao editar o artigo 138 do CTN. A compensação dos valores já recolhidos a título de multa com parcelas vincendas dos parcelamentos é inviável, por ausência de autorização legal".*[225]

O ilustrado Prof. e Juiz Federal do TRF da 4ª Região LEANDRO PAULSEN,[226] assim manifesta sua impressão acerca do posicionamento do Judiciário a respeito da matéria:

*"A posição que nos parece atualmente dominante, adotada pela 1ª e 2ª Turmas do STJ e pela 1ª Seção do TRF da 4ª Região, é no sentido de que o parcelamento enseja a aplicação do art. 138 do CTN, não sendo óbice o fato de que o contribuinte paga de pronto apenas uma parcela e não a totalidade da dívida. Tal conclusão baseia-se no fato de que só pode ser exigido o pagamento integral 'se for o caso', ou seja, se não estivermos cuidando de hipótese em que é facultado ao contribuinte parcelar sua dívida. Outro fundamento invocado é o de que não se pode punir o contribuinte pelo exercício de um direito, qual seja, o direito de valer-se do parcelamento que a legislação permite; se a própria lei admite o pagamento parcelado, pode o contribuinte liberar-se da sua obrigação mediante o pagamento em parcelas, não sendo dado ao Fisco exigir-lhe o todo para fins de afastamento da multa. Pode-se entender, pois, que resta suspensa a Súmula 208 do extinto TFR, até há pouco largamente aplicada por todos os TRFs. Entretanto, há julgados recentes, inclusive do STJ, também no sentido contrário, mantendo o entendimento da Súmula 208 do TFR".*

No entanto, para que haja a exclusão da multa moratória nos casos de pagamento parcelado, não basta o seu simples deferimento. Necessário é, ainda que o pagamento seja efetuado em seus vencimentos. Decisões nesse sentido são, entre outras, as seguintes, do STJ:

*"Denúncia espontânea. Parcelamento deferido mas não implementado. Multa moratória. Incidência. Para fazer jus ao benefício do art. 138 do CTN, é preciso que a denúncia espontânea seja acompanhada do pagamento devido, porquanto, o simples deferimento do parcelamento não substitui o pagamento. Precedentes".*[227]

*"Para fazer jus ao benefício do art. 138 do CTN, é preciso que a denúncia espontânea seja acompanhada do pagamento devido, porquanto, o simples deferimento do parcelamento não substitui o pagamento".*[228]

---

[224] TRF da 4ª Região, 1ª Seção, EIAC 97.04.002600-5/SC, Rel. para o acórdão, Juiz Amir Sarti, maio de 2000.

[225] AC nº 1999.04.01.082278-8/SC, Juíza Tania Terezinha Cardoso Escobar, 03/02/00; 2ª Turma, TRF 4ª Região; DJU 2-E de 29/03/00, p. 59, e RDDT nº 58, p. 196/7.

[226] in "Direito Tributário - Constituição e Código Tributário à luz da Doutrina e da Jurisprudência", Livraria do Advogado e Esmafe, Porto Alegre, 2001, 3ª edição, p. 692.

[227] Embargos de Divergência em REsp nº 174746/GO, 1ª Seção, STJ, 29/05/01, DJU de 17/09/01, p. 102, RDDT nº 74, p. 222/3.

[228] Embargos de Divergência no REsp nº 174746/GO, 29/05/01, 1ª Seção, DJ de 17/09/01, p. 102. Ver: STJ AGRESP 206173-PE (RT 780/214).

*"Procedendo o contribuinte à denúncia espontânea de débito tributário em atraso, com o devido recolhimento do tributo, ainda que de forma parcelada, é afastada a imposição da multa moratória. Da mesma forma, se existe comprovação nos autos de que inocorreu qualquer ato de fiscalização que antecedesse a realização da denúncia espontânea, deve-se excluir o pagamento da multa".[229]*

*"Na hipótese de denúncia espontânea, realizada formalmente, com o devido recolhimento do tributo, é inexigível a multa de mora incidente sobre o montante da dívida parcelada, por força do disposto no art. 138 do CTN".[230]*

*"Somente a denúncia espontânea não possibilita o afastamento da multa. É necessário também que se verifique o pagamento ou parcelamento do débito".[231]*

Não têm os Tribunais, no entanto, entendimento uniforme quanto à exclusão da infração quando se tratar de infração a obrigações tributárias *acessórias* (na verdade, *deveres acessórios*, como, por exemplo, não escriturar livros fiscais, não prestar informações ao fisco, e outras que, a teor do § 2º do art. 113 do Código, não se relacionam com o pagamento do tributo propriamente dito), permitindo a cobrança da multa *punitiva*, mesmo que o contribuinte venha a regularizar a situação antes da ação fiscal.

Não pensamos assim. Para nós, a denúncia espontânea de qualquer *infração*, seja ela relacionada com a obrigação principal (*material*), seja ela relacionada com a obrigação acessória (*formal*), exclui sempre a multa *punitiva*, porque o art. 138 do Código não distingue uma situação da outra e, onde a lei não distingue, não compete ao intérprete distinguir. Quando o dispositivo determina que *"a responsabilidade é excluída pela denúncia espontânea da infração, acompanhada, se for o caso, do pagamento do tributo devido"*, deixa claro que a expressão *"se for o caso"* tem a ver com o *tributo*, e, logicamente, não havendo *tributo* (como nos deveres acessórios), a exclusão da infração (*multa* ou *penalidade pecuniária*) também deve ocorrer. Ademais, a razão de ser desse dispositivo é permitir sempre, ao infrator, pela maneira menos onerosa, o retorno ao adequado cumprimento da lei tributária, por sua iniciativa. Deve essa possibilidade servir de estímulo e não de desestímulo.

---

[229] REsp nº 283699/PE, 1ª Turma, STJ, 12/12/00, DJ de 26/03/01, p. 389. Ver: Eresp 193530-RS, Resp 246457-RS, REsp 188788-AL, REsp 181083-SC (RSTJ 119/113), REsp 168868-RJ, REsp 111470-SC. Ver, também, Embargos de Divergência no REsp nº 228101/PR, 1ª Seção, STJ, 08/11/00, DJ de 18/12/00, p. 151.

[230] REsp nº 111470/SC, 1ª Turma, STJ (DJU de 19/05/97, p. 20587, e RDDT nº 23, p. 135/7).

[231] Embargos de Declaração no Resp nº 272443/SP, 03/04/01, 1ª Turma, 03/04/01, DJ de 08/10/01, 169. Sucede: EDREsp nº 272537/SP, 03/04/01, DJ de 08/10/01, p. 170.

# Capítulo XVI
# CRÉDITO TRIBUTÁRIO

## 1. Conceito e definição de "crédito tributário"

Já vimos que a *obrigação tributária* é o dever, legalmente atribuído a alguém (pessoa natural ou jurídica), de satisfazer ao Estado (pessoa jurídica de direito público) determinada prestação, de natureza tributária, em decorrência da prática de um fato gerador previsto em lei.

Vimos, também, que, nessa definição, se encontram presentes os três elementos da obrigação: os *sujeitos* (ativo e passivo), o *objeto* (prestação a ser exigida do sujeito passivo pelo sujeito ativo, e, inversamente, a prestação ser satisfeita por este) e *vínculo jurídico* respectivo (prática do fato gerador previsto em lei).

Vimos, ainda, que o objeto da obrigação *principal* é o *pagamento de tributo ou penalidade pecuniária*, e que o objeto da obrigação *acessória* (*dever acessório*, na verdade) é qualquer outra prestação, *positiva* (de *fazer*) ou *negativa* (de *não fazer*), prevista (na legislação tributária) no interesse da *arrecadação* ou da *fiscalização* do tributo, podendo, se descumprida, ser transformada em obrigação *principal* (de *pagar*), pela aplicação da *multa* ou *penalidade pecuniária* legalmente prevista.

**Crédito tributário** é, pois, a *prestação*, de *natureza pecuniária* (envolvendo tributo ou penalidade pecuniária), que o *sujeito ativo* tem o direito de exigir do *sujeito passivo* em decorrência da prática de um *fato gerador* legalmente previsto, ou, inversamente, a *prestação* que o *sujeito passivo* tem o dever de satisfazer ao *sujeito ativo* em decorrência da prática de um fato legalmente previsto como gerador.

Examinada, por outro lado, a *prestação pecuniária* sob o ponto de vista do sujeito ativo, tem-se que ela representa um *crédito*, e, sob o ponto de vista do sujeito passivo, representa ela um *débito* (*tributário*). Em palavras mais simples: para o sujeito ativo o objeto da obrigação é um *crédito* (e é assim que o Código a ele se refere) e, para o sujeito passivo, um *débito*, verso e reverso da mesma moeda. O Código Tributário se manteve coerente, posicionando-se praticamente sempre no lado do sujeito ativo, referindo-se, portanto, sempre ao *crédito tributário*.

Esse é concepção de um *crédito tributário*. Todavia, como já tivemos oportunidade de demonstrar, há outras *arrecadações pecuniárias compulsórias* por força de lei, previstas no Sistema Tributário Nacional, às quais se aplicam as regras tributárias. Portanto, podemos dizer, para completar, que as regras que examinaremos sobre o crédito tributário abrangem, também, por extensão, as relativas às demais arrecadações pecuniárias citadas.

## 2. Disposições genéricas a respeito do crédito tributário

Assim esclarece e estabelece o Código Tributário a respeito da matéria:

**Art. 139:**

*O crédito tributário* (prestação pecuniária, consistente em *tributo* e/ou numa *penalidade pecuniária*, devida pelo *sujeito passivo* ao *sujeito ativo*) ***decorre*** (tem sua origem) ***da obrigação principal*** (prática de um fato gerador previsto em lei) ***e tem a mesma natureza desta*** (de *tributo* ou de *penalidade pecuniária*, como definido no § 1º do art. 113 do Código).

**Art. 140:**

***As circunstâncias*** (fatos) ***que modificam*** (alteram) *o crédito tributário* (prestação pecuniária devida pelo sujeito passivo ao sujeito ativo), ***sua extensão*** (valor) ***ou seus efeitos*** (eficácia), ***ou as garantias*** (bens do devedor que, pela sua transformação judicial em dinheiro, podem ser utilizados para seu pagamento) ***ou os privilégios*** (preferências legais) ***a ele*** (crédito) ***atribuídos*** (pela lei), ***ou que excluem*** (afastam) ***sua exigibilidade*** (cobrança, como a isenção e a anistia) ***não afetam*** (atingem) ***a obrigação tributária*** (dever legal) ***que lhe deu origem*** (ou seja, a causa, que continuará inalterada, de tal forma que, por exemplo, se o lançamento vier a ser anulado, tornando insubsistente o crédito, novo lançamento poderá ser feito no prazo legal, exatamente porque a obrigação ainda persiste, vale dizer, o que se anula é o *crédito lançado*, e não a *obrigação* que lhe deu origem).

**Art. 141:**

*O crédito tributário regularmente* (validamente) ***constituído*** (lançado) ***somente se modifica*** (se altera) ***ou extingue*** (nas hipóteses do art. 156), ***ou tem sua exigibilidade suspensa*** (nas hipóteses do art. 151) ***ou excluída*** (nas hipóteses do art. 175), ***nos casos previstos nesta Lei*** (Código), ***fora dos quais*** (sendo, pois, taxativos os casos do Código) ***não podem, sob pena de responsabilidade funcional*** (do administrador público) ***na forma da lei*** (que rege a atuação do servidor público, inclusive, pois, os integrantes da administração tributária), ***ser dispensadas a sua efetivação*** (cobrança) ***ou as respectivas garantias*** (que é o patrimônio do devedor).

A ordem direta das palavras utilizadas no final desse artigo é a seguinte, que invertemos para melhor entendimento da matéria: "... fora dos quais não podem ser dispensadas, sob pena de responsabilidade funcional na forma da lei, a sua efetivação ou as respectivas garantias".

# Capítulo XVII

# CONSTITUIÇÃO DO CRÉDITO TRIBUTÁRIO

## 1. Conceito de "constituição do crédito tributário"

**Constituição** (do verbo *"constituir"*, exprimindo ação, atividade) é o *procedimento* que visa à apuração (quantificação), e sua conseqüente formalização ou assentamento documental, dos valores relativos a determinado crédito. É ato próprio do credor, porque é só a ele que cabe avaliar e aferir o quanto lhe cabe em cada *obrigação*. Tem ela (guardada a natureza jurídica do seu objeto) muito a ver com o artigo 1.533 do Código Civil, segundo o qual a *obrigação*, quando em dinheiro, deve ser tornada *certa* quanto à sua existência e *determinada* quanto ao seu objeto.

**Crédito tributário**, por sua vez, é o objeto da obrigação tributária, ou seja, a *prestação pecuniária*, envolvendo *tributo* ou *penalidade pecuniária*, que o sujeito passivo deve satisfazer ao sujeito ativo, em razão da prática de um fato gerador previsto em lei, e, inversamente, a prestação que o sujeito ativo deve exigir do sujeito passivo por força do mesmo fato.

**Constituição do crédito tributário** é, então, a atividade administrativa, desenvolvida pelo próprio credor (sujeito ativo), que tem por objeto a *quantificação* ou *apuração*, e sua conseqüente *formalização* e *assentamento em documento oficial*, para fins de cobrança, do valor da prestação pecuniária, objeto da obrigação tributária (tributo ou penalidade pecuniária), a ser satisfeita pelo *sujeito passivo* ao sujeito *ativo*. Essa atividade administrativa, de competência exclusiva e privativa do credor (sujeito ativo), é denominada, pelo Código, de *lançamento do crédito tributário*, que estudaremos a seguir.

Nada tem a ver, por outro lado, a *constituição* do crédito tributário com a velha classificação dos *atos jurídicos* em *constitutivos* (que criam, modificam ou extinguem direitos) e *declaratórios* (que apenas declaram a existência de um direito já constituído, ou seja, criado, modificado ou extinto). Embora também nos interesse essa classificação, será ela analisada ainda neste Capítulo (item 3, sobre a *"natureza jurídica do lançamento"*).

## 2. Lançamento do crédito tributário

### 2.1. Conceito de "lançamento" e sua notificação (intimação)

*Lançamento* é a expressão jurídica da *atividade*, legalmente atribuída a determinada autoridade administrativa (e não a qualquer uma, haja vista, por exemplo, que o delegado de polícia, embora autoridade administrativa, não tem, no entanto, poderes para efetuar lançamento) visando à *constituição* (quantificação ou apuração, bem como o conseqüente assentamento e formalização, em documento hábil para fins de cobrança) do *crédito tributário*.

Pode-se dizer que o *lançamento* é um procedimento ou atividade, *privativa* da autoridade administrativa legalmente designada, consistente no *ato*, ou *série de atos*, que têm por fim a *constituição* ou assentamento documental do *crédito tributário*. Este é, pois, o objeto do lançamento: a apuração ou quantificação da expressão ou resultado monetário do crédito tributário, para fins de cobrança.

Daí poder-se concluir que a atividade do *lançamento*, sendo um ato próprio da Administração Pública, ainda que tendo por objeto arrecadações de natureza tributária, é, na verdade, quanto à competência e poderes, juridicamente disciplinado pelo *direito administrativo*, enquanto o *crédito tributário* visado constituir (objeto do lançamento) é, juridicamente, disciplinado pelo *direito tributário*.

O *lançamento*, como se disse, não é um *ato isolado*, mas um *procedimento*, *ato* ou *série de atos* (etapas) administrativos, consistentes, basicamente, nos seguintes, tudo conforme expressamente previsto no art. 142 do Código Tributário:

a) exame da constatação da efetiva prática do fato gerador da obrigação, legalmente previsto e definido;

b) pesquisa da matéria tributável (fatos sujeitos à tributação) e da sua base de cálculo (expressão monetária do fato gerador da obrigação correspondente);

c) cálculo do montante do tributo devido, mediante aplicação, sobre a base de cálculo apurada, da alíquota cabível, específica ou *"ad valorem"*, conforme o caso;

d) identificação do sujeito passivo (*contribuinte* ou *responsável*, conforme o caso); e

e) proposição (e não *imposição*, porque o lançador do crédito tributário, ou seja, o agente fiscal, não tem poderes aplicar a *punição* legalmente prevista, cabendo esta tarefa à autoridade julgadora, legalmente definida, porque não se pode concentrar, na mesma pessoa, o direito de *acusar* e de *punir*) da penalidade aplicável, para a hipótese de ter havido infração à lei (omissão, pelo sujeito passivo, em informar ou declarar previamente, nos *"lançamentos por declaração"*, ao sujeito ativo, os fatos necessários ao lançamento, ou em antecipar o pagamento do tributo devido, nos casos de *"lançamento sujeitos à homologação"*).

A *prática* dos atos que compõem o *procedimento* do *lançamento* é, como se disse, *privativa* da autoridade administrativa legalmente definida como competente (cf. art. 194 do Código Tributário), *vinculada* à lei criadora e disciplinadora do tributo, e *obrigatória* (cf. art. 142), para a hipótese de ter-se configurado o direito ao tributo em favor do sujeito ativo, vale dizer, não pode este abrir mão do seu crédito, sob pena de responsabilidade funcional da autoridade encarregada do seu lançamento, tanto quanto não pode a autoridade judiciária determinar o arquivamento da ação de execução, qualquer que seja o seu valor. Trata-se, assim, de direito indisponível, que somente pode ser dispensado se houver lei específica nesse sentido (de *remissão*, de *isenção*, ou de *anistia*, nos termos dos arts. 172 e 180, respectivamente, do Código Tributário).

O *lançamento* do *crédito* deve ser retratado em documento, conhecido como *auto de lançamento*, ou mesmo como *auto de infração*, ou por *outro nome* que se lhe dê. O que não há é lançamento sem auto próprio. Contudo, somente se aperfeiçoa ele, juridicamente, com a *notificação* (na verdade, *intimação*, porque esta, diferentemente daquela, pressupõe a prática de ato conseqüente) do seu conteúdo ao sujeito passivo correspondente, para fins, ou de *pagamento*, ou de oferecimento de *impugnação* ou *reclamação* administrativa (defesa), no prazo legal (cf. art. 145).

A *notificação* (*intimação*) do lançamento, ao sujeito passivo respectivo, pode ser feita de duas maneiras diferentes, conforme o caso:

1) ou **por via da própria lei** (ordinária, instituidora e disciplinadora do tributo), desde que haja nela a previsão do dia limite para pagamento do crédito tributário, e, conseqüentemente, para o oferecimento de eventual impugnação a ele, para os casos *normais* de lançamento *direto, por declaração* e *por homologação*, para os quais não haja necessidade de intimação pessoal, por não ser o devedor, nessas circunstâncias, tomado de surpresa em relação à exigência;

2) ou **por via pessoal**, para todos os casos de *lançamento de ofício* (que é o levado a efeito, seja por ter havido, nos *lançamentos por declaração* e *por homologação*, omissão do sujeito passivo quanto ao seu dever, respectivamente, de informar ao fisco a matéria de fato necessária e de antecipar o pagamento do tributo devido, seja por haver necessidade de ser apreciado, pelo fisco, fato não conhecido ou não provado por ocasião do *lançamento direto* anteriormente efetuado), bem como naqueles casos em que o lançamento não tem previsão legal, certa e determinada, para o seu pagamento (como no caso da contribuição de melhoria, a menos que a lei instituidora a estabeleça, caso a caso), por ser o devedor, em hipóteses tais, sempre tomado de surpresa em relação à exigência fiscal, como nos seguintes casos: lavratura de autos de *lançamento de ofício*, ou *de infração*, ou de *notificação fiscal*, de conteúdo desconhecido do sujeito passivo; lançamento de diferenças de IPTU, decorrente de *revisão*, por erro de metragem do imóvel (*"erro de fato"*); lançamento de IPTU,

decorrente de *inclusão* de imóvel no *cadastro fiscal* em razão de mudança de critério jurídico (sujeição ao imposto *territorial* em vez do *predial*, ou vice-versa, sujeição ao imposto *progressivo no tempo* (de natureza *extrafiscal*) em lugar do *progressivo gradual* (de natureza *fiscal*), ou, ainda, sujeição ao referido imposto municipal em lugar do ITR, etc.), como no caso seguinte, julgado pela 1ª Câmara Cível do TJERS:[232]

"*IPTU. Lançamento de Ofício. Necessidade de Notificação Pessoal. Exige-se a notificação pessoal do sujeito passivo sempre que se tratar de lançamento 'de ofício', como o efetuado por força de inclusão do imóvel no cadastro fiscal em razão de sua consideração como urbano, já que, em casos tais, o sujeito passivo é sempre tomado de surpresa quanto à efetivação do lançamento, diferentemente do que ocorre quando se trata de lançamento 'direto', periódico e rotineiro, com data de pagamento legalmente prevista, caso em que, por estar o contribuinte já ciente de que seu imóvel se encontra cadastrado como urbano, sujeito, portanto, ao IPTU, a notificação pessoal se torna absolutamente desnecessária, constituindo, tanto ela como a eventual remessa de carnês de pagamento ou convocação geral pela imprensa (edital), mera cortesia e lembrete do sujeito ativo, no interesse da agilização e efetivação da arrecadação*".

A intimação, pela *via pessoal*, deve ser, sob pena de nulidade da inscrição do débito em dívida ativa e da cobrança, feita na *pessoa* do próprio sujeito passivo, não possuindo qualquer eficácia a efetuada na pessoa de zelador, porteiro ou síndico de condomínios ou prédios, ou em pessoa da família, sem poderes expressos (por escrito) para tanto, devendo ser sempre respeitada a individualidade do devedor, porque o dever é realmente *pessoal*, com os reflexos patrimoniais correspondentes. De preferência deve a coleta da assinatura do sujeito passivo ser no próprio auto de lançamento, nada impedindo, contudo, seja ela obtida via Correio, com AR (Aviso de Recebimento), ou, se frustradas essas tentativas, na forma legalmente prevista, via de regra por edital em jornal de grande circulação (não sendo suficiente a sua simples afixação na repartição pública competente).

Assim, não há *notificação* (*intimação*) de *lançamento*, seja pela via *legal*, seja pela via *pessoal*, conforme o caso, sem a prévia lavratura da peça ou auto respectivo, formalizado por escrito, que deverá ser minucioso, circunstanciado, detalhado e fundamentado quanto aos elementos de fato e de direito que deram origem aos valores nele quantificados, tal como previsto no roteiro traçado no citado art. 142 do Código, para que seja possibilitada a ampla defesa em relação aos fundamentos e à exigência nele contida.

Os autores são unânimes nesse sentido:

"*No que se refere ao lançamento, não há dúvida de que sua formalização se dá por escrito, sendo suas peculiaridades atribuídas por cada lei tributária em particular. Excetua-se o lan-*

---

[232] Recurso nº 70002607448, 1ª Câmara Cível, TJERS, julgado em 17/10/01, Rel. Des. Roque Joaquim Volkweiss.

çamento por homologação, quando esta for tácita, onde encontramos a figura do silêncio administrativo".[233]

"Portanto, nascida a obrigação e constituído formalmente o crédito pelo lançamento regular, concluído com a notificação ao sujeito passivo, a partir da data desta ciência, está procedimental e definitivamente constituído o crédito tributário".[234]

"O órgão lançador aplica a lei ao fato, apurando e avaliando os seus contornos, para a identificação do sujeito passivo e a determinação do 'quantum' devido. Essa operação é denominada lançamento. ... O lançamento é inserto em documento escrito, para garantia e certeza dos direitos do fisco e do contribuinte. De seu teor é notificado o contribuinte, a quem se confere prazo para pagamento ou reclamação. Opondo defesa, o contribuinte dará nascimento à discussão do débito. Fluindo 'in albis' o prazo de defesa, o lançamento torna-se efetivo, como título de dívida a favor do fisco".[235]

"Auto de Infração e Notificação do Lançamento. Como instrumento de formalização da exigência do crédito tributário, o auto de infração é lavrado com observância dos seguintes elementos: a) qualificação dos autuado; b) local, data e hora da lavratura, c) descrição do fato; d) disposição legal infringida e a penalidade aplicável; e) determinação da exigência e a intimação para cumpri-la no prazo de trinta dias; e f) assinatura do autuante e indicação de seu cargo ou função e o número de matrícula. Trata-se de requisitos obrigatórios e concorrentes, que integram o ato e, uma vez ocorrendo a preterição de um deles, este se invalida juridicamente. ... Daí a distinção entre forma e formalidade. Na formalização da exigência do crédito tributário, os instrumentos dessa formalização distinguem-se, quanto à forma, em auto de infração e notificação do lançamento. São, porém, incoincidentes em quase todas as formalidades. A lei costuma classificar as formalidades em intrínsecas e extrínsecas, segundo digam respeito à essência ou à forma do ato. A competência do servidor que deve lavrar o auto de infração é formalidade intrínseca, de vez que a sua preterição determina a nulidade do ato".[236]

Assim se manifesta o Código Tributário a respeito da constituição do *crédito tributário*, pelo *lançamento*:

### Art. 142:

***Compete privativamente*** (com exclusividade, sob pena de nulidade do ato, caso praticado por pessoa diversa) ***à autoridade administrativa*** (não qualquer uma, mas aquela a quem a lei outorgou competência e poderes, tal como previsto no art. 194 do Código) ***constituir*** (definir, apurar, formalizar, em suma, quantificar e assentar *documentalmente*, para fins de cobrança) ***o crédito tributário*** (valor pecuniário, objeto da obrigação tributária, podendo ser um *tributo* ou uma *penalidade pecuniária*, com os acréscimos legais cabíveis) ***pelo lançamento*** (formalização ou assentamento documental, para fins de cobrança)***, assim entendido o procedimento*** (*ato*, na verdade, *série de atos*) ***administrativo*** (próprio da Administração Pública) ***tendente a*** (visando a) ***verificar*** (apurar) ***a ocorrência*** (na verdade, a *prática*, porque pressupõe ato de vontade) ***do fato gerador*** (previamente definido) ***da obrigação correspondente*** (que do fato gerador resultar)***, determinar*** (especificar) ***a ma-***

---
[233] Estêvão Horvath, in Lançamento Tributário e "Autolançamento", Dialética, SP, 1997, p. 46.
[234] Ruy Barbosa Nogueira, in Curso de Direito Tributário, 5ª edição, Saraiva, SP, 1980, p. 146.
[235] Carlos Alberto Bittar, in Curso de Direito Tributário, Saraiva, SP, 1971, p. 97/99.
[236] A. A. Contreiras de Carvalho, in Processo Administrativo Tributário, Editora Resenha Tributária, SP, 1974, p. 119/120.

téria *tributável* (sujeita ao tributo), **calcular** (quantificar) **o montante** (valor total) **do tributo devido** (aplicando, para tanto, a *alíquota cabível*, sobre a base de cálculo legalmente definida), **identificar o sujeito passivo** (que pode ser, ou um *contribuinte* ou um *responsável*, ou *ambos*) **e, sendo o caso** (se tiver havido infração, ou seja, se o contribuinte não tiver, nos casos previstos em lei, prestado, para efeitos do lançamento, as necessárias declarações ou informações, ou se não tiver ele, nos casos previamente definidos em lei, antecipado, nos prazos de lei, o pagamento do tributo devido), **propor** (e não *impor*, porque a autoridade administrativa lançadora não pode, ao mesmo tempo, imputar uma infração e condenar, cabendo este último ato, pois, a uma outra autoridade administrativa interna) **a aplicação da penalidade** (multa pecuniária) **cabível** (segundo previsão em lei).

Esses *atos* (*série de atos sucessivos*, constituindo um *procedimento*) são, na verdade, as diversas etapas do lançamento, e que, pela sua importância, serão examinadas, uma a uma, logo após.

Antes, porém, convém frisar, mais uma vez, que o lançamento é ato privativo da autoridade administrativa legalmente definida. Via de regra compete ele sempre aos agentes fiscais, com exclusividade, por força de lei própria, não podendo ele ser realizado por auxiliares fazendários, como os Técnicos da Receita Federal (TRFs) ou os Técnicos do Tesouro do Estado (TTEs), nem mesmo pelo Secretário da Fazenda. O TJERS e o STJ já tiveram oportunidade de decidir nesse sentido, como se vê das ementas a seguir:

*"ICMS. Termo de Infração no Trânsito (TIT) assinado por técnico de apoio fazendário e considerando o sujeito passivo desde logo notificado do auto de lançamento que dele poderá decorrer: ineficácia. Peça fiscal lavrada em trânsito contra quem já alienou o veículo transportador e dela considerado notificado o motorista deste, sem poderes expressos de mandato ou representação: inadmissibilidade. – É juridicamente ineficaz a lavratura, por Técnico de Apoio Fazendário (hoje, Técnico do Tesouro do Estado), de Termo de Infração no Trânsito (TIT), bem como a advertência, nele consignada, de que o infrator se considera desde logo notificado do Auto de Lançamento que dele poderá decorrer, porquanto, sendo este mera possibilidade, condicionado, pois, a evento futuro, incerto e aleatório, não passa de simples expectativa de direito, não produzindo qualquer efeito jurídico. Ademais, inadmissível é a lavratura de peça fiscal, por alegada irregularidade da documentação relativa à mercadoria transportada, contra quem já promoveu a transferência do veículo a terceiros, caracterizada esta pela simples tradição e não pelo registro da alienação do veículo no DETRAN, tanto quanto inadmissível é a notificação da peça fiscal na pessoa do motorista do veículo não sendo portador de instrumento de procuração ou quando não detentor de poderes expressos de representação"*.[237]

*"1. O Secretário da Fazenda, sob a réstia de simples comando geral, por si, não aplica as leis e resoluções e não tem competência para lançar, inscrever e exigir tributos, atividades atribuídas a outras autoridades fiscais. Demais, saldo em grau de recurso administrativo, obedecido o devido processo legal, não pode impedir o lançamento tributário previsto em lei (art. 142 e parágrafo único, CTN – Lei 6830/80, art. 2º, § 3º). 2. Indemonstrada ameaça concreta*

---

[237] Reex. Neces. nº 70000635441, julg. em 13/11/00, 1ª Câmara Especial Cível, TJERS, Rel. Des. Roque Joaquim Volkweiss. No mesmo sentido: Apelação Cível nº 70000025882, 11 de abril de 2000, 1ª Câmara Especial Cível, TJERS, mesmo relator.

*ou palpável de parte do Secretário da Fazenda, não se legitima passivamente como autoridade coatora".*[238]

**Parágrafo único. A atividade** (procedimento) **administrativa** (do sujeito ativo) **de lançamento** (previsto no *"caput"* do art. 142) **é vinculada** (à lei criadora do tributo) **e obrigatória** (dela não podendo o sujeito ativo abrir mão, em hipótese alguma, a menos que haja dispensa legal, via *remissão, anistia* ou *isenção*), **sob pena de responsabilidade funcional** (passível de punição, da autoridade administrativa a quem competir a prática dos atos respectivos).

### 2.2. Etapas do lançamento do crédito tributário

A atividade ou procedimento, de natureza *privativa* e *exclusiva* da autoridade administrativa definida em lei, visando à *constituição* (lançamento) do crédito tributário (prestação pecuniária a ser satisfeita pelo sujeito passivo), se desdobra em várias etapas (basicamente cinco), todas apontadas no citado art. 142:

a) **verificação da ocorrência do fato gerador da obrigação correspondente**: o primeiro exame a ser feito é o da efetiva prática do fato gerador legalmente previsto como necessário e suficiente ao nascimento da obrigação tributária;

b) **determinação da matéria tributável**: trata-se, aqui, de apurar o valor, seja ele *real, presumido* ou *arbitrado*, conforme determinar a lei, da *base de cálculo do tributo*, ou, simplesmente, *valor tributável*, que é o *conteúdo econômico-financeiro* ou *pecuniário* do fato gerador respectivo, sobre o qual será aplicada, para efeitos de cálculo do montante a pagar, a alíquota prevista em lei;

c) **cálculo do montante do tributo devido**: deve ser apurado o *"quantum"* a ser pago pelo sujeito passivo a título de tributo, que se obtém mediante a aplicação, sobre a base de cálculo respectiva, da alíquota (*específica* ou *"ad valorem"*, e, neste caso, se proporcional ou progressiva) legalmente prevista;

d) **identificação do sujeito passivo**: trata-se, aqui, de definir quem é o devedor da obrigação a ser satisfeita, se o *contribuinte* (ou *sujeito passivo direto*) ou o *responsável* (ou *sujeito passivo indireto*); e

e) **sendo o caso, a proposição** (e não a *imposição*) **da aplicação da penalidade cabível** (que pode ser *pecuniária* ou, em certos casos, o *perdimento* do bem tributado): as penalidades não podem ser impostas pela autoridade encarregada do lançamento, porque é vedado concentrar-se, na mesma pessoa, o direito de acusar e de punir. A penalidade é, em princípio, cabível sempre que tiver havido infração ou omissão do sujeito

---

[238] REsp nº 37448/MT, 27/09/95, 1ª Turma, STJ, DJ de 23/10/95, p. 35621. Ver, STJ: RMS 888-SP, REsp 62174-SP, REsp 9962-RJ.

passivo, seja por não ter ele, nos *lançamentos por declaração*, informado ou declarado ao sujeito ativo a matéria de fato indispensável ao lançamento, seja por não ter ele, nos *lançamentos por homologação*, antecipado o pagamento do tributo que legalmente lhe competia fazer. *Formalizada*, assim, no auto de lançamento, a *acusação* (constatação da infração), e *proposta* a multa ou penalidade *cabível* ou *aplicável*, caberá ao acusado impugná-la no prazo legal. Outra autoridade administrativa (diversa da autoridade lançadora) fará, então, a apreciação e o julgamento dos fatos infracionais apurados, proferindo sua decisão, pela qual *aplicará, ou não*, com direito a recurso, a pena *proposta*, tudo dependendo da convicção a que chegar. Caso não seja oferecida a impugnação, a *proposição* da multa será tida como tacitamente aceita e automaticamente transformada em *imposição* ou *aplicação*, resolvendo-se a matéria nos termos do § 3º do art. 113 do Código (conversão em *penalidade pecuniária*, e, via de conseqüência, em obrigação principal, ou seja, *pagar*).

Essas etapas são os passos do lançamento, por meio das quais se formaliza, se documenta o crédito tributário, para fins de cobrança, administrativa ou judicial.

Há, no entanto, repita-se, mais uma providência, de cunho administrativo, necessária ao aperfeiçoamento do ato jurídico do lançamento, que é sua comunicação ou ciência ao respectivo sujeito passivo, para fins, ou de pagamento do valor nele apontado, ou de impugnação (tanto do ato em si, como do seu conteúdo). O Código chama a essa comunicação de *notificação*, a qual preferimos, no entanto, chamar de *intimação*, por envolver providência a ser cumprida pelo respectivo destinatário, o que não acontece na *notificação*. Enquanto não houver a *notificação* (*intimação*), o lançamento não se completa, não produzindo seus efeitos jurídicos em relação ao sujeito passivo nele definido, não passando dos limites internos da repartição, tal como reconhecem as seguintes manifestações de RUY BARBOSA NOGUEIRA e do STJ, respectivamente:

> "Portanto, nascida a obrigação e constituído formalmente o crédito pelo lançamento regular, concluído com a notificação ao sujeito passivo, a partir da data desta ciência, está procedimental e definitivamente constituído o crédito tributário".[239]

> "Auto de Infração. Até que o sujeito passivo seja notificado, o auto de infração carece de eficácia ...".[240]

### 2.3. Finalidades do lançamento

O lançamento (ato privativo da autoridade administrativa) visa, basicamente, a:

a) *definir* (apurar) *e documentar* (formalizar), para fins de *cobrança*, administrativa ou judicial, o crédito tributário legalmente devido, quando se tratar de lançamento *direto, por declaração* e *de ofício*; e

---

[239] *in* "Curso de Direito Tributário", 5ª edição, Saraiva, SP, 1980, p. 146.
[240] REsp nº 73594/PR, 23/11/95, 1ª Turma, STJ, DJ de 04/03/96, p. 5374, RSTJ vol. 82, p. 78.

b) *declarar*, nos casos em que a lei obriga o sujeito passivo ao pagamento antecipado do tributo, que este foi corretamente efetuado, com o que o crédito fica, em conseqüência, definitivamente *extinto*, quando se tratar de lançamento *por homologação*.

Há, sem dúvida, outros efeitos atribuíveis ao lançamento: demarca o fim do prazo decadencial (dentro do qual pode o lançamento ser validamente efetivado), possibilita a sua impugnação, e, vencida esta fase, abre o início do prazo prescricional (dentro do qual pode o crédito tributário ser cobrado). Enseja o lançamento, ainda, uma vez vencida a fase impugnatória, a inscrição do débito em dívida ativa, para fins de cobrança judicial, sem o que não é possível fazê-lo por falta de título executivo hábil.

## 3. Natureza jurídica e disciplinação legal do lançamento do crédito tributário

### 3.1. Natureza jurídica do lançamento

O lançamento do crédito tributário é *ato jurídico*. Partindo da classificação do *ato jurídico* em *constitutivo* (aquele que *cria, modifica* ou *extingue* direitos) e *declaratório* (aquele que apenas *reconhece* ou *"declara"* a pré-existência de um direito *já constituído*, isto é, já *criado, modificado* ou *extinto*), costuma-se perquirir em qual deles se enquadra o *lançamento* do crédito *tributário*. É característica do ato jurídico *constitutivo* ter ele efeitos *imediatos* (*"ex nunc"*, isto é, *a partir dele*), enquanto é característica do ato *declaratório* ter ele efeitos *retroativos* (*"ex tunc"*, isto é, *a partir de então, retroagindo ao ato constitutivo* correspondente).

Em outras palavras, se o lançamento for tido como *declaratório*, o *crédito tributário* deverá ser calculado com base nos elementos (matéria de fato e de direito, inclusive dados pessoais do sujeito passivo) da data em que foi ele gerado (devendo, no entanto, ser monetariamente atualizado ou corrigido na data do seu pagamento e acrescidos dos juros moratórios eventualmente devidos).

Não pretendemos reabrir qualquer discussão a respeito desse tema, até porque se tem hoje como pacífico que o lançamento é ato jurídico *declaratório* (ou seja, não *cria* direitos, mas apenas *reconhece* ou *declara* a existência de um *direito* já constituído). Esse *direito*, visto sob o ângulo do sujeito ativo, *é o crédito* (tributário) e, visto sob o ângulo do sujeito passivo, *é o débito*. Seja *crédito*, seja *débito*, trata-se de um direito adquirido por ambas as partes: do sujeito ativo, de exigi-lo nos termos da lei que o gerou e, do sujeito passivo, de satisfazê-lo nos mesmos e exatos termos (nem mais nem menos). O momento da *criação* (*constituição*) desse direito, ou seja, seu ato *constitutivo*, é a *prática* ou *consumação do fato gerador* da respectiva obrigação.

O que tem motivado alguns autores a manterem acesa a discussão a respeito da natureza jurídica do lançamento, especialmente para efeitos de argüições em concursos públicos, é o fato de utilizar o art. 142 do Código o verbo *constituir* para definir a tarefa de sua *realização* (*"constituir o crédito tributário pelo lançamento"*), dando a impressão de que ele é de natureza *constitutiva*. Mas esse verbo, como bem se vê, foi empregado com o sentido de *realizar, fazer o lançamento*, e não com o de estabelecer que a sua *natureza jurídica* seja a de um ato jurídico *constitutivo*.

Outros já consideram que o lançamento é ato *declaratório do crédito tributário*, e, ao mesmo tempo, *constitutivo do documento respectivo*, o que não passa de jogo de palavras, porquanto, quando se fala em ato jurídico *constitutivo* ou *declaratório*, a referência que se faz é sempre ao *direito material* respectivo, ou seja, ao *crédito* propriamente dito, e não ao documento que o retrata, que é aspecto meramente *formal*.

Sendo, pois, o lançamento, um ato jurídico *declaratório*, com efeitos *retroativos*, deve ele se *reportar* (para a apuração do valor da base de cálculo do tributo, para a definição da alíquota aplicável, para a definição do sujeito passivo respectivo, *em suma, para a apuração do crédito tributário*), em princípio, à data da *ocorrência do fato gerador da respectiva obrigação*, que é seu ato *constitutivo*. Em palavras mais simples, *o lançamento deve reger-se pela lei então* (do dia da prática do fato gerador, vale dizer, da sua consumação) *em vigor, ainda que posteriormente modificada, ou mesmo revogada*.

Essa é a regra geral, adotada pelo Código Tributário para o lançamento, mas que ele mesmo se encarrega de excepcionar e amoldar para certas situações específicas, de acordo com as conveniências. Assim, procuraremos definir, a seguir, as regras aplicáveis ao lançamento e à cobrança do crédito tributário respectivo, para efeitos:

  a) do *cálculo do tributo devido*;
  b) da *penalidade pecuniária aplicável*;
  c) dos *poderes e competências da autoridade lançadora, garantias e privilégios do crédito tributário e normas processuais aplicáveis ao lançamento*;
  d) da *identificação do sujeito passivo da obrigação tributária*.

### 3.2. Regras aplicáveis ao cálculo do tributo, no lançamento

As regras se encontram, basicamente, nos seguintes dispositivos do Código:
Art. 143:
***Salvo disposição de lei em contrário*** (a lei pode dispor de outra forma)***, quando o valor tributável*** (base de cálculo) ***esteja expresso em moeda estrangeira*** (dólar, libra, lira, peso, etc.)***, no lançamento*** (isto é, quando da realização deste) ***far-se-á sua conversão*** (transformação, troca) ***em moeda nacional*** (brasileira) ***ao câmbio*** (valor) ***do dia da ocorrência do fato gerador*** (da entrada do produto estrangeiro no território nacional, tratando-se de imposto de importação, ou da saída de produto nacional ou nacionalizado, tratando-se de imposto de exportação) ***da obrigação*** (tributária).

Esse dispositivo aplica, portanto, a regra geral que rege os lançamentos, que é, na verdade, a prevista no *"caput"* do artigo seguinte (*"o lançamento reporta-se à data da ocorrência do fato gerador"*), determinando sejam utilizados os valores da época, devendo o crédito tributário resultante ser, evidentemente, corrigido monetariamente.

**Art. 144:**
***O lançamento*** (do crédito relativo ao *tributo*) ***reporta-se*** (retroage) ***à data da ocorrência*** (prática, no momento da sua consumação) ***do fato gerador da obrigação*** (sujeita a lançamento) ***e rege-se*** (quanto ao valor da base de cálculo e à alíquota a serem utilizados) ***pela lei então*** (no momento da consumação do fato gerador) ***vigente*** (em vigor, porque *"vigência"* é o tempo de vida da norma, enquanto *"vigor"* é a sua força ou qualidade de aplicação), ***ainda que posteriormente modificada ou revogada*** (preservando-se, assim, os direitos já gerados pela lei anterior).

Esse dispositivo confirma, aliás, que o lançamento é um ato jurídico *declaratório*, e não *constitutivo*.

Essas duas regras se harmonizam com as do § 1º do art. 113 (*"a obrigação principal surge com a ocorrência do fato gerador e tem por objeto o pagamento de tributo..."*) e do art. 116 (*"salvo disposição em contrário, considera-se ocorrido o fato gerador e existentes os seus efeitos..."*), regras pelas quais deve ser entendido que o dever de satisfazer o tributo surge com a consumação do fato gerador da obrigação respectiva.

Para o *cálculo do tributo*, portanto, deve-se levar sempre em conta o *valor* (*base de cálculo* ou *valor tributável*) e a *alíquota* do dia da ocorrência (consumação) do fato gerador. Se, dessa data, à do pagamento, tiver havido defasagem quanto aos valores apurados, serão eles monetariamente corrigidos a contar do vencimento de cada parcela, utilizando-se, para esse fim, somente índices que reflitam a inflação havida no período, e não outros, como, por exemplo, de rendimentos ou aplicações financeiras (TR ou SELIC, que não são índices inflacionários), como se vê da ementa a seguir, da 2ª Turma do STJ:[241]

"*Aplicação da taxa SELIC. Art. 39, § 4º, da lei 9.250/95. Argüição de inconstitucionalidade.*
- *01. Inconstitucionalidade do § 4º do artigo 39 da Lei nº 9.250, de 26 de dezembro de 1995, que estabeleceu a utilização da taxa SELIC, uma vez que essa taxa não foi criada por lei para fins tributários.*
- *02. Em matéria de tributação, nesta incluídas as contribuições previdenciárias, os critérios para aferição da correção monetária e dos juros devem ser definidos com clareza pela lei.*
- *03. Taxa SELIC, indevidamente aplicada, ora como sucedâneo dos juros moratórios, ora dos juros remuneratórios, sem prejuízo de sua conotação de correção monetária.*
- *04. A taxa SELIC é de natureza remuneratória de títulos. Títulos e tributos, porém, são conceitos que não podem ser embaralhados.*
- *05. Impossibilidade de equiparar os contribuintes aos aplicadores; estes praticam ato de vontade; aqueles são submetidos coativamente a ato de império.*

---

[241] REsp nº 215881/PR, 13/06/00, 2ª Turma, STJ, DJU de 19/06/00, p. 133.

06. A taxa SELIC cria a anômala figura de tributo rentável. Os títulos podem gerar renda; os tributos, per se, não.
07. O emprego da taxa SELIC provoca enorme discrepância com o que se obteria se, ao invés dessa taxa, fossem aplicados os índices oficiais de correção monetária, além dos juros legais de 12% ao ano.
08. Aplicada a taxa SELIC há aumento de tributo, sem lei específica a respeito, o que vulnera a artigo 150, inciso I, da CF, a par de ofender também os princípios da anterioridade, da indelegabilidade de competência tributária e da segurança jurídica.
09. Se tais pechas contaminam a arrecadação, igual defeito existirá nas hipóteses de compensação ou restituição de tributos.
10. Ainda que se admitisse a existência de leis ordinárias criando a taxa SELIC para fins tributários, ainda assim, a título de argumentação de reforço, a interpretação que melhor se afeiçoa ao artigo 161, § 1º, do CTN (que possui natureza de lei complementar – art. 34, § 5º, do ADCT), é a de poder a lei ordinária fixar juros iguais ou inferiores a 1% ao mês, nunca juros superiores a esse percentual. Sob o arnês desse raciocínio, a taxa SELIC para fins tributários só poderia exceder a esse limite, desde que também prevista em lei complementar, visto que, de ordinário, essa taxa tem superado esse limite máximo. Não há conceber que uma lei complementar estabeleça a taxa máxima e mera lei ordinária venha a apresentar percentual maior.
11. Para que a taxa SELIC pudesse ser albergada para fins tributários, havia imperiosa necessidade de lei estabelecendo os critérios para sua exteriorização, por ser notório e até vetusto o princípio de que o contribuinte deve de antemão saber como será apurado o 'quantum debeatur' da obrigação tributária. A taxa SELIC está longe, muito longe, de ser um instituto jurídico a dispensar melhor dilucidação, razão pela qual era de rigor sua conceituação legal para penetrar no campo do Direito Tributário. Ainda assim, há máculas decorrentes da impossibilidade de se aferir correção monetária ante acta, ou seja, por mera estimativa do que poderá vir a ocorrer.
12. O artigo 193, § 3º, da CF dita que a taxa de juros reais não pode ser superior a 12% ao ano. Ainda que se trate de norma de eficácia contida ou limitada, sujeita a lei complementar, a doutrina moderna de Direito Constitucional é no sentido de inexistir norma constitucional despida totalmente de efeito ou eficácia. Assim, inibe o legislador ordinário de legislar em sentido contrário.
13. Incidência de 'bis in idem' na aplicação da taxa SELIC concomitantemente com o índice de correção monetária.
14. Mesmo nas hipóteses em que não há adição explícita de correção monetária e taxa SELIC a ilegalidade persiste, por conter a taxa SELIC embutida fator de neutralização da inflação.
15. A taxa SELIC é calculada sobre os juros cobrados nas operações de venda de título negociável em operação financeira com cláusula de compromisso de recompra e não sobre a diferença entre o valor de compra e de resgate dos títulos. A taxa SELIC reflete a remuneração dos investidores pela compra e venda dos títulos públicos e não os rendimentos do Governo com a negociação e renegociação da Dívida Pública Mobiliária Federal interna (DPMFi).
16. Mencionando a lei que se aplica a taxa SELIC para tributos e contribuições previdenciárias, e deixando a fixação dessa taxa ao alvedrio exclusivo do BACEN (que tem competência financeira mas não tributária), há também inconstitucional delegação de competência tributária. Assim é porque o 'quantum debeatur', – que afinal, repita-se, é o que interessa –, acaba por ser alterado à margem da lei. Fixada a taxa SELIC por ato unilateral da Administração, fica vergastado o princípio da indelegabilidade de competência tributária. Além disso, o Comitê de Política Monetária do Banco Central do Brasil (COPOM) pode delegar ao Presidente do Banco Central a prerrogativa de aumentar ou reduzir a taxa SELIC.

17. A taxa *SELIC* é fixada depois do fato gerador e por ato unilateral do Executivo, em matéria de atribuição exclusiva do Legislativo, que não fixou os nortes, as balizas e os critérios para sua mensuração, o que fere, além do princípio da indelegabilidade, o da anterioridade.
18. A quantia a ser recolhida, seja a título de tributo, seja a título de correção monetária ou de juros incidentes sobre o tributo, não pode ficar na dependência de fixação unilateral do Governo ('in casu', do Banco Central), pouco importando que assim o faça em nome do mercado financeiro, atrelado às regras da oferta e procura. Esse raciocínio é perfeitamente válido e eficaz no que toca à plena autonomia do *BACEN na gestão dos títulos públicos e de sua remuneração*, mas não fornece nenhum respaldo, por mais tênue que seja, para a cobrança de tributos presos aos princípios da legalidade (art. 150, I, da CF), da anterioridade (art. 150, III, 'b', da CF), da indelegabilidade de competência tributária (arts. 48, I, e 150, I, da CF) e da segurança jurídica (como se infere dos vários incisos do art. 5º da CF).
19. Inconstitucionalidade material, além da flagrante inconstitucionalidade formal".

A respeito da apuração da *base de cálculo* do tributo, convém ter presente o que a respeito dissemos por ocasião do estudo da *medida da extensão e do conteúdo econômico-financeiro* ou *pecuniário* do fato gerador da obrigação tributária (Capítulo XII, deste livro). Ali esclarecemos, entre outros aspectos, que pode ela ser obtida, segundo previsão em lei, de forma *real*, *presumida* e *arbitrada*, esta última prevista em circunstâncias excepcionais no art. 148 do Código. Alertamos também, na mesma oportunidade, que o Judiciário tem rechaçado a pura, simples e imotivada aplicação de *valores mínimos* pelo fisco (nas chamadas *pautas de valores*) a determinados produtos ou operações.

### 3.3. Normas aplicáveis ao lançamento e à cobrança da penalidade pecuniária, em matéria tributária

As regras, para esse fim, também se encontram, fundamentalmente, no *"caput"* do art. 144 (obrigando o lançamento a retroagir à data do fato gerador respectivo, que, no caso, é a *prática da infração*, que é a data do descumprimento da obrigação tributária), combinado com o § 1º do art. 113 (*"a obrigação principal surge com a ocorrência do fato gerador e tem por objeto o pagamento de ... penalidade pecuniária"*) e, ainda, com o seguinte, todas de aplicação automática, independentemente de invocação pelo interessado:

Art. 106:

A *lei* (no caso, de natureza penal) *aplica-se a ato ou fato pretérito* (retroage, portanto):

II - tratando-se de ato não definitivamente julgado (aqui, com o evidente sentido de "pendente de solução", nada tendo a ver, portanto, com decisão, administrativa ou judicial):

a) *quando deixe de defini-lo como infração* (a ação prevista na norma anterior como infração, não mais é considerada como tal pela lei nova);

b) *quando deixe de tratá-lo como contrário a qualquer exigência de ação ou omissão, desde que não tenha sido fraudulento e não tenha implica-*

*do falta de pagamento de tributo* (assim, por exemplo, se for editada uma lei revogando determinado tributo, os débitos, seja tributo ou penalidade respectiva, nascidos sob o império da lei revogada, não ficam extintos);

c) *quando lhe comine penalidade menos severa que a prevista na lei vigente ao tempo da sua prática* (que é a hipótese mais comum, em que a nova lei reduz as penalidades previstas na lei anterior, a percentuais menores).

Como se vê, a *multa* (*penalidade pecuniária* aplicável), inclusive sua *base de cálculo* e *alíquota*, são, em princípio, as do *dia da prática* (consumação) *da infração*. Mas, se a edição da lei (mais favorável) a que se refere o inciso II, do art. 106, vier a ocorrer *após a infração*, o procedimento a ser adotado deverá ser o seguinte:

1) ***ocorrendo ela entre a data da infração e do lançamento:***

   a) o cumprimento dos atos a que se refere a letra *"a"* não mais será exigido, e, tampouco, poderá ser lançada a *multa* ou *penalidade pecuniária* cominada à sua infração;

   b) o cumprimento dos atos a que se refere a letra *"b"* não mais será exigido, nem serão punidos seus eventuais descumprimentos, não havendo, também, lançamento da *multa* ou *penalidade pecuniária* a eles cominada, a menos que tenha havido a falta de pagamento de *tributo*, quando, então, tanto *este* quanto a *multa* ou *penalidade pecuniária* cominada serão exigíveis e lançáveis; e

   c) tão-somente a *multa* ou *penalidade pecuniária* mais branda (menor, menos severa, prevista na lei nova), a que se refere a letra *"c"*, será objeto do lançamento, e não mais a anteriormente prevista, mais pesada ou onerosa;

2) ***ocorrendo ela entre a data do lançamento e do pagamento:***

   a) nenhuma *multa* ou *penalidade pecuniária* será exigida nos casos da letra *"a"*, devendo eventual auto de lançamento já lavrado ser arquivado, de ofício;

   b) nenhuma *multa* ou *penalidade pecuniária* será exigida nos casos da letra *"b"*, devendo eventual auto de lançamento já lavrado ser arquivado, de ofício, exceto tratando-se de *tributo* e *multa* ou *penalidade pecuniária* respectiva; e

   c) tão-somente a *multa* ou *penalidade pecuniária* mais branda, e não a anteriormente prevista, mais pesada ou onerosa, poderá ser exigida no caso da letra *"c"*, o que deverá ocorrer independentemente de provocação do interessado.

Para todos esses casos prevalecerá a solução exposta, mesmo que já tenha havido condenação com base na lei anterior, inclusive transitada em julgado, tudo a teor do princípio que inspirou o Código Penal a estabelecer (em seu art. 2º, parágrafo único, com a redação dada pela Lei nº 7.209/84) que *"a lei posterior, que de qualquer modo favorecer o agente, aplica-se aos fatos anteriores, ainda que decididos por sentença condenatória transitada em julgado"*.

### 3.4. Normas processuais aplicáveis ao lançamento e às garantias e privilégios do crédito tributário

As regras também se acham, basicamente, previstas no art. 144, mais precisamente no seu

**Art. 144:** ...

§ 1º *Aplica-se ao* (dia do) *lançamento a legislação* (gênero, abrangendo todas as fontes do direito tributário) *que, posteriormente à ocorrência do fato gerador da obrigação, tenha instituído novos critérios de apuração* (como exame contábil, arbitramento, etc.) *ou processos de fiscalização* (novos meios de apuração do tributo e da sua base de cálculo), *ampliado os poderes de investigação* (como quebra de sigilo, etc.) *das autoridades administrativas* (visando facilitar e tornar mais segura a fiscalização e o lançamento), *ou outorgado ao crédito maiores garantias* (segurança e certeza de seu pagamento) *ou privilégios* (vantagens ou preferências no seu recebimento), *exceto, neste último caso* (de privilégios), *para o efeito de atribuir responsabilidade tributária a terceiros* (somente pode ser considerado *responsável* pelo pagamento aquele que já se encontrava, como sujeito passivo, legalmente definido por ocasião da prática do fato gerador da obrigação respectiva).

Como se observa dessa disposição, para o *tributo* se aplica a lei (*material*, que o instituiu) em vigor à data da prática do fato gerador, mas as normas *processuais* (*formais*, relativas à fiscalização e ao processo) aplicáveis, isto é, como conduzir o lançamento, são as que vigorarem no dia deste, inclusive as relativas à competência e poderes da Fiscalização (previstas no art. 194 do Código), e às garantias e privilégios do crédito em constituição.

### 3.5. Normas aplicáveis à definição do sujeito passivo, para efeitos do lançamento

Trata-se, aqui, de saber contra quem, havendo mais de um devedor legalmente definido, deve o lançamento ser levado a efeito, já que será dele que, em princípio, o crédito será exigido (administrativa ou judicialmente).

Uma regra já vimos a respeito da matéria, que é a prevista no § 1º do art. 144, acima analisada: *terceiros* somente respondem pelo crédito tributário se houver lei que os tenham responsabilizado antes da ocorrência do fato gerador respectivo.

A matéria assume maior relevância quando se sabe que, *na mesma obrigação*, é possível haver:

a) *um* ou *mais contribuintes* (*praticantes* do fato gerador, como no IPTU, no ITR e no IPVA, relativamente ao mesmo bem tributado, quando pertencente, em frações ideais, a mais de um proprietário, como marido e mulher casados pelo regime da comunhão universal de bens, co-proprietários de áreas rurais ou urbanas, etc.);

b) *um* ou *mais contribuintes*, e, ao mesmo tempo, *um* ou *mais responsáveis* (não-praticantes do fato gerador); e

c) *um* ou *mais responsáveis*, tão-somente (sem *contribuintes*).

Sabe-se, por outro lado, que é perfeitamente possível que tais situações podem vir a se alterar, no decurso do tempo, seja em razão do *acréscimo* de *responsáveis,* seja em razão da *exclusão* ou da *substituição de contribuintes*.

Já vimos, por outro lado, que o *responsável* tem seu dever sempre dependente da prática de um fato gerador, por um *contribuinte*, não existindo ele, pois, como figura jurídica *autônoma*. É ele um devedor que tem a sua existência jurídica, como tal, justificada à medida que, *antes* ou *simultaneamente*, tenha havido a prática de um fato gerador por um *contribuinte*, por mãos de quem a obrigação tributária surge ou nasce, e à qual o responsável se *vincula por dependência*.

Casos há, também, em que o *responsável* é (ou desde logo, já quando da ocorrência do fato gerador, ou em momento posterior) acrescido à obrigação (ficando no entanto, em ambos os casos, mantido o *contribuinte*), e casos há, ainda, em que o *contribuinte* é (ou *desde logo*, já quando da ocorrência do fato gerador, como na *responsabilidade por substituição*, ou em *momento posterior*, como na *responsabilidade por sucessão*, embora nem sempre, como previsto nos arts. 131, I, e 133, II) *excluído* (afastado) da obrigação.

Vimos, ainda, que, havendo *mais de um devedor no pólo passivo da mesma obrigação tributária*, a vinculação legal, entre eles, pode ser tanto de *solidariedade* (podendo o sujeito ativo escolher qualquer um deles para satisfazê-la, sem que deva seguir determinada ordem legal) como de *subsidiariedade* ou *supletividade* (em que há necessidade de o sujeito ativo seguir determinada ordem ou preferência de escolha do devedor), havendo ainda os casos (antes vistos), em que a lei, ao nomear um *responsável, exclui* (afasta definitiva e irreversivelmente) o *contribuinte* da obrigação, nela remanescendo, pois, com inteira *exclusividade*.

Finalmente, convém lembrar, a propósito, que os Tribunais Superiores entendendo[242] não haver necessidade de constar, para determinados casos (como nos dos administradores de pessoas jurídicas de direito privado, previstos no art. 135, III), o nome do *responsável* na Certidão de Dívida Ativa (que é extraída do auto de lançamento), cabendo o simples redirecionamento da execução contra ele.

Por tudo isso, a matéria, a par de importante, é complexa. Mas a regra de ouro está no art. 144 (*"caput"*), combinado com o art. 97, III, ambos do Código, e pode ser assim consubstanciada: o *lançamento* será efetivado contra quem, no dia da consumação do fato gerador correspondente, for legalmente considerado o sujeito passivo da obrigação.

---

[242] REsp nº 68408-0/RS, 1ª Turma, STJ, DJU de 24/06/96, cf. Ement. de Jurispr. do STJ nº 15, p. 304, nº 707.

Partindo dessa regra e das considerações antes feitas, podemos estabelecer que o *lançamento* deverá ser levado a efeito contra:
1) o *contribuinte* (unicamente), se nenhum *responsável* se lhe tiver sido legalmente acrescido;
2) o *responsável*, apenas, nos casos de *substituição tributária* (diante da definitiva *exclusão* legal do *contribuinte*, já havida, por conceito, desde a prática do fato gerador respectivo);
3) o *contribuinte* e contra o *responsável*, simultaneamente (no mesmo auto de lançamento ou em separado), sempre que este àquele tiver sido, já desde a prática do fato gerador respectivo, legalmente *acrescido* à obrigação, nos casos de *subsidiariedade* ou *supletividade* de qualquer um deles (*contribuinte* ou *responsável*);
4) qualquer um dos *contribuintes* ou *responsáveis*, à livre escolha do sujeito ativo, nos casos de *solidariedade* legalmente estabelecida, existente desde a prática do fato gerador respectivo, seja entre *contribuintes* (praticantes do fato gerador da *mesma* obrigação, segundo previsto no art. 124, I, tal como no caso de co-proprietários do mesmo bem tributado), seja entre *responsáveis* apenas, seja entre *contribuintes* e *responsáveis*, nos demais casos desde logo previstos em lei complementar (como no Código), ou nos definidos em lei ordinária por força da autorização contida no art. 124, I, daquele, como nos casos de responsabilidade atribuída, no final do art. 3º da Lei nº 6.537/73, do RS (*"A co-autoria da infração é punível com penalidade igual à aplicável à autoria e estabelece a responsabilidade solidária dos infratores quantos aos tributos"*), em relação aos *tributos*, aos co-autores da mesma infração, disposição essa, aliás, juridicamente ineficaz, a nosso ver, a nosso ver, por disciplinar matéria de natureza *penal*, *formal* e *administrativa* (*"infrações à legislação tributária"*, *"procedimento tributário administrativo"*, *"Tribunal Administrativo de Recursos Fiscais do Estado"* e *"demais formas de extinção do crédito tributário"*), quando o assunto deveria ser tratado pela lei *material* respectiva, instituidora e disciplinadora do tributo, única apta a fazê-lo; e
5) todos os devedores da *mesma* obrigação, quando de cada um deva ser exigido o seu objeto, como na hipótese prevista no início do antes citado art. 3º da Lei nº 6.537/73, do Estado do RS, no tocante à multa: *"a co-autoria da infração é punível com penalidade igual à aplicável à autoria ..."*.

Em qualquer das hipóteses de *solidariedade*, quando desde logo verificada por ocasião da prática do fato gerador, em que o lançamento é feito contra um dos devedores somente, haverá necessidade de *citação* do outro (*solidário*), na hipótese de ser a ação (judicial) de cobrança contra ele direcionada. Para os casos, no entanto, em que haja posterior *acréscimo* de *responsável* à obrigação (seja de forma *solidária*, seja de forma *subsidiária*), inclusive nos de *sucessão* com *exclusão* (do *contribuinte sucedido*), entendemos não haver necessidade de novo lançamento contra o *responsável*, sendo, no entanto, igualmente, necessária sua *citação* judicial em caso de ser-lhe direcionada a ação de cobrança.

## 4. Revisão do lançamento

Já vimos que o *lançamento* é um ato jurídico *declaratório*, vale dizer, formaliza (documenta, em instrumento próprio, para fins de cobrança), um crédito tributário já nascido (criado) por ocasião da prática do fato gerador respectivo (que é seu ato jurídico *constitutivo*).

***Revisão*** é um gênero, consistindo no *reexame* de um lançamento tributário já levado a efeito, com o fim de aferir a sua adequação aos fatos e à lei, tanto servindo para buscar diferenças como para reduzi-lo aos limites devidos, não servindo, pois, apenas de instrumento em favor do fisco, mas da lei.

Obviamente, só se pode falar em *revisão* de lançamento já *realizado* e *notificado* (*intimado*) ao sujeito passivo correspondente. Até aí não há lançamento no sentido jurídico, mas, tão-somente, um projeto, um ato estritamente interno, *unilateral*, da repartição fiscal, sem qualquer eficácia em relação a terceiros, inclusive seu pretenso devedor.

É pacífico, na doutrina e na jurisprudência, que o ato administrativo em geral pode ser revisto (anulado, revogado ou modificado) pela própria Administração Pública que o praticou, com a finalidade de adequá-lo aos ditames legais, sem que o sujeito passivo possa invocar, em princípio, violação a direito adquirido seu, porquanto somente o ato jurídico praticado de acordo com a lei gera direitos. Mas, fique bem claro: não se trata de *inovar* o ato jurídico, mas de *adequá-lo* à lei, segundo os fatos ocorridos, de tal forma que deverá ele atender, não o interesse das partes envolvidas, mas o direito, a ordem jurídica que o disciplina.

Partindo-se, pois, do princípio de que *o tributo decorre sempre de lei* (*princípio da legalidade* ou *da reserva legal*), e de que o lançamento tributário é um ato jurídico *declaratório*, tem-se que pode este ser *revisto*, para que se o tenha rigorosamente de acordo com aquela, tanto por *iniciativa do sujeito passivo* como por *iniciativa do sujeito ativo*.

### 4.1. Hipóteses de revisão do lançamento

Estabelece o Código Tributário, a respeito da matéria:
**Art. 145:**
*O lançamento* (uma vez concluído formal e documentalmente) ***regularmente*** (atendidas as prescrições legais a respeito, como a seguir se verá) ***notificado*** (na verdade, *intimado*) ***ao sujeito passivo*** (que nele figura como devedor) ***somente pode ser alterado*** (modificado, tanto para reduzir, como para acrescer-lhe valor) ***em virtude de*** (motivos determinantes):

De fato, o lançamento do crédito tributário somente se completa com sua *notificação* (*intimação*) ao sujeito passivo respectivo, que poderá ser feita, como já vimos, de duas maneiras diferentes, conforme o caso:

1) ou **por via da própria lei** (ordinária, instituidora e disciplinadora do tributo), desde que haja nela a previsão do dia limite para pagamento do crédito tributário, e, conseqüentemente, para o oferecimento de eventual impugnação a ele, para os casos *normais* de lançamento *direto*, *por declaração* e *por homologação*, para os quais não haja necessidade de intimação pessoal, por não ser o devedor, nessas circunstâncias, tomado de surpresa em relação à exigência;

2) ou **por via pessoal**, para todos os casos de *lançamento de ofício* (que é o levado a efeito, seja por ter havido, nos *lançamentos por declaração* e *por homologação*, omissão do sujeito passivo quanto ao seu dever, respectivamente, de informar ao fisco a matéria de fato necessária e de antecipar o pagamento do tributo devido, seja por haver necessidade de ser apreciado, pelo fisco, fato não conhecido ou não provado por ocasião do *lançamento direto* anteriormente efetuado), bem como naqueles casos em que o lançamento não tem previsão legal, certa e determinada, para o seu pagamento (como no caso da contribuição de melhoria, a menos que a lei instituidora a estabeleça, caso a caso), por ser o devedor, em hipóteses tais, sempre tomado de surpresa em relação à exigência fiscal, como nos seguintes casos: lavratura de autos de *lançamento de ofício*, ou *de infração*, ou de *notificação fiscal*, de conteúdo desconhecido do sujeito passivo; lançamento de diferenças de IPTU, decorrente de *revisão*, por erro de metragem do imóvel (*"erro de fato"*); lançamento de IPTU, decorrente de *inclusão* de imóvel no *cadastro fiscal* em razão de mudança de critério jurídico (sujeição ao imposto *territorial* em vez do *predial*, ou vice-versa, sujeição ao imposto *progressivo no tempo* (de natureza *extrafiscal*) em lugar do *progressivo gradual* (de natureza *fiscal*), ou, ainda, sujeição ao referido imposto municipal em lugar do ITR, etc.), como no caso seguinte, julgado pelo TJERS:[243]

*"IPTU. Lançamento de Ofício: Necessidade de Notificação Pessoal. Exige-se a notificação pessoal do sujeito passivo sempre que se tratar de lançamento 'de ofício', como o efetuado por força de inclusão do imóvel no cadastro fiscal em razão de sua consideração como urbano, já que, em casos tais, o sujeito passivo é sempre tomado de surpresa quanto à efetivação do lançamento, diferentemente do que ocorre quando se trata de lançamento 'direto', periódico e rotineiro, com data de pagamento legalmente prevista, caso em que, por estar o contribuinte já ciente de que seu imóvel se encontra cadastrado como urbano, sujeito, portanto, ao IPTU, a notificação pessoal se torna absolutamente desnecessária, cons-*

---

[243] Recurso nº 70002607448, 1ª Câmara Cível, TJERS, julgado em 17/10/01, Rel. Des. Roque Joaquim Volkweiss.

*tituindo, tanto ela como a eventual remessa de carnês de pagamento ou convocação geral pela imprensa (edital), mera cortesia e lembrete do sujeito ativo, no interesse da agilização e efetivação da arrecadação".*

Como já afirmamos anteriormente, a *intimação*, pela *via pessoal*, deve ser sempre feita, sob pena de nulidade da inscrição do débito em dívida ativa e da cobrança, na *pessoa do próprio sujeito passivo*, não possuindo qualquer eficácia a efetuada na pessoa de zelador, porteiro ou síndico de condomínios ou prédios, ou em pessoa da família, sem poderes expressos (por escrito) para tanto, devendo ser sempre respeitada a individualidade do devedor, porque o dever é realmente *pessoal*, com os reflexos patrimoniais correspondentes. De preferência deve a coleta da assinatura do sujeito passivo ser no próprio auto de lançamento, nada impedindo, contudo, seja ela obtida via Correio (com recibo AR para efeitos de comprovação) ou, se frustradas essas tentativas, na forma legalmente prevista, via de regra por edital em jornal de grande circulação (não sendo suficiente a sua simples afixação na repartição pública competente).

Assim, não há *notificação (intimação)* de *lançamento*, seja pela *via legal*, seja pela *via pessoal*, conforme o caso, sem a prévia lavratura da peça ou auto respectivo, formalizado por escrito, que deverá ser minucioso, circunstanciado, detalhado e fundamentado quanto aos elementos de fato e de direito que deram origem aos valores nele quantificados, tal como previsto no roteiro traçado no citado art. 142 do Código, para que seja possibilitada a ampla defesa em relação aos fundamentos e à exigência nele contida.

Em resumo, no *"lançamento de ofício"* (que é o levado a efeito, integral ou suplementarmente, seja por ter havido, nos *lançamentos por declaração* e *por homologação*, omissão do sujeito passivo quanto ao seu dever, respectivamente, de informar ao fisco a matéria de fato necessária e de antecipar o pagamento do tributo devido, seja por haver necessidade de ser apreciado, pelo fisco, fato não conhecido ou não provado por ocasião do *lançamento direto* anteriormente efetuado), o sujeito passivo respectivo é sempre tomado de surpresa quanto à sua realização, daí a razão da necessidade de sua *notificação (intimação) pessoal*, na forma referida, para que possa pagar pontualmente o seu débito ou exercer tempestivamente o seu amplo direito de defesa:

> I - **impugnação** (nome técnico que se dá à *defesa administrativa* ao *lançamento*, ou para atacar vícios formais nele contidos, relativos à sua *maneira de fazer*, ou para se insurgir contra o próprio *crédito tributário* nele consignado, relativamente ao *"an et quantum debeatur"*, ou seja, *"se é ou não devido"* e *"quanto é devido"*, defesa essa também denominada, embora impropriamente, pelo art. 151, III, de *reclamação*) **do sujeito passivo** (contra quem foi feito o lançamento);

A *impugnação administrativa* (defesa) ao lançamento pode, assim, envolver aspectos ou vícios *formais* deste (que comprometem a sua *validade*, como documento, como ato jurídico) e *materiais* (quanto ao seu conteúdo: fatos, percentuais, margem de lucro, valores, disposições legais, forma de cálculo, etc., etc.), vedada, porém, a apreciação, na esfera administrativa, de matéria a cargo exclusivo do Judiciário, como o exame da *constitucionalidade* da exigência (pelas razões e comentários que fizemos ao art. 99 do Código). Nada impede, todavia, que o sujeito passivo ingresse desde logo na esfera judicial, com fundamento no princípio constitucional de que *"a lei não excluirá da apreciação do Poder Judiciário lesão ou ameaça a direito"* (art. 5º, inc. XXXV), para ali discutir o lançamento em todos os seus aspectos, hipótese em que, todavia, se considera (cf. parágrafo único do art. 38 da Lei nº 6.830/80) ter ele *renunciado*, de forma *irreversível*, ao seu direito de defesa na esfera administrativa, nos pontos em relação aos quais se socorre do Judiciário. Assim, pode ele se defender administrativamente de parte do auto de lançamento, e demandar judicialmente contra a outra, convindo, todavia, para que não haja confusões, seja esclarecidos esses aspectos na peça administrativa e judicial.

Com o trânsito em julgado da decisão administrativa que considera válido e subsistente o lançamento, este se torna definitivo (nessa esfera), podendo, em conseqüência, o crédito respectivo, a partir daí, se não for pago, ser inscrito em *dívida ativa* (elaboração do documento ou título executivo para fins de cobrança judicial do crédito) e encaminhado à Justiça.

Mas o sujeito passivo pode se antecipar à cobrança judicial, ingressando, ele próprio, no Judiciário, para discutir ou rediscutir a matéria, ou aguardar que o sujeito ativo ajuíze primeiramente a sua ação de cobrança (execução), para, então, com base no referido art. 5º, inc. XXXV, da lei constitucional, por força dela rediscutir a matéria, seja por via de *"exceção de pré-executividade"* (antes da penhora, limitada, porém, a sua discussão, às condições e requisitos da ação, onde não se inclui a prescrição, segundo o STJ[244]), seja por via de *"embargos à execução"* (após a penhora, onde a discussão poderá ser ampla, com a produção de todas as provas, envolvendo inclusive inconstitucionalidades, em conseqüência do que poderá ser pedida, *"incidenter tantum"*, a inaplicação da lei nessas condições.

Por outro lado, se a decisão administrativa for, a final, no sentido da insubsistência do auto de lançamento ou da exigência nele contida, será ela, então, definitiva para ambas as partes, não mais comportando ser revista judicialmente.

Todavia, não havendo impugnação administrativa, ter-se-á, nessa esfera, como aceito o lançamento, nos termos em que foi lavrado o auto respectivo, ressalvada sempre a possibilidade de discussão judicial a respeito.

> *II - recurso de ofício* (também chamado de *recurso* ou *reexame necessário*, que é o interposto pela própria autoridade julgadora, que, ao proferir decisão favorável ao sujeito passivo, dela recorre, por determinação da lei, à instância ou grau superior, na própria esfera administrativa, para fins de revisão, que pode ser um Conselho de Contribuintes, um Tribunal Admi-

---

[244] REsp nº 229394/RN, 2ª Turma, STJ, 07/08/01, DJU de 24/09/01, p. 264, e RDDT nº 224, p. 223/4.

nistrativo de Recursos Fiscais, um Tribunal de Impostos e Taxas, ou outro do gênero);

Seja em decorrência da *impugnação administrativa* ou do *recurso de ofício*, a revisão do lançamento somente ocorrerá se a decisão final for no sentido de alterar o lançamento, e, assim mesmo, nos limites dela.

Há, todavia, uma hipótese de revisão (alteração) necessária do lançamento, não mencionada no citado art. 145, mas no inc. X do art. 156: é a *decisão judicial*, passada em julgado, desde que, também favorável ao sujeito passivo, e nos limites desta;

> *III - iniciativa de ofício* (por dever legal, inclusive no interesse do sujeito passivo, quando tenha havido manifesto erro de fato, do inequívoco conhecimento do fisco, porque o tributo decorre de lei e não do equivocado lançamento) ***da autoridade administrativa*** (competente para o ato), ***nos casos previstos no art. 149*** (que a seguir se transcreve).
>
> "Art. 149:
>
> *O lançamento é efetuado e revisto de ofício pela autoridade administrativa nos seguintes casos:*
>
> *I- quando a lei assim o determine;*
>
> *II- quando a declaração não seja prestada, por quem de direito, no prazo e na forma da legislação tributária;*
>
> *III- quando a pessoa legalmente obrigada, embora tenha prestado declaração nos termos do inciso anterior, deixe de atender, no prazo e na forma da legislação tributária, a pedido de esclarecimento formulado pela autoridade administrativa, recuse-se a prestá-lo ou não o preste satisfatoriamente, a juízo daquela autoridade;*
>
> *IV- quando se comprove falsidade, erro ou omissão quanto a qualquer elemento definido na legislação tributária como sendo de declaração obrigatória;*
>
> *V- quando se comprove omissão ou inexatidão, por parte da pessoa legalmente obrigada, no exercício da atividade a que se refere o artigo seguinte"* (que trata da necessidade de antecipação de pagamentos sujeitos a homologação);
>
> *VI- quando se comprove ação ou omissão do sujeito passivo, ou de terceiro legalmente obrigado, que dê lugar à aplicação de penalidade pecuniária;*
>
> *VII- quando se comprove que o sujeito passivo, ou terceiro em benefício daquele, agiu com dolo, fraude ou simulação;*
>
> *VIII- quando deva ser apreciado fato não conhecido ou não provado por ocasião do lançamento anterior;*
>
> *IX- quando se comprove que, no lançamento anterior, ocorreu fraude ou falta funcional da autoridade que o efetuou, ou omissão, pela mesma autoridade, de ato ou formalidade essencial.*
>
> *Parágrafo único. A revisão do lançamento* (nesses casos) *só pode ser iniciada enquanto não extinto* (por decadência, já que se trata de buscar diferenças ainda não lançadas) *o direito da Fazenda Pública".*

A simples leitura desse dispositivo leva-nos à conclusão de que os casos nele apontados envolvem, basicamente, *omissão* do sujeito passivo quanto à informação, ao sujeito ativo, da *matéria de fato* indispensável ao lançamento, inclusive nos casos de falsidade, erro, fraude ou simulação, que também constituem verdadeiras formas de *omissão* (da verdade).

Há, contudo, no dispositivo transcrito, casos de lançamento ou de revisão sem culpa (omissão) do sujeito passivo, hipótese, por exemplo, do inciso VIII ("*quando deva ser apreciado fato não conhecido ou não provado por ocasião do lançamento anterior*"), como na hipótese em que a autoridade revisa internamente a metragem do imóvel, constatando que é maior do que aquele que anteriormente levantou, daí decorrendo lançamento *suplementar*, ou como, ainda, no caso em que o Município passa a lançar o IPTU, em substituição ao ITR.

Tais situações *autorizam* a autoridade administrativa a revisar, de ofício (sem provocação do sujeito passivo envolvido), o lançamento já levado a efeito e notificado (*intimado*), desde que ainda não *decaído* o direito do fisco, pelo decurso do prazo legal, com a conseqüente notificação ao sujeito passivo respectivo, do novo lançamento. Portanto, apenas *em princípio* é definitivo e imutável o lançamento já intimado ao sujeito passivo respectivo.

Esses casos se ajustam, no fundo, com antiga lição de RUBENS GOMES DE SOUSA,[245] de que a revisão do lançamento, por iniciativa do fisco (isto é, de ofício), somente pode ocorrer nos casos em que tenha havido *"erro de fato"* (*"por exemplo, se o sujeito ativo lançou um terreno por 10 metros de frente quando, na realidade, o terreno tem 15"*), e não *"erro de direito"* (se o sujeito ativo, *"por exemplo, conceituou como doação um contrato que, na realidade era uma venda"*).

Segundo ele, somente o *"erro de fato"* admitiria a *revisão*, porque, quanto ao *fato* qualquer um pode enganar-se, mas, quanto ao *direito aplicável*, presume-se ele conhecido de todos, inclusive do fisco (até porque *"a ninguém é lícito desconhecer a lei"*, ou, cf. art. 3º da Lei de Introdução ao Código Civil, Decreto-Lei nº 4.657, de 04/09/42, *"ninguém se escusa de cumprir a lei, alegando que não a conhece"*). Por isso, – dizia ele –, *"se a lei ordena que se cobre um imposto sobre uma determinada situação de fato ou de direito efetivamente ocorrida, e por um lançamento errôneo cobrou-se o imposto sobre situação de fato ou de direito diversa da efetivamente ocorrida, a autoridade administrativa não só pode, mas deve promover a revisão do lançamento"*.[246]

Dúvida constantemente enfrentada pelos profissionais do direito tributário é saber se o fisco somente está obrigado a revisar, por *dever de ofício*, o lançamento, segundo o art. 145, III, no seu exclusivo interesse, vale dizer, quando o resultado lhe vier a favorecer.

Obviamente que não. Quando o dispositivo menciona que *"o lançamento regularmente notificado ao sujeito passivo somente pode ser alterado em virtude de ... iniciativa de ofício da autoridade administrativa, nos casos previstos no art. 149"*, não tem ele o sentido restritivo de que o fisco esteja cuidando tão-só dos seus interesses. O dever legal de revisão abrange, inclusive, os interesses do sujeito passivo, quando tenha havido manifesto erro de fato, de inequívoco conhecimento do fisco, porque o tributo decorre sempre de lei, e não de equivocado lançamento.

---

[245] *in* "Compêndio de Legislação Tributária", SP, Resenha, coord. IBET, edição póstuma, 1981, p. 108.
[246] *in* A Revisão do Lançamento de Impostos (RDA 40/15, p. 20).

Assim, nada impede que o sujeito passivo interessado requeira à autoridade lançadora, a qualquer momento, mesmo decorrido o prazo para a impugnação respectiva, a retificação de *erros de fato* evidentes, havidos no lançamento anterior, como tais entendidos os que não dependam de interpretação ou maneira de apreciar a matéria (como, por exemplo, erros de cálculo), incumbindo ao fisco, *por dever de ofício*, também sob pena de responsabilidade funcional, consertar seu próprio erro. É que as normas do direito tributário tem dois destinatários de igual grandeza, a merecerem o mesmo tratamento jurídico (cf. art. 5º da Constituição Federal): o *fisco* e o *contribuinte*.

Outra dúvida freqüente, é saber se, uma vez obtido parcelamento de débito já vencido (caso de *moratória*, portanto), pode o sujeito passivo, ainda, pretender revisão dos seus valores originários, inclusive para rever pontos do próprio parcelamento obtido.

Também aqui, a regra aplicável é a mesma que acima aplicamos: o tributo decorre exclusivamente da lei, e não da vontade das partes. Só se paga o que é devido por lei. Certo é que, quando da obtenção do parcelamento, o sujeito passivo é obrigado a confessar a dívida. Mas há um detalhe: o que se confessa não é a dívida (que decorre de lei), mas o fato que a originou. Este sim, se torna irrevisável, em face da confissão (concordância). Da mesma forma, se a cobrança decorrente do parcelamento não atende aos ditames legais, comporta ela revisão. Mas há um aspecto a ser observada: a ação deverá ser própria: a revisional, com o fim de desconstituir os erros, devendo prosseguir o pagamento das parcelas, ainda que mediante depósito judicial, devidamente autorizado.

As, retornando ao lançamento por iniciativa do próprio fisco, lembramos um aspecto, extremamente importante: é o de que o sujeito ativo não pode pretender revisar lançamento já efetuado contra sujeito passivo em relação ao qual já adotou determinado *critério jurídico*, para, mediante *novo critério*, modificá-lo (de ofício ou em decorrência de decisão administrativa ou judicial), tal como se conclui do seguinte artigo do Código, que garante a mudança, mediante utilização de *novo critério jurídico*, apenas para o futuro:

### 4.2. Mudança de critério jurídico no exercício do lançamento e sua revisão

**Art. 146:**
*A modificação* (alteração) *introduzida* (pelo fisco)*, de ofício* (por iniciativa própria) *ou em conseqüência de decisão administrativa ou judicial* (que leve o fisco à mudar de orientação e interpretação que vem dando o texto legal e na sua conseqüente aplicação para a realização do lançamento)*, nos critérios jurídicos* (padrões legais) *adotados pela autoridade administrativa no exercício do lançamento* (como, por exemplo, querer mudar a apuração da base de cálculo do imposto de renda, de *lucro presumido* para *real*) *somente pode ser efetivada* (levada a efeito)*, em relação a um mesmo*

*sujeito passivo* (em relação ao qual o critério já foi adotado), **quanto a fato gerador ocorrido posteriormente à sua introdução** (não podendo ser, pois, aplicado retroativamente, senão após a introdução do novo critério).

Está aí a aplicação do princípio defendido por RUBENS GOMES DE SOUSA, retrocitado, no sentido de que somente *"erro de fato"* havido no lançamento anterior admite sua *revisão*. Exemplificando: digamos que a lei permita a sujeito passivo de reduzida receita a tributação *simplificada*, mediante adoção de base de cálculo *presumida*, à razão de X% sobre a receita bruta. Segundo a regra desse artigo, não pode a autoridade administrativa pretender cancelar esse critério em relação a esse sujeito passivo, para dele vir a exigir, *retroativamente*, o imposto com base no lucro *real*. Pode mudá-lo, sim, mas somente para o futuro, exigindo, relativamente ao passado, somente o que foi estabelecido.

Assim disse a respeito, o mencionado autor:[247]

*"Igualmente, quando o fisco, mesmo sem erro, tenha adotado uma conceituação jurídica certa e depois pretenda substituí-la por outra igualmente certa, porém mais favorável, no sentido de importar em maior tributo, também não pode fazê-lo: com efeito, se admitirmos que o fisco possa variar de critério jurídico na apreciação do fato gerador, estaremos admitindo que possa adotar o critério que prefira por motivos de simples oportunidade, o que equivale a admitir que a atividade do lançamento seja 'discricionária', quando, ao contrário, já vimos que se trata de atividade vinculada (§ 20). A jurisprudência é pacífica quanto a este assunto, no sentido indicado".*

Em outro artigo, assim concluiu ele:[248]

*"a) O lançamento, em razão das suas características e dos efeitos que dele decorrem, quer seja considerado dentro da sistemática dos atos administrativos, quer seja, mais exatamente, considerado como um elemento do processo formativo da obrigação tributária, pode ser revisto, modificado ou substituído por outro, por ato espontâneo da Administração, em prejuízo do contribuinte, com fundamento em erro incorrido na verificação dos dados ou elementos de fato em que tenha se baseado, quer tais dados ou elementos de fato tenham sido apurados diretamente pela Administração, quer tenham sido declarados ou informados, em boa fé, à Administração pelo contribuinte ou terceiro obrigado a tal declaração ou informação.*

*b) O lançamento, em razão das suas características e dos efeitos que dele decorrem, quer seja considerado dentro da sistemática dos atos administrativos, quer seja, mais exatamente, considerado como um elemento do processo formativo da obrigação tributária, não pode ser revisto, modificado ou substituído por outro, por ato espontâneo da Administração, em prejuízo do contribuinte, com fundamento em erro incorrido na valoração jurídica dos dados ou elementos de fato em que se tenha baseado, quer tal valoração jurídica tenha sido efetuada diretamente pela Administração, quer tenha sido adiantada pelo contribuinte ou terceiro obrigado à declaração ou informação, e aceita pela Administração".*

O TJERS[249] decidiu, recentemente, hipótese envolvendo o art. 146 do Código, nos termos da ementa a seguir, que bem ilustra o espírito e o alcance desse dispositivo:

---

[247] *in* "Compêndio de Legislação Tributária", edição póstuma, Resenha, Coord. IBET, SP, 1975, p. 108/9.

[248] *in* "Limites dos Poderes do Fisco Quanto à Revisão dos Lançamentos", Revista dos Tribunais 175/447 e RDA 14/23, p. 458 e 38, respectivamente.

[249] AC nº 70002226769, 1ª Câmara Cível, TJERS, 15/08/01, Rel. Des. Roque Joaquim Volkweiss.

*"Destaque do ICMS nas notas fiscais de venda de embalagens personalizadas destinadas ao acondicionamento de mercadorias pelos respectivos encomendantes. Procedimentos fiscais, até a declaração judicial de sua sujeição ao ISS: obrigação de recolhimento, pelo fornecedor, e manutenção do crédito, pelos adquirentes. Sendo destacado o ICMS, pela fornecedora, nas notas fiscais de vendas de embalagens personalizadas, destinadas a acondicionar mercadorias tributadas em futuras saídas promovidas pelos seus encomendantes, considera-se embutido no preço o valor respectivo, cabendo à fornecedora recolhê-lo aos cofres públicos, pelo que é legítima a sua apropriação, como crédito fiscal, pelos encomendantes. Nessas circunstâncias, decisão judicial que conclui pela sujeição das referidas operações ao ISS somente para o futuro opera seus efeitos. Aplicação dos arts. 5º, XXXVI, e 155, § 2º, I, da CF/88 (que garantem, como direito adquirido à não-cumulatividade, o crédito fiscal destacado em notas fiscais de mercadorias efetivamente recebidas e destinadas à posterior saída tributada), e dos arts. 146 (que veda ao Fisco a mudança, de ofício ou em conseqüência de decisão administrativa ou judicial, com efeitos retroativos, de critério jurídico adotado, em relação a determinado sujeito passivo, para o lançamento do tributo) e 166 (que impede a restituição de tributo sem autorização expressa de quem suportou o respectivo ônus ou encargo financeiro, quando transferido mediante inclusão no preço), ambos do CTN".*

## 5. Modalidades de lançamento do crédito tributário

O *lançamento* do crédito tributário, já vimos, é *ato privativo* da autoridade administrativa, legalmente definida nos termos do art. 194 do Código Tributário. Mas, para que possa o lançamento ser levado a efeito, pode a lei estabelecer que o sujeito passivo respectivo preste à autoridade legalmente competente a sua efetiva colaboração, seja informando a *matéria de fato* indispensável à sua realização (declarando que promoveu a importação de bens e declinando sua quantidade e características, e informando área rural cultivada, rendimentos, despesas, deduções, abatimentos, etc., etc.), seja *antecipando* o pagamento do tributo em certas circunstâncias e mantendo em seu poder, para posterior conferência pela autoridade lançadora, os comprovantes respectivos.

Em resumo: quem pratica o ato jurídico do lançamento é *sempre* o *sujeito ativo*, na pessoa da autoridade legalmente competente, mas quem, por força de lei, é obrigado a colaborar para esse fim, é *o sujeito passivo*, quando necessário.

Pois, é levando em conta a necessidade, ou não, dessa *participação* do sujeito passivo, que o lançamento costuma ser classificado em diferentes *modalidades*.

Expressivo número de autores, principalmente os mais antigos, apresentam apenas *três* modalidades de lançamento: o *direto* (dando-lhe, inadequadamente, como sinônimo, o *de ofício*, ou *"ex officio"*), o *por declaração* e o *por homologação*. Contudo, a primeira modalidade (*direto* ou *de ofício*) exige desdobramento em dois: um, *direto* (para o qual não há a necessidade legal da participação do sujeito passivo no fornecimento da matéria de fato indispensável à sua realização, porquanto a autoridade administrativa já dela dispõe por meios próprios), e, outro, *de ofício* (para o qual houve, num primeiro momento, a necessidade legal dessa participação, em relação à qual, no entanto, se manteve ele injustificadamente omisso, além de abranger outra hipótese comum: apreciação, pelo fisco, de fato por ele não conhecido ou não provado por ocasião do *lançamento direto*, anteriormente feito), de tal forma que as **modalidades de lançamento** são, hoje, em número de quatro: **direto**, **por declaração**, **por homologação** e **de ofício** (ou **suplementar**), as quais analisaremos, uma a uma, a seguir.

A rigor, diga-se desde logo, *qualquer lançamento é de ofício*, pouco importando a sua modalidade, por tratar-se de um dever legalmente atribuído ao sujeito ativo, qual seja, o de apurar e documentar seu crédito tributário para efeitos de cobrança. Mas, por tradição, passou-se a designar de *lançamento de ofício* como sendo somente aquele que decorre de uma *omissão* atribuível ao sujeito passivo, ou mesmo do próprio fisco, quando deva este apreciar fato não conhecido ou não provado por ocasião do *lançamento direto*, anteriormente feito.

### 5.1. Lançamento "direto"

Nessa modalidade (de *lançamento direto*), o sujeito passivo em nada participa, por desnecessário, já que o sujeito ativo dispõe de todos os dados e elementos (*matéria de fato*) indispensáveis à sua efetivação. É o que hoje ocorre com o IPTU e com o IPVA, exemplos típicos.

Nada impede, todavia, que alguns dados devam ser, por determinação legal, eventual ou periodicamente atualizados pelo sujeito passivo, como matrículas imobiliárias (IPTU), cadastros e especificações de área, etc. O que importa é que, em princípio, essa necessidade (de informação ou declaração da matéria de fato) não existe.

Essa modalidade está sutil e timidamente prevista no inciso I do artigo 149 do Código:

"Art. 149: ...
I - O lançamento (no caso, o 'direto') é efetuado e revisto ... pela autoridade administrativa ... quando a lei assim o determine".

### 5.2. Lançamento "por declaração" (ou "misto")

Essa modalidade (de lançamento *"por declaração"*, ou *"misto"*), exige que o sujeito passivo forneça, previamente, ao sujeito ativo respectivo, a *matéria de fato* indispensável à sua realização, porque, afinal, é ato privativo deste. É, também, denominado (impropriamente, é claro) de lançamento *"misto"*, porque, tanto o sujeito ativo como o sujeito passivo se movimentam para esse fim: este, fornecendo a matéria de fato necessária e, aquele, levando-o a efeito. É o caso, por exemplo, do *imposto de importação*, em que o importador (sujeito passivo) informa à autoridade administrativa (sujeito ativo), para fins do lançamento do imposto devido, a data da internação no território nacional, bem como a quantidade dos produtos internados e suas características ou especificações técnicas, ou o caso do *imposto de renda*, em que o sujeito passivo informa ao sujeito ativo o montante dos rendimentos, das despesas e deduções, o número de dependentes, etc., para que o lançamento possa ser realizado.

Essa modalidade de lançamento está prevista e disciplinada, no Código, nos seguintes termos:

**Art. 147:**

*O lançamento* (por declaração) *é efetuado* (pela autoridade administrativa competente) *com base na declaração* (informação) *do sujeito passivo* (contribuinte) *ou de terceiro* (caso do IR, em que, além dos próprios rendimentos, o declarante também informa os rendimentos pagos ou creditados a outras pessoas, como honorários a médicos e dentistas), *quando um* (o contribuinte) *ou outro* (o terceiro), *na forma da legislação tributária* (que prevê como fazê-lo), *presta* (transmite) *à autoridade administrativa* (encarregada do lançamento) *informações* (dados) *sobre matéria de fato* (tais como rendimentos, despesas, estado civil, etc.), *indispensáveis* (úteis ou interessantes) *à sua efetivação* (realização, pelo sujeito ativo, a quem, com privacidade, nos termos dos arts. 142 e 194 do Código, compete o ato do lançamento).

Esse é, entre outras aplicações, o dispositivo que autoriza a lei do IR a exigir dos contribuintes o preenchimento do formulário *"rendimentos pagos ou creditados a terceiros"*.

§ 1º *A retificação* (visando à correção de erros ou omissões) *da declaração* (de rendimentos, no caso do IR, ou de importação de bens, no caso do imposto de importação, etc., já apresentada) *por iniciativa* (provocação) *do próprio declarante* (contribuinte), *quando vise a reduzir ou a excluir tributo* (vale dizer, quando o objetivo é pagar menos do que o que resultar da declaração anterior, e, a *"contrario sensu"*, se for para aumentar valor de tributo a pagar, nenhuma comprovação se exige, comportando a omissão havida, no entanto, a aplicação de multa ou penalidade pecuniária), *só é admissível* (não há outra forma) *mediante comprovação* (justificação documental) *do erro* (equívoco) *em que se funde* (havido ou cometido), *e antes de notificado* (intimado) *o lançamento* (cabendo, então, em caso de intimação já ocorrida, o direito de o sujeito passivo impugná-lo no prazo legal, como previsto no art. 145, I, com os efeitos do art. 151, III).

§ 2º *Os erros contidos na declaração* (prestada pelo *contribuinte*) *e apuráveis pelo seu exame* (interno, pela repartição fiscal) *serão* (no momento do lançamento respectivo) *retificados* (corrigidos) *de ofício* (por iniciativa) *pela autoridade administrativa* (encarregada do lançamento) *a que competir a revisão daquela* (isto é, da declaração).

Esclareça-se, a propósito desse § 2º, que, por ser o *lançamento ato privativo do sujeito ativo*, não cabe a este, nas modalidade *por declaração* (ou *"misto"*), impor qualquer penalidade ao sujeito passivo quando da respectiva revisão interna (*da declaração*, e não *do lançamento*, este recém em vias de realização), sempre que tenha o contribuinte prestado as informações necessárias (ao lançamento). Essa é a clara regra que se extrai do dispositivo. E nem poderia ser diferente, porque não cabe ao contribuinte nenhuma das tarefas relativas ao lançamento, previstas no art. 142 do Código, especialmente a correta determinação ou classificação jurídica da matéria tributável, nem o cálculo do tributo devido. Isso é matéria própria do lançamento, da competência exclusiva da autoridade administrativa. Em outras palavras, os erros na *montagem* da declaração ou na *apuração do imposto* (que é *simples previsão* do *"quantum"* devido, não oficial, portanto), cometidos pelo sujeito passivo (a quem não compete fazer o lançamento), devem ser retificados *de ofício* pela autoridade administrativa, sem qualquer *sanção* (multa ou penalidade), por integrarem, tais tarefas, o ato do lançamento, privativo da referida autoridade. Apenas *omissões* de fatos indispensáveis ao lançamento justificam a aplicação de penalidade, mas nesse caso o lançamento passa, da modalidade *por declaração*, a ser *de ofício* (4ª modalidade).

### 5.3. Lançamento "por homologação" (ou "autolançamento")

Nessa modalidade (de *lançamento por homologação*, ou *"autolançamento"*), cabe ao sujeito passivo a tarefa calcular previamente, e, ao mesmo tempo, *antecipar* (ao ato jurídico do lançamento, a cargo exclusivo da autoridade administrativa), *nos casos previstos em lei*, o *pagamento do tributo* legalmente devido em decorrência da prática do fato gerador, mantendo em seu poder, à disposição do fisco, os respectivos comprovantes, cabendo ao sujeito ativo a sua posterior *conferência* e *homologação* (expressa ou tácita), isto é, *o reconhecimento oficial de que o pagamento, assim antecipado, foi corretamente feito*.

Denomina-se essa modalidade de lançamento, também, de *"autolançamento"* (impropriamente, é claro, porque essa designação dá a falsa idéia de que o sujeito passivo é quem o faz, quando se sabe que é ele ato *privativo* da autoridade administrativa, segundo o art. 142 do Código), para dizer que ele próprio *registra* (ou *escritura*) em livros fiscais próprios, os comprovantes das operações que originaram os pagamentos *por ele antecipadamente feitos* por força de lei, mantendo-os à disposição do sujeito ativo para conferência e aprovação, quando, então, se dá a *homologação*.

É essa *homologação* (reconhecimento ou declaração, pela autoridade administrativa competente, da qualidade de correção ou retidão do sujeito passivo na antecipação do pagamento do tributo devido), pois, que, oficialmente configura o *ato* (privativo do fisco) *do lançamento* do crédito tributário. Não que a autoridade administrativa deva expedir, para esse fim, um certificado de conduta fiscal correta ao sujeito passivo, mas o ato em si, da autoridade administrativa competente, de conferir os documentos e os pagamentos corretamente feitos, é que caracteriza o *lançamento por homologação*, como se, naquele momento, fosse levado a efeito o lançamento respectivo. Considerando-se, no entanto, que o tributo já foi, por determinação legal, antecipadamente pago, resta à autoridade administrativa, naquele momento, apenas examinar os documentos e confirmar a retidão dos pagamentos feitos.

Na verdade, não se tem notícias de que autoridade administrativa já tenha homologado, expressamente, *pagamentos* efetuados pelo sujeito passivo, com certeza por entender o ato desnecessário, preferindo exigir, na modalidade de *lançamento de ofício*, o tributo total ou parcialmente deixado de antecipar nas condições da lei. É o que ocorre hoje, exemplificativamente, com o IPI, com o ICMS e com o ISS, em que o sujeito passivo *antecipa* o pagamento do tributo legalmente devido, calculando-o segundo seus registros contábeis e fiscais (notas, livros, etc.), passando, daí em diante, a aguardar o exame e *homologação* respectivos, pela autoridade administrativa competente, que, então, se limita a exigir o que não foi antecipado, via *lançamento de ofício*, como se disse.

Então, a *homologação expressa* é, hoje, na verdade, letra morta no Código. Na prática ela não ocorre nunca, porque, seja por comodismo, seja por entender desnecessário, seja por receio de se comprometer, o sujeito ativo nunca declara ou reconhece, *por escrito*, a correção ou retidão da conduta do sujeito passivo quanto aos pagamentos já feitos. O que costuma ele fazer, por força do parágrafo único do art. 142 do Código Tributário, isso sim, e com muita freqüência, é, tão-somente, lançar, *de ofício* (ou *"ex officio"*, ou *suplementar*), o tributo cujo pagamento *deixou de ser antecipado*.

Tem havido, contudo, errôneo reenquadramento, principalmente pela Receita Federal, de certos impostos como sendo, hoje, *por homologação*, e não mais *por declaração*, em razão da necessidade da antecipação do seu pagamento, como o IR (imposto de renda) e o ITR (imposto territorial rural), mas que, a nosso ver, continuam como sendo *por declaração*, porque os fatos necessários ao seu lançamento continuam sendo *informados* (*declarados*) ao fisco, pelo sujeito passivo. É que, eventual necessidade de *antecipação do pagamento* do imposto não caracteriza, por si só, o seu enquadramento como sendo *por homologação*, porque não é o momento do pagamento que identifica o tipo ou modalidade de lançamento, mas sim a *retenção*, pelo sujeito passivo, dos dados e elementos levados em conta para o seu cálculo, para posterior conferência e confirmação (*homologação*) de sua retidão, sem informá-los ao fisco.

A verdadeira característica do lançamento *por declaração* está na necessidade de fornecimento, ao sujeito ativo, pelo sujeito passivo, da matéria de fato necessária à sua efetivação, independentemente do momento do pagamento do montante devido. A se entender como o fisco, o prazo para a repetição do indébito, relativamente a tais impostos, poderá, então, chegar a 10 anos (porque a contagem do prazo de 5 anos, nele previsto, deve ser feita a partir da homologação, expressa ou tácita, que, também, é de 5 anos, cf. § 4º do art. 150), como referido nos comentários ao art. 168 do Código.

Essa modalidade está prevista e disciplinada no artigo 150 do Código, advertindo-se, porém, que há uma comprometedora impropriedade na utilização das palavras (impropriedade essa, posteriormente, repetida no inc. VII do art. 156), ao referir, nos seus §§ 1º e 4º, *"homologação do lançamento"*, quando deveria ser *"homologação do pagamento"*. Ora, se a *homologação* é o próprio *lançamento*, ato privativo da autoridade administrativa, como irá ela homologar o seu próprio ato (*"homologar o lançamento"*)? É induvidoso que o Código se equivocou. Na verdade, queria dizer *"homologação do pagamento"* (onde se lê *"homologação do lançamento"*), e assim deve ser lido.

Assim estabelece o dispositivo invocado:

**Art. 150:**
*O lançamento* (pelo sujeito ativo, no exercício de sua competência privativa, cf. art. 142) ***por homologação*** (ratificação, ou confirmação, de que o pagamento foi corretamente antecipado pelo sujeito passivo)***, que ocorre quanto aos tributos*** (como IPI, ICMS e ISS) ***cuja legislação atribua ao sujeito passivo o dever de antecipar*** (ao exame do agente fiscal) ***o pagamento*** (do valor devido e apurado pelo próprio sujeito passivo) ***sem prévio exame*** (conferência) ***da autoridade administrativa*** (encarregada do lançamento)***, opera-se*** (se realiza) ***pelo ato em que a referida autoridade*** (administrativa)***, tomando conhecimento*** (examinando, como autoridade lançadora) ***da atividade*** (conduta do sujeito passivo, expressa nas guias de recolhimento e nos seus livros, papéis, documentos fiscais) ***assim exercida*** (relativamente ao recolhimento antecipado) ***pelo obrigado*** (sujeito passivo)***, expressamente*** (por escrito) ***a homologa*** (confirma ou ratifica).

§ 1º ***O pagamento antecipado pelo obrigado*** (sujeito passivo) ***nos termos deste artigo extingue*** (dá por liquidado ou quitado, o que também está dito no inc. VII do art. 156, embora mediante terminologia inadequada, ao referir *"homologação do lançamento"*, em vez de *"homologação do pagamento"*) ***o crédito*** (se recolhido no seu montante correto)***, sob condição*** (sujeito à confirmação) ***resolutória*** (para que se considere extinta a dívida) ***da ulterior*** (posterior) ***homologação*** (confirmação ou reconhecimento, pelo sujeito ativo) ***do lançamento*** (leia-se *"pagamento"*, conforme já esclarecido, porque o sujeito ativo não pode homologar um ato que é dele próprio, qual seja, o *lançamento*, mas o do sujeito passivo, que é o *pagamento*).

§ 2º ***Não influem*** (são irrelevantes) ***sobre a obrigação tributária*** (dever de pagar) ***quaisquer atos anteriores à homologação*** (confirmação ou retificação)***, praticados pelo sujeito passivo ou por terceiro, visando à extinção*** (pagamento) ***total ou parcial do crédito*** (valendo, em outras palavras, para efeitos de se ter como extinta a dívida, somente o exame e a confirmação do *pagamento*, pelo sujeito ativo respectivo).

§ 3º ***Os atos a que se refere o parágrafo anterior*** (praticados pelos sujeito passivo) ***serão, porém, considerados*** (levados em conta, para efeitos de lançamento) ***na apuração do saldo porventura devido*** (ou seja, todos os pagamentos feitos deverão ser levados em conta, de tal forma que a autoridade administrativa somente pode exigir o que não foi recolhido, ou seja, a diferença, o saldo) *e, sendo o caso, na imposição de penalidade* (se tiver havido infração)*, ou sua graduação* (para medir o grau da infração, vale dizer, se o sujeito passivo antecipou *pagamentos*, mas a menor do que o devido, tais antecipações devem ser consideradas pelo sujeito ativo, no momento do lançamento do valor total, legalmente devido, exigindo-se apenas a diferença ainda devida, com a multa respectiva, se cabível).

§ 4º *Se a lei* (ordinária) *não fixar prazo à homologação* (expressa, no qual o sujeito ativo deve se manifestar, concordando com o pagamento feito)*, será ele de 5 anos, a contar da ocorrência do fato gerador* (note-se: prazo esse apenas para a autoridade administrativa *homologar o que foi corretamente pago*, nada tendo a ver, pois, com o que deixou de ser pago, que ficará sujeito a lançamento, *de ofício* ou *suplementar*, sob pena de decadência, no prazo previsto no art. 173, que também é de 5 anos, mas com outra contagem)*; expirado esse prazo sem que a Fazenda se tenha pronunciado* (expressamente)*, considera-se homologado* (tacitamente, como se o sujeito ativo o tivesse homologado) *o lançamento* (leia-se o *"pagamento"* feito, e não o *"lançamento"*, equívoco que resultou na confusão feita pela legislação do IPI, quando trata do seu *lançamento por homologação*) *e definitivamente extinto* (liquidado) *o crédito* (já pago)*, salvo se comprovada a ocorrência de dolo, fraude ou simulação* (casos em que, obviamente, o *pagamento* não se considera feito, como, por exemplo, uma guia falsa, cabendo, então, o *lançamento de ofício* ou *suplementar*, no prazo *decadencial* previsto no art. 173 do Código).

Como se vê, é de 5 anos, *contados do fato gerador* respectivo, o prazo para que a *homologação* (confirmação, pela autoridade administrativa competente, de que o *pagamento* foi corretamente antecipado) seja levada a efeito, pouco importando seja ela *expressa* (quando a autoridade administrativa efetivamente usa da sua competência, expedindo documento que *homologa* os pagamentos feitos) ou *tácita* (quando a autoridade administrativa se omite em fazê-lo no prazo legal).

Tenha-se presente, porém, que a *homologação*, tanto a *expressa* como a *tácita*, somente se considera como havida quanto aos *pagamentos* (antecipados) *corretamente feitos*, não podendo, jamais, ser tidos como *homologados*, nem mesmo pelo decurso do tempo (*homologação tácita*), pagamentos não feitos, ou viciadamente feitos (guias falsas, etc.). Assim, – fique bem claro –, o que a autoridade administrativa na verdade *homologa* (*expressa* ou *tacitamente*), são, apenas, *pagamentos corretamente feitos*, jamais podendo o sujeito passivo vir a alegar ou pleitear que, por não ter havido a *homologação* no prazo legal, o tributo devido, mas não pago, se torna inexigível.

Resumindo: *homologa-se* (*expressa* ou *tacitamente*, cf. art. 150) pagamentos já (corretamente) *feitos*, e exige-se (mediante *lançamento de ofício* ou *suplementar*, cf. art. 173) pagamentos *não feitos*.

Os acórdãos do STJ, cujas ementas a seguir se transcreve, bem mostram essas diferenças:

"*O lançamento por homologação (art. 150, § 1º do CTN) é ato administrativo de natureza confirmatória e só admitido na hipótese de pagamento antecipado do tributo. ... O lançamento expresso é manifestamente incompatível com a homologação, que é a declaração de extinção do débito, em face do pagamento antecipado. 'In casu', apurando-se a exigência do débito tributário mediante o lançamento de ofício, a decadência se rege pelo disposto no art. 173, I, do CTN)*".[250]

"*Nos tributos sujeitos ao regime do lançamento por homologação, a decadência do direito de constituir o crédito tributário se rege pelo art. 150, § 4º, do CTN, de modo que o prazo para esse efeito será de 5 anos a contar da ocorrência do fato gerador (a incidência da regra supõe, evidentemente, hipótese típica de lançamento por homologação, aquela em que ocorre o pagamento antecipado do tributo). Se o pagamento do tributo não for antecipado, já não será o caso de lançamento por homologação, situação em que a constituição do crédito tributário deverá observar o disposto no art. 173, inciso I, do CTN (REsp 199.560)*".[251]

"*Nos tributos sujeitos ao regime do lançamento por homologação, a decadência do direito de constituir o crédito tributário se rege pelo art. 150, § 4º, do CTN, isto é, o prazo para esse efeito será de 5 anos a contar da ocorrência do fato gerador; a incidência da regra supõe, evidentemente, hipótese típica de lançamento por homologação, aquele em que ocorre o pagamento antecipado do tributo. Se o pagamento do tributo não for antecipado, já não será o caso de lançamento por homologação, hipótese em que a constituição do crédito tributário deverá observar o disposto no art. 173, I, do CTN*".[252]

*O que também se tem questionado nos tribunais é se há necessidade, nos impostos sujeitos a lançamento por homologação, de o sujeito ativo lançar formalmente e, conseqüentemente, notificar (intimar) o sujeito passivo respectivo, o imposto informado como devido, para pagamento no prazo legal. Nosso entendimento é de que, com entrega da guia informativa do débito, ocorre o reconhecimento deste, não havendo necessidade de o fisco efetuar o lançamento respectivo, por redundante. Também a jurisprudência vem entendendo desnecessária essa providência pelo fisco, nos seguintes termos:*

"*Tratando-se de débito declarado e não pago pelo contribuinte, torna-se despicienda a homologação formal, passando a ser exigível independentemente de prévia notificação ou da instauração de procedimento administrativo fiscal. Descogita-se de ofensa ao 'devido processo legal'*".[253]

"*Tratando se de débito declarado e não pago, caso típico de autolançamento, não tem lugar a homologação formal*".[254]

"*No caso do ICMS, 'tributo sujeito a lançamento por homologação, ou autolançamento, que ocorre na forma do artigo 150, do citado Diploma legal, a inscrição de crédito em dívida ativa,*

---

[250] REsp 151.734/MG, 1ª Turma, 18/06/98 (DJU 28/09/98, p. 12).
[251] REsp nº 172997/SP, 1ª Turma, 18/05/99 (DJU de 01/07/99, p. 125).
[252] ED no REsp nº 101407/SP, 07/04/00, 1ª Seção (DJU de 08/05/00, p. 53). Ver, também, REsp nº 199560/SP, 23/02/99, 2ª Turma (DJU de 26/04/99, p. 87).
[253] REsp nº 115076/SP, 12/05/98, 1ª Turma, STJ, DJ de 22/06/98, p. 29.
[254] REsp nº 35785/SP, 02/09/96, 2ª Turma, STJ, DJ de 07/10/96, p. 37623, RSTJ vol. 88, p. 79.

em face da inadimplência da obrigação no tempo devido, não compromete a liquidez e exigibilidade do título executivo, pois dispensável a homologação formal, sendo o tributo exigível independentemente de procedimento administrativo fiscal".[255]

"Tratando-se de débito declarado e não pago (CTN, art. 150), caso típico de autolançamento, não tem lugar a homologação formal, dispensado o prévio procedimento administrativo".[256]

"O crédito declarado e não pago pelo contribuinte torna-se exigível, sem necessidade da prévia notificação administrativa para a inscrição e a cobrança executiva. Jurisprudência pacificada na Primeira Seção".[257]

"Tratando-se de débito declarado e não pago (CTN, art. 150), caso típico de autolançamento, não tem lugar a homologação formal, dispensado o prévio procedimento administrativo. Violação a legislação federal, tida como supostamente contrariada, não configurada. Divergência jurisprudencial que não atende as determinações legais e regimentais, tem-se por não comprovada".[258]

"Tratando-se de débito declarado e não pago pelo contribuinte, torna-se despicienda a homologação formal, passando a ser exigível independentemente de prévia notificação ou da instauração de procedimento administrativo fiscal. Descogita-se de ofensa ao devido processo legal".[259]

### 5.4. Lançamento "de ofício" (ou "suplementar")

Essa modalidade (de *lançamento de ofício*, ou *suplementar*) ocorre, de um lado, sempre que deva ser apreciado, pelo fisco, fato não conhecido ou não provado por ocasião do *lançamento direto* anteriormente efetuado, e, de outro, sempre que tenha havido *omissão* do sujeito passivo relativamente a qualquer de suas obrigações legais em relação ao lançamento *por declaração* (no informar, ao sujeito ativo, a matéria de fato necessária ao lançamento) e *por homologação* (no antecipar o pagamento do tributo legalmente devido, nos casos previstos em lei).

Esse é o lançamento que decorre do *dever de ofício* (ou, em latim, *"ex officio"*) do sujeito ativo, sempre que haja necessidade de efetuá-lo, seja porque não foi feito antes, seja em razão da *omissão*, atribuível ao sujeito passivo, na tarefa que legalmente lhe incumbia, de informar a matéria de fato necessária, ou de antecipar o pagamento do tributo devido, nos casos legalmente previstos.

A rigor, já se disse, *qualquer lançamento é de ofício*, pouco importando a sua modalidade, por tratar-se de um dever legalmente atribuído ao sujeito ativo, qual seja, o de apurar e documentar seu crédito tributário para efeitos de cobrança. Mas, por tradição, passou-se a designar de *lançamento de ofício* somente aquele que decorre de uma *omissão* atribuível ao sujeito passivo, ou mesmo do próprio fisco, quando deva este apreciar fato não conhecido ou não provado por ocasião do lançamento anterior.

---

[255] REsp nº 254296/RS, 17/08/00, 1ª Turma, DJ de 25/09/00, p. 76. Veja: REsp 120699/SP.

[256] REsp nº 120699/SP, 18/05/99, 2ª Turma, DJ de 23/08/99, p. 96. Veja: EREsp 45494/PR, REsp 81519/SP, REsp 150071/SP.

[257] EREsp nº 45494/PR, 09/09/98, 1ª Seção, DJ de 05/10/98, p. 4, LEXSTJ, vol. 115, março/99, p. 131. Veja: REsp 68625/SP, REsp 24596/SP, REsp 21138/SP.

[258] REsp nº 81519/SP, 03/09/98, 2ª Turma, DJ de 16/11/98, p. 37.

[259] REsp nº 150071/SP, 04/06/98, 1ª Truma, DJ de 10/08/98, p. 22.

Exemplo de lançamento *de ofício*, por omissão do próprio sujeito ativo, está naquele que este faz retroativamente, em relação ao IPTU, sobre determinado prédio rústico incluído na zona urbana, ou mesmo a revisão de um lançamento mal feito no tocante à metragem de imóvel urbano, do qual deva decorrer cobrança suplementar do mesmo imposto.

Exemplo, por outro lado, de lançamento *de ofício*, decorrente de culpa ou omissão do sujeito passivo, está no que o fisco faz, relativamente ao IR (para nós, sujeito à modalidade de lançamento *"por declaração"*, embora a Receita Federal insista em dizer que, desde foi legalmente determinada a antecipação do seu pagamento, passou ele a se enquadrar como lançamento *"por homologação"*), na hipótese de o sujeito passivo não ter apresentado a sua *declaração* de rendimentos, ou, se a apresentou de forma insatisfatória ou lacunosa. Outro exemplo está no caso do IPI, do ICMS e do ISS (lançáveis *por homologação*), na hipótese de o sujeito passivo não antecipar o pagamento do tributo legalmente devido, inclusive nos casos de falta de emissão de nota fiscal, de emissão paralela ou calçada, de sonegação, de falsificação de guias de recolhimento, etc. A respeito, assim leciona ZELMO DENARI:[260]

> "Assim, a administração se utiliza do lançamento 'ex-officio' ... quando o contribuinte se omite, ... ou, ainda, quando o contribuinte, por erro, ... recolhe a menor, circunstância esta que enseja a ação fiscal e a lavratura de auto de infração e imposição de multa, manifestação mais autêntica do lançamento 'ex-officio'".

Muitos denominam o *lançamento de ofício* de *lançamento suplementar*. Na verdade, esta última designação é mais recomendada para as hipóteses de lançamento de *diferenças*, por força, portanto, de omissão *parcial* do sujeito passivo quanto ao seu dever, respectivamente, nos *lançamentos por declaração* e *por homologação*, de informar ao fisco a matéria de fato necessária e de antecipar o pagamento do tributo devido.

Para o *lançamento de ofício* (ou *suplementar*), decorrente de omissão do sujeito passivo, pode a autoridade administrativa valer-se de todos os meios que conduzam à apuração da *matéria de fato* indispensável à sua efetivação, quando não fornecida, em descumprimento à lei, pelo sujeito passivo, ou quando por ele fornecida insatisfatoriamente, ou, ainda, quando não merecerem fé as suas informações ou documentos. Permite o Código, inclusive, como recurso extremo, mas sempre em caráter excepcional, portanto, seja feito o *arbitramento da matéria tributável* (*e não do imposto*, que é resultado da aplicação da alíquota cabível sobre o valor da *base de cálculo arbitrada*), como se vê do seguinte artigo:

**Art. 148:**
***Quando o cálculo*** (quantificação) ***do tributo tenha por base, ou tome em consideração*** (leve em conta)***, o valor ou o preço*** (real) ***dos bens, direitos, serviços ou atos jurídicos*** (praticamente todos os impostos brasileiros têm valores ou preços como base de cálculo ou valor tributável)***, a autoridade***

---

[260] *in* "Elementos de Direito Tributário", Editora Juriscrédi, São Paulo, 1973, p. 234.

*lançadora, mediante processo regular* (documentadamente, mediante expediente escrito, com demonstração do critério técnico e conclusões lógicas adotadas)*, arbitrará* (a palavra, aqui, tem a ver com *arbitramento*, e não com *arbitrariedade*, significando que o fisco, por considerar suspeito o valor ou o preço adotado ou fornecido pelo sujeito passivo, o abandona e substitui por outro, *estimativo*, idôneo e confiável, de tal forma que a fixação da nova base de cálculo resulte de apuração indireta, mas por aplicação de critérios técnicos cientificamente aprovados, não podendo fundar-se em mera opinião pessoal ou subjetiva da autoridade lançadora) *aquele valor ou preço* (aproximando-o o máximo possível do seu valor real)*, sempre que* (está aí a excepcionalidade da medida) *sejam omissos ou não mereçam fé as declarações ou os esclarecimentos prestados, ou os documentos expedidos pelo sujeito passivo ou pelo terceiro legalmente obrigado* (mas, a simples possibilidade de perquirir a verdade que se esconde na declaração ou no esclarecimento prestado, ou mesmo no documento suspeito, afasta o arbitramento, devendo prevalecer aquela verdade, de tal forma que, por exemplo, não se desclassificará a escrita fiscal quando a verdade do documento que a vicia ou contamina puder ser demonstrada)*, ressalvada, em caso de contestação* (não-aceitação, pelo sujeito passivo)*, avaliação* (prova) *contraditória* (em sentido contrário)*, administrativa ou judicial* (garantindo-se sempre ao sujeito passivo acusado o mais amplo direito de provar, inclusive mediante perícia técnica, seja na esfera administrativa, seja na judicial, que o arbitramento, seja do valor, do preço ou da base de cálculo obtida, não corresponde à realidade).

Como se vê, o *arbitramento* é forma *indireta* e *excepcional* de apuração da *base de cálculo* do tributo (*valor tributável*), mediante utilização de *indícios* e de outros elementos *tecnicamente aceitáveis*, que retratem seu valor (*conteúdo econômico-financeiro* ou *pecuniário*) o mais aproximado possível do *real*, aqui como *faculdade do fisco e não do sujeito passivo*, sempre que este se tenha omitido nos elementos que lhe competia fornecer para a apuração em *bases reais*, ou sempre que esta (apuração em bases reais) não seja viável ou possível por não merecerem fé as declarações ou elementos fornecidos pelo sujeito passivo. Incisiva, nesse sentido, é a seguinte decisão do STJ:

"*Lançamento Fiscal. Requisitos do Auto de Infração e ônus da prova. O lançamento fiscal, espécie de ato administrativo, goza da presunção de legitimidade; essa circunstância, todavia, não dispensa a Fazenda Pública de demonstrar, no correspondente auto de infração, a metodologia seguida para o arbitramento do imposto. Exigência que nada tem a ver com a inversão do ônus da prova, resultando da natureza do lançamento fiscal, que deve ser motivado. Recurso especial não conhecido*".[261]

Sobre a apuração da *base de cálculo* do tributo convém ter presente, ainda, o que a respeito dissemos por ocasião do estudo do fato gerador da obrigação tributária, quando tratamos da *medida da sua extensão e do seu conteúdo econô-*

---

[261] REsp nº 48516/SP, 2309/1997, 2ª Turma, STJ, DJ de 13/10/97, p. 51553.

*mico-financeiro*. Ali esclarecemos, entre outros aspectos, que o Judiciário tem rechaçado a pura, simples e imotivada aplicação de *valores mínimos* pelo fisco (nas chamadas *pautas de* valores) a determinados produtos ou operações.

O artigo 149 do Código retrata *omissões*, tanto do sujeito passivo como da própria autoridade lançadora, possibilitando não só a efetivação, como também a revisão do lançamento, pela autoridade administrativa, sempre que ocorrerem as hipóteses ali arroladas. Segundo esse artigo, o lançamento de *ofício* será usado, também, para a exigência de *multas* ou *penalidades pecuniárias* decorrentes de infração a obrigações *acessórias* (*deveres acessórios*), para a conversão destas em *obrigação principal*, ou seja, de *pagar* (cf. art. 113, § 3º).

Assim estabelece o dispositivo invocado nos mencionados incisos:

**Art. 149:**

*O lançamento é efetuado* (levado a efeito) *e revisto* (para apurar diferenças, tanto a favor, como contra o sujeito ativo) *de ofício* (por iniciativa do próprio fisco, por força do seu dever funcional previsto no § único do art. 142) *pela autoridade administrativa* (com poderes definidos em lei, cf. art. 194) *nos seguintes casos:*

*I - quando a lei assim o determine* (aqui, para efeitos do lançamento direto);

*II - quando a declaração não seja prestada* (está aí a omissão que justifica o lançamento), *por quem de direito, no prazo e na forma da legislação tributária;*

*III - quando a pessoa legalmente obrigada, embora tenha prestado declaração nos termos do inciso anterior, deixe de atender, no prazo e na forma da legislação tributária, a pedido de esclarecimento formulado pela autoridade administrativa, recuse-se a prestá-lo ou não o preste satisfatoriamente, a juízo daquela autoridade* (por onde se vê que não basta apresentar a declaração quanto aos fatos, sendo necessário, ainda, estar sempre à disposição do fisco para novas informações);

*IV - quando se comprove falsidade* (omissão quanto à verdade), *erro ou omissão quanto a qualquer elemento definido na legislação tributária como sendo de declaração obrigatória;*

*V - quando se comprove omissão ou inexatidão, por parte da pessoa legalmente obrigada, no exercício da atividade a que se refere o artigo seguinte* (que trata da necessidade de antecipação de pagamentos, sujeitos à *homologação* da autoridade administrativa);

*VI - quando se comprove ação ou omissão do sujeito passivo, ou de terceiro legalmente obrigado, que dê lugar à aplicação de penalidade pecuniária* (que são as infrações passíveis de sanção ou punição);

*VII - quando se comprove que o sujeito passivo, ou terceiro em benefício daquele, agiu com dolo, fraude ou simulação* (ocultando, ao fisco, a verdade dos fatos, ou dando-lhe aparência diversa da real, com isso dissimulando, nos termos do parágrafo único do art. 116 do Código, a ocorrência do fato gerador ou a natureza dos elementos constitutivos da obrigação tributária);

***VIII - quando deva ser apreciado fato não conhecido ou não provado por ocasião do lançamento anterior*** (estando aí a sempre possível revisão de *erros de fato* havidos no lançamento anterior e, indiretamente, a impossibilidade de revisão do lançamento por motivos de *erros de direito*, segundo a já referida lição de RUBENS GOMES DE SOUSA[262]);

***IX - quando se comprove que, no lançamento anterior, ocorreu fraude ou falta funcional da autoridade que o efetuou, ou omissão, pela mesma autoridade, de ato ou formalidade essencial*** (estando aqui prevista a negativa de cumprimento, pela autoridade administrativa encarregada do lançamento, do disposto no art. 142, parágrafo único, do Código, segundo o qual não pode ela se omitir do cumprimento do seu dever legal, lançando o crédito tributário sempre que constatar ter ocorrido o fato gerador correspondente).

***Parágrafo único. A revisão do lançamento*** (para apurar diferenças) ***só pode ser iniciada enquanto não extinto*** (pela decadência, já que se trata de buscar diferenças ainda não lançadas) ***o direito da Fazenda Pública*** (de efetuar o lançamento, cuja regra está no art. 173).

---

[262] *in* "Compêndio de Legislação Tributária", SP, Resenha, coord. IBET, edição póstuma, 1981, p. 108/9.

## Capítulo XVIII

# SUSPENSÃO DA EXIGIBILIDADE DO CRÉDITO TRIBUTÁRIO

### 1. Conceito de "suspensão da exigibilidade do crédito tributário" e efeitos desta

Vimos, no capítulo anterior, que o *crédito tributário* é constituído (realizado) pelo *lançamento* (art. 142 do Código Tributário); que este é um ato ou procedimento, cuja prática compete privativamente à autoridade administrativa, legalmente definida (arts. 142 e 194 do Código); e, que há quatro modalidades de lançamento, assim classificáveis segundo a necessidade de participação, ou não, do sujeito passivo respectivo, quanto à prestação de informações, ao fisco, ou colocação à sua disposição, da matéria de fato indispensável à sua realização:

a) o **direto** (que dispensa, por completo, a sua participação),

b) o **por declaração**, ou *"misto"* (que exige a sua participação, pela prévia informação ou comunicação da matéria de fato),

c) o **por homologação**, ou *"autolançamento"* (que exige a sua participação pelo pagamento antecipado do tributo e pela retenção, e sua colocação à disposição do sujeito ativo, da matéria de fato e documentos que o embasaram, para sua posterior conferência e cálculo); e

d) o **de ofício**, ou **suplementar** (que é o levado a efeito, integral ou suplementarmente, seja por ter havido omissão do sujeito passivo nos *lançamentos por declaração* e *por homologação*, informando a matéria de fato necessária e antecipando o pagamento do tributo devido, respectivamente, seja por haver necessidade de ser apreciado, pelo fisco, fato não conhecido ou não provado por ocasião do *lançamento direto* anteriormente efetuado). A rigor, conforme já dissemos, *qualquer lançamento é de ofício*, pouco importando a sua modalidade, por tratar-se de um dever legalmente atribuído ao sujeito ativo, qual seja, o de apurar e documentar seu crédito tributário para efeitos de cobrança. Mas, por tradição, passou-se a designar de *lançamento de ofício* somente aquele que decorre de uma *omissão* atribuível ao sujeito passivo, ou mesmo do próprio fisco, quando deva este apreciar fato não conhecido ou não provado por ocasião do lançamento anterior.

Ressaltamos, na oportunidade, que, no *lançamento por homologação*, o fisco apenas declara que o crédito tributário, já antecipadamente calculado e recolhido pelo próprio sujeito passivo, foi feito de forma legalmente correta, isto é, *confirma o que foi pago*, porque devido nos termos da lei, restando, em conseqüência, definitivamente *extinto* e *liquidado* (cf. art. 156, VII), e que, somente nas demais modalidades de lançamento, é o crédito tributário apurado e documentado (lançado formalmente) para fins de cobrança, inclusive o que deixou de ser antecipadamente recolhido, na forma da lei, nos tributos sujeitos a lançamento *por homologação*.

Feito o lançamento do crédito tributário, na modalidade *direto, por declaração* ou *de ofício*, o esperado é que sobrevenha o seu *pagamento* (pelo sujeito passivo respectivo), forma por excelência de sua extinção.

Pode, contudo, acontecer que, por algumas razões, o crédito se torne temporariamente *inexigível*, vale dizer, *suspenso* em relação à sua cobrança. Essas razões se encontram arroladas no art. 151 do Código. Vencida, porém, a fase efêmera de cada uma delas, duas situações podem ocorrer: ou a cobrança é retomada, desaparecendo a suspensão, ou ela é definitivamente afastada em razão da extinção (liquidação) do crédito cuja exigibilidade estava suspensa.

A *suspensão* (sempre temporária) *da exigibilidade* do crédito tributário produz, no entanto, efeitos outros, como, por exemplo, a não fluência de prazo *prescricional* nesse período (mas com exceções, como adiante se verá, quando tratarmos da prescrição *intercorrente* na esfera administrativa, motivada pela demora da autoridade julgadora na solução das impugnações administrativas), bem como (para nós) a não fluência de *juros de mora* durante o mesmo período, porque inexistente esta, principalmente nas impugnações (reclamações) e recursos administrativos e nas medidas liminares e tutelas antecipadas. Aliás, entendemos que somente nas hipóteses de moratória e de parcelamento é que há a possibilidade lógica e legal de exigência de juros, como visto no art. 155-A, mas a natureza destes não pode ser tida como *moratória*, mas *remuneratória*.

Esclarecedora é a seguinte decisão do TRF[263] da 1ª Região, sobre a não-fluência de juros moratórios nas hipóteses de suspensão da exigibilidade do crédito tributário, com as exceções que acima fizemos:

"*1. No período amparado pela decisão liminar que suspendeu a exigibilidade do crédito tributário, confirmada em sentença concessiva de segurança, posteriormente reformada pelo Tribunal, não pode incidir multa e juros de mora se o pagamento é realizado até 30 dias após a data da publicação da decisão judicial que considerar devido o tributo ou contribuição. 2. No entanto, no parcelamento do débito, consoante entendimento desta Corte, devem incidir a multa e os juros moratórios*".

## 2. Hipóteses de suspensão da exigibilidade do crédito tributário

São as seguintes as hipóteses de *suspensão* (sempre *temporária*) da exigibilidade do crédito tributário, previstas no Código Tributário:

---

[263] AC em MS nº 2000.38.00.010772-3/MG, 4ª Turma, TRF 1ª Região, 06/03/01, DJU de 21/06/01, p. 87, e RDDT nº 73, p. 188/190.

Art. 151:
*Suspendem* (temporariamente) *a exigibilidade* (cobrança) *do crédito tributário* (e de qualquer outro, relativo a *arrecadações pecuniárias compulsórias* previstas no Sistema Tributário Nacional, inclusive suas *penalidades pecuniárias*)*:*

*I - a moratória* (concessão de *novo prazo*, único ou parcelado, para pagamento do crédito tributário – *já vencido*, portanto –, encontrando-se a matéria disciplinada nos arts. 152 a 155)*;*

*II - o depósito* (simples *garantia*, em *dinheiro*, administrativa ou judicial, para fins de discussão do valor *já lançado*, continuando, conseqüentemente, a propriedade do numerário com o depositante, não podendo, portanto, ser confundido com *pagamento*, forma de *extinção* do crédito tributário, pelo qual a propriedade do numerário passa a ser do credor) *do montante integral* (da totalidade, incluindo *correção monetária* e juros) *do crédito tributário* (aí compreendido o principal e multa ou penalidade pecuniária, como dito no § 1º do art. 113 do Código Tributário)*;*

*III - as reclamações* (que o art. 145 do Código melhor denomina de *impugnações*, atos esses genericamente conhecidos como *defesas* administrativas) *e os recursos* (atos que se seguem àquelas, dirigidas às instâncias ou graus superiores, como os tribunais administrativos, contra decisões já proferidas, para fins de novo julgamento)*, nos termos* (expressão que tanto pode ser interpretada como tendo o sentido de "*segundo*", "*consoante*", "*conforme*", "*a teor*" ou "*de conformidade com*", como tendo o sentido de "*nos prazos*",[264] obrigando o fisco, nesta última maneira de ver, a decidir as reclamações e os recursos dentro de certo prazo, legalmente previsto, sob pena de, entre outras conseqüências, ter-se como consumada a *prescrição*, chamada de "*intercorrente*") *das leis reguladoras do processo tributário administrativo* (que tratam da tramitação das impugnações, inclusive consultas escritas dos contribuintes, perante o próprio sujeito ativo, na esfera do Poder Executivo, portanto)*;*

*IV - a concessão de medida liminar* (ordem judicial provisória, no início da ação, determinando a sustação da exigibilidade ou cobrança do crédito tributário) *em mandado de segurança* (espécie de ação de efeitos rápidos, contra atos de autoridades administrativas, tidos ilegais, que deverá ser impetrada dentro de 120 dias do conhecimento do ato, sob pena de *decadência* do direito, devendo, contudo, os fatos que o embasam estar devidamente provados documentalmente, desde logo, não podendo, portanto, depender de prova pericial ou testemunhal)*.*

*V - a concessão de medida liminar* (ordem judicial provisória) *ou de tutela antecipada* (antecipação do pedido deduzido em ação judicial que, contudo, não é definitiva, porquanto dependente de confirmação na sentença

---

[264] vide item 2.3, a seguir, neste Capítulo, em que é citado Fábio Fanucchi como pioneiro na defesa da tese.

respectiva a ser, ainda, proferida), *em outras espécies de ação judicial* (diversas do mandado de segurança);

*VI - o parcelamento* (forma de pagamento, em prestações periódicas, como vem ocorrendo com o IPTU, com o IPVA e com o IR, para o qual a lei desde logo estabelece a possibilidade de pagar-se o crédito tributário ainda não vencido, em várias parcelas, com datas de pagamento previamente estabelecidas).

Essas hipóteses (que, a seguir, melhor analisaremos) dependem sempre de previsão (autorização) em lei ordinária (cf. art. 97, VI).

Convém, por oportuno, lembrar que a *legislação tributária* que disponha sobre *suspensão* da exigibilidade do crédito tributário, inclusive sobre *outorga de isenção*, deve, nos termos do art. 111 do Código Tributário, ser interpretada *literalmente* (ao pé da letra, estando, aí, a necessidade de aplicação do método restritivo, não no sentido de dar menor alcance ao dispositivo legal, mas no sentido de que não se pode alargar ou estender a sua aplicação a outros fatos apenas semelhantes, não contemplados), fazendo, assim, exceção à utilização do método amplo de interpretação utilizável, como regra, para as normas do direito tributário.

*Parágrafo único. O disposto neste artigo* (suspensão da exigibilidade do crédito tributário) *não dispensa* (não suspende) *o cumprimento das obrigações acessórias* (na verdade, *deveres acessórios*) *dependentes* (decorrentes) *da obrigação principal cujo crédito seja suspenso, ou dela conseqüentes* (ou seja, a suspensão somente tem a ver com a cobrança do *crédito tributário* propriamente dito, e não com os deveres que dele dependem ou decorrem, como, por exemplo, não está dispensado de emitir nota fiscal a empresa que obtém, judicialmente, medida liminar no sentido de que fica suspenso, até decisão final da ação respectiva, o pagamento do tributo sobre determinada operação com mercadorias).

### 2.1. Moratória

*Moratória* é *novo prazo, único* ou *parcelado*, legalmente concedido ao devedor para pagamento do crédito tributário, já vencido, portanto. Decorre ela, em princípio, de norma jurídica da mesma natureza jurídica daquela que é competente para criar ou instituir o crédito tributário a que se refere, porque, sendo o *exigir* uma conseqüência do *instituir*, somente norma igual pode conceder novo prazo para pagamento daquilo que, por ela, se tornou exigível. Assim, é ela, em princípio, a *lei ordinária*.

A suspensão da exigibilidade vigorará, na *moratória*, até o vencimento do novo prazo concedido. Se houver o pagamento respectivo, ocorrerá, então, a extinção do crédito (art. 156, I), e, via de conseqüência, da obrigação respectiva (cf. art. 113, § 1º). Se, contudo, não for o pagamento honrado mais uma vez, retoma-se a cobrança. A matéria está assim tratada pelo Código:

Art. 152:
*A moratória somente pode ser concedida:*
*I - em caráter geral* (a todos os devedores):
   *a) pela pessoa jurídica de direito público competente para instituir o tributo a que se refira* (de acordo com o *princípio da titularidade do direito*, segundo o qual somente pode conceder novo prazo para pagamento do tributo quem, na verdade, o pode exigir);
   *b) pela União, quanto a tributos de competência dos Estados, do Distrito Federal ou dos Municípios, quando simultaneamente concedida quanto aos tributos de competência federal* (previsão essa que, hoje, possivelmente, não mais possa ser sustentada, sendo letra morta, por ferir os mesmos princípios que nortearam a elaboração das normas contidas nos arts. 150, § 6º, e 151, III, da CF, que reservam ao titular da competência tributária *institucional* do crédito tributário o direito de a respeito dispor, não se admitindo qualquer ingerência de terceiros, nem mesmo da União) *e às obrigações de direito privado* (que são as do direito civil, comercial ou trabalhista, em relação às quais, no entanto, o Código nada mais esclarece);

*II - em caráter individual* (um a um, devedor por devedor), *por despacho* (exarado no requerimento respectivo, desde que atendidos os requisitos legais para o seu deferimento) *da autoridade administrativa* (titular do crédito), *desde que autorizada por lei* (cf. art. 97, VI, do Código) *nas condições do inciso anterior* (pela pessoa jurídica de direito público legalmente competente).

*Parágrafo único. A lei concessiva* (ordinária) *de moratória* (novo prazo para pagamento) *pode circunscrever* (limitar) *expressamente a sua aplicabilidade a determinada região* (área territorial, como determinada zona atingida por calamidade pública, como granizo, estiagem, etc.) *do território da pessoa jurídica de direito público que a expedir* (editar), *ou a determinada classe ou categoria* (grupo homogêneo, como cooperativas, comércio ambulante, indústria de confecções, produtor primário, etc.) *de sujeitos passivos* (contribuintes ou responsáveis, para que, desta forma, não seja ferido o princípio da *isonomia* previsto no art. 150, II, da CF, segundo o qual *os iguais devem ser tratados com igualdade*, sem quaisquer discriminações pessoais).

Art. 153:
*A lei* (ordinária, cf. art. 97, VI, já mencionado) *que conceda moratória* (novo prazo para pagamento) *em caráter geral* (a todos os devedores) *ou autorize sua concessão em caráter individual* (um a um, devedor a devedor) *especificará* (detalhará), *sem prejuízo de outros requisitos* (pelos menos os seguintes):

*I - o prazo* (máximo) *de duração do favor* (benefício, no caso, a *moratória*);

*II - as condições* (requisitos a serem cumpridos) *da concessão do favor* (moratória) *em caráter individual* (por devedor);

*III - sendo caso*:

a) *os tributos a que se aplica* (podendo a lei restringir sua aplicação a alguns deles, apenas);

b) *o número de prestações* (parcelas) *e seus vencimentos* (semanais, mensais, etc.), *dentro do prazo* (máximo) *a que se refere o inciso I, podendo atribuir a fixação de uns e de outros* (prestações e vencimentos) *à autoridade administrativa* (competente para exigir o crédito, e, conseqüentemente, para apreciar o pedido, mas sempre com a condição de que sejam observados critérios iguais para todos, de forma isonômica, evitando-se apadrinhamentos), *para cada caso de concessão* (caso a caso) *em caráter individual* (por devedor);

c) *as garantias* (houve época que a Receita Federal exigia notas promissórias das empresas devedoras, *avalizadas pelos seus administradores*, o que sempre nos pareceu inconstitucional, pelas razões já expendidas no § 2º do art. 113 e no art. 115 do Código Tributário, quando dissemos que não pode o sujeito ativo exigir do sujeito passivo *prestação de garantia*, por ser esta autêntica *obrigação de dar*, – portanto, *principal* e não *acessória* –, não prevista no § 1º do art. 113, além do que, com isso, se exige ato de *terceiros*, sejam eles sócios, administradores, bancos, etc., alheios à obrigação tributária, em relação aos quais não tem o fisco o direito de impor *deveres acessórios*, como não pode, também, impor ao *contribuinte* a obrigação de prestar *garantia* envolvendo os seus próprios bens, porque essa exigência não é objeto da *obrigação principal*, que é restrita a pagar *tributo* ou *penalidade pecuniária*, com exclusão de qualquer outra, e porque os bens do *contribuinte* já respondem pelo crédito tributário, como claramente previsto no art. 184 do Código, o que resultaria em escancarada obviedade e redundância) *que devem ser fornecidas pelo beneficiado* (da moratória) *no caso de concessão em caráter individual* (por devedor).

**Art. 154:**
*Salvo disposição de lei em contrário* (podendo ser estabelecido, por exemplo, de forma, a alcançar, também, créditos ainda sob discussão administrativa ou, mesmo, créditos ainda não lançados), *a moratória somente abrange os créditos definitivamente constituídos* (já lançados e exigíveis, vale dizer, definitivos na órbita administrativa, com decisão administrativa confirmatória já transitada em julgado, caso tenha havida impugnação) *à data da lei ou do despacho que a conceder, ou* (tudo depende do que a lei vier a estabelecer) *cujo lançamento já tenha sido iniciado àquela data por ato regularmente notificado ao sujeito passivo* (o que, por outro lado, confirma o entendimento de que não há, ainda, a definitividade do lançamento apenas

com a notificação – intimação – deste ao sujeito passivo respectivo, mas somente quando do trânsito em julgado da decisão administrativa que julgar eventual impugnação ou defesa a ele oferecida).

*Parágrafo único. A moratória não aproveita* (não beneficia, salvo disposição de lei em contrário, conforme dito no *"caput"* deste artigo) *aos casos de dolo* (quando o agente quer o ato e o resultado *ilícitos*)*, fraude* (toda ação ou omissão dolosa visando, mediante artifícios, à evasão ilícita) *ou simulação* (ação pela qual se dá a aparência de lícito a ato que, na verdade, é ilícito, em relação ao que recomendamos os comentários que fizemos ao parágrafo único do art. 116 do Código) *do sujeito passivo* (devedor) *ou de terceiro* (que tenha colaborado para a produção dos efeitos do ato ilícito) *em benefício daquele* (do sujeito passivo).

**Art. 155:**
*A concessão de moratória* (novo prazo) *em caráter individual* (um a um) *não gera direito adquirido* (em suma, não é definitiva) *e será revogada* (cancelada) *de ofício* (por ato unilateral do sujeito ativo)*, sempre que se apure* (mediante processo regular) *que o beneficiado não satisfazia* (ao requerer o benefício) *ou deixou de satisfazer* (após a obtenção do benefício) *as condições* (legalmente impostas)*, ou não cumprira* (o texto original refere *"cumpria"*, o que parece ser equivocado) *ou deixou de cumprir os requisitos para a sua concessão* (legalmente impostos)*, cobrando-se* (com o conseqüente desaparecimento da suspensão da exigibilidade) *o crédito acrescido de juros de mora* (de 1% ao mês, salvo disposição em sentido contrário, cf. § 1º do art. 161 do Código):

- *I - com imposição* (aplicação, pela via adequada) *da penalidade cabível* (prevista em lei)*, nos casos de dolo ou simulação* (formas qualificadas na prática do ato ilícito) *do beneficiado, ou de terceiro em benefício daquele* (na obtenção do favor)*;*
- *II - sem imposição* (aplicação) *de penalidade* (multa)*, nos demais casos* (quando não tenha havido dolo ou simulação, ou seja, quando não tenha havido má-fé, como erro involuntário, descumprimento da moratória decorrente da simples falta de dinheiro, etc.).

*Parágrafo único. No caso do inciso I deste artigo* (quando tenha havido má-fé, portanto, nas formas ali previstas)*, o tempo decorrido entre a concessão da moratória e sua revogação* (ou seja, o período durante o qual o devedor gozou do benefício da moratória) *não se computa* (devendo, portanto, ser acrescido ao prazo legal de 5 anos) *para efeito da prescrição* (perda que, pelo decurso de certo prazo, o Estado sofre, não só do direito de *ajuizar ou de propor a ação judicial de cobrança* de um crédito tributário já constituído ou lançado, mas também *do próprio crédito*, que, em conseqüência, também se extingue) *do direito à cobrança* (mediante ação de execução ou ordinária) *do crédito* (a que se refere a moratória)*; no caso do inciso II* (em que não ocorrem as figuras de má-fé, ali apontadas) **deste artigo, a revogação** (do benefício) **só pode ocorrer antes de prescrito** (antes de fechar o tempo legalmente previsto para a perda do direito de ajuizar a ação de cobrança respectiva) **o referido direito** (dando claramente a entender que o prazo prescricional continua fluindo durante a moratória, mas, em nosso entender, somente a partir de cada parcela não paga, sob pena de a presente disposição conflitar com a regra do art. 151, I, que, ao determinar, na moratória, a suspensão da exigibilidade do crédito, obviamente determina, também, a suspensão da contagem do prazo prescricional relativamente a cada parcela concedida).

A diferença entre os dois incisos do *"caput"* desse artigo está em que, *pelo primeiro* (referente à moratória obtida de *má-fé*, nas formas ali apontadas), a totalidade do período gozado indevidamente não se computa para efeitos prescricionais, devendo, pois, ser acrescido ao prazo (de 5 anos, previsto no art. 174 do Código), enquanto que, *pelo segundo* (referente à moratória obtida de *boa-fé*), a contagem do prazo prescricional deve ser feita em relação a cada parcela não paga, a partir do seu vencimento.

De qualquer forma, convém ter presente que, segundo o fisco, o *pedido* de moratória *interrompe* a prescrição, determinando o reinício da contagem integral desta, desprezando-se, conseqüentemente, o prazo já decorrido, já que o simples pedido é tido como *confissão* ou *reconhecimento do débito* (cf. inc. IV do parágrafo único do art. 174 do Código), porque, afinal, – dizem –, ninguém pede *moratória* se não estiver devendo. Esse ponto de vista, contudo, não é pacífico, entendendo muitos que pode decorrer de simples conveniência, até para não se indispor contra o fisco.

Os *efeitos da revogação* da *moratória*, nessas circunstâncias, se resumem, basicamente, nos seguintes (cf. art. 155):

a) *em qualquer caso* (tenha sido a moratória obtida de *boa*, ou de *má-fé*) ocorrerá *a exigência do tributo, da correção monetária e dos juros de mora* (de 1% ao mês ou fração, a menos que a lei disponha de modo diverso) *respectivos*; e

b) *para os casos de moratória obtida de má-fé* (mediante *dolo* ou *simulação*), haverá *a exigência das penalidades eventualmente previstas em lei*, bem como a não-contagem, *para efeitos da prescrição, do período indevidamente gozado* (de *má-fé*, portanto).

Esses artigos estabelecem regras à *moratória* (novo prazo concedido a uma *dívida já vencida*). O parcelamento (forma de pagamento, em prestações periódicas, como ocorre com o IPTU, com o IPVA e com o IR, para os quais a lei desde logo estabelece a possibilidade de pagar-se o crédito tributário, em seu vencimento, em várias parcelas), acrescido ao art. 151 como *nova hipótese* de suspensão da exigibilidade do crédito tributário, passou a ser disciplinado de acordo com o artigo 155-A, que comentaremos no item 2.6 deste Capítulo.

Ainda sobre a *moratória*, com pagamento único ou parcelado, há uma indagação: pode ela ser revista pelo sujeito passivo?

Certo é que, quando da obtenção do benefício, o sujeito passivo é obrigado a confessar a dívida. Mas há um detalhe: o que se confessa não é a dívida propriamente dita (que decorre de lei), mas, sim, os fatos que a originaram. Estes, sim, se tornam irrevisáveis, em face da confissão (concordância) em relação a eles, devendo a dívida em si ser sempre adequada à lei.

Assim, se a cobrança decorrente do parcelamento, via *moratória*, não atende aos ditames legais, comporta ele revisão, porque só se paga o que é devido por lei. Mas, a ação deverá ser própria para esse fim, qual seja, a revisional, com o fim de ajustar o parcelamento à lei, devendo, enquanto isso, prosseguir a cobrança das parcelas concedidas, ainda que mediante depósito judicial, se autorizado.

## 2.2. Depósito do montante integral do crédito tributário

*Depósito* é mera garantia, administrativa ou judicial, *em dinheiro*, efetuada pelo sujeito passivo para efeitos de discussão do crédito tributário respectivo. É, em princípio, um direito do sujeito passivo, embora muitas vezes a lei o imponha como condição ao exercício do direito de defesa, o que se nos afigura inconstitucional. Todavia, para que o depósito surta seus efeitos, deve ser feito exclusivamente em *dinheiro* (moeda corrente), não sendo possível fazê-lo por meio de fiança, títulos de dívida pública, etc., conforme Súmula nº 112 do STJ, a teor da qual *"O depósito somente suspende a exigibilidade do crédito tributário se for integral e em dinheiro"*

Não deve o depósito, por outro lado, ser confundido com *pagamento*, que implica transferência definitiva da propriedade do dinheiro em favor do sujeito ativo, com vista única à extinção ou liquidação do crédito tributário, o que não ocorre no *depósito*, em que a propriedade respectiva continua do depositante, não fazendo, além do mais, com que o crédito seja extinto.

Quando o Código fala em *"montante integral do crédito tributário"*, deve ser entendido que somente o depósito total do valor da exigência inibe o sujeito ativo respectivo de ajuizar a competente ação de cobrança, daí não se inferindo, contudo, que, se o sujeito passivo efetuar depósito de, apenas, parte do débito, possa a ação de cobrança do sujeito ativo abranger a totalidade do crédito. Em casos tais, a suspensão da exigibilidade ocorre somente sobre o valor depositado, podendo, contudo, a ação ser ajuizada relativamente à parcela não depositada, respeitando-se o valor do depósito já efetuado.

A discussão acerca da subsistência, ou não, do crédito tributário, é, na *via administrativa*, feita por meio de *impugnação* (e que o art. 151, III, chama de *reclamação*, designação hoje empregada somente pela legislação do IR) *ao seu lançamento*, em que o depósito deve, em princípio, ser facultativo (ou, pelo menos, deveria ser), para que o livre direito de defesa do acusado não seja cerceado. Há leis que, contudo, eventualmente obrigam ao depósito, total ou parcial, para fins recursais na esfera administrativa, exigência que, a nosso ver, como aliás já afirmamos, fere o princípio constitucional do amplo direito de defesa administrativa.

Já, na *via judicial*, pode o *depósito da parcela em litígio* ocorrer em hipóteses várias:

a) na *ação anulatória* do débito, de forma *facultativa* (apesar do disposto no art. 38 da Lei nº 6.830/80 que, aparentemente, o obriga como condição para o exercício da ação), segundo pacificamente vem entendendo os Tribunais, mas a sua não-efetivação permite que o sujeito ativo promova a respectiva ação de execução, no mesmo juízo (em razão da prevenção assegurada no art. 106 do CPC), a qual, no entanto, deverá ser suspensa a partir da penhora e do conseqüente oferecimento dos embargos à execução, e aguardar o desfecho (julgamento) da precedente ação anulatória do (mesmo) débito. Decisão da 2ª Turma do STJ[265] manifestou, a propósito da matéria, entendimento mais drástico e radical, no sentido de que, "*proposta ação anulatória, com o depósito do valor questionado, é vedado à Fazenda Pública ajuizar execução fiscal*", pelo que, em conseqüência, determinou a extinção desta;

b) na *ação de consignação* (judicial) em pagamento, de forma obrigatória, pelo valor considerado devido, nos casos previstos no art. 164;

c) na *ação de mandado de segurança*, quando o impetrante se proponha, voluntariamente, a efetuar o depósito em dinheiro, do valor em discussão, vedada a exigência de depósito como condição para a concessão da liminar, conforme adiante se verá, quando tratarmos da concessão da medida liminar em mandado de segurança para efeitos de suspensão da exigibilidade do crédito tributário (subitem 2.4);

d) em *qualquer outra ação* ou *medida judicial*, em que se pretenda discutir o crédito tributário, quando ao sujeito passivo convenha o depósito.

A *suspensão* da exigibilidade do crédito tributário em decorrência de depósito, em dinheiro, efetuado pelo sujeito passivo nos termos do art. 151, II, do CTN, permanece enquanto perdurar a discussão a respeito. Se o depositante for, a final, o vencedor na lide, deverá ser-lhe imediata e integralmente restituído o valor depositado, com todos os acréscimos legais (correção monetária e juros, sendo que estes, embora não dito em lei, não devem ser inferiores a 1% ao mês ou fração, em razão da reciprocidade do *mesmo tratamento jurídico* dado ao sujeito ativo que, por força lei, exige do sujeito passivo esse percentual).

Caso, todavia, venha o depositante a ser declarado vencido na discussão, o depósito feito deverá, então, com os respectivos acréscimos, ser convertido (transformado) em renda ou receita (pagamento), passando, em outras palavras, da condição jurídica de "*depósito*" (garantia) para "*pagamento*" (renda ou receita),

---

[265] REsp nº 62767-2 (DJU de 28/04/97, p. 15836, e RDDT nº 22, p. 188).

extinguindo-se o crédito correspondente (cf. artigo 156, VI). Mas há um detalhe: não possui o menor respaldo em lei a obstinada pretensão, de parte do sujeito ativo, em querer compensar, *no dia da conversão em renda*, o valor do depósito verificado na conta bancária judicial (sempre menor, porque acrescido de juros mensais correção monetária em menores percentuais), com o valor do débito (sempre maior) que, a seu modo, calcula (computando juros de 1% ao mês e correção monetária segundo índices próprios, como se a inflação fosse diferente para um e outro). A conversão há de ser feita levando em conta o valor do débito no dia do depósito, porquanto o *depósito do montante integral do crédito tributário* tem o efeito de fazer cessar a mora, com o que também cessa, obviamente, a possibilidade de cobrança de qualquer diferença, quer de correção monetária, quer de juros.

### 2.3. Reclamações (impugnações) e recursos administrativos ao lançamento

*Reclamação* é a *defesa administrativa*, tecnicamente chamada de *impugnação*, oferecida pelo sujeito passivo, seja contra o ato do lançamento (expresso em auto de lançamento) em si (seus *aspectos formais*), seja contra a exigência nele contida (seus *aspectos materiais*, ou seja, contra o crédito tributário nele documentado).

Os *aspectos formais* envolvem, geralmente, o exame da competência e poderes da autoridade que o efetuou, da oportunidade de sua realização, da observância do devido processo legal, da forma de sua notificação (na verdade, intimação), etc., enquanto os *aspectos materiais* envolvem a discussão da própria exigência nele contida: ausência ou inocorrência de fato gerador, alíquota ou base de cálculo inadequadamente utilizadas, benefícios fiscais, aproveitamento de créditos, impossibilidade de arbitramento e ausência de critérios técnico-científicos aceitáveis nele utilizados, inexistência de infração material (quanto ao recolhimento do tributo) ou formal (quanto a obrigações acessórias), etc.

O lançamento (pressupondo peça ou documento formal próprio, lavrado pela autoridade administrativa competente, com seu original mantido na repartição fiscal) se completa, tornando-se eficaz, com a notificação (intimação) respectiva ao sujeito passivo que nele figurar, e ao qual deverá ser entregue cópia daquele, mas somente se torna definitivo, na esfera administrativa, com a decisão final, transitada em julgado, que avalie a sua correção diante da lei, na forma do regulamento respectivo, à vista das alegações, de fato e de direito, opostas pelo sujeito passivo correspondente, via impugnação ou reclamação.

*Recurso* é a submissão, à instância superior (normalmente colegiada, isto é, integrada por mais de um julgador), da decisão proferida em primeiro grau ou instância (geralmente singular, ou seja, proferida por uma única autoridade). Quando a lei determinar que a decisão, favorável ao sujeito passivo, seja necessariamente submetida à revisão da instância superior, esse reexame leva o nome de *recurso de ofício* ou *necessário*, e, sempre que a lei vier a permitir que o sujeito passivo requeira que a decisão, que lhe foi desfavorável, seja, também, reexaminada pela instância superior, o recurso para esse fim leva o nome de *recurso voluntário*.

A palavra *recurso* é usada, muitas vezes, até por textos legais (veja-se, por exemplo, o parágrafo único do art. 38 da Lei nº 6.830/80), no sentido amplo de *defesa*, ora de primeiro grau (como *impugnação*), ora de segundo grau (como *recurso* propriamente dito).

Sejam, no entanto, *reclamações* (impugnações), sejam *recursos*, somente eles têm o condão de suspender a exigibilidade do crédito tributário, desde que tempestivamente oferecidos ou interpostos.

Matéria, contudo, freqüentemente posta em debate, é a do alcance da discussão, na esfera administrativa, relativamente à exigência formulada no auto de lançamento: pode ela enfrentar questões alheias à lei instituidora da arrecadação e ao regulamento respectivo, como a inconstitucionalidade?

A solução exige tenha-se presente que a conduta do fisco é inteiramente baseada na lei, porém na estrita interpretação que lhe deu o respectivo regulamento, do Poder Executivo, ao qual se acha subordinada a autoridade lançadora. Assim, não cabe, na esfera administrativa, avaliar-se a exigência fiscal a não ser em função da lei instituidora, porém na interpretação que lhe deu o regulamento respectivo, mesmo que este seja contrário a ela (ilegal, sob esse aspecto) e, via de conseqüência, inconstitucional (por invasão de competência legislativa). Aspectos, pois, de eventual inconstitucionalidade da exigência, competem exclusivamente ao Judiciário, e não à esfera administrativa, que está adstrita à aplicação da lei, na forma do regulamento respectivo. Nesse sentido a seguinte decisão (que entendemos adequada ao nosso ponto de vista) da 1ª Câmara do 1º Conselho de Contribuintes:[266]

> "A apreciação de constitucionalidade ou não de lei regularmente emanada do Poder Legislativo é matéria da exclusiva competência do Poder Judiciário, não podendo o Conselho de Contribuintes, como órgão do Poder Executivo, desempenhar tal mister, sob pena de invasão indevida na esfera de competência exclusiva de outro Poder da República, ferindo disposições expressas da Magna Carta, nada impedindo, entretanto, que reiteradas decisões do Excelso Pretório sejam adotadas na esfera administrativa, poupando-se a Fazenda Pública do ônus da sucumbência em possíveis ações judiciais".

Já a 8ª Câmara do mesmo 1º Conselho de Contribuintes,[267] por sua vez, havia adotado, dias antes, entendimento mais flexível:

> "Em face do art. 5º, inc. LV, da Constituição Federal, os órgãos administrativos judicantes estão obrigados a aplicar, sempre, a Lei Maior em detrimento da norma que considerem inconstitucional. Impor limitação ao livre convencimento da autoridade julgadora, assim como

---

[266] Proc. nº 10980/012.616/92-28, acórdão nº 101-90.768 (DOU-I, de 07/05/97, p. 9078, e RDDT nº 22, p. 206).
[267] Proc. nº 10120-001.132/92-65, acórdão nº 108-01.182 (DOU-I, de 05/05/97, p. 8883, e RDDT nº 22, p. 207).

*não conhecer esta de matéria constitucional argüida pelo litigante em qualquer instância, implica cerceamento da plena defesa e violação da Lei Fundamental*".

Embora seja facultado ao devedor socorrer-se, desde logo, da via judicial, contra a lavratura do auto lançamento e exigência nele contida, renunciando à esfera administrativa (o que torna irreversível seu retorno, conforme expressamente previsto no art. 38 da citada Lei nº 6.830/80, relativamente aos aspectos que vier a discutir, nada impedindo, todavia, que discuta parte numa via e parte noutra), *tais incursões judiciais*, salvo nas hipóteses de *depósito do montante integral do crédito em discussão* e de *concessão liminar em mandado de segurança* (hipóteses de que a seguir nos ocuparemos), *não têm o condão de suspender a exigibilidade do crédito tributário*. Assim se expressou, a respeito, a referida 8ª Câmara do Conselho de Contribuintes:[268]

> "*A submissão de matéria à tutela autônoma e superior do Poder Judiciário, prévia ou posteriormente ao lançamento, inibe o pronunciamento da autoridade administrativa sobre o mérito do crédito tributário em litígio, tornando definitiva a exigência nessa esfera*".

Matéria do mais vivo interesse, constantemente debatida nos Tribunais, tratando-se de impugnação administrativa, é a relativa ao ônus da prova nos autos de lançamento: compete ele à autoridade lançadora, ou ao impugnante?

RUBENS GOMES DE SOUSA,[269] discorrendo sobre o contencioso tributário, parte da consideração de que a impugnação do sujeito passivo ao lançamento pode versar fundamentalmente sobre três pontos: *existência*, *características* e *montante da obrigação*. Segundo ele,

> "*é regra geral de direito processual que o autor deve provar aquilo que alega: quem pretenda cobrar de outrem uma dívida, deve provar que essa dívida existe, qual a sua origem e o seu montante. Entretanto, essa regra não se aplica à cobrança de tributos, porque aquilo que o fisco pode cobrar do contribuinte como dívida ativa goza de presunção de certeza e liquidez*".

Resulta claro, dessa lição, que ao sujeito passivo cabe sempre o ônus de provar que não é devedor do *tributo* contra ele lançado, e, obviamente, da *multa* ou *penalidade pecuniária* respectiva, decorrente de *infração tributária material comum*, e *não qualificada*. Todavia, se a falta de recolhimento do tributo decorrer de *infração tributária material qualificada* (*intencional*, *dolosa*), a situação passa a ser outra: tratar-se-á, então, não de simples *constatação*, pelo fisco, da *falta de recolhimento do tributo*, mas de *acusação* de prática intencional de ato ilícito, caso em que lhe caberá, obviamente, a prova respectiva, com base no princípio de que, *quem acusa*, deve provar. Em outras palavras, uma situação é o fisco dizer que o sujeito passivo não pagou o tributo (trata-se de constatação, cabendo a prova, em sentido contrário, ao contribuinte) e, outra, é afirmar que o pagamento decorreu de fraude ou simulação (trata-se, então de *acusação*, cabendo a prova a quem acusa).

---

[268] Proc. nº 10820-000.523/93-38, acórdão nº 108-02.319 (DOU-I, de 08/05/97, p. 9263, e RDDT nº 22, p. 205).

[269] in "Compêndio de Legislação Tributária", SP, Resenha, coord. IBET, edição póstuma, 1981, p. 145/159, em especial, 147.

Apenas para lembrar, no Estado do RS, segundo a Lei nº 6.537/73, as *infrações tributárias materiais comuns* (quando atentarem contra a obrigação tributária *principal*, ou seja, não pagar o tributo, tal como definido no § 1º do art. 113 do Código, ou, como define o parágrafo único da lei daquele Estado, quando determinarem *lesão aos cofres públicos*) são classificadas em três espécies diferentes:

"Art. 7º:

*Quanto às circunstâncias de que se revestem, as infrações materiais são havidas como:*

*I- qualificadas, quando envolvam falsificação ou adulteração de livros, guias ou documentos exigidos pela legislação tributária, inserção neles de elementos falsos ou utilização dolosa de documentário assim viciado, bem como quando a lei, ainda que por circunstâncias objetivas, assim as considere;*

*II- privilegiadas, quando o infrator, antecipando-se a qualquer medida administrativa, informe a servidor a quem compete a fiscalização, na forma prevista na legislação tributária, todos os elementos necessários ao conhecimento da infração, tanto qualificada como básica;*

*III- básicas, quando não se constituam em infrações qualificadas ou privilegiadas".*

Com efeito, sempre entendemos que o *tributo* (exigência *material*) decorre da *constatação* (não se trata de *acusação*), pela autoridade administrativa, da prática do fato gerador previsto em lei, daí porque cabe sempre ao sujeito passivo, tanto na esfera administrativa como na judicial, a demonstração (ônus) de que não é ele devido por qualquer *razão de fato* (a *matéria de direito*, por outro lado, não precisa ser invocada ou demonstrada, presumindo-se ela sempre conhecida do aplicador da lei, em face do princípio de que *a ninguém é lícito desconhecer a lei*), devendo ser-lhe, em contrapartida, assegurados todos os meios de prova admitidos em direito, especialmente, em se tratando de arbitramento, da prova pericial (cf. art. 148, *in fine*). Tratando-se, porém, de *acusação, pelo sujeito ativo*, de cometimento de *infração* na forma *qualificada* (não se trata, pois, de *infração tributária material comum*), não temos a menor dúvida de que, a prova respectiva, tanto na esfera administrativa como na judicial, cabe sempre a quem *acusa*, no caso, o fisco.

Ponto, contudo, do qual o Código Tributário inexplicavelmente não cogita, é o relativo ao tempo de que dispõe a autoridade administrativa para decidir as *impugnações* e os *recursos* da sua competência, em razão do que costuma ela não ter pressa para solucioná-los, fiando-se na disposição do art. 151, III, do Código, segundo o qual a exigibilidade do crédito fica suspensa enquanto isso, não fluindo prazo *prescricional*.

O STF,[270] em acórdão proferido há muitos anos, assim ementou a matéria, de certa forma ratificando a acomodação da autoridade administrativa, decisão essa, quem sabe, válida para a época, quando ainda não existiam os recursos que a informática hoje coloca à disposição do julgador, permitindo-lhe soluções extremamente rápidas:

"*Com a lavratura do auto de infração fica consumado o lançamento do crédito tributário, não havendo, pois, de se falar em decadência. A interposição de recurso administrativo pelo contribuinte tem o efeito, tão somente, de suspender a exigibilidade do crédito tributário*" (leia-se

---

[270] RE 91812, 1ª Turma, DJU de 08/02/80, p. 505, e Ementário de Jurisprudência nº 1159, p. 396.

*"de impedir"* o início da *prescrição*, porque, tecnicamente, toda causa que evita o início de contagem de prazo tem o nome de causa *impeditiva*).

O STJ é no mesmo sentido:

*"Até que o sujeito passivo seja notificado, o auto de infração carece de eficácia, como título hábil para afastar a decadência do direito de constituir credito tributário".*[271]

*"Com a lavratura do auto de infração se consuma o lançamento tributário, não se podendo mais, depois disso, falar em decadência".*[272]

Segundo esse critério, pois, inicia-se a contagem do prazo:

a) **decadencial**, a partir de 1º de janeiro do exercício seguinte àquele em que o lançamento poderia ter sido iniciado, e encerra-se com a notificação, ao sujeito passivo, do auto do lançamento respectivo (art. 173, I, do Código Tributário); e

b) **prescricional**, a partir da notificação do lançamento, a menos que o autuado o impugne administrativamente, quando, então, seu início se dá a partir do trânsito em julgado da decisão que o julga subsistente (art. 174, combinado com o art. 151, III, do mesmo Código).

Particularmente, sempre entendemos que o tempo utilizado para decidir as impugnações e recursos administrativos ao lançamento integram o prazo *decadencial* de 5 anos previsto no art. 173 do Código, porque a *prescrição*, que se lhe segue, também de 5 anos, tem seu início, conforme art. 174 do Código, com a *constituição definitiva do crédito tributário*, ou seja, com seu *lançamento definitivo*, que, para nós, ocorre com o trânsito em julgado da decisão administrativa que o considerar válido e subsistente. Esse entendimento veio, efetivamente, a ser adotado pelo TJERS:[273]

*"O Estado tem 5 anos para constituir definitivamente o crédito tributário, o que equivale a dizer que, no prazo de 5 anos, deve julgar a impugnação havida, pena de decadência".*

Nunca nos conformamos com o entendimento do Supremo Tribunal Federal, que, por permitir ao fisco a perpetuação do direito de decidir administrativamente as impugnações e os recursos, sem impor-lhe limites no tempo, se mostra distante da realidade, na medida em que, por força do progresso, ao qual o sujeito ativo há muito já se adaptou, torna-se-lhe perfeitamente possível solucionar seus processos em espaço de tempo cada vez menor.

Assim, mesmo estabelecendo o art. 174 do Código Tributário que a contagem do prazo *prescricional* se inicia com a *"constituição definitiva"* do crédito tributário, isto é, do trânsito em julgado da decisão administrativa que confirmar o lançamento, e mesmo estabelecendo o art. 151, III, do mesmo Código, que, nesse interregno, o crédito tributário tem a sua exigibilidade *suspensa*, vale dizer, não corre o prazo *prescricional*, não podem essas regras ser recebidas como absolutas, con-

---

[271] REsp nº 73594/PR, 23/11/95, 1ª Turma, STJ, DJ de 04/03/96, p. 5374, RSTJ vol. 82, p. 78.
[272] REsp nº 61174/SP, 03/05/95, 1ª Turma, STJ, DJ de 29/05/95, p. 15486, RSTJ vol. 84, p. 105.
[273] Apelação Cível nº 596038166, DJE de 27/09/96, p. 19, 1ª Turma, Rel. Tupinambá Castro do Nascimento.

ferindo à autoridade administrativa o direito de decidir os feitos sob sua jurisdição quando bem entender. Há de se impor prazo para o exercício do seu direito.

Prevendo a necessidade de combate a esse injustificado protecionismo (não fluência do prazo *decadencial* ou *prescricional* durante a discussão administrativa do crédito tributário e do lançamento), FÁBIO FANUCCHI[274] passou a entender, – e com razão –, que a expressão *"nos termos"* (utilizada no citado inc. III do art. 151 do Código, ao dispor que *"suspendem a exigibilidade do crédito tributário ... as reclamações e os recursos, nos termos das leis reguladoras do processo tributário administrativo"*), tem o sentido de *"nos prazos"*, de tal forma que, segundo ele, a *suspensão da exigibilidade* (vale dizer, o prazo durante o qual não flui o prazo *prescricional*) do crédito tributário somente ocorre enquanto perdurar a discussão administrativa, desde que, porém, não seja excedido, para esse fim, o prazo legal previsto, de tal sorte que, se nenhum prazo for estabelecido, devem ser, pelo menos, subsidiariamente aplicadas as disposições do CPC.

Na esteira desse pensamento, antigo mas sempre atual, a tendência do TJERS é a de adotar regra de contagem simplificada para esse fim, a partir do voto da lavra do eminente Des. ÉLVIO SCHUCH PINTO (na época vencido, mas que, pela sua importância e profundidade, vem hoje assumindo vanguarda em sucessivas decisões daquele Tribunal) que, em excelente, detido e judicioso exame dos prazos de que dispõe a autoridade administrativa deste Estado, nos termos da legislação própria, para a solução dos feitos sob sua jurisdição, assim concluiu:

> "Ora, como se demonstrou, a soma de todos os prazos legais e razoáveis, para a decisão da impugnação e toda a gama de recursos previstos na Lei do Procedimento Tributário Administrativo, ficaria em torno de 335 dias. Assim, acrescido, o prazo máximo de 6 anos para a constituição definitiva do crédito tributário, ainda ficaria aquém dos 7 anos, prazo esse superado, no caso, para o simples julgamento das impugnações de primeiro grau na instância administrativa.
>
> O excedimento desse prazo, a meu sentir, importou em decadência do direito de constituição correta e definitiva do crédito tributário, extinguindo-o e, assim, não dando azo à constituição válida e regular dos títulos executivos extrajudiciais em que se embasa a execução.
>
> ... a conclusão a que se chega é uma só: extinguiu-se o crédito tributário, 'ex-vi' do art. 156, V, do CTN".

Assim, mais do que nunca, convence-nos hoje a idéia de que, decorrendo prazo superior a 5 anos entre a *notificação do lançamento* ao sujeito passivo e o *trânsito em julgado* da decisão administrativa que julgar a sua impugnação, ter-se-á por definitiva e inapelavelmente consumada a *prescrição intercorrente*, e, via de conseqüência, a extinção do crédito tributário respectivo (art. 156, V, do CTN).

Ademais, esse entendimento leva necessariamente a outro: na hipótese de não vir a se consumar a *prescrição intercorrente*, por decidir o fisco a impugnação e os recursos administrativos no prazo legal, não cabe, no nosso entender, a exigência de *juros moratórios* relativamente ao período da discussão, por não haver mora imputável ao devedor.

---

[274] *in* "A Decadência e a Prescrição em Direito Tributário", SP: Resenha, 3ª edição, 1976, p. 116/7.

A verdade, em tudo isso, é que não mais é possível aceitar, hoje, que o sujeito ativo tenha prazo eterno ou indeterminado para decidir as impugnações e os recursos administrativos submetidos ao seu crivo. Não admitir isso, é premiá-lo, em detrimento do sujeito passivo interessado.

### 2.4. Concessão de medida liminar, em mandado de segurança

*Medida liminar* é a ordem, dada pela autoridade judiciária, em ação de mandado de segurança, no seu início ou logo depois, determinando, a pedido do autor (impetrante), que, até o julgamento do mérito (sentença), seja sustada (suspensa) a exigibilidade do crédito tributário.

*Liminar*, vem da palavra latina *"límen"*, significando *limiar, entrada, soleira da porta*, que é a parte que se situa logo abaixo desta, onde se pisa ou se firma a *sola, na entrada da casa*, e, por extensão, *na entrada da ação judicial do mandado de segurança*. É medida que pode ser concedida, ou não, pela autoridade judiciária, e, caso concedida, pode ser revogada a qualquer momento. É, assim, a concessão da liminar, uma faculdade do Judiciário, diante do pedido formulado pela parte impetrante, cabendo a esta apontar os efeitos prejudiciais que, da sua não-concessão, possam advir-lhe.

Enquanto vigorante a *medida liminar*, suspensa fica a exigibilidade do crédito respectivo. Se, apreciando o mérito, a sentença for no sentido de conceder a segurança pleiteada, a *liminar*, se antes deferida, será substituída pela declaração de extinção do crédito (art. 156, X), mas, se a sentença for no sentido de denegar a segurança, será a *liminar*, então, automaticamente cassada, retornando a imediata exigibilidade do crédito tributário suspenso.

Antigo entendimento do Poder Judiciário gaúcho, esposado à vista do inc. IV do art. 151 do Código, era no sentido de que o mandado de segurança (e, conseqüentemente, a concessão de *medida liminar*) somente cabia, em matéria tributária, relativamente a crédito tributário já *constituído* (pelo lançamento). O equívoco era evidente: o citado dispositivo não obsta que, com fundamento nos incs. XXXV e LXIX do art. 5º da Lei Constitucional, se impetre mandado de segurança *preventivo* para desfazer ou rechaçar *ameaça concreta* de violação, por parte do fisco, a direito individual líquido e certo. O inciso IV do citado art. 151 visa, tão-somente, à possibilidade de a liminar vir a suspender a exigibilidade de um crédito *eventualmente já lançado*, não impedindo, contudo, o exame de qualquer ato do fisco, antes de resultar ele em lançamento, a respeito do que o dispositivo citado não trata.

O direito à impetração de mandado de segurança *preventivo* já foi reconhecido em várias oportunidades pelo STJ, como nos acórdãos a seguir:

"*Editada uma lei, mudando critérios de incidência tributária, é de se presumir que os agentes fiscais irão executá-la. Em tal hipótese cabe Mandado de Segurança preventivo contra o agente fiscal, tanto mais, quando este manifesta, nas informações, o propósito de efetuar o lançamento e a cobrança malsinados".*[275]

*"Se existe ameaça atual e traduzida por atos, e não meras conjecturas, justifica-se a impetração de mandado de segurança. No campo do direito tributário, caracterizada a situação fáctica sobre a qual deverá incidir a lei atacada, cabe a impetração preventiva do 'mandamus'".*[276]

O que não é possível, isso sim, é impedir, por medida liminar, o *exercício do lançamento*, porque, do contrário, estar-se-á propiciando o fluxo do prazo *decadencial* (que é fatal, peremptório, não possuindo, em princípio, causas *impeditivas*, *suspensivas* ou *interruptivas* da sua contagem), e, via de conseqüência, estar-se-á obstaculizando o direito de o fisco vir a lançar legitimamente crédito tributário seu. Em outras palavras, pode-se requerer que o Judiciário suspenda, preventivamente, a *cobrança* (*exigibilidade*) de um crédito tributário *já lançado* ou *prestes a ser*, mas não o *lançamento* em si.

Caso, todavia, venha o Judiciário, se assim o entender conveniente, a impedir o *lançamento* propriamente dito (e, conseqüentemente, a futura *cobrança* ou *exigibilidade* do crédito), nesse caso – pensamos nós –, deve esse fato ser excepcionalmente considerado, por medida de eqüidade, como *causa suspensiva* de contagem do prazo *decadencial*, mesmo que, em princípio, a *decadência* não admita causas *impeditivas*, *suspensivas* ou *interruptivas* da sua contagem. Aliás, situação dessa ordem levou recentemente a 1ª Turma do STJ[277] a decidir que

*"Se o contribuinte pede mandado de segurança, prevenindo-se contra futuro lançamento de tributo, não é lícito adotar-se a data em que ocorreu o respectivo fato gerador como termo inicial de decadência do direito à segurança".*

Aspecto, por outro lado, seguidamente posto em debate, é o de se saber se a *concessão de medida liminar*, em mandado de segurança, pode ser condicionada a prévio depósito em dinheiro, ou mesmo ao oferecimento de garantia. Quanto ao depósito em dinheiro, quando muito, pode ele, segundo entendimento do STJ, ser sugerido pelo magistrado em troca do indeferimento da liminar, e, quanto à exigência de garantia, têm-se ela como inviável, por falta de amparo legal, tal como já decidiu o mesmo Tribunal:

*"O depósito previsto no art. 151, II, CTN, é um direito do contribuinte, só dependente de sua vontade e meios; o juiz nem pode ordenar o depósito, nem pode indeferi-lo. 2. Medida Liminar (CTN, art. 151, IV). A medida liminar de que trata o art. 151, IV, CTN, também é um direito do contribuinte, desde que reunidos os respectivos pressupostos (o 'fumus boni juris' e o 'periculum in mora'); se o juiz deixar de reconhecê-los, deve indeferir a medida liminar, mas pode sugerir que essa tutela cautelar seja substituída pelo depósito dos tributos controvertidos, praxe judicial que visa a atender o interesse de ambas as partes e que não é ofensiva ao direito".*[278]

---

[275] Embargos de Divergência interpostos no REsp nº 18424/CE, 1ª Seção, STJ (DJU de 04/03/96, p. 5330, e RDDT nº 8, p. 203/4).
[276] ROMS nº 11351/RN, 1ª Turma, STJ, 07/06/01, DJU de 20/08/01, p. 350.
[277] REsp nº 93282/RS, 1ª Turma, STJ (DJU de 17/02/97, p. 2133, e RDDT nº 19, p. 184).
[278] REsp nº 70822/MG, 30/10/96, 2ª Turma, DJ de 02/12/96, p. 47664, e RDDT nº 17, p. 194. VeR, também: REsp 50623/SP, STJ.

*"Mandado de segurança. Concessão de liminar. Subordinação da eficácia da medida à prestação de caução: desde que satisfeitos os pressupostos essenciais e uma vez concedida, por isso, a liminar, não é lícito subordinar a eficácia da medida a outras condições".*[279]

### 2.5. Concessão de medida liminar, ou de tutela antecipada (em outras espécies de ação judicial)

O mandado de segurança não é, hoje, a única hipótese decorrente de ordem judicial de suspensão da exigibilidade do crédito tributário. Outras causas acham-se previstas no Código de Processo Civil em vigor, que sobreveio ao Código Tributário, que, igualmente, a suspendem, como a medida cautelar (artigos 796 a 889) e a antecipação de tutela (art. 273), quando deferidas pelo Judiciário a pedido do sujeito passivo.

**Cautelar** é a medida judicial decorrente de precaução, para evitar mal maior, enquanto **antecipação de tutela** é a concessão, antes mesmo da sentença (ainda que de forma provisória, do pedido, formulado pelo interessado), que esta poderá vir a deferir-lhe a final.

O pressuposto para a concessão de *tutela antecipada* é a verossimilhança (certeza) da alegação da parte, somado ao seu fundado receio de dano irreparável ou de difícil reparação, ou que fique caracterizado o abuso de direito de defesa ou o manifesto propósito protelatório do réu. Mas há limites para tanto, como o perigo de irreversibilidade do provimento antecipado (§ 2º do art. 273 do CPC), ou mesmo o esgotamento, no todo ou em parte, do objeto da ação (3º do art. 1º da Lei nº 8.437/92 e art. 1º da Lei nº 9.494/97). De qualquer forma, o exame deve ser feito caso a caso, cabendo sempre ao prudente arbítrio do magistrado a sua concessão.

### 2.6. Parcelamento

Consiste o **parcelamento**, já vimos, no pagamento, em prestações periódicas, do crédito tributário (como vem ocorrendo com o IPTU, com o IPVA e com o IR), para o qual, contudo, diferentemente da moratória (que é novo prazo para pagamento de débito já vencido), a lei estabelece, desde logo, a possibilidade de pagar-se o crédito tributário ainda não vencido, em várias parcelas, em datas previamente estabelecidas.

Há de ser observado, em relação ao parcelamento, o disposto no seguinte artigo:

**Art. 155-A:**
***O parcelamento será concedido na forma e condição estabelecidas em lei específica*** (do Poder Legislativo, não servindo ato do Poder Executivo, como o decreto ou ato administrativo)*.*

---

[279] ROMS nº 3043/RJ, 17/04/95, 2ª Turma (DJ de 22/05/95, p. 14384, e RDDT nº 2, p. 204/5).

**§ 1º** *Salvo disposição de lei em contrário, o parcelamento do crédito tributário não exclui a incidência de juros e multas* (portanto, a exclusão de tais parcelas é a exceção, e não a regra, de nada adiantando alegar a ausência de mora).

**§ 2º** *Aplicam-se, subsidiariamente* (supletivamente)*, ao parcelamento as disposições desta Lei, relativas à moratória* (porque, no fundo, essas figuras têm, em comum, o prazo dilatado, diferenciando-se, tão-somente, num ponto: enquanto o parcelamento é benefício legalmente concedido para pagamento de dívida não vencida, a moratória pressupõe dívida já vencida, pela menos uma vez).

## Capítulo XIX

# EXTINÇÃO DO CRÉDITO TRIBUTÁRIO

### 1. Conceito de "extinção do crédito tributário"

Extinção é o desaparecimento, a liquidação, a cessação *definitiva* da exigibilidade do crédito tributário, por uma das formas legalmente previstas, trazendo como efeito a sua baixa no cadastro fiscal de devedores. Não se confunde com a simples *suspensão* (inexigibilidade *temporária*), nem com a *exclusão* (supressão ou retirada da exigibilidade) do crédito tributário, previstas, respectivamente, nos arts. 151 e 175 do Código Tributário.

### 2. Hipóteses de extinção do crédito tributário

As hipóteses de *extinção* do crédito tributário são as seguintes, segundo Código Tributário:

**Art. 156:**
***Extinguem o crédito tributário*** (neste incluída, por força do § 1º do art. 113 do Código, também a multa ou penalidade pecuniária):

*I - o pagamento* (que é a entrega de dinheiro, ou o equivalente, ao sujeito ativo, com vistas à extinção de um crédito tributário, encontrando-se disciplinado nos arts. 157 a 169. Não pode ser confundido com o *depósito*, previsto no inc. II do art. 151, que é mera garantia temporária, dada pelo sujeito passivo ou terceiro em favor do sujeito ativo respectivo, da qual este é mero depositário, continuando o depositante, no entanto, como proprietário do valor respectivo);

*II - a compensação* (que é o modo de *extinção*, pelo encontro de contas, de dívidas recíprocas, líquidas e certas, definidas e definitivas, entre duas pessoas, encontrando-se disciplinada nos arts. 170 e 170-A);

*III - a transação* (que é o acordo escrito, entre credor e devedor, visando, mediante concessões recíprocas, isto é, mediante abertura de mão de direitos, tendo, como contrapartida, determinadas vantagens, à extinção *judicial* do crédito tributário, pondo fim a uma lide da existente, encontrando-se disciplinada no art. 171);

*IV - a remissão* (que é o perdão, por força de lei, do crédito tributário já exigível, encontrando-se disciplinada no art. 172. Não pode a *remissão* ser confundida com a *anistia*, que é o perdão legal da *infração* e, conseqüentemente, da *sanção* respectiva, qual seja, multas e penalidades também já exigíveis. Distingue-se a *remissão*, por outro lado, da *isenção*, que é a dispensa, legalmente dada para o futuro, pré-existente à ocorrência do respectivo fato gerador, portanto, do pagamento do tributo, abrangendo sempre seus acessórios, inclusive a sanção respectiva. Em termos mais simples, a lei da *isenção* contempla créditos tributários futuros, ainda não gerados, enquanto a lei da *remissão* contempla créditos passados, já gerados e exigíveis);

*V - a prescrição* (que é a perda, após o decurso de certo lapso de tempo, do direito de o Estado *exigir* um crédito tributário seu, *já constituído pelo lançamento*, não só pelo desaparecimento da ação de cobrança respectiva, qualquer que seja seu rito, mas, também, pela extinção do próprio crédito tributário que constitui seu objeto, encontrando-se disciplinada no art. 174) *e a decadência* (que é a perda, após o decurso de certo lapso de tempo, do direito de o Estado *constituir*, pelo *lançamento*, para fins e cobrança, o seu *crédito tributário*, que, em conseqüência, também se extingue encontrando-se disciplinada no art. 173).

Essas duas figuras, aqui invertidas (porque a *decadência* ocorre sempre antes da *prescrição*), não traduzem, assim, apenas a perda do direito, respectivamente, de lançar e de cobrar o crédito tributário, mas operam, também, de pleno direito, a extinção deste, dando-o por definitivamente *liquidado*. Contra o sujeito passivo a *decadência* e a *prescrição* acham-se disciplinadas (para efeitos de pedido de restituição de pagamentos indevidos), nos arts. 168 e 169 do Código;

*VI - a conversão de depósito em renda, nos termos do disposto no § 2º do art. 164* (que é a transformação, em receita, quando vencido o sujeito passivo ou por força de transação ou acordo, do valor por ele depositado quando do ajuizamento de ação de consignação em pagamento do crédito tributário, quando o fisco se recuse injustificadamente a recebê-lo ou condicione seu recebimento a exigências sem fundamento legal, ou, ainda, quando mais de uma pessoa jurídica de direito público disputarem o mesmo crédito, que, assim, com sua transformação em receita, se dá por extinto, bem como a transformação, em receita, quando vencido o sujeito passivo ou por força de transação ou acordo, do valor por ele depositado, como garantia, em qualquer outra discussão administrativa ou judicial do crédito, que, dessa forma, se dá igualmente por extinto);

*VII - o pagamento antecipado e a homologação do lançamento* (leia-se, "o pagamento antecipado e a sua homologação", que é a entrega antecipada de dinheiro, pelo sujeito passivo ao sujeito ativo, nos casos determinados por lei, com a finalidade de extinguir o crédito tributário, condicionada, porém, ao reconhecimento, expresso ou tácito, da exatidão do pagamento, através da *homologação*, pelo sujeito ativo respectivo, nos termos do art. 150);

**VIII - *a consignação*** (sempre judicial) ***em pagamento*** (que é a entrega, via ação judicial, do valor do crédito tributário, com vistas à sua extinção, feita pelo sujeito passivo ao sujeito ativo nas hipóteses do art. 164);

**IX - *a decisão administrativa*** (do próprio credor) ***irreformável*** (transitada em julgado), *assim entendida a definitiva* (da qual não mais caiba recurso) *na órbita* (esfera) *administrativa* (favorável ao sujeito passivo, reconhecendo a insubsistência ou improcedência do lançamento do pretenso crédito tributário), *que não mais possa ser objeto de ação anulatória* (de anulação, pela Justiça).

Não se trata, na verdade, aqui, de extinção do crédito propriamente dito (valor pecuniário), mas da respectiva baixa (extinção ou liquidação apenas *formal*), no cadastro fiscal de devedores da repartição competente, porquanto, tendo sido reconhecida, por decisão transitada em julgado, a inexigibilidade do crédito lançado, nada há a extinguir (foi considerado inexistente), mas a cancelar ou baixar*;*

No Estado do RS, a lei que determina não mais poder ser objeto de ação anulatória a decisão administrativa irreformável, é a de nº 6.537/80, que assim preceitua:

"Art. 65:
*São definitivas, na esfera administrativa, as decisões:*
*I - de primeira instância, quando expirar o prazo para recurso voluntário sem que este tenha sido interposto;*
*II - de segunda instância, de que não caiba recurso, com a intimação do sujeito passivo, ou, se cabível, quando se esgotar o prazo para o recurso próprio sem que este tenha sido interposto;*
*III - em recurso extraordinário, com a intimação do sujeito passivo.*
*Parágrafo único. Serão também definitivas as decisões de primeira instância na parte que não for objeto de recurso voluntário ou que não estiver sujeita a recurso de ofício, com a intimação do sujeito passivo".*

**X - *a decisão judicial passada*** (transitada) ***em julgado*** (igualmente definitiva e favorável ao sujeito passivo, considerando indevido e insubsistente o lançamento de valor a título de crédito tributário. Também aqui, não se trata de *extinção*, mas de simples cancelamento e baixa formal do débito no cadastro fiscal de devedores, em virtude da declaração judicial da sua insubsistência);

**XI - *a dação*** (entrega, mediante transferência da propriedade) ***em pagamento*** (visando à quitação do débito) ***de bens imóveis*** (mas o Estado do RS, via Lei nº 11.475, de 28/04/00, com efeitos a partir de 1º/07/00, alterou os arts. 114 e seguintes da sua Lei nº 6.537/73, estendendo, relativamente aos seus créditos, essa possibilidade para quaisquer outros bens), *na forma e condições estabelecida em lei* (de cada ente público tributante).

*Parágrafo único. A lei* (ordinária, de cada ente tributante) *disporá quanto aos efeitos* (conseqüências) *da extinção* (liquidação) *total ou parcial do crédito* (tributário) *sobre a ulterior* (posterior) *verificação da irregularidade da sua constituição* (lançamento), *observado o disposto nos arts. 144* (que estabelece a retroação do lançamento *do tributo* à data da ocorrência do fato gerador da obrigação, regendo-se pela lei então vigor, ainda que posteriormente modificada ou revogada) *e 149* (que determina ser poder o lançamento ser *efetuado* e *revisto* de ofício pela autoridade administrativa em determinados casos, praticamente todos em decorrência de *omissão* do sujeito passivo, e, alguns, por omissão ou erro da própria autoridade lançadora).

## 3. Regras gerais sobre o pagamento do crédito tributário

O *pagamento* (entrega de dinheiro, ou o equivalente, pelo sujeito passivo ao sujeito ativo, com vistas à satisfação da obrigação tributária principal) é a forma, por excelência, de *extinção* ou *liquidação* do crédito tributário. Observa-se, todavia, que, da análise das hipóteses de extinção previstas no Código, várias delas retratam *pagamentos*, embora rotuladas com outros nomes: *compensação* (*pagamento* recíproco, sem desembolso físico de dinheiro); *transação* (*pagamento*, em que cada uma das partes abre mão de algum direito seu); *conversão de depósito em renda* (transformação, em receita, ou seja, em *pagamento*, da garantia do crédito tributário, previamente dada em dinheiro); *pagamento antecipado* (como o nome diz, é adiantamento de dinheiro, em *pagamento*, enquanto sua *homologação* é mero reconhecimento, pelo sujeito ativo, no sentido de que o *pagamento* foi corretamente feito); e *consignação judicial* (*pagamento* feito por intermédio da Justiça).

Relativamente ao pagamento, assim dispõe o Código:

**Art. 157:**
*A imposição* (aplicação) *de penalidade não ilide* (o correto é, segundo ADALBERTO JOSÉ KASPARY,[280] *"não elide"*, com o sentido de *não exclui, não dispensa, não afasta*) *o pagamento integral do crédito tributário* (o fato de se impor *multa* ou *penalidade* ao infrator não dispensa o pagamento do *tributo* eventualmente devido, sendo figuras jurídicas distintas).

**Art. 158:**
*O pagamento de um* (determinado) *crédito não importa* (implica) *em presunção de pagamento* (que tenha sido pago):

*I - quando parcial* (em parcelas), *das prestações em que se decomponha* (estando todas elas sujeitas à comprovação perante o sujeito ativo, diferentemente, pois, do que ocorre no direito privado – civil, comercial e trabalhista –, em que o pagamento de uma prestação presume quitadas as anteriores, cf. art. 943 do Código Civil, segundo o qual, *"quando o*

---
[280] *in* "Habeas Verba - Português para Juristas".

*pagamento for em cotas periódicas, a quitação da última estabelece, até prova em contrário, a presunção de estarem solvidas as anteriores");*

**II - quando total** (pagamento de toda a dívida), **de outros créditos referentes ao mesmo ou a outros tributos** (para quem, por exemplo, pagou o IPTU referente a 2001, não significa que estejam quitados os relativos aos anos anteriores, tampouco qualquer outro tributo, como, por exemplo, o ISS, devido ao mesmo município).

### Art. 159:
**Quando a legislação tributária** (deveria ser *"lei"*, porque a matéria, – *pagamento* –, hipótese de extinção do crédito tributário, somente por esse ato de legislação pode ser disciplinada, tal como expressamente previsto no inc. VI do art. 97 do Código, enquanto *"legislação tributária"* é gênero, cf. art. 96, abrangendo *todas* as normas do direito tributário, inclusive, por exemplo, as portarias, que, obviamente, tanto quanto o decreto, não são instrumentos aptos a disciplinar o assunto) **não dispuser** (quando for omissa) **a respeito** (do lugar onde pagar)**, o pagamento é efetuado na repartição** (fiscal) **competente do domicílio do sujeito passivo** (devedor).

### Art. 160:
**Quando a legislação tributária** (como no art. anterior, também aqui deveria ser *"lei"*, pelas mesmas razões) **não fixar** (for omissa) **o tempo do pagamento** (*quando* pagar)**, o vencimento do crédito** (último dia para pagamento) **ocorre 30 dias depois da data em que se considera o sujeito passivo notificado** (o correto é *intimado*) **do lançamento** (que pressupõe ato formal, do sujeito ativo respectivo, retratado em documento próprio).

*Parágrafo único.* **A legislação tributária** (deveria ser *"lei"*, pelas mesmas razões expostas no art. 159) **pode conceder desconto** (redução) **pela antecipação do pagamento, nas condições que estabeleça** (tal como vem ocorrendo, em relação ao IPTU, em vários Municípios, e, com o IPVA, no Estado do RS).

### Art. 161:
**O crédito não integralmente pago no vencimento** (quando pago com atraso, portanto) **é acrescido de juros de mora, seja qual for o motivo determinante da falta** (com as ressalvas, porém, do § 2º deste artigo)**, sem prejuízo da** (possível) **imposição** (aplicação) **das penalidades** (legalmente) **cabíveis e da aplicação de quaisquer medidas de garantia** (ação de cobrança com penhora de bens do executado, etc.) **previstas nesta Lei** (especialmente no art. 184) **ou em lei tributária** (ordinária e legislação processual civil).

§ 1º **Se a lei não dispuser de modo diverso, os juros de mora são calculados à taxa de 1% ao mês** (enquanto, no direito privado, cf. art. 1.062 do Código Civil, são eles de 6% ao ano, ou seja, 0,5% ao mês ou fração, caso as partes não estabelecerem de modo diverso, que não poderá exceder de 1%).

§ 2º *O disposto neste artigo* (cobrança de juros de mora, imposição de penalidades e aplicação de medidas de garantia) *não se aplica na pendência de consulta formulada* (por escrito) *pelo devedor dentro do prazo legal* (até o dia do vencimento da dívida) *para pagamento do crédito* (se for feita fora desse prazo, o crédito se tornará desde logo exigível, mas a consulta será tida como válida, merecendo resposta).

Há, no entanto, uma indagação a ser feita: se o crédito tributário resultar com sua exigibilidade suspensa, nos termos do art. 151 do Código, haverá ou não acréscimos de juros de mora quando do seu pagamento? Pensamos que não, porque, relativamente ao tempo de eficácia da suspensão da exigibilidade do crédito tributário inexiste a mora, exceto nas hipóteses de *moratória* (novo prazo para pagamento) e de *parcelamento* (de débito ainda não vencido), cf. art. 155-A, § 1º, em que haverá juros, não *moratórios*, mas *remuneratórios*.

Contudo, no tocante ao IPI e ao ICMS, sujeitos ao princípio constitucional da *não-cumulatividade* (cf. § 3º, II, do art. 153, e § 2º, I, do art. 155, ambos da CF), o valor eventualmente destacado em nota fiscal de saída relativa ao período da consulta fiscal, deve, necessariamente, ser recolhido no seu vencimento, desde logo, portanto, porquanto ensejará, para efeitos de *compensação fiscal* ou *escritural*, *crédito fiscal* ao respectivo adquirente, já que embutido no preço respectivo, que, conseqüentemente, resulta maior. Veja-se, a propósito, a correta conclusão a seguir, do eminente Des. HENRIQUE OSVALDO POETA ROENICK,[281] do TJERS, em ementa já reproduzida alhures, mas que *"mutatis mutandis"*, bem retrata a espécie:

"Estando o ICMS destacado na nota fiscal emitida pela fornecedora da embalagem, cabível o creditamento fiscal. Nesta circunstância houve repasse do custo do imposto à mercadoria e, conseqüentemente, ao contribuinte de fato. Posterior decisão do STJ no sentido de que sobre aquela atividade há incidência de ISS, não tem o condão de abalar situações consolidadas, máxime quando comprovado pela parte que o valor do tributo ... foi embutido no preço da mercadoria, pelo fornecedor. ...".

### Art. 162:
*O pagamento é efetuado*:

*I - em moeda corrente* (dinheiro), *cheque* (ordem bancária de pagamento, representativo, portanto, de dinheiro) *ou vale postal* (hoje em relativo desuso);

*II - nos casos previstos em lei* (como na do IPI), *em estampilha* (selo, em relação a cigarros, relógios estrangeiros, e bebidas quentes ou destiladas, representando, na verdade, *pagamentos* antecipados, já que exigem sua aquisição prévia para futuras aplicações, cujos fatos geradores sequer ainda ocorreram), *em papel selado* (como nas antigas certidões de nascimento, sob a assinatura do serventuário público), *ou por processo mecânico* (máquinas especiais, também em relativo desuso).

---

[281] TJERS, AC nº 70003007903, 1ª Câmara Cível, sessão de 14/11/01, Rel. Des. Henrique Osvaldo Poeta Roenick.

§ 1º *A legislação tributária pode determinar as garantias exigidas* (na verdade, *exigíveis*) *para o pagamento por cheque* (que seja, por exemplo, emitido pelo próprio devedor, que seja um para cada guia de recolhimento, etc.) *ou vale postal* (pelo Correio), *desde que não o torne impossível* (que seja, por exemplo, de determinado banco) *ou mais oneroso que o pagamento em moeda corrente* (como, por exemplo, exigir que o cheque seja *visado*, providência para a qual os bancos cobram remuneração).

§ 2º *O crédito pago por cheque somente se considera extinto* (liquidado) *com o resgate* (levantamento) *deste pelo sacado* (isto é, quando da sua cobrança, sendo que o pagamento respectivo retroage, para todos os fins de direito, à data da respectiva entrega).

§ 3º *O crédito pagável em estampilha* (selo) *considera-se extinto* (pago) *com a inutilização regular daquela* (normalmente feita pela aposição de carimbo sobre a sua face visível), *ressalvado o disposto no art. 150* (sujeição a exame e homologação do sujeito ativo).

§ 4º *A perda ou destruição da estampilha, ou o erro no pagamento por essa modalidade, não dão direito à restituição* (do numerário gasto quando da sua aquisição antecipada), *salvo nos casos expressamente previstos na legislação tributária* (como, por exemplo, por ocasião do encerramento da atividade que obrigou à prévia aquisição da estampilha), *ou naqueles em que o erro seja imputável* (atribuível) *à autoridade administrativa* (por culpa desta). Essas são as únicas exceções à regra de que o indébito tributário deve ser sempre restituído, que, assim mesmo, não pode ser considerada *absoluta*, comportando análise, caso a caso, porque o sujeito passivo não pode ser prejudicado diante da evidência da prova, de que pagou pela estampilha, sem, contudo, utilizá-la para o pagamento do tributo, que somente é devido à vista de lei.

§ 5º *O pagamento em papel selado ou por processo mecânico equipara-se ao pagamento em estampilha* (aplicando-se, conseqüentemente, o parágrafo anterior, além de representarem pagamentos).

Art. 163:
*Existindo simultaneamente* (ao mesmo tempo) *dois ou mais débitos vencidos* (já exigíveis) *do mesmo sujeito passivo* (devedor) *para com a mesma pessoa jurídica de direito público* (mesmo credor), *relativos ao mesmo ou a diferentes tributos ou provenientes de penalidade pecuniária ou juros de mora, a autoridade administrativa competente para receber o pagamento* (servidor público) *determinará a respectiva imputação* (quitação), *obedecidas as seguintes regras, na ordem em que enumeradas* (essa regra se aplica, obviamente, aos casos em que ao *sujeito ativo* cabe definir qual o crédito a ser quitado, como nas hipóteses de *falência* do devedor, em que, por exemplo, o produto da arrematação em leilão é o único

numerário disponível para o pagamento da dívida, já que, enquanto em atividade, cabe sempre ao *sujeito passivo* definir o débito que pretende quitar):

*I - em primeiro lugar, aos débitos por obrigação própria* (isto é, como *contribuinte*, que deverão, portanto, ser quitados antes)*, e, em segundo lugar* (por último, se ainda houver numerário)*, os decorrentes de responsabilidade tributária* (isto é, aqueles em que o sujeito passivo figurar como *responsável*);

*II - primeiramente* (dentro do grupo dos débitos por *obrigação própria*, como *contribuinte*)*, às contribuições de melhoria, depois às taxas e, por fim, aos impostos* (é que, de um lado, as obras, que originaram aquelas *contribuições de melhoria*, são de conclusão prioritária, não podendo ser suspensas ou interrompidas, e, de outro, os serviços relativos às *taxas* são considerados de consumo, mais necessários do que os que contraprestacionam os impostos);

*III - na ordem crescente dos prazos de prescrição* (quanto mais antigo o débito, em primeiro lugar);

*IV - na ordem decrescente dos montantes* (iniciando pelos de maior valor, obviamente quando de vencimento no mesmo dia, em face à regra anterior).

Como se vê, somente depois de *quitados* todos os débitos por *obrigação própria* (como *contribuinte*), e, assim mesmo, seguindo a ordem prevista (*contribuições de melhoria* em primeiro lugar, *taxas* em segundo, e, por fim, os *impostos*), é que serão liquidados (se ainda restar numerário) pelo sujeito ativo, na mesma ordem, os débitos cujos fatos geradores foram praticados por *terceiros*, decorrentes, pois, de *responsabilidade* tributária. A razão de remanescerem estes para o final, está no fato de que ainda há, ainda que remotamente, a possibilidade de virem eles a ser cobrados do seu verdadeiro *contribuinte* (que os gerou).

Essa regra, obviamente, não prejudica a ordem de preferência prevista no parágrafo único do art. 187 do Código, pela qual, concorrendo mais de uma pessoa jurídica de direito público como credoras, a União e suas autarquias receberão em primeiro lugar, seguindo-se, pela ordem (se numerário ainda restar), os Estados e o Distrito Federal e suas autarquias, e, por fim, os Municípios e suas autarquias. Nem prejudica, tampouco, a absoluta preferência do crédito trabalhista.

### 4. Regras sobre o pagamento do crédito tributário mediante ação (judicial) de consignação

Encontram-se elas consignadas no seguinte dispositivo do Código Tributário:
**Art. 164:**
*A importância do crédito tributário pode ser consignada* (paga) *judicialmente* (por intermédio da Justiça) *pelo sujeito passivo* (devedor)*, nos* (seguintes) *casos:*

*I - de recusa de recebimento, ou subordinação deste ao pagamento de outro tributo ou de penalidade, ou ao cumprimento de obrigação acessória* (daí se concluindo que ao sujeito passivo cabe o direito de escolher o que prefere pagar antes, até porque ao sujeito ativo assiste sempre o direito de lançar e cobrar o que, no seu entender, não foi pago, situação essa que, no entanto, nada tem a ver com a prevista no artigo anterior, em que o pagamento é feito à revelia do sujeito passivo, como nos casos de falência);

*II - de subordinação* (condicionamento) *do recebimento* (pagamento) *ao cumprimento de exigências administrativas sem fundamento* (amparo) *legal* (em lei, não servindo regulamentos);

*III - de exigência, por mais de uma pessoa jurídica de direito público* (União, Estado, Distrito Federal ou Município), *de tributo idêntico sobre um mesmo fato gerador* (vale dizer, nos casos de *bitributação*, constitucionalmente desautorizada).

§ 1º *A consignação* (pagamento judicial) *só pode versar* (sendo vedado discutir qualquer outra matéria nessa ação) *sobre o crédito que o consignante se propõe pagar* (vedada qualquer outra discussão judicial alheia aos motivos que levaram à consignação).

§ 2º *Julgada procedente* (em favor do sujeito passivo) *a consignação* (direito de pagar), *o pagamento se reputa efetuado e a importância consignada* (já, nessas alturas, *depositada* em garantia, pelo sujeito passivo) *é convertida em renda* (transformada em receita e, conseqüentemente, em *pagamento*, extinguindo o débito respectivo, conforme previsto no art. 156, VIII, do Código); *julgada improcedente* (sem razão) *a consignação* (a pretensão de pagar, formulada pelo sujeito passivo), *no todo ou em parte* (admitindo-se, portanto, procedência ou improcedência parcial), *cobra-se o crédito* (sendo utilizável o valor já *depositado*, aguardando o desfecho da ação) *acrescido de juros de mora* (de 1% ao mês), *sem prejuízo das penalidades cabíveis* (se consignado fora do prazo legal, se consignado valor inferior ao devido, ou se ausentes os pressupostos da ação de consignação, etc.).

O que se tem verificado, contudo, é que o Judiciário se mostra avesso à possibilidade de ajuizamento de ações de consignação em matéria tributária, dando a entender que o devedor deve efetuar a consignação rigorosamente de acordo com o valor que resultar da decisão final a ser proferida na ação, o que é absolutamente impossível.

Ademais, os arts. 890 a 900 do CPC permitem o ajuizamento da ação para consignar apenas o que for entendido como devido, podendo o autor, inclusive, completar, *se quiser*, o depósito, dentro de 10 dias (cf. art. 899 do mesmo Código), caso a contestação do sujeito ativo for no sentido da insuficiência do valor, podendo a execução, inclusive, prosseguir, nos mesmos autos, com a cobrança da parte faltante, se a sentença concluir que o débito é de valor maior do que o consignado.

A ação de consignação (em pagamento), em matéria tributária, prevista no artigo em comento, cabe sempre que, entre outras razões, houver recusa, por parte do sujeito ativo respectivo, em receber o valor que lhe é devido. Ora, nem o consignante, nem o sujeito ativo, podem se arvorar o direito de estar com a razão na hipótese de recusa: àquele compete declinar o seu direito e, a este, contestá-lo. Somente ao Judiciário cabe dizer com quem está a razão.

Sobre a matéria, já se pronunciou o STJ:

*"1. É correta a propositura da ação consignatória em pagamento para fins de o contribuinte se liberar de dívida fiscal cujo pagamento seja recusado ou dificultado pelos órgãos arrecadadores (arts. 156, VIII, e 164, do CTN). ... 4. Tem-se por legítima a consignação em pagamento de tributo que o Fisco se recusa a receber sem que esteja acompanhado de obrigação acessória que, a posteriori, vem a ser declarada inconstitucional pelo Colendo Supremo Tribunal Federal, como é o caso dos presentes autos (correção monetária instituída pelo art. 18, do Decreto-Lei nº 2.323/1987)".*[282]

*"Ação de consignação em pagamento de ICMS (arts. 156, VIII, e 164 do CTN, e art. 890 e seguintes do CPC). Legitimidade passiva 'ad causam' do Estado. O fato de o estabelecimento bancário, que é autorizado pelo fisco a proceder à arrecadação tributária, negar-se a fazê-lo por motivos alheios à vontade do órgão estatal não é suficiente, por si só, para afastar a Fazenda estadual do pólo passivo da ação de consignação em pagamento".*[283]

*"1. A tutela típica do contribuinte, quando o Fisco subordina a quitação do tributo ao pagamento de juros e de correção monetária, é a da ação de consignação em pagamento (CTN, artigo 164, I). 2. Nos tributos lançados pelo regime de homologação, o contribuinte também pode evitar a cobrança dos juros e da correção monetária mediante medida liminar em ação cautelar preparatória de ação principal (CTN, artigo 151, IV) ...".*[284]

*"Em ação consignatória, não está o contribuinte obrigado a depositar o valor exigido pelo Fisco, se não o que entende devido, sendo passível de discussão a diferença".*[285]

*"A tutela típica do contribuinte, quando o Fisco subordina a quitação do tributo ao pagamento de juros e de correção monetária, é a ação de consignação em pagamento".*[286]

*"Ação de Consignação e Coisa Julgada. A sentença, na ação de consignação em pagamento, tem efeito limitado, o de declarar, ou não, a quitação pretendida, sem embargo de que a cognição do juiz seja ampla, enfrentando todas as questões articuladas em torno da controvérsia".*[287]

*"A jurisprudência do STJ acolheu entendimento no sentido de que a ação de consignação em pagamento, como ação de natureza especial que é, não se presta à indagação e discussão de matéria outra que não a liberação de obrigação. Todavia, para o desempenho de tal 'desideratum' muitas vezes se faz necessário ampliar-se-lhe o rito para questionar temas em tornou da relação material ou acerca de quem seja o consignado, qual o valor da obrigação ou perquirir desta outros aspectos para esclarecimentos".*[288]

---

[282] REsp nº 261995/PE, 25/09/00, 1ª Turma, STJ, DJ de 27/11/00, p. 139.

[283] REsp nº 48518/SP, 08/10/98, 2ª Turma, STJ, DJ de 22/02/99, p. 89.

[284] Resp nº 55911/SP, 18/04/96, 2ª Turma, STJ. Sucede: REsp 69648/SP, 07/08/97, DJ de 01/09/97, p. 40795, DJ de 20/05/96, p. 16689, RSTJ vol. 85, p. 164.

[285] REsp 26156-92-SP, 2ª Turma, STJ, 17/10/94, DJU de 07/11/94, p. 30014.

[286] REsp nº 55911-94/SP, 18/04/96, DJU de 20/05/96, p. 16689.

[287] Agr. Reg. no Agravo de Instrumento nº 153752/MS, 23/11/99, 3ª Turma, STJ, DJ de 17/12/99, p. 352. Ver: REsp 23717-RJ, RST 19/283-284, STJ.

[288] REsp nº 32813/GO, 0405/93, 3ª Turma, STJ, DJ de 31/05/93, p. 10663. Ver: REsp 2511-PR, REsp 5348-MG, REsp 952-RS, STJ.

Tudo isso decorre do disposto no art. 164 do CTN, a respeito do qual ZUUDI SAKAKIHARA[289] assim se manifesta:

"O sujeito passivo tem o direito de cumprir a obrigação tributária e pagar o crédito tributário nos termos da lei. ... Se o sujeito ativo, pelos modos enumerados no artigo, opõe-se ao pagamento que o sujeito passivo pretende fazer, cabe a consignação judicial em pagamento, que, se vier a ser julgada procedente, equivalerá ao pagamento e promoverá a extinção do crédito tributário".

Exemplo recente de ação de consignação em matéria tributária é o que aportou no STJ como Recurso Especial nº 147988/RS, da qual o contribuinte se serviu para consignar valores por ele entendidos como devidos a título de IPTU, e não os cobrados pelo Município, no que terminou sendo vencedor.

Assim, não admitir que o sujeito passivo consigne em pagamento o que considera devido, quando haja recusa no seu recebimento pelo sujeito ativo, é considerar letra morta, no Código Tributário, o seu art. 164.

## 5. Regras sobre a restituição do pagamento indevido ("indébito tributário")

É *princípio* do direito tributário brasileiro, integrando, inclusive, o rol das limitações constitucionais ao poder de tributar (condição a ser observada no momento do uso da competência tributária), *que o tributo, o paratributo e o empréstimo compulsório* (em suma, todas as *arrecadações pecuniárias compulsórias* previstas no Sistema Tributário Nacional) *somente são devidos em virtude de lei* (normalmente *ordinária*, e, excepcionalmente, por *lei complementar*, como nos casos dos arts. 148 e 154, I, da CF).

Qualquer pagamento, pois, feito *além* ou *contra* disposição de lei (*ordinária* ou *complementar*, conforme o caso), será tido como *indevido*, mesmo que de forma espontânea, sujeitando-se à *restituição*, administrativa ou judicial (neste caso, mediante a chamada *ação de repetição de indébito*), seja em dinheiro, seja mediante compensação (encontro de contas, líquidas e certas, entre devedor e credor recíprocos, cf. art. 170 do Código).

Assim estabelece o Código a respeito do direito de o sujeito passivo repetir (pedir de volta) o que, a título de tributo, foi, por ele, indevidamente pago:

**Art. 165:**
*O sujeito passivo* (contribuinte e responsável) **tem direito, independentemente de prévio protesto** (ainda que não tenha, no ato do pagamento, manifestado sua inconformidade com o pagamento indevido)*, à restituição* (devolução) **total ou parcial do tributo** (indevido)*, seja qual for a modalidade do seu pagamento* (moeda corrente, cheque ou vale postal)*, ressalvado o disposto no § 4º do art. 162* (a teor do qual não cabe, em

---
[289] in "Código Tributário Nacional Comentado", Editora Revista dos Tribunais, SP, 1999, p. 613/4.

princípio, a devolução do pagamento quando feito por estampilha, papel selado ou processo mecânico, salvo nos casos expressamente previstos na legislação tributária, ou naqueles em que o erro seja imputável à autoridade administrativa, ressalvando-se, contudo, o que dissemos nos comentários àquele § 4º: essas são as únicas exceções à regra de que o indébito tributário deve ser sempre restituído, que, assim mesmo, não pode ser considerada *absoluta*, comportando análise, caso a caso, porque o sujeito passivo não pode ser prejudicado diante da evidência da prova, de que pagou pela estampilha, sem, contudo, utilizá-la para o pagamento do tributo, que somente é devido à vista de lei)*, nos seguintes casos*:

*I - cobrança* (pelo fisco) *ou pagamento espontâneo* (pelo sujeito passivo, sem que tenha sido expressamente exigido pela autoridade fiscal) *de tributo indevido ou maior que o devido em face da legislação tributária aplicável* (logo, em desconformidade com ela)*, ou da natureza* (tipo, espécie) *ou circunstâncias materiais* (elementos) *do fato gerador efetivamente ocorrido* (isto é, o pagamento decorreu de erro na interpretação da lei ou da ocorrência do fato gerador);

*II - erro na identificação* (no texto original do Código está escrito *edificação*, que alguns interpretam como equívoco, enquanto outros interpretam no sentido latino, original, de *construção*, vale dizer, *montagem, definição*) *do sujeito passivo* (devedor, como ocorre em escritórios de contabilidade, onde, por equívoco, o carimbo padronizado aposto na guia de recolhimento é de contribuinte diverso do nela consignado)*, na determinação* (utilização) *da alíquota aplicável* (quando, por erro, se utiliza alíquota maior do que a legalmente prevista para o caso)*, no cálculo do montante do débito* (erro de soma, de vírgula, etc.) *ou na elaboração ou conferência de qualquer documento relativo ao pagamento* (qualquer outro erro cometido no preenchimento da guia de recolhimento);

*III - reforma* (mudança)*, anulação* (declaração de ineficácia)*, revogação ou rescisão* (cancelamento) *de decisão condenatória* (por força da qual foi indevidamente pago o tributo).

Tratando-se de pagamento indevido, importante é saber *quem* pode pedir a restituição, ou seja, quem detém *legitimidade* para esse fim. Pela lógica, deve requerê-la quem indevidamente efetuou o pagamento. Todavia, há casos em que a pessoa que recolheu o indébito não é a mesma que suportou seu ônus ou encargo financeiro, como nos chamados impostos *indiretos* (ICMS, do IPI e do ISS), em que seu *contribuinte*, o praticante do fato gerador (chamado *contribuinte de direito*), transfere o ônus ou encargo financeiro respectivo ao adquirente do produto ou serviço (chamado *contribuintes de fato*, geralmente o consumidor final), incluindo-o no preço final do produto ou do serviço tributado.

A solução está no seguinte dispositivo do Código:

Art. 166:
*A restituição* (devolução) *de tributos* (inclusive *paratributos* e *empréstimos compulsórios*) *que comportem* (admitem)*, por sua natureza* (pelo seu tipo jurídico, mas por força de determinação da lei própria, como ocorre com o IPI, o ICMS e o ISS, diferentemente do IR, o IPTU, o ITR e o IPVA, que não a comportam)*, transferência* (repasse, do *contribuinte de direito* ao *contribuinte de fato*) *do respectivo encargo financeiro* (custo ou ônus tributário) *somente será feita a quem prove haver assumido* (não ter transferido ou repassado) *referido encargo* (financeiro)*, ou, no caso de tê-lo transferido a terceiro* (mediante inclusão no preço do produto ou do serviço)*, estar por este* (terceiro) *expressamente* (por escrito) *autorizado a recebê-lo* (do sujeito ativo).

Vê-se, pois, desse dispositivo, que somente o chamado *contribuinte de direito* (aquele que, pela lei, deve recolher o tributo) pode, nos chamados *impostos indiretos* (como o IPI, o ICMS e o ISS), requerer a restituição do *indébito tributário*, desde que prove (é condição) não haver repassado ou transferido o ônus financeiro respectivo ao *contribuinte de fato* (destinatário do produto ou do serviço), ou, caso o tenha transferido, estar por este expressamente (por escrito) autorizado a requerer a restituição.

Já ficou reconhecido, contudo, que, na *substituição tributária*, o *substituto* (o *terceiro*, que a lei define como *responsável* pelo recolhimento do tributo em lugar do *contribuinte*, que fica *excluído* da obrigação tributária, como nos casos do ICMS sobre combustíveis, automóveis, bebidas, cimento, etc., e como no caso da CPMF e do IR, em que, respectivamente, os bancos e a Caixa Econômica Federal ficam legalmente obrigadas a efetuar o recolhimento dessas imposições), também tem o direito de pedir a restituição dos valores que, por ele, recolheu indevidamente, desde que devidamente autorizado, conforme já decidiu o STJ:[290]

"*O substituto tributário, desde que autorizado expressamente pelo contribuinte substituído, tem legitimidade para repetir o tributo indevidamente pago*".

Há, em relação ao art. 166, um aspecto importante a esclarecer: cuida ele da restituição de indébito *tributário* (e, evidentemente, de outras *arrecadações pecuniárias compulsórias*), inclusive seus consectários (multas, correção monetária, juros, etc.), não abrangendo, conseqüentemente, valores que não se identificam como *tributo*, como é o caso do *crédito fiscal* relativo a ICMS e a IPI, sujeito à *compensação* para os efeitos da aplicação do princípio constitucional da *não-cumulatividade*, que serve, apenas, para calcular o *imposto devido, mas ainda não é imposto*, pelo menos naquela fase. Assim, não há a menor necessidade, para eventual pedido de creditamento fiscal ou escritural de imposto pago nas aquisições de bens recebidos de terceiros, de o estabelecimento provar que não foi ele integrado no preço cobrado quando da sua saída.

---

[290] REsp nº 26677-RJ, 1ª Turma, STJ (DJU de 0703/94, p. 3627, e RSTJ, v. 58, p. 288).

A *restituição*, por outro lado, deve ser feita de forma completa, repondo todas as parcelas indevidamente pagas:

**Art. 167:**

*A restituição* (devolução)*, total ou parcial* (conforme o caso)*, do tributo* (e demais arrecadações pecuniárias compulsórias)*, dá lugar* (também) *à restituição, na mesma proporção* (do valor do tributo)*, dos juros de mora e das penalidades pecuniárias* (e, embora não dito no texto, também da correção monetária, porque hoje se entende que as regras legais que servem a uma das partes em determinada relação jurídica são, também, automaticamente aplicáveis à outra)*, salvo as referentes a infrações de caráter formal* (decorrentes do descumprimento de *obrigações tributárias acessórias*) *não prejudicadas pela causa da restituição* (em que, por não haver devolução de tributo, consistirão apenas na devolução das *penalidades* indevidamente pagas).

*Parágrafo único. A restituição vence juros* (de 1% ao mês) *não-capitalizáveis* (*simples*, e não *compostos*, ou seja, não haverá *juros sobre juros*)*, a partir de trânsito em julgado da decisão definitiva* (final) *que a determinar* (havendo, no entanto, decisões judiciais no sentido de que devem eles, e com inteira razão em nosso entender, ser calculados *desde o pagamento indevido*, e não *a partir do trânsito em julgado da decisão que determinar sua restituição*, pelas mesmas razões antes invocadas: rigorosa igualdade jurídica das partes diante da lei, devendo o mesmo tratamento jurídico dispensado ao sujeito ativo ser, também, dispensado ao sujeito passivo, sob pena de odiosa discriminação).

O STJ[291] editou, relativamente aos juros moratórios devidos na restituição do indébito tributário, a Súmula nº 188, nos termos a seguir, no que, salvo compreensão diversa que a ela se dê, não atendeu ao princípio da igualdade jurídica (isonomia) das partes:

"Os juros moratórios, na repetição do indébito, são devidos a partir do trânsito em julgado da sentença".

Primeiramente, deve-se ter presente que, no direito tributário, diferentemente do direito privado, os juros são sempre, salvo disposição em sentido contrário (art. 161, § 1º, do CTN), de 1%, e não de 0,5% ao mês. Assim, quando, em matéria tributária, se fala em *"juros legais"*, está-se falando, obviamente, em 1% ao mês, e não em 0,5%.

Em segundo lugar, os juros independem de pedido expresso da parte, posto que decorrem de lei, sendo, por essa razão, seu *"dies a quo"* de incidência sempre adequável pelo magistrado, mesmo que a parte peça dia diverso.

Em terceiro lugar, o termo inicial da contagem dos juros deve, por aplicação do princípio da *isonomia*, da *igualdade*, da *analogia*, da *reciprocidade*, da *eqüidade*

---

[291] 1ª Seção, STJ, 11/06/97, DJ 23/06/97, p. 29.331, e RDDT nº 24, p. 193.

e da *comutatividade jurídica*, ser igual para ambas as partes da relação jurídico-tributária (sujeito ativo e sujeito passivo). Por essa razão está, hoje, inteiramente superada a interpretação que se dá à regra do parágrafo único do art. 167 do Código, segundo a qual devem os juros, nas repetições de indébito, ser considerados somente a partir do trânsito em julgado da decisão respectiva, quando, na verdade, deve sê-lo a partir do efetivo pagamento indevido, já que também o sujeito ativo tem o direito de exigir os seus juros (de 1%) a contar do vencimento do seu crédito junto contribuinte. É que o direito deve ser orientado pela *comutatividade* (direitos e obrigações recíprocas, de peso igual).

Assim deve ser hoje interpretada a referida súmula do STJ, que tem suas raízes em disposições constitucionais anteriores à atual, quando o princípio da *isonomia* e da *comutatividade* pouca ou nenhuma expressão possuíam nas relações do direito tributário. Atualmente, com a maior conscientização jurídica dos povos, deve predominar o estado de direito: tanto o Poder Público como os particulares se submetem à lei e a seus princípios normativos, que devem ter aplicação igual para todos.

Aliás, a 1ª Turma do STJ[292] assim se manifestou relativamente aos juros e à correção monetária, no que atendeu rigorosamente os princípios antes invocados:

"*Os valores correspondentes ao empréstimo compulsório indevidamente pagos, declarada pelo STF a inconstitucionalidade do Decreto-Lei nº 2.057/83, devem ser restituídos, contados juros moratórios e corrigidos monetariamente desde a data do recolhimento*".

Por outro lado, o *"dies a quo"* da *correção monetária* dos valores sujeitos à restituição é o do pagamento indevido, como corretamente previsto na Súmula nº 112, da 1ª Seção do STJ,[293] aprovada na sessão de 12/06/96, nos seguintes termos:

"*Na repetição de indébito tributário, a correção monetária incide a partir do pagamento indevido*".

Os prazos que o sujeito passivo deve observar para ver configurado o seu *direito à restituição* (sob pena de *decadência*), e para reclamá-la judicialmente (sob pena de *prescrição*) se, na esfera administrativa, lhe for ela negada, está, respectivamente, nos artigos 168 e 169 do Código, que assim dispõem:

**Art. 168:**
*O direito de pleitear* (de ver reconhecido o direito, tanto na via administrativa como na judicial) *a restituição* (devolução) **extingue-se** (pela *decadência*, porque se trata de ver reconhecido um direito) **com o decurso do prazo de 5 anos, contados**:

*I - nas hipóteses dos incisos I e II do art. 165* (de cobrança ou pagamento *espontâneo* de tributo indevido, ou maior do que o devido, bem como de erro na identificação do sujeito passivo, na determinação da alíquota aplicável, no cálculo do montante do débito ou na elaboração ou conferência de qualquer documento relativo ao pagamento)*, **da data da extinção*** (pa-

---

[292] REsp nº 901-SP (DJU de 12/08/96, p. 27454, e RDDT nº 13, p. 176).
[293] RDDT nº 11, p. 169.

*gamento*, quando não sujeito à homologação do art. 150 do Código, e da *homologação*, expressa ou tácita, quando a ela sujeito) ***do crédito tributário*** (indevidamente pago);

**II - na hipótese do inciso III do artigo 165** (de reforma, anulação, revogação ou rescisão de decisão condenatória que, em conseqüência, obrigou o sujeito passivo a pagar o indevido)***, da data em que se tornar definitiva a decisão administrativa ou transitar em julgado a decisão judicial que tenha reformado, anulado, revogado ou rescindido a decisão condenatória*** (isto é, da data que tenha sido revertida, por nova decisão transitada em julgado, a situação anterior, passando, em conseqüência, o sujeito passivo a ser credor do tributo que indevidamente recolheu).

O entendimento é, hoje, pacífico nos Tribunais, no sentido de que, tratando-se de tributos sujeitos a *lançamento por homologação* (IPI, ICMS, ISS, contribuição previdenciária, etc., ou seja, naquelas arrecadações em que o sujeito passivo é legalmente obrigado a *antecipar* pagamentos, para *posterior* exame e *confirmação*, pelo fisco, da sua conformidade com a lei), a respectiva *extinção* (pagamento definitivo) somente se opera com a *homologação, expressa ou tácita* (§ 4º do art. 150), do pagamento efetuado, e que, conseqüentemente, somente a partir dessa homologação (expressa ou tácita) se inicia o prazo *decadencial* (de 5 anos, previsto no inc. I do art. 168) para a formulação do pedido de restituição. Daí que, se a homologação foi *tácita* (ao final dos cinco anos contados do fato gerador, cf. § 4º do art. 150), *somente a partir dessa data é que se inicia o prazo decadencial de 5 anos para o pedido de restituição*, o que pode resultar, na prática, em até 10 anos de prazo (5 para a *homologação tácita*, mais 5 para o *pedido de reconhecimento* à restituição).

São exemplos de decisões do STJ, nesse sentido:

"*I- Declarado inconstitucional o art. 10 do Decreto-Lei nº 2288, de 1986, pelo excelso Pretório, não lhe nega vigência o acórdão que deixa de aplicá-lo. III- O tributo, a que se denominou empréstimo compulsório, está sujeito a lançamento por homologação, não se podendo falar antes desta em crédito tributário e pagamento que o extingue. Não tendo ocorrido a homologação expressa, o direito de pleitear a restituição só ocorrerá após o transcurso do prazo de 5 anos, contados da ocorrência do fato gerador, acrescido de mais cinco anos, contados daquela data em que se deu a homologação tácita, isto é, em 1996, quanto aos fatos impositivos mais remotos. IV- Mesmo que se conte o prazo para a ação de restituição a partir da decisão plenária do Supremo, que declarou a inconstitucionalidade do art. 10 do Decreto-Lei nº 2288, de 1986, o transcurso do prazo quinquenal só ocorrerá em fins de 1995*".[294]

"*Consoante o entendimento fixado pela egrégia 1ª Seção, sendo o empréstimo compulsório sobre a aquisição de combustíveis sujeito a lançamento por homologação, à falta deste, o prazo decadencial só começará a fluir após o decurso de 5 anos da ocorrência do fato gerador, somados de mais 5 anos, contados estes da homologação tácita do lançamento. Por sua vez, o prazo prescricional tem como termo inicial a data da declaração de inconstitucionalidade da lei em que se fundamentou o gravame*".[295]

---

[294] REsp nº 44221/PR, 04/05/94, 2ª Turma, DJ de 23/05/94, p.12595, STJ, vol. 59, p. 405. Veja: STF, RE nº 121336/CE, RE 136883/RJ.

[295] Embargos de Divergência no REsp nº 45804-PR, 1ª Seção (DJU de 20/05/96, p. 16659, e RDDT nº 10, p. 181).

A recíproca, todavia, não é verdadeira, ou seja, para o fisco, o prazo para o *lançamento de ofício* nunca chega a 10 anos (5 previstos no art. 173, mais os 5 de que dispõe para a homologação), porque a finalidade da *homologação* não é *exigir tributos não pagos ou não recolhidos pelo sujeito passivo*, mas, apenas, *ratificar* ou *concordar* com os *pagamentos já feitos* (cf. art. 150, § 4º). O lançamento de ofício é para *pagamentos não feitos*, expirando seu prazo exatamente dentro de 5 anos, contados do primeiro dia do exercício seguinte àquele em que o lançamento poderia ter sido feito, que é o dia seguinte àquele em que o pagamento deveria ter ocorrido segundo o calendário fiscal (art. 173, I).

Por outro lado, é absolutamente equivocada a necessidade, muitas vezes acenada, de se requerer a devolução do indébito tributário primeiramente na esfera administrativa, até porque se sabe que há resistência de parte dela, tanto em atender ao pedido como em agilizar a sua solução. O STJ assim se manifestou a respeito,[296] ressalvando apenas que o ajuizamento da ação (judicial) de repetição é, desde logo, autorizada em casos decorrentes de inconstitucionalidade da norma impositiva, e nos casos em que a resistência da Fazenda Pública é notória:

> *"Quer no sistema do CTN (art. 169), quanto no do CPC (art. 3º), a ação de repetição pressupõe decisão administrativa denegatória do pedido de restituição do indébito. Excepcionam-se desse regime os casos em que a devolução é pleiteada à conta de inconstitucionalidade da norma tributária (matéria de que a administração não pode conhecer, porque o controle da constitucionalidade do nosso ordenamento jurídico é exclusivamente judicial), bem assim os casos em que a resistência da Fazenda Pública é notória (caracterizando desde logo o interesse de agir)".*

### Art. 169:

**Prescreve** (perde-se o direito de ajuizar a ação) **em dois anos** (inexplicavelmente o sujeito passivo dispõe desse prazo menor, enquanto o fisco dispõe de 5 anos para o ajuizamento da sua ação de cobrança, sem contar a fase da discussão administrativa) **a ação anulatória** (visando a tornar sem efeito e, conseqüentemente, a obter a devolução) **da decisão administrativa que denegar a restituição** (que negou ao sujeito passivo o direito de reaver o pagamento indevido).

**Parágrafo único. O prazo de prescrição** (de dois anos) **é interrompido** (recomeçado) **pelo início da ação judicial** (pelo ajuizamento da ação prevista no *"caput"* deste artigo)**, recomeçando** (o prazo prescricional) **o seu curso, por metade** (por um ano, que é, assim, o período dentro do qual deve a ação estar encerrada, sob pena de extinção e arquivamento, não podendo, no entanto, a eventual morosidade da Justiça e o retardamento provocado pelo sujeito ativo prejudicar, para esse fim, o direito do sujeito passivo interessado)**, a partir da data da intimação** (melhor dizendo, da *citação*) **validamente feita** (de acordo com a lei) **ao representante judicial** (procurador) **da Fazenda Pública** (sujeito ativo) **interessada** (como parte).

---

[296] REsp nº 35.278, RJ, 2ª Turma, STJ (DJU de 18/03/96, p. 7554, e RDDT nº 8, p. 164/5).

Note-se que, para a cobrança judicial do seu crédito tributário, o sujeito ativo, além de dispor, para ajuizar sua ação de cobrança contra o sujeito passivo, de 5 anos (*contados do encerramento da discussão administrativa do crédito*), tem ele, ainda, a seu favor, a regra do parágrafo único do art. 174 do Código, segundo a qual qualquer interrupção da sua prescrição determina o reinício da contagem integral do seu prazo, isto é, *por mais 5 anos*, enquanto que, para o contribuinte pedir a devolução do seu crédito por importâncias indevidamente recolhidas, o prazo prescricional é de, *apenas dois anos*, e, a interrupção respectiva, *de apenas um*, numa notável, injustificada e odiosa discriminação processual, equívoco que o Código deve corrigir.

Por outro lado, vem o STJ de ementar[297]a seguinte importante decisão, pela qual se conclui que o interessado não precisa aguardar, na Justiça, que o fisco lhe ressarça o indébito tributário, cujo direito lhe foi reconhecido pela decisão final, podendo, se lhe convier, efetuar diretamente a *compensação*, em seus livros fiscais (de ICMS e de IPI), com impostos devidos:

"*Ação de repetição de indébito. Se a execução da sentença que julgou procedente a ação de repetição de indébito lhe é menos conveniente do que a compensação dos créditos cuja existência foi reconhecida no julgado, o contribuinte pode, com base na carga declaratória da sentença, fazer esse encontro de contas no âmbito do lançamento por homologação, independentemente de autorização judicial, bastando comunicar ao juiz da causa que não executará a condenação*".

### 6. Regras sobre a compensação, em matéria tributária

Sobre a possibilidade de compensação, para efeitos de extinção do crédito tributário, assim dispõe o Código Tributário, em dois artigos:

**Art. 170:**
*A lei* (ordinária, cf. art. 97, VI) *pode* (trata-se de uma faculdade, porém, hoje recebida pelos Tribunais com reservas, em face do desinteresse do sujeito ativo em editá-la), *nas condições* (requisitos) *e sob as garantias* (formas de assegurar o cumprimento da obrigação) *que estipular* (estabelecer), *ou cuja estipulação em cada caso atribuir à autoridade administrativa* (isto é, a existência do benefício depende sempre de lei, mas as condições e garantias a serem cumpridas pelo beneficiado podem, para esse fim, ser estabelecidas pelo sujeito ativo respectivo, o que, no fundo, é porta aberta ao protecionismo), *autorizar a compensação* (encontro de contas, visando à quitação de dívidas, entre credor e devedor recíprocos, na forma do art. 156, II, do Código) *de créditos tributários* (ou relativos a quaisquer outras arrecadações pecuniárias compulsórias) *com créditos líquidos e certos* (definidos e definitivos), *vencidos* (já devidos) *ou vincendos* (por vencerem), *do sujeito passivo contra a* (mesma) *Fazenda Pública* (de tal forma

---
[297] REsp nº 136162/AL, 23/10/97, 2ª Turma, STJ, DJ de 02/02/98, p. 91, e RDDT nº 31, p. 205).

que um não mais deva ao outro, até o valor em que as dívidas se compensarem).

Cabe também à lei (*ordinária*) definir quais os créditos que se sujeitam à compensação: se qualquer um, ou se apenas os da mesma natureza. Mas o STJ já decidiu[298]que, na ausência de lei (e assim também entendemos nós), *"a compensação de créditos tributários pressupõe a mesma natureza jurídica e inequívoco reconhecimento da sua existência"*.

Recomendamos, a propósito, a leitura do art. 66 da Lei (federal) nº 8.383/91, e, no tocante às contribuições previdenciárias, a Lei nº 9.129/95, bem como a decisão do STJ,[299] acima (final do item 5) transcrita, segundo a qual não necessita o interessado aguardar, na Justiça, que o fisco lhe ressarça o indébito tributário, cujo direito lhe foi reconhecido pela decisão judicial final, podendo, se lhe convier, efetuar diretamente a *compensação*, em seus livros fiscais próprios, com impostos devidos.

Particularmente, temos nossas reservas em relação à eficácia do art. 170, na forma como está redigido, deixando ao livre arbítrio do poder tributante a edição de lei garantindo a compensação. Com poucas exceções, desde a edição do Código, poucos entes tributantes editaram suas leis nesse sentido. O Estado do RS o fez recentemente, via Lei nº 11.475, de 28/04/00, acrescentando os arts. 134 a 146 à sua Lei nº 6.537/73, que trata do procedimento tributário administrativo.

À vista dessa resistência, especialmente dos Municípios, o TJERS[300] ementou acórdão nos seguintes termos:

*"IPTU: ... Direito de compensação do pago indevidamente com débitos futuros ou pendentes. Tem o contribuinte direito de compensar pagamentos indevidos com débitos futuros ou pendentes, mesmo sem lei editada, cabendo ao Poder Público providenciar na possibilidade de efetiva aplicação do art. 170 do CTN, que no texto deste não pode figurar como letra morta"*.

Todavia, como dito no *"caput"* do art. 170, a *compensação* somente pode envolver *créditos tributários* (do sujeito ativo), com *créditos líquidos e certos*, vencidos ou vincendos (do sujeito passivo). Daí se infere que, enquanto em discussão o crédito do sujeito passivo, não é ele de ser tido como líquido e certo, não podendo, conseqüentemente, ser utilizado para fins de compensação, como também não pode ser esta efetivada antes do trânsito em julgado da decisão que a autorizar, se requerida judicialmente, como se infere do dispositivo a seguir:

**Art. 170-A:**
*É vedada* (proibida) *a compensação* (encontro de contas) *mediante o aproveitamento* (utilização) *de tributo* (ou de qualquer outra *arrecadação pecuniária compulsória* prevista no Sistema Tributário Nacional)*, objeto de*

---
[298] REsp nº 74975-0, MG, 1ª Turma, STJ, (DJU de 25/03/96, e Ement. da Jurispr. do STJ nº 15, p. 299).
[299] REsp nº 136162/AL, 2ª Turma, STJ, 23/10/97 (DJU de 02/02/98, p. 91, e RDDT nº 31, p. 205).
[300] AC e Reex. Neces. nº 70000008730, 28/10/99, 1ª Câm. de Férias Civel, TJERS, Rel. Des. Roque Joaquim Volkweiss.

*contestação* (em relação à qual não haja concordância) *judicial pelo sujeito passivo, antes do trânsito em julgado* (enquanto não for definitiva) *da respectiva decisão judicial* (que autorize a *compensação* pretendida).

A redação desse dispositivo é muito imprecisa, não restando claro se o *"objeto da contestação judicial pelo sujeito passivo"* é a *compensação* ou o *tributo*. Pela lógica, tudo indica referir-se ela à *compensação*, porque a discussão do tributo está implícita no art. 170, e não neste, que exige seja ele líquido e certo, além do que a cobrança do *tributo* não se *contesta*, se *embarga*. Na esteira dessa interpretação o TRF da 5ª Região assim já decidiu:

> *"É vedada a compensação tributária ou previdenciária antes do trânsito em julgado da sentença que a deferir (art. 170-A, do CTN). A liminar, por sua natureza provisória, não produzindo coisa julgada, é incabível para autorizar compensação de créditos do contribuinte para efeito de extinguir seus débitos com a Fazenda Nacional".*[301]

> *"1. A concessão de liminar em mandado de segurança deve ser deferida quando o direito do impetrante se mostre ao menos razoável e a demora da decisão venha a lhe provocar dano irreparável ou de difícil reparação. 2. Com o advento da LC 104, de 10/01/01, a compensação de créditos tributários, objeto de contestação judicial pelo sujeito passivo, só pode ser efetuada após o trânsito em julgado da respectiva decisão judicial".*[302]

### 7. Regras sobre a transação, em matéria tributária

Estabelece o Código, a propósito da matéria:

**Art. 171:**
*A lei* (ordinária, cf. art. 97, VI) *pode* (é mera faculdade) *facultar* (permitir), *nas condições que estabeleça* (atendidos os requisitos pré-estabelecidos), *aos sujeitos ativo* (credor) *e passivo* (devedor) *da obrigação tributária* (sob cobrança judicial, porque implica terminação de litígio em andamento), *celebrar transação* (acordo) *que, mediante concessões mútuas* (cada um deve abrir mão de algum direito seu, sob pena de não ser *acordo*, mas cobrança integral), *importe* (resulte) *em terminação* (isto é, extinção, e não, como dito no Código, *determinação*) *de litígio* (ação ou demanda *judicial*, daí se concluindo que não é possível a transação ou acordo na esfera administrativa) *e conseqüente extinção* (liquidação, na forma do art. 156, III, do Código) *do crédito tributário* (objeto da obrigação).

*Parágrafo único. A lei indicará a autoridade competente para autorizar a transação* (sempre na Justiça, porque é ali que se põe fim a *litígio*, que é *ação judicial*) *em cada caso* (que costuma ser o procurador-geral ou procurador-chefe da pessoa jurídica de direito público credora).

---

[301] Agravo de Instrumento nº 23756/PE, 3ª Turma, TRF 5ª Região, 19/06/01, DJU de 13/07/01, p. 277/8.
[302] AGTR nº 31415-CE, 4ª Turma, TRF 5ª Região, 26/06/01, DJU de 20/08/01, p. 299, RDDT nº 74, p. 214.

## 8. Regras sobre a remissão, em matéria tributária

**Remissão** é o perdão legal do tributo. Não se confunde com a *anistia*, que é o perdão legal da *infração* e, conseqüentemente, da *sanção* respectiva (multas, penalidades, etc.).

Por outro lado, a *remissão* contempla sempre créditos já vencidos, exigíveis, distinguindo-se da *isenção*, que contempla créditos futuros, ainda não gerados, prevendo-lhes dispensa de pagamento já quando do seu nascimento.

A *remissão* decorre sempre de norma jurídica da mesma natureza daquela que é competente para criar o crédito a que se refira. Isso porque, sendo o exigir uma conseqüência do instituir, somente a norma apta a fazer a instituição é que pode, também, perdoar aquilo que, por ela, se tornou exigível.

Sobre o *perdão individual* (devedor a devedor, e não *geral*, dirigido a todos os devedores) do tributo, assim preceitua o Código:

**Art. 172:**
***A lei*** (ordinária, cf. art. 97, VI) ***pode autorizar*** (é uma faculdade)***, por despacho fundamentado*** (justificado)***, remissão*** (perdão do tributo, na forma do art. 156, IV, do Código, e, por via de conseqüência, também a infração respectiva e da conseqüente multa ou penalidade pecuniária) ***total ou parcial do crédito tributário, atendendo*** (são meras sugestões legais, não sendo elas taxativas, mas meramente exemplificativas, cabendo, pois, outras hipóteses):

*I - **à situação econômica do sujeito passivo*** (dificuldades econômico-financeiras insuperáveis, do sujeito passivo);

*II - **ao erro*** (má ou equivocada interpretação) ***ou ignorância*** (desconhecimento) ***escusáveis*** (justificáveis) ***do sujeito passivo*** (devedor) ***quanto à matéria de fato*** (que gerou o débito, como a incapacidade de o devedor, geralmente pessoa de pouca cultura, entender a submissão de certos fatos à tributação, nada tendo a ver, portanto, com o conhecido princípio segundo o qual *"a ninguém é lícito desconhecer a lei"*);

*III - **à diminuta*** (reduzida ou inexpressiva) ***importância*** (valor) ***do crédito tributário*** (que terminam por movimentar deficitariamente a máquina cobradora do Estado);

*IV - **a considerações*** (situações) ***de eqüidade*** (bom-senso, retratado na idéia de que, em certos casos, a melhor justiça está em perdoar, e não em exigir o tributo)***, em relação com as características pessoais*** (do devedor) ***e materiais*** (do fato) ***do caso*** (*eqüidade* essa *decorrente de lei*, que *perdoa o tributo*, diferentemente da eqüidade prevista no inciso IV do art. 108, e no § 2º deste, como meio de *integração*, que apenas autoriza o julgador, *na ausência*, total ou parcial, *de lei*, a dispensar parcelas outras, como, por exemplo, *multas*, e não, obviamente, o *tributo*, que somente pode ser dispensado por lei expressa, em razão da necessidade, para tanto, de aplicação do *princípio da legalidade*);

**V - a condições** (situações ou características) **peculiares** (próprias) **a determinada região** (área) **do território da entidade tributante** (como estiagens, enchentes, etc., sem que a remissão constitua ofensa ao princípio da *isonomia* ou da *igualdade* de todos perante a lei).

**Parágrafo único. O despacho referido neste artigo** (que conceda a remissão) **não gera direito adquirido** (podendo ser revogado, caso desatendidas as condições para o gozo do benefício), **aplicando-se, quando cabível** (deveria ser *"no que for cabível"*), **o disposto no art. 155** (que trata da possibilidade, em casos de irregularidade na concessão ou no gozo do benefício, de revogação *unilateral* da *moratória*, pelo sujeito ativo).

Adaptando-se, pois, a regra desse artigo ao citado art. 155, temos que a concessão de *remissão*, quando em *caráter individual* (um a um dos devedores) *não gera direito adquirido* (não é definitiva) e *será revogada* (cancelada) *de ofício* (por ato unilateral do sujeito ativo), *sempre que se apure que o* (devedor) *beneficiado não satisfazia* (quando a requereu) *ou deixou de satisfazer* (após tê-la recebida) *as condições, ou não cumprira ou deixou de cumprir os requisitos para a sua concessão*.

Os *efeitos da revogação* da *remissão*, nessas circunstâncias, se resumem, basicamente, nos seguintes (cf. art. 155 citado):

a) *em qualquer caso* (tenha sido a *remissão* obtida de *boa*, ou de *má-fé*) *ocorrerá a exigência do tributo, da correção monetária e dos juros de mora* (de 1% ao mês ou fração, a menos que a lei disponha de modo diverso) *respectivos*; e

b) *para os casos de remissão obtida de má-fé* (mediante *dolo* ou *simulação*), *haverá a exigência das penalidades eventualmente previstas em lei*, bem como a *não-contagem, para efeitos da prescrição, do período indevidamente gozado* (de *má-fé*, portanto).

A respeito da *remissão* relativa a *impostos, taxas* ou *contribuições* (em geral), há, ainda, a advertência contida no § 6º do art. 150 da CF:

"Qualquer subsídio ou ... remissão, relativa a impostos, taxas ou contribuições, só poderá ser concedido mediante lei específica, federal, estadual ou municipal, que regule exclusivamente essa matéria ou o correspondente tributo ou contribuição, sem prejuízo do disposto no art. 155, § 2º, XII, 'g'".

Esse art. 155, § 2º, XII, *"g"*, tem a ver, na verdade, com o ICMS, e diz que cabe à *lei complementar* regular a forma como *isenções, incentivos* e *benefícios fiscais* devem concedidos ou revogados mediante deliberação dos Estados e do Distrito Federal, o que, aliás, já vinha, desde 07/01/75, disciplinado na Lei Complementar nº 24, que prevê, para tanto, a celebração de *convênios*, verdadeiros ajustes ou contratos entre as referidas pessoas, que, para adquirirem força normativa, isto é, de lei, perante terceiros, portanto, inclusive contribuintes, devem ser aprovados por decreto legislativo).

## 9. Decadência e prescrição, em matéria tributária

### 9.1. Conceitos e disciplinação legal

***Decadência*** (ou ***caducidade***) é a perda, após o decurso de certo lapso de tempo, do direito de o Estado *constituir*, pelo *lançamento*, para fins e cobrança, o seu *crédito tributário*, que, em conseqüência, também se extingue. Esse prazo é de 5 anos e, uma vez iniciado, não se *suspende*, nem se *interrompe*. É fatal e inapelável, embora alguns (poucos) autores nele vejam uma *causa suspensiva* e *interruptiva*, tal como adiante se verá.

***Prescrição***, por sua vez, é a perda, após o decurso de certo lapso de tempo, do direito de o Estado *exigir* um crédito tributário seu, *já constituído pelo lançamento*, não só pelo desaparecimento da ação de cobrança respectiva, qualquer que seja seu rito, mas, também, pela extinção do próprio crédito tributário que constitui seu objeto. Esse prazo também é de 5 anos. Ao contrário da *decadência*, a *prescrição possui causas impeditivas* (que evitam o início da contagem), *suspensivas* (que, uma vez iniciada a contagem, fazem com que parte do período dela não seja computada) *e interruptivas* (que, uma vez iniciada a contagem, fazem com que seja ela reiniciada a partir do marco zero, abandonando-se o tempo já decorrido).

Vê-se, pois, que ambas essas figuras extinguem direitos do fisco, tidos, em relação a ele, como indisponíveis e irrenunciáveis. Decorrem do velho princípio latino, pelo qual *"aos que dormem não socorre o direito"* (*"dormientibus non succurrit jus"*).

Alerte-se contudo, mais uma vez, para o que já ficou devidamente dilucidado: a *decadência* e a *prescrição* não representam, *no direito tributário*, apenas a perda ou extinção, respectivamente, do direito de *lançar* e de *cobrar* judicialmente um crédito, mas, também, a *extinção do próprio crédito* (sujeito a lançamento, no caso da *decadência*, e já lançado, no caso da *prescrição*). É aspecto importante, pelos efeitos que traz.

Advertimos desde logo, contudo, que, relativamente à *prescrição*, as duas *causas suspensivas* contempladas na Lei nº 6.830/80 (a primeira, pelo espaço de até 180 dias, para o lançamento do débito em dívida ativa e extração da respectiva certidão, prevista no § 3º do seu art. 2º, e, a segunda, pelo período de até 1 ano, não sendo possível a localização, nas ações de execução fiscal, o executado ou bens penhoráveis, prevista no art. 40 e seu § 2º), e *uma interruptiva* (consistente no despacho do juiz, que ordenar a citação do devedor na ação de execução fiscal, prevista no § 2º do seu art. 8º), não vêm sendo admitidas como válidas e eficazes pelos tribunais superiores, por ser essa lei de natureza ordinária, enquanto, pelo sistema constitucional vigente (art. 146, III, *"b"*), deve a matéria deve ser disciplinada por *lei complementar*, ou seja, pelo Código Tributário.

Com efeito, assim vêm decidindo os tribunais:

*"1. O art. 2º, § 3º, da Lei nº 6.830/80, nos termos em que foi admitido em nosso ordenamento jurídico, não tem prevalência. A sua aplicação há de sofrer os limites impostos pelo art. 174, do CTN. 2. É de 5 anos a prescrição da ação para cobrança do crédito tributário, contados da data da sua constituição definitiva, nos termos do art. 174, do CTN, que é lei complementar. 3. A prescrição estabelecida no art. 2º, § 3º, da Lei nº 6.830/80, é incompatível com a norma do art. 174, do CTN, a cujas disposições gerais é reconhecida a hierarquia de lei complementar. 4. Precedentes desta Corte de Justiça e do Colendo STF".*[303]

*"Pacificou-se na jurisprudência do STJ, que o CTN foi recepcionado pela Constituição Federal, como lei complementar e suas normas prevalecem sobre as constantes da Lei nº 6.830/80, que é lei ordinária. A prescrição para a cobrança do crédito tributário só se interrompe pela citação pessoal feita ao devedor (art. 174 e parágrafo único do CTN) e não simplesmente pelo despacho que determinou o chamamento do devedor para pagar ou oferecer defesa (Lei nº 6.830/80, art. 8º, § 2º)".*[304]

*"Sob a égide da Constituição anterior (EC nº 1/69, art. 18, § 1º) muito se discutiu se a prescrição constituía, ou não, matéria integrante do conceito de 'normas gerais de direito tributário', a ser versada em lei complementar, tema esse que, a final, foi expressamente incluído no contexto das referidas normas gerais "ex vi" do art. 146, III, b, da vigente Lei Maior. Até então, a jurisprudência procurou compatibilizar as disposições dos arts. 2º, § 3º, e 40 e seus §§, da Lei nº 6.830/80, com as regras consubstanciadas no art. 174 do CTN. Tal proceder foi razoável, tendo em conta que o CTN é uma lei ordinária de eficácia complementar e o princípio segundo o qual as regras atinentes à restrição do exercício de direitos devem ser interpretadas de modo mais favorável aos titulares destes. Nesse sentido os precedentes do Tribunal".*[305]

*"1. O art. 40, da Lei nº 6.830/80, nos termos em que foi admitido em nosso ordenamento jurídico, não tem prevalência. A sua aplicação há de sofrer os limites impostos pelo art. 174 do CTN. 2. Repugna aos princípios informadores do nosso sistema tributário a prescrição indefinida. 3. Há de, após o decurso de determinado tempo sem promoção da parte interessada, de se estabilizar o conflito, pela via da prescrição, impondo segurança jurídica aos litigantes. 4. Os casos de interrupção do prazo prescricional estão previstos no art. 174 do CTN, nele não incluídos os do artigo 40 da Lei nº 6.830/80. 5. Há de ser sempre lembrado que o art. 174 do CTN tem natureza de lei complementar. 6. Embargos de divergência do Estado de São Paulo que são rejeitados".*[306]

*"1. As regras do art. 40 e seus §§, da Lei 6.830/80, merecem interpretação em harmonia subordinada ao princípio geral da prescrição tributária assumido pelo art. 174, do CTN, considerada lei complementar. 2. O ordenamento jurídico brasileiro não apóia a impossibilidade de prescrição em qualquer tipo de relação jurídica, especialmente a de natureza tributária onde sempre litigam a Fazenda Pública e contribuinte. 3. A prescrição para a cobrança de crédito tributário é de 5 anos, art. 174, do CTN, aí compreendendo-se a intercorrente, em conseqüência, se o processo de execução fiscal permanece inerte pelo prazo de 5 anos aguardando diligências da Fazenda Pública para ser movimentado, consumada está a pres-*

---

[303] REsp nº 249262/DF, 18/05/00, 1ª Turma, DJ de 19/06/00, p. 120, RDDT Vol. 60, p. 188. Veja: RSTF 17/359, RTJ 119/328, RTJ 118/613, STF.

[304] REsp nº 165219-0-RS, 1ª Turma, STJ, 1º/06/99, DJ de 28/06/99.

[305] REsp nº 36311-0-RS, 2ª Turma, STJ, 31/10/96, DJU de 25/11/96, p. 46172, e RDDT nº 17, p. 208.

[306] Embargos de Divergência no REsp nº 35540/SP, 1ª Seção, STJ, 16/12/97, DJU de 06/04/98, p. 6. Veja: EREsp 36885/SP, REsp 4488/SP, REsp 12443/RN, REsp 35540/SP, STJ.

crição. 4. Não prevalece a disposição do art. 40, da Lei 6.830/80, em face da imposição superior do art. 174, do CTN (REsp nº 67.254-6/PR)".[307]

"Em sendo o CTN lei complementar e tendo prevalência sobre a legislação ordinária (Lei nº 6.830/80, art. 8º, § 2º) a prescrição para a cobrança do crédito tributário só se interrompe pela citação pessoal feita ao devedor (art. 174, parágrafo único, do CTN)".[308]

Embora referidas em outros artigos do Código, a *decadência* e a *prescrição* têm espaço, quanto à contagem do seu prazo e disciplinação, nos artigos 173 e 174.

Sobre a *decadência*, assim se encontra disciplinada a matéria no Código Tributário:

**Art. 173:**

*O direito* (na verdade, um dever, por força do parágrafo único do art. 142 do Código) *de a Fazenda Pública* (sujeito ativo) *constituir* (levar a efeito, pelo *lançamento*, em auto ou peça interna própria, que se completa com a *notificação*, – melhor dizendo, *intimação* – respectiva, ao sujeito passivo correspondente) *o crédito tributário* (neste incluindo tanto o valor do *tributo* em si, devidamente apurado e quantificado, como a proposta de aplicação da *penalidade pecuniária* cabível, esta sujeita à imposição pela autoridade julgadora, *diversa da lançadora*, cf. art. 113, § 1º, após avaliação da impugnação a ser apresentada pelo sujeito passivo autuado, tudo conforme comentários feitos ao art. 142 do Código) *extingue-se* (desaparece) *após 5 anos* (que é prazo fatal, sem causas suspensivas ou interruptivas do seu fluxo), *contados*:

*I - do primeiro dia do exercício* (ano civil) *seguinte* (sempre 1º de janeiro, terminando, conseqüentemente, sempre num dia 31 de dezembro) *àquele em que o lançamento poderia ter sido feito* (ou iniciado, que é, em termos práticos, o momento em que a autoridade administrativa já pode, legalmente, exigir do sujeito passivo o cumprimento da obrigação tributária não satisfeita, conforme exemplos que apresentaremos no subitem seguinte, quando trataremos das regras para a contagem do prazo decadencial);

*II - da data em que se tornar definitiva a decisão* (administrativa ou judicial, desde que ainda haja, no nosso entender, prazo para esse *novo* lançamento) *que houver anulado* (tornado sem efeito), *por vício formal* (decorrente da *maneira*, – *forma* –, como a autoridade administrativa se conduziu na apuração e na documentação do crédito tributário, ou seja, dos aspectos de *validade* do lançamento, como inexistência de *coação*, realização por autoridade legalmente competente para o ato, assinatura do auditor ou fiscal no auto respectivo, observância do devido processo legal, regularidade da sua notificação ou intimação, etc., nada tendo a ver, pois, com o valor do crédito em si, ou seja, com o conteúdo do auto-lan-

---

[307] REsp nº 97328-PR, 1ª Turma, STJ, 18/12/97, DJU de 23/03/98, e RDDT nº 32, p. 206.

[308] REsp nº 62638/PR, 05/06/95, 1ª Turma, STJ, DJ de 04/09/95, p. 27806.

çamento, que pode até ser correto e procedente), *o lançamento anteriormente* (mal) *efetuado* (feito).

**Parágrafo único.** *O direito* (de lançar) *a que se refere este artigo extingue-se* (desaparece) *definitivamente* (de forma irreversível, porque a decadência possui prazo fatal, peremptório, nada suspendendo ou interrompendo o seu fluxo) *com o decurso do prazo nele previsto* (de 5 anos)*, contado da data em que tenha sido iniciada* (neste caso, antes de 1º de janeiro do ano seguinte, previsto no inciso I do *"caput"* deste artigo, como regra geral de contagem) *a constituição* (pelo lançamento) *do crédito tributário* (objeto do lançamento) *pela notificação* (aviso ou *intimação* feita pelo sujeito ativo ao sujeito passivo respectivo, com ciência *pessoal* deste ou de pessoa legal e documentalmente autorizada)*, ao sujeito passivo* (contra quem será levado a efeito o lançamento)*, de qualquer medida preparatória* (que mostre que o lançamento já foi iniciado) *indispensável* (necessário) *ao lançamento* (como, por exemplo, um pedido de esclarecimento feito pela autoridade administrativa, logo após a entrega da declaração de rendimentos, sobre a existência, ou não, de aluguéis sobre imóveis incluídos na declaração de bens, sobre os quais nenhum rendimento foi acusado).

Na verdade, pode-se dizer que o inciso I do art. 173 contém a *regra* oficial para a contagem do prazo decadencial, constituindo as hipóteses do seu inciso II, e do seu parágrafo único, as *exceções*.

A respeito da *decadência* é oportuno, ainda, ter presentes as seguintes disposições legais relativas à organização da Seguridade Social e ao seu plano de custeio, contidas na Lei nº 8.212/91 e posteriores alterações determinadas pela Lei nº 9.032/95, que contrariam, no nosso entender, as disposições do art. 146, III, *"b"*, da lei constitucional, que exige lei *complementar* para esse fim:

"Art. 45:

*O direito da Seguridade Social apurar e constituir* (lançar) *seus créditos* (relativos a paratributos ou contribuições sociais, mas subordinados, como vimos, às mesmas regras dos tributos) *extingue-se* (desaparece, por decadência) *após 10 anos contados*:

I - *do 1º dia do exercício seguinte àquele em que o crédito poderia ter sido constituído;*

II - *da data em que se tornar definitiva a decisão que houver anulado, por vício formal, a constituição do crédito anteriormente efetuada.*

§ 1º *No caso de segurado empresário ou autônomo e equiparados, o direito de a Seguridade Social apurar e constituir seus créditos, para fins de comprovação do exercício de atividade, para obtenção de benefícios, extingue-se em 30 anos".*

Se era lícito, ou não, à Lei nº 8.212/91, e suas posteriores alterações, todas de natureza *ordinária*, dispor de forma diferente da que dispõe o Código Tributário, é altamente discutível, à vista do disposto no atual sistema constitucional (art. 146, inciso III, alínea *"b"*), que expressamente estabelece caber à lei *complementar* (e não à lei *ordinária*) traçar *normas gerais* (isto é, *comuns* a todos os entes ou pessoas jurídicas de direito público), *em matéria de legislação tributária* (inclusive *paratributária*, à qual se aplicam as mesmas regras), especialmente sobre *"prescrição e decadência"*.

É que, como já se disse várias vezes, as regras do direito tributário se aplicam também ao *paratributo* (ou *contribuição parafiscal*), que, inclusive, ora se apresenta como *paraimposto* (quando exigido independentemente de qualquer atividade ou contraprestação específica de serviços por parte do ente público arrecadador, característica do *imposto*, como ocorre em relação à contribuição previdenciária paga pelas empresas, que nada recebem diretamente como contraprestação), ora como *parataxa* (quando, ao contrário, exigida como contraprestação de serviços públicos *específicos*, desde logo identificados, e *divisíveis*, entre os respectivos contribuintes, segundo o uso ou consumo do serviço contraprestacionado, característica da *taxa*, como sucede com a contribuição alcançada pelos assalariados, que efetivamente recebem benefícios previdenciários como contraprestação). A propósito dessa matéria convém reler o pensamento de RUBENS GOMES DE SOUSA e de GERALDO ATALIBA, no Capítulo I, deste livro.

Sobre a *prescrição*, por outro lado, assim se expressa o Código:

**Art. 174:**

***A ação*** (judicial) ***para a cobrança*** (por via executiva, ou não) ***do crédito tributário*** (já lançado, incluindo tanto *tributo* como *penalidade pecuniária*, e demais consectários, cf. art. 113, § 1º) ***prescreve*** (não mais pode ser ajuizada) ***em 5 anos, contados da data*** (*"dies a quo"*) ***da sua constituição*** (pelo lançamento) ***definitiva*** (iniciando-se, na esteira de antigo entendimento do STF, ou no ato da *intimação válida* do lançamento ao respectivo sujeito passivo quando, por ele, não haja interposição de impugnação ou defesa administrativa tempestiva, ou, havendo esta, no momento do trânsito em julgado da respectiva decisão. Mas esse entendimento, como veremos adiante, ao tratarmos das regras para a contagem do prazo prescricional, deve ser aplicado com restrições).

*Parágrafo único. **A prescrição se interrompe*** (reinicia-se a contagem do seu prazo, a partir do zero, abandonando-se o tempo já decorrido, lembrando-se, contudo, por oportuno, que nenhuma outra regra de interrupção à prescrição é, hoje, aceita, inclusive a prevista no § 2º do art. 8º da Lei nº 6.830/80, que é lei de natureza *ordinária*, enquanto a matéria relativa à *prescrição* e *decadência* devem ser tratadas unicamente em *lei complementar*, ou seja, pelo Código Tributário, cf. art. 146, III, *"b"*, da CF):

*I - **pela citação*** (ciência oficial, dada judicialmente, da existência da ação de cobrança do crédito tributário) ***pessoal*** (do próprio executado, não podendo, salvo mandato expresso, ser de dada a outra pessoa, mesmo que da família) ***feita ao devedor*** (executado, tendo-se presente, contudo, que, se o co-responsável, como o sócio administrador da empresa devedora, não for, desde logo, citado da ação, em relação a ele continuará fluindo o prazo prescricional, porquanto, segundo moderno entendimento, não é ele devedor *solidário*, mas *subsidiário*, tal como deflui dos comentários que fizemos ao art. 135 do Código);

*II - pelo protesto judicial* (aviso judicial, dado pelo sujeito ativo, ao sujeito passivo respectivo, notificando-o no sentido de que o crédito tributário dele ainda será cobrado, embora, diga-se de passagem, é ocorrência rara nos foros judiciais medida dessa ordem, porquanto, entre ajuizar a ação de cobrança e o protesto judicial, a preferência recai na primeira, evitando-se, assim, trabalho duplo);

*III - por qualquer ato* (formal, documental) *judicial* (impulso processual que mostre a intenção do sujeito ativo em dar continuidade à ação judicial de cobrança) *que constitua em mora* (atraso) *o devedor* (que figura como réu);

*IV - por qualquer ato* (provado por formal ou documentalmente) *inequívoco* (claro e expresso, decorrente de induvidosa manifestação de vontade), *ainda que extrajudicial* (formulado em processo judicial ou administrativo), *que importe em* (do qual resulte) *reconhecimento* (confissão) *do débito pelo* (próprio) *devedor* (figurante do auto de lançamento).

Como única *causa suspensiva* da *prescrição* há, no Código, a prevista no parágrafo único do art. 155, aplicável à *moratória*, quando revogada por ter sido mal obtida, extensiva, contudo, a três outros benefícios legais, também quando revogados, por mal havidos: à *transação* (172, parágrafo único), à *isenção* (179, § 2º) e à *anistia* (182, parágrafo único).

Segundo esses dispositivos, suspende a *contagem do prazo prescricional* (fazendo com que este, uma vez iniciado, tenha alguns de seus períodos não computados) o *tempo durante o qual o sujeito passivo indevidamente* (de má-fé) *se utilizou*, mediante *dolo* (intenção de agir no sentido de tirar proveito da situação) ou *simulação* (atitudes enganosas, dando à sua ação mera aparência de licitude), do citados benefícios, vale dizer, devem o período respectivo ser somado aos 5 anos previstos no art. 174.

A respeito da *prescrição* é oportuno, ainda, ter presentes as seguintes disposições legais relativas à organização da Seguridade Social e ao seu plano de custeio, contidas na Lei nº 8.212/91 e posteriores alterações determinadas pela Lei nº 9.032/95, que contrariam, no nosso entender, as disposições do art. 146, III, *"b"*, da lei constitucional, que exige lei *complementar* para esse fim:

"Art. 46:

O direito de cobrar (judicialmente) os créditos da Seguridade Social (contribuição previdenciária, etc.), constituídos (lançados) na forma do artigo anterior, prescreve em 10 anos".

### 9.2. Regras para a contagem do prazo decadencial, em matéria tributária

Fica, desde logo, afastada a aplicação, aqui, de quaisquer preceitos da Lei nº 6.830/80 (Leis das Execuções Fiscais), que é de natureza *ordinária*, porquanto a *decadência* (como, também, a *prescrição*) somente comporta ser disciplinada por *lei complementar* (Código Tributário), tal como cristalinamente deflui do art. 146, III, *"b"*, da CF, entendimento esse, de resto, já pacificado pelos tribunais superiores, conforme acima demonstramos (item 1, deste Capítulo). A mesma advertência cabe, também, em relação à Lei nº 8.212/91 (sobre *contribuições previdenciárias*), e suas posteriores alterações, igualmente de natureza *ordinária*.

São as seguintes a regras para a contagem do prazo *decadencial*, em matéria tributária, extraídas do art. 173 do Código Tributário:

**1ª regra:** Pelo artigo 173, I, do Código, inicia-se a contagem do prazo *decadencial* a partir do 1º dia do exercício (ano civil) seguinte (1º de janeiro, portanto) àquele em que o lançamento poderia ter sido efetuado (ou iniciado).

Essa é a regra geral, básica, pela qual o prazo *decadencial* tem seu início (*"dies a quo"*) num 1º de janeiro e, seu término (*"dies ad quem"*), num dia 31 de dezembro. Em termos práticos, deve-se procurar saber, em cada caso, a partir de que momento já é lícito ao sujeito ativo lançar ou autuar o sujeito passivo por um tributo devido e não satisfeito. Definido esse dia, começa-se a contagem do prazo decadencial a partir de 1º de janeiro do ano imediatamente seguinte. Ex.: para os rendimentos havidos no ano-base (ano do fato gerador ou *ano-calendário*) de 2000, e declarados (ou mesmo não declarados, porque terceiros são legalmente obrigados a informar ao sujeito ativo os rendimentos por eles pagos ou creditados) até o dia 30/04/01 (último dia), a possibilidade de o sujeito ativo lançar o IR devido inicia-se em 1º/05/01 (dia imediato ao previsto para a entrega); logo, o prazo *decadencial*, no caso (dentro do qual pode ser lançado o imposto correspondente), tem seu início a partir de 1º/01/02, expirando fatalmente no dia 31/12/06, data em que, para que a decadência não ocorra, o sujeito passivo correspondente já deve ter sido notificado (intimado) da sua realização.

Outro exemplo: para o ICMS relativo a janeiro de 2000, a ser recolhido até o dia 10/02/00 (último dia), o prazo *decadencial* se inicia a partir de 1º/01/01, terminando, impreterivelmente, no dia 31/12/05, data em que o sujeito passivo já deve ter sido pessoalmente notificado (intimado) da sua efetivação, sob pena de consumação da *decadência*;

**2ª regra:** Pelo parágrafo único do mesmo artigo 173, o início da contagem do prazo *decadencial* (previsto, na *regra geral* antes exposta, para 1º de janeiro do ano seguinte àquele em que o lançamento poderia ter sido feito ou iniciado) será *antecipado* para o dia em que, *antes* mesmo de 1º de janeiro do ano seguinte, seja iniciada, pelo sujeito ativo, a constituição (lançamento) do crédito tributário, pela *notificação* (*intimação*), ao sujeito passivo, de *qualquer medida preparatória* (pedido escrito exigindo esclarecimentos, comprovações, dados, informações, etc.), indispensável ao lançamento.

No exemplo do IR, acima mencionado (regra 1ª), se o sujeito ativo notifica o sujeito passivo, em 1º/08/01, para que esclareça qualquer aspecto da declaração de rendimentos apresentada até 30/04/01, nesse caso o prazo decadencial terá seu início *antecipado* para esse dia 1º/08/01, não mais iniciando em 1º/01/02, devendo o lançamento ser, necessariamente, concluído e notificado ao sujeito passivo, sob pena de consumar-se a decadência, até o dia 31/07/06;

**3ª regra:** Pelo inciso II do mesmo artigo 173, se um lançamento (já feito) vem a ser anulado (judicial ou administrativamente) em razão de *vício formal* (se lavrado por autoridade sem os necessários poderes, ou sem a aposição de assinatura do agente fiscal no auto de lançamento, ou mediante coação fiscal, etc., nada tendo a ver, portanto, com os valores nele contidos, que podem, até, estar corretos e ser legalmente devidos), o prazo (de 5 anos) para *refazer* esse lançamento se inicia, sob pena de *decadência*, a partir da data em que se tornar definitiva a decisão que houver anulado (em razão do vício formal) o lançamento anteriormente efetuado.

Esse caso pressupõe, portanto, um lançamento *já feito*, mas que é anulado (tornado sem efeito), podendo ser, portanto, *refeito*. Para seu *refazimento* é que existe essa terceira regra. No entanto, o Código não é suficientemente claro, tampouco há decisões judiciais a respeito da matéria, a ponto de se poder concluir que o prazo já decorrido, durante o qual se desenrolou a discussão a respeito da validade do lançamento anterior (anulado), seja, ou não, contado para o novo lançamento. Em outras palavras, cabem as seguintes indagações:

a) considera-se *causa suspensiva* (não computável o respectivo período, portanto) da contagem do prazo decadencial para o novo lançamento, o tempo consumido na discussão administrativa que resultou na anulação do lançamento anterior?

b) considera-se *causa interruptiva* (determinando o reinício de contagem, a partir do zero, desconsiderando-se o tempo já decorrido) de contagem do prazo decadencial, a data do trânsito em julgado da decisão anulatória do lançamento anterior, a ser refeito, ou seja, reinicia-se, nessa data, o prazo de 5 anos?

Entendemos que o Código se manteve propositalmente omisso a respeito, *diante da clássica regra de que o fluxo do prazo decadencial não se suspende* (não há períodos não computáveis) *e nem se interrompe* (não se reinicia), sendo considerado de consumação *fatal* e *peremptório* (nada evita o seu fluxo), tal como ocorre no direito privado. Vale dizer: a cada dia que passa com a discussão acerca da validade *formal* do lançamento que, a final, vem a ser anulado, perde o sujeito ativo, na mesma medida e proporção, o direito de refazê-lo, o que, de resto, se acha expressamente confirmado, a nosso ver, na regra do parágrafo único do artigo 173, que manda ter-se como iniciada, *sem qualquer suspensão* ou *interrup-*

ção, a contagem do prazo decadencial, a partir de *qualquer medida preparatória do sujeito ativo ao sujeito passivo, indispensável ao lançamento*, o que, sem dúvida ocorreu com o início do lançamento anulado. Do contrário, estar-se-ia premiando a inércia do sujeito ativo, porque, certamente, não é ao sujeito passivo que se pode atribuir a causa da *invalidade* do lançamento formalmente viciado.

Não vemos, assim, no tempo utilizado para a discussão administrativa que resultou na anulação do lançamento formalmente viciado, qualquer *causa suspensiva* da contagem do prazo decadencial para o novo lançamento, e, tampouco, pode ser considerado como causa *interruptiva* a data do trânsito em julgado da decisão anulatória do lançamento viciado, que não passa de reconhecimento ou declaração oficial de que o lançamento anterior não produziu efeitos jurídicos, retratando assim, inquestionável perda de tempo para o novo lançamento, cujo prazo decadencial já se iniciara segundo a regra geral, expressa no *"caput"* do art. 173, ou mesmo antes, se configurada a hipótese do parágrafo único do mesmo artigo. Ademais, não há como negar, se houve algum culpado na anulação do lançamento por vício formal, só pode ser o sujeito ativo respectivo, porque o ato do lançamento é privativo dele.

Mas não é só: também a regra do parágrafo único do art. 149 do Código, de que *"a revisão do lançamento só pode ser iniciada enquanto não extinto"* (por *decadência*) *"o direito da Fazenda Pública"*, é claramente indicativa de que nenhuma causa *suspensiva* ou *interruptiva* de contagem do prazo decadencial pode ocorrer em tais hipóteses, porquanto, se o lançamento viciado deve ser *refeito* (tal como previsto no inc. IX do *"caput"* do citado artigo, segundo o qual *"o lançamento é ... revisto de ofício pela autoridade administrativa ... quando se comprove que, no lançamento anterior, ocorreu ... omissão, pela mesma autoridade, de ato ou formalidade essencial"*, que é, basicamente, o motivo determinante de qualquer anulação de lançamento por vício formal), trata-se então, obviamente, de *revisão* (*refazimento*) daquilo que, antes, *fora mal feito*.

Convém lembrar, a propósito da *decadência*, que não se deve confundir o prazo (*decadencial*) previsto no art. 173, I (de 5 anos, *contados de 1º de janeiro do ano seguinte* àquele em que o lançamento poderia ter sido feito ou iniciado, destinado a *lançar, de ofício, importâncias que deixaram de ser pagas* ou *antecipadas* pelo sujeito passivo nos termos do *"caput"* do art. 150 do Código, que trata do *lançamento por homologação*), com o prazo (também de 5 anos, *contados, porém, do fato gerador*, de que dispõe o sujeito ativo para *homologar pagamentos já feitos* pelo sujeito passivo), previsto no § 4º do mesmo artigo. São situações completamente distintas: no art. 173, I, está o prazo para a exigência (mediante *lançamento de ofício*) dos *pagamentos não feitos* (antecipados), enquanto que, no art. 150, § 4º, está o prazo para a autoridade administrativa declarar (mediante *homologação*, expressa ou tácita) que, nos casos em que a lei exige pagamento antecipado, este foi *corretamente feito*.

Nesse erro, infelizmente, incorreu o STJ,[309] num primeiro momento, confundindo lançamento *por homologação* com lançamento *de ofício*, ao decidir que

"... A decadência relativa ao direito de constituir crédito tributário somente ocorre depois de 5 anos, contados do exercício seguinte àquele em que se extinguiu o direito potestativo de o Estado rever e homologar o lançamento (CTN, art. 150, § 4º). ... Se o fato gerador ocorreu em 1980, a decadência opera-se em 1º de janeiro de 1991".

Já noutras decisões aquele Corte voltou atrás, corrigindo o equívoco, como se vê das seguintes ementas:

"*O lançamento por homologação (art. 150, § 1º do CTN) é ato administrativo de natureza confirmatória e só admitido na hipótese de pagamento antecipado do tributo. Em havendo lançamento pela autoridade administrativa (art. 142 do CTN), com a posterior inscrição do débito tributário e por ausência de pagamento, torna-se manifesta a impossibilidade da homologação posterior (lançamento por homologação), eis que, com esta (homologação) se extingue o débito e com aquele (lançamento de ofício) nasce o débito tributário. O lançamento expresso é manifestamente incompatível com a homologação, que é a declaração de extinção do débito, em face do pagamento antecipado. 'In casu', apurando-se a exigência do débito tributário mediante o lançamento de ofício, a decadência se rege pelo disposto no art. 173, I, do CTN. Em se cuidando de exação pertinente aos anos de 1982 e 1983 e iniciando-se o procedimento administrativo (lançamento) em fevereiro de 1987, a decadência não se configurou, desde que não decorridos os 5 anos (art. 173, I, do CTN)*".[310]

"*Nos tributos sujeitos ao regime do lançamento por homologação, a decadência do direito de constituir o crédito tributário se rege pelo art. 150, § 4º, do CTN, de modo que o prazo para esse efeito será de 5 anos a contar da ocorrência do fato gerador (a incidência da regra supõe, evidentemente, hipótese típica de lançamento por homologação, aquela em que ocorre o pagamento antecipado do tributo). Se o pagamento do tributo não for antecipado, já não será o caso de lançamento por homologação, situação em que a constituição do crédito tributário deverá observar o disposto no art. 173, inciso I, do CTN (REsp 199.560)*".[311]

"*Nos tributos sujeitos ao regime do lançamento por homologação, a decadência do direito de constituir o crédito tributário se rege pelo artigo 150, § 4º, do CTN, de modo que o prazo para esse efeito será de 5 anos a contar da ocorrência do fato gerador (a incidência da regra supõe, evidentemente, hipótese típica de lançamento por homologação, aquela em que ocorre o pagamento antecipado do tributo). Se o pagamento do tributo não for antecipado, já não será o caso de lançamento por homologação, situação em que a constituição do crédito tributário deverá observar o disposto no artigo 173, inciso I, do CTN*".[312]

É que, lançamento *por homologação* e lançamento *de ofício*, não se confundem. Naquele, a autoridade administrativa tão-somente confirma (ratifica, dá cunho de oficialidade) a retidão da conduta do sujeito passivo nas antecipações de pagamento do tributo, nos casos previstos em lei, para o que dispõe ela de 5 anos contados do fato gerador respectivo (cf. art. 150, § 4º), sob pena de ter-se a homologação *tácita*. Já no lançamento *de ofício*, o que faz ela é *exigir o que não foi pago* (*por antecipação*), quando devia o sujeito passivo tê-lo feito, para o que

---

[309] REsp nº 101407/SP, 1ª Turma (DJU de 15/09/97 e Ement. da Jurispr. do STJ nº 19, p. 259).
[310] REsp 151734/MG, 1ª Turma, 18/06/98 (DJU de 28/09/98, p. 12).
[311] REsp nº 172997/SP, 1ª Turma, 18/05/99 (DJU de 01/07/99, p. 125) e ED no REsp nº 101407/SP, 07/04/00, 1ª Seção (DJU de 08/05/00, p. 53).
[312] REsp nº 199560/SP, 23/02/99, 2ª Turma (DJU de 26/04/99, p. 87).

dispõe ela, também, de 5 anos, contados, porém, a partir de 1º de janeiro do ano seguinte àquele em que o lançamento poderia ter sido iniciado (cf. art. 173, I).

### 9.3. Regras para a contagem do prazo prescricional, em matéria tributária

Advirta-se que ficam aqui afastadas, desde logo, por inaplicáveis à espécie, conforme já demonstrado, todas as regras sobre *prescrição* previstas no § 3º do art. 2º, no § 2º do art. 8º, e no *"caput"* do art. 40, da Lei nº 6.830/80 (Lei das Execuções Fiscais), de natureza *ordinária*, porquanto a *prescrição* (como, também, a *decadência*) somente comporta ser disciplinada por *lei complementar* (Código Tributário), tal como cristalinamente deflui do art. 146, III, *"b"*, da CF, entendimento esse, de resto, já pacificado pelos tribunais superiores, conforme acima demonstramos (item 1, deste Capítulo). A mesma advertência cabe, também, em relação à Lei nº 8.212/91 (sobre *contribuições previdenciárias*), e suas posteriores alterações, igualmente de natureza *ordinária*.

A regra, para o *início da contagem* do prazo *prescricional*, em matéria tributária, está no *"caput"* do artigo 174 do Código Tributário, enquanto as causas que modificam essa contagem estão, fundamentalmente, nos seguintes artigos:

a) as ***impeditivas*** (que não permitem o início da contagem): no art. 151, III;

b) as ***suspensivas*** (que determinam a exclusão, da contagem, de certos períodos desta): no parágrafo único do art. 155, no parágrafo único do art. 172, no § 2º do art. 179, e no parágrafo único do art. 182;

c) as ***interruptivas*** (que determinam o reinício integral da contagem): no parágrafo único do art. 174.

Ao dispor o art. 174 do Código que *"a ação para a cobrança do crédito tributário prescreve em 5 anos, contados da data da sua constituição definitiva"*, na verdade não define ele o *exato* momento da *constituição definitiva* do crédito tributário. Integrando-se, porém, a regra desse art. 174, com a regra do inciso III do art. 151 (que estabelece, como hipóteses de *suspensão da exigibilidade do crédito tributário*, *"as reclamações e os recursos, nos termos da leis reguladoras do processo tributário administrativo"*, ou seja, o oferecimento, pelo sujeito passivo, de defesa administrativa ao lançamento), pode-se concluir que, na esfera administrativa, o lançamento do crédito tributário somente se torna definitivo com o trânsito em julgado da *decisão* que, à vista da reclamação ou impugnação, o considerar subsistente e válido.

Pode-se, então, dizer que *a contagem do prazo prescricional se inicia*, ou na data:

a) do ***trânsito em julgado*** da decisão administrativa que vier a confirmar o lançamento, tendo havido impugnação ou reclamação (defesa) tempestiva contra ele; ou

b) da ***notificação*** (***intimação***) do lançamento, caso não tenha havido impugnação administrativa a ele, ou, tendo havido, tenha ela sido intempestiva.

A esse obstáculo, que faz com que ainda não se possa iniciar a contagem do prazo, dá-se o nome de *causa impeditiva*. Assim, se o oferecimento tempestivo de impugnação ao lançamento, pelo sujeito passivo, impossibilita (segundo o art. 151, III, do Código), até seu trânsito em julgado, a exigibilidade do crédito tributário, fica claro, também, que essa *causa* é, na verdade, *impeditiva do início da contagem do prazo prescricional*, apesar de o verbo ali usado ser *suspender* (referindo-se à *exigibilidade* do crédito).

A matéria, todavia, não é tão simples e pacífica, como parece. Se é certo que o oferecimento de impugnação (defesa) administrativa, pelo sujeito passivo, *suspende* (ato que pode ser tido como *causa impeditiva* do início do prazo) *a exigibilidade do crédito tributário*, igualmente certo é, também, que o sujeito ativo não pode dispor de tempo ilimitado ou eterno para proferir a sua decisão, sob pena de se constituir essa tolerância em prêmio à sua falta de pressa.

Num primeiro momento, o STF[313] demarcou, há muitos anos, nos seguintes termos, o *fim* da *decadência* e o início da *prescrição*:

> "Com a lavratura do auto de infração fica consumado o lançamento do crédito tributário, não havendo, pois, de se falar em decadência. A interposição de recurso administrativo pelo contribuinte tem o efeito, tão somente, de suspender a exigibilidade do crédito tributário".

Melhor explicando essa posição:

1º) a lavratura do auto de infração (ou de lançamento, peça formal cujo original remanesce com o fisco) só se aperfeiçoa juridicamente, atingindo suas finalidades, com a notificação (intimação) válida do sujeito passivo respectivo (na forma dos comentários ao art. 145 do Código), não produzindo, até então, nenhuma eficácia jurídica em relação a ele;

2º) a notificação (intimação) válida do sujeito passivo dá por findo o fluxo do prazo *decadencial*;

3º) com a interposição tempestiva do *recurso* administrativo (aqui empregado no sentido amplo, significando *impugnação*, *reclamação* ou *defesa*), pelo sujeito passivo, abre-se a fase da discussão administrativa do lançamento, cujo lapso de tempo não é computado, nem para efeitos *decadenciais* (cujo fluxo já encerrou) nem para efeitos *prescricionais* (cujo fluxo ainda não se iniciou);

4º) a contagem do prazo *prescricional* somente terá início a partir do trânsito em julgado da decisão administrativa que julgar a impugnação oferecida contra o lançamento, em tempo hábil, pelo sujeito passivo.

Nessas circunstâncias, o tempo relativo à discussão administrativa do lançamento é (segundo o Supremo) um período em branco, não sendo computável para efeito algum: nem para a *decadência* (cujo prazo já terminou), nem para a *prescrição* (cujo prazo ainda não abriu), razão pela qual pode ele, admitindo-se como

---

[313] RE nº 91812, 1ª Turma (DJU de 08/02/80, p. 505, e Ement. de Jurispr. nº 1159, p. 396).

correto e definitivo esse entendimento, ser considerado como *causa impeditiva do início da contagem do prazo prescricional*.

Contudo, como já referimos nos comentários diretos ao art. 174 do Código Tributário, este, apesar de suspender a exigibilidade do crédito tributário durante a discussão administrativa do lançamento (art. 151, III), infelizmente não se preocupou em fixar o prazo máximo dentro do qual deve estar encerrada a discussão, com o que, a deixar-se como sem limite de tempo, estar-se-á ensejando, em favor do sujeito ativo, um privilégio odioso, permitindo que o processo relativo à impugnação role na repartição por anos e anos, com incalculáveis prejuízos ao sujeito passivo e, indiretamente, ao próprio Estado, que, muitas vezes, vê o seu crédito corroído pela inflação.

Daí por que passaram autores e tribunais a reagir contra essa falta de limitação de prazo ao julgador administrativo, de tal forma que, com incontida surpresa, vimos ser adotado pelo TJERS, em acórdãos da lavra dos eminentes Desembargadores TUPINAMBÁ MIGUEL CASTRO DO NASCIMENTO, ARMÍNIO JOSÉ ABREU LIMA DA ROSA e FRANCISCO JOSÉ MOESCH, respectivamente, os seguintes entendimentos:

*"O Estado tem 5 anos para constituir definitivamente o crédito tributário, o que equivale a dizer que, no prazo de 5 anos, deve julgar a impugnação havida, pena de decadência".*[314]

*"Durante a reclamação ou recurso administrativo, está suspensa a exigibilidade do crédito administrativo, não correndo prescrição, entretanto, quando se está diante de incomum inércia, com a paralisação incompreensível do procedimento durante sete anos, sob pena de se aceitar a própria imprescritibilidade, não há como deixar de reconhecer a prescrição".*[315]

*"Prescrição Intercorrente. Decorrendo prazo superior a 5 anos e 180 dias entre a notificação do lançamento ao sujeito passivo e o trânsito em julgado da decisão administrativa que julgar a sua impugnação, ter-se-á por consumada a prescrição intercorrente e, via de conseqüência, a extinção do crédito tributário (art. 156, V, do CTN).*[316]

Vê-se, dessas duas manifestações, que, para o primeiro, consumou-se a *decadência*, enquanto que, para o segundo, consumou-se a *prescrição* (e que seus atuais seguidores hoje designam de *"intercorrente"*). O efeito é o mesmo (a extinção da ação de cobrança e do crédito tributário respectivo), estando a diferença, quanto ao nome da figura jurídica, apenas na maneira de cada um raciocinar em torno da matéria: enquanto o primeiro entende estar a discussão administrativa ainda contida na fase *decadencial* do lançamento, o segundo entende já ter sido concluído o lançamento quando da sua notificação (intimação) ao sujeito passivo respectivo, com o transcurso, contudo, a partir dele, do prazo *prescricional* de 5 anos.

Embora conflitante com antigo posicionamento da mais alta Corte do País, que, inflexivelmente, entende não fluir prazo prescricional durante a discussão administrativa do lançamento, trata-se de clara e inequívoca manifestação de que

---

[314] A. Cível nº 596038166, 1ª Câm. Cível, 17/04/96, DJRS de 27/09/96, p. 19, Rel. Des. Tupinambá M. C. do Nascimento.
[315] A. Cível nº 597200054, 1ª Câm. Cível, 23/12/98, Rel. Des. Armínio José Abreu Lima da Rosa.
[316] A. Cível e Reex. Neces. nº 598126019, 21ª Câm. Cível, 31/10/01, Rel. Des. Francisco José Moesch.

há necessidade de revisão urgente da matéria, com a finalidade de dar-se ritmo mais moderno e acelerado às relações do direito tributário, especialmente com vista a um tratamento jurídico mais isonômico e igualitário entre as partes, sem privilégios odiosos em favor de uma delas.

FÁBIO FANUCCHI,[317] já referido, prevendo a necessidade de combate a esse injustificado protecionismo, sustenta posição mais flexível, propondo que a lei ordinária fixe prazo razoável, dentro do qual a autoridade administrativa deve dar por decidido o processo administrativo relativo à impugnação do lançamento, computando-se como *prescricional* o prazo que lhe sobejar (exceder). Na hipótese de omissão na fixação desse prazo, aplicar-se-iam, então, por analogia, segundo ele, os prazos do Código de Processo Civil. É entendimento, como já dissemos, racional, salutar e respeitável, já adotado por decisões judiciais mais modernas.

De qualquer forma, vemos com simpatia a evolução do direito tributário nessa área, convencendo-nos hoje, na era do computador, a idéia, de que, se em exatos 5 anos não for julgado o feito administrativo, deve-se ter por consumada a *prescrição*.

Feitas essas necessárias considerações, podemos dizer que, segundo a regra do art. 174 do Código, na interpretação que lhe dá o Supremo Tribunal, tem-se que a *prescrição, uma vez iniciada* (superada, portanto, eventual causa *impeditiva* da sua contagem, que é a discussão administrativa do lançamento), se consumará inapelavelmente se, no prazo de 5 anos ininterruptos, nenhuma *causa suspensiva* (que exclui certos períodos da sua contagem) ou *interruptiva* (que determina o reinício da contagem do prazo, desprezando-se o tempo já decorrido) vier a ocorrer, para modificar o seu curso.

Exemplo de aplicação da regra: a empresa "X" é notificada (intimada) em 1º/08/00, de um *lançamento de ofício* contra ela lavrado em 25/07/00. Tendo oferecido, tempestivamente, sua impugnação administrativa, vem esta de ser julgada, com ciência respectiva ao sujeito passivo em 05/05/01, e, com trânsito em julgado, em 20/05/01. Nesse caso, se, até a meia-noite do dia 19/05/06, não for a empresa devedora citada da ação judicial de cobrança respectiva, a partir do dia imediato (1º/06/01) estará prescrito o direito do fisco, tanto em relação à ação (art. 174), como em relação ao crédito, que também se extingue (art. 156, V, do Código).

Podem, contudo, *antes da consumação* do prazo *prescricional*, ocorrer causas *suspensivas* ou mesmo *interruptivas* da contagem deste. No exemplo dado, se o devedor pedir, antes do dia 1º/06/06 (data em que o crédito já estaria prescrito), *moratória* (confessando, para tanto, inequivocamente a dívida), obtendo 36 meses para o pagamento respectivo, tem-se que o simples pedido do benefício *interrompe* a prescrição, reabrindo a contagem integral do prazo prescricional (cf. art. 174, parágrafo único, IV). Assim, para cada prestação não paga deve ser feita a contagem do prazo prescricional, não podendo ele exceder de 5 anos contados do seu

---

[317] *in* A Decadência e a Prescrição em Direito Tributário, 3ª edição, SP, Resenha, 1976, p. 116/7.

vencimento até a data da citação pessoal da empresa devedora, feita na ação de cobrança. Se, porém, a *moratória* tiver sido revogada 10 meses após, porque seu beneficiário descumprira as condições ou requisitos para a sua concessão (juntando ao pedido, por exemplo, um balancete falso), nesse caso (de *dolo*, ou *simulação*), o prazo prescricional não será de 5, mas de 5 anos e 10 meses (cf. parágrafo único do art. 155, 1ª parte, do Código).

Uma vez ocorrida, contudo, a citação pessoal (regular e válida, portanto) do sujeito passivo respectivo, reabre-se a contagem do prazo prescricional, não podendo fechar 5 anos de paralisação da ação por inércia do sujeito ativo (credor), sob pena de *prescrição*, agora *intercorrente*. A paralisação da ação decorrente de morosidade atribuível ao Judiciário não é computada para esse fim.

Para melhor fixar a regra da contagem do prazo prescricional, são as seguintes as *causas* que *modificam* a sua contagem:

1º **suspensivas da contagem do prazo prescricional** (que fazem com que este, uma vez iniciado, tenha alguns de seus períodos não computados), as previstas nos arts. 155 (parágrafo único), 172 (parágrafo único), 179 (§ 2º) e 182 (parágrafo único), relativas ao *tempo em que o sujeito passivo indevidamente* (de má-fé) *se utilizou*, mediante *dolo* (intenção de agir no sentido de tirar proveito da situação) ou *simulação* (atitudes enganosas, dando à sua ação mera aparência de licitude), do benefício da *moratória*, da *remissão*, da *isenção* ou da *anistia*, quando, por aquelas razões, tenham sido tais favores revogados pela autoridade administrativa;

2º **interruptivas da contagem do prazo prescricional** (que fazem com que este deva ser integralmente reiniciado, a partir do zero, desprezando-se o período já decorrido), as expressamente previstas no parágrafo único do artigo 174 do Código, retro transcrito, quais sejam:

a) a *citação pessoal* (feita pela Justiça ao devedor, na ação de cobrança do crédito tributário, para que, em 5 dias, o pague, ou nomeie bens à penhora);

b) o *protesto judicial* (que é o aviso, feito pelo sujeito ativo ao devedor, por intermédio da Justiça, notificando-o de que ainda pretende cobrar o crédito);

c) *qualquer ato judicial que constitua em mora o devedor* (assim considerados todos os impulsos dados à ação de cobrança, pelo sujeito ativo, com vista ao seu normal andamento); e

d) *qualquer ato inequívoco* (claro, expresso), *ainda que extrajudicial* (inclusive na esfera administrativa), *que importe em reconhecimento* (confissão) *do débito pelo devedor* (como o pedido de moratória ou de parcelamento, em que o débito é reconhecido ou confessado).

Vencida, pois, eventual causa *impeditiva* (discussão administrativa do lançamento), e decorrendo mais de 5 anos sem a ocorrência de qualquer causa *suspensiva* ou *interruptiva* até a citação válida do sujeito passivo, tem-se como definitivamente consumada a *prescrição* e a *extinção do crédito tributário* respectivo, competindo, ademais, ao sujeito ativo (e não ao sujeito passivo) a prova da ocorrência de eventual causa *impeditiva, suspensiva* ou *interruptiva* da prescrição, tal como já decidiu a 2ª Turma do STJ:[318]

> "Comprovado o fato constitutivo da prescrição (decurso do prazo de cinco anos desde o lançamento fiscal), cabe ao credor provar eventuais fatos impeditivos da prescrição (CPC, art. 333, II), v.g., a suspensão da exigibilidade do crédito tributário (CTN, art. 151), ou a interrupção da prescrição (CTN, art. 174, parágrafo único)".

Se a consumação do prazo prescricional se der no curso do procedimento administrativo (para aqueles que, como nós, advogam a possibilidade de se consumar ela durante a tramitação da discussão administrativa), ou mesmo no curso da ação judicial de cobrança do crédito tributário, por inércia atribuível ao sujeito *ativo*, tem ela, então, como já se disse, o nome de *prescrição intercorrente*.

Finalmente, convém aqui lembrar que, por força da regra expressa do art. 174 do Código, a prescrição da ação de cobrança contra sócio ou administrador de pessoa jurídica de direito privado, quando efetivamente configurada a sua responsabilidade tributária (com prova a cargo do fisco), ou contra qualquer outra pessoa que tenha responsabilidade subsidiária pela satisfação do crédito tributário sob execução, se consumará inapelavelmente se a sua citação válida não ocorrer dentro do prazo de cinco anos a contar do lançamento definitivo do crédito tributário respectivo, ou seja, do trânsito em julgado da decisão administrativa que julgar impugnação oferecida contra o lançamento. A orientação jurisprudencial é firme nesse sentido, conforme se vê das seguintes decisões:

> "O redirecionamento da execução fiscal contra um dos sócios quando decorridos mais de 5 anos desde a citação da pessoa jurídica, autoriza a declaração da prescrição".[319]

> "Execução fiscal contra empresa devedora que, desfeita irregularmente, transfere a responsabilidade tributária para o sócio-gerente. Citação do sócio-gerente serodiamente realizada, prescrição quinquenal em seu favor".[320]

> "Se o redirecionamento da execução fiscal requerendo a citação do sócio 'de fato' se deu após decorridos mais de 5 anos entre o ajuizamento da execução e a efetiva citação, impõe-se declarar a ocorrência da prescrição".[321]

> "Prescrição. Ocorrência. Argüição em qualquer Momento Processual. Redirecionamento da Execução. O redirecionamento da execução fiscal contra um dos sócios co-obrigados, após decorridos 5 anos desde a citação da pessoa jurídica, autoriza a declaração da ocorrência da prescrição ...".[322]

> "Redirecionamento da Execução Fiscal. Prescrição. Quem propõe a execução fiscal deve certificar-se de que a penhora realizada e suficiente para garantir o crédito tributário, porque o redirecionamento da ação contra eventuais responsáveis pelo respectivo pagamento só é

---

[318] REsp nº 48881/RJ, 2ª Turma, STJ, 25/09/97 (DJU de 13/10/97, p. 51553/4, e RDDT nº 27, p. 225/6).
[319] Embargos Infringentes nº 70000931154, 15/09/00, Rel. Des. Genaro José Baroni Borges, 1º Grupo Cível do TJERS.
[320] REsp nº 55862/SP, STJ, 2ª Turma, 02/03/00, DJU de 10/04/00, p. 71.
[321] REsp nº 138847/RS, STJ, 2ª Turma, 16/09/99, DJU de 03/11/99, p. 104.
[322] REsp nº 139930/MG, 2ª Turma, STJ, 16/09/99, DJ de 03/11/99, p. 105.

*viável até cinco anos contados da data em que, por efeito da citação do sujeito passivo da obrigação tributária, a prescrição foi interrompida*".[323]

### 9.4. Efeitos da decadência e da prescrição, em matéria tributária

Sob o aspecto dos efeitos práticos, tanto na *decadência* como na *prescrição*, o sujeito passivo fica liberado do pagamento. Sob o aspecto técnico ou jurídico, todavia, pode-se dizer que a *decadência* extingue, não só o direito ao *tributo* (como possível crédito do Estado), como também o conseqüente *direito de lançá-lo* (cf. art. 156, V, combinado com o art. 173, ambos do Código), e que a *prescrição* extingue, não só o *crédito tributário* já lançado, como também o *direito* à respectiva ação (judicial) *de cobrança* (cf. art. 156, V, combinado com o art. 174, também do Código). Portanto, a perda do fisco é dupla, tanto na *decadência* (do direito ao tributo e ao seu lançamento), como na *prescrição* (do crédito e da ação de cobrança respectiva).

RUBENS GOMES DE SOUSA[324] nos oferece, no tocante à restituição de tributo pago após consumada a decadência ou a prescrição, aspecto interessante para reflexão. Segundo ele,

"*aquele que paga uma obrigação caduca pode sempre pedir a restituição, independentemente de provar que o pagamento não era devido por qualquer razão de direito: isto porque a própria obrigação, que pagou, não mais existia, por ter desaparecido com o tempo o direito do credor*". Mas, prossegue ele, "*ao contrário, aquele que paga uma obrigação prescrita, para obter a restituição precisa provar que o pagamento era indevido por alguma razão de direito: isto porque, embora o credor não pudesse mais acioná-lo, entretanto o próprio direito ainda existia*".

Essa solução, todavia, embora lógica para a época (década de 1940/50), não mais subsiste hoje, diante do expresso preceito superveniente, incluído no inciso V do artigo 156 do Código Tributário, prevendo que tanto a *decadência* como a *prescrição* são, hoje, também, hipóteses de extinção (de liquidação) do crédito tributário. Em ambos os casos o *próprio crédito* desaparece (morre, se extingue), e não apenas o direito de *lançá-lo* (*decadência*) ou de *cobrá-lo* judicialmente (*prescrição*).

Quanto aos efeitos que a *interrupção da prescrição* opera quando haja *solidariedade* entre devedores da mesma obrigação, encontramo-los no seguinte artigo do Código Tributário:

"Art. 125: ...

*III. Salvo disposição de lei em contrário, a interrupção da prescrição* (reinício de contagem, a partir do zero, do prazo prescricional, como no caso de condôminos, em frações ideais, ou co-proprietários, de um mesmo imóvel, em que um deles requer o parcelamento do IPTU, e, conseqüentemente, confessa a dívida), *em favor ou contra um dos obrigados, favorece ou prejudica aos demais* (ou seja, o que um devedor solidário faz se estende aos demais, beneficiando-os ou prejudicando-os)."

---

[323] Embargos de Decl. no REsp nº 142397/SP, 03/11/97, 2ª Turma, STJ, DJ de 24/11/97, p. 61180.

[324] *in* "Compêndio de Legislação Tributária", edição póstuma, coord. IBET, SP, Resenha, 1981, p. 124.

Esse dispositivo não se aplica, pois, às hipóteses de responsabilidade *subsidiária* ou *supletiva*, quando a cobrança deva ser promovida, em primeiro lugar, do devedor *principal*, como nos casos do art. 135 do Código.

### 9.5. Outros aspectos da decadência e da prescrição, em matéria tributária

Duas importantes indagações decorrem da *decadência* e da *prescrição*, em matéria tributária:

1ª) pode delas o julgador, *administrativo* ou *judicial*, conhecer *de ofício*, decretando (à vista do art. 156, V, do Código), a extinção do crédito tributário respectivo?

2ª) pode o sujeito passivo, a quem essas figuras beneficiam, renunciar ao seu direito, convalidando a sua cobrança?

Quanto à *decadência*, entende-se que nenhum obstáculo existe quanto à possibilidade de seu conhecimento, *de ofício*, pelo julgador, podendo ela ser decretada independentemente de invocação ou alegação das partes, porque, afinal, se trata de crédito tributário não mais sujeito a lançamento, porquanto já extinto, *por força de lei*. Assim se manifesta CÂMARA LEAL[325] a respeito da matéria, vista sob o prisma do Código Civil (art. 166), aplicável também ao direito tributário:

> *"Se a decadência decorre de prazo extintivo prefixado pela lei, com caráter de ordem pública, não duvidamos em reconhecer que ela possa ser julgada pelo juiz, de seu ofício, independentemente da alegação das partes, porque, nesse caso, a decadência se opera 'ipso jure' e não pode ser renunciada.*
>
> *Mas, se a decadência decorre de prazo extintivo estabelecido pela vontade das partes, com um caráter de ordem privada, tendo por fim extinguir direitos patrimoniais, não nos parece que possa ser declarada, pelo juiz, 'ex officio', sem argüição do interessado, uma vez que essa decadência é renunciável.*
>
> *O princípio consagrado pelo Código, vedando ao juiz conhecer da prescrição de direitos patrimoniais, quando não invocada pelas partes, é extensivo também à decadência. E assim pensamos porque, não tendo o Código distinguido da prescrição a decadência, as confundiu em seus dispositivos, conforme facilmente se conclui do fato de ter incorporado ao capítulo dos prazos de prescrição os prazos da decadência. Se o legislador, na terminologia do Código, identificou a prescrição e a decadência, não as discriminando, é de se presumir que foi pensamento seu aplicar a ambas, assim unificadas, as mesmas disposições gerais que estatuiu.*
>
> *Para nós, portanto, o juiz só deve conhecer, de seu ofício, da decadência 'ex vi legis', porque, sendo de ordem pública, é irrenunciável; não, porém, da decadência de direitos patrimoniais 'ex vi voluntatis', porque, sendo de ordem privada, é renunciável, e a sua não-argüição pelo interessado é um dos modos de renúncia tácita, que o juiz não pode impedir".*

Já quanto à possibilidade de o julgador conhecer, de ofício, da *prescrição*, há, no entanto, uma certa relutância, já tradicional, decorrente da visão da matéria sob a ótica dos efeitos provocados pela *prescrição* no direito privado (basicamente, para o *civil* e *comercial*).

---
[325] *in* "Da Prescrição e da Decadência", Forense, RJ, 4ª edição, 1982, p. 125/126.

Entendem muitos autores, partindo equivocadamente, é claro, do referido art. 166 do Código Civil, que a decretação, de ofício, da *prescrição*, exige prévia invocação da parte a quem o resultado aproveite. Aliás, é por essa simplória razão que as autoridades administrativas vêm, há anos, relutando em cancelar, *de ofício*, no cadastro fiscal de devedores, eventuais créditos tributários visível e notoriamente *prescritos*, com o que terminam abarrotando o Judiciário, desnecessariamente, com ações vazias de objeto.

Esse antigo e superado entendimento não mais se justifica, pelos menos para efeitos tributários, desde o advento do Código Tributário, por duas razões:

a) seu art. 109 expressamente estabelece que, quando o *direito tributário* se utiliza de figuras (*institutos, conceitos* e *formas*) de outro ramo do direito, é neste, e não naquele, que se deve procurar o seu significado, mas os *efeitos* ou *conseqüências tributárias* que elas terão serão sempre determinadas, com exclusividade, *pelo direito tributário*, em razão da sua autonomia; e

b) seu artigo 156, inciso V, expressamente determina que *o* crédito tributário se *extingue* pela superveniência da *prescrição*, deixando, dessa forma, a ação de execução sem objeto, que é uma das condições de sua procedibilidade.

Que haja a necessária cautela na sua decretação, *de ofício*, pela autoridade administrativa, ou que o magistrado ouça, antes, a mesma autoridade sobre a ocorrência de possíveis *causas impeditivas, suspensivas* ou *interruptivas* da *prescrição*, não desde logo por ele conhecidas, até se admite. Mas, confirmada, num caso ou noutro, a consumação da *prescrição*, deve ela ser imediata e necessariamente decretada, com a conseqüente ordem de baixa, no cadastro fiscal de devedores, do extinto crédito respectivo. Afinal, tanto quanto pela *decadência*, também pela *prescrição* o crédito tributário resta legalmente *extinto* (liquidado), aplicando-se, pois, para esse fim, a mesma lição de CÂMARA LEAL, retro invocada.

Resumindo, o inciso V do art. 156 do Código Tributário é, por si só, suficiente para que a administração tributária cancele, em seu cadastro de devedores, independentemente de pedido da parte interessada, os créditos lançados quando já *caducos* (*decaídos*) e os *prescritos*, até porque a ninguém, nem mesmo a ela, é lícito desconhecer a lei, cabendo igual tarefa ao Judiciário.

No tocante à *renúncia* à *decadência* e da *prescrição*, pelo sujeito passivo, a situação é bem mais simples: enquanto no *direito privado* se permite ao favorecido (Código Civil, art. 161) renunciar, expressa ou tacitamente, aos efeitos da *decadência* e da *prescrição* (obviamente depois de consumados, porque, segundo a quase unanimidade dos autores, é vedado a eles renunciar por antecipação, podendo, quando muito, seu prazo ser dilatado por convenção das partes), no *direito tributário* essa renúncia é absolutamente impossível. É que a *vontade da lei* se sobrepõe à das partes, não permitindo transigências. De fato, pelo já citado art. 156, V, do Código Tributário, a *prescrição* e a *decadência extinguem o crédito tributário*, quer se queira, quer não. Não há, assim, como pretender ressuscitar figuras já mortas. É o *princípio da legalidade* que, no caso, entra em ação, dele não podendo as partes abrir mão.

Finalmente, importante é ressaltar que a parte interessada nos efeitos da *decadência* e da *prescrição* pode requerer a decretação destas em qualquer fase ou momento processual, até mesmo nos próprios autos da ação de execução respectiva, sem necessidade de fazê-lo via embargos. Não ocorre a preclusão de prazo em relação ao pedido, que pode, inclusive, ser renovado, a qualquer momento, mediante novas provas ou evidências. É que, no direito tributário, como se disse, não há como não decretar a extinção do crédito, uma vez comprovada a sua consumação na previsão do art. 156 do Código, porque à ação de cobrança irá faltar seu objeto e, por via de conseqüência, umas das condições de sua procedibilidade.

# Capítulo XX

# EXCLUSÃO DO CRÉDITO TRIBUTÁRIO

## 1. Conceito de "exclusão do crédito tributário"

*Exclusão* é a retirada ou supressão, em caráter *definitivo*, da possibilidade de vir a ser exigido o crédito tributário. Não se confunde com a *suspensão* (prevista no art. 151 do Código), em que a *inexigibilidade* é apenas *temporária*.

A *exclusão* é regra dirigida ao sujeito ativo, que fica, dessa forma, inibido de cobrar o crédito tributário respectivo, daí se inferindo, por via de conseqüência, que ao sujeito passivo é lícito satisfazê-lo, se lhe convier, podendo, conseqüentemente, renunciar ao benefício, desde que se sujeite a todas as regras relativas ao pagamento.

## 2. Hipóteses de exclusão do crédito tributário

São duas as hipóteses de *exclusão do crédito tributário*, contempladas no Código, ambas dependentes de previsão em lei *ordinária*, instituidora do tributo a que se referem (cf. art. 97, VI):

**Art. 175:**
***Excluem*** (afastam *definitivamente*, da possibilidade de o sujeito ativo vir a exigi-lo, desde que atendidas as condições legalmente impostas) ***o crédito tributário*** (relativo a tributo ou qualquer outra arrecadação pecuniária compulsória prevista no Sistema Tributário Nacional):

*I - a isenção* (dispensa ou exoneração legal de pagamento, pré-existente à ocorrência do respectivo fato gerador, de tal forma que, ocorrendo este, automaticamente o benefício se verificará);

*II - a anistia* (perdão legal da *infração* à legislação tributária e, por via de conseqüência, dos seus efeitos, quais sejam, *multas* ou *penalidades*).

Ao contrário da *isenção*, que alcança *débitos tributários futuros*, a anistia alcança *infrações passadas*. O que basicamente se perdoa, na *anistia*, é a *causa* da *multa* ou *penalidade*, ou seja, a *infração*, trazendo como *efeito* a inexigibilidade da *sanção* correspondente, tal como, aliás, corretamente consignado nos arts. 180 a 182 do Código.

Lembre-se, por oportuno, que a legislação tributária que disponha sobre *exclusão* da exigibilidade do crédito tributário deve, nos termos do art. 111 do Código, ser interpretada *literalmente* (ao pé da letra, estando, aí, a necessidade de aplicação do método restritivo, não no sentido de dar menor alcance ao dispositivo legal, mas no sentido de que não se pode alargar ou estender a sua aplicação a outros fatos apenas semelhantes, não contemplados), fazendo, assim, exceção à utilização do método amplo de interpretação das normas do direito tributário, sendo que, com relação à isenção, como bem acentuou um julgado do STJ,[326] ao referir-se ao beneficiado do favor, a regra

> *"deve ser interpretada restritivamente, só alcançando as pessoas nela nominadas; a semelhança, portanto, não é suficiente para o reconhecimento do favor fiscal".*

**Parágrafo único. A exclusão do crédito tributário não dispensa o cumprimento das obrigações acessórias** (*deveres acessórios*)**, dependentes da obrigação principal cujo crédito seja excluído, ou dela conseqüente.**

A advertência contida nesse parágrafo afigura-se redundante e desnecessária, porque, determinando o dispositivo, como regra, apenas a *exclusão* da exigibilidade do *crédito tributário*, parece óbvio que não se acham dispensadas do cumprimento (a menos que a lei ordinária venha a dispor em sentido contrário) as obrigações *tributárias acessórias* (escriturar livros e documentos fiscais, inscrever-se em repartição fiscal, permitir o exercício da fiscalização, informar fatos à autoridade, etc.), dependentes da *obrigação principal* excluída. A disposição decorre, possivelmente, de mera cautela legal. Não se aplica, ao caso, a conhecida regra do art. 59 do Código Civil, de que, *"salvo disposição especial em contrário, a coisa acessória segue a principal".*

Para ambas essas hipóteses de exclusão do crédito tributário (*isenção* e *anistia*) há a advertência contida no § 6º do art. 150 da CF, nos termos a seguir, a exigir lei específica, expressa:

> *"Qualquer subsídio ou isenção, ... anistia, relativo a impostos, taxas ou contribuições, só poderá ser concedido mediante lei específica, federal, estadual ou municipal, que regule exclusivamente essas matérias ou o correspondente tributo ou contribuição, sem prejuízo do disposto no art. 155, § 2º, XII, 'g'".*

O art. 155, § 2º, XII, *"g"*, aí referido, tem a ver, na verdade, com o ICMS, e diz que cabe à *lei complementar* regular a forma como *isenções*, *incentivos* e *benefícios fiscais* devem concedidos ou revogados mediante deliberação dos Estados e do Distrito Federal, o que, aliás, já vinha, desde 07/01/75, disciplinado na Lei Complementar nº 24, que prevê, para tanto, a celebração de *convênios*, verdadeiros ajustes ou contratos entre as referidas pessoas, que, para adquirirem força normativa, isto é, de lei, perante terceiros, portanto, inclusive contribuintes, devem ser aprovados por decreto legislativo).

Alguns autores entendem que a *remissão* (perdão legal do *tributo*) e a *prescrição* (extinção de crédito já lançado e conseqüente perda do direito da respectiva

---

[326] REsp Nº 21225/SP, 25/04/96, 2ª Turma, DJ de 20/05/96, p. 16685, RSTJ vol. 87, p. 127.

ação judicial de cobrança), hipóteses, segundo o art. 156 do Código, de *extinção* do crédito tributário (já analisadas), deveriam estar incluídas nas hipóteses de *exclusão* (do art. 175, ora sob exame), porque, afinal, em ambas essas figuras ocorre, a partir de certo momento, a *inexigibilidade definitiva do crédito*, com a conseqüente supressão, do sujeito ativo, da possibilidade de cobrança. É, sem dúvida, opinião altamente respeitável.

### 2.1. Isenção

*Isenção*, já vimos, é a *dispensa* (exoneração, liberação) *legal*, dada *por antecipação*, do pagamento de um tributo, em relação ao qual, portanto, o fato gerador ainda não ocorreu. Quando da ocorrência deste, o tributo será tido como devido, configurando-se, em relação a ela, a hipótese de *incidência*, mas, simultânea lei da mesma natureza, estará dispensado a sua exigibilidade. Não fosse a dispensa, a exigência do pagamento necessariamente ocorreria.

Distingue-se a *isenção* da *remissão*: enquanto a *isenção* contempla a dispensa de pagamento de créditos tributários futuros, ainda não gerados, a lei da *remissão*, ao conceder o benefício do perdão, contempla sempre créditos passados, já gerados, portanto exigíveis.

De resto, distingue-se a *isenção*, também da *imunidade* (hipótese de *não-incidência* constitucionalmente *qualificada*): nesta, é vedado instituir o imposto sobre certos fatos normalmente tributáveis, constitucionalmente previstos. Nenhum crédito é gerado na *imunidade*, diante da expressa proibição da lei maior (que, tanto *define*, como *limita* competências tributárias) de poderem determinados fatos ser considerados como geradores, enquanto que, na *isenção*, o fato gerador ocorre por força de lei ordinária instituidora, o crédito se configura, mas se torna simultaneamente inexigível por força de outra lei, da mesma natureza, que dispensa o seu pagamento.

A técnica jurídica da concessão da *isenção* é esta: duas regras legais próprias, da mesma natureza, são editadas, uma criando o tributo sobre fatos constitucionalmente autorizados, e, outra, dispensando o pagamento sobre alguns dos fatos nela contemplados, de tal forma que, ao ser praticado o respectivo fato gerador, a norma liberatória do pagamento já está a produzir os seus efeitos. Ao sujeito ativo impede-se, assim, pela segunda regra legal, via de conseqüência, a cobrança do tributo, enquanto que, para o sujeito passivo, o pagamento fica facultado, de tal sorte que pode ele, inclusive, renunciar ao benefício, desde que atenda às exigências legalmente formuladas para o seu normal pagamento.

Segundo entendimento clássico, a *isenção* decorre sempre de norma jurídica da mesma natureza daquela que é competente para criar o tributo a que se refira. Isso porque, sendo o exigir uma conseqüência do instituir, somente a norma apta a instituir é que pode, também, dispensar o que, por ela, se tornou exigível, fiel, portanto, ao princípio de que *somente pode dispensar um direito quem o pode exigir*.

A *instituição* do *tributo* (tanto quanto do *paratributo* ou *contribuição parafiscal*) é, por determinação constitucional, da competência da *lei ordinária*, exceção feita somente aos *impostos da competência residual* da União (art. 154, I, da CF), e, obviamente, os *empréstimos compulsórios* (art. 148), que somente por *lei complementar* podem ser criados e, conseqüentemente, dispensados. Aplica-se, aqui, o princípio da instrumentalidade: a mesma norma que institui e torna a arrecadação exigível, é a que pode dispensar o seu pagamento.

Pela mesma linha de raciocínio podemos, também, concluir que, cabendo à lei constitucional as funções de *definir* e *limitar competências tributárias*, e não de *instituir tributos*, não lhe será possível, por via de conseqüência, *conceder isenções*. Sempre que o fizer (como, por exemplo, no § 7º do art. 195), ter-se-á que, ou se trata de *imunidade* (entendimento dominante), ou de regra programática, impondo, em determinadas circunstâncias, à norma instituidora ou criadora do tributo também o dever de dispensá-lo (*isentá-lo*).

A respeito da *isenção* estabelece a lei constitucional, ainda, ser *"vedado à União instituir isenções de tributos de competência dos Estados, do Distrito Federal ou dos Municípios"* (art. 151, III), fiel ao princípio de que somente pode *dispensar* determinada arrecadação compulsória quem a pode instituir, e, conseqüentemente, exigi-la.

O Código Tributário assim dispõe a respeito da isenção:

**Art. 176:**
***A isenção, ainda quando prevista em contrato*** (como no caso de Estados e Municípios que, por essa forma, atraem empresas aos seus territórios, para, em áreas previamente definidas, desenvolverem atividades mediante estímulos fiscais variados, inclusive *isenção*, com reais vantagens ao Poder tributante, como geração de novos empregos)***, é sempre decorrente de lei*** (vale dizer, de lei *ordinária*, cf. art. 97, VI) ***que especifique as condições e requisitos exigidos para a sua concessão*** (enquadrando-se, assim, como *isenção condicionada*)***, os tributos a que se aplica*** (obviamente da competência da pessoa jurídica de direito público que vier a conceder o benefício) ***e, sendo o caso, o prazo de sua duração*** (que pode, assim, ser determinado ou indeterminado).

***Parágrafo único. A isenção pode ser restrita a determinada região do território da entidade tributante*** (como no caso da Zona Franca de Manaus e de inúmeros Estados e Municípios que reservam determinadas áreas ao seu desenvolvimento industrial)***, em função de condições a ela peculiares*** (que motivam a concessão do benefício, evitando-se, dessa forma, que alguém se sinta prejudicado e venha a invocar violação ao princípio constitucional da *isonomia* ou da *igualdade jurídica*, previsto no art. 150, II, que proíbe *"instituir tratamento desigual entre contribuintes que se encontrem em situação equivalente"*, ou seja, *"os iguais devem ser tratados com igualdade"*).

Art. 177:
*Salvo disposição de lei em contrário* (podendo, portanto, o benefício ser estendido, por lei expressa, também a essas espécies tributárias), *a isenção não é extensiva* (não alcança, não atinge, não se aplica):

*I - às taxas* (contraprestação pecuniárias compulsórias, por força de lei, de serviços públicos específicos e divisíveis, prestados ao contribuinte em alguns casos, ou postos à sua disposição, em outros, todos, porém, consistentes em serviços de consumo imediato) *e às contribuições de melhoria* (contraprestações pecuniárias compulsórias, por força de lei, de serviços públicos também específicos e divisíveis, consistentes, porém, em obras públicas, de consumo duradouro, portanto).

Em outras palavras, a *isenção* se aplica, em princípio, somente aos *impostos*, a menos que haja lei expressa estendendo-a a outras espécies tributárias, como no Município de Porto Alegre, que concedeu isenção, não só do IPTU, mas também das taxas de *coleta de lixo* e *de esgoto* a aposentados de baixa renda, titulares de pequenos imóveis urbanos). A razão dessa restrição é simples: as *taxas* e *contribuições de melhoria* devem, em princípio, ser medidas e pagas de acordo com o *efetivo* uso ou consumo do serviço que lhes dá causa, somente tendo seu pagamento dispensado se houver lei expressa nesse sentido;

*II - aos tributos* (e demais *arrecadações pecuniárias compulsórias* previstas no Sistema Tributário Nacional) *instituídos* (criados) *posteriormente à sua concessão* (isto é, a isenção só alcança, em princípio, tributos existentes no momento da publicação da norma concessiva do benefício).

A *isenção*, por outro lado, pode ser revogada ou modificada por lei a qualquer tempo, *sem que implique* (como querem alguns) *aumento de tributo*, vale dizer, sem que disso decorra a necessidade de aplicação do princípio constitucional da *anterioridade* (previsto no art. 150, III, "b"). Pode o tributo, portanto, em conseqüência de revogação ou modificação da isenção respectiva, ser desde logo exigido. Essa é a regra contida no Código, que, no entanto, admite exceção:

Art. 178:
*A isenção, salvo se concedida por prazo certo* (para vigor por tempo previamente definido) *e em função de determinadas condições* (que se instale no lugar e que passe a produzir dentro de 3 anos, por exemplo), *pode ser revogada* (retirada) *ou modificada* (alterada) *por lei* (do Poder Legislativo), *a qualquer tempo* (momento), *observado o disposto no art. 104* (que prevê que os dispositivos de lei sobre o patrimônio e a renda entrem em vigor a partir de 1º de janeiro do ano seguinte, quando disciplinarem determinadas situações).

A regra, portanto, é de que *"a isenção pode ser revogada ou modificada por lei a qualquer tempo"*. Duas exceções a essa regra acham-se, todavia, expressamente previstas no citado dispositivo:

**1ª** *quando a isenção for "concedida a prazo certo"* (25 anos, por exemplo) *e* (ao mesmo tempo) *"em função de determinadas condições"* (que, por isso, é chamado de *"isenção condicionada"*, como, por exemplo, que a empresa se instale e que passe a produzir, com certo número de empregados, dentro de certo prazo, em área industrial do Estado ou do Município), hipótese em que não poderá o benefício ser revogado ou modificado unilateralmente, a não ser, ou pelo decurso do prazo concedido, ou pelo descumprimento das condições impostas;

**2ª** *quando se tratar de extinção* (revogação *total*, pela *ab-rogação*) *ou redução* (revogação *parcial*, pela *derrogação*) *de isenção de impostos sobre o patrimônio e a renda* (atualmente IR, ITR, IGF, ITCD, IPVA, IPTU e ITBI), hipóteses em que seus efeitos somente se operarão a partir de 1º de janeiro do ano seguinte à publicação da lei respectiva (cf. art. 104, III).

### Art. 179:
***A isenção, quando não concedida em caráter geral*** (a todos os contribuintes, indistintamente), ***é efetivada*** (deferida), ***em cada caso*** (individualmente, um a um), ***por despacho da autoridade administrativa*** (encarregada do lançamento), ***em requerimento*** (pedido escrito) ***com o qual o interessado faça prova do preenchimento das condições*** (daí por que se trata de isenção condicionada a certas exigências previamente estabelecidas em lei) ***e do cumprimento dos requisitos previstos em lei ou contrato*** (desde que com suporte em lei) ***para a sua concessão*** (reconhecimento).

§ 1º ***Tratando-se de tributo lançado por período certo de tempo*** (IR, IPTU, ITR e IPVA, hoje pelo período de um ano), ***o despacho*** (leia-se *o pedido*, porque o interessado não tem condições de exigir que a autoridade competente *despache* o pedido no prazo aqui previsto) ***referido neste artigo*** (concessivo do benefício) ***será renovado*** (requerido) ***antes da expiração de cada período*** (nunca depois, porque prorrogação se pede sempre antes do vencimento do prazo), ***cessando automaticamente*** (independentemente de comunicação) ***os seus efeitos*** (de isenção) ***a partir do primeiro dia do período para o qual o interessado deixar de promover a continuidade do reconhecimento da isenção.***

Em outras palavras, eventual prorrogação de *isenção periódica* deverá ser requerida antes do seu vencimento. Lembre-se, todavia, que essa regra é apenas para *isenções*, nada tendo a ver com a *imunidade*, para a qual a lei constitucional não impõe prazo, mas o cumprimento, tão-somente (cf. seu art. 146, II), pelos entes beneficiados, das condições previstas no art. 14 do Código (não distribuir lucro, aplicar todos os recursos nos fins internos da instituição e manter contabilidade organizada e idônea), não podendo a lei ordinária, instituidora e disciplinadora da arrecadação, adicionar outras, não previstas, como, por exemplo, exigir certificado de filantropia.

§ 2º *O despacho referido neste artigo* (que conceda a isenção) *não gera direito adquirido* (podendo ser revogado de ofício, caso desatendidas as condições para o gozo do benefício), *aplicando-se, quando cabível* (deveria ser *"no que for cabível"*), *o disposto no art. 155* (que trata da possibilidade, em casos de irregularidade na concessão ou no gozo do benefício, de revogação *unilateral* da *moratória*, pelo sujeito ativo).

Adaptando-se, pois, a regra desse artigo ao citado art. 155, temos que a concessão de *isenção*, quando em *caráter individual* (um a um), *não gera direito adquirido* (não é definitiva) e *será revogada* (cancelada) *de ofício* (por ato unilateral do sujeito ativo), *sempre que se apure que o beneficiado não satisfazia ou deixou de satisfazer as condições, ou não cumprira ou deixou de cumprir os requisitos para a sua concessão.*

Os *efeitos da revogação* da *isenção*, nessas circunstâncias, se resumem, basicamente, nos seguintes (cf. art. 155 citado):

a) *em qualquer caso* (tenha sido a *remissão* obtida de *boa*, ou de *má-fé*) *ocorrerá a exigência do tributo, da correção monetária e dos juros de mora* (de 1% ao mês ou fração, a menos que a lei disponha de modo diverso) *respectivos*; e

b) *para os casos de isenção obtida de má-fé* (mediante *dolo* ou *simulação*), *haverá a exigência das penalidades eventualmente previstas em lei, bem como a não-contagem, para efeitos da prescrição, do período indevidamente gozado* (de *má-fé*, portanto).

### 2.2. Anistia

*Anistia* é o perdão legal concedido à *infração* à lei tributária e, por via de conseqüência, dos seus *efeitos* (multas, penalidades, etc.). O que ela perdoa é, fundamentalmente, a *causa* (o *cometimento da infração*), da qual resulta um *efeito* (*aplicação de uma sanção penal*), tal como corretamente consignado nos artigos 180 a 182 do Código. A razão de sua previsão como hipótese de *exclusão* do crédito *tributário* está no § 1º do art. 113, dispositivo este que abrange não só o pagamento do *tributo*, mas também a *penalidade pecuniária*, tanto a devida por infração à obrigação *principal* como a devida por infração a qualquer obrigação ou dever *acessório* (que, pelo § 3º do citado art. 113, se converte, isto é, se transforma, pela sua aplicação ou condenação administrativa, em obrigação *principal*).

Não deve a *anistia*, no entanto, ser confundida com a *remissão*: enquanto esta perdoa o *tributo* propriamente dito, aquela perdoa a *infração* e, via de conseqüência, a *sanção* (punição) correspondente. O que tem ocorrido é que leis, perdoando o tributo e a infração *simultaneamente*, utilizam apenas, sem que para isso haja incompatibilidade, a figura da *remissão* como abrangente de ambas as figuras.

A *anistia* decorre sempre de norma jurídica da mesma natureza da que é competente para definir a infração e a sanção correspondente (multa, penalidade, etc.). Isso porque, sendo o exigir uma conseqüência do instituir, somente a norma apta a instituir é que pode, também, dispensar o que, por ela, se tornou devido e exigível.

Assim dispõe o Código a respeito da anistia:

**Art. 180:**
*A anistia abrange exclusivamente as infrações cometidas anteriormente à vigência da lei que a concede* (em razão do princípio de que não se perdoa para o futuro)*, não se aplicando:*

*I - aos atos qualificados em lei como crimes ou contravenções* (porque para esses casos a competência é da lei penal) *e aos* (atos) *que, mesmo sem essa qualificação* (sem serem tidos como crimes ou contravenções)*, sejam praticados com dolo* (quando se quer o ato e o resultado ilícitos)*, fraude* (qualquer artifício doloso visando o ato ilícito) *ou simulação* (conduta enganosa ao fisco, dando a aparência de prática de ato legal, lícito, que, na verdade, não é) *pelo sujeito passivo* (*contribuinte* ou *responsável*) *ou por terceiro em benefício* (em proveito) *daquele* (sujeito passivo);

*II - salvo disposição em contrário, às infrações resultantes de conluio* (ajuste doloso) *entre duas ou mais pessoas, naturais* (físicas) *ou jurídicas.*

**Art. 181:**
*A anistia pode ser concedida* (por lei):

*I - em caráter geral* (a todas as infrações, vale dizer, a todos os infratores);

*II - limitadamente* (apenas):

    *a) às infrações da legislação relativa a determinado tributo* (só ao IR, só ao ICMS, só ao IPTU, etc.);

    *b) às infrações punidas com penalidades pecuniárias* (em dinheiro) *até determinado montante* (valor)*, conjugadas ou não com penalidades de outra natureza* (como *perdimento* ou expropriação compulsória de bens, não sendo adequado, para esse fim, o uso da palavra *perda* de bens, que define *extravio*);

    *c) a determinada região* (área específica) *do território da entidade tributante* (instituidora do tributo)*, em função de condições a ela peculiares* (como, por exemplo, áreas atingidas por calamidades públicas);

    *d) sob condição do pagamento do tributo* (anistia *condicionada*) *no prazo fixado pela lei que a conceder* (com o fim de estimular a quitação)*, ou cuja fixação seja atribuída pela mesma lei à autoridade administrativa* (caso em que a anistia somente ocorrerá se for pago o tributo em determinado prazo, único ou programado, como: 100% da multa se o pagamento ocorrer até o dia tal; 75% até o dia tal; etc.).

Exemplo de *anistia* concedida em caráter geral (a todos os que se encontrarem nessa situação) é a prevista no inciso III do parágrafo único do artigo 23 do Decreto-Lei nº 7.661/45 (Lei de Falências), recepcionada pelo § 5º do art. 34 do Ato das Disposições Constitucionais Transitórias (ADCT) à CF/88, que prevê o perdão (inexigibilidade), das *multas fiscais* nas *falências* (não extensiva às *concordatas*).

Trata-se de lei *específica* sobre a matéria, tal como exigido no § 6º do art. 150 da Constituição Federal, suplementado pelos artigos 97, VI, e 181, ambos do Código, ainda que anterior à atual Constituição.

Entende-se, hoje, que a *multa fiscal*, por constituir *penalidade administrativa*, e não *tributo*, deve ser excluída da execução contra a massa falida, até mesmo de ofício, pelo magistrado (independentemente, pois, de pedido da parte interessada). A posição está assim vista pelos Tribunais, sendo as duas primeiras do STJ:

> "*Multa fiscal. Falência. O enunciado da Súmula nº 565 do Supremo Tribunal Federal não ficou prejudicado pela superveniência da atual Constituição Federal*".[327]

> "*Empresa em regime de concordata com posterior declaração de falência. art. 23, parágrafo único, III, do Decreto-Lei 7.661/45. Aplicação. Inteligência das Súmulas 192 e 565 do STF. É pacífica a jurisprudência desta Corte e do STF no sentido de que não se inclui no crédito habilitado na falência a multa fiscal moratória, por constituir pena administrativa*".[328]

> "*Multa fiscal. A jurisprudência tem admitido a sua dedução nos casos em que se desenham ocorrências que imporiam ao magistrado o seu conhecimento de ofício (cf. 1º TACSP, Agravo de Instrumento nº 696.815-9, Rel. Juiz Antônio Roberto Midolla, j. em 20.08.1996), ou quando se trata de matéria de ordem pública ou relativa à regularidade da relação jurídico-processual*".[329]

Esse tratamento, contudo, não pode ser dispensado, a nosso ver, às empresas concordatárias, apesar do entendimento manifestado pelo STJ em sentido contrário, como nas decisões a seguir:

> "*Na espécie, encontrando-se a empresa/recorrida em concordata, evidenciando-se, destarte, a dificuldade de saldar as suas dívidas, é viável o afastamento da exigibilidade da multa moratória, consoante o artigo 112 do CTN e seguindo corrente jurisprudencial oriunda do Pretório Excelso*".[330]

> "*Segundo a jurisprudência dominante da Corte exclui-se a multa fiscal da responsabilidade da concordatária, aplicando-se extensivamente a regra do art. 23 do Decreto-Lei nº 7.661/1945 com apoio no preceituado no art. 112 do CTN*.[331]

### Art. 182:
***A anistia, quando não concedida em caráter geral*** (a todos os infratores), ***é efetivada*** (concedida, deferida), ***em cada caso*** (individualmente, um a um), ***por despacho da autoridade administrativa*** (encarregada do lançamento),

---

[327] REsp nº 162027/RS, 31/03/98, 2ª Turma, STJ, DJ de 14/12/98, p. 210. Ver: REsp 8353-SP, STJ; RE 95146, STF.
[328] Súmulas 192 e 565 do STF. REsp nº 169727/PR, 23/06/98, 1ª Turma, STJ, DJ de 21/09/98, p. 69. Ver: REsp 158072-RS, REsp 151324-PR, AGA 135055-RS, AGA 117462-RS, STJ.
[329] 1º TACSP - Agravo de Instrumento nº 729.847-6 - Rel. Juiz Diogo Salles - J. 18.04.1997).
[330] REsp nº 180920/SP, 16/03/99, 1ª Turma, STJ, Rel. JOSÉ DELGADO, DJ de 24/05/99, p. 105.
[331] REsp nº 190102-0/SP, 2ª Turma, STJ, Rel. Min. PAULO GALLOTTI, DJ de 22/02/00.

*em requerimento* (pedido escrito) *como o qual o interessado faça prova do preenchimento das condições* (daí porque se trata de anistia condicionada a certas exigências previamente estabelecidas em lei) *e do cumprimento dos requisitos previstos em lei para a sua concessão* (reconhecimento).
**Parágrafo único.** *O despacho referido neste artigo* (que conceda a anistia) *não gera direito adquirido* (podendo ser revogado, caso desatendidas as condições para o gozo do benefício), *aplicando-se, quando cabível* (deveria ser "no que for cabível"), *o disposto no art. 155* (que trata da possibilidade, em casos de irregularidade na concessão ou no gozo do benefício, de revogação *unilateral* da *moratória*, pelo sujeito ativo).

Adaptando-se, pois, a regra desse artigo ao citado art. 155, temos que a concessão de *anistia*, quando em *caráter individual* (um a um), *não gera direito adquirido* (não é definitiva) e *será revogada* (cancelada) *de ofício* (por ato unilateral do sujeito ativo), *sempre que se apure que o beneficiado não satisfazia ou deixou de satisfazer as condições, ou não cumprira ou deixou de cumprir os requisitos para a sua concessão.*

Os *efeitos da revogação* da *anistia*, nessas circunstâncias, se resumem, basicamente, nos seguintes (cf. art. 155 citado):

a) *em qualquer caso* (tenha sido a *remissão* obtida de *boa*, ou de *má-fé*) *ocorrerá a exigência do tributo, da correção monetária e dos juros de mora* (de 1% ao mês ou fração, a menos que a lei disponha de modo diverso) *respectivos*; e

b) *para os casos de anistia obtida de má-fé* (mediante *dolo* ou *simulação*), *haverá a exigência das penalidades eventualmente previstas em lei, bem como a não-contagem, para efeitos da prescrição, do período indevidamente gozado* (de *má-fé*, portanto).

## Capítulo XXI

# GARANTIAS E PRIVILÉGIOS DO CRÉDITO TRIBUTÁRIO

### 1. Conceito de "garantia" e de "privilégio"

**Garantias** são as medidas legais de proteção ao crédito tributário, como as que asseguram ao sujeito ativo a transformação, em dinheiro, pelo Judiciário, do patrimônio do devedor inadimplente, para fins de pagamento do crédito tributário.

**Privilégios** são as regalias, prerrogativas, tratamentos especiais, prioridades ou preferências de que goza o crédito tributário relativamente ao seu pagamento, em confronto com créditos de terceiros, da mesma (tributário) ou de outra natureza (trabalhista, especial ou quirografário, este último entendido como aquele que não goza de qualquer privilégio).

### 2. Disciplinação legal das garantias, em matéria tributária

O Código Tributário dedica os seguintes artigos à matéria:
**Art. 183:**
*A enumeração das garantias* (medidas de proteção) ***atribuídas neste Capítulo ao crédito tributário*** (e relativo às demais arrecadações pecuniárias compulsórias previstas no Sistema Tributário Nacional) ***não exclui outras*** (não previstas no Código Tributário) ***que sejam expressamente*** (não se presumindo elas) ***previstas em lei*** (como no Código de Processo Civil, na Lei nº 6.830/80, e em outras), ***em função da natureza ou das características*** (tipo) ***do tributo a que se refiram.***
*Parágrafo único. A natureza das garantias atribuídas ao crédito tributário não altera a natureza deste nem a da obrigação tributária a que corresponda* (ou seja, garantias, crédito tributário e obrigação tributária são figuras distintas, tendo cada uma delas a sua disciplinação e regime jurídico próprio).
**Crédito tributário** é o *objeto* da obrigação tributária, *a prestação a ser satisfeita* (em dinheiro ou equivalente), pelo sujeito passivo respectivo, de tal forma que, *extinto* ele por qualquer razão (pelo pagamento, pela compensação, pela remissão, pela decadência, pela prescrição, etc., cf. art. 156), esvazia-se (extin-

gue-se, desaparece) aquela (a obrigação). Todavia, se o *crédito* apurado pelo lançamento vier a ser formalmente anulado (declarado ineficaz em razão de vício de forma, como na hipótese de ter sido lançado por autoridade administrativa sem poderes legais para tanto), a *obrigação* propriamente dita persiste, podendo, em conseqüência, ser refeito o lançamento, desde que ainda não se tenha consumado o prazo decadencial respectivo. Daí porque as *garantias* atribuídas ao *crédito tributário* não alteram a natureza deste, nem a da *obrigação* (dever de pagar) a que corresponda. São figuras e situações diferentes entre si, embora interligadas ou conseqüentes, de tal forma que, satisfeito ou anulado o crédito, desaparece ou subsiste, respectivamente, a obrigação que lhe deu origem.

### Art. 184:

***Sem prejuízo*** (isto é, sem excluí-los ou torná-los sem efeito quanto aos fins para os quais foram instituídos) ***dos privilégios*** (preferências) ***especiais*** (fora do direito tributário) ***sobre determinados bens*** (como os vinculados ao sistema financeiro de habitação e às cédulas de crédito industrial, comercial ou rural), ***que sejam previstos em lei*** (sendo exemplos as de nºs 4.380/64, 6.840/80 e 8.929/94, bem como os DLs nºs 167/67, 413/69 e 911/69, que, como se disse, continuam eficazes para seus fins, mas cedem lugar ao crédito tributário e, antes, – obviamente, diga-se desde logo –, ao crédito trabalhista, conforme art. 186, que adiante será analisado), ***responde*** (garante, mediante penhora e conseqüente venda judicial) ***pelo pagamento*** (extinção) ***do crédito tributário*** (e demais *arrecadações pecuniárias compulsórias* previstas no Sistema Tributário Nacional, inclusive suas *multas* ou *penalidades*, correção monetária e juros, etc., sendo discutível venha ele a abranger os honorários advocatícios devidos aos advogados do Poder Público exeqüente, que não integram o crédito tributário) ***a totalidade*** (quaisquer) ***dos bens e das rendas, de qualquer origem ou natureza*** (quaisquer que sejam eles, portanto, menos, como logo a seguir se verá, os *absolutamente impenhoráveis*), ***do sujeito passivo*** (que, tanto pode ser um *contribuinte* como um *responsável*), ***seu espólio*** (conjunto de bens deixados por pessoa falecida, enquanto não partilhados entre os sucessores a qualquer título, ou adjudicados por herdeiro único) ***ou sua massa falida*** (conjunto de bens deixados por empresa cuja extinção se dá pela falência, judicialmente decretada), ***inclusive*** (também respondem) ***os gravados*** (onerados) ***por ônus real*** (garantias sobre o próprio bem, como a hipoteca, a caução e o penhor, figura esta que, todavia, não deve ser confundida com a penhora, que é a garantia judicial vinculada à execução de uma dívida) ***ou cláusula*** (disposição voluntariamente instituída por alguém, e não por força de lei) ***de inalienabilidade*** (que impede a sua transferência a terceiros) ***ou impenhorabilidade*** (que impede a sua transformação em constrição, penhora ou garantia judicial, entendendo-se, sendo, assim, igualmente inalienável), ***seja qual for a data da constituição do ônus ou da cláusula*** (tanto faz ter sido o gravame criado antes, ou depois, de lançado o crédito tributário pelo fisco), ***excetuados unicamen-***

*te* (os demais podem ser penhorados) *os bens e rendas que a lei* (expressamente) *declare absolutamente impenhoráveis* (que em hipótese alguma podem ser penhorados pela Justiça).

Para melhor se entender o alcance da bastante complexa regra desse artigo, deve-se ter presente que o Código de Processo Civil dedica três artigos aos bens que podem (ou não) responder por dívidas (em geral) sob execução:

1) o art. 648 estabelece que *"não estão sujeitos à execução os bens que a lei considere impenhoráveis ou inalienáveis"* (como os vinculados às *cédulas de crédito industrial, comercial, rural*, etc., a que se referem, entre outros, os Decretos-Leis nºs 167/1967 e 413/1969), ou seja, aqueles cuja impossibilidade de execução decorra de *lei*, e não de *ato voluntário* de alguém;

2) o art. 649 diz que *"são absolutamente impenhoráveis"* (que, portanto, em hipótese alguma podem ser penhorados), entre outros, o imóvel residencial e bens que o guarnecem, desde que necessários ao uso ou não-supérfluos (conhecidos como *"bens de família"*, tal como definidos na Lei 8.009/90), e os arrolados no art. 649 do CPC:

"*I - os bens inalienáveis e os declarados, por ato voluntário, não sujeitos à execução* (aí incluídos os recebidos como doação com cláusula de *inalienabilidade*, na qual se insere, juridicamente, a *impenhorabilidade*);

*II - as provisões de alimento e de combustível, necessárias à manutenção do devedor e de sua família durante um mês;*

*III - o anel nupcial* (aliança) *e os retratos de família;*

*IV - os vencimentos dos magistrados, dos professores e dos funcionários públicos* (e tudo quanto por eles for recebido a qualquer título por força da sua atividade, cf. RT 614/128

e JTA 102/86, inclusive os proventos de aposentadoria, *o soldo e os salários* (créditos trabalhistas, inclusive a conta bancária respectiva), *salvo para pagamento de prestação*

*alimentícia;*

*V - os equipamentos dos militares;*

*VI - os livros, as máquinas, os utensílios e os instrumentos* (inclusive computador, telefone, birô) *necessários ou úteis* (inclusive veículos, sejam automóveis, camionetas, caminhões, tratores, carroças e outros, utilizados no ofício ou profissão pelo seu proprietário) *ao exercício de qualquer profissão* (daí porque tem se entendido que a impenhorabilidade somente se aplica, em princípio, às pessoas físicas e às empresas de pequeno porte, e não às sociedades ou pessoas jurídicas[332]);

*VII - as pensões, as tenças* (dinheiro que alguém recebe do Estado ou de um particular para sua subsistência alimentar) *ou os montepios, percebidos dos cofres públicos, ou de institutos de previdência, bem como os provenientes de liberalidade de terceiro, quando destinados ao sustento do devedor ou da sua família;*

*VIII - os materiais necessários para obras em andamento, salvo se estas forem penhoradas;*

*IX - o seguro de vida;*

---

[332] REsp nº 156181/RO, 3ª Turma do STJ, 17/12/98 (DJU de 15/03/99, p. 217) e REsp nº 84756/RS, 4ª Turma do STJ, 25/03/96 (DJU de 27/05/96, p. 17877).

X - *o imóvel rural, até um módulo,*[333] *desde que este seja o único de que disponha o devedor, ressalvada a hipoteca para fins de financiamento agropecuário*";

3) o art. 650, finalmente, estabelece que *"podem ser penhorados, à falta de outros bens:*

*I - os frutos e os rendimentos dos bens inalienáveis, salvo se destinados a alimentos de incapazes, bem como de mulher viúva, solteira, desquitada, ou de pessoas idosas;*

*II - as imagens e os objetos do culto religioso, sendo de grande valor*".

Confrontando-se as disposições do art. 184, do Código Tributário, com as desses três artigos (648 a 650) do CPC, conclui-se que somente os bens do art. 649, quais sejam, os *absolutamente impenhoráveis*, não se sujeitam à penhora *para fins de execução do crédito tributário*.

Assim, os bens referidos nos arts. 648 (*"que a lei considere impenhoráveis ou inalienáveis"*) e 650 (penhoráveis *na falta de outros*), a ela se submetem, *respondendo pelo crédito tributário* (que, no entanto, como no art. 186 do Código Tributário se verá, cede sua preferência ao crédito trabalhista), de tal forma que, alienados os bens em hasta pública (leilão) e pagos, pela ordem, o crédito trabalhista e o tributário sob execução, o numerário que sobrar voltará a garantir os créditos com *privilégios especiais* (art. 648), ou, inexistentes estes, devolvido ao devedor (art. 650).

Quanto à possibilidade de penhora e execução, para efeitos fiscais, dos bens referidos no art. 648 do CPC (*"bens que a lei considere impenhoráveis ou inalienáveis"*), o STJ já está pacificado, como se vê das seguintes decisões:

"*A impenhorabilidade dos bens gravados por cédulas de crédito (DL nº 167/1967 e DL nº 413/1969) não prevalece no processo executivo fiscal (CTN art. 184)*".[334]

"*O bem vinculado à cédula industrial ou rural está sujeito à penhora para garantia na execução fiscal.*[335]

"*Os bens gravados com hipoteca oriunda de cédula de crédito industrial podem ser penhorados para satisfazer débito fiscal, seja por não ser absoluta a impenhorabilidade ditada pelo art. 57 do Decreto-Lei 413/69, seja pela preferência outorgada aos créditos tributários*".[336]

"*São penhoráveis, em execução fiscal, bens vinculados a cédula de crédito industrial, pois, o art. 184/CTN, norma de lei complementar, sobrepõe-se ao DL 413/69, face ao princípio da hierarquia das leis*".[337]

Há quem sustente a *impenhorabilidade* de tais bens, *também para efeitos fiscais*, sob a alegação de que o CPC é de aplicação genérica, não abrindo exceções. Sem razão, todavia, porque a regra do art. 184 do Código Tributário, embora respeite a *validade* e *eficácia* de tais garantias e privilégios em favor de quem foram instituídos *para os fins do direito privado*, não impede possam eles ser penhorados *para efeitos tributários*, o que é perfeitamente possível à vista do art. 109 do Código Tributário, pelo qual se conclui que, quando o *direito tributário* se utiliza de figuras (*institutos, conceitos* e *formas*) de outro ramo do direito, é neste, e não

---

[333] Ver art. 5º, XXVI, da CF/1988.
[334] REsp nº 100578/SP, 17/04/97, 1ª Turma, STJ, DJ de 17/11/97, p. 59414.
[335] REsp nº 182088/RS, 20/10/98, 1ª Turma, STJ, DJ de 14/12/98, p. 156.
[336] REsp nº 88777/SP, 23/11/98, 4ª Turma, STJ, DJ de 15/03/99, p. 226.
[337] REsp nº 155774/PE, 14/12/99, 2ª Turma, STJ, DJ de 08/05/00, p. 79.

naquele, que se deve procurar o seu significado, mas os *efeitos* ou *conseqüências tributárias* que elas terão serão sempre determinadas, com exclusividade, *pelo direito tributário*, em razão da sua autonomia, como ocorre, por exemplo, com o IR, cuja legislação equipara a *pessoa natural* ou *física* (figura típica do *direito civil*), quando comerciante (figura do *direito comercial*), aos *efeitos tributários da pessoa jurídica* (que paga aquele imposto mediante alíquota maior), tributando-a, assim, como se *pessoa jurídica* fosse (embora, para o direito privado, continue sendo *pessoa natural* ou *física*).

Outro ponto muito questionado é a possibilidade, ou não, de penhora do faturamento ou da receita de empresa. Entendemos ser ela juridicamente impossível, ainda que em caráter excepcional, porque termina por inviabilizar definitivamente a empresa, decretando a sua falência, em razão da supressão dos seus recursos para sua normal continuidade, o que viola o espírito constitucional de preservação da empresa.

Esse é, também, o entendimento do STJ:

> *"A penhora que recai sobre o rendimento da empresa eqüivale à penhora da própria empresa, razão pela qual não tem mais a Egrégia 1ª Turma admitido penhora sobre faturamento ou rendimento".*[338]

> *"O bem oferecido à penhora pode ser substituído, obedecida a ordem estabelecida no art. 11 da Lei nº 6.830/80, mas não poderá recair a penhora sobre o faturamento da empresa".*[339]

> *"Ambas as Turmas competentes, desta Corte, não vêm admitindo a possibilidade de que a penhora recaia sobre o faturamento ou rendimento da empresa (REsp nº 163549/RS, DJ de 14/09/98). ... Nomeado, compulsoriamente e contra a sua vontade, o representante legal de empresa executada a ser depositário de bens penhorados para garantia do juízo executivo, a jurisprudência desta Corte Superior vem entendendo que é admissível a sua recusa em aceitar tal encargo. A negativa na assunção tem amparo no art 5º, II, da Carta Magna de 1988, ao estatuir que 'ninguém será obrigado a fazer ou deixar de fazer alguma coisa senão em virtude de lei'".*[340]

> *"A jurisprudência desta Egrégia Corte não vem admitindo penhora sobre o faturamento diário de empresa".*[341]

Ademais, outro óbice se apresenta: a penhora de faturamento exige nomeação de administrador judicial, não se confundindo com dinheiro disponível da empresa:

> *"A penhora em dinheiro supõe a disponibilidade deste, não se confundindo com a penhora de faturamento que exige nomeação de administrador na forma do art. 719, CPC. Agravo regimental improvido".*[342]

## 3. Fraude à execução, em matéria tributária

---

[338] REsp nº 251087/SP, 06/06/00, 1ª Turma, DJ de 01/08/00, p. 208; REsp nº 163549/RS, 1ª Turma, STJ, DJU 14/09/98, p. 15; REsp nº 220061/SP, 1ª Turma, STJ, DJU 11/10/99, p. 52.
[339] REsp 189651/SP, 1ª Turma, STJ, DJU 08/03/99, p. 140.
[340] REsp nº 276886/SP, 1ª Turma, STJ, 14/11/00, DJ de 05/02/01, p. 83.
[341] Agravo Regimental no REsp nº 218049/SP, 02/05/00, 2ª Turma, DJ de 05/06/00, p. 148. Veja: REsp 114603-RS, REsp 194005-SP, REsp 186131-AL, RESP 189651-SP.
[342] Agravo Regimental no Agravo de Instrumento nº 123365/SP, 12/12/1996, 2ª Turma., STJ, DJ de 03/02/97, p. 711.

Sobre a fraude à execução, em matéria tributária, há o seguinte artigo do Código Tributário, que, em face do seu art. 109, prevalece sobre o art. 593 do Código de Processo Civil:

**Art. 185:**

**Presume-se** (*presunção* essa considerada por muitos autores como *absoluta*, ou seja, *"juris et de jure"*, – e não *relativa* ou *"juris tantum"* –, não admitindo, portanto, qualquer prova em sentido contrário) ***fraudulenta*** (constituindo *fraude à execução*, cujo efeito é, não só a sumária desconsideração judicial, *a partir da citação válida do devedor*, – como esclarecido no final deste dispositivo – , da *alienação* ou *oneração* havida, do bem penhorável, mas, também, a possível configuração do ato como crime, previsto sob o mesmo nome, de *fraude à execução*, no art. 179 do Código Penal: *"fraudar execução, alienando, desviando, destruindo ou danificando bens, ou simulando dívidas"*) ***a alienação*** (transferência da propriedade do bem) ***ou oneração*** (comprometimento do bem, quando dado em garantia, como a hipoteca, a caução e o penhor) ***de bens ou rendas, ou seu começo, por sujeito passivo em débito*** (já lançado) ***para com a Fazenda Pública, por crédito tributário regularmente inscrito*** (já documentado na repartição competente, para fins de cobrança judicial, o que, aliás, parece ser o óbvio, porque a ação de cobrança respectiva não pode ser ajuizada sem que, antes, tenha sido o débito regularmente *inscrito*) ***como dívida ativa*** (credora) ***em fase de execução*** (já na Justiça, portanto, *mas*, – observe-se bem –, *somente a partir da citação do sujeito passivo validamente efetivada*, consoante pacífico entendimento da doutrina e da jurisprudência, que logo adiante será confrontada).

Essa é a regra aplicável para os efeitos das execuções decorrentes do *direito tributário*, ramo do direito público. Já para os efeitos das execuções do direito privado, a regra está no art. 593 do CPC, que comanda a matéria, segundo qual:

"Art. 593:
Considera-se em fraude de execução a alienação ou oneração de bens:
I- quando sobre eles pender ação fundada em direito real;
II- quando, ao tempo da alienação ou oneração, corria contra o devedor demanda capaz de reduzi-lo à insolvência;
III- nos demais casos expressos em lei".

Então, vem a indagação: qual dos dispositivos deve prevalecer para aplicação às execuções do direito tributário: o do diploma processual civil (art. 593), ou o do Código Tributário (art. 185)?

A solução é simples.

Primeiramente, já vimos várias vezes, inclusive nos comentários ao artigo anterior, que, nos termos do art. 109 do Código Tributário (com força de lei *complementar*, portanto de aplicação preferencial sobre qualquer lei estranha à sua matéria), quando o *direito tributário* se utiliza de figuras (*institutos, conceitos* e *formas*) de outro ramo do direito, é neste, e não naquele, que se deve procurar o seu significado, mas os *efeitos* ou *conseqüências tributárias* que elas terão serão sempre determinadas, com exclusividade, *pelo direito tributário*, em razão da sua autonomia. Com isso estamos justificando a prevalência do art. 185 do Código Tributário para normatizar, com exclusão de qualquer outra regra, as relações do direito tributário.

Em segundo lugar, ainda que aplicável fosse, ao direito tributário, o art. 593 do CPC, seja subsidiária, substitutiva ou concomitantemente ao art. 185 do Código Tributário, THEOTONIO NEGRÃO oferece àquele a seguinte oportuna pergunta:[343]

*"Basta o ajuizamento de ação contra o devedor ou é necessário que ele já tenha sido citado?".*

E ele próprio responde, justificando a resposta em vários precedentes judiciais:[344]

*"Tanto no caso do inciso I, como no do inciso II, 'para que se configure fraude à execução não é suficiente o ajuizamento da demanda, mas a citação válida' (RTJ 116/356)".*

Aliás, afora o entendimento o STF, também o STJ é no sentido da necessidade de *prévia citação* do devedor, para que, na ação de execução fiscal, a alienação possa ser tida como *fraude* (à execução), como se vê das seguintes ementas:

*"A jurisprudência predominante nas Turmas da 1ª Seção do STJ é no sentido de que a fraude à execução somente se configura se a alienação do bem ocorre após a citação do devedor, sendo insuficiente o mero ajuizamento do processo fiscal de cobrança. Ademais, no caso dos autos trata-se de venda de automóvel usado, em que não existe qualquer praxe pelos adquirentes de pesquisar junto a cartórios de distribuição e protesto para verificar se contra o alienante pesa alguma execução".*[345]

*"Para que se tenha como de fraude à execução a alienação de bens, de que trata o inciso II do art. 593 do CPC, é necessária a presença concomitante dos seguintes elementos: a) que a ação já tenha sido aforada; b) que o adquirente saiba da existência da ação - ou por já constar no cartório imobiliário algum registro dando conta de sua existência (presunção 'juris et de jure' contra o adquirente), ou porque o exeqüente, por outros meios, provou que do aforamento da ação o adquirente tinha ciência; e, c) que a alienação ou a oneração dos bens seja capaz de reduzir o devedor à insolvência, militando em favor do exeqüente a presunção 'juris tantum'. Inocorrentes, na hipótese, o segundo e o terceiro elementos supra indicados, não se configurou a fraude à execução. Entendimento contrário geraria intranqüilidade nos atos negociais, conspiraria contra o comércio jurídico, e atingiria a confiabilidade nos registros públicos".*[346]

*"A alienação do bem só se configura como fraude à execução, após a propositura da ação executiva e citação da executada. Na espécie inocorreu tal hipótese, porquanto a escritura de compra e venda do bem alienado pela executada à embargante data de dezembro de 1984, enquanto a execução fiscal foi aforada em setembro de 1997, sendo efetivada a citação da executada em agosto de 1985 e procedida a penhora do imóvel em outubro de 1991".*[347]

*"Conforme entendimento da Segunda Seção desta Corte, a caracterização da fraude de execução pressupõe a litispendência, concretizada com a citação válida do devedor".*[348]

---

[343] in "CPC e Legislação Processual em vigor", 30ª edição, verbetes 16b e 11b ao art. 593, Saraiva, 1999.
[344] RTJ 122/800, 130/786; STF-JTA 107/286, 115/245; STF-RJTJERGS 146/13; RSTJ 12/385, 53310, 59/298, 69/436, 77/177, 89/230; STJ-RT 659/196, 669/186, 739/234.
[345] Agravo Regimental no Agravo de Instrumento nº 197354/SP, 17/12/98, 2ª Turma, STJ, DJ de 22/03/99, p. 181. Ver: REsp 92733-RS, REsp 46910-SP, REsp 166322-SP, REsp 108941-DF, STJ.
[346] REsp nº 115878/SP, 18/05/99, 4ª Turma, STJ, DJ de 21/06/99, p. 158.
[347] REsp nº 188037/MG, 04/05/99, 1ª Turma, STJ, DJ de 14/06/99, p. 119.
[348] Agravo Regimental no Agravo de Instrumento nº 167595/RS, 06/05/99, 4ª Turma, STJ, DJ de 14/06/99, p. 202.

"*Firmada no Superior Tribunal de Justiça jurisprudência no sentido de que a ausência de prévia citação dos sócios da empresa devedora afasta a caracterização da fraude à execução em caso de alienação de imóveis de propriedade dos primeiros, correto o despacho do relator que negou provimento a agravo de instrumento que sufragava tese oposta, já superada*".[349]

"*A fraude à execução pressupõe litispendência que só se verifica com a citação (arts. 219 e 263, do CPC)*".[350]

"*O CTN e CPC, em face da execução, não estabelecem a indisponibilidade de bem sob constrição decorrente de citação irregular ou maculada por vício de natureza processual. Outrossim, por si, a execução não constitui ônus 'erga omnes', efeito conseqüente à publicidade do registro público. Para a demonstração do 'consilium fraudis' não basta o ajuizamento da ação. Peculiaridades do caso concreto*".[351]

"*Considera-se fraude à execução a alienação praticada depois da citação do devedor. Precedentes da Corte*".[352]

"*A caracterização da fraude de execução prevista no inciso segundo (II) do art. 593, CPC, nele incluídas as hipóteses de constrição legal, reclama a ocorrência de dois pressupostos, a saber, uma ação em curso (seja executiva, seja condenatória), com citação válida, e o estado de insolvência a que, em virtude da alienação ou oneração, teria sido conduzido o devedor. Não evidenciado qualquer desses requisitos, descabe cogitar do recolhimento da fraude de execução*".[353]

"*É pacífica a jurisprudência da Corte no sentido de que a fraude de execução requer a existência de lide pendente, o que somente ocorre com a citação*".[354]

"*Como consolidado na Corte, não se caracteriza a fraude de execução antes da citação válida*".[355]

"*Existindo lide pendente, não se caracteriza fraude de execução sem que o devedor tenha sido citado, não bastando o ajuizamento da execução*".[356]

"*Presume-se fraudulenta a alienação de bens por sujeito em débito para com a fazenda pública, por crédito regularmente inscrito, em face de execução. Mas não basta que a execução tenha sido distribuída. É necessário que o devedor tenha sido citado*".[357]

**Parágrafo único. O disposto neste artigo não se aplica** (não se presumirá fraude à execução) **na hipótese de terem sido reservados** (separados, para esse fim) **pelo devedor** (executado) **bens ou rendas suficientes** (em valor igual, ou maior) **ao total** (com todos os acréscimos de lei) **pagamento da dívida em fase de execução** (da qual, como se disse, o devedor já tenha sido regularmente citado).

---

[349] Agravo Regimental no Agravo de Instrumento nº 190861/SP, 27/10/98, 2ª Turma, STJ, DJ de 08/03/99, p. 206. Ver: REsp 60519-SP, STJ.

[350] REsp nº 40239/SP, 17/11/98, 3ª Turma, STJ, DJ de 01/02/99, p. 182.

[351] REsp nº 110046/RS, 17/09/98, 1ª Turma, STJ, DJ de 30/11/98, p. 50. Ver: REsp 2573-RS, REsp 2653-MS, REsp 3255-BA, REsp 103267-DF, REsp 92733-RS, STJ.

[352] REsp nº 108941/DF, 04/08/98, 6ª Turma, STJ, DJ de 09/11/98, p. 180. Ver: REsp 108774-PR, REsp 103823-SP, REsp 133130-PR, STJ.

[353] REsp nº 180994/RS, 17/09/98, 4ª Turma, STJ, DJ de 26/10/98, p. 127.

[354] REsp nº 181150/SP, 23/03/99, 3ª Turma, STJ, DJ de 17/05/99, p. 202. Ver: REsp 153458-MG, REsp 103823-SP, AGA 125776-PR, STJ.

[355] REsp nº 171917/SP, 04/03/99, 3ª Turma, STJ, DJ de 26/04/99, p. 96. Ver: REsp 103823-SP, REsp 53756-SP, REsp 74222-RS, STJ.

[356] REsp nº 40224/SP, 20/10/98, 2ª Turma, STJ, DJ de 08/03/99, p. 180. Ver: REsp 60519-SP, REsp 153458-MG, STJ.

[357] REsp nº 92733/RS, 31/03/98, 1ª Turma, STJ, DJ de 18/05/98, p. 30.

Sobre as *preferências* do crédito tributário (dívidas em relação às quais este deve ser pago *antes* de outros, com exceção do crédito trabalhista, que possui preferência absoluta), o Código Tributário arrola os dispositivos que, no próximo item, comentaremos:

## 4. Disciplinação legal dos privilégios, em matéria tributária

Como já dissemos, o art. 109 do Código Tributário estabelece que ao direito tributário compete disciplinar as suas relações jurídicas, e que, quando eventualmente busca figuras jurídicas do direito privado, inclusive junto ao Código de Processo Civil, o faz apenas como referência, porque os efeitos ou conseqüências tributárias serão sempre estabelecidas pelo *direito tributário*, em razão da sua soberania diante dos demais ramos do direito. Assim, a respeito dos privilégios do crédito tributário, prevalecem as seguintes regras do Código:

**Art. 186:**
*O crédito tributário* (e o relativo às demais *arrecadações pecuniárias compulsórias* previstas no Sistema Tributário Nacional) *prefere* (deve ser pago *antes*) *a qualquer outro* (crédito, ou seja, de outra espécie), *seja qual for a natureza* (civil, comercial, etc.) *ou o tempo* (data) *da constituição* (formalização ou documentação) *deste* (outro, ao qual o crédito tributário prefere), *ressalvados* (unicamente) *os créditos decorrentes da legislação do trabalho* (os quais devem ser pagos em primeiríssimo lugar).

O STJ, contudo, dá maior alcance a esse dispositivo, entendendo (vide, também, comentários ao art. 188) que

*"os créditos decorrentes de serviços prestados à massa falida, inclusive a remuneração do síndico, gozam dos privilégios próprios dos trabalhistas"*,

e que

*"as obrigações da massa, que se constituem em encargos, devem ser satisfeitos antes dos créditos tributários, de acordo com interpretação sistemática dos arts. 186 e 188 do CTN".*

Da mesma forma, também os *créditos decorrentes de acidentes do trabalho*[358] e as *comissões devidas aos representantes comerciais autônomos*, preferem ao crédito tributário.[359]

Assim, tanto essas últimas duas espécies de créditos, como também os decorrentes de serviços prestados à massa, inclusive a remuneração do síndico, se enquadram no mesmo grupo dos *créditos trabalhistas*, pagáveis antes dos *créditos tributários*.

**Art. 187:**
*A cobrança judicial do crédito tributário* (e o relativo às demais *arrecadações pecuniárias compulsórias* previstas no Sistema Tributário Nacional) *não é sujeita* (prosseguindo na sua tramitação) *a concurso de credores* (venda,

---

[358] Lei de Falências, art. 102, § 1º.
[359] Lei nº 4.886/65, art. 44, incluído pela Lei nº 8.420/92.

por ordem judicial, do patrimônio de um particular insolvente – com dívidas em valor superior ao dos seus bens –, deva ser transformado em dinheiro para o fim de pagá-las) *ou habilitação* (não exige seja ele declarado, para fins de avaliação da sua legitimidade e procedência, perante o Juízo onde se processam as arrecadações e pagamentos) *em falência* (extinção judicial de empresa insolvente)*, concordata* (moratória judicialmente concedida a uma empresa, momentaneamente incapacitada para o pagamento de suas dívidas, com o fim de reabilitá-la)*, inventário* (partilha judicial de bens) *ou arrolamento* (espécie de inventário em que, ou os bens são de pequeno valor, ou, sendo de grande valor, em que os *sucessores* são todos maiores e capazes).

O fato, todavia, de a cobrança judicial do crédito tributário não se sujeitar à *habilitação* em falência, *apenas faz com que a execução fiscal prossiga normalmente*, mas não inibe o Juízo desta (onde corre a execução) de determinar a remessa, ao Juízo da falência, do numerário apurado em leilão, para que passe a integrar o *monte*, e ser distribuído ou rateado segundo as preferências legais, nem, tampouco, impede o Juízo da falência de avocar a si a centralização dos pagamentos, liberando-os segundo a ordem legalmente estabelecida. É uma formalidade absolutamente racional, de ordem administrativa, que permite seja, em circunstâncias tais, cumprida, sob o controle de autoridade judiciária única, a ordem legalmente estabelecida para o pagamento de todos os créditos, segundo as forças da massa, em quadro único de credores.

O entendimento do STJ e do TJERs é nesse sentido, como se vê dos acórdãos a seguir:

*"Os bens penhorados em execução fiscal, embora estejam livres de arrecadação pelo síndico, integram a massa falida".*[360]

*"A quebra, por si só, não paralisa o processo de execução fiscal, não desloca a competência o juízo da falência, nem desconstitui a penhora realizada anteriormente à decretação da falência, continuando até a alienação dos bens sob constrição. O resultado é que se subordina à concorrência preferencial dos créditos, conforme a ordem estabelecida legalmente".*[361]

*"As despesas com a arrecadação, administração e realização do ativo beneficiam a todos os credores e constituem encargos da massa. As obrigações da massa, que se constituem em encargos, devem ser satisfeitas antes dos créditos tributários, de acordo com interpretação sistemática dos artigos 186 e 188 do CTN".*[362]

*"1. A decretação da falência não paralisa o processo de execução fiscal, nem desconstitui a penhora. a execução continuará a se desenvolver, ate a alienação dos bens penhorados. 2. Os créditos fiscais não estão sujeitos à habilitação no juízo falimentar, mas não se livram de classificação, para disputa de preferência com créditos trabalhistas (DL 7.661/45, art. 126). 3. Na execução fiscal contra falido, o dinheiro resultante da alienação de bens penhorados deve ser entregue ao juízo da falência, para que se incorpore ao monte e seja distribuído, observadas as preferências e as forças da massa".*[363]

---

[360] Embargos de Declaração no REsp nº 84884/MS, 13/06/96, 1ª Turma, STJ, DJU de 02/09/96, p. 31029.
[361] REsp nº 164874/RS, 1ª Turma, STJ, 05/04/01, DJU de 19/11/01, p. 234.
[362] REsp nº 128291/MG, 01/10/98, 3ª Turma, STJ, DJ de 07/06/99, p. 102. Veja: RESP 32959/SP, STJ.
[363] REsp nº 85274/RS, 13/06/96, 1ª Turma, STJ, DJU de 02/09/96, p. 31029. Veja: RESP 74157/RS, MS 84884/MS, STJ.

"1. Os créditos fiscais não estão sujeitos à habilitação no juízo falimentar, mas não se livram de classificação, para disputa de preferência com créditos trabalhistas (DL 7.661/45, art. 126).
2. Na execução fiscal contra falido, o dinheiro resultante da alienação de bens penhorados deve ser entregue ao juízo da falência, para que se incorpore ao monte e seja distribuído, observadas as preferências e as forças da massa".[364]

"O art. 187 do CTN isenta o crédito tributário de habilitação em falência, concordata, inventário ou arrolamento, mas sua preferência cede ante a dos créditos decorrentes da legislação do trabalho (CTN, art. 186)".[365]

"O crédito da Fazenda Pública não se sujeita a concursos (art. 187 do CTN e 29 da Lei nº 6.830/80) e, portanto, a execução poderá ser proposta ou prosseguirá contra a massa falida (art. 4º, IV, da Lei nº 6.830/80; art. 24, § 2º, I, do DL nº 7.661/45). Entretanto, como a preferência do crédito não é absoluta, cedendo perante créditos trabalhistas, cumpre observar o art. 102 do DL nº 7.661/45, razão por que o produto da arrematação entrará para a massa (art. 24, § 1º, 1ª parte, do DL nº 7.661/45). Ilegal se mostra, portanto, a decisão que arquiva execução proposta pela Fazenda Pública anteriormente à falência".[366]

"A execução fiscal não se suspende com a falência, nem o Fisco se sujeita ao concurso de universal. Entretanto, como há créditos com preferência melhor, o produto da alienação coativa dos bens penhorados há de ser carreado para o juízo universal. Caso em que a alienação, ocorrida na falência, abrangeu bens penhorados pelo Fisco, o que é inadmissível".[367]

Não é só a preferência do *crédito trabalhista*, do *crédito decorrente de acidente do trabalho* e o relativo a *comissões devidas aos representantes comerciais autônomos* que nos leva a concluir pela centralização dos pagamentos no Juízo da falência, mas, também, outros encargos que nele devem ser controlados e pagos, tal como se vê das decisões a seguir, também do STJ:

**Parágrafo único. O concurso de preferência** (disputa pelo patrimônio ou numerário remanescente, do mesmo devedor, depois de pagos os créditos trabalhistas) **somente se verifica** (ocorre) **entre pessoas jurídicas de direito público** (União, Estados, Distrito Federal e Municípios, e, ainda, por extensão, segundo o art. 29 da Lei nº 6.830/80, às suas autarquias)**, na seguinte ordem:**

*I - União, e suas autarquias* (como o INSS, que, juntamente com aquela, receberão em primeiro lugar);

*II - Estados, Distrito Federal e Territórios, e suas autarquias, conjuntamente e "pro rata"* (por rateio, os quais receberão em segundo lugar, se ainda restar numerário);

*III - Municípios, e suas autarquias, conjuntamente e "pro rata"* (os quais receberão em último lugar, havendo, ainda, numerário).

Somente depois de pagos esses créditos preferenciais é que serão pagos os *privilegiados* (hipotecas, penhores, cauções, etc.) e, por fim, os *quirografários* (últimos a receber), desde que haja, obviamente, numerário ainda disponível.

---

[364] REsp nº 74157/RS, 04/12/95, 1ª Turma, STJ, DJU de 04/03/96, p. 5376. Veja: ROMS 1459/SP, STJ.
[365] REsp nº 17043/SP, 20/04/94, 2ª Turma, STJ, DJU de 23/05/94, p. 12589.
[366] Agravo de Instrumento nº 594099459, 1ª Câmara Cível do TJERS, Rel. Des. Araken de Assis, 09/11/94.
[367] Agravo de Instrumento nº 596116244, 5ª Câmara Cível do TJERS, 15/08/96, Rel. Des. Araken de Assis.

**Art. 188:**
*São encargos* (ônus ou despesas) *da massa falida* (dos bens deixados pela empresa insolvente, cuja extinção foi judicialmente decretada), *pagáveis* (liquidáveis) *preferencialmente* (antes) *a quaisquer outros* (isto é, a outros encargos, ressalvados, de acordo com os comentários que fizemos ao art. 186, os créditos trabalhistas e os decorrentes de acidentes do trabalho, as comissões devidas aos representantes comerciais autônomos e a remuneração dos serviços prestados à massa, inclusive a do síndico) *e às dívidas da massa* (que deram origem à decretação da falência), *os créditos tributários* (e os relativos às demais *arrecadações pecuniárias compulsórias* previstas no Sistema Tributário Nacional) *vencidos* (já exigíveis) *ou vincendos* (por vencerem), *exigíveis* (cobráveis) *no decurso do processo de falência* (extinção judicial de empresa insolvente).

A respeito deste artigo 188, e do 186, tem o STJ os seguintes entendimentos:

"Os créditos decorrentes de serviços prestados à massa falida, inclusive a remuneração do síndico, gozam dos privilégios próprios dos trabalhistas" (Súmula nº 219).

"Após as Leis 3.726 e 6.449/1977, os créditos trabalhistas preferem a todos os demais, inclusive os relativos a custas, dívidas e encargos da massa. Na categoria daqueles, entretanto, se haverão de incluir os oriundos da prestação de serviço à massa".[368]

"As despesas com a arrecadação, administração e realização do ativo beneficiam a todos os credores e constituem encargos da massa. As obrigações da massa, que se constituem em encargos, devem ser satisfeitas antes dos créditos tributários, de acordo com interpretação sistemática dos artigos 186 e 188 do CTN".[369]

§ 1º *Contestado o crédito tributário* (qualquer credor da massa, ou qualquer pessoa obrigada ao seu pagamento, tem o direito de impugnar e discutir a sua legitimidade e exigência), *o juiz* (perante o qual deve ser feito o pagamento) *remeterá as partes* (que queiram impugá-lo) *ao processo competente* (determinará que a matéria seja discutida em separado, no juízo próprio), *mandando reservar* (separar ou destacar) *bens suficientes à extinção total* (que possam cobrir todo o valor sob discussão) *do crédito e seus acrescidos* (total, portanto, mas sem prejuízo, obviamente, dos *créditos trabalhistas*, que têm absoluta preferência sobre os créditos tributários e outros), *se a massa não puder efetuar a garantia da instância por outra forma* (em dinheiro, por exemplo), *ouvido, quanto à natureza* (tipo) *e valor* (se suficiente) *dos bens reservados* (para esse fim), *o representante* (na pessoa do seu advogado ou procurador) *da Fazenda Pública interessada* (credora).

§ 2º *O disposto neste artigo* (pagamento preferencial dos *tributos*, ressalvado o direito prioritário do *crédito trabalhista*, etc.) *aplica-se* (também) *aos processos de concordata* (moratória judicialmente concedida a

---
[368] REsp nº 32959/SP, 13/08/97, 2ª Seção, DJU de 20/10/97, p. 52965.
[369] REsp nº 128291/MG, 3ª Turma, 01/10/98, DJU de 07/06/99, p. 102.

uma empresa, momentaneamente incapacitada para o pagamento de suas dívidas, com o fim de reabilitá-la).

**Art. 189:**

*São pagos preferencialmente* (ressalvados, de acordo com os comentários que fizemos ao art. 186, os créditos trabalhistas e os decorrentes de acidentes do trabalho, as comissões devidas aos representantes comerciais autônomos e a remuneração dos serviços prestados à massa, inclusive a do síndico) *a quaisquer créditos habilitados em inventário* (ação judicial visando à partilha de bens entre o cônjuge meeiro e os sucessores a qualquer título, em conseqüência da morte do seu titular) *ou arrolamento* (partilha, em idênticas circunstâncias, quando os bens sejam de pequeno valor, ou quando todos os sucessores ou legalmente interessados na partilha forem maiores e capazes), *ou a outros encargos* (dívidas) *do monte* (conjunto de bens do espólio, antes de deduzidos os encargos ou dívidas que sobre eles pesam, quando então tem o nome de *monte mor*, ou, após sua dedução, quando então representa o *monte líquido*, que é, na verdade, o partilhável entre os legalmente previstos), *os créditos tributários vencidos* (já exigíveis) *ou vincendos* (ainda não vencidos), *a cargo do "de cujus"* (do falecido, enquanto em vida) *ou de seu espólio* (após a morte), *exigíveis* (cobráveis) *no decurso do processo de inventário ou arrolamento* (enquanto se desenvolvem essas ações judiciais).

*Parágrafo único. Contestado* (impugnado) *o crédito tributário, proceder-se-á na forma do disposto no § 1º do artigo anterior* (discussão em separado, reserva de bens, etc.).

**Art. 190:**

*São pagos preferencialmente a quaisquer outros* (ressalvados, de acordo com os comentários que fizemos ao art. 186, os créditos trabalhistas e os decorrentes de acidentes do trabalho, as comissões devidas aos representantes comerciais autônomos e a remuneração dos serviços prestados à massa, inclusive a do síndico) *os créditos tributários* (e demais arrecadações pecuniárias compulsórias, previstas no Sistema Tributário Nacional) *vencidos* (já exigíveis) *ou vincendos* (ainda não vencidos), *a cargo de pessoas jurídicas de direito privado* (empresas públicas e privadas em geral) *em liquidação judicial* (que se processa perante a Justiça) *ou voluntária* (diríamos *extrajudicial*, abrangendo tanto as liquidações decorrentes de deliberação de sócios, acionistas ou associados, como as promovidas por determinação do Poder Público, como pelo Banco Central, nos casos previstos em lei), *exigíveis* (cobráveis) *no decurso da liquidação* (fase que antecede a *dissolução* final, compreendendo a *realização do ativo*, que é a apuração de todos os haveres e valores que o compõem, e o *resgate do passivo*, que é o pagamento de todas as dívidas).

## 5. Necessidade de prova da quitação, em matéria tributária

A matéria tem a ver, aqui, com as hipóteses em que o Código Tributário impõe, desde logo, como regra geral (para observância da lei ordinária, instituidora do tributo, portanto), a necessidade de prova da quitação do tributo, que se faz via *certidão negativa* de débito. Quanto à obtenção da prova em si (*certidão negativa*), e seus efeitos jurídicos, a matéria se encontra disciplinada nos seus arts. 205 a 208. Veja-se, a seguir, os casos em que a prova da quitação do tributo (e demais *arrecadações pecuniárias compulsórias*, previstas no "*Sistema Tributário Nacional*").

### 5.1. Nas concessões de concordatas e nas extinções da obrigações do falido

Assim dispõe o Código, a respeito:
**Art. 191:**
***Não será concedida concordata*** (prorrogação judicial, sob certas condições, do prazo para pagamento das dívidas a cargo de empresas com dificuldades financeiras superáveis, podendo ela ser *suspensiva*, quando se converte uma falência em concordata, e *preventiva*, quando requerida antes da decretação da falência, exatamente com o fim de evitá-la) ***nem declarada a extinção*** (liquidação) ***das obrigações do falido*** (que teve decretada judicialmente sua falência, quebra ou bancarrota, assim entendida a liquidação e dissolução judicial compulsória da empresa, por não apresentar condições de recuperação), ***sem que o requerente*** (empresa concordatária ou massa falida) ***faça prova da quitação*** (de estar em dia nos pagamentos) ***de todos os tributos*** (mediante certidão negativa) ***relativos à sua atividade mercantil*** (é que a concordata e a falência são institutos aplicáveis somente a empresas comerciais).

Há que se distinguir, todavia, entre momento da *concessão* judicial da concordata e *declaração da extinção das obrigações* do falido, e momento da ordem judicial de processamento de ambas as medidas: esta última ocorre na fase inicial das ações, quando o juiz autoriza ou determina o exame da viabilidade das medidas, enquanto aquelas são o desfecho de tudo, no final das ações, quando então, e só então, deve ser comprovada a situação tributária (*quitação*) referida no artigo, nada impedindo, contudo, que o juiz mande encerrar o processo de falência, se restar comprovado não haver condições para o pagamento das dívidas tributárias.

### 5.2. Nos julgamentos de partilhas e adjudicações

Assim dispõe o Código, a respeito:
**Art. 192:**
***Nenhuma sentença de julgamento*** (de homologação de partilha já feita pelas próprias partes interessadas, ou mesmo, em alguns poucos casos, de

divisão compulsoriamente feita pelo juiz, quando não houver prévio acordo a respeito) *de partilha* (divisão dos bens do espólio entre o cônjuge meeiro e os sucessores a qualquer título) *ou adjudicação* (figura judicial segundo a qual um credor do espólio recebe um bem deste, em pagamento de crédito seu, ou quando haja um único sucessor a receber os bens do falecido) *será proferida* (pelo juiz) *sem prova da quitação* (mediante *certidão negativa*) *de todos os tributos relativos aos bens do espólio* (em que este é o *responsável* – devedor por obrigação alheia –, pelo pagamento das dívidas do *"de cujus"*, do falecido)*, ou às suas rendas* (em que o *espólio* é, por ter praticado o fato gerador respectivo, o devedor direto da obrigação, ou seja, seu *contribuinte*).

Esse dispositivo é, na verdade, continuação da linha de raciocínio do art. 189, enfatizando, porém, a necessidade de *certidão negativa* para que possa ser proferida, pelo juiz, a sentença de julgamento, ou de homologação da partilha ou da adjudicação dos bens. Pensamos que a real intenção do Código era a de incluir, neste art. 192, também as partilhas entre casais, nas separações judiciais (e, hoje, nos divórcios), para os quais também se deveria exigir certidão negativa de débito, o que, no entanto, somente está sendo exigido, por vezes, mediante leis ordinárias.

### 5.3. Nos contratos administrativos e habilitações em concorrências públicas

Assim dispõe o Código, a respeito:

**Art. 193:**

*Salvo quando expressamente autorizado* (dispensado) *por lei* (ordinária)*, nenhum departamento* (setor) *da administração pública da União, dos Estados, do Distrito Federal ou dos Municípios, ou sua autarquia, celebrará contrato ou aceitará proposta em concorrência pública* (licitações ou concorrências públicas em geral) *sem que contratante ou proponente* (interessado) *faça prova da quitação de todos os tributos devidos à Fazenda Pública interessada* (na licitação ou concorrência pública)*, relativos à atividade em cujo exercício contrata ou concorre* (limitação de *exercício* essa que, na verdade, termina sendo frustrada, porquanto as certidões são sempre abrangentes de exercícios anteriores).

A regra, portanto, é a da necessidade de apresentação de prova de quitação (mediante *certidão negativa*) de débitos tributários (ou, conforme adiante se verá, também mediante *suprimento*, isto é, *certidão positiva com efeitos de negativa*, tal como previsto no art. 206 do Código), sempre que haja interesse em participar de licitações ou concorrências públicas, ou quando venha a transacionar, como fornecedor ou adquirente, com repartições públicas, inclusive autárquicas. A dispensa somente ocorrerá se houver norma legal *expressa* nesse sentido.

Norma, no entanto, relacionada com o presente artigo, é a prevista no art. 195, § 3º, da CF, segundo a qual

*"A pessoa jurídica em débito com o sistema da seguridade social, como estabelecido em lei, não poderá contratar com o Poder Público nem dele receber benefícios ou incentivos fiscais ou creditícios".*

Por tratar-se de norma constitucional, nenhuma outra, de natureza inferior, poderá dispensar certidão negativa previdenciária para os casos aqui expressamente referidos.

# Capítulo XXII

# ADMINISTRAÇÃO TRIBUTÁRIA

## 1. Conceito de "administrção tributária"

Sob o título *"Administração Tributária"*, o Código Tributário Nacional disciplina os *atos* (competência, poderes e conduta) das *autoridades administrativas* encarregadas da *fiscalização* (exame, controle, orientação e acompanhamento dos atos dos seus sujeitos passivos), do *lançamento* (apuração, quantificação e formalização documental) e da *arrecadação* (cobrança) do *crédito tributário*, nesta incluída a sua *inscrição em dívida ativa* (formalização do *título executivo* hábil à sua cobrança judicial).

## 2. Fiscalização

Sob o título **Fiscalização**, o Código disciplina os *atos* (*procedimentos*) das autoridades administrativas competentes, quando direcionados ao exame, controle orientação e acompanhamento da correção da *conduta* do *sujeito passivo* no tocante ao cumprimento de obrigações tributárias (art. 113), tanto *principais* (pagar *tributos* ou *penalidades pecuniárias*, cf. § 1º) como *acessórias* (quaisquer outros *deveres* estabelecidos na legislação tributária, no interesse da *arrecadação* ou da *fiscalização* dos *tributos*, cf. § 2º).

Assim se acha disciplinada a matéria:

**Art. 194:**

*A legislação tributária* (no conceito amplo que lhe dá o art. 96 do Código), *observado o disposto nesta Lei* (e não apenas neste título), *regulará* (disciplinará), *em caráter geral* (para todos os *tributos* e demais *arrecadações pecuniárias compulsórias*, previstas no Sistema Tributário Nacional), *ou especificamente em função da natureza do tributo de que se tratar* (só para determinada espécie de *arrecadação compulsória*), *a competência* (os atos que as autoridades podem praticar) *e os poderes* (até onde podem agir na prática dos seus atos) *das autoridades administrativas* (agentes fiscais, técnicos de apoio, etc.) *em matéria de fiscalização* (controle ou exame do cumprimento do dever) *da sua aplicação* (da legislação).

*Parágrafo único. A legislação a que se refere este artigo* (sobre *competência* e *poderes* da Fiscalização) *aplica-se a todas as pessoas naturais* (físicas) *ou jurídicas, contribuintes* (sujeitas ao tributo por praticarem o fato gerador respectivo) *ou não* (que não praticarem fatos geradores), *inclusive às que gozem de imunidade tributária* (assim entendidas aquelas que não podem ter, em face de vedação ou proibição constitucional, seu patrimônio, renda e serviços atingidos por *impostos*, sendo a eles inatingíveis, como as repartições públicas em geral, as autarquias, as fundações instituídas e mantidas pelo Poder Público, os templos de qualquer culto, os partidos políticos e suas fundações, as entidades sindicais de trabalhadores, as instituições de educação e de assistência social, etc.) *ou de isenção* (dispensa de pagamento) *de caráter pessoal* (quando concedida à pessoa em si, mais conhecida como *isenção subjetiva*, e não, via de conseqüência, a um bem, coisa ou objeto determinado, *isenção* esta conhecida como *objetiva*).

A legislação tributária relativa à *competência* e aos *poderes* das autoridades fiscalizadoras se dirige, portanto, a todas as pessoas, indistintamente, porém, com uma importante ressalva a fazer: qualquer pessoa está sujeita à *fiscalização* e ao respeito aos *poderes* e *competências* das autoridades administrativas, mas não às *obrigações* ou *deveres acessórios* (escriturar livros, emitir notas fiscais, etc.), legalmente instituídos com vista a determinado tributo, se a este a pessoa não estiver, ou deveria estar sujeita.

Assim, o cumprimento de uma obrigação ou dever *acessório* somente pode ser exigido de quem está sujeito a uma obrigação *principal* que lhe dá origem, tal como já mencionado ao ensejo dos comentários ao § 2º do art. 113 do Código, quando dissemos que convém não confundir a figura da *sujeição ao cumprimento de deveres acessórios* (a que estão sujeitos somente os devedores da obrigação *principal* respectiva), com a figura da sujeição à *fiscalização* tributária (a que estão sujeitas todas as pessoas, nos termos do parágrafo único deste art. 194). Exemplo: se a lei do ICMS estabelece que, no trânsito, deve a *mercadoria* (que é, nos termos do direito comercial, apenas o *bem móvel destinado à revenda habitual, com intuito de lucro*) estar acompanhada de documento fiscal idôneo (*dever acessório*), entender-se-á que essa regra se aplica somente aos que transportarem bens que se enquadrem no conceito de *mercadorias* (porque o *dever acessório*, de fazer com que a mercadoria esteja acompanhada de documento fiscal idôneo, é decorrente de uma obrigação *principal*, que apenas manda tributar saídas de *mercadorias*). Ao contrário, quem transportar uma *mudança* (que não é *mercadoria*, mas um bem de uso, não sujeito à venda ou revenda), não está obrigado a fazê-la acompanhar de documento fiscal (*dever acessório*), nem mesmo nota fiscal avulsa, porque a obrigação *principal* em relação a ela simplesmente não existe.

**Art. 195:**
***Para os efeitos da legislação tributária*** (no conceito amplo, incluindo todos as regras legais do direito tributário, consoante dispõe o art. 96 do Código)

*não têm aplicação* (não têm eficácia) *quaisquer disposições legais* (de lei) *excludentes* (que excluam) *ou limitativas* (que limitem) *do direito de* (o sujeito ativo) *examinar mercadorias* (bens destinados à revenda habitual, mediante lucro, cf. art. 110 do Código), *livros* (comerciais e fiscais), *arquivos* (onde se conservam e guardam documentos relativos ao exercício da atividade), *documentos, papéis e efeitos* (comprovantes outros, inclusive disquetes de computador) *comerciais* (previstos na lei comercial) *ou fiscais* (previstos na legislação tributária) *dos comerciantes* (que pratiquem atos de comércio), *industriais* (que produzam mercadorias para fins de comercialização) *ou produtores (rurais), ou da obrigação destes* (comerciantes, industriais ou produtores) *de exibi-los* (mostrá-los ou colocá-los à disposição da fiscalização).

Em outras palavras, apenas essas três categorias (comerciantes, industriais e produtores) estão sujeitas ao amplo exame da Fiscalização, no que pertine aos seus livros, arquivos, documentos, papéis e efeitos comerciais e fiscais, que poderá, inclusive, exigir sua exibição. Há, todavia, uma ressalva: a Fiscalização somente poderá reter ou apreender documentos e livros fiscais que lhe compete fiscalizar, e, assim mesmo, necessários ao seu exame, não podendo, em hipótese alguma, fazer a retenção se exigida por legislação alheia à sua fiscalização, mormente pela *comercial*, devendo, então, sob pena de excesso ou abuso de poder, ser eles mantidos no estabelecimento do *contribuinte* ou *responsável*, de onde só podem sair com ordem judicial. A decisão a seguir, Do STJ, é expressiva:

> "O ordenamento jurídico-tributário brasileiro está rigorosamente vinculado ao princípio da legalidade. O art. 195, do CTN, não autoriza a apreensão de livros documentos pela fiscalização, sem autorização judicial".[370]

Nas citadas categorias de pessoas, sujeitas a exame e exibição de livros e documentos, não se compreendem, pois, os estabelecimentos bancários, os advogados e os profissionais liberais em geral, aos quais a lei atribui, sob pena de *sanções* (administrativas e criminais), a obrigação de manter sigilo profissional.

*Parágrafo único. Os livros obrigatórios* (os de escrituração *facultativa* não se acham aqui incluídos) *de escrituração comercial* (Diário, Razão e outros que a lei comercial obriga) *e fiscal* (os previstos na legislação relativa aos tributos) *e os comprovantes dos lançamentos* (aqui com o sentido de registro, escrituração) *neles efetuados* (notas fiscais, guias de importação, faturas, duplicatas, etc.) *serão conservados* (mantidos à disposição do sujeito ativo para fins de exame ou exibição) *até que ocorra a prescrição* (perda do direito, após decorrido certo lapso de tempo, de o sujeito ativo ajuizar ação de cobrança do seu crédito, já lançado) *dos créditos tributários decorrentes das operações a que se refiram.*

Nessas condições, o prazo de conservação dos livros e documentos não é, *exatamente*, de 5 anos, como se poderia precipitadamente imaginar, já que, na

---

[370] REsp nº 300065/MG, 05/04/01, 1ª Turma, STJ, DJ de 18/06/01, p. 117.

prática, a *prescrição* pode levar, para a sua consumação, período superior, até porque a lei prevê causas *impeditivas* (como a relativa ao tempo necessário à solução da impugnação administrativa ao lançamento), *suspensivas* (relativas a prazos que não são computados) e *interruptivas* (que determinam o reinício da contagem, a partir do zero) da *prescrição*, que alteram, *sempre para mais de 5 anos*, sua contagem, conforme já vimos. A resposta correta é, para questionamento dessa ordem: *os livros e documentos devem ser conservados até que ocorra a prescrição.*

Quanto à decadência, está ela subsumida no prazo *prescricional*, porque, se esse dispositivo fala em prescrição, é porque a decadência já foi superada. Em outras palavras, se a conservação dos livros e documentos fiscais deve ser feita até que ocorra a consumação do prazo prescricional, com mais razão pode o contribuinte deles se desfazer se o prazo *decadencial* já se consumou. Todavia, sob o aspecto prático, nunca é demais guardar todos os livros e documentos, como prova, enquanto isso for possível.

### Art. 196:

***A autoridade administrativa*** (sujeito ativo, com os necessários poderes para efetuar o lançamento do crédito tributário) ***que proceder*** (realizar) ***ou presidir*** (comandar, coordenar) ***a quaisquer diligências de fiscalização*** (verificação de livros e documentos, etc.) ***lavrará os termos*** (instrumentos comprobatórios) ***necessários para que se documente*** (oficialmente) ***o início do procedimento*** (dos trabalhos)***, na forma da legislação aplicável*** (federal, estadual ou municipal, conforme o caso)***, que fixará*** (é uma ordem, visto que a norma é, aqui, *cogente*, obrigatória, da qual o Estado não pode abrir mão, além de constituir um direito do sujeito passivo) ***prazo máximo*** (data-limite) ***para a conclusão daquelas*** (diligências de fiscalização, inclusive para o lançamento respectivo).

O prazo máximo, na esfera federal, para a conclusão das *diligências de fiscalização*, é, hoje, de 60 dias (segundo já dito no Decreto federal nº 70.235/72, art. 7º, § 2º), prorrogável (sempre antes do vencimento do prazo), sucessivamente, por igual período, por qualquer outro ato escrito que indique o prosseguimento dos trabalhos. Não sendo, eventualmente, fixado prazo máximo, deve-se, então, fazer a necessária *integração* (suprir a omissão legal), apelando-se, para tanto, a qualquer norma que, já existente, melhor solucione a espécie. A definição do momento do início e da conclusão dos trabalhos da ação fiscal é extremamente importante para os fins do art. 138, que permite ao sujeito passivo a denúncia espontânea da infração, com vista à exclusão da responsabilidade por infrações, mas somente se não estiver sob ação fiscal, o que se comprova por meio do documento previsto nesse citado art. 196.

***Parágrafo único. Os termos*** (de *início* e de *conclusão* de exame de escrita) ***a que se refere este artigo serão lavrados*** (por escrito, é óbvio)***, sempre que possível*** (preferentemente)***, em um dos livros fiscais exibidos*** (o Estado do RS, por exemplo, possui livro próprio, para esse fim, denominado de *"Registro de Utilização de Documentos Fiscais e Termos de Ocorrências"*); *quando lavrados em separado* (como ocorre com a Receita Federal), *deles se entregará, à pessoa sujeita à fiscalização, cópia autenticada* (que mereça fé, como documento) *pela autoridade fiscal* (encarregada do lançamento).

### Art. 197:

*Mediante intimação* (ordem) *escrita são obrigados a prestar* (dentro de prazo razoável) *à autoridade administrativa* (encarregada do lançamento) *todas as informações de que disponham com relação aos bens, negócios ou atividades* (situações essas que possuem especial interesse para o lançamento do imposto de renda) *de terceiros* (de outras pessoas):

- *I - os tabeliães* (titulares de tabelionatos), *escrivães* (judiciais) *e demais serventuários de ofício* (inclusive oficiais de registros de imóveis, de protesto de títulos, de cartórios de títulos e documentos, enfim, de cartórios e ofícios em geral);

- *II - os bancos, casas bancárias, Caixas Econômicas e demais instituições financeiras* (mas com as reservas e ressalvas previstas no parágrafo único deste artigo, conhecidas como *sigilo bancário*);

- *III - as empresas de administração de bens* (imobiliárias, empresas administradoras de bens de terceiros, etc.);

- *IV - os corretores, leiloeiros e despachantes oficiais* (intermediários na aquisição, alienação e liberação de bens);

- *V - os inventariantes* (representantes judiciais do espólio, nos inventários e arrolamentos, nomeados pelo juiz, ainda que indicados pelas partes);

- *VI - os síndicos* (representantes legais das *massas falidas*, nomeados pelo juiz), *comissários* (fiscais de empresas em *concordata*, também nomeados pelo juiz) *e liquidatários* (encarregados de promover a liquidação judicial ou extrajudicial de empresas ou quaisquer outras entidades);

- *VII - quaisquer outras entidades ou pessoas* (como os síndicos de prédios em condomínio) *que a lei* (desde que haja, portanto, expressa previsão em lei, não podendo a autoridade administrativa substituir-se a ela) *designe* (nomeie ou defina), *em razão do seu cargo, ofício, função, ministério, atividade ou profissão* (com as ressalvas, porém, do parágrafo único deste artigo).

*Parágrafo único. A obrigação prevista neste artigo não abrange* (não alcança) *a prestação de informações quanto a fatos sobre os quais o informante esteja legalmente obrigado a observar segredo* (é necessário, portanto, lei expressa que desobrigue a prestação de informações, como os bancos, em relação a determinados fatos, e os advogados, em relação às causas, documentos e envolvimentos de seus clientes, etc.) *em razão de cargo, ofício, função, ministério, atividade ou profissão* (ou seja, o sigilo de certas profissões não é, apenas, um direito, mas um dever funcional).

Veja-se, por exemplo, o caso de um padre: pode ele ser obrigado a prestar informações ao fisco, acerca de confissões recebidas de paroquiano seu? Não, porque, de um lado não há lei que, na forma desse parágrafo único, o desobrigue, mas também não está ele, por outro lado, incluído em nenhum dos incisos do *"caput"* deste artigo, tampouco no VII, que o obrigue *legalmente* à prestação de informações.

### Art. 198:

**Sem prejuízo do disposto na legislação criminal** (que será aplicada quando a conduta também constituir *crime*)**, é vedada** (proibida, por força do *sigilo fiscal* que deve observar) **a divulgação** (levar ao conhecimento de terceiros, não mais *"para qualquer fim"*, como estava na redação anterior, porque inúmeros são os casos em que a divulgação é necessária)**, por parte da Fazenda Pública** (como órgão) **ou de seus servidores** (individualmente)**, de informação** (dados ou fatos, ressalvadas as exceções previstas neste artigo, o que se tornava antes difícil, quando a redação era *"de qualquer informação"*) **obtida em razão do ofício** (por força da atividade) **sobre a situação econômica** (patrimonial) **ou financeira** (monetária) **do sujeito passivo** (*contribuinte* e *responsável*) **ou de terceiros** (em geral) **e sobre a natureza** (tipo) **e o estado** (de liquidez ou solvência) **de seus negócios** (transações) **ou atividades** (serviços).

Não se aplica o *sigilo fiscal* previsto neste artigo, contudo, em relação às pessoas detentoras do direito de requerer *certidão negativa* de débito, que são, de um lado, o próprio sujeito passivo interessado, seja *contribuinte* ou *responsável*, e, de outro, terceiros em geral, desde que a certidão seja de cunho *real, objetivo*, quando a dívida esteja diretamente vinculada ao *bem* ou *patrimônio*, como um imóvel ou automóvel, pouco importando a quem pertença ele (vide comentários ao art. 205, adiante).

No mais, a prestação de informações, pela Fazenda Pública e seus funcionários, tem sua limitação implícita no art. 5º da CF, que, embora assegurando a todos os brasileiros e estrangeiros residentes no país o *"acesso à informação ... quando necessário ao exercício profissional"* (inc. XIV) e *"a obtenção de certidões em repartições públicas, para defesa de direitos e esclarecimento de situações de interesse pessoal"* (incs. XIV e XXXIV, *"b"*, respectivamente), o faz, no entanto, com o necessário *"resguardo do sigilo da fonte"*.

> **§ 1º Excetuam-se do disposto neste artigo** (não ocorrendo, portanto, qualquer restrição à prestação de informações)**, além dos casos previstos no artigo 199** (de intercâmbio ou de permuta de informações entre pessoas jurídicas de direito público, através de seus representantes legais, na forma estabelecida em lei ou convênio, bem como de permuta informações, pela Fazenda Pública da União, na forma estabelecida em

tratados, acordos ou convênios, com Estados estrangeiros, no interesse da arrecadação e da fiscalização de tributos), *os seguintes:*

I - *requisição* (bem entendido, regular e documentada) *de autoridade judiciária* (magistrados) *no interesse da justiça* (e não diretamente das partes ou do próprio juiz, constituindo exemplo permitido a requisição de informações relativas à declaração de bens e rendimentos para efeitos de fixação de alimentos, devendo, no entanto, o sigilo acerca de tais informações, ser preservado pela autoridade judiciária que as requisitou, somente permitindo acesso a elas às partes e seus procuradores, na forma do art. 155 do Código de Processo Civil, que prevê segredo de justiça, inclusive para tais casos)*;*

II - *solicitações* (requisições) *de autoridade administrativa* (o pedido há de partir da autoridade de cúpula, e não de qualquer servidor, ainda que ligado ao setor) *no interesse da Administração Pública* (e não no interesse pessoal dos administradores públicos)*, desde que seja comprovada a instauração regular de processo administrativo* (obviamente, na forma do art. 196 do Código Tributário, isto é, após lavrados os termos necessários para que se documente o início do procedimento e das diligências contra o sujeito passivo respectivo, na forma da legislação aplicável, que fixará prazo máximo para sua conclusão, vale dizer, há de ser devidamente cientificado, com entrega de cópia do termo de início, ao sujeito passivo sob investigação)*, no órgão ou na entidade respectiva* (federal, estadual ou municipal, conforme a competência para a instituição e cobrança do tributo)*, com o objetivo de investigar* (uma das etapas do lançamento) *o sujeito passivo* (*contribuinte* ou *responsável*) *a que se refere a informação, por prática de infração administrativa* (mas de ordem tributária, porque o objetivo, aqui, é a apuração de falta de pagamento de crédito tributário).

§ 2º *O intercâmbio* (troca) *de informação* (dados ou fatos) *sigilosa* (cuja divulgação seja vedada)*, no âmbito da Administração Pública* (entre entidades tributantes)*, será realizado mediante processo regularmente instaurado* (com obediência aos princípios do direito administrativo)*, e a entrega será feita pessoalmente* (para evitar o vazamento e o desvio de informações) *à autoridade solicitante* (que deverá ser da alta direção, e não servidor qualquer)*, mediante recibo* (para que reste devidamente comprovado o ato)*, que formalize a transferência* (da informação) *e assegure a preservação do sigilo* (por quem o receber, que substituirá o remetente em todos os atos de guarda da informação).

Tais documentos deverão, ademais, estar sempre à disposição do Judiciário, a quem compete, mediante provocação ou de ofício, a revisão da regularidade de todos os atos administrativos.

§ 3º **Não é vedada a divulgação de informações relativas a** (devendo, contudo, ser devidamente documentadas, caso a caso):

*I - representações fiscais para fins penais* (remessa de peças que possam acenar para ilícitos de natureza criminal);

*II - inscrições na Dívida Ativa da Fazenda Pública* (pensamos, contudo, que essa liberação é, tão-somente, para fins de execução, não havendo a transferência, ao Judiciário, do necessário sigilo);

*III - parcelamento* (de dívidas ainda não vencidas) *ou moratória* (de dívidas já vencidas).

Art. 199:
*A Fazenda Pública da União e as dos Estados, do Distrito Federal e dos Municípios prestar-se-ão mutuamente assistência para a fiscalização dos tributos respectivos e permuta* (troca) *de informações* (dados ou fatos necessários ao lançamento), *na forma estabelecida* (portanto, não entre os próprios agentes fiscais, os quais, por conseqüência, podem ser responsabilizados por troca direta de informações, mas entre as repartições, como órgãos de cúpula, na pessoa de seus representantes legais), *em caráter geral* (uma norma para todos os casos) *ou específico* (uma para cada caso), *por lei ou convênio* (que, como já se disse, por ser simples contrato, exige aprovação, por meio de *lei* ou de *decreto legislativo*, para que tenha força *normativa* junto ao sujeito passivo, não constituindo ato permissivo o simples convênio não seguido de norma jurídica aprovadora).

*Parágrafo único. A Fazenda Pública da União, na forma estabelecida em tratados, acordos ou convênios, poderá permutar informações com Estados estrangeiros no interesse da arrecadação e da fiscalização de tributos* (especialmente para o fim de obter informações sobre depósitos efetuados por brasileiros em bancos do exterior).

Art. 200:
*As autoridades administrativas federais poderão requisitar o auxílio de força pública* (Exército, Brigada Militar, Polícia, etc.) *federal, estadual ou municipal, e reciprocamente* (também as autoridades estaduais e municipais podem fazê-lo), *quando vítimas de embaraço* (bloqueio na obrigação ou direito de fiscalizar) *ou desacato* (ofensa ou desrespeito à autoridade constituída) *no exercício de suas funções* (de fiscalização), *ou quando necessário à efetivação de medida prevista na legislação tributária* (como em "blitz", ou mesmo em fiscalizações de rotina no trânsito de mercadorias), *ainda que não se configure fato definido em lei como crime ou contravenção* (em qualquer medida fiscal, portanto).

## 3. Dívida ativa tributária, sua inscrição e extração da competente certidão (CDA)

Antes de mais nada, necessário é ter-se presente que não é o *auto de lançamento* (ou *de infração*, ou *de notificação*, ou, ainda, qualquer outro nome que se dê), e, muito menos, o *processo* relativo à discussão administrativa deste (*impugnação* e respectiva decisão final), que embasarão a ação judicial de *cobrança* do crédito tributário.

Esses expedientes permanecerão na repartição administrativa competente, à disposição do sujeito passivo, que deles poderá extrair fotocópias, ou diretamente, na própria repartição, ou por determinação do Juízo da execução, que poderá determinar a sua requisição, para fins de sua extração.

O que, na verdade, é encaminhado à Justiça, para fins de cobrança (anexada à petição inicial, subscrita pelos advogados ou procuradores judiciais do sujeito ativo), é, apenas, a *"Certidão de Dívida Ativa"* (CDA) extraída do *"termo de inscrição da dívida"* lavrado pela própria repartição fiscal à vista do processo administrativo de lançamento e de sua decisão final, constituindo o *título executivo* (à semelhança de uma *duplicata mercantil* nas relações do direito comercial, extraída da correspondente *fatura* ou *nota de venda*) hábil à execução judicial do crédito.

A **Certidão de Dívida Ativa** (CDA) é, na verdade, um resumo do *auto de lançamento* respectivo, um documento contendo os dados mínimos previstos no art. 202 do Código Tributário, pelo qual se dá a conhecer à autoridade judiciária e ao sujeito passivo envolvido, o crédito tributário sob cobrança, para fins de pagamento ou oferecimento de defesa, que pode consistir, ou em *"exceção de pré-executividade"* (para os casos em que o próprio Juízo da execução a respeito pode conhecer, de ofício, inclusive nos casos de prescrição,[371] como, por exemplo, quando se trata de evidente falta dos requisitos ou condições da ação, como a nulidade do título executivo, por vício formal, sem necessidade de prévia produção de prova, portanto), ou em *"embargos à execução"* (para os casos que exijam prévia invocação ou alegação de fatos que levem à insubsistência da dívida, da qual não possa o magistrado conhecer de ofício, principalmente quando dependerem de prova prévia).

Aliás, o ajuizamento da *"exceção de pré-executividade"* tem tomado corpo nos últimos tempos, revelando-se (desde que cabível) uma boa iniciativa, na medida em que, com ela, se evitam todos os incômodos dos demorados *"embargos à execução"*. Consoante lição do eminente Desembargador ARAKEN DE ASSIS,[372] do TJERS, no confronto entre a *exceção* e os *embargos,*

"O elemento comum é a iniciativa de conhecimento da matéria, que toca ao juiz, originariamente, cabendo ao devedor suprir sua ocasional inércia".

---

[371] AGA 197577/GO, 4ª Turma, STJ, DJ de 05/06/00, p. 167.

[372] *in* "Manual do Processo de Execução", pág. 444, Ed. Revista dos Tribunais, 5ª edição, 2ª Tiragem, 1998.

Acrescenta o ilustre e culto processualista que,[373]

*"Deduzindo a exceção de executividade, o devedor cria incidente, cuja rejeição enseja agravo; do acolhimento, porque ato extintivo da execução, cabe apelação".*

Retornando à CDA, se não contiver ela os dados e elementos mínimos previstos no Código Tributário, será, então, nula e ineficaz, tanto quanto a ação de cobrança respectiva. Observe-se, contudo, que a Lei nº 6.830/80, de natureza *ordinária*, também apresenta, em seus art. 2º, § 5º, requisitos à inscrição do crédito tributário em *dívida ativa*, que resultarão na extração da respectiva CDA, mas tais exigências devem ser tidas como meramente *suplementares* às do art. 202 do Código, que é lei *complementar*, portanto de hierarquia superior àquela.

Infelizmente, não prevê o Código a obrigatoriedade de o sujeito ativo juntar, desde logo, à sua petição inicial, além da CDA, também o auto de lançamento que deu origem a esta. Essa omissão faz com que o Judiciário não tenha a menor noção dos fatos que deram origem à dívida sob cobrança, surpreendendo, muitas vezes, até o sujeito passivo executado, que, para o oferecimento de sua defesa (embargos à execução), é obrigado a se dirigir à repartição de origem para se informar a respeito, numa perda de tempo e insegurança flagrantes.

Providência, todavia, que, no TJERS, vimos encarando com muita simpatia, e às vezes até com certa euforia, é aquela em que o magistrado, desde logo determina ao sujeito ativo, ao despachar sua inicial, a juntada de cópia do respectivo *auto de lançamento*, para fins de um exame, ainda que perfunctório, da CDA sob cobrança, ou mesmo aquela em que o sujeito passivo executado requer, por seu advogado, por ocasião da sua primeira manifestação nos autos, a juntada da referida peça. Medidas tais evitam, com certeza, a grande perda de tempo que, de um lado, o Judiciário consome em razão da falta dos necessários elementos para a formação da sua convicção nas decisões a respeito da matéria, e, de outro, permitem que o executado desde logo produza a sua defesa à execução, porque, se a CDA é, tal como hoje se apresenta, mero resumo da dívida, sem nada de concreto referir quanto aos fatos que a originaram, não há porque não determinar ou requerer, desde logo, a juntada da peça que lhe deu origem, qual seja, o *auto de lançamento*, onde se encontram todos os elementos para o esclarecimento dos fatos. Não é uma questão, apenas, de racionalidade, mas, também, de justiça.

A matéria se acha assim regulada no Código:

**Art. 201:**

***Constitui*** (representa) ***dívida ativa*** (isto é, *credora*, apta a ser encaminhada à cobrança judicial) ***tributária*** (e outras *arrecadações pecuniárias compulsórias*, previstas no Sistema Tributário Nacional, não se incluindo aqui, pois, as *contratuais*) ***a proveniente de crédito dessa natureza*** (*tributária e afins*), ***regularmente*** (de acordo com as presentes regras) ***inscrita*** (registrada ou documentada) ***na repartição administrativa competente*** (credora), ***depois***

---

[373] Obra citada, § 53º, nº 167, p. 446, 5ª ed., Editora Revista dos Tribunais, 1998.

*de esgotado o prazo fixado, para pagamento, pela lei* (ordinária) *ou por decisão final proferida em processo regular* (quando, então, se inicia a contagem do prazo previsto em lei, que, salvo disposição em contrário, é, segundo o art. 103, II, do Código Tributário, de 30 dias contados da data da publicação da decisão administrativa definitiva, que considerou o crédito tributário subsistente).

Em síntese, o crédito tributário pode ser inscrito em dívida ativa logo que decorrido o prazo estabelecido para seu pagamento, seja por lei, seja por decisão administrativa transitada em julgado, sem que, no entanto, tenha ele sido feito (prazo esse que, havendo impugnação administrativa, é, como se disse, salvo disposição contrária, de 30 dias contados do trânsito em julgado da decisão respectiva, e que o Estado do RS fixou, para seus créditos, em 15 dias).

*Parágrafo único. A fluência de juros de mora* (tanto quanto a correção monetária) *não exclui* (não descaracteriza) *a liquidez* (definitividade) *do crédito.*

Quanto ao termo de inscrição do crédito tributário em dívida ativa, do qual deve ser extraída a CDA como título executivo para fins de cobrança judicial, assim dispõe o Código Tributário:

**Art. 202:**
*O termo* (documento formal) *de inscrição* (registro e documentação, na repartição competente, para fins de cobrança judicial) *da dívida ativa* (credora)*, autenticado* (assinado) *pela autoridade competente* (prevista em lei para efetuar a inscrição)*, indicará* (com dados extraídos do processo fiscal relativo ao *auto de lançamento*, ou *de infração*)*, obrigatoriamente* (sob pena de nulidade *da inscrição* e *da cobrança*), os seguintes dados (aqui completados, quando necessário ou recomendável, com as disposições suplementares, previstas no art. 2º, § 5º, da Lei nº 6.830/80)**:**

*I - o nome do devedor* (contra quem foi lavrado o auto de lançamento) *e, sendo o caso* (se incluir *terceiros*)*, o dos co-responsáveis* (como definidos no inciso II do parágrafo único do art. 121 do Código Tributário, sendo que o STF e o STJ já se manifestaram no sentido de ser desnecessário constar, da CDA, o nome dos *responsáveis*, como o nome dos diretores e sócios-gerentes da sociedade devedora, quando enquadrados no inc. III do art. 135 do Código, por terem agido *"com excesso de poderes ou infração de lei, contrato social ou estatutos"*, bastando que a ação de execução seja redirecionada contra eles)*, bem como, sempre que possível, o domicílio ou a residência de um e de outros* (para melhor qualificá-los e localizá-los);

*II - a quantia* (em valores) *devida* (segundo o *auto de lançamento*) *e a maneira de calcular os juros de mora acrescidos* (*desde quando*, bem como *percentual* e *critério* utilizados, ou, como dito no art. 2º, § 5º, II, da Lei nº 6.830/80: *"o termo inicial"*, vale dizer, a data do seu vencimento originário, *"e a forma de calcular os juros de mora e demais encargos previstos em lei"*, se existentes, sendo que o inc. IV do mesmo dispositivo exige, ainda, *"a indicação, se for o caso, de estar a dívida sujeita à atualização monetária, bem como o respectivo fundamento legal e o termo inicial para o cálculo"*, porque há, efetivamente, casos para os quais a correção monetária não se acha legalmente instituída ou, pelo menos, desde logo instituída);

**III - a origem** (especificada, inclusive data ou período em que ocorreu o fato gerador respectivo, ou, como melhor dito no mesmo art. 2º, § 5º, II, da Lei nº 6.830/80: *"o valor originário da dívida"*, ou seja, *o apurado por ocasião do lançamento*) **e a natureza do crédito** (tipo de arrecadação: nome e espécie do tributo, etc.), **mencionada especificamente a disposição da lei em que seja fundado** (para que possa ser avaliada sua origem e autenticidade legal);

**IV - a data em que foi inscrita** (importante para vários fins, sendo que a Lei nº 6.830/80, em seu art. 2º, V, exige, também, *"o número da inscrição, no Registro da Dívida Ativa"*, o que lhe dá mais autenticidade);

**V - sendo caso, o número do processo administrativo de que se originar o crédito** (ou seja, relativo ao lançamento que lhe deu origem, sendo que os lançamentos *diretos* e os *por declaração* somente recebem número se houver, em relação a eles, impugnação administrativa, sendo que os lançamentos *de ofício* necessariamente exigem numeração interna prévia, no documento original, do qual uma cópia é entregue ao sujeito passivo respectivo).

O art. 2º da Lei nº 6.830/80 acrescenta mais a seguinte regra às estabelecidas por este, decorrente do avanço da tecnologia (não existente à época da edição do Código), para a inscrição do crédito tributário em dívida ativa:

"§ 7º:
O termo de inscrição e a certidão da dívida ativa poderão ser preparados e numerados por processo manual, mecânico ou eletrônico".

A jurisprudência tem mostrado vários rumos na interpretação desse artigo, em relação à CDA, como: a impossibilidade de vir ela a englobar, em um único valor, vários lançamentos, ainda que discriminados em anexo, devendo cada inscrição corresponder a um deles, com a extração da respectiva certidão; necessidade de que dela conste, também, o livro e a folha da inscrição da dívida, bem como a especificação, ano a ano, do crédito respectivo, a maneira de calcular os juros de mora e a data em que foi inscrita a dívida; necessidade de referência, no título, ao imóvel a que se refere, tratando-se de IPTU ou de ITR; necessidade de menção, no título, ao processo administrativo ou auto de lançamento que lhe deu origem. A omissão de tais requisitos formais autoriza o magistrado, ao despachar a inicial, extinguir de ofício a ação de cobrança, em razão da nulidade do título e falta de condições da ação, tal como se conclui das seguintes ementas do TJERS:

*"CDA que engloba, em único valor, mais de um lançamento relativo ao mesmo tributo, ainda que discriminados em anexo: nulidade. ... A Certidão de Dívida Ativa (CDA), constituindo título de crédito executivo autônomo, deve bastar-se a si mesma, não admitindo, pois, valor único, representativo da soma de créditos relativos a mais de um 'lançamento tributário', ainda que discriminados em anexo, devendo cada 'lançamento' corresponder a uma inscrição própria, com a extração da respectiva certidão, sob pena de nulidade, não só desta, mas também da respectiva ação de cobrança, por clara afronta ao disposto no art. 202 do CTN".*[374]

*"IPTU. Ação de cobrança. CDA. Constituindo a CDA título executivo extrajudicial, reproduzindo literalmente a dívida inscrita, e sendo ela emitida, sob pena de sua nulidade, com estrita obediência aos requisitos previstos no CTN (art. 202) e na Lei nº 6.830/80 (art. 2º, § 5º), ao juiz cabe, ao despachar a inicial, extinguir de ofício a ação de cobrança, sempre que a referida certidão não atender aos requisitos formais exigidos, sendo-lhe defeso, no entanto, manifestar-se desde logo quanto à constituição ou lançamento do crédito tributário (conteúdo material) que representa, o que somente pode ser feito mediante provocação da parte. No caso dos autos, não se reveste a CDA juntada dos requisitos formais exigidos, faltando-lhe não só a indicação do livro e folha da inscrição, mas, sobretudo, a especificação, ano a ano, do crédito respectivo, a maneira de calcular os juros de mora e a data em que foi inscrita a dívida".*[375]

*"IPTU. ... CDA relativa a IPTU, omissa quanto ao imóvel a que se refere, bem como ao livro e folha na qual foi inscrita a dívida, e que não especifica o valor do imposto, da multa e dos sectários legais, é nula e imprestável para embasar ação de cobrança".*[376]

*"A razão da exigência, contida no inciso VI do § 5º do art. 2º da Lei nº 6.830/80, no sentido de que o termo de Inscrição de Dívida Ativa deve conter o número do processo administrativo ou do auto de infração que lhe deu origem, se neles estiver apurado o valor da dívida, é a de permitir que o devedor e o Judiciário busquem, no próprio título, os motivos e fundamentos do crédito nele inscrito. A falta de menção, no próprio título, implica sua nulidade de pleno direito, e da ação de cobrança respectiva, não podendo a omissão ser suprida por informação à parte do credor, ou pela juntada do auto de lançamento ou infração respectivo".*[377]

*"CDA que omite a indicação do livro e da folha da inscrição da dívida: nulidade. Deve a CDA, indicar, nos termos do parágrafo único do art. 202 do CTN, sob pena de nulidade, além dos requisitos previstos no 'caput' desse artigo, o livro e a folha da inscrição da dívida. Interpretação que se dá à Súmula nº 19, deste Tribunal".*[378]

**Parágrafo único. A certidão** (conhecida como CDA – Certidão de Dívida Ativa, ou CDI – Certidão de Dívida Inscrita, que é o título executivo a instruir a ação de cobrança judicial do crédito tributário) **conterá, além dos requisitos deste artigo, a indicação do livro e da folha da inscrição** (ou, como estabelece o § 6º do art. 2º da Lei nº 6.830/80, "a Certidão de Dívida Ativa conterá os mesmos elementos" – até porque é uma certidão – "do Termo de Inscrição, e será autenticada pela autoridade competente").

Os dados, embora sinteticamente contidos na CDA, como vimos, devem, no entanto, ser suficientes à perfeita identificação, pelo sujeito passivo e pelo Judiciá-

---

[374] Apel. Cível e Reex. Neces. nº 70003006368, de 03/10/01, 1ª Câmara Cível do TJERS, Rel. Des. Roque Joaquim Volkweiss. No mesmo sentido: recurso nºs 70003046588.

[375] Apelação Cível e Reex. Neces. nº 70000022103, julg. em 11 de novembro de 1999, 1ª Câmara de Férias Cível, TJERS, Rel. Des. Roque Joaquim Volkweiss. No mesmo sentido: recurso nºs 70003046588.

[376] Apel. Cível nº 70001625334, 05/12/01, 1ª Câmara Cível, TJERS, Des. Roque Joaquim Volkweiss.

[377] Apel. Cível nº 70002241313, 07/11/01, 1ª Câmara Cível, TJERS, Des. Roque Joaquim Volkweiss.

[378] Apel. Cível e Reex. Neces. nº 70002226801, 07/11/01, 1ª Câmara Cível, TJERS, Des. Roque Joaquim Volkweiss.

rio, do débito respectivo (espécie tributária e sua origem, período a que se refere, data do seu lançamento e da sua incrição, valor originário, etc.), para que possa haver, em relação a ele, não só a ampla defesa judicial, mas, principalmente, a possibilidade de sua perfeita compreensão, pelo Judiciário, para que a respeito dele possa decidir com certeza, segurança e convicção.

A omissão ou a insuficiência de qualquer um desses elementos constituirá cerceamento de defesa, provocando e determinando não só a nulidade da *certidão de dívida*, mas também da respectiva *ação de cobrança*, tal como previsto no art. 203 do Código, que, a seguir, se analisa:

**Art. 203:**

*A omissão de quaisquer dos requisitos previstos no artigo anterior* (exigidos para a inscrição do débito em dívida ativa) *ou o erro a eles relativo são causas de nulidade* (que nunca produz efeitos, vale dizer, não se trata de simples *anulabilidade*, ato que produz efeitos até que seja declarado sem efeito, mas sim, de *nulidade*, ato que jamais produz efeitos) *da inscrição* (do débito) *e do processo* (judicial) *de cobrança dela decorrente, mas a nulidade* (da certidão) *poderá ser sanada* (corrigida) *até a decisão* (sentença judicial) *de primeira instância, mediante substituição da certidão nula* (ou *emenda*, na própria certidão, cf. art. 2º, § 8º, da Lei nº 6.830/80), *devolvido* (reaberto) *ao sujeito passivo, acusado ou interessado, o prazo para a defesa* (que tem o nome de embargos), *que somente poderá versar sobre a parte modificada* (mediante emenda na própria certidão, ou mediante *substituição* desta, já que, sobre a parte não modificada, o executado já teve oportunidade de se manifestar).

Vai, aqui, contudo, uma importante advertência: não basta o sujeito passivo simplesmente impugnar judicialmente a validade da CDA, como título executivo, sob a alegação de não atender ela aos *requisitos formais* do art. 202 do Código Tributário. É preciso que haja a demonstração clara e inequívoca de que não atende ela o disposto no citado artigo, não sendo suficientes alegações genéricas, geralmente protelatórias da cobrança executiva, como também não se admite prova pericial para demonstrar a omissão. Ela há de resultar de observação a olho nu, do título respectivo. Se, no entanto, o seu *conteúdo material* não corresponder à verdade dos fatos (o débito é inexistente, ou menor do que o exigido), aí a situação é outra: provada esta, no curso da ação, a decretação de nulidade do título será o seu efeito.

Prevê o art. 203, portanto, a nulidade da CDA e da respectiva ação de cobrança, se aquela não atender aos requisitos *formais* previstos no art. 202. Mas, se a discussão judicial envolver o conteúdo do título, pode, então, ocorrer que, ou a decisão o julga

a) *subsistente*, com o que a cobrança judicial prossegue normalmente;

b) *insubsistente*, com o que se esvazia a ação de cobrança, com a extinção formal do pretendido crédito (cf. art. 156, X, do Código);

c) *parcialmente subsistente*, quando, então, a cobrança prosseguirá pelo saldo devido, nos mesmos autos, embora haja entendimentos no sentido de que deve a totalidade do lançamento (incluindo a parte correta) ser anulado, inclusive a respectiva ação de cobrança. Pensamos, todavia, que se deve, em casos de subsistência parcial do título, preservar ao máximo o lançamento, na parte válida, sem necessidade de refazimento do título executivo respectivo, sendo exemplos de decisões que confortam esse entendimento:

*"CDA. Exclusão de parcela referente ao valor do imposto indevido. Desnecessidade de substituição da certidão para execução da dívida remanescente (taxas). CTN, art. 204. Lei 6.030/80 (art. 3º). A exclusão do valor do imposto, por si, não afeta a liquidez e certeza da dívida remanescente expressada em campo autônomo apropriado às taxas. Desnecessidade de substituição da certidão, uma vez que a dívida remanescente resulta de simples cálculo aritmético, sem prejuízo da verificação pelas partes interessadas. Precedentes jurisprudenciais".*[379]

*"IPTU e taxas. Certidão de Dívida Ativa. Exclusão do IPTU. Prosseguimento da execução. ... A exclusão da parcela relativa ao IPTU não invalida os valores referentes às taxas, por isso que autônomos, não prejudicando a liquidez e certeza da dívida ativa".*[380]

*"Certidão de Dívida Ativa. Não é nula a Certidão de Dívida Ativa que contenha parcela indevida, se esta é perfeitamente descartável, devendo prosseguir a execução quanto às taxas devidas".*[381]

A quem compete, na Justiça, a prova da veracidade do conteúdo material (exigência) da *Certidão de Dívida Ativa* (se ao *sujeito ativo* ou ao *sujeito passivo*), é matéria a ser resolvida pela aplicação do seguinte artigo do Código Tributário:

**Art. 204:**
***A dívida ativa regularmente inscrita*** (atendidos os requisitos do art. 202) ***goza da presunção de certeza e liquidez*** (é considerada *definitiva, na esfera administrativa*) ***e tem o efeito de prova pré-constituída*** (pré-produzida, pelo sujeito ativo, para fins de cobrança judicial, sendo que esta parte final não se acha reproduzida, – sem razão em nosso entender –, no art. 3º da Lei nº 6.830/80).

***Parágrafo único. A presunção a que se refere este artigo*** (de *certeza* e *liquidez* da Certidão de Dívida Ativa) ***é*** (apenas) ***relativa*** (ou *"juris tantum"*, e não *absoluta*, ou *"juris et de jure"*, estando, pois, sujeita a prova em contrário) ***e pode ser ilidida*** (o correto é *elidida*, com o sentido de *afastada*, *excluída*, conforme o Prof. ADALBERTO J. KASPARY[382]) ***por prova*** (na Justiça) ***inequívoca*** (clara, insofismável, convincente)***, a cargo do executado*** (*sujeito passivo* respectivo) ***ou de terceiro*** (*responsável*, como o herdeiro ou o diretor de uma empresa, que também figurem, isolada ou concomitantemente, no pólo passivo da execução) ***a quem aproveite*** (isto é, a quem beneficie a prova).

---

[379] REsp nº 118653/SP (STJ, 1ª Turma, 20/04/99, DJU de 31/05/99, p. 79).
[380] REsp nº 64732/SP (STJ, 2ª Turma, 06/10/98, DJU de 18/12/98, p. 315).
[381] REsp nº 73140/SP (STJ, 2ª Turma, 22/10/98, DJU de 23/11/98, p. 160 RSTJ, vol. 116, p. 124).
[382] *in* "Habeas Verba - Português Para Juristas".

A respeito dessa matéria já tivemos oportunidade de nos posicionar, quando, nos comentários ao art. 151 do Código Tributário, tratamos das *"reclamações e recursos administrativos"*.

Resumindo, na oportunidade dissemos que RUBENS GOMES DE SOUSA,[383] discorrendo sobre o contencioso tributário, parte da consideração de que a impugnação do sujeito passivo ao lançamento pode versar fundamentalmente sobre três pontos: *existência, características e montante da obrigação*. Segundo ele,

*"é regra geral de direito processual que o autor deve provar aquilo que alega: quem pretenda cobrar de outrem uma dívida, deve provar que essa dívida existe, qual a sua origem e o seu montante. Entretanto, essa regra não se aplica à cobrança de tributos, porque aquilo que o fisco pode cobrar do contribuinte como dívida ativa goza de presunção de certeza e liquidez".*

Partindo, pois, dessa consideração, concluímos que daí resulta claro que ao sujeito passivo cabe sempre o ônus de provar que não é devedor do *tributo* contra ele lançado, e, obviamente, da *multa* ou *penalidade pecuniária* respectiva, decorrente de *infração tributária material comum*, e *não qualificada*. Todavia – como ressaltamos na oportunidade –, se a falta de recolhimento do tributo decorrer de *infração tributária material qualificada (intencional, dolosa)*, a situação passa a ser outra: tratar-se-á, então, não de simples *constatação*, pelo fisco, da *falta de recolhimento do tributo*, mas de *acusação* de prática intencional de ato ilícito, caso em que lhe caberá, obviamente, a prova respectiva, com base no princípio de que, *quem acusa*, deve provar.

Em outras palavras, uma situação é o fisco dizer que o sujeito passivo não pagou o *tributo* (trata-se de *constatação*, cabendo a prova, em sentido contrário, ao contribuinte) e, outra, é afirmar que o pagamento decorreu de *fraude* ou *simulação* (trata-se, então de *acusação*, cabendo a prova a quem acusa).

## 4. Certidão negativa e certidão positiva com efeitos de negativa

Relativamente à informação, pelo fisco, acerca de débitos do sujeito passivo, o Código Tributário utiliza apenas a expressão *"certidão negativa"*. Todavia, a *"certidão positiva com efeitos de negativa"*, embora não com essas palavras, também se acha nele contemplada. A respeito de ambas assim se manifesta, respectivamente, o Código:

**Art. 205:**

*A lei* (ordinária) ***poderá exigir que a prova de quitação de determinado tributo*** (ou de todos, do mesmo sujeito ativo), ***quando exigível*** (apenas em tais casos)***, seja feita por certidão negativa*** (que, efetivamente, acuse a inexistência de débito lançado), ***expedida à vista de requerimento*** (escrito)

---

[383] in "Compêndio de Legislação Tributária", SP, Resenha, coord. IBET, edição póstuma, 1981, p. 145/159, em especial, 147.

*do interessado* (que, conforme veremos, pode ser um terceiro em relação ao nome de quem deve figurar no documento), *que contenha todas as informações necessárias à identificação de sua pessoa* (para possibilitar sua perfeita individualização), *domicílio fiscal e ramo de negócio ou atividade e indique o período a que se refere o pedido* (que pode ser genérico, em relação a todos os anos em relação aos quais ainda não ocorreu prescrição).

A Constituição Federal (art. 195, § 3º) edita a seguinte regra, a exigir *certidão negativa*:

> "A pessoa jurídica em débito com o sistema da seguridade social, como estabelecido em lei, não poderá contratar com o Poder Público nem dele receber benefícios ou incentivos fiscais ou creditícios".

O art. 5º da CF, à sua vez, assegura a todos os brasileiros e estrangeiros residentes no país o *"acesso à informação e resguardado o sigilo da fonte, quando necessário ao exercício profissional"* (inc. XIV) e *"a obtenção de certidões em repartições públicas, para defesa de direitos e esclarecimento de situações de interesse pessoal"* (inc. XXXIV, b).

Assim, mais do que uma obrigação de provar não ser devedor de tributos em certas circunstâncias legalmente previstas, a obtenção de certidão negativa é um direito de qualquer cidadão. Mas, pergunta-se, à vista do art. 198 do Código (que obriga a repartição ao *sigilo fiscal*): quem pode, como *interessado*, requerer *certidão negativa de débito*? Posso eu ser *interessado* na situação fiscal de outra pessoa?

A solução envolve dois aspectos: ou a certidão negativa é *pessoal* (de cunho subjetivo, do próprio interessado, como *pessoa*) ou é *real* (de cunho objetivo, quando a dívida é vinculada ou ligada a um determinado bem ou patrimônio, diretamente considerado, pouco importando a quem pertença ele, como, por exemplos, um imóvel e um automóvel). No segundo caso (*negativa real*), entendemos que qualquer pessoa pode requerer a *certidão negativa* respectiva, hipóteses em que caberá à autoridade administrativa limitar-se a certificar que o *bem tal* não possui dívida tributária. Já no primeiro caso (*negativa pessoal*), porém, entendemos que o pedido somente pode ser formulado pela pessoa (sujeito) contra quem o lançamento do débito pode ser legalmente feito, ou a quem a lei compele ao respectivo pagamento, vale dizer, pode ser feito pelo:

a) **contribuinte**, que é aquele que se torna devedor pela prática do respectivo fato gerador, inclusive o *contribuinte solidário*, qual seja, aquele que, nos termos do art. 124, I, do Código, é o co-praticante do fato gerador da mesma obrigação tributária, hipótese de co-proprietários de imóvel em frações ideais, como, por exemplo, marido e mulher casados pelo regime da comunhão universal de bens; e,

b) **responsável**, que é aquele a quem a lei tenha atribuído o dever de, *solidária*, *subsidiária* ou *exclusivamente*, satisfazer o débito tributário, seja em razão de sua *vinculação*:

b.1) *direta à prática do respectivo fato gerador*, hipóteses do art. 128 a 135 (transportadores, em relação às mercadorias que conduzirem sem documentação fiscal idônea; pais, em relação às omissões no tocante ao cumprimento de obrigações de seus filhos menores; bancos, em relação à CPMF que devem reter e recolher; sócios-gerentes e diretores, em relação ao débito das suas empresas administradas, quando tenham agido com excesso de poderes ou infração de lei, contrato social ou estatutos; etc.);

b.2) seja como *garantidor* do seu pagamento (hipótese dos fiadores voluntários) ou como *administrador* do débito ou da sua cobrança (hipóteses do síndico e do comissário, em relação à massa falida e à empresa concordatária – previstas no § 1º do art. 4º da Lei nº 6830/80 –, e do funcionário público, – previstas no art. 208).

**Parágrafo único. A *certidão negativa*** (e a *positiva com efeitos de negativa*, que, nos termos do art. seguinte a supre) ***será sempre expedida nos termos em que tenha sido requerida e será fornecida*** (sob pena de responsabilidade funcional) ***dentro de 10 dias*** (corridos, conforme art. 210, mas com início a partir do dia útil seguinte) ***da data da entrada*** (protocolo) ***do requerimento na repartição*** (que deva fornecer a informação).

De qualquer forma, não pode a certidão negativa ser negada a quem não é devedor direto, como, por exemplo, ao sócio, ainda que administrador, de pessoa jurídica devedora, conforme já reconheceu o STJ, ao decidir que

"*O sócio e a pessoa jurídica formada por ele são pessoas distintas (Código Civil, art. 20). Um não responde pelas obrigações da outra. ... Em se tratando de sociedade limitada, a responsabilidade do cotista, por dívidas da pessoa jurídica, restringe-se ao valor do capital ainda não realizado (Dec. 3.708/1919, art. 9º). Ela desaparece, tão logo se integralize o capital. ... A circunstância de a sociedade estar em débito com obrigações fiscais não autoriza o Estado a recusar certidão negativa aos sócios da pessoa jurídica*".[384]

"*A pessoa jurídica tem existência distinta de seus membros e os sócios não respondem pelas dívidas da sociedade, a não ser quando diretores, gerentes e representantes dela ajam com infração à lei, ao contrato social ou estatuto*".[385]

### Art. 206:
***Tem os mesmos efeitos*** (equipara-se, como se fosse uma *certidão negativa*, embora *positiva*) ***previstos no artigo anterior*** (de *certidão negativa*) ***a certidão de que conste a existência*** (*positiva*, portanto) ***de créditos*** (já lançados, constantes do cadastro do sujeito ativo, de tal forma que a certidão expedida nessas condições, embora *positiva*, poderá ser utilizada para todos os fins e efeitos de uma *negativa*)**:**

a) ***não vencidos*** (já lançados, mas ainda não exigíveis, como no caso de alguém que, em janeiro de determinado ano, nada devendo relativamente a exercícios anteriores, requer certidão negativa de imposto sobre a pro-

---

[384] REsp nº 86439/ES, 1ª Turma, STJ, 10/06/96, DJU de 01/07/96, p. 24004.
[385] REsp nº 333267/ES, 1ª Turma, STJ, 02/10/01, DJU de 19/11/01, p. 244, e RDDT nº 76, p. 223.

priedade predial e territorial urbana do seu imóvel, que, no entanto, já tem o tributo lançado relativamente ao ano que se inicia, mas com o vencimento das prestações ainda não iniciado, embora em tais casos – sabe-se –, as repartições costumem fornecer certidão *negativa*, na forma do art. 205),

b) *em curso de cobrança executiva* (já na Justiça, portanto), *em que tenha sido efetivada a penhora* (garantia judicial de bens para efeitos de discussão do valor sob cobrança, hipótese em que a Fazenda Pública tem exigido, para a concessão da certidão nessas condições, prova da penhora feita e da avaliação respectiva, que não poderá ser inferior ao valor sob execução, neste incluídos os encargos legais, o que tem respaldo no entendimento do STJ, como na decisão a seguir):

*"Para ser reconhecido o direito à Certidão Negativa de Débito, não basta o oferecimento de bens à penhora. É necessário seja a mesma efetivada, garantindo o débito. Não se pode fornecer certidão positiva com efeito de negativa se o débito não estiver suficientemente garantido por penhora ou suspenso na forma da lei",*[386]

c) *ou cuja exigibilidade esteja suspensa* (que são as seis hipóteses previstas no art. 151 do Código, obviamente enquanto ocorrentes: *moratória, depósito do montante integral do crédito, reclamações e recursos administrativos ao lançamento, concessão de medida liminar em mandado de segurança, concessão de medida liminar ou de tutela antecipada, em outras espécies de ação judicial,* e o *parcelamento*).

Cabe, aqui, no entanto, a seguinte indagação: se o fisco retarda a propositura da execução fiscal de um crédito seu, com o evidente propósito de, com isso, coagir o devedor, que necessita de certidão negativa, ao respectivo pagamento? O que pode o sujeito passivo nessas condições fazer no sentido de, pelo menos, obter certidão positiva com efeitos de negativa?

TANIA ESCOBAR[387] lembra, a propósito, que

*"O instituto da Certidão Negativa de Débito tem servido, historicamente, como meio de coerção fiscal, e abusivamente utilizado pelo fisco em substituição ao Processo de Execução Fiscal, para fins meramente arrecadatórios. Em nome da lei – da lei que impõe a apresentação de Certidões Negativas – cidadãos honestos e cumpridores vêem-se premidos pela voracidade fiscal, que parece não encontrar limites nem mesmo no Texto Constitucional".*

A solução mais moderna para o impasse está na *"caução antecipatória da penhora"*, que o interessado requererá ao Juízo que conhecerá da ação de execução, por intermédio de medida cautelar (CPC, arts. 826 a 838). Prestada a caução em valor suficiente, que é, no fundo, uma reserva de bens (art. 185, parágrafo único, do Código Tributário), que não poderá ser recusada, tem-se como configurada uma das previsões do seu art. 206, qual seja, a penhora de bens por anteci-

---

[386] REsp nº 205815/MG, 25/05/99, Segunda Seção, STJ (DJU de 28/06/99, p. 66). No mesmo sentido: REsp 182948/SE e REsp 109630/RS.

[387] in "Direito Tributário: Certidões Negativas de Débito", Livraria do Advogado, Porto Alegre, 1999, p. 235/6.

pação, garantindo-se, dessa forma, em favor do devedor, a concessão de *certidão positiva com efeitos de negativa*.

**Art. 207:**
*Independentemente de* (mesmo que não exista) *disposição legal permissiva* (que permita a *dispensa da certidão negativa*), *será* (obrigatoriamente) *dispensada* (sem necessidade de consulta à autoridade que administre o crédito tributário, constituindo exclusiva faculdade das partes envolvidas) *a prova de quitação* (*certidão negativa*) *de tributos* (ou quaisquer outras *arrecadações pecuniárias compulsórias*, previstas no Sistema Tributário Nacional), *ou o seu suprimento* (que é a *"certidão positiva com efeitos de negativa"*), *quando se tratar de prática de ato* (assinatura de escritura pública, por exemplo) *indispensável* (necessária e urgente) *para evitar a caducidade* (perda, por *decadência*) *de direito* (das partes envolvidas), *respondendo* (de forma subsidiária ou supletiva), *porém* (nesse caso), *todos os participantes no ato* (somente as partes, como o *alienante* e o *adquirente*) *pelo tributo porventura devido* (em relação ao ato), *juros de mora e penalidades cabíveis, exceto as relativas a infrações cuja responsabilidade seja pessoal ao infrator* (como nos crimes e contravenções, em que, segundo a regra do art. 137 do Código, a responsabilidade penal é só de que tiver agido para configurá-lo).

**Art. 208:**
*A certidão negativa expedida com dolo ou fraude* (de má-fé, falsa, portanto), *que contenha erro contra a Fazenda Pública* (que lhe traga lesão), *responsabiliza pessoalmente* (de forma *subsidiária* ou *supletiva*, não afastando, portanto, como devedor em primeiro lugar, o sujeito passivo originário) *o funcionário* (servidor) *que a expedir, pelo crédito tributário* (tributo e penalidades pecuniárias) *e juros de mora acrescidos* (legalmente).
*Parágrafo único. O disposto neste artigo não exclui a responsabilidade criminal* (processando-se o servidor por essa forma) *e funcional* (administrativa) *que no caso couber.*

## 5. Contagem de prazos, em matéria tributária

As regras sobre a *contagem de prazos* estão contidas, no Código Tributário, como *disposições finais e transitórias, mas só servem para a contagem em dias sucessivos, contínuos ou corridos* (tantos dias). Não se prestam, pois, para a contagem de prazos fixados para *vencimento em dia certo ou determinado*, como: *"último dia útil da quinzena tal"*; *"2º dia útil do mês tal"*, etc. São elas:

**Art. 210:**
*Os prazos fixados nesta Lei* (neste Código e suas leis alteradoras) *ou na legislação tributária* (portanto, em qualquer uma de suas manifestações, tal como definido no art. 96) *serão* (não podendo a lei ordinária dispor de forma

diferente) **contínuos** (contados de forma corrida, sem exclusão de qualquer dia, uma vez iniciada a contagem), **excluindo-se** (não se computando) **na sua contagem o dia de início** (leia-se *"ciência"*, do ato do qual decorre o prazo) **e incluindo-se o de vencimento** (ou seja, o último dia deve, necessariamente, ser considerado na contagem).

**Parágrafo único. Os prazos só se iniciam ou vencem em dia de expediente normal** (se houver, por exemplo, redução *eventual*, de horário, o expediente deixa de ser *normal*) **na repartição** (ou perante quem a represente, como bancos, para efeitos de entrega de documentos ou de realização de pagamentos) **em que corra o processo** (prazo processual) **ou deva ser praticado o ato** (qualquer outro, sujeito a prazo).

O conhecido *"ponto facultativo"*, por si só, não significa *falta de expediente*, ou *expediente anormal, mas simples ordem ao administrador público competente, para que defina se haverá ou não expediente em determinada repartição pública.*

Exemplos de contagem, considerando-se um prazo de 3 dias para entrega de documento na repartição fiscal: quem é intimado (ou notificado) numa segunda-feira tem seu último dia de entrega previsto para o final do expediente de quinta-feira; se a intimação (ou notificação) ocorrer numa terça-feira, o último dia será no final do expediente de sexta-feira; se numa quarta ou numa quinta-feira, o último dia será no final do expediente de segunda-feira; se numa sexta-feira, o último dia será no final do expediente da quarta-feira seguinte.

Aliás, grande parte das infrações tributárias no trânsito de mercadorias tem sido constatadas em dias sem expediente na repartição fiscal (sábados, domingos e feriados), com ciência (notificação ou intimação) do auto de infração (lançamento) ao sujeito passivo respectivo no mesmo dia. Em outros casos a ciência se dá através de AR (Aviso de Recebimento), pelo Correio, ou mesmo por meio de publicação em órgão oficial, até mesmo em dia sem expediente na repartição fiscal. Para todas essas hipóteses a ciência se considera ocorrida no primeiro dia útil que se seguir, iniciando-se a contagem do prazo para a impugnação no dia imediato àquele, entendimento este, de resto, também há muito adotado pelo Tribunal de Justiça do Estado do RS. Assim, por exemplo, se a ciência ao Auto de Infração (ou de Lançamento) se der num sábado, considerar-se ela feita na segunda-feira imediatamente seguinte, iniciando-se a contagem do prazo para a respectiva impugnação na terça.

## AUTORES QUE CONTRIBUÍRAM PARA AS CONCLUSÕES JURÍDICAS ADOTADAS NESTA OBRA

Este livro foi escrito com base na experiência de mais de 35 anos de magistério superior e de advocacia, e, mais recentemente, no período de 1996/1997, no julgamento de processos tributários, como presidente do Tribunal Administrativo de Recursos Fiscais do Estado do RS e, após, a partir de julho de 1999, pelo 5º constitucional da classe dos Advogados, como Desembargador do Tribunal de Justiça do Estado do RS, integrando a sua 1ª Câmara Cível, com atribuições de julgamento incluindo os relativos ao direito tributário, envolvendo arrecadações pecuniárias compulsórias da competência do Estado e dos Municípios. Reflete, pois, a soma de assimilações culturais havidas ao longo desses longos anos, mediante leitura, acompanhamento e reflexão de temas de direito tributário, sem que se possa, com as exceções já apontadas no próprio texto, dizer quais as lições atribuíveis a determinado autor.

Por essa razão, e para que não haja omissões, preferimos declinar apenas o nome dos doutrinadores que, lidos, compõem a biblioteca do autor, capazes de terem influenciado nas suas conclusões, sem, contudo, apontar-lhes as obras, que, na maioria das vezes, não se limitam a livros, consubstanciando-se, também, em pareceres e artigos avulsos, que, certamente, também foram lidos e avaliados.

Ei-los:

A. A. Contreiras de Carvalho
A. D. Giannini
A. Theodoro Nascimento
Abdon Hernandez Esparza
Adalberto J. Kaspary
Adão Sérgio do Nascimento Cassiano
Adauto Quirino Silva
Adilson Gurgel de Castro
Adolfo A. Amaya
Albert Hensel
Alberto Deodato
Alberto Nogueira
Alberto Pinheiro Xavier
Alcebíades da Silva Minhoto Júnior
Aldo Boidi

Alessandra Gondim Pinho
Alfredo Augusto Becker
Alfredo Ogaz
Aliomar Baleeiro
Álvaro Villaça Azevedo
Ambrósio L. Gioja
Américo Masset Lacombe
Amílcar de Araújo Falcão
Andrea Parlato
Antônio Berliri
Antônio Carlos Diniz Murta
Antônio da Silva Cabral
Antônio Eduardo M. S. de Paula Leite
Antônio Felippe A. Gallo
Antônio Ferdinando Basciu

Antônio Roberto Sampaio Dória
Antônio Uckmar
Antunes Varela
Araken de Assis
Armando Giorgetti
Arnaldo Borges
Arnaud de Abreu Lima
Arnoldo Wald
Aster Rotondi
Augusto Fantozzi
Aurélio Gomes de Oliveira
Aurélio Pitanga Seixas Filho
Benvenuto Griziotti
Bernardo Ribeiro de Moraes
Caio Furtado de Mendonça
Câmara Leal
Carlos A. Mersán
Carlos Alberto Bittar
Carlos Celso Orcesi da Costa
Carlos da Rocha Guimarães
Carlos M. Giuliani Fonrouge
Carlos Maximiliano
Carlos Roberto de Miranda Gomes
Carlos Vaz
Carmelo Carbone
Celso Antônio Bandeira de Mello
Celso Cordeiro Machado
Celso Ribeiro Bastos
César A. Guimarães Pereira
Césare Cosciani
Césare Longobardi
Cláudio Martins
Clóvis de Andrade Veiga
Corrado Magnani
Dagoberto Liberato Cantizano
Danilo Andrade
De Plácio e Silva
Dino Jarach
Diogo de Figueiredo Moreira Neto
Diva Prestes Marcondes Malerbi
E. Blumenstein
Eduardo Marcial Ferreira Jardim
Élcio Fonseca Reis
Emanuele Morselli
Emílio Betti
Enrico Allorio
Ernesto di Rago
Eros Roberto Grau
Erymá Carneiro
Eurico Marcos Diniz de Santi
Evaristo Paulo Gouveia
Ézio Vanoni
Fábio Fanucchi

Fábio Leopoldo de Oliveira
Fernando Jorge Schneider
Fernando Osório de Almeida Júnior
Fernando Sáinz de Bujanda
Francesco Mondini
Francesco Serrano
Franco Batistoni Ferrara
Franco Gallo
Fritz Fleiner
G. A. Posadas-Belgrano
G. Tesoro
Gabriel Lacerda Troianelli
Gaetano Stamati
Gaston Jèze
Geraldo Ataliba
Gian Antônio Micheli
Gilberto de Ulhoa Canto
Gilberto Etchaluz Villela
Giorgio Stefani
Giovani Mangione
Guido Guidi
Guido Zanobini
Günter Schmölders
Guy Houchon
Héctor Villegas
Helenilson Cunha Pontes
Hélio Ivo Dória
Hely Lopes Meirelles
Henry Tilbery
Horácio A. Garcia Belsunce
Hugh Dalton
Hugo de Brito Machado
Ignácio Blanco Ramos
Igor Tenório
Ives Gandra da Silva Martins
J. M. Othon Sidou
J. Motta Maia
J. Petrelli Gastaldi
James Marins-
Jean Dubergé
Joana Lins e Silva
João Augusto Filho
João Baptista Moreira
João Dácio Rolim
João Luís Nogueira Matias
João Martins de Oliveira
João Pedro da Veiga Filho
João Roberto Santos Régnier
Johnson Barbosa Nogueira
Jonas Carvalhosa
Josaphat Linhares
José Afonso da Silva
José Cretella Júnior

José Eduardo Monteiro de Barros
José Larraz
José Lopes Fernandes
José Luís Pérez de Ayala
José Luiz Bulhões Pedreira
José Marcos Domingues de Oliveira
José Maurício Conti
José Morschbacher
José Náufel
José Paciulli
José Ribamar Gaspar Ferreira
José Souto Maior Borges
José Washington Coelho
Justino Vasconcelos
L. G. Paes de Barros Leães
L. Trotabas
Leandro Paulsen
Lello Gangemi
Leon Frejda Szklarowski
Leonardo Sperb de Paola
Lins e Loureiro
Luigi Einaudi
Luís César Souza de Queiroz
Luiz Augusto Irineu Flórido
Luiz Celso de Barros
Luiz Emygdio F. da Rosa Jr.
M. Seabra Fagundes
Manlio Udina
Manoel de Oliveira Franco Sobrinho
Manoel Lourenço dos Santos
Manuel A. Domingues de Andrade
Manuel Andreozzi
Manuel de Juano
Marcelo José M. Volkweiss
Marco Aurélio Greco
Maria Rita Ferragut
Mário Lorenzo Fernandes
Matias Cortes
Mauro Fernandes Pagliarini
Miguel Reale
Misabel de Abreu Machado Derzi
Moacyr Amaral Santos
Narciso Amorós
Nélson Leite Filho
Oliver Oldman
Ormezindo Ribeiro de Paiva
Orosimbo Nonato
Osvaldo Caron
Oswaldo Aranha Bandeira de Mello
Oswaldo de Moraes
Ottmar Bühler
Otto Vizeu Gil
Pasquale Russo

Paul Hugon
Paulo Cézar Gontijo
Paulo de Barros Carvalho
Paulo Roberto Cabral Nogueira
Pedro Guilherme Accorsi Lunardelli
Pedro Soares Martinez
Petrônio Baptista de Araújo
Pontes de Miranda
Rafael Bielsa
Rafael Calvo
Régis Fernandes de Oliveira
Renato Alessi
Renato José Calsing
Renato Lopes Becho
René Izoldi Ávila
Ricardo Aziz Cretton
Ricardo Lobo Torres
Richard Bird
Roberto Tamagno
Rômulo Maya
Ronaldo Cunha Campos
Ronaldo Luiz Ponzi
Roque Antônio Carrazza
Roque Gadelha de Mello
Rubens Gomes de Sousa
Ruy Barbosa Nogueira
Ruy Cirne Lima
Sacha Calmon Navarro Coelho
Salvatore Bartholini
Sérgio Dus
Sílvio Santos Faria
Tania Escobar
Tárek Moysés Moussallem
Themístocles Brandão Cavalcanti
Theotônio Monteiro de Barros
Tito Rezende
Tommaso Tomasicchio
Túlio Ascarelli
Ulysses Renato Pereira Borges
Valdir de Oliveira Rocha
Vasco Della Giustina
Vicente Ráo
Víctor Uckmar
Vincenzo Panuccio
Vittório Cassone
Walter Barbosa Corrêa
Walter José Diehl
Walter Paldes Valério
Ylves José de Miranda Guimarães
Yoshiaki Ichihara
Zelmo Denari
Zola Florenzano

*Impressão:*
Editora Evangraf
Rua Waldomiro Schapke,77 - P. Alegre, RS
Fones: (51) 3336-2466 - 3336-0422
E-mail: evangraf@terra.com.br